会社法の到達点と展望

森淳二朗先生退職記念論文集

徳本　穰
徐　治文
佐藤　誠
田中慎一
笠原武朗
編

法律文化社

謹んで御退職をお祝いし
森淳二朗先生に捧げます

執 筆 者 一 同

森淳二朗先生 近影

はしがき

　森淳二朗先生は、この度、福岡大学法科大学院を定年により御退職になられ、現在、これまでの長きに亘る御研究を実務に活かされながら、弁護士として御活躍中である。

　本論文集は、このような森淳二朗先生に対する祝賀として、捧げられるものである。

　森淳二朗先生は、昭和44年に、大阪府立大学経済学部助手として、研究活動に着かれて以来、九州大学法学部教授、福岡大学法科大学院教授等として、会社法を中心とする商法学の発展に、永年、尽力されてこられ、その御研究によって、学界の発展に大きく貢献されるとともに、社会に対しても広く問題を提起されてこられた。

　そこで、森淳二朗先生に直接あるいは間接に教えを受けた我々が集い、本論文集の出版を企画し、森淳二朗先生に所縁のある先生方に御執筆を御依頼したところ、数々の珠玉の御論文を頂戴することができた。お寄せいただいた御論文は、平成26年の会社法改正との関連、国際的動向との関連、学際的研究との関連等の多様性のあるテーマを含み、先端的なものから根源的なものまで、広がりと深みに満ちた御論文ばかりである。ここに御執筆を賜った先生方に対し、心より厚く御礼を申し上げる次第である。

　また、学術出版の困難な状況の中にあって、本論文集を刊行することができたことは、編集の趣旨に御賛同をいただき、様々な御高配を賜った法律文化社の皆様、特に小西英央氏の御尽力の賜物である。ここに、記して、心より深く感謝の意を表したい。

i

最後に、森淳二朗先生が、いつまでもお健やかであられ、商法の御研究と実務等に益々御活躍なされることを、執筆者一同とともに、心より祈念申し上げる次第である。

　2018年（平成30年）5月吉日

編者　徳本　穰（代表）
　　　徐　治文
　　　佐藤　誠
　　　田中　慎一
　　　笠原　武朗

目　　次

はしがき

英国の欧州連合離脱と欧州連合国際会社法……… 上田　純子　I

取締役の株主に対する義務………………………… 大杉　謙一　29

会社分割における債権者異議手続と
　詐害行為取消し・否認・法人格否認………… 笠原　武朗　51

保険とクレジット・デリバティブの
　法的区別の再構成……………………………… 嘉村　雄司　68

ファイナンス論と企業法………………………… 仮屋　広郷　102
　──自己株式の取得・相場操縦を素材として

一般社団法人の機関制度の検討………………… 北村　雅史　121
　──株式会社との比較研究のための覚書き

会社の経営状況の悪化の局面における
　取締役報酬の一方的減額…………………… 久保　寛展　143
　──ドイツ連邦通常裁判所2015年10月27日判決の意義

共同相続株式に係る判例法理と残された問題…… 久保田安彦　163

取締役の誠実性（グッドフェイス）をめぐる
　米国会社法学の近時の議論………………… 酒井　太郎　189

非公開企業における動機付け交渉……………… 宍戸　善一　209
　──忠実義務と退出権の代替性の観点から

「出資履行の仮装」に関する会社法規制の
　現状と課題…………………………………… 佐藤　誠　234

iii

中国会社法の到達点と課題……………………………… 徐　　治文　249
　　──任意法規・最低資本金規制を手掛かりに

企業統治改革の到達点と展望…………………………… 胥　　　鵬　269
　　──資本市場を中心に

不相当な対価と組織再編の差止め……………………… 周田　憲二　293

ドイツと日本における固有権論の発展と課題…… 高橋　英治　312

米国の株主提案における通常の事業の範囲……… 田中　慎一　333

敵対的企業買収と対抗措置……………………………… 徳本　　穰　350

英国会社法におけるステークホルダー利益の
　取扱いと会社法制改正構想の行方……………… 中村　信男　373

コーポレートガバナンス・コードによる
　企業統治についての一考察……………………… 野田　　博　397
　　──制定法とコードとの規制選択の問題を考える諸観点

イギリスにおける経営者の報酬規制………………… 原　　弘明　412

株主提案権制度の目的…………………………………… 松中　　学　432
　　──日米比較を踏まえて

ショートターミズム（短期主義）問題の
　真相と本質………………………………………………… 柳　　明昌　463
　　──投資家の論理と経営の論理の交錯

取締役会と従業員………………………………………… 山口　幸代　485
　　──英国企業統治改革における従業員の経営参加システムの模索

濫用的新設分割スキームにおける
　残存債権者の直接請求権……………………………… 若色　敦子　506
　　──「害することを知って」の解釈

森淳二朗先生　略歴・主要著作目録

凡　例

1　日本の法令の略語

一般法人	一般社団法人及び一般財団法人に関する法律
一般法人則	一般社団法人及び一般財団法人に関する法律施行規則
医療	医療法
会更	会社更生法
会社	会社法
会社計算	会社計算規則
会社則	会社法施行規則
金商	金融商品取引法
金商定義	金融商品取引法第二条に規定する定義に関する内閣府令
金商令	金融商品取引法施行令
公益認定	公益社団法人及び公益財団法人の認定等に関する法律
公認会計士	公認会計士法
私学	私立学校法
社福	社会福祉法
商	商法
中間法人	中間法人法
中協	中小企業等協同組合法
農協	農業協同組合法
破	破産法
非営利活動	特定非営利活動促進法
保険	保険法
保険業	保険業法
民	民法
民再	民事再生法
民保	民事保全法

2　裁判関係

大判	大審院判決
最判（決）	最高裁判所大法廷判決（決定）
高［支］判（決）	高等裁判所［支部］判決（決定）

地［支］判（決）	地方裁判所［支部］判決（決定）
下民集	下級裁判所民事判例集
金判	金融・商事判例
金法	金融法務事情
刑集	最高裁判所刑事判例集
裁時	裁判所時報
資料版商事	資料版商事法務
商事法務	旬刊商事法務
集民	最高裁判所裁判集民事
判タ	判例タイムズ
判時	判例時報
民集	最高裁判所民事判例集
民録	大審院民事判決録

英国の欧州連合離脱と欧州連合国際会社法

上田　純子

1　はじめに

　2016年6月24日、前日実施された国民投票において、英国における欧州連合（以下「EU」という。）離脱推進派が僅差で過半数を占めたことが報道された。これが同年中世界に最も衝撃を与えたニュースのひとつであることは疑いない。2017年3月29日には、英国がトゥスク EU 大統領宛て書簡をもって EU 離脱を正式に通告し、EU 条約50条による正式な離脱手続が開始したことにより、英国の離脱はいよいよ現実味を帯びてきた。EU 離脱を巡る情報はさまざまな憶測・観測を伴って飛び交うが、EU 条約50条の手続が正式に開始したことに伴い、議論の焦点は、離脱を前提とした離脱後の英国と EU との関係に移ったといえる。英国が模索しているとされる現在享受している経済上の利益・便益を最大限維持した形の「ベスト・ディール」は、まさに、離脱後の EU と英国の関係に関する交渉・取決めの成否・巧拙にかかっているからである。

　法律家の関心からは、すでに国民投票前から EU 離脱の選択——周知の通り、事前の調査結果からは必ずしもそのような帰結が予期されていたわけではなかった——により英国の立法や司法制度にいかなる影響が及ぶのか等につき、分析・検討成果が出されており、会社法の分野に関しては、ハード・ブレグジット（hard Brexit）ないしはクリーン・ブレグジット（clean Brexit）（完全離脱）（離脱の態様については、後述3節2を参照）を前提としたとしても、実質法としての英国会社法に大きな影響はないとの点で衆目はほぼ一致しているよう

I

に思われる。英国会社法が随時改正により EU 指令を履行してきた部分についても、国内の改廃手続がない限りは、存続することとなろう。

他方、会社法人の域内自由移動に関しては、完全離脱となれば、欧州連合運営条約（Treaty on the Functioning of the European Union; 以下「TFEU」という。）は、英国には適用されなくなるものの、基本条約に基づく国際的な合併や汎欧州企業体の設立による企業の域内流動性を促進する枠組みの完全離脱後の効力については、個別の EU 立法および加盟国国内法規定に照らして検討されなければならない。本稿は、この点を詳らかにすることを目的とする。

以下、2 節においては、具体的な検討に入る前に、英国の EU 離脱にかかる手続的論点を総論的に考察し、3 節において、会社法人の域内自由移動に関する問題ならびに国際的合併および欧州会社（Societas Europaea; 以下「SE」という。）に関する問題を検討する。すなわち、3 節においては、まず、基本条約上の権利に関する諸論点を取り上げ、次に、基本条約上の規定を根拠とする規則または指令といった EU 派生法に関する企業の域内移転の自由に関する諸論点を、企業の可動性の保障レヴェルが高い順に検討する。したがって、立法の時系列および拘束力の強さにかかわらず、国際的合併を欧州会社に先だって取り上げる。

2017年 4 月に公表された東京商工リサーチのデータによれば、EU 加盟28ヶ国に進出している日系企業は1242社で、1 万3072拠点を構えており、拠点数では英国が最も多い（4,083拠点、構成比31.2%）。英国に拠点を有する第三国企業の立場からすれば、英国が完全離脱を選択した場合の欧州での企業活動への影響を分析し、事業計画に活かすことは必至である。

2 EU 離脱に係る手続的諸相

EU 条約50条に基づく離脱交渉に先立ち、国民投票の結果を受けて特段議会の承認等の手続を経ず、首相権限で開始することの可否について英国国内で憲法訴訟が提起されたことは、よく知られている。

R (Miller and another) v Secretary of State for Exiting the European Union に

おいて、政府見解は、EU 条約50条の離脱手続は国際条約締結権を含む政府大権によって可能であることを旨としたが、原告は、大要、「英国の EU からの離脱は、ひいては、1972年欧州共同体法に基づく英国民の域内自由移動の権利等の便益を喪失させるため、議会で成立した法律（1972年欧州共同体法）を政府大権により廃止しうることとなる。したがって、EU 条約50条に基づく離脱手続も、議会の立法によってのみ可能である。」と主張して争った。

　高等法院は、原告の主張を認め、最高裁判所（以下「最高裁」という。）大法廷（11名の裁判官全員で構成）も、理由は異なるが、同様の結論を支持した。[8]

　1972年欧州共同体法は、EU 法を英国国内において包括的に有効とする法律であり、この法律の存在により、英国では、EU 法が採択される都度、国内措置化されることとなる。指令のように、国内措置化の履行行為を要する場合には、当該国内措置がなければ原則的には直接効果を有しない。[9]

　高等法院判決後、政府側はさらに欧州共同体法の性質に関する解釈を展開し、同法は、EU 法上の権利を付与するものではなく、英国が EU 加盟国である限り、EU 法上の権利が行使できることを保障するにすぎない、ゆえに、EU からの離脱手続に議会の関与は不要であると主張した。最高裁は、政府の主張を認めず、欧州共同体法は、EU 法を英国法化する根拠を与え、EU 法が英国法のあらゆる法源に優越することを担保し、英国議会から EU 諸機関へ立法権限を一部移譲する。[10]EU からの離脱は、EU 法という英国法の支柱の一部を廃止する旨の本質的変更にあたるゆえ、英国憲法は、かかる変更につき議会の立法によって効力を付与されることを要求していると判示した。[11]

　最高裁が高等法院判決を支持することは政治的・法的理由から織り込み済みであったようである。すなわち、政府は EU 条約50条の通告による離脱の意思表示は撤回不能であると解釈しており、仮に EU 条約50条下の離脱の意思表示の撤回可能性につき不分明である場合には、最高裁は欧州連合司法裁判所（Court of Justice European Union; 以下「CJEU」という。）に先行判断の付託をしなければならず、[12]それは離脱手続の遅延のみならず、離脱遅延ないし阻害の責任を EU へ転嫁するものと捉えられかねず、最高裁としては、かかる付託を回避し、撤回可能性の論点を不問に付し高等法院判決を追認することによって早

期に自国内で訴訟を収拾させる必要があったためである。[13]

　政府の対応は素早かった。最高裁判決からわずか２日後の2017年１月26日には下院に、その翌月の２月８日には上院に、政府により、「欧州連合（離脱通告）法案」が提出され、３月13日に両院議会を通過し、３月16日に国王の裁可を得、首相による離脱の通告は議会の立法による裏づけを得る形となった。[14]当該法律は、1972年欧州共同体法に基づき制定されるいかなる規定にもかかわらず、首相がEU条約50条２項に基づき、EUからの離脱意思を通告する権限を有する旨を定めるものである。

　かくして、EUの離脱交渉は始まったわけであるが、EU理事会が全会一致で期間延長を承認しない限り２年以内に終わらせなければならない。離脱後のEUと英国との協定は、TFEU 207条[15]および218条[16]に基づいて、EUと第三国としての英国との間で締結されるが、それには通例時間がかかるので、EU条約50条２項に基づき可能な範囲で、EUとの間で離脱後の経過措置を欧州議会の同意を得てEU理事会の特定多数決によって取り決める必要がある。[17]そのほかにも、英国の分担金、離脱費用（清算金）、EU諸機関に雇用されている英国人公務員の年金、英国駐在EU機関の移転、研究助成金の扱い、EUが第三国との間で肩代わりしている英国の債務の扱い、等、離脱前に決定すべき事項は、デリケートな問題を多数含み、実際のところ期限までにこれらの事項を決定できるのか定かではない。上述の通り、英国政府は、いったんEU条約50条の離脱手続が開始されたら、撤回できないことを前提に交渉を進めている。EU条約50条はその点について何も規定していない。識者のなかには、EU残留を旨とする政権交代があった場合や交渉条件が英国に不利になった場合には撤回できるとするものがあり、[18]最終的に撤回の可否を探らなければならない状況に至った場合には、CJEUへ解釈を委ねることも想定される。

　ところで、1972年欧州共同体法については、その廃止法案（A Bill to Repeal the European Communities Act 1972 and make other provision in connection with the withdrawal of the United Kingdom from the EU; 当初 The Great Repeal Bill として、下院提出後は The European Union (Withdrawal) Bill として、知られる）[19]が議会で審議されている。これにより、EU法優位原則が英国には適用されなくなり、既

4

存の EU 法に基づく国内措置は個別に議会の承認等を経ることなく包括的に受継されるものの、欧州共同体法廃止法は、これらの EU 法由来の既存国内法の変更や廃止を政府へ白紙委任することを可能とする装置（いわゆる「ヘンリー八世条項」）ではないかとの懸念も表明されている[20]。廃止法により、CJEU は英国に関する EU 法上の紛争につき管轄権を失うものの、離脱前のCJEU 判決は英国の裁判所の先例として離脱以降も英国の裁判所を拘束する一方、離脱以後のCJEU 判決は説示的効力しか有しなくなるとの政府見解が示されている[21]。

3 国際会社法上の論点

前述の通り、英国の会社実質法については、今のところ、EU 離脱によって大きな影響を受けないとみられている。EU の会社法については、従来会社立法へ大いなる影響力を有してきた英国が抜けることにより——たとえ、EEA 締約国となって一定の範囲で引き続き EU 加盟国に準じた待遇を受け続けるとしても[22]——、EU の立法手続への参画は著しく制限されることになるゆえ[23]、もっぱら、問題となるのは、基本権として EU 条約上保障されている企業移転の自由が英国の EU 離脱後どうなるのか、という点である。この問題は、本来、他の基本的自由の保障とパラレルに論じられるべきであるが、他方で、たとえば、欧州人権条約の関連規定等により、EU 離脱後も一定レヴェルで保護される術を有する自然人の場合と同列かつ不可分に論を進めることもできかねる。そこで、本稿では、もっぱら、法人格を有する企業の域内活動に英国の EU 離脱がいかに影響を及ぼしうるかの点に絞って、論じることとする。

1 英国で登記された会社が実質的な事業を他の加盟国で展開している場合

本稿では詳述しないが、CJEU は、*Centros* 判決以来[24]、EU 域内における法人の事業活動の自由について、かかる利益ないし権利を保障するTFEU 49条[25]および54条[26]と国内措置の適合性の審査を厳格に行ってきた[27]。*Centros* 判決において問題となった擬似外国会社の設立については、主たる事業地法の適用の回

5

避の意図が背後にある場合が多いと推察されるものの、加盟国措置として規定された擬似外国会社規制につき、当該擬似外国会社規制の趣旨（当該国内措置によって保護される法益、すなわち、たとえば債権者等会社利害関係者の保護）をもって条約との不適合性を正当化する構成は認められてこなかった（ほぼ例外なく比例性テストを通過しないと結論づけられている[28]）。後続する *Überseering* 判決は、とりわけ、設立準拠法主義を採用するオランダ会社のドイツへの移転事例であり、同社の会社法人としての訴訟当事者能力を否定するドイツの措置の EC 条約（当時）違反を鮮明にしたため、本拠地法主義を採用する加盟国へのインパクトは絶大であった。

　同様に2003年の *Inspire Art* 判決[29]においても、オランダ人による自国会社法上の最低資本金制度の適用を免れる目的で英国に設立された私会社を擬似外国会社として扱い、同国の最低資本金規制を強制することは EC 条約上の開業自由の規定に違反する旨が判示されている。

　すでに、2001年には、異なる加盟国に登記を有する公開会社間の合併[30]、異なる加盟国に登記を有するか、あるいは、子会社もしくは支店を有する会社による持株会社または子会社の共同設立[31]、他の加盟国に子会社を有する公開会社の組織変更[32]によって、欧州会社（Societas Europaea）[34]を設立することが可能となっており、欧州会社として登記されれば、EU 域内において、解散・清算、再設立等の手続を要せずして本店の移動が自由にできるようになっていた。したがって、*Centros* 判決以降の CJEU の判例の進展のみならず、EU 立法上も、EU 域内において企業の移転の自由を保障する環境整備に注力されてきたといえる。換言すれば、従来 EU 加盟国においては、本拠地法主義を採用する国のほうが多数派であったが[35]、少なくとも、他の加盟国において適法に設立された会社法人の移転については、これらの国にあっても本拠地法主義の厳格な適用はもはや許されない[36]。

　以上の動きに呼応するように、2003年以降、英国における外国会社（英国において設立登記を経由しているが、もっぱら他の加盟国において事業活動を行っていると推定される会社。英国外の擬似外国会社規制を有する加盟国にあっては、擬似外国会社として外国会社とは区別して扱われることになる）の登記が劇的に増加し、2006

年から2007年にかけてピークに達していることが報告されており[37]、相当数の擬似外国会社が英国外の加盟国に今なお存在していると推測される[38]。

　この事実を前提とするならば、英国の EU 離脱の実現により、直接的な影響を受けうる企業は相当数にのぼることが理解される。そこで、以下では、英国の EU 離脱により、英国外の擬似外国会社がいかなる影響を受けうるかを考察することとしたい。もっとも、これらの企業が英国の EU 離脱から受けうる影響は、今後の英国と EU との交渉如何にかかっている。EU 離脱後の英国と EU との関係について、貿易投資協定の要否について、また協定を締結する場合にはその内容について、複数の選択肢ないし可能性があるからである。

2　離脱後の英国と EU との関係

　すでに国民投票結果公表後間もない時期から、貿易投資分野における離脱後の英国と EU との関係を踏まえた離脱モデルは複数提示されている[39]。むろん、EU 条約50条は、加盟国に対し、抽象的な離脱権を付与するのみで、具体的な離脱条件を明確にしておらず、当該規定下の離脱交渉手続には先述の通り数多くの疑問点が残されている。仮に離脱交渉が具体的に進展したとしても、EU 条約50条２項に基づく２年の離脱交渉期間内の各種取決め・協定について、どの範囲で策定しうるのか、先例もなく不分明である[40]。まして、EU と英国との貿易投資協定の締結は、英国の離脱手続が完了し、英国が完全に第三国になってからのみ開始されうるという解釈を採るならば、経験則に照らし、さらに数年を要するであろう[41]。他方、仮に英国が「ノーディール・ノーアグリーメント」で離脱を強行すれば、一世界貿易機関（World Trade Organization; 以下「WTO」という。）加盟国となるのみであり、そのような場合には単に時間の経過を待つのみとなる。それでもなお、日系企業を含む英国企業の EU 域内への離脱後のアクセスあるいは現在英国外の EU 加盟国に事業統括地を置く日系企業を含む英国企業（冒頭に述べたように EU において事業活動を行う際の玄関口として英国を登記地として選択する日系企業は多い）の離脱後の処遇について、ここで英国の離脱モデルごとにシミュレーションする意義は、単に理論面からの可能性と

限界を探るのみならず、実務的にも大きいものと思われる。

　離脱後の英国と EU の貿易投資関係について、現実味のある方法としては3つに集約されるように思われる。ひとつめは、いわゆるノルウェイ・モデルであり、欧州自由貿易連合（以下「EFTA」という。）に再加盟し、欧州経済地域（以下「EEA」という。）に組み込まれることである。この方法によれば、現在享受している単一市場の利益をほぼ維持できるので、このような態様による離脱は、ソフト・ブレグジットとも呼ばれている。これに類似の方法として、スイスのように、EFTA 加盟国ではあるが、EEA 協定を批准せず、EU との二当事者間協定により、EU 加盟国と同様の利益を部分的に享受するという選択肢もあろう。2つめは、それと対局にある完全に第三国となり、特段 EU との協定を締結することなく、現在享受している単一市場の利益を捨て去り、WTO 加盟国となるものである。これがハード・ブレグジットまたはクリーン・ブレグジットと呼ばれるものである。3つめは、第三国として自由貿易協定や包括的経済貿易協定等を EU との間で締結することである。[43]

　まずは、上記の離脱後の立場の違いが、英国企業──他の EU 加盟国に事業統括地を有するか否かにかかわらず──の今後に及ぼす影響をみることとしよう。

　(1)　**EFTA 加盟国となり EEA 協定を批准する場合**　　EEA は、EFTA 加盟国が EU に加盟することなく、EU 単一市場への参加を可能とすべく、EFTA と EU との間で1994年1月1日に協定を締結し、設置されたものである。EU 加盟国は EEA への加盟義務を負うため、英国はすでに EEA 加盟国である。[44]英国が EU 加盟国の身分を失いながらなお EU 単一市場へのアクセスを求める場合には、引き続き EEA に参加することが近道である。英国が EU を離脱すれば、EU 加盟国の身分を通じて EEA に参加しているという前提が崩れるため、改めて EEA への参加手続が必要となる。EFTA 加盟国となって EEA に参加することとなろうが、その場合、EEA 協定上文言の修正は必至である。[45]

　共通農業政策、関税同盟、共通通商政策、共通外交・安全保障政策、司法・内務、および欧州通貨同盟の諸分野を除き、EEA 締約国は、EEA 協定附則に掲げられた22の分野の EU 立法に関し履行義務を負う。EEA 協定31条に

8

基づく第8附則（Annex VIII）は開業の権利（Right of Establishment）を、同協定77条に基づく第22附則（Annex XXII）は会社法（Company Law）を掲げており、受容されるEU派生法・プログラム等のリストをそれぞれ定めている。会社法分野においては、数々のEU規則・指令が採択されているが、第22附則によると、EEA締約国は、原則としてこれらのすべてを国内措置化する義務を負う。[46]

EEA参加国は、EU市民に対する基本的自由権としての自由移動の便益を享受することができる。[47] かかる自由移動への制約は、EEA参加国にあっても、EU加盟国におけると同様に禁止される。[48] EEA締約国またはEU加盟国の法の下に適法に設立された会社法人は自然人と同様に扱われ、[49] EEA締約国において設立された会社に対してもCJEU判例法が及ぶ。

以上を踏まえると、ソフト・ブレグジット、すなわち、英国がEEA協定を批准する場合には、引き続き、EEA協定に基づき、EU域内およびEEAにおいて、会社法人および支店の設立、本店所在地、あるいは事業統括地の移転ができることになる。他方、英国は、EU加盟国ではなくなるためEU予算への拠出金の割当てはなくなるものの、EUプロジェクトへの拠出やEEA諸機関の維持費、あるいは、国境管理やコミッションへの人材派遣等でEU関係の負担は継続するうえ、[50] EUの政策立案や立法への関与がほとんどできなくなる。[51] 加えて、物、人、サーヴィス、および資本の各域内自由移動をパッケージで受容するため、他の加盟国からの移民を拒むことができない。[52]

(2) **その他の場合**　複数のヴァリエーションはありうるものの、まず、英国がEUとの協定締結に至らないまま、EU条約50条3項ただし書に基づく交渉期間の延長も叶わなかった場合、英国はEUから離脱し、一WTO加盟国となる、すなわち、EUとの関係において完全な第三国となる選択肢が考えられる。この場合には、むろん、もはやEUの政策・立法に服することはないため、EUおよびEEAの領域内での自由な企業活動は他の第三国と同レヴェルで保障されるにすぎない。

もっとも、第三国となった英国がEUとの間で二当事者間協定を結べば別である。過去には、EFTA加盟国でありながらEEA協定非批准国であるス

イスと EU との間の一群の協定や韓国と EU との間の自由貿易協定[53]、カナダと EU との包括的経済貿易協定[54]、あるいは、わが国と EU との経済連携協定[55]の例があるが、いずれの協定も、開業自由を保障する条項を含んでいない。協定の内容次第とはなるものの、英国と EU との間にその旨の条項を挿入する合意がなされない限り、域内の自由な企業活動は保障されないこととなる。

(3) **開業自由の権利が付与されなくなる場合**　EU 離脱後の英国の立場について、単に一 WTO 加盟国となるにすぎないレヴェルから EU との間で経済的側面での互恵的協定を締結するレヴェルまでスペクトルの幅はあるものの、英国が EU との間で特段開業自由の権利を保障する旨の合意をしなかった場合、英国において設立され、他の EU 加盟国に事業統括地を有する会社法人はいかなる影響を受けうるのか。ちなみに、他の EU 加盟国で設立され、英国に事業統括地を有する場合には、英国が設立準拠法主義を採用する限りは、英国が EU 加盟国でなくなったとしても、従前通り英国において法人格を保ちつつ事業活動を継続できる。

英国において設立され、本拠地法主義を採用する EU 加盟国で事業を展開する会社については、英国が上記の特段の合意なくして離脱することによって次のような影響を受けることが考えられる。上記3節1でみた CJEU 判例法の進展、とりわけ、1999年の *Centros* 判決以降、ドイツやオーストリアのような本拠地法主義を採用する EU 加盟国においても、他の EU ないしEEA加盟国において適法に設立された会社に対しては、とりわけ、当該設立地が設立準拠法主義を採用している場合には、本拠地法主義の伝統的アプローチによらず、登記地法によって従属法が決定されるようになっている[56]。したがって、これらの国に事業統括地を有する会社に対しても、英国が EU ないし EEA 加盟国である限り、英国を設立登記地とすれば、英国会社法が適用される。そして、登記地会社法の適用範囲は、会社法の全分野にわたる[57]。

英国が EU から離脱すれば（加えて EEA 締約国にもならなければ）上記「特別扱い」を受けることはなくなる。たとえば、ドイツ連邦最高裁判所の *Trabrennbahn* 判決[58]においては、スイスで設立された株式会社のドイツへの事業統括地の自由な移転の可否が問題となったが、同裁判所は、EU 加盟国でも

EEA 締約国でもないスイス会社に対する設立準拠法主義の適用を認めず、会社法人としての国際的移転を認めなかった。他方、同様の事案において、EU加盟国ではないが EEA 締約国であるリヒテンシュタイン会社に対しては、移転を認めているので、EU/EEA への帰属の有無により形式的に解釈基準を区別しているものと考えられる。

　EU 離脱後、英国で設立された会社が、登記地または設立準拠法主義を採用する加盟国にその事業統括地を有する場合、それらの国の裁判所においては、その存在を認められるが、本拠地法主義を採用する加盟国に事業統括地を有する場合には、設立地法は適用されないこととなる。ドイツやオーストリアの株式会社（AG）および有限会社（GmbH）は、国内での登記によってのみその存在が認められる。すなわち、他国で設立登記を経た会社が自動的にこれらの国において会社法人と認められることはなく、国内での設立登記がなければ単に組合と扱われるのみである。結局のところ、無限責任を回避したい企業家は、英国の EU 離脱に先立ち、事業統括地を英国または設立準拠法主義を採用する他の国へ移転させることを検討せざるを得ない。今後起業計画を有する場合には、本拠地法主義を採用する欧州諸国に事業統括地を設けることはむろん避けられるべきである。

　(4)　**英国に登記を有する既存の擬似外国会社の扱い**　　前述のように、新規設立にせよ、既存会社の事業地の移転にせよ、本拠地法主義のもとでそれらを行うか否かの選択は多くの場合業務執行者の負担に帰せられる。もっとも、経営者個々の判断に委ねるばかりではなく、ドイツにおいては、学説上も英国の EU離脱を機に、ドイツ国内で事業活動を行う既存の英国会社にとって不利益を課さない解釈の採用が提言されている。

　ひとつは、国際私法の一般原則を援用し、権原授与理論ないし既得権理論から英国会社の利益を保護しようとするものである。他の理論構成としては、憲法上保障されている基本権的構成により、合理的期待の保護の理論に依拠するものがあるが、かかる構成には疑問を呈する見解もある。会社の存続自体を保護しようとする一般条項的構成に加え、会社法において、英国の EU 条約50条 2 項に基づく離脱通告後に会社が被った債務について、株主の責任を制限す

る解釈をとることも提唱されている。[64] もっとも、以上は学説レヴェルでの法的構成の可能性であり、このような解釈を裁判所がとり、あるいは、英国会社に対し立法的に特別措置が講じられる保障はない。

3　国際的な合併および欧州会社に及ぼす影響

EU 加盟国間の直接的な企業移転ではないものの、EU 立法により、国際的な企業活動を促す装置として、複数の EU 加盟国にまたがる国際的な企業合併に関する指令および欧州会社に関する規則がある。[65]

上記2つの場合、すなわち、英国企業（株式の公開性の有無にはかかわりないが、有限責任会社）が国際的合併の当事会社となって他の加盟国会社と合併する場合および英国企業（公開会社等）が規定された方法（前述3節1参照）により SE となる場合、英国が EU 離脱後 EEA 締約国となるのであれば、EEA による会社法分野に関する EU 立法の受容により、英国会社の立場に何ら変動はない。以下は、仮に英国がハード・ブレグジットを選択した場合のシミュレーションである。

(1)　**国際的合併への影響**　　国際的合併に関する指令は、合併当事会社に必要な手続、たとえば、国際的合併契約書の作成、経営者の報告書、検査役の報告書、株主総会の承認等を定めるとともに、[66] 加盟国に対し、国内の相当な司法・行政機関等に合併の形式的適法性に関する審査手続を委ねる旨を定めることを義務づけている。[67] 加盟国の権限ある機関は、当事会社による合併手続完了前に当事会社各々の加盟国において、合併の形式的審査手続を行い、[68] 遅滞なくその旨の証明書を発行する。[69] 合併当事会社は、上述の証明書発行日から6ヶ月以内に、当該証明書を添付して、当該国際的合併に権限ある機関（合併効力発生日に存続会社となる会社または新設会社が所在する加盟国の機関）による最終的な適法性の審査を、新設合併の場合には、会社設立手続の適法性の審査をも受け、受理されれば当該機関によって定められた効力発生日にかかる合併は効力を生じる。[70][71]

英国の EU 離脱日後に英国会社が国際的合併の手続を始める場合には、本指令の適用を受けなくなり、単に第三国の会社と扱われるにすぎなくなるの

で、合併当事会社の従属法たる加盟国会社法が、国際的合併の可能性を EU 加盟国ないし EEA 締約国の会社に対してのみ開いている場合には、国際的合併自体ができなくなる可能性が高い。

英国の EU 離脱前の国際的合併により、当該合併の存続会社または新設会社が英国会社である場合には、3 節 1 で前述した通り、EU/EEA 領域内、とりわけ本拠地法主義を採用する加盟国へのアクセスが制約されるうえ、再度国際的合併を EU 加盟国企業と行おうとする場合には、上記の理由から、合併自体ができない可能性が高い。[72]英国の EU 離脱との関係で問題となる可能性があるのは、英国会社が当事会社となる国際的合併の効力発生が時期的に EU 離脱日をまたぐこととなる場合であろう。実務的には、当事会社の所在する加盟国の機関の審査および証明書の発行に時間がかかる場合があり、かつ、当該証明書を得てから最長 6 ヶ月の猶予をもって、合併完了の可否の審査が始まり、効力発生日が設定される。延べ数か月の手続期間を経るため、英国の EU 離脱に起因する駆込申請等に伴う行政サーヴィスの遅延の発生等の要因が重なれば、そのようなリスクはますます現実味を帯びる。

指令に特定の加盟国の離脱を想定した規定がないため、各加盟国が指令を履行して制定した合併に関する国内法規定もまたそのような事態を念頭に置いた規定を有していない。指令にかかわらず独自に定めている例はおそらくないものと思われる。

英国は、本指令を2007年に、「2007年会社（国際的合併）規則（The Companies (Cross-Border Mergers) Regulations 2007）[73]」の名称のもとに施行規則（Statutory Instruments）の形で履行している。当該規則によれば、裁判所が命令をもって国際的合併の審査を行い、合併完了を承認し、命令から21日経過後以降の日を効力発生日と定めることとなっている。[74]指令の履行としてではあっても、国内立法手続を経て設けられた国内措置については、当該加盟国が EU を離脱したとしても、自動的に失効することにはならないと解される。さらに、2 でみた通り、欧州共同体法廃止法案がほぼその文言通りに制定されれば、EU 離脱後の既存 EU 立法の英国における存置はより明確化される。

以上の理解を前提とすれば、国際的合併後の存続会社または新設会社の登記

地が英国内に存在することとなる場合には、従前と変わらず、国際的合併による国内の登記手続が進められることとなる。ただし、上述したように、第三国の会社との国際的合併を認めていない加盟国法のもとで設立された会社は、EUから離脱した英国の会社との国際的合併契約を締結しても、かかる契約は効力を有しないと解されるゆえ、上記英国国内の登記手続の完結が可能となるのは、実際には、英国のEU離脱日前に国際的合併手続を進めており、すでに合併完了前の当事会社ごとの国内審査手続を終え、離脱日において英国での登記手続のみを残しているような場合に限られる。そのような場合においても、上述のように、EU離脱後の存続会社または新設会社たる英国会社に対しては域内自由移動の便益は与えられない。

　他方、英国会社が当事会社となる国際的合併において、存続会社または新設会社が他のEU加盟国で登記することとなる場合には、国際的合併手続が図らずも英国の離脱日をまたぐこととなってしまったとすると、あくまでも、当該加盟国の国内法の解釈により、合併手続が完了できるかが判断されることとなる。仮に、加盟国国内法が、国際的合併の可能性をEU加盟国ないしEEA締約国の会社に対してのみ開いている場合には、英国のEU離脱後は、当該加盟国においては英国会社との国際的合併が認められなくなるため、合併登記はできない。とはいえ、合併当事会社が英国のEU離脱前に合併手続が完了すると予見していたにもかかわらず、合併完了前の諸手続の著しい遅延により、最終的な存続会社または新設会社の登記が離脱日後になってしまった場合には、加盟国国内機関が遅滞なく証明書を発行する旨の前記指令規定上の義務に反しており、当事会社にその責めが帰せられるのは衡平性を欠くように思われる。この点については、少なくとも、合併当事会社が、英国の離脱日前に合併完了諸手続に必要な書類を存続会社または新設会社の所在する国の権限ある機関に提出した場合には、当該機関は、英国の離脱日後であっても、合併完了の命令を発しうる旨を加盟国間で合意する等の運用上の手当てによって克服できると説かれている。[75]

　指令は、国際的合併完了時の存続会社または新設会社所在加盟国における公示を国内措置化することを加盟国に求めている。[76] 上記の英国施行規則において

は、英国における存続会社または新設会社に対し裁判所の合併承認命令から7日以内に会社登記所に裁判所命令の複本を提出する旨を義務づけるとともに、会社登記所は、合併手続が完了した旨を不当に遅滞することなく他の関係機関（消滅会社の加盟国国内機関）へ通知しなければならない[77]。他方、英国の会社登記所が EU/EEA 加盟国の登記所から通知を受け取った場合には、英国登記所は、国際的合併の効力発生日かまたはその日後不当に遅滞することなく、英国の消滅会社の登記を抹消し、登記簿に当該会社の資産・負債が存続会社または新設会社へ承継された旨を記載しなければならない[78]。

指令は、国際的合併の存続会社または新設会社が従業員参加制度を有し、当該国際的合併の効力発生日以後3年以内に当該会社がさらに内国合併を行うこととなる場合、当該会社に従業員参加権の保護のための措置をとることを義務づけている[79]。英国の国際合併規則は、指令に基づく同様の規定を有し[80]、EU/EEA 加盟国会社との国際的合併後の英国会社に対しては、離脱後に施行規則の改正がなされない限り、少なくとも合併後の3年間は、従業員参加制度が内国合併によって骨抜きにされないよう、従業員の利益・権利が保護されることとなる。

(2) **欧州会社への影響**　　SE は、EU 規則によって存在が基礎づけられる。EU 規則には直接効果があるゆえ、SE については、とくに国内法措置を要せず、各加盟国において適用される。英国は、国内での SE の受入体制整備のため、2004年に欧州公開会社規則を制定し[81]、2009年[82]および2014年に同規則を改正し[83]、実際には2004年から国内における SE の登記実務が始まった[84]。SE には、従業員関与に関する指令があり[85]、こちらは、加盟国内での国内措置化を通じて加盟国市民に対して適用される。

SE の従属法は、本店所在地の公開会社法である[86]。SE は、登記日において設立国の権限ある機関において登記されることにより、法人格を取得する[87]。したがって、原則論でいえば、英国において SE の設立が可能となるのは、離脱日より前に英国において登記を済ませた場合に限られるが、2で取り上げた欧州共同体法廃止法が成立すれば、英国内で上記規則につき改廃がなされない限り SE 規則はなお英国において存続することとなるので、英国において設立登

記を経た既存 SE は保護されることとなる。

　EU 離脱が効力を生じると SE 規則も効力を停止し、英国には適用されなくなる。英国内で定められた SE 規則もまた効力を失う。それに対し、英国が離脱に伴う国内的措置として、既存の EU 法体系を包括的に受容するのであれば、少なくとも離脱日のヴァージョンの EU 法が英国に受継される。この場合には、既存の SE も、また、離脱日前から英国における SE 設立手続を進めていた場合も、引き続き、英国内の SE 関連法によって保護される。EU 法が離脱後の英国に受継されない場合には、前述の原則通り、英国の離脱に伴い、SE 規則は適用されなくなり、離脱日前に設立手続を進めていた場合も、離脱日以降は英国において SE の登記を完了することができなくなる。SE 規則は、登記前に SE の名においてなされた法律行為について登記後の SE は責任を負わない旨を定めているが[88]、むろんこの規定は SE の成立が前提となっており、EU 離脱により登記される可能性がない場合には適用の余地がない。

　既存の SE の立場についても同様の問題がある。仮に SE 規則が離脱日後の英国に受継されるのであれば、特段の不利益はないものと思われる。もっとも、英国離脱後に EU において SE 規則に改正がなされた場合、国内法として存在するにすぎない、英国 SE 法にその改正は反映されない。

　英国が既存の EU 法を受容しない場合には、SE 規則についても、英国の EU 離脱後は適用されないため、既存の英国 SE は、SE ではなくなるものの、商号中に任意に「SE」という文字を含めることは差し支えないであろう[89]。もっとも、このような会社の存在を認めれば、実務上の混乱を招くことは想像に難くない。

　SE 規則は、SE に本店の移転を認めている[90]。すなわち、移転計画、ならびに、移転の法的・経済的見地からの正当性、および、株主・債権者・従業員への移転の影響に関する経営者報告書の作成、株主総会における承認等の諸手続に加え、移転を計画する SE の国内の権限ある機関による移転前手続履践に関する証明書の発行、さらに、移転先の加盟国の国内の権限ある機関による登記ならびに加盟国および EU における公示手続が定められている[91]。

　SE 規則が離脱後の英国に受継されない場合、他の加盟国の SE が英国の離

脱後にその本店を英国に移転することはできなくなる。他方、英国 SE が他の
加盟国に本店を移転できるかについては、加盟国の地位を喪失した国の SE で
あることを理由に加盟国が登記を拒みうるかという問題であり、その帰趨は予
見できない。そのため、前述した国際的合併の場合と同様に、少なくとも、離
脱前に英国の権限ある機関において、移転前手続に係る必要書類を提出してい
た場合には、移転先加盟国の権限ある機関は、移転手続の完了を認めうる旨の
合意を加盟国間で明示に行っておくことが提言されている[92]。

4 おわりに

　以上、本稿では、英国の EU 離脱が EU/EEA 域内の企業活動の可動性に与
える影響を、TFEU 上の基本権、EU 指令によって規定される有限責任会社の
国際的合併、および、SE の規制枠組みに照らして検討してきた。

　離脱通告の撤回が可能かも含め、EU 条約50条に基づく具体的な離脱手続に
は不明確な点が多く、当初のシナリオ通り離脱に至るのかさえ定かでないが、
仮に離脱に伴い、英国と EU との間で離脱を巡る経過的な取決め[93]——EU 条約
50条 2 項に基づく取決めか、TFEU 207条および218条に基づく取決めかにか
かわらず——がなされ、EU 離脱後英国が EFTA に加盟し、EEA 締約国とな
れば、離脱派が懸念する移民の流入の危険とは抱き合わせとなるものの、自由
な企業移転の便益は引き続き享受されうる。

　ハードないしクリーン・ブレグジット、すなわち、英国が離脱に際し、何ら
貿易投資に関する EU との互恵的協定を締結せずに第三国となった場合には、
会社法人は、本拠地法主義を採用する EU 加盟国に法人格を維持しつつ移転
することはできなくなる可能性が高い。

　国際的合併および SE については、英国が離脱日において存在する EU 立
法を包括的に国内措置化する仕組みを創設するのであれば、少なくとも、英国
の EU 離脱日をまたいで国際的合併手続または SE 設立手続がなされ、関連
加盟国機関において諸手続がなされた後、英国において存続会社もしくは新設
会社、または SE の登記を経ることは可能である。既存の SE も当該国内措置

により保護される。

　履行期限を経過した既存指令については、各加盟国において国内措置が存在し、仮に英国において EU 立法を包括的に国内措置化する仕組みが創設されないとしても、当該国内措置の効力自体は、EU からの離脱の影響を受けないと解される。したがって、指令の形で採択された国際的合併については、少なくとも、離脱日のヴァージョンの指令を履行した国内措置は離脱日以後も英国に残り、他の加盟国に登記を有する会社との国際的合併により、存続会社または新設会社を英国会社とする形であれば、手続の最終段階である登記手続のみを英国内で行うことは可能であると思われる。離脱日到来後は、基本的には、EU/EEA 域外の第三国の会社との国際的合併を認めていない加盟国の会社との合併契約は効力を有しないと解されるゆえ、実務的には英国内での登記の可否の問題は起こらないであろう⁹⁴⁾。英国会社が国際的合併の当事会社とはなるものの、存続会社または新設会社の登記が他の加盟国においてなされる場合には、当該他の加盟国法が EU/EEA 域外の会社との国際的合併を認めていなければ、原則的にはかかる国際的合併手続は完了できない可能性が高い。

　SE については、直接効果を有する規則によってその存在が基礎づけられるので、英国が離脱日における既存の EU 立法を包括的に受継する仕組みが創設されない限り、それに対応する国内規則もまた失効し、英国の離脱に伴って、英国において SE の設立はできないこととなる。英国の既存の SE は、SE ではなくなるものの、SE 規則上の商号に係る制限が適用されなくなるので、SE の文字を引き続き商号に留めていたとしても、理論的には問題はない。SE 規則は、SE の本店の移転を認めているが、英国の EU 離脱後は、他の加盟国の SE がその本店を英国に移転することはできなくなる。他方、英国の SE がその本店を他の加盟国に移転することができるかについては、他の加盟国の運用に委ねられるため、明らかではない。厳密にいえば、もはや SE 規則の適用を受けず、単なる英国公開会社と位置づけられる会社について、加盟国は SE として登記する義務を負わないはずである。

　ハード・ブレグジットによる実務上の混乱を避け、あるいは、その便宜を図るため、国際的合併の場合も、また、SE の新設・本店移転の場合も、関連会

社が合併前手続あるいは新設前・移転前手続をすべて完了し関連機関からその旨の証明書の発行を受け、かかる証明書を提出した場合には、他の加盟国における合併後の存続会社または設立会社、あるいは、SE の新設または本店移転登記を可能とする経過措置を加盟国間の明示的合意により設けることが検討されるべきである。

【注】

1) EU 条約50条は次のように定める。

1 いずれの加盟国も、その憲法上の要件に従って連合から脱退することを決定することができる。

2 脱退を決定する加盟国は、その意図を欧州理事会に通告する。欧州理事会が規定する指針に照らして、連合は、当該加盟国との連合の将来の関係についての枠組みを考慮に入れて、脱退のための取極を規定する当該国との協定を交渉し締結する。右の協定は、欧州連合運営条約第218条第3項に従って交渉する。それは、欧州議会の同意を得て、特定多数決により議決する EU 理事会により連合のために締結する。

3 基本条約は、脱退協定の効力発生の日又はそれがない場合には本条第2項にいう通告の後2年で当該国に適用されなくなるものとする。ただし、欧州理事会が当該加盟国の同意を得て全会一致でこの期間を延長することを決定する場合はこの限りでない。

4 本条第2項及び第3項の適用上、脱退しようとする国の欧州理事会又は EU 理事会の構成員は、これに関する欧州理事会又は EU 理事会の討議又は決定に参加してはならない。特定多数は、欧州連合運営条約第238条第3項bに定義する。

5 連合から脱退した国が再加盟することを求める場合、その要求は、第49条にいう手続に従う。

なお、本規定は、リスボン条約によって、新たに導入されたものである（原文言案は、2003年に英国人外交官 J. Kerr が英国自身の離脱のために起草したとされる（尾上修悟『BREXIT「民衆の反逆」から見る英国の離脱——緊縮政策・移民問題・欧州危機』（明石書店、2018年）291頁））。公的連合体として、構成員の離脱の権利の保障は不可欠である（なお、組織からの離脱の自由について、O. Hirshman, *Voice, Exit and Loyalty: Response to Decline in Firms, Organization, and States* (Oxford University Press, 1970、参照)。特定加盟国による発言権と離脱権の同時行使を用いた EU との取引は、連合組織の脆弱化と特定加盟国偏重に陥る危険があると指摘されている（D. Kostako-poulou, 'Brexit, Voice and Loyalty: Reflections on Article 50 TEU', (2016) 41 European Law Review 488）。

2) W. James and H. Jones, "Getting best Brexit deal for banks 'absolute priority'—UK minister', *Reuters* (London 11 October 2016) ⟨www.uk.reuters.com/artice/uk-britain-

eu-banks-idUKKCN12B0VM〉(accessed 13 November 2017); P. Eeckhout and E. Frant-ziou, 'Brexit and Article 50 TEU: A Constitutionalist Reading', (2017) 54 Common Market Law Review 732.

3) 投票直前の2016年6月22日の英国放送協会（BBC）の報道では、残留45％、離脱44％、不明11％であり、最後まで残留派と離脱派は拮抗していた。

4) この問題は、もっぱら、EU 離脱後の英国と EU との関係に依存すると思われる。可能性としては、ノルウェイ・モデル（EFTA および EEA の構成国となり、自由移動の利益を享受）、スイス・モデル（EFTA に加盟し、EU との二当事者間交渉により単一市場へ部分的にアクセス）、トルコ・モデル（EU 関税同盟を構成）、韓国、カナダ、または日本モデル（EU との間で二当事者間自由貿易協定、経済貿易協定、または経済連携協定を締結）、WTO モデル（完全に第三国化）等がある。現状を最も維持することができるノルウェイ・モデルにおいても、EEA に対する意見照会に応じて EU 立法提案に対し意見表明をすることはできるが、EU 立法提案の採択手続には関与できない。詳細については、本文 3 以下参照。

5) Eg., P. J. Birkinshaw and A. Biondi (eds.), *Britain Alone！ The Implications and Consequences of United Kingdom Exit from the EU* (Wolters Kluwer, 2016).

6) 国内企業データベースと Dun & Bradstreet（本社・米国）の海外企業データベースを活用し、日系企業の EU 進出状況を調査したものである。EU 加盟国における日系企業の拠点数は、英国、ドイツ（2231拠点、17.0％）、フランス（1303拠点、10.0％）と続き、産業別では、卸売業やサーヴィス業他の比率が高い。EU 諸国は、日系企業の製造拠点というのみならず販売やサーヴィスの提供先としても重要であることが理解される。詳細は、〈http://www.tsr-net.co.jp/news/analysis/20170421_01.html〉(accessed 13 November 2017)、参照。

7) [2016] EWHC 2768 (Admin), available at 〈http://www.bailii.org/ew/cases/EWHC/Admin/2016/2768.html〉 (accessed 13 November 2017).

8) *Re (on the application of Miller and another)(Respondents) v Secretary of State for Exiting the European Union* [2017] UKSC 5, available at 〈http://www.bailii.org/cgi-bin/format.cgi?doc=/uk/cases/UKSC/2017/5.html〉 (accessed 13 November 2017).

9) CJEU によれば、問題となっている指令規定が、十分に明確、正確、かつ、無条件である（sufficiently clear, precise, and unconditional）場合、加盟国市民は加盟国国内裁判所において当該指令規定に基づいて訴訟を提起することができる。直接効果の意味するところについては、必ずしも一致していない。水平的直接効果については、狭義には、EU 法規定が加盟国市民に権利を付与することができる能力のこととされるが、広義には、前述のような指令規定の文言に依存する相対的効果も含まれる。垂直的直接効果については、指令の履行期限到来後加盟国において指令の履行がなされていない場合および指令の履行・適用に不備がある場合には、加盟国市民は指令規定に直接的に依拠し国に救済を求めることができるとされている（see eg., P. Craig and G. De Búrca, *EU Law Text, Cases, and Materials* (6th edn. Oxford University Press,

2015) 184ff）。

10) Paras. 67-68 of the judgment.

11) Para. 82 of the judgment. 判旨は、イングランドにおける提訴であった本件では問題となり得なかったものの、北アイルランド高等法院における *R (McCord) v The Secretary of State for Northern Ireland* [2016] NIQB 85 において問題となっていた EU 条約50条に基づく内国手続と地方自治権の関係についても取り上げ（ウェストミンスターにおける立法には、自治権（地方政府）を有する北アイルランド等の地方議会の同意（consent motion）を要するゆえ、離脱手続の開始にはウェストミンスターの立法のみならず、かかる立法に対する地方議会の同意を要する、等）、最高裁は、全員一致で、司法はかかる政治的協定について判断する立場にないと結論づけた。

12) See TFEU, Art 267.

13) C. Barnard, 'Law and Brexit', (2017) 33 Oxford Review of Economic Policy S6. See also, Eeckhout and Frantziou, supra note 2, pp. 709ff.

14) 立法過程詳細については、〈https://services.parliament.uk/bills/2017-19/europeanunionwithdrawal.html〉(accessed 13 November 2017) を参照。上院では、英国市民の EU 市民としての既得権益の保護および交渉妥結後の議会の承認の留保を盛り込むべき修正提案をしていたが、下院によりかかる修正提案は覆された。

15) TFEU 207条は、共通通商政策に関する立法手続等を定める。共通通商政策分野に関し第三国または国際機関との間で協定を締結する場合には、TFEU 218条の手続によるとされるが（Art 207（3））、運輸分野に関する国際協定の交渉・締結については、TFEU 218条の手続に基づく旨が別途定められている（Art 207（5））。

16) TFEU 218条は、EU と第三国または国際機関との協定締結手続を具体的に定める。外交・安全保障政策分野を除き、理事会が交渉開始を授権し、交渉指令を採択し、協定の署名を授権し、締結する。理事会は、交渉担当者の提案に基づき、協定を締結する旨を定めるとともに、もっぱら外交・安全保障政策分野に関する協定を除いては、附属協定、欧州人権条約への EU の加盟協定、協力手続の構築による特別な制度枠組みを設定する協定、EU に対し重要な予算上の意味を有する協定、または、通常立法手続または欧州議会の同意を要する特別立法手続が要求される分野を捕捉する協定については、欧州議会の同意を得なければならない。理事会の意思決定は、原則として特定多数決による。

17) P. Craig, 'Brexit: What Next？ Brexit: A Drama in Six Acts', (2016) 41 European Law Review 461. TFEU 218条3項に基づき、離脱交渉は理事会のイニシアティヴにおいて進められることとなる。

18) Barnard, supra note 13, p. S8.

19) HC Bill 5 2017-19.

20) Barnard, supra note 13, p. S9.

21) David Davis 離脱担当相の解釈による。もっとも、政府内においても、The European Union (Withdrawal) Bill と既存の EU 立法を履行した国内法との関係については、

必ずしもそれぞれの見解は一致していないようである。

22) 英国は会社法分野の EU 立法手続においても、発言力を有してきた。たとえば、公開会社の機関構成に関する会社法第 5 指令案を巡る英国の強固な反対について、W. Kolvenbach, 'EEC Company Law Harmonization and Worker Participation', (1989) 11 University of Pennsylvania Journal of International Business Law 723.

23) EEA 加盟国は立法提案の採否決定手続には関与することができないものの、EEA 共同委員会（欧州議会議員と EFTA 加盟国議会議員から同数選任される委員で構成される（EEA Agreement, Art 95））において意見表明の機会は与えられる。すなわち、EEA 協定によって捕捉される法分野についてコミッションが新たな立法提案をした場合、コミッションは、EU 加盟国の専門家と EEA の専門家とを対等に扱い、非公式な意見を聴取する。コミッションがかかる立法提案を理事会に送付する際には、EFTA 加盟国に対してもその複本を送付しなければならない。EEA 共同委員会においては、EEA 締約国からの要請があれば、事前の意見交換がなされる。理事会決定に至るまでの期間、EEA 共同委員会においては、EEA 締約国相互の諮問が相当な時間をかけてなされる（EEA Agreement, Art 99）。

24) Case C-212/97 *Centros Ltd v Erhvervs-og Selskabsstyrelsen* [1999] ECR I-1459. デンマーク人 2 名がデンマーク会社法上の最低資本金規制の適用を免れる目的のもと英国で私会社を設立し、デンマークに支店の登記をしようとしたところ、擬似外国会社であることを理由に拒絶された。欧州司法裁判所は、英国法上の要件を充足して設立されている以上、EC 条約上の開業自由を享受でき、登記の拒絶は許容されない旨を判示した。デンマーク政府からの最低資本金規制の目的である債権者保護等に基づく正当性の主張は受け入れられなかった。その後 Case C-208/00 *Überseering BV v Nordic Construction Company Baumanagement GmbH (NCC)* [2002] ECR I-9919 等の判例が後続し、基本的には開業自由を基本権として優位させる立場が確立した。

25) TFEU 49条は、次のように定める。「以下の規定の枠組みにおいて、加盟国の市民の他の加盟国の領域内における開業の自由への制限は禁止される。かかる禁止は、加盟国領域内で設立された加盟国市民による代理店、支店または子会社の創業への制限にも適用される。開業の自由は、かかる開業に関連する国の法によって自国民のために定められた諸条件のもと、資本に関する節の規定に従いつつ、自営業者、または、とりわけ第54条第 2 パラグラフの意味における会社その他の事業組織としての活動を行い、深める権利を含む」

26) TFEU 54条は、次のように定める。「加盟国法に基づいて設立され、欧州連合域内に登記上の本店、統括中心地、または主要な事業所を有する会社その他の事業組織は、本節において、加盟国市民である自然人と同列に扱われる」

27) Case C-212/97 *Centros Ltd v Erhvervs-og Selskabsstyrelsen* [1999] ECR I-1459; Case C-208/00 *Überseering BV v Nordic Construction Company Baumanagement GmbH (NCC)* [2002] ECR I-9919; Case C-167/01 *Kamer van Koophandel en Fabrieken voor Amsterdam v Inspire Art Ltd* [2003] ECR I-10155; Case C-411/03 *Sevic Systems* [2005]

ECR-10805; Case C-378/10 *VALE Épītēsi* ECLI: EU: C: 2012: 440.

28) 加盟国措置の正当性が肯定される可能性があるのは以下の場合である。①問題となっている加盟国措置が、開業時点で「間接的かつ不明確（indirect and uncertain）」である場合、②国内の公序に基づく場合。①について、たとえば、Case 594/14 *Kornhaus v Dithmar* ECLY: EU: C: 2015: 806 は、債権者保護のため財務状況のきわめて悪い会社とその取締役らの義務を定めた国内法の規定は、新たに設立された会社の開業自由権行使に何ら影響を及ぼさないとした。すなわち、倒産は、潜在的責任に関する設立時には不分明な事象であり、他の加盟国における開業時点で株主らや取締役らの意思決定に委ねられる事項ではない。②については、本文3節1においても述べたように、公益的観点から正当化されうる場合であり、比例性テストの適用により審査されることが多い。すなわち、正当化されるためには、当該加盟国措置が、a）無差別に適用されること、b）公益上の不可避的要請により正当化されうること、c）当該規制の目的を確保するために有効であること、および、d）その効果において不均衡でないこと、が必要である。

29) Case C-167/01 *Kamer van Koophandel en Fabrieken voor Amsterdam v Inspire Art Ltd* [2003] ECR I-10155.

30) SE Regulation, Art 2(1).

31) SE Regulation, Art 2(2). 持株会社設立方式によるときは、有限責任の公開会社または私会社である必要がある。

32) SE Regulation, Art 2(3). 子会社設立方式によるときは、少なくとも法人格を有する組織である必要がある。

33) SE Regulation, Art 2(4). そのほか、EU 加盟国は、EU 加盟国法によって設立され、EU 加盟国に登記簿上の本店を有し、EU 加盟国の経済に継続的に密接なかかわりを有する会社については、EU 域外に事業統括地を有するものであっても、SE 設立に関与することを認める旨の立法をすることができる（SE Regulation, Art 2(5)）。

34) Council Regulation (EC) No. 2157/2001 of 8 October 2001 on the Statute for a European Company (SE) (hereafter referred to as "SE Regulation"); Council Directive 2001/86/EC of 8 October 2001 supplementing the Statute for a European Company with regard to the involvement of employees.

35) 原始6加盟国（イタリア、オランダ、ドイツ、フランス、ベルギー、ルクセンブルグ）はすべて本拠地法主義を採用していたが、その後オランダは設立準拠法主義に転じた。英国およびアイルランドの EC 加盟により、アイルランド、英国、およびオランダが設立準拠法主義を採用するほかは、他の加盟国は本拠地法主義（ないし折衷主義）による。

36) ドイツの状況については、たとえば、上田純子「欧州連合における開業の自由とドイツ国内法——近時の欧州連合司法裁判所判決例を手がかりとして」早川勝ほか編『ドイツ会社法・資本市場法研究』（中央経済社、2016年）71頁以下参照。

37) 登記簿上、商号や取締役らの居住地から外国資本であることが推測される会社を擬

似外国会社と判断した推計値による。J. Armour, 'Who should make corporate law？ EC legislation versus regulatory competition', 58 (2005) Current Legal Problems 386; M. Becht, et al., 'Where do firms incorporate？ Deregulation and the cost of entry', (2008) 14 Journal of Corporate Finance 249-252.

38) J. Armour, et al., 'Brexit and Corporate Citizenship,' (2017) 18 European Business Organization Law Review 230. Armour, et al. 論文では、イタリア、オーストリア、オランダ、スペイン、チェコ、デンマーク、ドイツ、フランスの8加盟国における英国企業数の平均値1万2913社をベースにそれに英国とアイルランド（英国と同様に最低資本金規制を有せず英国を設立登記地に選ぶインセンティヴに乏しいため、除外されている）を除く加盟国数の26を乗じた33万5741社をEU域内の英国企業数の推計値としている（実際には、12,913×26=335,738であるが、3社多く計上されている理由は不明である）。

39) Ibid., pp. 233ff. なお、岩田健治「英国、EU離脱へ（中） 新貿易投資協定が焦点に『ノルウェー型』が理想的」日本経済新聞2016年7月4日付朝刊、尾上・前掲注（1）280頁以下、350-351頁。

40) Barnard, supra note 13, p. S7. たとえば、EUがカナダと包括的経済・貿易協定を締結した際には、2009年10月の交渉開始から2014年9月の交渉妥結に至るまで、5年を要した。

41) Ibid.; Eeckhout and Frantziou, supra note 2, pp. 714ff.

42) 英国は、欧州における覇権獲得を目指し、欧州経済共同体（EEC）に対抗して、1960年に欧州自由貿易連合（EFTA）を発足させた経緯がある。域内の関税を撤廃しつつ、EUとは異なり、域外に対する共通関税は設定しない。英国は、1973年のEEC加盟に伴い、EFTAから脱退した。

43) 本稿で取り上げる会社法人の自由移動の問題には直接関係しないものの、関税同盟分野のEU立法はEEA締約国の履行義務から除外されているため（本文3節2(1)参照）、単一市場へ参加するかの問題とは別にEU関税同盟構成国として残存すべきかの選択肢はなお懸案事項として残される。ちなみに、EEA参加国であるアイスランド、スイス、ノルウェイ、およびリヒテンシュタインはいずれもEU関税同盟に参加していない。他方、EU加盟国でないトルコはEUとの間で二当事者間の関税同盟を結成している。

44) EEA Agreement, Art 128.

45) たとえば、EEA Agreement Art 2(b) は、EFTA加盟国の定義を規定するが、これに英国を加える修正は少なくとも必要となろう。

46) EEA締約国が国内履行義務を負う旨が定められているのは、第一指令（First Company Law Directive 68/151/EEC, on co-ordinating of safeguards for the protection of the interests of members and others, repealed by 2009/101/EC, OJ 2009 L 258/11）、第二指令（Second Company Law Directive 77/91/EEC, on formation of public companies and the maintenance and alteration of capital, updated by 2006/68/EC and 2009/

109/EC, repealed by 2012/30/EU, OJ 2012 L 315/74)、第三指令（Third Company Law Directive 78/855/EEC, on mergers of public limited liability companies, repealed by 2011/35/EU, OJ 2011 L 110/1）、第四指令（Fourth Company Law Directive 78/660/EEC, on accounting standards, OJ 1978 L 222/11）、第六指令（Sixth Company Law Directive 82/891/EEC, on division of public companies, amended by 2007/63/EC, OJ 1982 L 378/47）、第七指令（Seventh Company Law Directive 83/349/EEC, on group accounts, OJ 1983 L 193/1）、第八指令（Eighth Company Law Directive 84/253/EEC, on the approval of persons responsible for carrying out the statutory audits of accounting document, repealed by 2006/43/EC, on statutory audits of annual accounts and consolidated accounts, OJ 2006 L 157/87）、第十一指令（Eleventh Company Law Directive 89/666/EEC, on disclosure requirements in respect of branches opened in a Member State by certain types of company governed by the law of another State, OJ 1989 L 395/36）、第十二指令（Twelfth Company Law Directive 89/667/EEC, on single-member private limited-liability companies, repealed by 2009/102/EC, OJ 2009 L 258/20）、EEIG 規則（Council Regulation (EEC) No 2137/85 OJ 1985 L 199/1）、SE 規則（Council Regulation (EC) No 2157/2001, OJ 2001 L 294/1）（正式名称については、前掲注（34）を参照）、国際会計基準規則（Council Regulation (EC) No 1606/2002, OJ 2002 L 243/1, and (EC) No 1126/2008, OJ 2008 L 320/1）、SCE 規則（Council Regulation (EC) No 1435/2003, OJ 2003 L 207/1）、公開買付指令（Takeover Directive 2004/25/EC, OJ 2004 L 142/12）、国際合併指令（Cross-Border Merger Directive 2005/56/EC, OJ 2005 L 310/1）（正式名称については、前掲注（34）を参照）、株主権指令（Shareholder Rights Directive 2007/36/EC, on the exercise of certain rights of shareholders in listed companies, OJ 2007 L 184/17）、登記連携指令（Interconnection of Registers Directive 2012/17/ EU, OJ 2012 L 156/1）、および、財務報告指令（Financial Reporting Directive 2013/34/ EU, OJ 2013 L 182/19）である。

47）　EEA Agreement, Art 1(2).

48）　EEA Agreement, Art 31.

49）　EEA Agreement, Art 34.

50）　たとえば、ノルウェイの2016年の年間負担額は、約8億700万ユーロに達したと試算されている（https://eeagrants.org/）（accessed 13 November 2017）。

51）　ただし、前掲注23参照。

52）　TFEU 45条、EEA 協定28条、参照。すでに英国の国民投票後の2016年6月27日の欧州首脳会議においては、4つの自由をすべて受容することが求められている。

53）　EU-South Korea Free Trade Agreement (FTA), 2011年11月1日仮適用。

54）　EU-Canada Comprehensive Economic and Trade Agreement (CETA), 2017年9月21日仮適用。

55）　EU-Japan Economic Partnership Agreement (EPA)．2013年3月に交渉を開始し、2017年12月8日に妥結した。

56) See, e.g., German Bundesgerichtshof, Judgment of 13 March 2003, VII ZR 370/98, BGHZ 154, 185; Judgment of 14 March 2005, II ZR 5/03, ZIP 2005, 806; Austrian Oberster Gerichtshof, Judgment of 15 July 1999, 6 Ob 124/99z; Judgment of 8 May 2008, 6 Ob 232/07z.

57) Austrian Oberster Gerichtshof, Judgment of 29 April 2004, 6 Ob 43/04y.

58) German Bundesgerichtshof, Judgment of 20 October 2008, II ZR 158/06, BGHZ 178, 192.

59) German Bundesgerichtshof, Judgment of 19 September 2005, II ZR 158/06, BGHZ 164.

60) 少なくともドイツにおいては、その旨が明確に判示されている。German Bundesgerichtshof, Judgment of 1 July 2002, II ZR 380/00 BGHZ 151, 204. ドイツにおける設立登記を経由しなければ、民法上の組合か合名会社（ドイツにおいては合名会社は登記を要しない）と扱われることとなろう。なお、オーストリアの裁判所において組合と扱う旨の明示の判示がなされた例はないものの、このような擬似外国会社において債権者が会社を被告として提訴した場合、却下される（Austrian Oberster Gerichtshof, Judgment of 25 August 2000, 3 Ob 59/00y）。

61) R. Freitag and S. Korch, 'Gedanken zum Brexit—Mögliche Auswirkungen im Internationalen Gesellschaftsrecht', (2016) 37 Zeitschrift für Wirtschaftrecht 1363ff; M. P. Weller, et al., 'Englische Gesellschaften und Unternehmensinsolvenzen in der Post-Brexit-EU', (2016) 69 Neue Juristische Wochen Schrift 2381-2382; M. Lehmann and D. Zetzche, 'Die Auswirkungen des Brexit auf das Zivil- und Wirtschaftsrecht', (2017) 72 Juristenzeitung 62-71.

62) W. Bayer and J. Schmidt, 'BB-Gesetzgebungs- und Rechtsprechungsreport Europäisches Unternehmensrecht', (2015/2016) 71 Betriebs-Berater 1933.

63) M. Seeger, 'Die Folgen des Brexit für die britischen Austritts aus der Europäischen Union auf die in Deutschland tätigen Limiteds', (2016) 54 Deutsches Steuerrecht 1817-1824.

64) Freitag and Korch, supra note 61, pp. 1363ff.; A. Schall, 'Grenzüberschreitende Umwandlung der Limited (UK) mit deutschem Verwaltungssitz—Opinion für den Fall des Brexit', (2016) 2 Zeitschrift für die gesamte Privatrechtswissenschaft 413.

65) Directive 2005/56/EC of the European Parliament and of the Council on cross-border mergers of limited liability companies, OJ 2005 L 310/1; Council Regulation (EC) No 2157/2001 on the Statute for a European Company, OJ 2001 L 294/1.

66) Directive 2005/56/EC (hereafter referred to as "Cross-border merger directive"), as above, Arts 5-9.

67) Cross-border merger directive, Art 10(1).

68) Cross-border merger directive, Art 10(1).

69) Cross-border merger directive, Art 10(2).

70) Cross-border merger directive, Art 11.

71) Cross-border merger directive, Art 12.

72) 立法論としては、英国の離脱を機に、EU/EEA 諸国が会社法等の関連立法において、指令と同等の利害関係者保護レヴェルを保障する第三国の会社との国際的合併を可能とすることも考えられる。

73) SI 2007/2974.

74) Companies (Cross-Border Mergers) Regulation 2007 (hereafter referred to as "Cross-border mergers regulations"), Arts 6-21.

75) Armour, supra note 38, p. 242.

76) Cross-border merger directive, Art 13.

77) Cross-border mergers regulations, Art 21.

78) Cross-border mergers regulations, Art 21(3)(b).

79) Cross-border merger directive, Art 16(7).

80) Cross-border mergers regulations, Art 40.

81) European Public Limited-Liability Company Regulations 2004, SI 2004/2326.

82) European Public Limited-Liability Company (Amendment) Regulations 2009, SI 2009/2400.

83) European Public Limited-Liability Company (Amendment) Regulations 2014, SI 2014/2382.

84) A. Carlson, The European Trade Union Institute, *Overview of current state of SE founding in Europe*, update: 31 March 2017 によると、2017年3月31日現在の SE の総登記数は、2757 である。加盟国別の登記数のデータについては、2016年12月31日現在のものしか掲げられていないが、それによると、SE の総登記数は 2695 あり、そのうち英国に登記を有するものは42社である。

85) Directive 2001/86/EC supplementing the SE Regulation with regard to the involvement of employees, OJ 2001 L 294/22.

86) SE Regulation, Art 15.

87) SE Regulation, Art 16.

88) SE Regulation, Art 16(2).

89) SE Regulation, Art 11(2) は、SE に対し商号中に「SE」の文字を含ませることを要求している。離脱に伴い本規定は適用されなくなるので、EU 規則上の SE でなくなっても、「SE」の文字の使用は継続できるものと理論上は解される。

90) SE Regulation, Art 8.

91) SE Regulation, Arts 20-28, 32, 37.

92) Armour, supra note 38, p. 245.

93) これらについては、加盟国の閣僚レベルで決定できるのかという問題がある。本文に述べたように、EU 条約50条は、離脱加盟国と EU との将来の取決めに関する決定手続を何ら規定していない。また、離脱前の交渉・決定手続についても、そもそも

EU 条約50条２項の下で可能な取決めの範囲・内容自体が定かでなく、通常の国際協定に関する決定手続との整合性に鑑みると、離脱に密接にかかわる事項のみ取決めが可能であると考えるのが自然である。この決定手続は理事会の特定多数決による。それ以外の事項を対象とする場合については、英国が第三国となることを前提とするとTFEU 207条および218条を根拠とした取決めと解することとなろう。これら２つの条文は、注15および注16に前記したように、EU と非 EU 加盟国との間の国際協定締結権限を EU に与える規定であり、EU のみならず加盟国の管轄事項をも含める混合協定（mixed agreements）であれば、理事会における加盟国の総意、欧州議会の同意、および38の加盟国・地域議会の承認を要することになる。こう解すると、そもそもEU 条約50条２項に基づく取決め自体が困難であることに加え、英国が完全に第三国となってからしかこれらの協定締結手続が開始できないと解する場合には、離脱後の数年間は、貿易投資分野における EU/EEA 諸国との同等待遇を期待することはできないであろう（Barnard, supra note 13, p. S7）。なお、離脱前後の英国と EU との協定締結手続の流れのブリーフィングとして、V. Miller, House of Commons Library, *EU External Agreements: EU and UK Procedures*, Briefing Paper, Number CBP 7192, 28 March 2016, available at ⟨http://researchbriefings.files.parliament.uk/documents/CBP-7192/CBP-7192.pdf⟩（accessed 13 November 2017）。

94）　何らかの過誤または他の加盟国の「温情措置」等により、関連加盟国における合併完了前の審査手続を通過し、英国での登記手続に至った場合には、英国の登記所は離脱日後の指令に基づかない国内措置を根拠に、かかる国際的合併の存続会社または新設会社の登記を行うことができると解する。いったん登記がされてしまうと、国際的合併指令およびそれを履行した加盟国国内措置に事後的無効の主張の制度がないため、国際的合併手続は完結し、その効力は覆らない。

〔付記〕本稿は、2017年11月初旬までに入手しえた情報に基づいて執筆されたものである。英国の EU 離脱交渉は2018年中に大きく進展する可能性があることを留めおく。

取締役の株主に対する義務

大杉　謙一

1　はじめに——本稿の主題

　わが国の会社法では、取締役が善管注意義務を負う名宛人は株式会社であり、株主ではない（会社330条、民644条参照）。しかし、近年 MBO（経営者による企業の買収・非上場会社化取引）などの取引を念頭に置いて、取締役が株主の利益に配慮すべき一定の義務を負うことがコンセンサスとなっている。

　たとえば、東京高判平成25年4月17日は、MBO にあたって取締役は「公正価値移転義務」および「適正情報開示義務」を負うと判示している（本稿2節2参照。取締役・監査役の株主に対する損害賠償責任の有無が争われた事例）。また、平成26年改正会社法は、短期間でのキャッシュアウト取引を可能にする制度として特別支配株主の株式等売渡請求の制度を導入した（同法179条以下）際に、対象会社の承認を受けることを義務付けた（179条の3）。これは、取締役（会）が、売渡株主（少数株主）の利益を保護するために、キャッシュアウトの条件が適正なものか、対価の交付の見込み等の判断を行うことを期待した制度であり、この規定は、キャッシュアウトの場面において取締役（会）が少数株主の利益を守るという義務の内容を示しているとされる。

　また、最一小決平成28年7月1日は、親会社による上場子会社のキャッシュアウト取引（公開買付けと全部取得条項付種類株式の取得を組み合わせる二段階買収）において、「一般に公正と認められる手続」により公開買付けが行われ、その後に公開買付価格と同額で全部取得条項付種類株式を取得した場合には、取引の基礎となった事情に予期しない変動が生じたと認めるに足りる特段の事情が

ない限り、裁判所は、株式の取得価格を公開買付価格と同額とすべきである、との旨を判示している。学説も、取締役が少数株主への義務を尽くして公正な手続をとった場合には、価格決定の手続において現実の買収価格を取得価格と決定すべきことを肯定している[4]。

このように、近時キャッシュアウト取引などの場面で取締役が株主に負う義務が議論されているが、本稿は、より広い場面を念頭に置いて、取締役が株主に対して負う義務を論じるものである。具体的には、株式の割当て・売却によって株式が移動し、会社支配権に影響が生じる場合、たとえば第三者割当増資や、発行済株式が公開買付けにより取得される場合などである。この場合に、取締役が株主に義務を負うべき根拠を検討し、これを「株主に対する義務」と定式化することの意義を論じることとしたい。

2 裁判例と学説

ここでは、これまでの裁判例と学説を大まかに概観する。以下に見るように、取締役が株主に対して義務を負うのは上場会社のキャッシュアウト取引に限られない。

1 新株の発行、組織再編行為

最三小判平成9年9月9日[5]は、募集株式の有利発行に当たって、取締役が株主に対する義務を負っていることを明言する。

この判決は、第三者割当ての方法による有利発行が株主総会の特別決議を経て行われる際に、当該会社の取締役（5人。「Yら」という）が大株主1名（X2。当該総会決議で反対票を投じることが予想されていた）に総会の招集通知を送付しなかったことが、平成17年改正前商法266条ノ3第1項（会社429条1項に相当）の適用にあたり、取締役の義務に違反するとした。この事件では、X2以外の株主3名も原告となって賠償請求をしており、最高裁は次のように判示した。

「Yらは、X2を株主として取扱い、本件株主総会の招集の通知を行う職務上の義務

を負っていたものというべきである。そして、株主総会開催に当たり株主に招集の通知を行うことが必要とされるのは、会社の最高の意思決定機関である株主総会における公正な意思形成を保障するとの目的に出るものであるから、X2に対する右通知の欠如は、すべての株主に対する関係において取締役であるYらの職務上の義務違反を構成するものというべきである」（傍点は筆者が追加）。

本判決は原判決を破棄し、事件を原審に差し戻したが、原々審判決および差戻後の控訴審判決は、いずれもYら5名が、Xら4名に対して一定額の賠償責任を負うことを認めた。

このように、本判決は、取締役が新株発行に当たって既存株主に対して一定の義務を負っていることを前提として、具体的には、株式の有利発行を許容する株主総会決議において、株主が合理的な判断をなしうるように、取締役が職務上の義務を負っていることを明らかにした。もっとも、ここで問題となった招集通知の不発送は、明文の法規定（平成2年改正前商232条。会社299条に相当）に反するものであり、さらに、議案に反対することが予想される大株主に取締役が故意に招集通知を送付しなかったという、軽微とはいえない法令違反のあった事案である。そのため、一般論として、取締役が株主に対してどこまでの義務を負うかは、本判決からは明らかではない。

なお、株式の有利発行に関して取締役に説明義務を課す法文（会社199条3項、200条2項）も、どこまでの説明が必要であるかについては明らかにしていない。

次に、東京地判平成23年9月29日[6]では、共同株式移転に関して、対価が不公正であるとして取締役の義務違反および損害賠償責任が争われた。ここでは、「株主に対する義務」であることは明示されなかったが、「株式移転比率に関する合意の任務に当たる取締役の判断が善管注意義務に違反する」か否かが争われ、一定の義務が存在することを前提として、事実関係に照らすと「〔株式〕移転比率の合意について、被告に善管注意義務違反となるべき任務懈怠が……ない」との判示がされている。組織再編行為における対価（合併比率等）の不公正は、原則として当事会社に損害を与えることはなく、株主に直接に損害を与えるものであるから、学説の中には、ここでいう善管注意義務は株主に対する義務であると述べるものがある[7]。

2 上場会社における株式の大量買付け

上場株式の大量買付け行為は、対象会社の経営陣の同意を得て行われる場合（友好的買収）と経営陣の意思に反して行われる場合（敵対的買収）とに大別されるが、いずれの場合にも、対象会社の取締役が一定の義務を負い、その義務は対象会社の株主に対するものであることを、近時の下級審裁判例は大筋で認めている。

第1に、東京高決平成17年6月15日は、買収防衛策の導入に関連して、次のように述べている。「取締役は会社の所有者である株主と信認関係にあるから上記権限〔筆者注：取締役会の有する新株予約権の発行権限〕の行使に当たっても株主に対しいわれのない不利益を与えないようにすべき責務を負うものと解される[8]」。

第2に、大阪高決平成21年9月1日は、MBOに関連して、次のように述べている。「MBOを計画する経営者は、株主に対してはその利益を図るべき善管注意義務があ〔る〕[9]」。

第3に、本稿の冒頭で紹介した東京高判平成25年4月17日は、MBOに関連して次のように判示している。「株式会社は、会社の企業価値を向上させて、会社の利益ひいては企業所有者たる株主の共同の利益を図る仕組みの営利企業であり、取締役……の会社に対する善管注意義務は、会社、ひいては、株主の共同の利益を図ることを目的とするものと解される」。そして、取締役は、善管注意義務の一環として、「MBOに際し、公正な企業価値の移転を図らなければならない義務」（公正価値移転義務）、「株式公開買付けにつき会社として意見表明をするときは、当該意見表明において、株主が株式公開買付けに応じるか否かの意思決定を行う上で適切な情報を開示すべき義務」（適正情報開示義務）を負う旨を判示している。

3 学　　説

学説にも、取締役が株主に対して義務を負うという見解が少なくない。ここでは2つの例を挙げる。

「取締役の行為が会社の利益を通さずに、ストレートに株主の利害に及んでくる場合があるので、その場合は株主の利益に配慮する義務があるといえるのかなと思うのです。」「新株の発行も似たようなところがあるわけで、資金を10億円調達するときに何株発行するかを考えるときには、株主の利益のことを考えなければ決められないはずです。ですから、何株発行するか決めるのも取締役の職務である以上は、それは株主の利益も考えることになるのではないかと思います」[10]。

「取締役は、MBO のような利益相反型の場合でなくても、株主の利益を守らなければならないという義務は当然に会社法上の義務として負っており、ただ、MBO のような利益相反型の場合は、一方の株主の利益が害されることが非常にありうる状況なので、実際に株主に損害が生じたときは、会社法429条1項の悪意、重過失が認定されやすくなるという問題が出てくるのだろうと思います」[11][12]。

なお、アメリカ法では、取締役は会社に対してだけでなく株主に対しても信任義務を負うとされている[13]。

3 「取締役の株主に対する義務」の根拠

1 総　説

株式会社とは、出資者が共同事業を営む際に用いられる事業形態の1つである。株主は、自ら取締役となり、会社経営に積極的に関わることもあれば、会社経営の具体的内容は専門家である取締役にこれを任せ、自らは取締役の選解任などの限られた場面で関与するにとどまることもあるが、いずれの場合であっても、株式会社制度の基礎となっているのは、株主（通常は複数）が自らの代理人として取締役を選び、取締役に会社の経営・管理を「委任」するという仕組みである。

この「委任」の仕組みにおいて、株主は取締役に一定の裁量を伴う任務を与え、取締役は株主全体の利益を最大化するために合理的な努力を行う責務を負っている。会社法は、「会社と取締役の間」に委任関係を設定しているが（同法330条）、これは、ときには非常に多数にのぼる株主の個々に対して取締役が受任者としての義務を負うという複雑な法律関係を設定することを避け、取締役が義務を負う相手方を単一の会社と定めることで法律関係の単純化を図るも

のであるが、その根底にある制度の趣旨としては、取締役は株主全体の利益を図るべき立場に置かれているといえる（ステークホルダーの利益について、5節2参照）。

　取締役が会社の経営について一定の決定・判断を行う際には、通常は、会社の利益の最大化を行為準則とすれば、その結果、株主全体の利益の最大化が図られ、かつその恩恵は株主間にほぼ均等に帰属する。もっとも、株主間で意見や利害の対立するテーマも存在するが、この点の利害調整は、一定の事柄については株主間の多数決によって図られ、他の事柄については取締役が裁量権を行使することで図られている。会社法は株主平等の原則を定めているが（109条1項）、株主間で意見や利害の対立するテーマが取締役の裁量権行使によって調整される場合には、この原則は取締役が株主を平等に取り扱う義務として現れる。この平等原則の下でも、取締役は、株主を不平等に扱うことが全面的に禁止されているわけではないが、それを行うには合理的な理由があることが必要であると解される。[14]というのは、株主は公正に扱われるという期待があるから安心して株式会社に出資をなしうるし、通常は株主を平等に扱うことが公正な取扱いに当たるからである。

　上記のように、株式会社法は、実質的には取締役が株主に対して一定の責務を負うことを念頭に置きながら、実定法上の規律としては、会社に対する受任者としての義務と、株主平等原則（株主を平等に取り扱う義務）を規定することで、法律関係の単純化を図っている。

2　株式の割当て・売却による会社支配権への影響

　これに対して、株式会社の持分権（株式）が移動し、会社支配権に影響が生じる場面では、「取締役が株主に対して負う義務」が表に現れる。

　たとえば、募集株式を第三者割当ての方法で発行するときには、取締役は、当該新株発行の内容・条件を株式引受人と交渉する際に、既存の株主の利益を最大化する義務を負っている。また、上場会社の発行する株券が公開買付けの対象となるとき、上場会社（対象会社）の取締役（会）は意見表明を行うことが義務付けられているが（金商27条の10条）、これは、対象会社の株主が通常、買

収条件の良し悪しについて判断するための情報が不足していることや、個々の株主が買収者と個別に交渉することが現実的でないことに照らして、取締役が株主の利益を最大化する責務を負っていることを前提として、その責務を果たすための具体的な方法の一部分を定めたものと解される。

また、同様の場面として、企業買収への対抗策として、株式会社が第三者割当ての方法で募集株式を発行する場合や、差別的行使条件などの付された新株予約権を株主割当ての方法で発行する場合も挙げることができる。これらの場面では、不公正発行に該当すれば株式・新株予約権の発行が差し止められるが、そのようなルールの背後には、「取締役の株主に対する義務」が存在すると考えられる。

これらの場面で「取締役の株主に対する義務」を観念する理由は、「取締役の会社に対する義務」を想定するだけでは利害調整を十分に図ることができず、むしろ「会社」の内部での株主間の利害対立についての調整原理が必要となるからである。会社法には、「株主に対する義務」は明文化されていないが（その理由は、4節1、6節1で後述）、会社法はこれを否定するものではないし、むしろ新株発行や株式公開買付けの場面で取締役がこれらの義務を負っていると解すべきことは、先に2節で紹介した裁判例・学説が肯定するところである。

4 義務の構造と概要

1 株主と取締役の利害対立

会社法は機関間の権限分配を定めているが、取締役その他の役員（会社329条）の行動準則は多くの場面で解釈に委ねられている。

第三者割当てによる募集株式の発行や、上場会社における株式の公開買付けにおいて、株式の割当て・売却の相手が取締役である場合には、利害の対立は（新旧の）株主間に存在するだけでなく、一般株主と取締役の間にも利害対立が生じる。この利害対立は、会社法上の権限分配によって完全に解消されるわけではなく、取締役の行動準則によって補完される必要が大きい。

株式の割当て・売却が取締役に対して行われる場合には、取締役と一般株主

の間の利害対立について、取締役が裁量によってこれを調整することは困難であり、多くの場合に、一般株主がその決定に関与することが定められている。たとえば、取締役が第三者割当ての引受人となる場合、非公開会社であれば募集事項を決定する株主総会の特別決議を経ることが必要である（同法199条3項、200条1項）。このとき、取締役が大株主として決議に参加し、公正とはいえない払込金額が定められたという事情があれば、当該総会決議は会社法831条1項3号によって取り消される可能性が高い。この場合、一般株主の多数（いわゆる"majority of minority"）が当該条件を承認するかどうかが、利害調整の重要な要素となろう。

　また、公開会社の場合にも、有利発行の場合には総会特別決議が必要となり（201条1項参照）、そうでなくても、支配権異動を伴う大規模第三者割当ての場合で10％以上の株主が反対通知をしたときには、総会普通決議が必要になる（206条の2第1・4項）。これらの場合にも、一般株主の多数が当該条件を承認するかが利害調整のカギとなる。他方、このいずれにも該当しない場合には、取締役会で募集事項が決定され、引受人となる取締役は特別利害関係人として取締役会決議には参加できず（369条2項）、その他の取締役が善管注意義務を尽くして、株式発行の是非・条件の妥当性を吟味することになる。

　取締役が株式公開買付けの買付者となる場合は、株主総会の決議は通常不要であるが、個々の株主が公開買付けに応じるか否かによって公開買付けの成否が決まることが一般的であるので、この場合にも、一般株主と取締役の間の利害調整は、実質的には一般株主のどれだけが当該条件を支持するかによってある程度図られている。

　上記に示したように、株主と取締役の間に利害対立が生じる場合に、一般株主の関与・承認が必要と定められていることがあるが、そのときにも取締役は先に3節で論じた義務（株主に対する義務）を免れるわけではない（注7を参照）。むしろ、「会社と取締役の利害が対立する場面で、取締役が自己の利益を会社の利益に優先してはならないという忠実義務を負っている」のと同様に、株主と取締役の間で利害が対立する場面では、取締役は自己の利益を一般株主の利益に優先してはならないという「株主に対する忠実義務」を負っているはずで

あり、この「株主に対する忠実義務」が会社法上の権限分配の定めを補完するものと考えられる。

そして、この義務は具体的な局面に応じて、一定程度の利益相反対処措置を講じる義務として発現すると考えられる。具体的には、取締役は、一般株主が適切な判断を行えるように一定の情報を株主に提供したり、一般株主が交渉・判断を行うことのできる「場」を設ける等の措置が要請される場合があろう。もっとも、取るべき利益相反対処措置の内容は、具体的な事情によって異なってくると考えられるため、その内容を制定法に書き切ることは不可能である。

2　ここまでのまとめ

以上の3節および4節1で論じたように、取締役は、①一般的に「株主を平等に取り扱う義務」を負うとともに、②株式会社の株式の割当て・売却により会社支配権に影響が生じる場面では、「株主（グループ）の利益を最大化するように尽力するという内容の義務」を負う。また、③株式の割当て・売却の相手が取締役である等、株主と取締役の利害対立が生じる場面では、「株主に対する忠実義務」として、取締役は、利益相反に対処するための適切な措置を取る義務を負う。

仮に上記の②の義務が存在しないならば、株主の保有株式の経済的価値・議決権の価値が、取締役の軽率ないし不誠実な行動によって毀損されることを防止できない場合が生じる（現行法の権限分配ルールではカバーできない問題が存在する）。また、企業が買収されようとしている場面で、個々の株主が買収者と交渉することが現実的でない場合が多く、そのような場合には株主全体の利益を代表して交渉する「代理人」が必要となるため、株式会社の仕組みを前提にすれば、取締役がそのような「代理人」として、買収者から現実的に可能な最善の価格・取引条件を引き出すべく交渉することが期待されるが、②の義務が存在しないならば、そのような株主の期待が法的裏付けを欠くことになるから、株主の共同事業のための仕組みとしての株式会社制度の魅力・価値創造機能はその分だけ損なわれてしまう。

次に、上記の③の義務が必要となる理由を確認する。仮に③利益相反に対処

する義務が存在しないならば、取締役は、株主が取締役に経営・管理を「委任」したことを悪用して、株主の犠牲のもとに私腹を肥やすことが可能となってしまう。株主と取締役との利益相反がある閾値を超える場面では、取締役に株主全体の利益を最大化するように行動することを期待することは困難であるが、その場合に、取締役は「委任」を株主に返還して株主自身に行動するように求めるというだけでは、利害調整は不十分である。

たとえば、上場会社の MBO においては、取締役に代わって買収者と交渉をしてくれる第三者委員会を設置することが一般に良い実務として推奨されている。また、非上場会社で株式の割当て・売却がなされる場合で、株主自身による交渉・判断がある程度可能な状況であっても、取締役と株主の間に存在する情報格差を解消し、また交渉力格差を是正するための措置が十分に講じられていなければ、「委任を株主に返還する」ことは許されないというべきである。株主が取締役に委任するという株式会社の基本的な仕組みを適正に機能させるためには、「委任」がうまく機能しない場面では別の仕組みを機能させることが必要なのである。

以上に照らせば、上記の②および③の義務は、現行法に明示には規定されていないものの、これらの義務がなければ適切な利害調整を果たすことが困難な場合があることから、これらの義務を観念しなければならない。2節2で述べたように、東京高判平成25年は、取締役が「公正価値移転義務」および「適正情報開示義務」を負うと述べているが、これは、先に述べた一般論における②③の義務、とりわけ③の義務を MBO の局面で具体化したものと考えられる。

5 会社に対する義務との関係

1 2つの義務の併存

取締役が株主に義務を負うことが認められるならば、この義務が伝統的な義務、すなわち取締役が会社に対して負っている義務との関係が問題になる。

従来の裁判例や学説は、取締役が株主の利益に配慮する義務が誰に対する義務であるのかを明示しないことが多く、あるいは、当該義務を（株主ではなく）

会社に対する義務として構成してきた。[16] そこでは、株主に対する義務は、会社に対する善管注意義務と趣旨を同じくするものであり、後者は前者と同質である、あるいは後者は前者から派生すると理解されてきた。

しかし、本稿のここまでで概観してきたように、取締役の株主に対する義務が顕在化するのは、株主グループ間——新株発行の場合は既存株主と新株主の間、公開買付けの場合は既存株主と買付者の間——での利害対立が認められる場面である。[17] そのような場面では、「会社の利益の最大化」は取締役の行動指針としては不十分であり、[18] 取締役がどの株主（グループ）に対して義務を負っているのかを明示する必要がある（6節1）。

そのため、本稿では、会社に対する義務から株主に対する義務が派生すると考えるのではなく、株式会社の基本的な仕組みから株主に対する義務を導いた（3節）。

それでは、2つの義務が併存するとして、[19] その関係はどのように解されるか。まず、取締役が、職務上、株主に対して負っている義務は、会社に対する義務の内容にもなっていると考えるべき場合が少なくないだろう。

これに対して、2つの義務は対立する場合がある。たとえば、あまり現実的な設例ではないかもしれないが、対象会社T社の経営陣・取締役に対して、買収者Aが非常に高い買収価格（1株2000円）を提案したが、当該買収者には十分な経営能力がなく、この者による買収が企業価値を低下させる（1株価値を1500円から1200円に引き下げる）ことが高い確率で予見できる場合を考えよう。取締役が会社に対して負う善管注意義務に照らせば、取締役は当該買収者の提案を拒絶し、買収者に株式を買収しないよう既存株主に働きかけるべきだということになる。これに対して、取締役が株主に対して負う義務に照らせば、取締役は、当該買収者と積極的に交渉し、買収価格の引き上げに努めるべきだということになる。[20]

このとき、2つの義務の間に一般的な優劣関係を設定することは妥当ではないように思われる。それよりも、具体的な事情に応じて、取締役が2つの義務をなるべく両立（調和）させるように行動するものとし——たとえば、企業価値を維持・向上させ、かつAよりも高い買収価格を提示できる別の買収者Bを

探すことや、既存株主に対して適正な情報を開示してＡへの売却に応じないように説得すること等——、そのような義務の調和が困難な場合については、取締役に一定の裁量を認めることが現実的であるように思われる。そのとき、取締役に認められる裁量の幅は、会社や株主の利益と取締役の利益の間に対立関係があるか否かや、その内容・程度で変わってくるだろう。

このように、2つの義務が対立する局面を考えると、2つの義務を漠然と統一的・親和的にとらえるよりも、対立しうる別の義務として把握するほうが、実際の事例を解決するにあたって分析的かつ現実的であると考えられる。

2　ステークホルダー論との関係

関連して、「会社は株主だけのものか」という疑問について、ここで述べておく。会社は株主だけのものではなく、その他の幅広い利害関係人の利益にも配慮して経営されるべきであるとの見解（ステークホルダー論）は、わが国でなお優勢である。

この点について、筆者は、会社法の原則は株主利益の最大化であり、「会社の社会的責任」は法ルールではないものの、外部から取締役の内面に働きかけ、その行動をコントロールするソフトローであると解している。そして、前者を貫くことが適切でない場合に、後者がこれを補正する原理として機能することは否定されないと考えている。[21]

しかし、仮に、会社の社会的責任を強調し、その他ステークホルダーを含めた「会社」の利益を観念し、取締役はそのような意味での会社の利益を最大化すべきだとする見解に立つとしても、本稿で論じたように、株式の割当て・売却によって株式が移動し、会社支配権に影響が生じる場合には、取締役が既存株主の利益を保全・促進すべき義務を「株主に対して」負っていることは否定されるべきではない。株主利益とその他ステークホルダーの利益の間に対立・矛盾が生じる場合に、ステークホルダー論のみを採用することは、利害調整を取締役に一任し、法が一切の介入を差し控えることにほかならない。それよりも、前述のように、2つの義務を対立しうる義務として把握し、その間に一般的な優劣関係を設けず、両者が対立しうる場面で取締役の一定の裁量を認めつ

つ、株主と取締役の利益相反の程度に応じて取締役の裁量の幅を調節するという枠組みのほうが、事前の行為規範としても事後の評価規範としても優れていると考えられる。

6 「株主に対する義務」の実践的意義

1 保護対象の明確化

本稿が「取締役の株主に対する義務」を論じるのは、具体的な新株発行、M＆A 等の取引の場面で、取締役が「どの株主グループに対して」義務を負っているかを意識すべきだと考えるからである。

取締役の義務・行為規範の内容は、取引の法律構成や類型から演繹的に導かれるべきではなく（7節1）、究極的には、社会的厚生の観点から望ましいルールは何かという観点から設定されるべきである。[22] この作業は容易なものではないが、その前段階の作業として、「誰が、誰の利益を代理するか」という視点を持つことは有意義であると考えられる。そして、義務を負う相手方である株主（グループ）が具体的に誰であるかは事案によって変化するため、この義務を明文化することは難しく、解釈に委ねられていると考えることができる。

2 判例法の相対化

近時、MBO 等に関する下級審裁判例は、取締役の負う義務の具体的な内容を論じており、学説も、かなりの程度、近時の裁判例への批評として展開されている。しかし、個々の裁判例の示す取締役の義務の内容（および名称）は、訴訟当事者の主張を踏まえて当該事案を解決すべく設定されたものである。これが、当該事案を離れて通用するものか否か、また、裁判例による義務の具体化が当該事案との関係において適切であるか、慎重な検討が必要であるところ、判例批評を通じた各種義務の精査はもちろん重要な作業であるが、これと並行して、個々の事例・裁判例を離れて一般論として、「あるべき義務」の内容や根拠を問うことも必要であるように思われる。

本稿の「取締役の株主に対する義務」の議論は、1つの思考実験である。つ

まり、「取締役が株主に対して、その利益を最大化する義務を負っていると仮定すると、具体的な局面においてどのような議論が導かれるか／可能であるか」を考えることで、裁判例の判示を相対化する視点を得ることができる。MBO などの比較的新しい類型の取引については、そのような視点を持つことの意味は小さくないであろう。

7 「株主に対する義務」の具体化

取締役が会社に対して負う善管注意義務の内容が具体的な状況に応じて変化するのと同様に、「取締役が株主に対して負う義務」の内容も、具体的状況に応じて変化すると考えられる。

1 総　　説

第1に、取締役の株主に対する義務の存否・内容（程度）を考慮するうえでは、「新株式の発行」「既存株式の買付け」「組織再編行為」等の法形式から議論をスタートさせるべきではなく、これらの行為が既存株主と新株主の間のどのような利害にかかわるものかという実質に着眼すべきである。

たとえば、ある初期状態からある取引結果を達成するまでの手法にさまざまなものがあるというときに、取締役の義務の内容は、どのような手法を用いるかに関わらず、同じように考えるべきである。[23]

第2に、一見、類似の取引であっても、当事者が獲得可能な利益の内容・範囲が異なれば、取締役に期待される役割には違いが生じうる。たとえば、同じキャッシュアウト取引でも、支配株主による少数株主の締出しと、支配株主の存在しない初期状態から行われる MBO とでは、取締役の義務の内容に違いがある。

具体的には、締出し取引の場合は、通常は取引相手を支配株主以外に選べないので、取引から生じうる価値の増加分の大きさは支配株主が創造できる価値に依存しており、上限が決まっている。他方、MBO の場合は、取引相手の選択の余地がある。そのため、後者の場合には、取締役の義務の内容として、適

切な対価を得るように尽力することだけでなく、取引相手の選択を適切に行うことが含まれると考えるべきであろう。[24]

　第3に、取締役が置かれている利害の状況は、経済実質に照らして判断されるべきである。たとえば、経営陣と投資ファンドが組んで上場会社を買収・非上場会社化する取引であっても、経営者が対象会社に対して有する実質的な持分比率が取引により低下する場合には、経営者と投資ファンドの間で取引条件をめぐって独立当事者間の交渉が行われている蓋然性が高い。この場合には、取締役は、①株主を平等に取り扱う義務、②株主（全体）の利益を最大化するように尽力する義務を負うものの、③株主に対する忠実義務は原則として負わないと考えてよいのではないか。敷衍すると、1つの取引の中でも、ある取締役と別の取締役が異なる利害を有する場合には、両者の負う義務も異なってくる。

2　一部取得の場合

　次に、株式の大規模な買付けが行われる場合でも、買主が全株式の取得を目指す場合と、一部の株式の取得を目指す場合とでは、対象会社の取締役の負う義務の内容が異なってくる。

　買主が対象会社のすべての株式の取得を目指しており、売却に応じない少数株主に対してはその締出しを予定している場合には、取締役の「株主の利益を最大化するように尽力する義務」の内容は、まずは売却価格を最大化するように交渉することであり、その上で、株主と取締役が利益相反関係にある場合には、利益相反対処措置を取ることが求められる。

　これに対して、買主が対象会社の株式の一部のみを取得しようとしている場合（上限株式数を定めて公開買付けを行う場合、買付け後の締出しを予定していない場合など）には、取締役の義務は、売却価格の最大化の努力もさることながら、各株主がその保有株式を売却すべきか否かについて適切に判断し、行動できるように配慮する義務にも及ぶと考えられる。そして、たとえば、上場会社に対する公開買付けの場合であれば、取締役（会）は意見表明報告書において、各株主が売却するか否かについて適切に判断できるよう、適切な情報を開示する

義務を負うことになる。また、非上場会社の場合も、情報提供の媒体・様式は法定されていないが、取締役は、株主が適切に判断できるように適切な情報を開示する義務を負っていると考えられる。

3　非上場会社の場合

　上場会社では、個々の株主の意向を取締役が汲み取ることは困難であるし、多くの場合には、株主は取締役に対して金銭的利益の最大化を期待している。そして、一般の株主は会社の内部情報に疎く、株式の内在的価値（市場価格に反映されていないが、M＆A等を通じてその会社・株式に実現しうる価値）を知ることが難しく、また、株主が積極的に交渉することも難しい。そのため、取締役の職務は、自衛の難しい株主に代わって、株主の金銭的利益の最大化に尽力することを主たる内容とすると考えられる。[25]

　これに対して、非上場会社においては、そのような事情は存在しない場合がある。いうまでもなく、株主と取締役の間の情報格差、交渉力格差（4節2）は、上場・非上場の違いだけから生じるものではなく、各社の実情に応じて取締役の職務・義務の内容を想定すべきであるが、大まかには、非上場会社の場合、取締役の負う義務（たとえば情報提供義務）の内容はある一面においては軽減されることがあろう。

　もっとも、取締役の負う義務の内容は、非上場会社において、単純に軽減されるというよりは、状況に応じてフレキシブルに設定されると考えるべきであろう。たとえば、株主自身に交渉・判断の能力があれば、取締役は株主にそのための「場」を設けること（4節1）、機会を与えることが、より強く要請されることになろう。

　なお、上場会社においても、「この会社の生み出す社会的価値や企業理念に共感して、この会社を応援したいと思う」ことが株式投資のきっかけ・動機となっている場合がある。株式会社の経営者・取締役が、株主利益の最大化から乖離する行動を取ることは、直ちに違法と評価されるわけではないが、会社の財務に照らして無理のないこと、株主の多数がそれに反対していない（明示・黙示に支援・承認している）こと等の制約に服すると、筆者は考えている。[26]

非上場会社では、取締役が個々の株主の意向を汲み取ることは必ずしも困難ではない。そして、取締役が配慮すべき「株主の利益」の内容は、上場会社の場合と比較して、非金銭的な価値に及ぶ度合いが大きいかもしれない。そのため、取締役の株主に対する義務も、上記に掲げた諸要素に応じて、その内容が変化しうるだろう。

4 会社の私的整理の局面

株式会社が期限の到来した債務を弁済できなくなっているという倒産状態にあるため、取締役が私的整理による再建を利害関係人との間で協議しているという場面で、取締役はどのような義務を負っているか。ここでは、単純化のために、株主数の少ない非上場会社を念頭に置いて考える。

私的整理の方法としては、銀行等の債権者と交渉し、その債権の一部を株式に振り替えること（デット・エクイティ・スワップ）や、新たな出資者（スポンサー）を見つけ出して、その者に新株や新株予約権の割当てを行うこと等が考えられる（両者を組み合わせることもある）。既存株主と新株主（デット・エクイティ・スワップに応じる銀行、新規出資を行うスポンサー等）の間での、私的整理の実施後の企業価値の配分は、（単純化のために種類株式を利用しない場合を考えると）持株数の比率により定まる。既存株主と新株主の間の企業価値の配分を調整する目的で、既存の株主の持分（株式）をすべて消却すること（いわゆる100％減資）、あるいは、株式の併合（会社180条）により既存株式の数を減少させることは、珍しいことではない。しかし、既存株式の消却や併合は、株主グループ間の比率を調整するための手段であり、これらを行うことは絶対的な要請ではなく、既存の株式を残すことに新株主が同意すれば、既存株式を消却や併合せずに私的整理を進めることは実際にも少なくない。

それでは、支払不能ないし債務超過に陥っている株式会社が新株式を発行するとき、取締役の株主に対する義務をどう解するべきか。〔1〕既存株主の利益は問題にならず、取締役の義務は企業価値を増大させる取引を行うことである、との考え方と、〔2〕法的整理が行われていない限り、取締役はできるだけ既存株主に有利な条件で発行できるように相手方（株式引受人）と交渉する

義務がある、との考え方の、いずれが妥当であるか。この問題は、法理論から演繹して解答を導くべきではなく、政策論として、後述する理由から、〔2〕の見解を採るべきである。その帰結として、本稿での議論はこの場合にも妥当することとなり、取締役は、②既存の株主の利益を最大化するように尽力するという義務（行為債務）を負うとともに、私的整理のスキームを協議する際には、①株主を平等に取り扱う義務、および、③株主と取締役の利害対立が生じる場面では、「株主に対する忠実義務」を負うと考えられる。

　会社の私的整理の局面でも取締役が上記の義務を負うと考える理由は2つある。第1に、取締役を（会社ではなく）株主（グループ）の代理人と考えても、債権者やスポンサーは強力な交渉手段を有しており、これらの利害関係人は特に害されないことである。債権者は、債務者企業への強制執行や裁判所への法的手続きの申立てを切り札とすれば、ゴネる株主を黙らせることができる。スポンサーは、株主や取締役が「ゴネ得」（ホールドアップ）を狙っていると考えるのであれば、企業再建への支援を撤回すればよい。もちろん、取締役が実務的にワークする再建案を得ようとするならば、債権者やスポンサーの立場・思惑を理解することが必要となるが、法的には、取締役は株主の利益を最大化する「代理人」であると考えることに別段の支障はない。

　理由の第2は、株主が個別に債権者やスポンサーと交渉することは、通常は現実的でなく、また交渉のコストを増加させることである。複数の株主の利害を個々の株主に主張させるのではなく、原則としては「代理人」である取締役がこれを代弁することとすれば、株主間の平等取扱いを確保しつつ、小さなコストで交渉を進めることが可能となる。もっとも、先に4節1・2で述べたように、取締役と一般株主の間に利害対立が存在する場面では、取締役は「代理人」としてはふさわしくないから、取締役は、株主による個別交渉を許容し、これを支援するべきである。そして、取締役が「委任を株主に返還する」際には、状況に応じた適切な利益相反対処措置を講じる義務を負うと考えるべきである。

8 結びに代えて

本稿では、「取締役が株主に対して一定の義務を負う」という観点から、株式会社におけるさまざまな利害関係人の間の利害調節のあり方について、これまでの判例・学説を踏まえつつ、試論を展開した。

その内容をここで繰り返すことはしないが、1つ留意すべき点は、取締役の行為規範や行為の評価において、手続（交渉プロセス）を重視するか価格を重視するか、である。米デラウェア州の判例法と比較すると、わが国の裁判例は、株主の意思の尊重と、価格（損害の有無）に注目するアプローチという2点を特徴とする、との指摘がある。[30]

筆者は、M＆Aにおける司法審査において、わが国の裁判所は手続（交渉プロセス）の審査にこれまで以上に重点を置くべきだと考えているが、本稿の議論は現時点では試論の段階にとどまっている。[31] 取締役の義務は、関連する制度とのバランスの中でその機能が発揮されるものであるから、義務だけを切り離して論じることは適切ではなく、関連する制度全体について、あるべき法ルールの内容をさらに検討していく必要がある。[32]

【注】
1) 判時2190号96頁（レックス HD 損害賠償請求事件控訴審判決）。
2) 岩原紳作「『会社法制の見直しに関する要綱案』の解説（IV）」商事法務1978号（2012年）39頁、43頁および53頁注16、17。
3) 民集70巻6号1445頁（ジュピターテレコム株式買取価格決定抗告棄却決定に対する許可抗告事件）。
4) 藤田友敬「公開買付前置型キャッシュアウトにおける公正な対価」資料版商事法務388号（2016年）48頁、松元暢子「キャッシュ・アウトにおける株式の取得価格（1）」岩原紳作・神作裕之・藤田友敬『会社法判例百選〔第3版〕』（有斐閣、2016年）180頁、松中学「JCOM 最高裁決定と構造的な利益相反のある二段階買収における『公正な価格』」商事法務2114号（2016年）4頁、桑原聡子・関口健一・河島勇太「ジュピターテレコム事件最高裁決定の検討——二段階取引による非公開化に係る価格決定手続における公正な価格」商事法務2114号（2016年）16頁など。

　　もっとも、この事件において実際に取られた利益相反対処措置が十分であったか

（「一般に公正と認められる手続」と評価してよいか）については、疑論の余地がある。田中亘「ジュピターテレコム事件最高裁決定が残した課題」金融・商事判例1500号（2016年）1頁、松中・前掲10頁以下、桑原・関口・河島・前掲22頁、27頁注18、28頁注33、弥永真生「全部取得条項付種類株式の取得価格」ジュリスト1498号（2016年）2頁、3頁を参照。筆者が意見交換を交わした実務家の間では、この事件で取られた程度の利益相反対処措置では価格の公正さは十分には担保されない、現在のわが国の実務では株価算定書の内容や第三者委員会の判断への信頼性は十分とはいえない等の意見が優勢であった。

5) 裁時1203号9頁、判時1618号138頁。

6) 判時2138号134頁。

7) 森本滋「判批」私法判例リマークス49号（2014年）90頁、92頁。この事例では、株式移転計画は当事会社の株主総会での承認を得ていた。同判決は、特に言及していないものの、総会決議による承認があっても取締役が株主に責任を負うことがある旨を前提としていると考えられる。杉田貴洋「株式移転比率の公正性と取締役の責任」法学研究（慶應義塾大学）85巻11号（2012年）113頁、118頁。

8) 判時1900号156頁（ニレコ事件抗告審決定）。

9) 金判1326号20頁（サンスター株式取得価格決定申立事件決定）。

10) 清原健・田中亘「（対談）MBO・非公開化取引の法律問題〔後〕」ビジネス法務7巻7号（2007年）64頁、68頁〔田中発言〕。また、田中亘「企業買収・再編と損害賠償」法律時報88巻10号（2016年）21頁、22頁以下をあわせて参照。

11) 江頭憲治郎ほか「〔座談会〕MBO取引・完全子会社化時の取締役の行動規範を考える（上）」ビジネス法務11巻6号28頁（2011年）34頁〔江頭発言〕。

12) 近時の学説として、杉田貴洋「MBO対象会社の取締役の義務と責任」法学教室433号（2016年）21頁、22-25頁を参照。

13) カーティス・J・ミルハウプト編『米国会社法』（有斐閣、2009年）65頁、アーサー・R・ピント／ダグラス・M・ブランソン（米田保晴監訳）『アメリカ会社法』（レクシスネクシス・ジャパン、2010年）273頁。

14) 相澤哲・葉玉匡美・郡谷大輔編著『論点解説　新・会社法——千問の道標』（商事法務、2006年）107頁以下、大杉謙一「新会社法における株主平等の原則」新堂幸司・山下友信編著『会社法と商事法務』（商事法務、2008年）1頁、6-11頁。

15) 取締役の株主に対する義務の根拠については、飯田秀総「特別支配株主の株式売渡請求」神田秀樹編『論点詳解　平成26年改正会社法』（商事法務、2015年）147頁、152-157頁、白井正和「会社の非上場化の場面における取締役の義務」日本証券業協会・JSDAキャピタルマーケットフォーラム（第1期）ウェブページ掲載19-24頁をあわせて参照。

16) そのような議論が一般的であった理由として、最大判昭44・11・26民集23巻11号2150頁が、平成17年改正前商法266条ノ3第1項（会社429条1項に相当）について、第三者は、義務違反（＝任務懈怠）につき取締役の悪意・重過失を立証すれば、自己

に対する加害につき故意・過失を立証するまでもなく、取締役に損害賠償を請求できる、と判示したことが、同項の悪意・重過失は第三者に対するものであってはならないと受け止められてきたことがあると推測される。この点を明示して、株主利益に配慮する義務を会社に対する義務として根拠づけるものとして、玉井利幸「株式等売渡請求、キャッシュ・アウト、取締役の義務（1）」南山法学36巻3・4号（2013年）237頁、239頁、255頁注11がある。

この点については、直接損害に関する裁判例においては、取締役の対外関係についての悪意・重過失をも判断しているのが実態であるとする実務家の指摘がある。奥宮京子「取締役の第三者に対する責任」江頭憲治郎ほか編『会社法大系　3』（青林書院、2008年）246頁、250頁。そして、このように解することは429条1項の文言に反しないし、本文21で論じたように、最判平成9年・前掲注（5）も、第三者（である株主）に対する義務の違反の有無を問題としている。

同項の背後に、取締役の第三者（通常の場面では会社債権者）に対する義務が存在すると考えるべきことにつき、黒沼悦郎「取締役の債権者に対する責任」法曹時報52巻10号（2000年）1頁、23頁以下、大杉謙一「役員の責任」江頭憲治郎編『株式会社法体系』（有斐閣、2013年）307頁、333-335頁を参照。

17)　杉田・前掲注（12）22頁以下を参照。同24頁は、「会社、ひいては取締役が、株主に対して配慮すべきこと」を前提に、「会社自体の利益に影響がない局面でも、取締役は、株主間の実質的平等性に配慮すべきことを、会社に対する義務として説明すること」ができるという。

18)　飯田秀総「判批」商事法務2022号（2014年）4頁、8頁。本稿注15の文献も参照。

19)　白井・前掲注（15）16頁以下、24頁以下も、会社の損害が問題となる場面における取締役の義務の内容と、株主の損害が問題となる場面における取締役の義務の内容を、区別する。

20)　本文で挙げた例とは別に、MBOにおいて対象会社の株主が得る対価の最大化が社会的に望ましいとはいえない（効率性の観点から最適ではない）場合が存在することにも、一定の注意が必要である。飯田秀総「レックス・ホールディングス損害賠償請求事件高裁判決の検討〔下〕」商事法務2023号（2014年）17頁、23頁以下。

21)　大杉謙一「会社は誰のものか」飯田秀総ほか編著『落合誠一先生古稀記念・商事法の新しい礎石』（有斐閣、2014年）1頁。本稿7節3の後半を参照。

22)　白井正和「レブロン義務と価格最大化義務」論究ジュリスト10号（2014年）141頁、147頁注44、飯田秀総「企業買収における対象会社の取締役の義務」フィナンシャル・レビュー121号（2015年）135頁、156頁など。

23)　玉井・前掲注（16）250-253頁。

24)　玉井利幸「MBOに対する司法審査のあり方と取締役の義務」南山法学38巻1号（2014年）101頁、114頁、130頁注45。

25)　小規模の株主が広く分散して存在する会社においては、株主が相互に連絡を取って積極的な行動（価格交渉等）をとることは不可能であり、株主が集団として有する拒

否権を実効的に活用することも難しいため、通常、株主の取り得る自衛手段は、各自が公開買付けに応募するか否かの選択に限られる。

26) 大杉・前掲注（21）26頁以下を参照。

27) 債務超過の株式会社においても株式が価値を持つことはあり、その価値は法制度に依存して変化するため、債務超過の株式会社において株主を保護すべきか否かは法制度から結論を導くことができない（循環論法に陥る）からである。田中亘「事業再生からみた会社法の現代化（2・完）」NBL 823号（2005年）22頁、25頁。

28) 同旨、田中・前掲注（27）29頁。

29) なお、アメリカの判例では、財務状況の悪化した会社においては、取締役は会社債権者に対して信任義務を負うと判示されることがあるが、その義務が生じる場面や義務の内容は限定的に解されている。たとえば、桜沢隆哉「取締役の第三者に対する責任に関する一考察（1）」早稲田大学大学院法研論集121号（2007年）95頁、102頁から114頁を参照。ここでいう信任義務は、大まかにいうと、そのような会社で取締役がリスクの高い経営を行うことや、（LBOの実施等により）リスクの高い資本構成を採用することを制限するものである。

　　財務悪化企業の取締役が高リスクを取るべきでないという義務を債権者に対して負うことと、株式が第三者に移動し、会社支配権に変動が生じる場面において、取締役が株主に対する義務を負うこととは、たとえ財務悪化企業においても両立する関係にある。

30) 飯田・前掲注（22）151-155頁。デラウェア州判例法につき、白井・前掲注（22）を参照。

31) 注4を参照。取るべき手続は、既存株主と新株主・取締役が置かれている具体的な利害状況によって変化するが（本文7節）、キャッシュアウト取引において、経済産業省のいわゆるMBO指針を遵守するだけでは「一般に公正と認められる手続」を経たと評価できない場合もあろう。

32) 飯田・前掲注（22）156頁。

会社分割における債権者異議手続と詐害行為取消し・否認・法人格否認

笠原　武朗

1　はじめに

平成26年会社法改正により、いわゆる物的分割（分社型分割）における残存債権者を害する濫用的な会社分割（本稿では会社分割の関係会社としては株式会社のみを想定する）について、一定の要件の下で残存債権者が吸収分割承継会社・新設分割設立会社に対して債務の履行の請求をすることを認める規定が置かれた（会社759条4項～7項・764条4項～7項。以下、条文は特に断りがない限り会社法のものである）。これに対して、会社分割によって（分割会社による連帯保証なく）承継会社・設立会社に承継される債務についての債権者（「承継債権者」）や承継会社の債権者、さらに、いわゆる人的分割（分割型分割）における残存債権者については、従前より債権者異議手続（789条・799条・810条）の対象とされ、事前に会社分割について異議を述べる機会と、当該会社分割が自己を害するおそれがある場合に会社に弁済や担保提供といった対応を求めうる立場とが与えられてきた。この債権者異議手続の違反に対する究極のサンクションは会社分割全体の事後的な形成無効である（828条2項9号・10号参照）。このように会社法は、その是非はともかくも、現状として、会社分割の当事会社の債権者のうちあるグループについては濫用的なケースにおける事後的な救済を規定し、あるグループについては強烈な事後的サンクションを伴う事前の手続規制を設けている。

一般に、債権者の有する債権の価値（ここではリスクと言い換えてもよい）は債務者の様々な行為によって変動しうるが、いくつかのデフォルト・ルール（た

とえば、債務者が弁済なしに自由に債務を消滅させたり、債務者の交代を行ったりすることはできないというルール）の存在を前提としつつ、債務者の行為による債権価値の変動の可能性に対処するのは基本的には債権者の自衛の問題である。ただ、債権者に対する弁済可能額を意図的に、機会主義的に減じるような債務者の行為に対しては、民法上の詐害行為取消権（民424条〔平成29年改正民法施行後は424条以下〕）、倒産法上の否認権（破160条以下、民再127条以下、会更86条以下）、（そこで法人格が利用される場合には）法人格否認の法理などが債権者に救済を与える可能性がある。周知の通り、会社分割という債務者の行為についても、債権者異議手続の対象とされていない物的分割における残存債権者については、平成26年改正前の判例・裁判例はそれらの法理による事後的救済を認めてきた。[2] 会社分割の効力については無効の訴えという形成無効の仕組みが用意されているため、それと併せて見たとき、会社法は、会社分割の法的安定性のために、残存債権者については上記のような会社分割の効力（の一部）と（実質的に）抵触するような事後的救済を認めない（すなわち、事前の自衛や関係者に対する損害賠償請求などに委ねる）立場であると理解される余地もあった。[3] しかし、上記の判例・裁判例はそう解さず、平成26年改正前会社法が残存債権者に関して沈黙しているのは、彼らの処遇を彼ら自身による自衛と濫用的な事例における事後的救済という一般私法秩序に委ねる趣旨であると理解したわけである。平成26年改正は、ごく大まかにいえば、その事後的な救済による対処という方向性を会社法として明示的に支持したものである。

　これに対して、会社法が会社分割の当事会社の債権者を債権者異議手続の対象としている場合、会社法が独自の利害調整の仕組みを明示的に提供しようとしているのであるから、そのこととの関係で、一般私法秩序がそれらの債権者にどう及んでくることになるのかについては、また様々な考え方の可能性がある。そして、その1つの可能性として、上記のような物的分割における残存債権者についての整理とは対照的な、次のような整理の仕方を考えることができる。すなわち、会社法は会社分割を行う会社の便宜等を考慮の上で債権者との利害調整を行う自足的な制度として債権者異議手続を用意しているのであって、それに満足しない債権者が各自で自衛することは当然認めるとしても、そ

うしない債権者は、債権者異議手続が適法に履践される限り、その手続の中での保護を求めるほかないという考え方である。

本稿で検討するのは、まず、以上のような割り切った考え方の是非である。筆者個人の直感的な印象としては、このような割切りは極論に近い。しかし、本稿で以下取り上げる判例・裁判例を見る限り、現在の議論状況の下では暴論として簡単に切り捨てることも難しく、その是非を検討することにはそれなりの意義があるように思われる。また、そのような考え方に与しないのであれば、次に、それに代わる債権者異議手続と一般私法秩序の関係についての整理の見通しを示す必要もあろう。[4]

以下、まず、この問題に関連しうる判示を行ったとも見られる最高裁判決を取り上げ、その射程を考えることにする（2節）。その後、検討の材料として関連する下級審裁判例を見た後（3節）、私見を示すべく検討を行うこととする（4節）。

2　最高裁平成24年10月12日判決の読み方

債権者異議手続の対象である債権者は詐害行為取消しなどによる事後的救済を求めることはできないのか。まず、この問題についての最高裁判例の立場を確認しておきたい。物的分割である新設分割における残存債権者による詐害行為取消しを認めた最判平24・10・12民集66巻10号3311頁（「平成24年最判」）は、詐害行為取消しを否定する明文の規定はなく、無効の訴えの制度の存在もそれを妨げるものではないという理由に加え、詐害行為取消しによる救済を認めるべき積極的な理由として、次のように述べている。「会社法上、……新設分割株式会社……の債権者を保護するための規定が設けられているが……、一定の場合を除き新設分割株式会社に対して債務の履行を請求できる債権者は上記規定による保護の対象とはされておらず、……新設分割設立株式会社……にその債権に係る債務が承継されず上記規定による保護の対象ともされていない債権者については、詐害行為取消権によってその保護を図る必要性がある場合が存するところである」。

この平成24年最判の結論は支持すべきものであると考えるが、ここでの問題
は、この判例を、上に引用した部分の判旨を逆に読むことにより、会社分割の
当事会社の債権者のうち、会社法が債権者異議手続の対象としている債権者に
ついては、詐害行為取消しなどのほかの法理による救済の可能性を否定したも
のとして理解するかである。細かくいえば、そこには2つの問題が含まれてお
り、1つは、債権者異議手続の対象である債権者は詐害行為取消しによる救済
が認められないのかという問題、もう1つは、それが認められないとして、で
は、法人格否認などによる救済も認められないのかという問題である。まず後
者の問題についてであるが、当然のことながら、それぞれの法理はそれぞれの
理屈に基づいて形成されてきたものなので、ある法理による救済が否定される
ことは、ほかの法理による救済が否定されることを意味しない。したがって、
詐害行為取消しは許されなくても法人格否認の法理による救済は認められると
いうことはもちろんあってもよいのだが、平成24年最判の射程の問題として考
える限りは、そのように問題を分ける必要はないと思われる。というのは、こ
こで考えているのは、上記引用判旨を、債権者異議手続の対象である債権者に
ついては同手続が自足的な利害調整を行っているので、それ以上の事後的な救
済を与える必要はないという趣旨まで含むものとして理解するかどうかであ
り、そこに詐害行為取消しとそのほかの法理とを分けて考える契機はないから
である。

　では、前者の問題についてはどうか。学説の評価は分かれており、比較的多
くの論者は、(その是非はともかく)平成24年最判は債権者異議手続の対象となっ
ている債権者について詐害行為取消しによる救済の可能性を否定したものとし
て理解している。確かに、判旨の文言やロジックからすると、そのように理解
するのが素直であろう。これに対して、平成24年最判はあくまで物的分割にお
ける残存債権者に言及しただけであって、それ以外の場合についてどうである
かは明言していない、あるいは、明言していないものとして理解すべきである
とする見解も少なくはない。このような読み方をする背景には、もちろん、債
権者異議手続を自足的な利害調整の仕組みとして考えることに対する懐疑的な
見方がある。

この後に検討するように、私見は、債権者異議手続の適法な履践があれば同手続の対象者は会社分割の効果を実質的に否定するようなほかの法理による救済を受ける途が閉ざさされるという割切りには躊躇を覚えるものである。そのような私見からすると、平成24年最判の位置付けとしては、上記の多数説のように素直な読み方をした上で不当な割切りを行っている判例として批判すべき対象とするか、あえてその射程を狭く読んで、債権者異議手続の対象である債権者について触れるものではないとするかのいずれかになるところ、現実的な提案のためには最高裁判例の立場に反することを前提に議論することは避けられるならば避けた方がよいから、もし可能であれば、後者のように読んでおきたいというのが本稿の立場である。そして、平成24年最判の判旨は、あくまで、物的分割における残存債権者に詐害行為取消権による救済を認める必要性をより説得的にいうために、彼らが債権者異議手続の対象外であり、救済を認めなければほかの債権者に比べて著しく不利益な立場に置かれうるということを述べたに過ぎず、それ以上に、債権者異議手続の対象たる債権者が詐害行為取消しなどによる事後的救済を受ける可能性を完全に排除すべきことまで意図してはいないという読み方も、決して無理なものではないように思われる。

3 下級審裁判例

会社分割の当事会社の債権者の事後的救済が問題となった裁判例の圧倒的多数はやはり物的分割における残存債権者の事例であるが、債権者異議手続の対象となっている債権者の救済が問題となったものとして、以下の2つ裁判例を挙げることができる。検討の材料として簡単に見ておこう。

1 東京地裁平成22年7月22日判決

東京地判平22・7・22金法1921号177頁（「平成22年東京地判」）は、債権者異議手続は自足的な利害調整の仕組みであるかという問題に自覚的だったわけではないが（当事者が債権者異議手続の履践による事後的救済の排除を主張しなかった）、債権者異議手続の対象である新設分割における承継債権者に対して法人格否認

の法理に基づく救済、すなわち、資産の大部分を残した分割会社に対する請求を認めた事例である。その判旨は、大略、次のようなものであった。当該新設分割を行うために作成された分割計画書の日付けが当該債権者が債務の履行を強く求めた後の日付けとなっていること、当該新設分割によって設立会社に承継された債務の大部分が当該債権者に対する債務であること、それに比して設立会社に承継された資産はわずかであること、分割直前に本店所在地の移転や公告方法を変更していること（これにより、地方新聞紙への公告掲載により債権者異議手続上の個別催告が不要となる）を併せ考慮すると、当該新設分割は分割会社が債務免脱目的で行ったものと認められ、それによる設立会社の設立は法人格を濫用するものである。したがって、分割会社は設立会社とは法人格が異なることを理由に当該債権者に対する債務の履行を免れることはできない。

　承継債権者は分割会社が保証人とならない限り債権者異議手続の対象であるところ、この平成22年東京地判は、債権者異議手続は（一応）適法に履践されているにもかかわらず、会社分割のタイミングや態様、個別催告の意図的な回避といった点から特定債務の免脱目的を認定し、法人格否認の法理による承継債権者の救済を認めたわけである。このような、あえて個別催告を回避し、会社分割制度を濫用する意図が明らかな事例において債権者の請求を認容した結論は支持できるように思われる。[8]

2　東京地裁平成28年5月26日判決

　東京地判平28・5・26金判1495号41頁（「平成28年東京地判」）は、人的分割における残存債権者の救済に関連して、債権者異議手続の履践と民事再生法上の否認権との関係について直接的な判示を行ったものである。その事案を必要な範囲で単純化すると、おおよそ次のようなものであった。上場企業であるＸ社は、ゴルフ場の管理運営を主な事業とするＡ社の完全親会社であった。Ａ社は数年間にわたり継続して債務超過状態（貸借対照表上で20億円超）にあったところ、Ａ社はＢ社を設立する新設分割を行い、Ａ社が管理運営を行っていた複数のゴルフ場のうち、2つのゴルフ場に関する権利義務をＢ社に承継させた。この新設分割の効力発生日の日付けでＢ社が作成した承継貸借対照表上、Ｂ社

に承継された資産負債は相当額（6億円超）のプラスとなっていた。この会社分割は人的分割であり、対価であるB社の株式は剰余金の配当としてA社の完全親会社であるX社に交付された。債権者異議手続は個別催告を省略する形で適法に行われ、異議申述期間内に異議を述べた債権者はいなかった。この会社分割から1年5ヶ月後にA社につき再生手続開始決定がなされ、Yが監督委員に選任された。Yが否認権限の付与を受け（民再56条参照）、上記のX社へのB社株式の配当につき否認の請求（民再136条）を行ったところ、原決定が民事再生法127条1項1号（故意否認）の否認権が成立するとしてそれを認容したため、それに対してX社が異議の訴え（民再137条）を提起した。

　この異議の訴えに対する判断を行ったのが平成28年東京地判であるが、判旨はX社の異議を容れ、原決定を取り消し、Yによる否認の請求を棄却した。その理由は、人的分割の中から剰余金配当部分だけを取り出して否認権行使の対象とすることはできないということによるのではなく、あるいは、当該事案においては否認の要件の充足がないと判断したからでもなく、大略、人的分割における残存債権者は債権者異議手続の対象とされているので、「特段の事情」がない限り、その保護のために法的安定性の要請に反して否認権行使を認めるべきではないという論理によるものであった。ここで問題となるのは「特段の事情」の中身であるが、判旨は、事前開示書面に債権者の判断を誤らせるような虚偽記載があった場合には、債権者に対して実質的に権利保障の機会が与えられていたとはいえず、否認権行使を認めるべき特段の事情があると考えるべきであるが、本件ではそのような特段の事情はないとしている。つまり、おそらく判旨の考え方では、債権者異議手続の適法な履践がある限り、「特段の事情」は認められないということになりそうである。

　これに対して、否認権行使を認めるべきとするYや原決定のロジックは、現行法における債権者異議手続には以下の2点において問題があるため、その手続外の法理による事後的な救済を否定すべき自足的な利害調整の仕組みとして考えるべきではないというものであった。1点目は、会社分割に伴いその対価が分割会社株主に剰余金配当されることは債権者異議手続中で公告事項とはされていないため、債権者に対する個別催告が省略されると、人的分割における

残存債権者は、事前開示書面の閲覧などを通じて自ら調査しなければ自己が異議を述べることができる債権者であることを認識することができないということである。もっとも、本判決も指摘するところであるが、現行法上、そもそも会社分割によって分割会社のどの債務が承継の対象となるかは公告事項とはされていないため、個別催告が省略されると自ら調査しなければ自己の立場が分からないということは、分割会社の全ての債権者について妥当する。ともあれ、これは、現行法上の公告内容が不十分であることを問題視するものである。2点目は、そのような公告内容の問題以前に、そもそもいわゆる二重公告によって個別催告が省略できるという制度自体が、会社分割が行われようとしていることについて周知させるという点で不十分な制度であるということである。すなわち、そのような不十分な周知性を前提として、債権者異議手続を自足的な利害調整の仕組みとして見ることはできないという主張である。[15]

このような主張に対する本判決の回答は、会社法は、会社分割の機動性・法的安定性の確保と債権者保護の必要性という相対立する要請の間でバランスを図るべく、債務者たる会社が会社分割を行うことを二重公告を通じて認識した債権者が、当該会社分割の自己への影響について自ら調査を行うという制度を選択したのだというものであった。否認権行使を認めることでそのような会社法が選択したバランスを崩すことは許されず、上記Yらの主張は立法論に属するものだということである。[16]

4　検　討

1　私　見

現行法の債権者異議手続が適切なものとなっているかは、ある意味、水掛け論である。しばしば批判される、会社分割への個別催告省略の拡張も1つの政策的な判断としてはありえないものではない。[17]債権者異議手続の目的は、もはや債務者たる会社が行う会社分割によって影響を受ける債権者に保護を与えること自体にではなく、そのような債権者の保護と会社分割の機動性・法的安定性の要請とのバランスを図ることにあるから、現行法上の債権者異議手続の債

権者の保護に薄い点をいくら指摘しても、よほどの不合理でない限り、それが法の選択したバランスであるという立場を覆すのは難しい。3節で見た平成28年東京地判におけるＹの主張に対する判旨の回答がまさにこれであった。もちろん、そのような現行法上の制度に対する批判的な議論には、より適切なバランスを目指す立法論としての意味はある。

　一方、現行法上の債権者異議手続を法が選択した１つのありうるバランスであると考えるとしても、そのことは、債権者異議手続の適法な履践がある限り、会社分割の効果をほかの法理により実質的に否定することにより、同手続の対象たる債権者が事後的な救済を受けることを認めるべきではないということを必ずしも意味しない。というのは、（いろいろと問題はあるかもしれないが、ともかくも）会社分割における債権者異議手続について法が選択したバランスは、会社が会社分割を本来の正当な目的で正常な過程により行う場合を想定して考えられたものであって、たとえば３節で見た平成22年東京地判の事例のように、濫用的な意図のもとで異常な過程によって会社が会社分割を行う場合に備えたものではないからである。そういった制度の濫用を、利便性とのバランスを考慮しながら事前の手続規制を精緻化していくことで完全に防ぐことは困難である。濫用的な事例を捉える枠組みとしては、詐害行為取消しや否認権や法人格否認の法理といった、事後的な矯正の法理の方がふさわしい。

　このように考えると、現行法上の債権者異議手続に対する評価にかかわらず、同手続の対象となっている債権者についても、詐害行為取消しなどによる救済の可能性を認めるべきであると思われる。つまり、債権者異議手続に不合理な点があるので一般法理による救済を認めるべきであるとか、不合理な点はないので認めるべきではないとか考えるのではなく、詐害行為取消しなどの要件が満たされると判断される以上は、それらによる救済を認めてよいということである。繰り返しになるが、債権者異議手続はあくまで正常な会社分割を念頭にバランスを図ったものであり、濫用的な意図のもとで行われる、詐害行為取消しなどの要件を満たすような会社分割すらも、同手続の対象たる債権者との関係で正当化するものとは考えられないからである。債権者異議手続の履践は、たとえば可能な限り個別催告を行ったことや零細な債権者が多いこと（だ

から二重公告により個別催告の省略を選択したこと）が、詐害行為取消しなどにおける害意や濫用目的の認定上で考慮されるにとどまると解すべきである。

　また、以上の結論は、政策的観点からも支持できる。濫用的会社分割に関する判例・裁判例による対処や平成26年改正による対応により、物的分割における残存債権者は事後的救済の対象となりうることが明らかとなった。そのため、免脱を図りたい債務の債権者を承継債権者としたり人的分割における残存債権者としたりした上で二重公告により個別催告を省略する会社分割が、今後、会社分割制度の濫用的な利用例となることが懸念されるからである。[18]債権者の事後的な救済の可能性は、そのような制度の濫用を抑止しつつ、会社分割を行う当事会社が状況に応じて、債権者との関係で適切な対応を採ることを促す効果が期待できよう。

2　考えられる批判に対する回答

　1で述べた私見、すなわち、債権者異議手続の適法な履践は詐害行為取消しなどの可能性を排除せず、ただ履践の態様がそれらの法理の適用要件上考慮されるに過ぎないという考え方に対しては、いくつかの観点からの批判が考えられる。最後に、それらの批判に対する本稿の立場からの回答を述べておこう。

　(1)　**会社分割の法的安定性**　　まず、私見のように解すると会社分割の法的安定性を害するという批判が考えられる。これには、①実際に債権者の事後的救済が認められた場合の混乱に対する懸念と、②そのような可能性が残ることによって会社分割制度の安定的な利用が阻害される（こうやっておけば安全・安心ということがないので、会社分割制度が使いにくくなる）という懸念が含まれる。当然のことながら、債権者の事後的救済の可能性を完全に排除する場合と比べれば、本稿の立場ではより大きな混乱が生じたり会社分割制度が使いにくくなったりするということは確かだろう。

　しかし、①の点についていえば、ここで問題としているのは、債権者異議手続の一応の履践はあっても、同手続を自足的な利害調整の仕組みと見るかということを考えなければ、詐害行為取消しなどの要件を満たすと評価されるような濫用的な事例なのである。事後的救済のための各法理ではそれぞれにおいて

第三者に対する影響について一定の配慮がなされているのであって、それを超えて、（たまたま）会社分割という制度が利用された場合についてだけ、生じうる混乱を避けるべく追加的な努力をする必要性は考えがたい。

②の点についていえば、債権者の事後的救済の可能性の完全な排除というニーズは、すでに物的分割における残存債権者保護のために退けられているのであって、（たまたま）債権者異議手続がある場合にだけ完全な排除を認め、会社分割制度の安定的な利用に配慮する必要はないのではないかというのが、とりあえずの本稿の回答である。もっとも、もし会社分割制度の安定的な利用の確保を何よりも最優先すべきことと考えるのであれば、物的分割における残存債権者につき平成26年改正で置かれた保護規定を廃止した上で彼らを債権者異議手続の対象とすべきこと、さらに同手続を自足的な利害調整の仕組みと見るべきことが主張されることになろうが、仮にそのような見解があるのであれば、それに対しては上記のような回答は意味をなさない。むしろ残存債権者についても一般的な事後的救済の可能性を認めるべきではないということだからである。そのような見解に対しては、債権者異議手続が会社分割制度の利便性とのバランスを考慮して設計される以上、それによる利害調整を自足的なものと見て事後的救済を完全に排除するルールのもとで、会社分割制度がより濫用的に利用されうることによる社会的コストの方が、本稿のように事後的救済の可能性を残すルールのもとで、会社分割制度の安定的な利用が阻害されることによる社会的コストよりも、おそらくかなり大きいと思われるという筆者の直観以外には、当座、答える材料を持ち合わせていない。

(2) **債権者異議手続の存在意義**　　次に、私見のように解すると、全て事後的救済による調整に委ねればよいことになり、債権者異議手続の存在意義がなくなってしまうのではないかという批判も考えられる。

しかし、現行法が会社の行う各種行為について説明可能なポリシーのもとで債権者異議手続を用意しているかはともかく、それが置かれているところでは、当該行為後に債務者たる会社の弁済能力が悪化することを認識した債権者は、異議申述権を背景に債権の回収や担保の獲得などの条件変更のために再交渉を行う機会を得られるのであるから、少なくとも債権者にとっては、（必要

不可欠かどうかは別として）事後的救済の可能性があるからといって債権者異議手続の存在意義がなくなるということはない。また、適切なバランスのとれた制度設計を志向する立法者が、債権者異議手続と引き換えに、全債権者の個別的な同意を得ることが困難な状況のもとでも会社が債務者の交代を伴う行為を行うことや、人的分割の場合に資本金減少等の手続を別途要さずに分配可能額を超える剰余金配当を行うことを認めているのだと考えれば[19]、債権者異議手続は、債務者たる会社にとっても、我が国においてそのような行為が許容される前提としての意味はあるといえる。本稿の立場は、債権者異議手続にそのような意義はあるとしても、その履践があれば、たとえば債務者の弁済能力の喪失や弁済能力のない者への債務者への交代を債権者が常に甘受しなくてはならないと考える必要はなく、詐害行為取消しなどの事後的な救済の法理の要件が満たされるのであれば、それらの法理による救済を認めてしかるべきではないかということである。

(3) **異議を述べない債権者の「承認」**　最後に、現行法における債権者異議手続が、異議申述権がある債権者が異議を述べなかったときには、当該債権者は当該行為について「承認」したものとみなす（789条4項・799条4項・810条4項）という作り方となっていることから生じる解釈上の問題がある。すなわち、「承認」している以上は、自己の利益の放棄があったとして、詐害行為取消しなどを問題とする前提を欠くことになるではないかということである。実際、平成17年会社法の立案担当者はそのような理解から詐害行為取消しの余地はないと解していたようでもある[20]。

　しかし、そのような解釈は、仮に「承認」という文言だけが根拠であるとすれば、「承認」という構成を過度に形式的に、かつ過度に重要視して考えるものであるように思われる。これまで検討してきたような観点から詐害行為取消しなどによる事後的救済の可能性を認めるべきとするのであれば、この「承認」については次のように解しておけば足りるのではなかろうか。すなわち、この「承認」は、会社分割について「承認をしなかった債権者」に無効の訴えの原告適格を認める規定（828条2項9号・10号）との関係で、異議を述べなかった債権者に無効の訴えの原告適格を否定するという点でのみ意味があるという理

解[21]、あるいは、もっと端的に、詐害行為取消しなどの要件を満たすような態様で害されることまでの債権者の「承認」を擬制するものではないという理解である。

【注】

1) 債権者の立場による会社法の対応の違いが説明可能な根拠に基づいて行われているかは疑わしい。たとえば、物的分割における残存債権者が債権者異議手続の対象とされていないことについては、物的分割では分割会社に対価が入るため、残存債権者にとっては債権者異議手続がない事業譲渡や財産処分と変わりがないからというのが一応の説明となるが、現金等を対価とする株式交換における株式交換完全親会社の債権者が、対価関係の不均衡の可能性を考慮して債権者異議手続の対象とされていることとの整合性はない。

2) 最判平24・10・12民集66巻10号3311頁（詐害行為取消し）、東京高判平24・6・20判タ1388号366頁（破産管財人による否認）、福岡地判平23・2・17判タ1349号177頁（法人格否認）など。また、事業譲渡特有の債権者保護規定である会社法22条1項（商号を続用した事業譲受会社の責任）の類推適用による救済を与える裁判例もある（最判平20・6・10判時2014号150頁など）。

3) 初期の裁判例にはそのような立場を採るものもあった。広島地判平17・7・28判例集未登載（詐害行為取消しを否定）、東京地判平17・12・20金法1924号58頁（破産管財人による否認権行使を否定）。

4) なお、会社分割を含む組織再編においてその処遇が問題となる「債権者」は多様であり、消費者を含む継続的取引の相手方や労働者といった、単なる金銭債権者にとどまらない地位の者も含まれる。ただ、そのそれぞれの者についての利害調整は、契約法理や一定の政策目的からの特別法による介入、合併における包括承継制度といったものが中心的に担っており、債権者異議手続が果たす役割はあったとしても二次的である。また、現在の債権者異議手続は異議を述べた債権者への対応の要否を、当該債権者を「害するおそれ」の有無で分けているところ（平成9年商法改正）、一般に「害するおそれ」の有無は弁済期における弁済の確実性に焦点が当てられており（森本滋編『会社法コンメンタール18』（商事法務、2010年）176頁〔伊藤壽英〕）、債権者異議手続の主たる対象としては金銭債権者が考えられていることに疑いはない。そこで、本稿では、「債権者」としては金銭債権者を想定することとする。

5) 平成24年最判は新設分割の事例であるが、詐害行為取消しの可能性を認めるか否かという点で吸収分割について別異に解すべき理由はない。藤原総一郎・稲生隆浩「濫用的会社分割と詐害行為取消権をめぐる諸問題——最二判平成24・10・12を手がかりとして」NBL989号（2012年）5頁、北村雅史「濫用的会社分割と詐害行為取消権〔下〕——最判平成二四年一〇月一二日を踏まえて」商事法務1991号（2013年）15頁、神吉正三「濫用的会社分割に対する詐害行為取消権の行使——最二小判24.10.12を題材と

して」金融法務事情1970号（2013年）73頁、伊藤靖史「平成24年最判判批」金融法務事情1977号（2013年）25頁、福島洋尚「平成24年最判判批」ビジネス法務13巻11号（2013年）149頁、原弘明「平成24年最判判批」商事法務2087号（2015年）51頁。

6) 青柳良則「平成24年10月12日判決で実務への影響は？　詐害的な会社分割に関する最高裁判決と会社法改正」経理情報1331号（2012年）60頁、鳥山恭一「平成24年最判判批」法学セミナー697号（2013年）131頁、北村・前掲注（5）11頁、神吉・前掲注（5）73頁、伊藤・前掲注（5）24頁、清水円香「平成24年最判判批」〔ジュリスト臨時増刊1453号〕（平24重判、2013年）108頁、福島・前掲注（5）149頁、森本滋「平成24年最判判批」民商法雑誌147巻6号（2013年）565頁。なお、平成24年最判の調査官解説はこの点についての明言を避けるが、物的分割における残存債権者以外の債権者による詐害行為取消権行使の可否については慎重な検討を要するとしている。谷村武則・法曹時報67巻8号（2015年）2384頁。

7) 前田千尋「平成24年最判判批」ビジネス法務13巻4号（2013年）14頁、日下部真治「平成24年最判判批」法の支配170号（2013年）114頁以下、鈴木千佳子「平成24年最判判批」私法判例リマークス48号（2014年）89頁、弥永真生「平成24年最判判批」判評660号（2014年）26頁、原・前掲注（5）51頁、原弘明「平成28年東京地判判批」金融・商事判例1522号（2017年）6頁。

8) 学説においても、平成22年東京地判の結論自体に反対する見解はなさそうである。弥永真生「平成22年東京地判判批」ジュリスト1418号（2011年）53頁、森本滋「会社分割制度と債権者保護——新設分割を利用した事業再生と関連して」金融法務事情1923号（2011年）35頁、渡邊博己「会社分割と分割会社債務および保証債務の帰趨」京都学園法学65号（2011年）171頁は、法人格否認による解決に理解を示す。滝澤孝臣「会社分割をめぐる裁判例と問題点」金融法務事情1924号（2011年）73頁は、法人格否認によるのではなく、債権者の個別的同意がないことを理由とする免責的債務引受けの効力の否定によるべきであるとするようであるが、自認されているように、現在の会社分割制度の一般的理解からするとそのような解決は難しい。

9) もっとも、判旨は、事前開示書面における債務の履行の見込みに関する開示に虚偽があり、否認権行使を認めるべき特段の事情があるといえるか否かに関する判示の中で、B社に承継されたゴルフ場にはいろいろな問題があったため、B社が承継した資産負債は実際には無価値（それどころか、むしろマイナス）であり、それをB社に承継させたことはA社の財産状況にマイナスの影響を及ぼすものではなかったとしている。

10) 東京地決平27・7・30資料版商事388号87頁。

11) 会社分割の対価として分割会社に交付された承継会社・設立会社の株式が会社分割後に処分（廉価売却など）されれば、その処分行為は当然、会社分割とは別個に否認の対象となりうる。これに対して、人的分割として会社分割に伴い対価株式が分割会社株主に配当される場合には、当該配当だけを取り出して否認の対象としうるかを問題としうる。この点につき、平成28年東京地判の判旨は、「分割型新設分割に伴って行

われる剰余金の配当は、新設分割と全く独立した法律行為と捉えるべきではなく、新設分割自体と密接に関連する法律行為であって、これに対する否認権行使の可否については、『会社の組織に関する行為』である会社分割に準じ、新設分割に関する会社法その他の法令における諸規定の内容を更に検討して判断することを要するというべきである」としつつ、本文で述べるように、債権者異議手続の存在と法的安定性を確保する必要性を理由に否認の対象となることを否定している。つまり、平成28年東京地判は剰余金配当だけを否認の対象として考えること自体を否定してはおらず、ただ結論としてそれを認めないという立場である。

　私見としても、人的分割の剰余金配当部分だけを否認の対象として捉えることに特段の問題はないと考える（同旨、原・前掲注（7）4頁以下。反対、松嶋隆弘「平成28年東京地判判批」私法判例リマークス55号（2017）93頁、得津晶「平成28年東京地判判批」ジュリスト1516号（2018年）104頁以下）。会社分割は、分解して見れば、新会社の設立（新設分割の場合）、権利の移転、債務の移転、対価の交付、対価の分配（人的分割の場合）から成る行為であるところ、平成24年最判は、詐害行為取消しの対象を会社分割としつつ、その効果としては債権保全に必要な限度で設立会社への権利の承継の効力を否定するとしている。そのように取消しや否認の対象と効果とを分けて考えられるのであれば、理屈の問題として人的分割の一体性の観点から剰余金配当部分だけを対象として考えることの是非（対象を会社分割としつつ効果として剰余金配当の効力を否定してよいかを考えるのではなく、はじめから対象を剰余金配当として考えることの是非）を論じる実益はない。また、判例・裁判例で認められてきた承継会社・設立会社への権利承継の効力の否定と比べて、剰余金配当の効力の否定を認めることで生じる不都合が特に大きいわけではないし、承継会社・設立会社での事業継続のために剰余金配当の効力だけを否定するニーズも考えられるので、債権者異議手続の存在をどう評価するかという問題を除けば、剰余金配当部分だけの効力の否定を認めないとすべき実質的な理由も見当たらない。したがって、債権者異議手続の存在にもかかわらず詐害行為取消しや否認権行使の可能性を認めるとするのであれば、その場合に剰余金配当部分だけを問題とするか、承継会社・設立会社への権利承継までを問題にするかは、債権者や否認権行使者の選択に任せるということでよいと思われる。

　なお、得津・前掲は一連・一体の行為の一部のみを否認の対象とすることはできないとするのが最高裁判例の立場であるとして最判平5・1・25民集47巻1号344頁を挙げるが、同判決は、一体としてみると債権者に対する有害性が認められない「特定債務の弁済のための借入れ＋その借入金による当該債務への弁済」という行為につき、弁済部分だけを取り出して否認の対象とすることを否定したに過ぎない。人的分割は全体としてみても、物的分割に相当する部分だけをみても、剰余金配当部分だけをみても債権者に対する有害性が認められる可能性があるものなので、同判決の射程外というべきである。

12)　本文4節で述べるように、私見は、債権者異議手続の存在にもかかわらず、否認の

要件が満たされるのであれば否認を認めるべきという立場である。注（9）で述べたように、X社に配当されたB社株式の価値は書類上6億円超となっていたが、実際は無価値であった可能性があり、少なくとも裁判所はそのように考えていたふしがある。もしB社株式が無価値であれば、会社分割全体やA社からB社への権利義務の移転についてはともかく、X社への剰余金配当部分には債権者を害する要素はない。したがって、上記の私見によれば、この事案は、B社株式の価値についてきちんと判断した上で否認の要件の充足がないという理由で否認を否定すべきケースであったと思われる。

なお、Yが剰余金配当部分を否認の対象として選択したのは、B社が承継したゴルフ場の価値が不分明なため、それを取り戻す（あるいはB社に価格賠償を求める）よりも、支払能力が高く、すでにB社株式を売却処分していたX社からの価格賠償を狙った方が再生債務者財産の拡充に資すると判断したためと推測される（この点、得津・前掲注（11）104頁は、Yが会社分割自体は否認や詐害行為取消しの対象とはならないとの見解を公表していたためではないかとしている）。

13) 本件では異議期間内に異議を述べた債権者はおらず、それがいた場合にどう判断されるかは残された問題であるが（飯田秀総「平成28年東京地判判批」法学教室435号（2016年）177頁、原・前掲注（7）6頁）、異議を述べた債権者がいたにもかかわらず適法な対応をしなかったのであれば、債権者異議手続の適法な履践がないとして「特段の事情」が認められるのではないかと思われる。

14) 債権者異議手続の適法な履践がない場合の救済方法としては、会社法上、会社分割の無効の訴えが用意されている。判旨によれば、債権者異議手続の適法な履践がない場合には「特段の事情」があると認められ、否認権限のある監督委員は否認権を行使できることになるが、そもそも監督委員には無効の訴えの原告適格はないので、そのように会社法外の手段が用いられることは仕方がない。これに対して、無効の訴えの原告適格が認められる当事会社の債権者や破産管財人については、債権者異議手続の適法な履践がない場合の救済方法は無効の訴えに限定され、詐害行為取消権や否認権の行使はできないのかを問題とすることができる。これは、債権者異議手続が一応適法に履践されていることを前提とする本稿の問題とはまた別の問題であるが、私見としては、債権者の保護のために無効判決によって会社分割全体を対世的に無効とする必要は本来ないこと、債権者異議手続の履践がない場合とそもそも債権者異議手続がない場合とで救済方法を大きく変える理由を見出しがたいこと、さらには手続の履践があっても詐害行為取消しなどを認めるべきであるとする本稿の立場との均衡から、救済方法を無効の訴えに限定するべきではないと考える。

15) このようなYや原決定の主張を支持するものとして、原・前掲注（7）5頁以下、得津・前掲注（11）105頁。

16) このような判旨の見解を支持するものとして、松嶋・前掲注（11）93頁。

17) 会社分割における個別催告の省略に対する批判として、鈴木千佳子「濫用的会社分割と債権者異議手続の問題点」山本爲三郎『企業法の法理』（慶應義塾大学出版会、2012年）147頁、受川環大『組織再編の法理と立法──利害関係者の保護と救済』（中

央経済社、2017年）268頁以下。

18)　田中亘「会社法改正の視点からみた濫用的会社分割」土岐敦司・辺見紀男編『濫用的会社分割——その態様と実務上の対応策』（商事法務、2013年）42頁以下、「シンポジウム　濫用的会社分割を考える」同書230頁以下〔田中亘発言〕。

19)　なお、人的分割の場合には、すでに債務超過状態の分割会社が剰余金配当を行うことや、分割会社が債務超過となるような剰余金配当を行うことも想定される。したがって、人的分割における残存債権者を対象とする債権者異議手続には、資本金減少や準備金減少の手続を別途行うことを不要とする意味だけでなく、資本金減少等では実現できない株主への資産分配に対する債権者の個別的同意を不要とする意味もある。もっとも、本文で述べるように、債権者異議手続にそのような意味があるとしても、債権者に個別に接触することが容易な範囲でもそれを行わないといったことから推認される濫用的な意図をもって分割会社のさらなる財産状況の悪化をもたらすような人的分割が行われれば、詐害行為取消しなどの要件を満たす限り、それらの法理による残存債権者の救済を認めるべきであるというのが私見である。

20)　相澤哲・葉玉匡美・郡谷大輔編著『論点解説　新・会社法——千問の道標』（商事法務、2006年）723頁。もっとも、言及されているのは詐害行為取消しのみである。

21)　藤田友敬「組織再編」商事法務1775号（2006年）60頁、田中亘「名古屋地判平16・10・29判批」ジュリスト1327号（2007年）143頁。異議を述べない債権者の「承認」という構成は合併無効の訴えの制度が置かれる前から採られていたため（昭和13年改正前商法79条1項）、規定の沿革的には「承認」は無効の訴えの原告適格とのみ結びついたものとはいえないが、もとよりそのような沿革だけから「承認」の限定的な解釈を否定すべきではなかろう。

〔付記〕本稿は、2017年3月15日・16日に開催された関西企業法研究会での報告に加筆したものである。

保険とクレジット・デリバティブの法的区別の再構成

嘉村　雄司

1　はじめに

　近時の金融危機を受けて、クレジット・デリバティブ規制に関しては、国際的な重要課題であり、わが国の金融市場においても早急に取り組むべき問題として認識されている。[1] 保険法および保険業法（以下、これらを併せて「保険規制」）の分野においては、保険と金融の融合という現状に伴い、「保険と類似する機能を有する金融取引に対して保険規制が適用されないのか」が議論されており、そのような議論の1つとして、「保険規制とクレジット・デリバティブとの関係」が問題となっている。[2]

　クレジット・デリバティブとは、金銭債権に対応する信用リスクの移転を目的とした金融派生商品の総称である。[3] 最も議論されているのは、クレジット・デフォルト・スワップ（以下「CDS」）と呼ばれる取引である。CDS では、契約当事者はプロテクションの買い手（リスクをヘッジする側）と売り手（リスクをとる側）となり、プロテクションの対象主体となる企業等の債務（以下「参照債務」）が指定される。買い手は、信用リスクを売り手に移転し、その対価として手数料を支払う一方、売り手は、企業等に破産や元利金の不払等の信用悪化事由（以下「クレジット・イベント」）が発生した場合には、買い手に支払を行うこととなる。

　クレジット・デリバティブは、デリバティブという形式をとってはいるが、信用リスクの移転という点で保険（信用保険や保証保険）と極めて近い機能を有する。[4] しかし、双方に適用される法規制の内容は異なっている。すなわち、保

険には、保険規制により他の取引にはない種々の特別の法規制が適用される[5]。これに対し、クレジット・デリバティブには、契約に関する特別の法規制はなく、金融商品取引法（以下「金商法」）が定める店頭デリバティブ取引の一種としての規制（同法2条22項6号イ・金商令1条の13・金商定義20条）があるのみである。そのため、機能的類似性および法規制の整合性の観点からは、「クレジット・デリバティブに対して保険と同様の法規制が適用されないのはなぜか」が問題となる。このような背景から議論されてきたのが、「保険とクレジット・デリバティブの法的区別」の問題である。

　この問題においては、主として「クレジット・デリバティブが保険（保険1条・保険業2条1項[6]）の要素を具備しているか」が議論されている[7]。学説においては、クレジット・デリバティブが損害てん補の要素を具備していないことを理由として、保険とクレジット・デリバティブを法的に区別する考え方が支配的見解（以下「損害てん補基準」）となっている[8]。

　一方で、近時のアメリカ（とりわけニューヨーク州）の議論では、少なくともクレジット・デリバティブの一部については損害てん補の要素を具備しているという理解を前提として議論されることが多くなっている。このようなアメリカの議論に鑑みると、損害てん補基準は、保険とクレジット・デリバティブの法的な相違を説明することに限界があり、保険規制の適用を否定する論理としては不十分となる可能性がある。そのため、改めて保険とクレジット・デリバティブの法的区別の問題を検討する必要があると思われる。

　そこで、本稿では、アメリカの議論を参考にして、保険とクレジット・デリバティブの法的区別の問題について検討を加えることとしたい[9]。

　本稿の構成は、以下の通りとなっている。まず、2節において、ニューヨーク州において損害てん補基準が展開されてきたことを確認した上で、同基準が変容するに至った経緯を確認する[10]。次に、3節および4節において、ニューヨーク州の議論の変遷がアメリカの立法関係や学説の議論に与えた影響について検討し、5節において、わが国への示唆を提示する。最後に、6節において、今後の課題を示し、むすびとする。

2 ニューヨーク州における損害てん補基準の展開と変容

1 損害てん補基準の展開[11]

アメリカでは、2000年に制定された商品先物現代化法（Commodity Futures Modernization Act of 2000）により、1933年証券法（Securities Act of 1933）、1934年証券取引所法（Securities Exchange Act of 1934）、商品取引所法（Commodity Exchange Act）および州法上の賭博禁止規定（gambling under state bucket shop prohibitions）が、一定の規定を除いて、クレジット・デリバティブに適用されないことが明らかとなった[12]。その一方で、依然として州保険法との関係は不明確なままであった[13]。そのような中、ニューヨーク州において、クレジット・デリバティブが「保険契約」に該当するかどうかが問題となった。

保険契約の定義については、ニューヨーク州保険法1101条(a)(1)が、「『保険契約（insurance contract）』とは、『保険者（insurer）』である一方の当事者が『保険契約者（insured）』または『保険金受取人（beneficiary）』である他方の当事者に対して、後者が、偶発的事故の発生（the happening of a fortuitous event）によって不利な影響を受ける実質的な利害関係（a material interest）を、その事故発生の際に有し、または有すると期待される場合において、その事故の発生を条件として金銭的価値の給付（benefit of pecuniary value）を付与する義務を負ういっさいの合意またはその他の取引をいう」と定めている[14]。同法は、基本的には、この「保険契約」に該当する取引に対して適用されると解されている[15]。

このような保険契約とクレジット・デリバティブの関係については、ニューヨーク州保険監督局（New York State Insurance Department）[16]が2000年に意見書を発行することにより、その見解を明らかにした（以下「2000年の意見書[17]」）。すなわち、同意見書は、「売り手がクレジット・イベントの発生を条件として買い手に支払いを行うが、その支払いが買い手の被る損害に依存しない場合においては、CDS取引は保険契約とならない」とした上で、その理由として「当該取引条件の下では、売り手はクレジット・イベントの発生を条件として買い手に支払いを行うが、その支払いが買い手の被る損害に依存しないからであ

る」と述べている。

　2000年の意見書は、CDS が損害てん補の要素を具備しないことを理由として保険契約とならないことを明らかにしたものである。これは、わが国における損害てん補基準と同旨の見解であろう。同意見書の公表により、CDS が保険契約とみなされることはなくなったという理解が市場一般に広がったと指摘されており、学説においても同様の考え方が支配的見解となっていた。その後、2004年のニューヨーク州保険法の改正により、同意見書の考え方に基づいて保険契約と CDS の関係を整理する規定が設けられている（同法6901条 (j-1)）。

2　損害てん補基準の変容[20]

　ニューヨーク州保険監督局は、2000年の意見書および同州保険法6901条 (j-1) の理解の仕方について、特に何も触れてこなかった。[21] しかし、近時の金融危機を受けて、2008年9月22日に書簡を公表し、その中で、保険契約とクレジット・デリバティブの関係について再度検討を加えている（以下「NY 規制提案」[22]）。すなわち、2000年の意見書は、「プロテクションの買い手への支払いが実際の金銭的損害を条件としていない場合において、CDS は保険契約ではない」ということを述べているに過ぎず、「参照債務に実質的な利害関係を有しまたは有することが合理的に期待される当事者がプロテクションを購入した場合において、CDS が保険契約となるかということに取り組んだものではない」ため、CDS は、ニューヨーク州保険法における保険契約の定義規定に該当する可能性があるとしている。

　このような NY 規制提案の内容について、当時のニューヨーク州保険監督局長官エリック・ディナロ（Eric Dinallo）は、「プロテクションの買い手への支払いが実際の金銭的損害を条件としていない場合」とは、CDS の買い手が参照債務を有しない場合であり、そのような取引は「ネイキッド CDS」と呼ばれているのに対し、「参照債務に実質的な利害関係を有しまたは有することが合理的に期待される当事者がプロテクションを購入した場合」とは、CDS の買い手が参照債務を有する場合であり、そのような取引は「カバード CDS」と呼ばれていると整理する。[23] その上で、ネイキッド CDS については損害てん

補の要素を具備しないため保険契約ではないのに対し、カバード CDS につ
いてはその要素を具備するため保険契約に該当すると述べている。[24] また、同長官
は、そもそも2000年の意見書はネイキッド CDS のみを対象としており、カ
バード CDS を射程に含めていなかったが、市場がカバード CDS も含めたも
のとして理解したに過ぎないと指摘している。[25] このような同長官の補足説明
は、2000年の意見書に妥当範囲の限界があることを明らかにしたものである
といえよう。

　金融危機後、クレジット・デリバティブに関しては様々な規制提案がなされ
たが、そのような中で最初に公表されたのが NY 規制提案であるといわれて
いる。[26] 同提案によれば、CDS の売り手は、保険契約を売っていることとなり、
金融保証保険法人（financial guaranty insurers）として免許を受けなければなら
ず、また、当然ながら同法人に適用される規制を全て遵守しなければならない
こととなる。[27] 学説では、このような NY 規制提案は当時の状況下では様々な
規制提案の中でも有力なものであったと指摘されている。[28] すなわち、NY 規制
提案は、何らかの立法措置が必要なく解釈により規制が可能なこと、迅速に効
力を発することが可能なこと、金融保証保険法人の規制に関して相当な経験を
有する機関が規制を行うこと、および、当該機関は当時の金融危機に関して責
任を負っていないことが挙げられている。これに対し、連邦政府による規制提
案は、既に複数の提案が存在しており、それぞれの内容が多様であること、コ
ンセンサスを得るには必然的に時間がかかること、および、最終的に立法化さ
れるか不確定であることが指摘されている。

　NY 規制提案は、2009年1月1日に発効することとなっていた。しかし、同
提案公表後に、金融市場に関する大統領作業部会（President's Working Group on
Financial Markets）がクレジット・デリバティブ規制を整備する計画を公表し
たことを受けて、ニューヨーク州保険監督局は同提案を無期延期することを明
らかにした。[30] その理由について、ディナロ長官は、同提案を実施した場合、カ
バード CDS は州保険法により規制される一方で、ネイキッド CDS は何の規
制も存在しないか、別の法律により規制されることになるが、このように
CDS 市場を分割することに繋がるような規制を行うべきではないこと（CDS

市場の分割回避）を挙げている。[31]

　以上のような NY 規制提案に対する評価は分かれている。学説の中には、そもそも同提案は包括的な連邦規制の実現を促すことが目的であったと指摘する見解がある。[32]実際に、ディナロ長官も、同提案は CDS 市場の包括的規制に関する国民的議論（national discussion）を生んだが、これは同提案公表当初から想定されていたこと、および、連邦政府による規制提案を受けて NY 規制提案の延期を決定したことを明らかにしている。[33]しかし、その一方で、同提案はあくまでも延期されただけであり撤回されたわけではないこと、および、同提案延期後も CDS 市場の分割から生ずる可能性のある問題を検討し続けることが表明されている。[34]そのため、同提案延期後も、ニューヨーク州保険監督局は、「カバード CDS が保険契約に分類される」という立場を採り続けているものと思われる。[35]確かに、同提案は、連邦規制実現の迅速化に影響を与えたであろうが、[36]それが主たる目的であったと断定することはできないだろう。

3　損害てん補基準変容後のクレジット・デリバティブ規制の動向

1　州保険法によるクレジット・デリバティブ規制提案

　ニューヨーク州の議論の変遷は、他州や連邦の立法関係にも影響を与えた。最も注目される動きとしては、全米保険立法者協議会（National Conference of Insurance Legislators：NCOIL）が CDS を規制するモデル法（以下「モデル法」）を公表したことが挙げられる。[37]

　全米保険立法者協議会は、NY 規制提案の公表と同時期である2008年9月から CDS に係る問題に関心を持ち始め、NY 規制提案延期の公表と同時期である2008年11月から具体的な検討を開始した。[38]同協議会は、2009年3月、CDS 規制のための特別委員会（NCOIL Task Force on Credit Default Swap (CDS) Regulation）を設置し（議長はニューヨーク州選出の下院議員ジョゼフ・モレル〔Joseph Morelle〕）、モデル法の具体的な検討が始まった。[39]この時点で、同協議会のメンバーにおいて、CDS は保険の特徴と多くの類似性を有すること、とりわけカバード CDS は金融保証保険（financial guaranty insurance）と相当に類似するこ

と、および、州の立法担当者および規制担当者は CDS 市場の規制に責任を持つべきであること、という原則が合意されている。[40]

2009年4月、モデル法の草案が承認された。[41] 同草案は、NY 規制提案およびニューヨーク州保険法第69節が定める金融保証保険規制に依拠している。[42] すなわち、いわゆるカバード CDS は金融保証保険とみなされ、保険の一種として、支払能力の確保、被保険利益の要件およびその他の主要な州保険法規制に服すべきであるとされている。[43] なお、2009年に開催された同協会のサマーミーティングでは、モデル法を作成するメンバー間において、連邦政府が包括的なCDS 規制を検討している状況でモデル法を採用するメリットについて議論がなされたようであり、この時はモデル法の採用が見送られている。[44] その後、若干の修正を経て、2009年11月に、モデル法が正式に承認された。

モデル法は、基本的に NY 規制提案と同様の考え方に基づき、CDS は保険であり州保険監督局による規制に服すべきである、ということを前提に作成されている。[45] また、同法は、ニューヨーク州保険法第69節の規制を参考に作られており、そのほとんどが「金融保証保険」という用語を「クレジット・デフォルト保険（credit default insurance）」という用語に置き換えたものとなっている。[46]

すなわち、モデル法は、「カバード CDS」を「クレジット・デフォルト保険」として州保険法の下で規制する。[47] CDS の売り手に対しては免許要件を課し、売り手は「クレジット・デフォルト保険会社（credit default insurance corporation）」として州保険監督局から免許を受けなければ CDS を売ることができない。このほか、資本規制、投資規制および約款・料率規制等、金融保証保険と同様の監督規制が適用され、州保険監督局は CDS の売り手に対して直接的な規制権限を有することとなる。クレジット・デフォルト保険会社は、モデル法に違反した場合には民事上および刑事上の制裁があり、当然ながら損害保険一般の規制にも服する。

もっとも、モデル法は州に対する強制力を有しないため、同法を採用するかどうかは各州が判断することとなる。また、同法の採用に当たっては内容を修正することも可能となっている。[48]

全米保険立法者協議会の見解によれば、1945年マッカラン・ファーガソン法

(McCarran-Ferguson Act of 1945) により確立された保険分野における州の優越に基づくと、同協議会のメンバーが「CDS は保険の一種である」という結論を出した場合には、CDS に係る規制権限は州の立法担当者および保険規制担当者に生ずることとなる[49]。また、同協議会は、保険商品の規制に豊富な経験を有する州の保険規制担当者がカバード CDS（保険商品の一種である）を規制するのに最も適した立場にあり、保険産業全体に向けられた基準（被保険利益、組織の支払能力その他の補償にとって必須の要素の確認〔identification〕）を CDS の供給者にも同様に適合させることができると指摘する[50]。

モデル法に対しては、証券金融市場協会（Securities Industry and Financial Markets Association：SIFMA）および国際スワップ・デリバティブズ協会（International Swaps and Derivatives Association：ISDA）から批判的なコメントが寄せられている[51]。また、アメリカ生命保険協会（American Council of Life Insurers：ACLI）および金融保証保険協会（Association of Financial Guaranty Insurers）といった保険関連の協会からも慎重な検討を促すコメントが寄せられている[52]。

このようなモデル法の公表に先後して、複数の州においては、CDS を保険として規制する法案が作成されている。まず、ミズーリ州は、2008年11月に、カバード CDS を発行する事業を行うことが保険事業を行うことに該当することを理由として、ミズーリ州内でそのような事業を行う場合には、保険監督官から免許を得なければならないとする法案を作成することを公表した[53]。もっとも、NY 規制提案延期と同様の理由から、この法案の発効は見送られている[54]。

また、バージニア州は、2009年1月に、NY 規制提案の考え方に基づき、ニューヨーク州保険法第69節と同様の規制をカバード CDS に適用する法案を作成している[55]。さらに、ニューヨーク州は、2010年4月に、モデル法に基づいた内容の法案を作成している[56]。もっとも、いずれの法案も未だ立法化されていないようである[57]。このほか、NY 規制提案を受けて、サウスカロライナ州の保険規制担当者は、これに好意的なコメントをしていたことが紹介されている[58]。

なお、全米保険監督官協会（National Association of Insurance Commissioners：NAIC）は、2008年10月に、ワーキンググループを組織し、CDS 規制に関して検討を始めたが、2009年の初めから活動を行っていないようである[59]。

以上のように、州法の段階では、カバード CDS を保険として規制する動き
がそれなりにみられたということができる。しかし、このような規制の動きを
受けて、2010年7月21日に成立した「ドッド＝フランク ウォール・ストリー
ト改革および消費者保護法（Dodd-Frank Wall Street Reform and Consumer Pro-
tection Act)」（以下「ドッド＝フランク法」）においては、後記のように、クレジッ
ト・デリバティブを保険として規制することを禁止する規定（専占規定〔feder-
al preemption〕）が設けられている。

2　ドッド＝フランク法における専占規定の制定

　ドッド＝フランク法第7編「ウォール・ストリートの透明性および説明責任
（Wall Street Transparency and Accountability)」は、デリバティブに関する新た
な規制を構築している。同法は、「有価証券関連以外のデリバティブ（swap)」
および「有価証券関連デリバティブ（security-based swap)」（以下、これらを併
せて「有価証券関連デリバティブ等」）として分類された合意（agreement)、契約
（contract）および取引（transaction)（以下、これらを併せて「合意等」）に適用さ
れる。有価証券関連以外のデリバティブは、商品取引所法に基づき商品先物取
引委員会（Commodity Futures Trading Commission：CFTC）が監督権限を有し、
有価証券関連デリバティブは、1934年証券取引所法に基づき証券取引委員会
（Securities and Exchange Commission：SEC）が監督権限を有すると整理されてい
る[60]。

　ドッド＝フランク法721条(a)は、有価証券関連以外のデリバティブとなる合
意等について規定する。また、同法761条(a)は、有価証券関連デリバティブに
ついて、有価証券関連以外のデリバティブであって一定の追加的要件を充足す
る合意等と規定する。そのため、有価証券関連以外のデリバティブの定義は、
有価証券関連デリバティブの定義とも密接にかかわっている。

　ドッド＝フランク法721条(a)は、有価証券関連以外のデリバティブの定義に
ついて、以下のいずれかに該当する合意等とする。すなわち、①金利その他の
レート、通貨、商品（commodities)、有価証券、債務証書（instruments of in-
debtedness)、指数（indices)、定量的測定単位（quantitative measures)、その他

金融・経済上の利益（other financial or economic interest）または財産（property of any kind）の売買に係る、ないしそれらの価値に基づく、プット、コール、キャップ、フロアー、カラー、その他のオプション、②潜在的な金融・経済・商業上の結果に関連する事由（event）または偶発事由（contingency）の発生、不発生もしくは発生の程度に依存する買付け、売付け、支払または受渡し（株式の配当を除く）、③金利その他のレート、通貨、商品、有価証券、債務証書、指数、定量的測定単位、その他金融・経済上の利益や財産、それらに含まれる利益の一部や価値に基づいて、支払の固定的または偶発的な交換の執行ベースを提供し、取引の当事者間で資産に対する現在・将来の直接・間接の所有利益を譲渡することなく価値・水準の将来における変化に関連する金融リスクの全部・一部の移転、④一般に有価証券関連以外のデリバティブの取引として認識されている、または将来に認識されることになる合意等、⑤有価証券関連以外のデリバティブ合意（swap agreement）の定義を満たす有価証券関連デリバティブ合意（その重要な条件が、有価証券、有価証券グループ、有価証券指数またはこれらにおける金利の価格・利回り・価値・ボラティリティに基づくもの）、⑥上記①〜⑤の合意等の組合せまたはオプション、である。その上で、同条は、有価証券関連以外のデリバティブに含まれるものとして、クレジット・スプレッド（credit spread）、CDS およびクレジット・スワップ（credit swap）等を挙げている。

　また、ドッド＝フランク法761条(a)は、有価証券関連デリバティブの定義について、以下のように定める。すなわち、有価証券関連以外のデリバティブの定義に該当する合意等であって、①限定的な有価証券指数（narrow-based security index）（その金利・価値を含む）、②単一の有価証券または貸付契約（その金利・価値を含む）、③単一の有価証券発行者もしくは限定的な有価証券指数を構成する銘柄の各発行者に関連する事由（event）の発生、不発生もしくは発生の程度（当該事由が当該発行者の財務諸表・財務状況・財務上の債務に直接影響を及ぼす場合に限る）のいずれかに基づくものである。①〜③のいずれかの基準を満たすものは有価証券関連デリバティブとなり、それ以外のものは有価証券関連以外のデリバティブとして規制される。そのため、単一銘柄や限定的な有価証券指数に関連する CDS は有価証券関連デリバティブとなり、証券取引委員会

が監督権限を有するが、その他の CDS は有価証券関連以外のデリバティブとなり、商品先物取引委員会が監督権限を有することとなる[61]。

その上で、ドッド＝フランク法は、以下のような専占規定を設けている。すなわち、同法722条(a)は、有価証券関連以外のデリバティブについて、①保険と解してはならないこと、②いかなる州法の下でも保険契約として規制することはできないことを規定する。また、同法767条は、有価証券関連デリバティブについて、州法のいかなる規定の下でも保険契約として規制することはできないことを規定する。この点について、学説の中には、ドッド＝フランク法において専占規定が置かれたことにより、アメリカ法の下では CDS が保険ではないことが明確になったと肯定的に受け止める見解がある[62]。その一方で、専占規定は、ドッド＝フランク法の法案が提出された段階においては存在しなかったが、デリバティブ関連業界がロビー活動を積極的に行ったことにより、法案成立段階においてほとんど議論されることなく追加されたものであるとの批判も多い[63]。

以上のような定義規定の制定を受けて、商品先物取引委員会および証券取引委員会（以下、これらを併せて「委員会等」）は、有価証券関連デリバティブ等の用語の意味を明確にする規則を定めている[64]。委員会等の解説によれば、上記のような定義規定は、これまでに有価証券関連デリバティブ等とみなされてこなかった合意等を含むものとして理解される可能性があり、保険等のようなある一定のタイプの合意等の定義との関係をさらに明確にすることが重要であるという[65]。委員会等は、有価証券関連以外のデリバティブの定義（とりわけ上記②の定義）について、伝統的に保険商品として取り扱われてきた商品を有価証券関連デリバティブ等の定義に含めることを意図したものではないと解している[66]。その上で、保険商品は、以下のような「保険のためのセーフ・ハーバー（Insurance Safe Harbor）」の要件を充足する場合に、有価証券関連デリバティブ等とみなされないとしている（CFTC 規則 1.3(xxx)(4)(i)、SEC 規則 3a69-1(a)）[67]。

保険のためのセーフ・ハーバーの中心となるのは、「商品テスト（Product Test）」（CFTC 規則 1.3(xxx)(4)(i)(A)、SEC 規則 3a69-1(a)(1)）および「供給者テスト（Provider Test）」（CFTC 規則 1.3(xxx)(4)(i)(B)、SEC 規則 3a69-1(a)(2)）

と呼ばれるものである。前者は合意等の内容に向けられたものであり、後者は合意等を供給する主体に向けられたものである。基本的には、この双方のテストが定める要件が充足されなければ、保険のためのセーフ・ハーバーは認められない。保険とクレジット・デリバティブの法的区別との関係で主として問題となるのは、商品テストである。

商品テストは、有価証券関連デリバティブ等が、条項もしくは法律により以下を履行の条件とする合意等を含んではならないとする（CFTC 規則 1.3(xxx)(4)(i)(A)、SEC 規則 3a69-1(a)(1)）。すなわち、①合意等の受取人（beneficiary）は、当該合意等の存続期間を通じて、当該合意等の目的である被保険利益（insurable interest）を有すること、および、それにより当該利益に関する損害リスク（risk of loss）を負うこと、②損害の発生・損害の証明を義務付けること、および、支払・補償は被保険利益の価値に制限されること、③被保険利益から切り離して制度市場（organized market）もしくは店頭（over the counter）で取引されないこと、④金融保証保険に関しては、債務者の支払不履行（payment default）もしくは支払不能（insolvency）の場合における期限の利益喪失条項（acceleration of payments under the policy）は、保険者の裁量に委ねられること、である。

このような基準の中で、保険との関係で問題となるのは①の基準である。この基準は、保険契約の保険金受取人が合意等の対象である利害関係（interest）を有すること、および、保険商品に対する支払が保険金受取人と保険商品の対象である利害関係の双方と密接な関係を有することを求めるものである。委員会等の解説によれば、有価証券関連デリバティブ等に該当しうる CDS においては、保険とは対照的に、CDS の対象となった参照債務の保有がプロテクションの買い手に義務付けられていない。すなわち、有価証券関連デリバティブ等においては、被保険利益が同時に存在することはありうるとしても、その存在が義務付けられているわけではない。そのため、被保険利益が合意等の存続期間を通じて継続的に存在するかどうかは、保険と有価証券関連デリバティブ等を区別する重要な基準になるという。

なお、商品テストでは、「被保険利益」という用語が使われているが、委員

会等は、その定義について、統一的なものがなく、各州によって異なる可能性があることを認識している。ニューヨーク州保険法との関係では、同法1101条(a)(1)(保険契約の定義規定)における「実質的な利害関係(a material interest)」がこれに該当しうると指摘されている[73]。そうであるならば、商品テストと NY 規制提案における判断基準の違いは、実質的な利害関係の保有を合意等の中で義務付けることまで要求されているかどうか、ということになると思われる[74]。

　もっとも、委員会等は、保険のためのセーフ・ハーバーが包括的なセーフ・ハーバーとなるわけではないことを確認している点には注意を要する。すなわち、保険のためのセーフ・ハーバーは、その要件を充足しない合意等が有価証券関連デリバティブ等であることを含意または推測するものではない。同セーフ・ハーバーの要件を充足しない合意等は、関連する事実や状況(そのような合意等の形式と実質の双方を含む)の分析に基づき、保険であるか(したがって有価証券関連デリバティブ等でないか)が判断される[75]。つまり、委員等の規則や解釈は、保険の定義の明確化が目的ではなく、ある一定の保険商品へのセーフ・ハーバーを提供するものに過ぎないと指摘されている[76]。

　このような委員会等の指摘からすれば、「CDS が商品テストの基準を充足しないこと」は、「CDS が有価証券関連デリバティブ等であるとみなされること」を意味するものではなく、「CDS が関連する事実や状況に基づき判断されるというプロセスに進むこと」を意味するに過ぎないということになろう。そのため、ドッド＝フランク法の下においても、保険とクレジット・デリバティブとの関係が問題となる余地が残ることになると思われる[77]。この点について、学説には、ドッド＝フランク法の制定後も、各州は、CDS に関する連邦規制の適切性・妥当性に関する検討を行い、州保険法の規制からカバード CDS を除外するために各州法を修正すべきか、または、CDS 市場を保護・規制するために他の措置を講ずるべきかを決定する機会を有すると指摘する見解もある[78]。このような指摘は、NY 規制提案のような考え方を積極的に主張しているわけではない論者からもなされている。

4 損害てん補基準変容後の学説の動向

1 損害てん補基準の変容の受容

アメリカの学説においては、NY 規制提案公表後も従来通りの損害てん補基準を主張する見解も多い[79]。ただし、このような見解は、NY 規制提案を直接的に批判しているわけではなく、単に従来主張されている支配的見解を繰り返し述べているに過ぎないものが多いように思われる。

この点を除けば、NY 規制提案公表後の学説においては、それ以前と比べて、2 つの特徴的な点が挙げられる。1 つは、多くの学説においてカバード CDS が保険の要素を具備していることについて認識され始めたことである[80]。これは、NY 規制提案に肯定的な見解だけでなく、同提案に否定的な見解においても同様である。2000年の意見書の妥当範囲の限界がアメリカの学説においても認識され始めていることを示していると思われる。

もう 1 つが、NY 規制提案のような考え方に肯定的な見解が現れたことである[81]。NY 規制提案公表前には、少なくとも学術的な先行研究において、このような見解を明示するものはほとんどなかったと思われる。これに対し、近時は、NY 規制提案に基づいて、カバード CDS を保険として規制すべきことを示唆する見解が現れている。

ただし、カバード CDS が損害てん補の要素を具備することのみを理由として、州保険法をカバード CDS に適用すべきと主張する見解はほとんどみられない。これに加えて、州保険法をカバード CDS に適用する必要性の存在も併せて主張されている。

このように、州保険法とカバード CDS の問題において議論の中心となりつつあるのは、州保険法をカバード CDS に適用する必要性が存在するかどうかであり、この点については、NY 規制提案に対する肯定的見解および否定的見解の双方の立場が認めるものである[82]。保険に関する様々な規制をクレジット・デリバティブに適用することは、クレジット・デリバティブに係る取引コストを著しく増加させる一方で、社会的に有益な取引が抑止されることは回避しな

ければならないことから、州保険法による規制の有効性については慎重に議論しなければならないと考えられているからであろう。[83]

2 州保険法の適用を肯定する実質的理由

州保険法の適用を肯定する見解において主張される実質的理由は、必ずしも体系的な形で展開されているわけではないが、以下のような3点に集約されると思われる。第1に、CDS 取引が AIG 等の経営危機の問題を招いたこと、である。NY 規制提案と同日に公表されたニューヨーク州保険監督局のプレスリリース（以下「プレスリリース」）では、CDS が AIG および保証保険会社（bond insurance companies）等の財政問題において主要な役割を果たしたことが指摘されている。[84] また、2008年11月20日に開催された連邦議会での公聴会（以下「公聴会」）において、ディナロ長官は、CDS が AIG および保証保険会社の問題の最大の原因となっており、このことが CDS の問題を注意深く検討する契機になったと証言する。[85]

第2に、CDS に対する規制が存在しなかったこと、具体的には、CDS の買い手の保護を目的とした、売り手の支払能力を確保する規制が存在しなかったこと、である。プレスリリースでは、CDS を規制する目的について以下のように説明されている。[86] 州保険法の主要な目的は、保険者の支払能力を確保することにより保険契約者を保護することである。同様に、CDS を規制する目的は、経済的に有益な取引を止めさせることではなく、CDS の買い手——実質的には保険契約者である——を保護するために、売り手が十分な資本やリスク管理政策を有することを確実にすることにある。たとえば、AIG では、州法により規制された AIG 傘下の各保険会社は、十分な準備金を保持することが要求されていたため、支払能力を有していた。その一方で、AIG 問題の大部分は、十分な準備金を保持していない非保険部門により CDS が発行されたときに生じたと指摘されている。

また、公聴会において、ディナロ長官は、CDS にカウンターパーティー・リスクに関する包括的管理制度（comprehensive management）が存在しない状態が生じた結果、AIG の経営危機のような問題が引き起こされたと証言する。[87]

82

すなわち、2000年商品先物現代化法および2000年の意見書により CDS を規制することが選択されなかったため、CDS 取引は、カウンターパーティーの支払能力に関する基準が存在しないまま行われていた。その結果、CDS の買い手は売り手が負っているリスクの程度を認識しておらず、また、売り手には CDS を売却することにより負うリスクに対して保持しなければならない準備金または資本についての要件が存在しない状態となっていたと指摘されている。

第3に、州保険法の適用により CDS の売り手の支払能力の問題が改善すること、である。プレスリリースは、以下のようなディナロ長官のコメントを引用する。[88]「ニューヨーク州の措置は、保険規制担当者としての我々の役割に適合する。我々は、被保険利益を有する者に保護を与えるための適切な手段を提供しており、そのような者にプロテクションを売却しようとする者はいかなる者でも支払能力があること――換言すると、実際に補償する能力があること――を保証するだろう」。また、前記のように、全米保険立法者協議会もこれと同旨の指摘を行っている。

以上のような見解は、CDS には州保険法が規制目的としている問題と同様の問題が生ずる可能性があり、州保険法の規制を CDS に適用することにより当該問題を適切に解決することができるということを示すものといえよう。このような見解に好意的な学説も存在する。[89]しかし、学説では、以下のような批判がなされている。

第1の見解に対しては、CDS が多数の保険会社によって悪用されたことを理由として指摘するが、クレジット・デリバティブは保険会社以外の銀行、ヘッジ・ファンドおよび年金ファンド等も多く利用しているため、CDS を保険として規制することを正当化できるものではないと批判されている。[90]また、第2の見解に対しては、カウンターパーティー・リスクを削減（内部化）する手段は州保険法の規制以外にも存在（取引所や清算機関の利用等）するため、それだけではクレジット・デリバティブを保険として規制することを正当化できないと批判されている。[91]さらに、第3の見解に対しては、州保険監督局は CDS を規制できるだけの組織や専門能力を有していないこと、[92]および、州保

険法の規制内容は時代遅れであり、根本的な改正が必要であると一般に考えられており、新たに誕生した金融商品に対する規制として適切ではないこと[93]、が主張されている。このような批判は、州保険法の規制が CDS のカウンターパーティー・リスクの削減を可能とするかもしれないが、それは次善（suboptimal）のものに過ぎず、最善（optimal）のものではないということを示すものであろう[94]。

3 州保険法の適用を否定する実質的理由

州保険法の適用を否定する見解において主張される実質的理由の中で最も重要と思われるのは、「線引問題（line drawing problem）」と「境界問題（boundary problem）」である。線引問題とは、以下のように、州保険法の適用範囲が拡大し過ぎることを問題視する見解である[95]。すなわち、「リスクに対する補償を提供する契約は保険として規制されるべきである」という主張は十分な根拠とならない。あらゆる契約は一定程度、保険としての性質を有している。たとえば、オプションその他のデリバティブであり[96]、それらは保険であるとは考えられていないが、リスクに対する補償あるいはヘッジを与えるものである。このような契約に対し州保険法が適用されるならば、「保険とは何なのか」という線引問題が発生し、州保険法の適用範囲が現在考えられているよりも拡大されてしまう可能性がある。その結果、規制の期待利益（expected benefit）はほとんどあるいは全くないにもかかわらず、規制費用（regulatory costs）と不明確性（uncertainty）を経済全体に与えることになると指摘されている[97]。

また、境界問題とは、以下のように、州保険法の適用を回避するための取引が行われることを問題視する見解である[98]。すなわち、NY 規制提案は、カバード CDS のみに焦点が当てられており、ネイキッド CDS には当てられていない。しかし、金融商品の代替性（fungibility）を考慮すると、市場全体ではなくその一部のみが規制されるならば、投資家は規制されていない、同様のリスク・リターンを実現できる他の市場に移動することになるだけである[99]。つまり、クレジット・デリバティブと同様のリスク・リターン特性（risk-return profile）は、州保険法が適用されない他の多くの方法で実現可能である。たと

えば、NY 規制提案のように現物決済型のカバード CDS（プレーン・バニラ CDS）のみを対象とする場合には、取引当事者は、現金決済型のネイキッド CDS（シンセティック CDS）を利用することにより、同様のリターンを複製することができる。そのため、クレジット・デリバティブの一部を保険とし、規制費用を増加させる一方で、残りのクレジット・デリバティブを保険としないならば、取引当事者は、クレジット・デリバティブを非保険商品として構成することで、そのような費用を避けることができると指摘されている。[100]

　このような問題の指摘に対して、州保険法の適用を肯定する見解は明確な批判を提示できていないのが現状である。このほか、州保険法の適用を否定する見解においては、以下のような 2 点についても主張されている。

　第 1 に、クレジット・デリバティブは、保険目的ではなく、裁定取引目的で取引されることが多いと指摘されている（目的の多様性）。[101]裁定取引には、純粋裁定取引（pure arbitrage）と規制裁定取引（regulatory arbitrage）がある。前者は、異なる市場間での一時的な価格差を利用して利益を上げることである。このような裁定取引は、一時的な市場の非効率性を排除することにより、クレジット・リスクを正確に価格に反映させるために有効な行為であり、保険としての性質を有していない。[102]これに対し、後者は、銀行の自己資本比率規制や保険会社の資産運用規制のような規制を回避する目的でクレジット・デリバティブ取引を行うことである。[103]このような裁定取引は、たとえば銀行がクレジット・デリバティブの買い手となる場合のように、保険としての性質を有するものもあるかもしれないが、実際には、そのような銀行は規制裁定取引を行っているに過ぎないものであると指摘されている。

　しかし、この見解に対しては、アメリカにおいて取引目的により保険かどうかを区別する考え方は採用されていないとの反論が提示されている。[104]また、CDS の利用目的の 1 つとして裁定取引があることについては、NY 規制提案のような考え方に肯定的な論者からも指摘されているところである。[105]このことからすると、裁定取引目的と保険目的は相互に排他的な関係にあるものではないように思われる。

　第 2 に、カバード CDS は、リスク集積（risk pooling）が欠如していること

が指摘されている（リスク集積の欠如[106]）。保険の要素の１つとして、リスク集積があるが、カバード CDS は、2 当事者間の取引であるため、一般的にこのようなリスク集積は存在しない。また、リスク集積の欠如は、このような概念上の相違（conceptual difference）に加えて、実際上の帰結（practical consequence）にも影響を生じさせる。すなわち、保険制度は、保険会社が破綻した場合に多くの保険金受取人が損害を被る可能性があるので、保険会社に相当額の資本準備金を保持することを求めている。これに対し、一般的に、同様の問題は、クレジット・デリバティブには存在しないと指摘されている。

この見解が指摘する概念上の相違は、保険の要素の具備の有無を問題とするものである。保険とクレジット・デリバティブの法的区別をリスク集積の有無で判断するという見解は、従来、アメリカの学説において存在していた[107]。もっとも、このような学説は、クレジット・デリバティブ一般を対象としてリスク集積の有無を議論していた。これに対し、上記の見解は、カバード CDS のみを議論の対象とし、リスク集積の不存在を実際上の帰結の問題にまで拡張している点で、従来の学説にはなかった主張であると思われる。

しかし、この見解は、「一般的にリスク集積が存在しない」（傍点筆者）[108]ということも指摘しているので、カバード CDS においてリスク集積が全く存在しないと述べているわけではないと思われる。また、実際上の帰結に関する指摘は、リスクの集積の有無から生ずる実質的な相違を問題とするものである。しかし、この見解は、単一の企業（たとえば AIG や Countrywide 等）が多数のクレジット・デリバティブ取引を行った場合には取引相手等に脅威を与える可能性があることは認めている[109]ので、リスク集積に係る保険会社と同様の問題が全く起こらないと述べているわけではないと思われる。

以上のように、目的の多様性およびリスク集積の欠如に関する見解については、ほとんど支持されておらず、州保険法の適用を否定するための実質的理由としては十分なものとはいえないだろう。現在のアメリカの学説においては、線引問題および境界問題に関する主張が最も有力な見解であると思われる。

5　日本法への示唆の検討

1　損害てん補基準の妥当範囲の限界

　ニューヨーク州においては、2000年の意見書の考え方に基づいて、保険とクレジット・デリバティブとの関係が整理されてきた。しかし、近時の金融危機を受けて、2008年に NY 規制提案が公表され、同意見書の考え方には妥当範囲の限界があること――カバード CDS は損害てん補の要素を具備すること――が明らかにされた。NY 規制提案の実施は最終的に無期延期されたものの、撤回されたわけではなく、クレジット・デリバティブを保険として規制することから生じうる問題を検討し続けることが表明されている。そのため、ニューヨーク州保険監督局は、現在も NY 規制提案の考え方を変えていないと思われる。

　一方で、わが国の支配的見解が主張してきた損害てん補基準は、2000年の意見書と同様の考え方を示すものである。そのため、NY 規制提案の考え方は、わが国における損害てん補基準の妥当範囲の限界を示唆するものと思われる。

　また、NY 規制提案の考え方は、モデル法や各州の法案の作成へと広がっていった。このような規制の動きを受けて、ドッド＝フランク法においてクレジット・デリバティブを保険として規制することを禁止する旨を定めた専占規定が創設された。

　わが国においても、保険とクレジット・デリバティブとの関係を整理する規定が、金商法に設けられている。同法は、店頭デリバティブ取引の一種としてクレジット・デリバティブを位置づけた上で（同法 2 条22項 6 号イ・金商令 1 条の13・金商定義20条）、店頭デリバティブ取引から保険を明示的に除外する（金商令 1 条の15第 2 号）。このような金商法の規定は、ドッド＝フランク法の専占規定と同趣旨のものといえよう。

　しかし、金商法の規定は、ドッド＝フランク法に基づいて委員会等が定めた規則ほど詳細な内容ではなく、保険とクレジット・デリバティブの法的区別の境界は、曖昧なままである。すなわち、金商法では、保険やクレジット・デリ

バティブという用語の実質的な定義規定は設けられていない。また、立案担当者は、店頭クレジット・デリバティブ取引の定義（同法2条22項6号）は相当程度広範な内容となっており、保険等もこれに含まれるという解釈もありうるとする。その上で、店頭デリバティブ取引から保険を除外する規定を設けた理由として、損害てん補基準と同様の考え方に基づいて保険と店頭デリバティブ取引を整理した上で、保険については保険業法による規制が存在することを挙げている。[111]このような理解に基づくならば、損害てん補の要素を具備しないネイキッドCDSについては店頭デリバティブ取引として位置付け、金商法を適用する一方で、同要素を具備するカバードCDSについては保険として位置付け、保険業法を適用すると解することも可能であるように思われる。[112]この点、ドッド＝フランク法に基づいて委員会等が定めた規則のように、金商法が適用される店頭デリバティブ取引について施行令や内閣府令において詳細な基準を定めることにより、適用範囲をある程度明確にするという立法政策を採ることはありうる考え方かもしれない。しかし、ドッド＝フランク法に基づいて委員会等が定めた規則をめぐる議論は、立法政策による適用範囲の明確化にも限界があることを示唆するものと思われる。

　結局のところ、損害てん補基準、さらには保険の要素を具備するかどうか（クレジット・デリバティブの要素を具備するかどうか）という基準では、保険とクレジット・デリバティブの境界を明確に区別することは困難であり、一定の解釈の余地が残ってしまうということであろう。

2　実質的理由に基づく保険とクレジット・デリバティブの法的区別

　近時のアメリカの学説においては、2000年の意見書の妥当範囲の限界が認識され始めており、その議論の中心が「州保険法をカバードCDSに適用する必要性が存在するか」という点に移りつつある。これは、州保険法の適用範囲を検討する当たっては、「保険の要素の具備の有無」についてだけでなく、「州保険法を適用する必要性の存否」についても考慮するという検討枠組みが採用されていることを示すものと思われる。[114]

　わが国においても、従来、保険規制の適用範囲が問題となった際には、保険

の要素を具備するかという点だけではなく、保険規制を適用する必要性が存在するかという点も含めて議論されてきた。そのため、上記のような検討枠組み[115]の中で議論されている、実質的理由をめぐるアメリカの学説は、わが国において保険とクレジット・デリバティブの法的区別を検討するに当たっても参考になると思われる。そこで、以下では、このようなアメリカの学説について検討を行うこととしたい。

アメリカの学説では、州保険法の適用を肯定する実質的理由の中で、「州保険法の規制目的および規制内容」が CDS にも適合するかどうかが議論されていたが、この点については争いがあり、決定的なものとはなっていない。そのため、州保険法の適用を否定する実質的理由の中で提示されている「線引問題」[116]および「境界問題」が有力な見解となっているものと思われる。

もっとも、線引問題については、アメリカの学説が主張するほど重大な問題ではないと思われる。アメリカの学説では、保険とデリバティブ一般が法的に区別できなくなることにより、州保険法の適用範囲が拡大し過ぎてしまうことが問題とされていた。しかし、わが国の学説では、デリバティブはヘッジ機能を有する点で保険と機能的には共通するところがあるとしても、保険のようにリスクが一方当事者から他方当事者へ一方的に移転されるのではなく、リスクの移転が双方向であることから、保険とは違う取引であると整理されている。[117]ただし、わが国の学説においても、天候デリバティブ、地震デリバティブおよびオプション一般（以下「オプション等」）については、プレミアムの支払と引換えに損失のみを相手方に移転することができるので、保険との区別はかなり曖昧であることも認識されている。[118]このような理解に基づくならば、線引問題は、オプション等の一部についてのみ生ずる可能性があるに過ぎず、わが国では、以下で検討する境界問題のみを考慮すれば足りるということになると思われる。

アメリカの学説が主張する境界問題では、取引当事者が州保険法の規制を回避することだけを目的として CDS 取引の移転を行うことが問題とされていた。すなわち、NY 規制提案のような考え方は、取引当事者の合理的な CDS 取引の選択を阻害するだけで、クレジット・デリバティブ市場の改善に何も寄

与しないのではないかということであろう。もっとも、この見解が成り立つためには、カバード CDS と同様の内容を有する取引をどれほど容易に複製できるかということも重要になってくると思われる[119]。しかし、州保険法の適用によって取引当事者に発生する取引費用は相当な負担になると推測できることからすると、この見解が指摘するような CDS 取引の移転が起こる可能性はあると思われる。

　以上のように、アメリカの学説における様々な主張は、どれも傾聴に値する見解であるものの、検討すべき課題が残るものも多い。そのような中、境界問題に関する主張については NY 規制提案を否定する実質的理由になりうるのではないか、また、境界問題に関する解決策が提示されていないアメリカの議論の現状からすると、この問題を解決することは少なくとも現時点においては困難なのではないかと思われる。

　そうであるならば、わが国においても、これと同様の理由から、クレジット・デリバティブをネイキッド CDS とカバード CDS に分割して規制すべきではないと思われる。すなわち、わが国において、カバード CDS は、損害てん補の要素を具備するため「保険（保険1条・保険業2条1項)」に該当し、保険規制が適用される可能性がある。しかし、保険として規制された場合には境界問題が生ずるおそれがあることから、保険規制の適用対象とすべきでない。したがって、カバード CDS は、「保険」に該当すると解すべきではないと考える。

　なお、上記のように、オプション等についても損害てん補の要素を具備するものが存在する可能性があるが、境界問題という実質的理由は、このようなオプション等と保険との関係についても用いることができるのではないかと思われる。

6　む　す　び

わが国の支配的見解は、損害てん補基準を用いて、保険とクレジット・デリバティブを法的に区別してきた。しかし、同基準には、損害てん補の要素を具備する可能性のあるカバード CDS について、保険との異同を十分に説明する

ことができないという妥当範囲の限界が存在する。そのため、理論的には、カバードCDSに保険規制が適用される可能性があったといえよう。これに対し、本稿では、損害てん補基準に加えて、境界問題という実質的理由を用いるべきであることを示した。このように解することにより、保険とクレジット・デリバティブ（およびオプション等）の関係を整理することができると考える。保険とクレジット・デリバティブをめぐるアメリカの議論の進展は、これらの関係を再整理する契機となった点で意義があると思われる。

　もっとも、クレジット・デリバティブに対して保険規制が適用されない理由をこのように解したとしても、クレジット・デリバティブに対して適用される規制の内容と保険に対して適用される規制の内容との間に整合性のない部分が存在することについてどのように考えるべきか、という問題については別途検討する必要があると思われる。とりわけ、保険においては、被保険利益（利得禁止原則も含む）の要件（保険3条）や商品規制（保険業4条2項3号4号・123条1項）のように契約内容に直接関連する規制が存在しているが、このような規制がクレジット・デリバティブに存在しないことに合理的理由があるのか、という点についてはさらなる検討を要するだろう。クレジット・デリバティブ（およびオプション等）の中には保険の要素を具備するものがありうることからすると、この問題は一層重要になると思われる[120]。この点については今後の課題である。

　また、実質的理由に基づく議論を展開するアメリカの学説の中には、「保険」という概念を基準として州保険法の適用範囲を画する伝統的な考え方を放棄すべきであると主張する見解も現れている[121]。この見解は、州保険法は「保険」を規制するのではなく、「保険会社」を規制するという基準を採用すべきであるとする[122]。そのため、クレジット・デリバティブとの関係においては、「それが保険であるか」ではなく、「それが保険会社によって売却されているか」が検討されるべき問題であると主張されている[123]。このような見解は、保険とクレジット・デリバティブの法的区別の問題を契機として、「保険とは何か（州保険法が適用される対象とは何か）」という基礎理論に対する問題提起を行うものといえる。アメリカにおいても未だ議論は深まっているとはいえないが、代替的

リスク移転取引（Alternative Risk Transfer）の普及に伴い、クレジット・デリバティブ（およびオプション等）のように保険との区別が難しい取引形態が増えてきた場合には、このような基礎的検討が必要になってくるものと思われる。[124] 本稿が、このような保険規制上の基礎理論に係る議論に寄与することがあれば、望外の喜びである。

【注】

1) 金融庁「金融・資本市場に係る制度整備について」（2010年1月21日）1頁参照。

2) クレジット・デリバティブ以外にも、天候デリバティブや地震デリバティブ等が議論されている。古瀬政敏「保険業法上の保険業と保険デリバティブ」生命保険論集156号（2006年）1頁以下、土岐孝宏「天候デリバティブ・地震デリバティブの商法上の地位」中京法学41巻3・4号（2007年）317頁以下等参照。

3) クレジット・デリバティブに関する説明については、河合祐子・糸田真吾『クレジット・デリバティブのすべて〔第2版〕』（財経詳報社、2007年）、木野勇人・糸田真吾『ビッグバン後のクレジット・デリバティブ』（財経詳報社、2010年）を参考にした。

4) 山下友信「保険・保険デリバティブ・賭博　リスク移転取引のボーダー」江頭憲治郎・増井良啓編『融ける境　超える法3　市場と組織』（東京大学出版会、2005年）227頁、233-34頁参照。

5) 想定される保険法の規定（強行規定）について言及するものとして、佐野誠「判批（仙台高判平成25年9月20日金判1431号39頁）」損害保険研究76巻4号（2015年）379頁、393頁参照（同法3条、5条1項、28条4項、29条2項、95条、96条等が挙げられている）。

　　また、保険業法の規制としては、引受規制、商品規制、募集規制が考えられる。とりわけ、引受規制（保険業3条）では、営業免許を有する保険会社のみが引受可能となるため、銀行等は引受ができなくなり、また、商品規制（同法4条2項3号4号・123条1項）では、約款が事前認可の対象となるため、商品設計の自由度が狭くなる点が重要であると思われる。

　　このほか、保険規制の適用を検討することの意義については、拙稿「クレジット・デリバティブ取引に対する保険契約法・保険監督法の適用可能性の検討」損害保険研究76巻2号（2014年）1頁、2頁注3参照。

6) 保険の定義（保険の要素）については、保険法および保険業法において明確に定める規定はなく、解釈によるほかない。学説では、次のような複数要素で構成されているという点について概ね意見の合致があると指摘されている。すなわち、①一方当事者の金銭の拠出（保険料）、②他方当事者の偶然の事実の発生による経済的損失を補てんする給付（保険給付）、③要素①と②が対立関係に立つこと、④収支相等原則、⑤給付反対給付均等原則のもとに要素①と②の対価関係を形成すること、である。山下友信『保険法』（有斐閣、2005年）6頁以下参照。

7) わが国の学説では、従来、クレジット・デリバティブを保険と同視することは理論的にはありうることとされてきた。小澤有紀子ほか「金融システム改革法下のデリバティブ取引（3）──保険会社編」旬刊金融法務事情1541号（1999年）44頁、46頁、吉澤卓哉「店頭保険デリバティブに関する法規制」損害保険研究64巻1号（2002年）103頁、126-27頁参照。

8) 山下・前掲注（4）234頁、241頁、244頁。同旨の見解として、田中輝夫「クレジット・デフォルト・スワップの法的問題」旬刊金融法務事情1655号（2002年）14頁、16頁、吉澤卓哉『保険の仕組み──保険を機能的に捉える』（千倉書房、2006年）12頁注20、14頁、215頁、安居孝啓『最新　保険業法の解説〔改訂版〕』（大成出版社、2010年）21頁、藤田仁『被保険利益──その地位と機能』（成文堂、2010年）460-61頁、山下友信・永沢徹編『論点体系　保険法1』（第一法規、2014年）14頁〔伊藤雄司〕、54頁〔山本哲生〕、松尾直彦『金融商品取引法〔第4版〕』（商事法務、2016年）83頁参照。

このほか、保険技術の要素を具備しているか否かを基準とする考え方も主張されている（以下「保険技術基準」）。古瀬・前掲注（2）36頁、吉澤・前掲注（8）43頁、188-190頁、209頁、今井薫「『保険』に関する若干の考察──『保険』とは何だったのか」保険学雑誌630号（2015年）207頁、224頁等参照。

9) アメリカとわが国における保険に関する法制度の相違点について言及するものとして、山下友信・米山高生編『保険法解説──生命保険・傷害疾病定額保険』（有斐閣、2010年）69頁〔山下友信〕参照。もっとも、保険とクレジット・デリバティブの法的区別の問題については、その検討枠組みおよび基準の共通性から、アメリカの議論を参考にすることは有益であると思われる。拙稿「保険とクレジット・デリバティブ取引の法的区別をめぐる議論の基礎的考察（後編）」損害保険研究78巻4号（2017年）29頁、66頁以下参照。

10) 保険およびクレジット・デリバティブの双方におけるニューヨーク州法の重要性については、拙稿「保険とクレジット・デリバティブ取引の法的区別をめぐる議論の基礎的考察（前編）」損害保険研究78巻3号（2016年）55頁、66頁参照。

11) ニューヨーク州における損害てん補基準の展開については、拙稿「ニューヨーク州保険法における保険契約とクレジット・デフォルト・スワップ」島大法学56巻1・2号（2012年）1頁、6-10頁、同・前掲注（10）66頁以下参照。ここでは、拙稿との重複を避けるため、3節以下の説明に必要な限りで記述することとしたい。

12) *See* Andrea S. Kramer, Alton B. Harris & Robert A. Ansehl, *The New York State Insurance Department and Credit Default Swaps: Good Intentions, Bad Idea*, 22(3) J. Tax'n. & Reg. Fin. Inst. 22, 24-26 (2009).

13) Robert F. Schwartz, *Risk Distribution in the Capital Markets: Credit Default Swaps, Insurance and a Theory of Demarcation*, 12 Fordham J. Corp. & Fin. L. 167, 173 (2007); Oskari Juurikkala, *Financial Engineering Meets Legal Alchemy: Decoding the Mystery of Credit Default Swaps*, 19 Fordham J. Corp. & Fin. L. 425, 436 (2014).

14) 翻訳は、今井薫・梅津昭彦監訳『ニューヨーク州保険法〔2010年末版〕』（生命保険

協会、2012年）52-53頁を参考にした。

15）　ニューヨーク州保険法の適用対象に関する規定については、拙稿・前掲注（10）67-69頁参照。

16）　ニューヨーク州保険監督局は、2011年にニューヨーク州銀行局（New York State Banking Department）と統合し、現在は金融サービス局（Department of Financial Services）となっている。本稿は、統合前の議論を中心に取り扱っていることから、ニューヨーク州保険監督局という名称を用いている。

17）　New York Department of Insurance General Counsel Opinions, *Re: Credit Default Option Facility*, 2000 NY Insurance GC Opinions LEXIS 144 (June 16, 2000).

18）　*See* Sherri Venokur, Matthew Magidson & Adam M. Singer, *Comparing Credit Default Swaps to Insurance Contracts: Did the New York State Insurance Department Get It Right?*, 28(11) FUTURES & DERIVATIVES L. REP. 1, 9 (Dec. 2008).

19）　*See* David Z. Nirenberg & Richard J. Hoffman, *Are Credit Default Swaps Insurance?*, 3(4) DERIVATIVES REP. 7, 13-15 (Dec. 2001) (on file with author); Schwartz, *supra* note 13, at 188-201.

20）　ニューヨーク州における損害てん補基準の変容については、拙稿・前掲注（11）10頁以下、同・前掲注（5）21-24頁参照。ここでは、拙稿との重複を避けるため、3節以下の説明に必要な限りで、また、これらの拙稿では十分に触れてこなかった点を中心に記述することとしたい。

21）　Kramer *et al.*, *supra* note 12, at 29.

22）　New York State Insurance Department, Circular Letter No. 19, at 7 (Sept. 22, 2008).

23）　Testimony to the United States House of Representatives Committee on Agriculture, *Hearing to Review the Role of Credit Derivatives in the U.S. Economy*, at 2-3 (by Eric Dinallo, Superintendent, New York State Insurance Department (Nov. 20, 2008)) [hereinafter Testimony of Dinallo]. *See also* Press Release, New York State, *Governor Paterson Announces Plan to Limit Harm to Markets from Damaging Speculation* (Sept. 22, 2008) [hereinafter NY Press Release].

24）　Testimony of Dinallo, *supra* note 23, at 3.

25）　*Id.* at 4-5.

26）　Kramer *et al.*, *supra* note 12, at 26.

27）　*Id.* at 28; Juurikkala, *supra* note 13, at 440-41.

28）　Kramer *et al.*, *supra* note 12, at 27. *See also* M. Todd Henderson, *Credit Derivatives Are Not "Insurance"*, 16 CONN. INS. L. J. 1 (2009).

29）　Press Release, U.S. Department of the Treasury, *PWG Announces Initiatives to Strengthen OTC Derivatives Oversight and Infrastructure* (Nov. 14, 2008).

30）　New York State Insurance Department, First Supplement to Circular Letter No. 19 (Nov. 20, 2008).

31）　Press Release, New York State Insurance Department, *Recognizing Progress by*

Federal Government in Developing Oversight Framework for Credit Default Swaps,
New York Will Stay Plan to Regulate Some Credit Default Swaps (Nov. 20, 2008) (本文
のようなディナロ長官のコメントが引用されている).

32) Henderson, *supra* note 28, at 3-4 n.6, 20-21.

33) Testimony of Dinallo, *supra* note 23, at 6-7.

34) *Id.* at 7.

35) Venokur *et al. supra* note 18, at 10; Kramer *et al.*, *supra* note 12, at 23.

36) *Id.* at 23.

37) National Conference of Insurance Legislators, *Proposed Credit Default Insurance Model Legislation* (Adopted on Nov. 22, 2009. Amended on July 11, 2010).

38) Statement of the National Conference of Insurance Legislators (NCOIL) Before the Committee on Agriculture, United States House of Representatives, *Hearing on "Derivatives Markets Transparency and Accountability Act of 2009"* at 3-5 (by the Honorable Joseph D. Morelle, New York State Assembly, NCOIL Financial Services & Investment Products Committee, Chair, New York State Assembly Standing Committee on Insurance (Feb. 4, 2009)) [hereinafter Statement of NCOIL].

39) National Conference of Insurance Legislators, *NCOIL Forms Credit Default Swap Task Force, Plans State Regulation* (Mar. 4, 2009).

40) Statement of NCOIL, *supra* note 38, at 5-6.

41) National Conference of Insurance Legislators, *NCOIL Moves to Regulate Credit Default Swaps* (Apr. 8, 2009).

42) *Id.*

43) *Id.*

44) Leah Campbell & Robin Choi, *State Initiatives to Regulate Credit Default Swaps Deferred Pending Federal Action,* Metropolitan Corp. Counsel at 21 (Sept. 2009).

45) Eileen Bannon, Jay B. Martin & Yoo-Kyeong Kwon, *NCOIL Adopts Model Law Regulating Credit Default Swaps as Insurance,* Client Alert at 1 (Dewey & LeBoeuf LLP, Dec. 9, 2009).

46) *Id.* at 2.

47) 以下のモデル法の説明については、主として Bjorn Bjerke, Daniel N. Budofsky, Robert L. D. Colby, Ethan T. James & Annette L. Nazareth, *The National Conference of Insurance Legislators' Model CDS Bill,* Davis Polk & Wardwell at 3-5 (June 3, 2009); Campbell & Choi, *supra* note 44, at 20-21; Bannon *et al.*, *supra* note 45, at 3-6 を参考にした。

48) Bannon *et al.*, *supra* note 45, at 7.

49) Statement of NCOIL, *supra* note 38, at 6.

50) *Id.*

51) *See* Letter form Cory N. Strupp, Managing Director, SIFMA, and Katherine Darras, General Counsel, Americas, ISDA, to the Honorable Joseph Morelle, Chairman, Task

Force on Credit Default Swaps Regulation, National Conference of Insurance Legislators (May 22, 2009) [hereinafter SIFMA & ISDA Letter]; Ellen P. Pesch, *Written Remarks Relating to Oral Presentation to National Conference of Insurance Legislators on behalf of ISDA and SIFMA* (June 5, 2009); Letter form Cory N. Strupp, Managing Director, SIFMA, and Katherine Darras, General Counsel, Americas, ISDA, to the Honorable Joseph Morelle, Chairman, Task Force on Credit Default Swaps Regulation, National Conference of Insurance Legislators (June 26, 2009).

52) *See* Letter from Carl B. Wilkerson, Vice President & Chief Counsel, Securities & Litigation, American Council of Life Insurers, to the Honorable Joseph Morelle, Chair, Task Force on Credit Default Swaps Regulation, National Conference of Insurance Legislators (May 22, 2009); Letter from Bruce Stern, General Counsel, Financial Security Assurance Inc., Chair, Association of Financial Guaranty Insurers (AFGI) Government Affairs Committee, to Members of the NCOIL CDS Task Force (June 9, 2009).

53) Mo. Bulletin 08-12, at 1 (Nov. 19, 2008).

54) *Id.* at 3.

55) 2009 Va. Acts H.B. 2320. *See also* State Corporation Commission, *2009 Fiscal Impact Statement* (by V. Tompkins, Jan. 25, 2009).

56) N.Y. Assem. A10783, 233rd Sess. (N.Y. 2010). *See also* Sidley Austin LLP, *Bill Introduced in New York Legislature to Regulate 'Credit Default Insurance' Based on NCOIL Model*, INS. & FIN. SERVICES UPDATE (May 3, 2010).

57) バージニア州およびニューヨーク州の法案についても、NY 規制提案延期と同様の理由からその発効が延期されたと指摘されている。*See* Campbell & Choi, *supra* note 44, at 20; Leah Campbell, *Insurance Industry Implications of the Dodd-Frank Act*, CLIENT MEMORANDUM at 15 (Willkie Farr & Gallagher LLP, Aug. 26, 2010).

58) *See* Raymond J. Lehmann, *States Could Claim Stake as Credit Default Swap Regulators*, INSURANCE NEWS NET. COM (Oct. 20, 2008).

59) Campbell & Choi, *supra* note 44, at 21. *See also* Leah Campbell, S. J. Robin Choi & Marshal Bozzo, *NAIC Highlights – Winter 2008 National Meeting*, CLIENT MEMORANDUM at 3-4 (Willkie Farr & Gallagher LLP, Dec. 19, 2008).

60) ドッド゠フランク法の説明については、下記引用文献のほか、松尾直彦『Q＆A アメリカ金融改革法──ドッド゠フランク法のすべて』（金融財政事情研究会、2010年）209頁以下、三菱 UFJ リサーチ＆コンサルティング「諸外国における金融制度の概要」（2014年３月）１頁以下を参考にした。

61) 渡邉雅之「アメリカの店頭デリバティブ市場法案の概要」週刊金融財政事情60巻36号（2009年）68頁、69頁参照。

62) Christian Schmaltz & Periklis Thivaios, *Are Credit Default Swaps Credit Default Insurances?* 30 J. APPLIED BUS. RES. 1819, 1823 (2014).

63) *See* Campbell & Choi, *supra* note 44, at 21; Bannon *et al.*, *supra* note 45, at 7; Oskari

Juurikkala, *Credit Default Swaps and Insurance: Against the Potts Opinion*, 26(3) J. Intl Banking L. & Reg. 128, 134 (2011); Juurikkala, *supra* note 13, at 484. *See also* Letter from Robert Damron, NCOIL president, and Joseph Morelle, NCOIL Financial Services & Investment Products Committee Chair, to the Honorable Barney Frank, Chair U.S. House-Senate Financial Reform Conference Committee (June 15, 2010).

64) *See* CFTC & SEC, *Further Definition of "Swap", "Security-Based Swap", and "Security-Based Swap Agreement"; Mixed Swaps; Security-Based Swap Agreement Recordkeeping; Final Rule*, 77 FR 48208 (Aug. 13, 2012) [hereinafter CFTC & SEC Definition]. 委員会等の規則については、下記引用文献のほか、Ronald H. Filler & Jerry W. Markham, Regulation of Derivative Financial Instruments (Swaps, Options and Futures): Cases and Materials 302-321 (2014) を参考にした。

65) CFTC & SEC Definition, *supra* note 64, at 48211.

66) *Id.* at 48212. *See also* CFTC & SEC, *Further Definition of "Swap", "Security-Based Swap", and "Security-Based Swap Agreement"; Mixed Swaps; Security-Based Swap Agreement Recordkeeping*, 76 FR 29818, 29821 (May 23, 2011).

67) CFTC & SEC Definition, *supra* note 64, at 48212.

68) *Id.* at 48212-13.

69) なお、④については、保険の中でもとりわけ金融保証保険が CDS のような有価証券関連デリバティブ等と経済的類似性を有することから、①〜③のような一般的な基準に加えて、金融保証保険が商品テストの要件を充足するための基準を明確化したものである。*Id.* at 48215. この基準は、「保険とクレジット・デリバティブを区別するための一般的な基準」というよりはむしろ「金融保証保険が CDS のような有価証券関連デリバティブ等とみなされることを回避するための特別の基準」として理解するほうが適切であろう。*See Id.*

70) *Id.* at 48214.

71) *Id.*

72) このような議論の中で「被保険利益」という用語が使われていることについては疑問が残る。被保険利益は、保険契約が有効かどうかを判断する要件であって、ある合意等が保険であるかどうかを判断する基準ではないと思われるからである。*See* Financial Services Authority, *The Identification of Contracts of Insurance*, para 2.10 (Policy Statement 04/19, July 2014); Juurikkala, *supra* note 63, at 132; Juurikkala, *supra* note 13, at 454; Daniel Isaacson, *The Perfect Storm is Brewing Once Again: What Scaling Back Dodd-Frank Will Mean for the Credit Default Swap*, 10 J. Bus. Entrepreneurship & L. 249, 260 (2017).

73) CFTC & SEC Definition, *supra* note 64, at 48218 & n.101.

74) NY 規制提案は実質的な利害関係の保有の義務付けまでは明示的に言及していなかったのに対し、商品テストはそれを明示している。

75) CFTC & SEC Definition, *supra* note 64, at 48214.

76) *Id.* at 48224.

77) *See* Alberto Monti, *Cutting Across Linguistic and Regulatory Divides: on Covered Credit Default Swaps and Insurance*, 17 Unif. L. Rev. 425, 442 (2012).

78) Campbell & Choi, *supra* note 44, at 21; Campbell, *supra* note 57, 16; Juurikkala, *supra* note 63, at 134.

79) *See e.g.,* Paul Walker-Bright & Timothy P. Law, *AIG's Financial Distress: How Credit Default Swaps and the Lack of Regulation Brought Down an Insurance Giant and Implications for the Insurance Industry, in* New Appleman on Insurance: Current Critical Issues in Insurance Law § .B.1. at 5 (LexisNexis, 2009); SIFMA & ISDA Letter, *supra* note 51; Campbell & Choi, *supra* note 44, at 21; Jeffrey E. Thomas, *Insurance Perspectives on Federal Financial Regulatory Reform: Addressing Misunderstandings and Providing a View from a Different Paradigm*, 55. Vill. L. Rev. 773, 778 (2010); René M. Stulz, *Credit Default Swaps and the Credit Crisis*, 24(1) J. Econ. Persp. 73, 74 (2010); Patrick Ladon, *In CDS We Trust – An Analysis of Credit Default Swaps in Contract and Regulatory Law*, 8 Rutgers Bus. L. J. 34, 56-57 (2011); Schmaltz & Thivaios, *supra* note 62, at 1823-24; Shanuka Senarath & Richard Copp, *Credit Default Swaps and the Global Financial Crisis: Reframing Credit Default Swaps as Quasi-Insurance*, 8(1) Global Econ. & Fin. J. 137, 139 (2015); Christian Thimann, *What is Insurance and How Does it Differ from General Finance?, in* The Economics, Regulation, and Systemic Risk of Insurance Markets 5, 10-11 (Felix Hufeld, Ralph S. Koijen & Christian Thimann ed., 2016).
また、このような損害てん補基準に加えて、保険技術基準と同様の考え方を主張する見解も存在する。*See* Campbell & Choi, *supra* note 44, at 21; Thomas, *supra* note 79, at 777-78.

80) *See* Henderson, *supra* note 28, at 16-18; Juurikkala, *supra* note 63, at 131; Monti, *supra* note 77, at 432, 436; Matthew C. Turk, *The Convergence of Insurance with Banking and Securities Industries, and the Limits of Regulatory Arbitrage in Finance*, 2015 Colum. Bus. L. Rev. 967, 1050 (2015). なお、イギリスの金融サービス機構の見解であるが、Financial Services Authority, *Cross-Sector Risk Transfers*, Annex B, at 1-2 (Discussion Paper, May 2002) もカバード CDS は損害てん補の要素を具備する可能性があることを示唆する。

81) *See* Juurikkala, *supra* note 63; Juurikkala, *supra* note 13. もっとも、この見解は、損害てん補基準そのものを批判している点に注意が必要である。すなわち、クレジット・デリバティブは、損害保険（indemnity insurance：補償金額が事後に決まる保険）としてだけではなく、定額保険（non-indemnity insurance：補償金額が事前に決まっている保険）としても理解できるとする。そうであるとすれば、保険の要素を具備すると考えられる CDS の範囲は、NY 規制提案よりも広くなり、ネイキッド CDS も保険として構成される可能性がある——したがって、被保険利益の要件により無効になる可能性がある——とする。*See* Juurikkala, *supra* note 63, at 131-32; Juurikkala, *supra*

note 13, at 457-59. このような理解は、定額保険型の物・財産保険（評価済保険等）が存在しており、そのような保険では損害のてん補が要求されないというイングランドおよびスコットランド法律委員会の問題提起に基づいて提示されている。*See* Law Commission and Scottish Law Commission, *Insurable Interest,* para. 3.64 & para. 7.9 to para. 7.14 & para. 7.42 (Insurance Contract Law, Issues Paper 4, 14 Jan. 2008). *See also* Financial Services Authority, *supra* note 80, Annex B, at 2.

82) *See e.g.,* Henderson, *supra* note 28, at 22-55; Matthew A. Zolnor, *Regulating Credit Default Swaps as Insurance: A Law and Economics Perspective,* 10(4) J. Invest. Compl. 54 (2009); Juurikkala, *supra* note 13, at 459; Elizabeth Howell, *Regulatory Intervention in the European Sovereign Credit Default Swap Market,* 17 Eur. Bus. Org. L. Rev. 319, 337 (2016).

83) *See* Henderson, *supra* note 28, at 15-16.

84) NY Press Release, *supra* note 23.

85) Testimony of Dinallo, *supra* note 23, at 2.

86) NY Press Release, *supra* note 23.

87) Testimony of Dinallo, *supra* note 23, at 4-5

88) NY Press Release, *supra* note 23.

89) *See* Juurikkala, *supra* note 13, at 459-60.

90) Henderson, *supra* note 28, at 21-22.

91) *Id.* at 19, 20, 56-59.

92) *Id.* at 32, 41-42, 48, 49, 50-51; Thomas, *supra* note 79, at 779-80.

93) Henderson, *supra* note 28, at 46. *See also* Zolnor, *supra* note 82, at 60-62.

94) *Id.* at 58, 59. *See also* Henderson, *supra* note 28, at 50.

95) 以下の説明は、主として Henderson, *supra* note 28, at 23-26 を参考にした。*See also* Kramer *et al., supra* note 12, at 23; Thomas, *supra* note 79, at 776-77; Ladon, *supra* note 79, at 56; Louise Gullifer & Jennifer Payne, Corporate Finance Law: Principles and Policy 253 (2d ed. Hart Publishing 2015); Howell, *supra* note 82, at 337.

96) 具体的には、先渡取引（forward contract）、オプション、ヘッジ契約（有価証券〔security〕、商品〔commodity〕、投資〔investment〕等に関するヘッジ契約）および株式投資（equity investment）が指摘されている。*See* Henderson, *supra* note 28, at 23-26; Kramer *et al., supra* note 12, at 23.

97) なお、「カバード CDS」という用語の定義は必ずしも明確なものではなく、その捉え方によっては、かなり多くの CDS 取引が「カバード CDS」に含まれる可能性があると指摘されている。*See* Henderson, *supra* note 28, at 10.

98) 以下の説明は、主として Henderson, *supra* note 28, at 32-33 を参考にした。*See also* Kramer *et al., supra* note 12, at 33; Turk, *supra* note 80, at 1051; Gullifer & Payne, *supra* note 95, at 253; Howell, *supra* note 82, at 337, 344. また、「境界問題（boundary problem）」という用語については、Markus Brunnermeier, Andrew Crockett, Charles Goodhart, Avinash D. Persaud & Hyun Shin, *The Fundamental Principles of Financial*

Regulation, at 67-73 (Geneva Reports on the World Economy 11, 2009) を参考にした。

99) 境界問題が深刻になりうる事情として、契約書式の問題、倒産処理手続上の問題等が指摘されている。*See* Kramer *et al., supra* note 12, at 32-34; SIFMA & ISDA Letter, *supra* note 51; Bannon *et al., supra* note 45, at 7.

100) アメリカの保険法は州ベースの規制となっており、パッチワーク的規制となってしまう可能性があることからすると、境界問題は、アメリカにおいてより深刻になりうることが指摘されている。*See* Kramer *et al., supra* note 12, at 34; Bannon *et al., supra* note 45, at 7; Turk, *supra* note 80, at 1051.

101) Henderson, *supra* note 28, at 27-29. *See also* Zolnor, *supra* note 82, at 60.

102) 純粋裁定取引については、河合・糸田・前掲注（3）15頁以下も参照。

103) 規制裁定取引については、クレジットマーケット研究会「銀行による CDS の利用」NBL897号（2009年）44頁以下、ISDA Japan Credit Derivatives Committee: Research Working Group「CDS Q＆A」2015年8月再改訂版（on file with author）の「H1」「H2」「H4」も参照。

104) Juurikkala, *supra* note 13, at 444.

105) Juurikkala, *supra* note 63, at 129; Juurikkala, *supra* note 13, at 433.

106) Henderson, *supra* note 28, at 30-31.

107) 拙稿・前掲注（9）58-59頁、66頁、68-69頁参照。

108) Henderson, *supra* note 28, at 32.

109) *Id.* at 31.

110) なお、保険業法は、金商法が規制するクレジット・デリバティブを固有業務（同法97条）ではなく付随業務として位置付けている（同法98条1項6・7号・8項、保険業法施行規則52条の2の2、金商2条20項・22項6号イ）。

111) 松下美帆・酒井敦史・館大輔「金融商品取引法の対象商品・取引」旬刊商事法務1809号（2007年）20頁、30頁参照。これに対し、クレジット・デリバティブと保険は似て非なるものであり、金商法施行令1条の15第2号のような適用除外規定の存在意義は甚だ疑問であるとの批判もある。山下友信・神田秀樹編『金融商品取引法概説〔第2版〕』（有斐閣、2017年）54頁〔山下友信〕参照。

112) そもそも CDS をネイキッド CDS とカバード CDS に分けて、それぞれ別の法規制を適用するという解釈が可能なのか疑問が生ずるかもしれない。しかし、たとえば、保証については、保険業法3条6項が定める保証証券業務とそうでない保証とが分けて規制されている。保険とクレジット・デリバティブの関係においても、解釈によりこれと同様の整理をすることは理論的には可能であるように思われる。

　ただし、保険業法3条6項に対しては、その制定当初から批判がなされている点には注意を要する。岩原紳作「保険業法改正について」アクチュアリージャーナル28号（1996年）1頁、8頁、同「デリバティブ取引に関する監督法上の諸問題」金融法研究14号（1998年）22頁、42頁参照。

113) たとえば、イギリスにおいてはドッド＝フランク法における専占規定のようなもの

はないが、保険とCDSの法的区別の不明確さを排除するためには、これと同様の法的明確化（legal clarification）が必要であることを示唆する見解がある。*See* Schmaltz & Thivaios, *supra* note 62, at 1823.

114) アメリカの議論では、従来、これと同様の検討枠組みが採用されてきたと思われる。拙稿・前掲注（9）67-68頁参照。

115) 後藤元「法律の適用・解釈における保険概念の役割」保険学雑誌609号（2010年）49頁、52-57頁、落合誠一監修・編著『保険法コンメンタール（損害保険・傷害疾病保険）〔第2版〕』（損害保険事業総合研究所、2014年）3-4頁〔落合誠一〕等参照。

116) この点については、わが国の学説においても同様の指摘がみられる。すなわち、佐野・前掲注（5）394頁は、一方で保険法が適用されない損害てん補型以外の保険デリバティブを認めておきながら、損害保険契約の定義に適合する場合には保険法を適用しなければならないとする実質的理由は明確でないと指摘する。

117) 山下・前掲注（6）18頁参照。

118) 吉澤卓哉「保険商品と金融商品の交錯」保険学雑誌572号（2001年）36頁、44頁、山下・前掲注（6）18頁参照。

119) たとえば、現物決済では、損失が発生した債務を引き渡す代わりに元本相当の現金を受け取ることができるというヘッジの経済効果が達成可能であるのに対し、現金決済では、決済額が債務の一時点の市場価格によって確定してしまうため、損失に対する補償額が保有債務から生ずる損失額より小さくなる可能性があると指摘されている。河合・糸田・前掲注（3）294頁、木野・糸田・前掲注（3）188頁。

120) クレジット・デリバティブ（およびオプション等）とそれ以外のデリバティブの代替性および規制の整合性も考慮に入れるならば、このような問題意識はデリバティブ一般に拡大する可能性があると思われる。

121) *See* Henderson, *supra* note 28, at 39.

122) わが国においても、保険監督行政では、実質的に保険であるものがあっても、保険会社以外は規制対象としないという暗黙の前提があったと指摘されることがある。山下・前掲注（6）11頁参照。

123) もっとも、このように解した場合であっても、「州保険法を適用すべき保険会社とは何か」という問題は残る。*See* Henderson, *supra* note 28, at 39. この見解は、州保険法の規制目的（保険業者の財務の健全性や保険取引の公正性の確保等）が該当するかどうかで判断すべきと考えているようである。

124) 従来、わが国の学説においては、保険と金融の融合という現状を視野に入れた上で、「保険とは何か」という問題を再検討することが不可欠の課題となっていると指摘されてきた。山下・前掲注（6）3頁参照。

〔付記〕本研究は、財団法人全国銀行学術研究振興財団の2015年度研究助成を受けました。心より御礼申し上げます。

ファイナンス論と企業法

――自己株式の取得・相場操縦を素材として――

仮屋　広郷

1　はじめに

　長雨が続くと野菜の値段が上がる。当たり前だが、市場に出回る野菜の数が減るからである。株式も野菜と同じように考えられているようで、ある金融商品取引法のテキストでは、次のように述べられている。

　　「市場で取引される財の価格は、その財に対する需要と供給の関係により決定されるため、需要や供給の量に影響を与えることができれば、価格を人為的に変動させることができる。たとえば、ある会社が発行している有価証券について大量の買い注文を出せば当該有価証券の市場価格は上昇……するであろう。[1]」

　しかし、この認識は、標準的なファイナンス論とは相容れない。なぜなら、標準的なファイナンス論の世界においては、株式の需要曲線はフラット（ほぼ水平）であることが前提とされているからである。[2]言い換えれば、株式の価格弾力性は極めて高い――株価の変化に対して、株式の需要が変化する度合いは非常に大きい――と考えられているのである。つまり、株式は普通の商品とは違い、需給バランスが変わったからといって、価格が変動するわけではないと考えられているのである。

　本稿では、まず、ある意味直感に反する標準的なファイナンス論の前提を確認したあと（2節）、株式の需要曲線の形状によって、自己株式取得規制や相場操縦規制についての制度設計のあり方が変わってくることを論じる（3節と4節）。その後、ファイナンス論が企業法研究に与える影響について述べ（5

節)、ファイナンス論についての簡単なコメントを付して稿を閉じることにしたい（6節）。

2　標準的なファイナンス論の前提——株式の需要曲線はフラット

　ファイナンス論において、株式の需要曲線はフラットであることが前提とされるのは、株式には完全な代替物が存在し、それらの間で裁定取引が行われると考えられているからである。簡単に説明すると以下のようである。

　投資家は、将来的な消費・投資に用いるためのキャッシュフローを手に入れるために証券を購入する。こうした目的で、投資者はさまざまな証券・証券の組合わせの中から自分が望むものを選択して購入するわけであるが、このとき投資家は、ある証券がもたらすキャッシュフローと同じキャッシュフローをもたらすような代替資産を見つけることができる。そして、いかなる証券についても、その代替資産の供給量はその証券の供給量よりもよほど大きいと考えられるから、ある証券の供給量がその証券の価格に影響を及ぼすことはないと考えられるわけである。

　このように、ファイナンス論において、株式は、この世に二つとない芸術作品のようなものではなく、不確実な収益の流列（income stream）に対する抽象的な権利としてとらえられている。所有と経営が分離した企業にあっては、「株主にとって企業は、運営すべき組織や現物資産ではなく、将来の収益を生み出す無形資産となった」という指摘があるが、まさにそのとおりで、ファイナンス論的に見れば、企業は将来の収益を生み出す無個性な装置に過ぎなくなり、X社の株式であるとか、Y社の株式であるといったような個性は問題にならなくなる。そうすると、X社の株式が生み出す将来収益を直接・間接に代替できる資産・資産の組合わせは無数に存在することになり、いくらでも取り替え可能だということになるわけである。

　以上を踏まえて、ある会社の株価が、需給関係のバランスの変化によって上昇した場合を考えてみよう。いま、X社の株式が、ファンダメンタルの変化はないにもかかわらず、需給バランスが崩れたことだけを理由に上昇したとす

る。この場合、もし、投資家がX社と同じようなファンダメンタルを有している Y 社を見つけ出し、その株式——ここでは Y 社の株式という「ある資産」を例としたが「資産の組合わせ」でもよい——を購入して、X 社の株式を売却すれば、確実な利得を手にすることができる。投資家が、会社の個性を問題にせず、合理的な行動をとるとすれば、このような利得の機会を見逃すはずがない。こうして、裁定取引が行われ、このような利得の機会はすぐに消え去ってしまうことになる。以上のようなことから、効率的な市場においては、供給ショック・需要ショックそれ自体が価格に影響を与えることはなくなるのである

　上記の裁定メカニズムは、効率的な市場における理論を考えるうえで、一番の基本とされているものであり、最近は会社法のテキストにも登場する資本資産評価モデル（CAPM：Capital Asset Pricing Model）[7]なども効率的な市場において裁定機会は存在し得ないことから導かれている。[8]

3　ファイナンス論と自己株式の取得

1　自己株式取得規制を振り返って

　少し昔のことを思い出してみよう。1989年12月29日、日経平均株価は史上最高値 3 万8957円44銭をつけたが、その後株価は止まるところを知らずに下落した。そして始まったのが、自己株式取得規制の見直しを迫る大合唱である。底知れぬ株価下落が続く中で、自社株買いによる株式需給の改善を期待して、経済界や政界を中心に、株式市場振興策ないしは景気対策の一つとして、自己株式取得規制の緩和が叫ばれ、政府もそれを後押しした。おかしなことに、それまで自己株式取得を禁止する大きな理由とされてきた「株価操作の可能性」が、自己株式取得規制を緩和することが必要な理由として正面から主張されたわけである。[9]こうした流れの中で、1994（平成 6 ）年商法改正以降、自己株式取得規制は緩和され、2001（平成13）年改正で、一定の制約はあるものの、原則として自己株式は自由に取得・保有できるようになった。[10]

　ちなみに、自己株式取得規制から少し話がそれてしまうが、2002（平成14）年に設立された銀行等保有株式取得機構も、上記同様に、株価の買い支え政策

に後押しされたものである。すなわち、この機構は、当時の株価下落傾向の中で、銀行の株式保有が制限され、銀行の保有する株式が大量に市場に放出されると株式市場の需給と価格形成に悪影響があるとの懸念から、銀行保有株式の受け皿機関として政府が準備したものなのである。[12]

こうした PKO (price keeping operation) 政策に問題がないわけではない。[13]しかしながら、本稿が注目するのは、この政策の背後にある「株価は需給バランスの変化で変動する」という認識にあることはいうまでもない。すでに見たとおり、標準的なファイナンス論によれば、株式の需要曲線はフラットなはずであり、需給バランスが変わったからといって、価格が変動することは考えられないからである。つまり、ファイナンス論を前提にすれば、株価維持策としての自己株式取得には意味がないということである。[14]

ここで、自己株式取得規制の緩和が叫ばれていた頃のことを振り返ってみると、積極説の論拠としてあげられていたこととして、シグナリング効果やエージェンシー・コストの削減がある。すなわち、株価が真実の企業価値と比べて過小評価されている場合、その価値を一番よく知っているはずの経営者が、自己株式の取得を行えば、株価が過小評価されているというシグナルを市場に送ることができるから（シグナリング効果）、自己株式の取得は株価を押し上げる効果があるとか、自己株式の取得を通じて余剰資金を株主に返還すれば、企業における資金の効率的な利用が促されることが期待できるから（エージェンシー・コストの削減）、市場がそれを信じれば株価が上昇する、といったようなことがいわれていたのである。[15]

シグナリング効果との関連で、当時、次のような指摘が見られた。

　「今回の株式市場振興策としての自己株式取得規制は、裸の株価操作容認論になっているわけではない。それは主にアメリカの証券・企業金融理論から生まれたシグナリング理論を借りる形をとっている。……シグナリング理論は、株式市場が競争的であるという仮定を維持しつつも、情報の不完全さを仮定することによって、発行会社が、<u>株式の需給関係に影響を与えるのではなく、不完全な情報を完全にすることによって、株価を適正水準にまで引き上げることができる</u>とするものである。」[16]（下線は仮屋）

上記の企業金融論を本稿ではファイナンス論と呼んでいるわけであるが、ア
メリカでは、1980年代以降、ファイナンス論や経済学理論が会社法の分析に統
合されており、[17]それらの理論との整合性を意識して議論がなされている。これ
を踏まえて、なぜ下線部のようなことがいわれるのかを説明すると以下のとお
りである。

　ファイナンス論から見れば、自己株式を取得しても株価を押し上げる効果は
ないはずであるが、現実の世界を観察すると、経営者はそのような効果がある
ことを信じて行動しているようであるし、実際株価が上がることもある。つま
り、理論と実務の間にギャップが生じているわけである。そうすると、「ファ
イナンス論において前提とされていることがそもそも正しいのか」という点に
は足を踏み入れないとすれば、「自己株式の取得による株式の需給バランスの
変動とは別の原因で株価が上がることを説明できないか」と考えることにな
る。要するに、シグナリング理論は、その説明のための仮説なのである。先に
述べたエージェンシー・コストの削減による株価上昇のストーリーも同様であ
る。[18]

2　株式の需要曲線がフラットでない場合

　自己株式取得規制の見直し論が活発に行われていた当時、自己株式取得につ
いて、ファイナンスの論理、税制の論理、商法の論理を対比し、理論レベルで
の整理を行った論考があった。その中では、アメリカにおける自己株式取得と
ファイナンス論上の論理が手際よく整理されているが、その中に、非常に興味
深い記述がある。

　　「最近の実証研究では、会社が自己株式取得を行う場合に直面する株式の供給曲線
　が右上がりであるか否かという昔からある問題について、これを肯定する含意を示す
　ものが目につく（注32）。もしそうだとすれば、自己株式取得により株価が上昇する
　のは必ずしもシグナリング効果によるものではないということになる[19]」

　この記述は、要するに、「株式の供給曲線が右上がりであることが肯定され
れば、自己株式取得により株価が上昇するのは必ずしもシグナリング効果によ

るものではない」と述べているのであるが、興味深いのはその点である。

　まず、「株式の供給曲線が右上がりであることが肯定されれば」という点についていえば、会社が自己株式を取得する場合、当たり前ではあるが、株式を供給するのは株主である。つまり、「株式の供給曲線が右上がりであることが肯定されれば」というのは、「株主は提供されるプレミアムが大きければ大きいほど多くの株式を市場に供給しようとする」というような見方ができれば、ということである。上記のような見方は、言い換えれば、「株主は、市場で流通している株式の数が少なくなるにつれて、より高いプレミアムを要求することになる」という見方をしていることになるから、これは、株式の需要曲線は右下がりであるという見方をしていることになる。

　すでに明らかであろう。「株式の供給曲線が右上がりであることが肯定されれば、自己株式取得により株価が上昇するのは必ずしもシグナリング効果によるものではない」というのは、結局、「株式の需要曲線が右下がりである（＝フラットでない）ことが肯定されれば、自己株式取得により株価が上昇するのは必ずしもシグナリング効果によるものではない」ということなのである。くどいが、標準的なファイナンス論の前提が成り立たないとすれば、自己株式取得により株価が上昇するのは必ずしもシグナリング効果によるものではない、というのが先の論考における記述の意味であると考えられるのである。[20]この論考が、「自己株式取得は、その後の当該企業の株価に好影響を与える場合が多く、これはシグナリング効果によるものと考えられるが、なお今後の研究に期待される[21]」と、慎重な記述をしているのもそのためであろう。

　では、「自己株式取得により株価が上昇するのは必ずしもシグナリング効果によるものではない」とすれば、なぜ上昇するのか？　標準的なファイナンス論を前提とすることなく、株式の需要曲線が右下がりであるとすると、一般の財と同じように、市場に供給される財の数量が減少すれば、その価格が上昇するのは当たり前で、シグナリング効果やエージェンシー・コストの削減といったこととは関わりなく、株式を買い進めるから株価が上昇しているだけである可能性が高いのである。[22]

3 日本の市場における株式の需要曲線の形状とシグナリング理論

これまでの検討から、日本における自己株式取得規制の緩和を考えるうえでは、日本の市場における株式の需要曲線の形状を確かめてみる必要があったことがわかる。では、日本の市場における株式の需要曲線の形状はどのようなものなのであろうか？

この点について断定的な判断を下すことはできないが、1991年から2004年までの全52回の日経225指数銘柄入れ替えについてのイベント・スタディを行い、「日本の株式の需要曲線はフラットではなく長期的な下降需要曲線を持ち、需要曲線の傾きは、当該銘柄の代替証券の入手可能性によって決定される」という仮説と整合的な結果を報告する実証研究がある[23]。

この仮説が正しいとすれば、日本の市場における株式の需要曲線はフラットではないから、株式を買い進めた結果として株価が上昇しているだけである可能性が高く、当時、規制緩和の根拠とされたシグナリング理論は、根拠たりうるものであったのか疑問である。さきほど、「今回の株式市場振興策としての自己株式取得規制は、裸の株価操作容認論になっているわけではない。それは主にアメリカの証券・企業金融理論から生まれたシグナリング理論を借りる形をとっている。」というコメントを紹介したが、「シグナリング理論を借りる形」の規制緩和論は、「裸の株価操作容認論」にすぎなかった嫌いがある[24]。

4 ファイナンス論と相場操縦

すでに見たとおり、株式の需要曲線がフラットであることを前提とする標準的なファイナンス論から見れば、自己株式の取得によって株式の需給バランスに介入し、株価を変動させようとしても無駄である。そうすると、標準的なファイナンス論を前提にすれば、現在の相場操縦規制についても見直しが必要なのではないかということになる。

なぜなら、相場操縦規制は、証券市場の相場が、売り買いによって変動するという前提にたち——そのことは、本稿の1節で引用したテキストの記述が、相場操縦規制の必要性を述べるための前置きとされていることに現れている

――、人為的な相場の操作が行われているような市場は、投資家の信頼をなくし、参加者を失って、効率的な資源配分機能を十分に果たせなくなることから、それを防ぐ趣旨で行われているものであるからである。[25]

　たとえば、現行法のもとでは、取引を誘引する目的をもって、相場を変動させるべき一連の上場株式の売買取引をすることは禁じられている（金商159条2項1号参照）。しかし、株式の需要曲線がフラットであれば、需要ショック・供給ショックそれ自体が価格に影響を与えることはないのであるから、こうした規制には疑問符がつくわけである。

　もっとも、株式の需要曲線がフラットであっても、需要ショック・供給ショックが情報を含んでいる場合には、株価が変動することはあり得るが（シグナリング効果を想起されたい。なお、こうした取引の価格に対する情報効果は実証的に確認してみる必要がある）、そのことから直ちに、取引を誘引する目的をもって行われる現実の取引を相場操縦として規制することを正当化できるわけではない。ちなみに、アメリカの研究者の中には、こうした観点から、取引をする者の意図にかかわらず、現実の取引を相場操縦として禁止することに反対する者もある。[26]

　また、金融商品取引法は、安定操作（相場をくぎ付けし、固定し、または安定させる取引）も相場操縦と位置づけ、原則として、これを認めていない。しかし、「会社が新しく株式を市場において大量に発行しようとする場合には、それにより一時的に市場における株式の供給が増加し、需給の均衡が崩れて株価が下落することとなり、その結果として株式発行による資金調達を行いえなくなる可能性がある」[27]ことを理由に、一定の要件を満たす安定操作（＝発行会社の株式を買い支えする行為）が認められている（金商159条3項・同施行規則20条～26条）。

　ここで気になるのは、上で述べられている理由である。株式の需要曲線がフラットであれば、会社は株価を下げてしまうことを気にすることなく、大量の株式を発行することができるはずだからである。[28]つまり、安定操作を行う必要性などないのである。[29]

　以上述べたこととは対照的に、日経225指数銘柄入れ替えについてのイベント・スタディ（3節の3を参照）が示唆するとおり、日本の株式の需要曲線がフ

ラットではなく、長期的な下降需要曲線であるとすれば、需要ショック・供給ショックそれ自体が価格に影響を与えると考えられるから、従来の相場操縦規制・安定操作規制は違和感なく受け入れられることになる。

相場操縦規制に違反すると、10年以下の懲役もしくは1000万円以下の罰金、またはその併科という、金融商品取引法において最も重い罰則が科せられることになる（金商197条1項5号）。その意味においても、日本の市場における株式の需要曲線の形状を実証的に確かめてみることは極めて重要である。

5　ファイナンス論と企業法研究

1　最低限の知識としてのファイナンス論

前世紀のおわりに、ある論者が、「法制度の研究を行う際にも、一定の限度で経済学の知識が要求されることがある（とりわけ金融や資本市場に関連するルールについてこのことは顕著である）[30]」と述べていたが、本稿が取り上げた株式の価格弾力性についての話を踏まえると、その意味がよくわかるのではないだろうか。また、こうした知識を欠くと、疑わしい効果（3節で述べたシグナリング効果を想起されたい）を論拠として怪しげな政策（3節で述べた PKO 政策を想起されたい）を後押ししてしまうことにもなりかねない。

なお、この論者は、「最低限の知識としての経済学理論」の次元の例としてオプション評価理論をあげ、この次元での経済学の知見の流入はおそらく不可避のものであるとしていたが[31]、企業法をとりまく現状はまさにそのとおりになった。経済学やファイナンスの基礎的知識を学ばなければ、裁判例の判旨や教科書の記述を正確に理解することが難しくなり、商法のコア・カリキュラムの中には「新株予約権の発行が有利発行（「特に有利な条件」「特に有利な金額」）に当たるか否かの区別はどのように行われるべきか、オプション評価理論に触れながら説明することができる」という項目があげられ、そうした流れを背景に、法の経済分析やファイナンス論をとりこんだ学習書[32]・翻訳本[33]が出版される状況になっている。

アメリカでは、ファイナンス論や経済学理論が会社法の分析に統合されてい

ることを先に述べたが、こうした傾向が強まったのは、1980年代以降であり、あるアメリカの研究者は、これを「会社法における革命（revolution in corporate law)」と呼んでいるのであるが、これと同じことが、今われわれの目の前で展開しているのである[34]。

ただ、この新しい潮流の中で、われわれは、（周回遅れではあるが）先頭を走っている可能性があることを意識しておくことは重要であるように思う。それは、本稿の話がぐるり一回りした感じのものになっていることとも関わるのであるが、次のようなことである。

本稿は、標準的なファイナンス論が、株式の需要曲線はフラットであることを前提にしている——相場操縦規制は、株式を通常の財と同じように考えることができることを前提にしているが、標準的なファイナンス論ではそうではないと考えられている——ことを確認することから始めたが、それをもとにあるべき規制の姿を論じたわけではなく、日本の株式の需要曲線がフラットではない——つまり、株式を通常の財と同じように考えることができる——可能性があることについても言及し、そうであれば、従来の相場操縦規制は違和感なく受け入れることができることを述べた。その意味において話が一回りしているのである。

アメリカの会社法研究者の中には、ずいぶん前からモダン・ファイナンス論——ブリーリー＝マイヤーズのテキストに代表される標準的なファイナンス論（＝伝統的な思考）で投資家の同質的期待（homogeneous expectations）を前提とする——から脱却し、ポストモダン・ファイナンス論——ノイズ理論・カオス理論などもこれに含まれる——を取り込んだ研究を行うべきであると主張する者が見られる。そして、この論者は、投資家の期待は同質的でないこと（heterogeneous expectations）を前提に、株式の需要曲線はフラットではなく下降需要曲線であることを述べ、それに基づいて議論を行っているのである[35]。

つまり、日本の企業法研究においては、標準的なファイナンス論が伝統的な思考といえるほど普及しているわけではないし、株式の需要曲線がフラットであることを意識した研究もあまり見当たらないが、図らずも先の論者がいうポストモダン・ファイナンス論と前提を共有した制度の理解がなされているので

ある。筆者が、「（周回遅れではあるが）先頭を走っている可能性がある」といったのは、そういう意味である。

最低限の知識としてのファイナンス論を身につけることは必要であろうが、こうしたことに気をつけておかないと、無駄に議論を繰り返したり、混乱させたりすることになりかねないので注意が必要である。

2　規範的提言を行う道具としてのファイナンス論[36]

規範的提言を行う道具としてファイナンス論が使われている例としては、たとえば、4節で紹介した、アメリカの研究者の提言——株式の需要曲線がフラットであることを前提に、一定の相場操縦規制に反対する——をあげることができる。

しかし、法政策的な提言は、現実をしっかり説明できる理論があって初めて可能になることを考えると[37]、標準的なファイナンス論をそうした理論と評価するには、実証的なデータが乏しいように思う。そのことは、3節の2で引用した論者の記述にも現れているし、日経225指数銘柄入れ替えについてのイベント・スタディの結果も、標準的なファイナンス論とは相容れないものであった（3節の3を参照）。その意味において、標準的なファイナンス論を手放しで受け入れて法規制のあり方を論じることは危険であり、上記のポストモダン・ファイナンス論なども視野に入れ、よりよく証券市場の現実を説明できる理論を今後も探求し続ける必要がある[38]。

3　ファイナンス論がもたらす無意識のバイアス

2節で述べたように、ファイナンス論的に見れば、企業は将来の収益を生み出す無個性な装置に過ぎなくなる。そして、株式もリスクとリターンのパッケージに過ぎなくなり、個性を失うのである。このことの関わりで、ある論者——この論者は、アメリカの会社法を代表するデラウエア会社法は、会社をファイナンス的な観点からとらえているとする——のコメントが目を引く。

「ファイナンス的な観点からは、会社は資金調達のための導管や入れ物（vehicle）

に過ぎず、その実体は資金（ファンド）である。取締役は集めた資金（ファンド）を運用するファンドマネージャーと同様な存在であり、できるだけ多くの利益を投資家に分配できるように、会社の利益（イコールファンドの利益）を最大化することが求められている。会社に投資をする株主の目的は、会社の支配権の獲得を目指すのでなければ、リスクに見合ったリターンを得ることであると推定すべきである。リスクに見合ったリターンを与えることが取締役の役割であ〔る〕」[39]

「リスクに見合ったリターンを与える」というのは、「所与のリスクのもとでリターンを最大化する」ことを意味する。なぜなら、投資家がリスク回避的であるとすれば、その投資家が投資商品を購入するときには、リスクが同じであればより高いリターンをもたらすものを選び、リターンが同じであればよりリスクが低いものを選択すると考えられるからである。

　要するに、アメリカの会社法は、会社をファイナンス論的にとらえており、そのことが法規範として株主利益最大化原則を肯定することにつながっているということである。こうした見方が誤りでないことは、アメリカの研究者が、ファイナンス論（finance）と企業の理論（theroy of the firm）の適用によって会社法分野が変貌を遂げてから、ほとんどの会社法研究者の間では、公開会社の目的は株主の富を最大化することにあるという合意がある、と述べているところからもうかがえる[40]。

　また、このアメリカの研究者は、政策論争は、目的についての合意があれば、少なくとも原理上は、実証的に決着をつけることができ、上記のとおりアメリカの研究者の間では目的の合意もある、それゆえに、目下、会社法研究者の間で実証研究が盛んに行われているのであるとし、この傾向はかなりの間続くであろうとしている[41]。

　以上のようなことを念頭に置くと、今後、日本においても、①会社をファイナンス論的にとらえる傾向が強くなるにつれて、株主利益の最大化を強調する傾向が一段と強くなることが予想される[42]。また、②会社の目的が株主利益の最大化に一本化されると、企業価値が株主価値（株価）という金銭的価値に還元され、定量化できるようになるので、統計学を使った実証分析が数多く行われるようになることや、③実証分析を行う者にしてみれば、定量化しやすい材料

を探すはずであり、そうすると、株主利益の最大化の観点からの分析を選択する者が増えるであろうから、株主利益の最大化を強調する傾向にさらに拍車がかかることなどが予想される。

もう言うまでもなかろうが、「ファイナンス論がもたらす無意識のバイアス」というのは、ファイナンス論的な視座から会社法制を考察することは、無意識のうちにアメリカ的な会社法制を志向することにつながりかねない、ということなのである。つまり、ファイナンス論は価値中立的な分析のための道具のように見えるかもしれないが、その道具を用いた分析自体が、会社法制を株主中心主義に傾け、アメリカ型のガバナンス形態に収斂させる方向に働く力となるものなのである[44]。われわれは、こうした点にも十分に注意しておく必要がある[45][46][47]。

6　おわりに

ファイナンス論は、ますます企業法研究に取り込まれていくことになりそうな気配である。そこで、あえてファイナンス論についての懸念を一言述べて、稿を閉じることにしたい[48]。

企業の存在意義や社会的価値は、複雑で多様なものであるから、そもそも企業価値を金銭的な尺度のみでは測ることはできない。それにもかかわらず、ファイナンス論は、本来共約不可能な企業価値を、金銭という数量で表現できる単一の基準に還元してしまう。

つまり、私は、次のようなことを懸念している。すなわち、企業も共同体であるから、共約可能な「利」ではなく、共約不可能な「情」によって結ばれている面もあるはずであり、そうであれば、たとえば、コーポレート・ガバナンスの研究についてもそうした観点からの検討がもっと行われてよいはずなのに[49]、エクイティ型報酬によって経営者を規律づけるといったようなハードなインセンティブの検討ばかりに目が行ってしまう傾向が強くなりはしないか[50]、ということを危惧しているのである[51][52]。

今後の企業法研究が、広く多様な視座から行われることを期待しつつ、筆を置くことにしたい。

【注】

1) 山下友信・神田秀樹編『金融商品取引法概説〔第2版〕』（有斐閣、2017年）342-343頁〔後藤元〕から引用。

2) Andrei Shleifer, *Do Demand Curves for Stocks Slope Down?*, 41 J. Fin. 579, 579 (1986); Jeffrey Wurgler and Ekaterina Zhuravskaya, *Does Arbitrage Flatten Demand Curves for Stock?*, 75 J. Bus. 583, 583 (2002). また、ファイナンスの標準的なテキストである Brealey, Myers and Allen, *infra* note 35, at 346-347 の記述も参照されたい。

3) 本稿では「企業法」という言葉を用いているが、これは、本稿が素材とするトピックが、会社法と金融商品取引法の両方に関わるものであるため、この2つの法分野を含める意味でこの言葉を選択しただけで、それ以上の意味があるわけではない。

4) 以下の論述には、Myron S. Scholes, *The Market for Securities: Substitution Versus Price Pressure and the Effects of Information on Share Prices*, 45 J. Bus. 179, 181-182 (1972); Daniel R. Fischel and David J. Ross, *Should the Law Prohibit "Manipulation" in Financial Markets?*, 105 Harv. L. Rev. 503, 513-514 (1991)（本論文の紹介として『アメリカ法 1993-1』81頁以下〔尾崎安央〕がある。また、黒沼悦郎『証券市場の機能と不公正取引の規制』（有斐閣、2002年）154-156頁にも紹介がある。）; 岡田克彦「日本株式の需要曲線の形状について」ビジネス＆アカウンティングレビュー1号（2006年）89頁以下、91頁を参照した。

5) Scholes, *supra* note 4, at 179.

6) 中野剛志『資本主義の預言者たち──ニュー・ノーマルの時代へ』（KADOKAWA、2015年）263頁。

7) 江頭憲治郎『株式会社法〔第7版〕』（有斐閣、2017年）18頁。

8) Wurgler and Zhuravskaya, *supra* note 2, at 584.

9) 岩原紳作「自己株式取得規制の見直し（上）」商事法務1334号（1993年）45頁以下、47頁参照。

10) 自己株式取得規制の経緯については、久保田安彦『企業金融と会社法・資本市場規制』（有斐閣、2015年）第1章を参照されたい。

11) 「銀行等の株式等の保有の制限等に関する法律」（2001年制定）により、銀行は株式保有の上限額を、その中核自己資本（Tier 1）の範囲内に制限しなければならなくなった。

12) 下谷政弘『持株会社の時代──日本の企業結合』（有斐閣、2006年）10-13頁参照。また、川口恭弘「株式買い上げ機構」ジュリスト1206号（2001年）140頁以下も参照。

13) もちろん、PKO政策だけが理由で自己株式取得規制が緩和されたわけではなく、そのほかにも要因はある。たとえば、日米構造協議において、アメリカが系列の解消を強く求め、系列企業間の株式相互保有の解消の受け皿として、発行会社による自己株式取得を認めるよう主張してきたことなども要因の一つである（岩原・前掲注（9）47-48頁）。

14) 「市場の効率性が認められる場合、理論的には需要曲線が水平になり、ひいては、市

場価格の操作が難しくなる」ことを述べる最近の法学の研究書として、湯原心一『証券市場における情報開示の理論』（弘文堂、2016年）がある（「」は同書83頁から引用）。なお、かつて筆者は、標準的なファイナンス論を前提にすると、株式の需要曲線はフラットであると考えられるので、社会的責任投資において想定されているシナリオ──ネガティブ・スクリーニングの場合でいうと、スクリーニング（＝投資対象の選別）の実施により、社会的・倫理的に望ましい行動をとっていない企業の株価は押し下げられ、その企業は、資金調達の困難や企業買収の脅威にさらされることになるので、経営者に、社会的・倫理的に望ましい経営政策を採用するインセンティブを与えることにつながる──は成り立たないことを述べたことがある。拙稿「社会的責任投資に関する一考察」一橋法学4巻2号（2005年）411頁以下、425-430頁。

15) 久保田・前掲注（10）15-16頁参照。

16) 岩原・前掲注（9）49頁から引用。

17) たとえば、Roberta Romano, *After the Revolution in Corporate Law*, 55 J. Legal Educ. 342 (2005) を参照すると経緯がよくわかる。

18) Lynn A. Stout, *How Efficient Markets Undervalue Stocks: CAPM and ECMH Under Conditions of Uncertainty and Disagreement*, 19 Cardozo L. Rev. 475, 489-490 (1997).

19) 神田秀樹「自己株式取得と企業金融（上）──企業金融の論理、税制の論理、商法の論理」商事法務1291号（1992年）2頁以下、5頁から引用。なお、本文の以下の記述との関わりで補足しておくと、同論文7頁の注32においては、法学者によるものとして、Booth, *infra* note 28 が引用されているが、Booth は、ほかの財と同じように、株式は下降需要曲線（downward-sloping demand curve）を持つことを前提に議論を行っている（*Id.* at 1058）。また、Richard A. Booth, *The Efficient Market, Portfolio Theory, and the Downward Sloping Demand Hypothesis*, 68 N.Y.U. L. Rev. 1187, 1192 n. 8 (1993) も参照されたい。

20) 飯田秀総『株式買取請求権の構造と買取価格算定の考慮要素』（商事法務、2013年）は、Hideki Kanda and Saul Levmore, *The Appraisal Remedy and the Goals of Corporate Law*, 32 UCLA L. Rev. 429 (1985) の見解を紹介し、彼らが提唱するインフラマージナリティの理論は、株式の価値は株主ごとに評価が異なり、特定の株主にとって株式の需要曲線は水平ではなく右下がりであることを前提としていることを述べている（同書200頁）。後掲注（35）に関連する本文の記述も参照されたい。

21) 神田・前掲注（19）6頁から引用。

22) Stout, *supra* note 18, at 490.

23) 岡田・前掲注（4）。「」は同論文90頁から引用。

24) シグナリング理論との関わりで付言しておくと、本文掲載のコメントをした論者による研究のフォローアップによれば、わが国企業の自己株式取得は、自社株式の過小評価を是正するためのアナウンスメントの意義を有しているわけではないことを示す実証研究が、近年、公表されているようである。岩原紳作『商法論集Ⅰ　会社法論集』（商事法務、2016年）118頁参照。

25) 山下・神田編・前掲注（1）343頁〔後藤元〕参照。

26) Fischel and Ross, *supra* note 4.

27) 山下・神田編・前掲注（1）352頁〔後藤元〕から引用。

28) Richard A. Booth, *Discounts and Other Mysteries of Corporate Finance*, 79 Cal. L. Rev. 1053, 1078 (1991).

29) *Id.* at 1091. なお、安定操作の効果を疑問視する見解として、Fischel and Ross, *supra* note 4, at 538 を参照。

30) 藤田友敬「商法と経済学理論」ジュリスト1155号（1999年）69頁以下、71頁から引用。

31) 同上71頁。「最低限の知識としてのファイナンス論」という見出しは、同頁にある「最低限の知識としての経済学理論」を参考にしたものである。

32) 田中亘編著『数字でわかる会社法』（有斐閣、2013年）。本書の書評として、拙稿「書評」書斎の窓629号（2013年）74頁以下（一橋大学の機関リポジトリから入手可能）がある。

33) ハウェル・ジャクソンほか（神田秀樹・草野耕一訳）『数理法務概論』（有斐閣、2014年）。

34) 会社法における革命が1980年代に起こった背景には、ロケット・サイエンティストと呼ばれた人々が、クオンツ（quants）と呼ばれ、ウォール街に進出して数理的な分析を行い始めたこの頃——あるクオンツは、彼が今でいう金融工学に関わることになった1985年当時は、金融工学という言葉すらなく、教育プログラムを提供する大学もなかったので、投資銀行の業務として学ぶしかなかったと回想している（エマニュエル・ダーマン（森谷博之監訳）『物理学者、ウォール街を往く。』（東洋経済新報社、2005年）4頁）——、投資銀行やロー・ファームにとって非常に儲かるビジネスである M&A が盛んに行われており、彼らのスキルが重宝されたことがある。こうした経緯については、Romano, *supra* note 17, at 347-351 を参照されたい。

　なお、日本においても、企業の国際競争力強化のために M&A の活発化が提唱され（経済産業省「今後の企業法制の在り方について」（2010年）3頁、武井一浩「日本の経済成長への企業法制の役割・責任——マクロ経済成長戦略に適うミクロの企業法制」商事法務1931号（2011年）14頁以下、16頁参照）、それに続いて同じような流れになっていることは非常に興味深い。最近は、日本でも大手の弁護士事務所の弁護士によって、法の数理分析（quantitative analysis of law）の重要性が説かれている（草野耕一『数理法務のすすめ』（有斐閣、2016年）参照）。

35) Stout, *supra* note 18. なお、Stout は、Richard A. Brealey and Stewart C. Myers, *Principles of Corporate Finance* (5th ed., Mc Graw-Hill 1996) を引用しているが、最新版は、Richard A. Brealey, Stewart C. Myers and Franklin Allen, *Principles of Corporate Finance* (12th ed., Mc Graw-Hill 2017) である。また、前掲注（19）に掲げた Booth の論文も参照されたい。

36) この見出しも、藤田・前掲注（30）71頁を参考にした。

37) 岩原紳作「証券市場の効率性とその法的意義」貝塚啓明編『金融資本市場の変貌と

国家』（東洋経済新報社、1999年）99頁以下、112頁参照。

38）　同上112頁参照。

39）　玉井利幸『会社法の規制緩和における司法の役割』（中央経済社、2009年）144頁から引用。

40）　Romano, *supra* note 17, at 356.

41）　*Ibid.*

42）　こうした傾向はすでに現れており、たとえば、岩原・前掲注（24）68頁は、2014（平成26）年改正の最大の意義は、「株主利益よりは従業員集団の利益を重視する傾向のあった、わが国の株式会社のコーポレート・ガバナンスを、株主利益をより重視する傾向に一歩進めたこと」ではないかという。

　　また、長期インセンティブ報酬としてのエクイティ報酬の重要性が説かれ（武井一浩ほか『企業法制改革論Ⅱ──コーポレート・ガバナンス編』（中央経済社、2013年）122-124頁）、2015年6月に閣議決定された「日本再興戦略　改訂2015」が「経営陣に中長期の企業価値創造を引き出すためのインセンティブを付与することができるよう金銭でなく株式による報酬、業績に連動した報酬等の柔軟な活用を可能とするための仕組みの整備等を図る」とし、コーポレートガバナンス・コード［補充原則4-2①］が、「経営陣の報酬は、持続的な成長に向けた健全なインセンティブの一つとして機能するよう、中長期的な業績と連動する報酬の割合や、現金報酬と自社株報酬との割合を適切に設定すべきである」とするなど、株式によるインセンティブ報酬の導入が推奨されていることからもこうした傾向がうかがえる。

　　なお、こうした傾向を持つ近時のコーポレート・ガバナンス改革には、日本における格差を広げる可能性や、日本型経営を破壊し、日本企業の強さをも失わせる可能性があることなどにつき、拙稿「日本企業の役員報酬──問われる経営者の見識と良識」ビジネス法務17巻10号（2017年）123頁以下を参照されたい。また、上記のコーポレートガバナンス・コードは、政府の成長戦略の一環として定められたものであるが、企業の成長や業績の改善につながる形で運用されているようには見えないという経済学者の評価もある。柳川範之「コーポレート・ガバナンスの在り方と法規制　その2──スチュワードシップ・コード、改正会社法、コーポレートガバナンス・コードの先に」監査役663号（2017年）60頁以下、64頁参照。

43）　すでにその動きは始まっており、2009年の日本私法学会において「コーポレート・ガバナンスと実証分析──会社法への示唆」と題するシンポジウムが開催されるなど、実証分析は、会社法研究の中に着実に浸透してきている。

44）　今世紀に入ったばかりの頃、株主中心主義に立つアメリカ型のガバナンス形態への収斂テーゼを提示したアメリカの有力な会社法研究者がいた。Henry Hansmann and Reinier Kraakman, *The End of History for Corporate Law*, 89 Geo. L. J. 439 (2001). 同論文の内容の紹介とメタ・レベルでの思想の批判的検討として、拙稿「会社法の歴史の終わり？」一橋法学2巻3号（2003年）401頁以下がある。なお、米英のアングロサクソン型ガバナンス・スタイルを「範」とすることに疑問を投げかけ、日本と親和

的な資本主義が成功しているドイツのコーポレート・ガバナンスに着目し、そこから
日本経済再生に向けての示唆を得ようとする研究として、吉村典久・堀口朋亨「現代
のドイツ企業における共同決定の研究に向けて――準備的考察」経済理論372号（2013
年）73頁以下がある。

45）　自己株式取得規制が緩和された要因の一つが、日米構造協議におけるアメリカの要
求であったことからも窺えるように（前掲注（13）参照）、アメリカは、自国のスタン
ダードを押しつけてくる傾向があるので（拙稿「コーポレート・ガバナンス放談（下）
――改革の政治経済学」ビジネス法務15巻9号（2015年）110頁以下、114頁）、われわ
れは、ファイナンス論的な分析には本文で述べたようなバイアスがかかりがちである
ことを肝に銘じ、アメリカの国益――むしろ、その背後にある多国籍企業の利益といっ
た方がよいかもしれない――に資するだけの企業法制改革を、無意識のうちに後押し
することがないよう気をつける必要があるということである。なお、この注の記述だ
けでは、趣旨が伝わりにくいと思うので、日米構造協議の背後にあるアメリカの戦略
などについても触れた、拙稿「国際政治と会社法制改革――平成5年商法改正を通し
て今を見る」法学セミナー734号（2016年）48頁以下を参照していただければ幸いであ
る。また、意味のある政策提言を行うには、日本の政策の背後にある歴史と構造をよ
く知り、国際政治など関連する他の問題も含めて制度全体を巨視的に捉える必要があ
ることなどにつき、拙稿「『原子力損害の賠償に関する法律』の制度的背景」齊藤誠・
野田博編『非常時対応の社会科学――法学と経済学の共同の試み』（有斐閣、2016年）
257頁以下、278頁を参照されたい。

46）　上村達男「人間の学としての会社法学――開発の側の論理の見直し」楜澤能生編『持
続可能社会への転換と法・法律学――Law and Sustainability』（成文堂、2016年）153
頁以下は、アメリカが、巨額の富を既に蓄積しているファンドによる他国の富の収奪
を可能とする戦略的な論理として「現在主流の株主主権論」を活用してきたことを指
摘している（同論文165頁）。そして、アメリカにおいては、個人の生活の一切に株式
市場が関わることから、株式市場に対する市民の関心・チェックが非常に厳しいこと
を踏まえると（同論文165頁）、この態度は、「自国民には禁止しながら中国人には大い
に普及させようとして大量に輸出した、かつての英国のアヘンに対する態度に近い」
（同論文172頁注6から引用）と評している。

47）　私は、経済学的なアプローチを採用すること自体が、われわれの思考に無意識のう
ちにバイアスをかけてしまうことを、別稿で論じたことがある。拙稿「情報・公共財・
開示制度――ある大学教員の学会メモ」法学セミナー749号（2017年）43頁以下を参照
されたい。

48）　以下の記述には、中野・前掲注（6）263-271頁を参照した。

49）　たとえば、田中一弘『「良心」から企業統治を考える』（東洋経済新報社、2014年）は、
「良心による企業統治」こそが日本型企業統治の強みであるにもかかわらず、グローバ
ル資本主義の潮流や、それと連動したコーポレート・ガバナンス改革によって、いま
逆風にさらされているが、これを簡単に捨て去るべきではないことを主張し、持合株

主や社内取締役の存在は、経営者の良心を喚起するいわば「触媒」として重要な役割を果たしてきたことを指摘している点で注目される。この研究は経営者性善説に立っているが、これと同じように、人間には、本来的に「信頼すること」と「信頼されればより共同体のために行動しよう」とする内面的動機付けが備わっていることを前提に法規範のあり方を考えるアプローチなどにももっと目が向けられてよい。神戸大学企業立法研究会「信頼理論モデルによる株主主権パラダイムの再検討〔I〕」商事法務1866号（2009年）4頁以下、8頁参照。もっとも、経営者の良心に頼るアプローチに懐疑的な論者もいる。三品和広「経営学からみたコーポレート・ガバナンス改革」商事法務2109号（2016年）57頁以下、63頁参照。

50) たとえば、神田秀樹・武井一浩・内ヶ﨑茂編著『日本経済復活の処方箋　役員報酬改革論〔増補改訂版〕』（商事法務、2016年）を参照。

51) 2015年を「コーポレート・ガバナンス元年」として現在進展しているコーポレート・ガバナンス改革に対しては、経営者の自利心しか想定していないため——結果的に、ハードなインセンティブによって経営者を規律づけるようなことばかりやってしまうことになるが、それでは——、経営者が「なすべきことをする」という「責任ある経営」を実践するようになるという効果はあまり期待できない（むしろ逆効果さえある）という見方もある。田中一弘「コーポレート・ガバナンス改革が置き去りにしていること——経営者の責任をめぐって」監査役665号（2017年）6頁以下を参照。

52) 本文で述べたような傾向を持つコーポレート・ガバナンス改革は、「グローバル化」を背景としている。しかし、グローバル化の流れの中で、イコール・フッティングとかハーモナイゼーションのためと称して行われている改革には、自分たちのビジネスチャンスを広げるために世界の制度を画一化しようとする勢力の力が働いている面があることにも注意しておく必要がある。拙稿「グローバル化とコーポレート・ガバナンス改革」社会イノベーション研究13巻2号（大隈宏先生退任記念号）（2018年4月）掲載予定を参照されたい（2018年5月頃から成城大学リポジトリを通じてウェブで入手可能）。なお、裁判官としての長いキャリアを持つ研究者が、同様の点に注意を促している。須藤典明「コーポレートガバナンスと会社法の改正——東芝問題を手掛かりに」法務研究15号（2018年）37頁以下、86頁-87頁。

一般社団法人の機関制度の検討
──株式会社との比較研究のための覚書き──

北村　雅史

1　はじめに

　一般社団法人及び一般財団法人に関する法律（平成18年法律第48号）（以下「一般法人法」という）が平成20年12月に施行されてからまもなく10年が経過する。

　一般法人法は、法人格の取得と公益性の判断が一体となっていた平成18年改正前民法の下での公益法人制度を改め、営利を目的としない社団または財団について、一般的に準則主義に基づき法人格を取得することを認め、そのような法人である一般社団法人および一般財団法人の設立、組織、および管理について定める（同法1条）。そして、公益社団法人及び公益財団法人の認定等に関する法律（平成18年法律第49号）（以下「公益認定法」という）の施行により、一般社団法人および一般財団法人について、行政庁（内閣総理大臣または都道府県知事）が、公益性を認定するとともに、認定を受けた法人の監督を行う制度が創設された。これにより、法人格の取得と公益性の判断が分離され、営利を目的としない社団法人または財団法人を、その目的の公益性の有無にかかわらず、準則主義に基づき自由に設立することが可能になった。

　一般法人法の施行により、従前の中間法人法は廃止され、中間法人は一般社団法人に統合されることとなった。[1]一般法人法以外に、営利も公益も目的としない団体に法人格を付与する個別立法（各種協同組合法、保険業法、特定非営利活動促進法、私立学校法、医療法、社会福祉法など）が存在するが、それらはそれぞれ固有の政策目的のために制定されているもので、一般社団法人・一般財団法人とそれらの法律に基づく法人（各種協同組合、相互会社、特定非営利活動法人

（NPO 法人）、学校法人、医療法人、社会福祉法人など）とは別の根拠法に基づく法人として併存している。

　一般社団法人の機関に関する一般法人法の規律は、かなりの程度株式会社に関する会社法の規律を取り入れている。新たに一般社団法人という非営利だが原則的に公の機関による監督を受けない法人に関する包括的規律を設定するにあたり、高度に精緻化された会社法の株式会社に関する規律をもとにするのは一応の合理性がある。ただ、営利法人である株式会社の機関に関する規律が非営利法人である一般社団法人に適合するかどうかについては、制度導入時においてもそれほど活発に議論されなかったと思われる。また、現在に至るも、この問題を会社法学の観点から検討した研究は多くない。[2]

　本稿は、株式会社の制度を取り入れた一般社団法人の機関に関する規律が、一般社団法人に適合するものかどうかを検討するための準備作業として、一般社団法人の機関についての規律の現状と課題を会社法との比較において明らかにすることを目的とする。なお、一般財団法人の機関に関する規律にも株式会社の機関に関する規律が導入されているが、本稿では、株式会社との社団法人としての比較という観点から、一般社団法人のみを検討対象とする。

2　一般社団法人の社団性と非営利性

1　社　団　性
(1)　**社団としての性質**　　社団とは、共同の目的を有する複数人の結合体（団体）である。

　一般法人法には、一般社団法人を「社団」とする旨の定めはない。「一般社団法人」という文言は、社員を構成員とする法人であることを意味するのであり、一定の目的のために拠出された財産の集合体に法人格が与えられる財団法人との対比において理解される。

　一般社団法人を設立するには、社員となろうとする者（設立時社員）が、共同して定款を作成し、その全員がこれに署名し、または記名押印しなければならない（一般法人10条1項）。ここで「共同して定款を作成」するためには、設

立時社員が2名以上必要であるとされている[3]。この点で、社員が1人でも設立できる株式会社、合同会社および合名会社とは異なり、複数人の結合体としての意味の社団性は維持されている。ただし、一般社団法人は、社員が1人となっても存在することができるので、会社との対比において社団性を強調すべきではない[4]。

(2) **社員の意義**　一般法人法は、一般社団法人について、社員の出資に関する規定を設けていない。また、社員の退社時の持分の払戻しや持分の譲渡に関する定めもない。一般社団法人も合併をすることができるが、消滅する一般社団法人の社員に対する合併対価に関する事項は合併契約に定められない（一般法人244条、254条。会社749条、751条、753条、755条対照）。一般社団法人において、社員の持分が観念されないためである[5]。

一般社団法人は、会費の徴収等により法人財産を形成することができるが、会員資格と社員資格は必ずしも一致する必要がなく、一般法人法は、一般社団法人への財産の拠出と社員資格を結び付けていない。なお、後述の基金の拠出によって一般社団法人の財産を形成することもできるが、基金拠出者と社員資格は無関係である。このほか、一般社団法人は、定款に定めることにより、社員に経費を支払う義務を負担させることができる（一般法人27条）。

一般社団法人の社員は、一般社団法人の成立後、社員総会の構成員として議決権を行使するほか、一般法人法が定める一定の権利（概ね会社法学でいうところの共益権に相当）を行使する地位にある者ということになる[6]。

(3) **社員の責任と基金**　一般社団法人の社員の責任はすべて有限責任である[7]。したがって、一般社団法人は、社員の責任の点で、会社法上の株式会社・合同会社と共通する。

社員の責任が有限責任であるため（ただし、上述のように経費の負担義務を定款で定めることができる）、一般社団法人の債権者にとって、法人財産のみが債権の引き当てとなる。株式会社・合同会社では資本金の制度が債権者保護に一定の役割を果たしている。一般社団法人については、資本金に代わるものとして基金の制度がある。

基金とは、一般社団法人に拠出された金銭その他の財産であって、当該一般

社団法人が拠出者に対して一般法人法および一般社団法人と当該拠出者との間の合意に定めるところに従い返還義務を負うものである（一般法人131条柱書き括弧書き）。基金は、株式会社の出資金とは異なり、一般社団法人が拠出者に対して返還義務を負う点で負債の一種であるが、基金の返還には手続規制と財源規制が設けられ（一般法人141条[8]）、基金の返還にかかる債務は、一般社団法人の解散時において他の一般社団法人の債務に劣後し（一般法人236条）、一般社団法人が破産手続開始の決定を受けた場合は、劣後的破産債権・約定劣後破産債権に劣後する（一般法人145条）。

　一般社団法人の基金の制度は、相互会社の基金制度にならったものであるが（保険業27条）、相互会社と異なり、一般社団法人では基金制度の採用は任意であり、定款において基金制度を採用するかどうかを定める（一般法人131条）。この点は、会社法制定時に株式会社について最低資本金制度が廃止されたのと平仄があっているといえる。

2　非営利性

　一般社団法人は、社員に剰余金または残余財産の分配を受ける権利を付与することはできず、社員に剰余金または残余財産の分配をする旨の定款の定めは無効である（一般法人11条2項）。事業収益が剰余金配当または残余財産の分配の形で社員に分配されることを法人の営利性（営利法人という場合の営利性）というが、一般法人法は、一般社団法人の非営利性を、営利法人である株式会社との対比において（会社105条2項参照）、定款の定めのレベルで明確にしている。また、一般社団法人は、社員総会で社員に剰余金を分配する旨を決議することはできない（一般法人35条3項[9]）。これは、定款の定めに基づかずに社員総会で社員に剰余金の分配をすることを禁止する趣旨である。なお、このような法の趣旨から、理事会等の決定によっても、社員に剰余金の配当をすることはできないと解釈される[10]。

　一般社団法人が清算する場合、残余財産の帰属は、定款に定めがない場合は社員総会の決議によって定め、それでも定まらないときは国庫に帰属する（一般法人239条）。社員総会の決議で社員を残余財産の帰属先とすることは禁止さ

れていない。したがって、定款では定めずに、社員総会で社員に残余財産を分配をすることは可能である。これは、各種協同組合等では構成員に残余財産を分配することが認められるのにならったものと説明されているが、一般社団法人の非営利性は、残余財産の分配については不徹底であるといえる。なお、公益認定を受けた一般社団法人は、残余財産を類似の事業を目的とする他の公益法人その他の一定の法人または国もしくは地方公共団体に帰属させる旨を定款で定めていなければならず（公益認定5条18号）、残余財産の帰属はその定款の定めで決まる（一般法人239条1項）。

3　一般社団法人の機関に関する規律の概要

1　株式会社における機関制度に関する規律との類似性

　一般社団法人の機関に関する規律は、株式会社の機関に関する会社法の規律を参考にしている。一般社団法人には大規模なものがあり、また社員の人数が相当数になるものがある。そのような一般社団法人の不適切な運営は、社会的な弊害をもたらしうる。もっとも、一般社団法人の社員には持分概念がないため、株主利益の最大化という会社法の理念とは異なる観点から、一般社団法人のガバナンスを検討する必要がある。

　一般社団法人では、株式会社と同じく、法人の規模、社員数、社員相互間の信頼関係の強さ、あるいは個々の社員の事業遂行能力や法人運営への意欲の高さが、法人によって区々であるため、一般論として社員自らが機関としての地位に就くことは適当でない。そこで、一般法人法は、社員は社員総会のメンバーとして法人の意思決定に参画するにすぎないものとし、一般社団法人の運営は原則として社員資格を前提としない理事に委ねることとしている。ただし、定款において理事が社員でなければならない旨を定めることは妨げられない（会社331条2項対照）。

　一般社団法人と株式会社の機関について比較する場合、社員総会は株主総会に、理事・理事会は取締役・取締役会に、監事は監査役に、それぞれ対応する。一般社団法人にも会計監査人制度はあるが、会計参与制度はない。また、各種

委員会（監査等委員会、監査委員会、指名委員会、報酬委員会）や執行役にあたる
ものもない。臨時の機関として検査役制度がある（一般法人46条、86条、137条）。
理事会を置く一般社団法人を理事会設置一般社団法人（同16条1項）、監事を置
くかまたは一般法人法の規定により監事を置かなければならない一般社団法人
を監事設置一般社団法人（同15条2項1号）、会計監査人を置くかまたは一般法
人法の規定により会計監査人を置かなければならない一般社団法人を会計監査
人設置一般社団法人（同条2項2号）という。

　大規模一般社団法人（一般法人2条2号）は、大会社（会社2条6号）に相当す
るが、一般社団法人には資本金の概念がないので、最終事業年度に係る貸借対
照表の負債の部に計上した額の合計額が200億円以上であることのみが大規模
一般社団法人の要件となる。一般社団法人には持分の譲渡という概念がないの
で、公開会社（会社2条5号）に相当する概念はない。社員の資格の得喪に関
する規定は、定款の絶対的記載事項である（一般法人11条1項5号）。

2　機関設計

　一般社団法人は、社員総会と1人または2人以上の理事を必須の機関とする
（一般法人60条1項）。

　それ以外の機関として、一般社団法人は、定款の定めにより、理事会、監事
または会計監査人を置くことができる（一般法人60条2項）。

　理事会設置一般社団法人は、監事を置かなければならない（一般法人61条。な
お会社法327条2項対照）。また、会計監査人と監事は連携して監査を行うため、
会計監査人設置一般社団法人も監事を置かなければならない（一般法人61条）。
大規模一般社団法人は、会計監査人を置かなければならない（一般法人62条）。

　このほか、公益社団法人（公益認定を受けた一般社団法人。公益認定2条1号）
は、理事会をおいていなければならず（公益認定5条14号ハ）、毎事業年度にお
ける収益の額、費用および損失の額その他の政令で定める勘定の額がいずれも
政令で定める基準に達しない場合を除き、会計監査人を置いていなければなら
ない（公益認定5条12号。公益社団法人及び公益財団法人の認定等に関する法律施行令
（以下「公益認定法施行令」という）6条）。

一般社団法人の機関設計を表にすると以下のようになる。

公益社団法人でない一般社団法人	理事
	理事・監事
	理事・監事・会計監査人
	理事会・監事
	理事会・監事・会計監査人
公益社団法人	理事会・監事（＊）
	理事会・監事・会計監査人

太字：大規模一般社団法人が選択可能な機関設計（大規模一般社団法人以外の一般社団法人も選択可能）
＊公益社団法人は原則として会計監査人を置かなければならないが（公益認定5条12号本文）、毎事業年度における収益の額、費用及び損失の額その他の政令で定める勘定の額がいずれも公益認定法施行令6条に定める基準に達しない場合は、会計監査人を置く必要がない（公益認定5条12号ただし書き）。

3 社員総会

(1) **権限・招集・議事**　社員総会の権限は、理事会設置一般社団法人かどうかで分かれる。これは、取締役会設置会社かどうかで株主総会の権限が異なるのと同じ趣旨である（会社295条）。すなわち、理事会設置一般社団法人以外の一般社団法人（以下「理事会非設置一般社団法人」という）の社員総会は、一般社団法人の組織、運営、管理その他一般社団法人に関する一切の事項について決議することができるのに対し、理事会設置一般社団法人の社員総会は、一般法人法に規定する事項および定款に定めた事項に限り決議することができる（一般法人35条）。

社員総会は、株主総会と同じく、招集時期により、定時社員総会と臨時社員総会に分かれる（一般法人36条1項2項）。

社員総会は理事（理事会設置一般社団法人については理事会の決定による）が招集する（一般法人36条3項、38条）。少数社員による社員総会招集請求権・招集権も認められている（同37条）。招集通知（同39条）、社員提案権（同43条から45条）、社員総会の招集手続等に関する検査役の選任（同46条）、議決権の代理行使（同50条）、書面または電磁的方法による議決権行使（同51条、52条）、理事等の説明義務（同53条）、議長の権限（同54条）などに関する規定は、株式会社とほぼ同

じ定めになっている。

(2) **社員の議決権**　社員総会において、社員は、定款に別段の定めがない限り、1人1個の議決権を有する（一般法人48条1項）。定款により社員が議決権を行使できる事項について制限を設けることができるが、すべての事項につき議決権を行使できない旨を定めることはできない（同条2項）。非営利法人である一般社団法人の社員には、剰余金配当請求権も残余財産分配請求権もないので、社員総会の議決権のみが社員であることの地位を示していることになるためである。

ある社員について複数議決権を認めることもできる。たとえば、法人への拠出金（基金や会費等）の額に応じて議決権の数を決めることや[12]、原始社員は1人10議決権で、設立後に加入した社員は1人1議決権とすることも可能である[13]。すなわち、定款による別段の定めは、社員の議決権について属人的な差異を設ける形にすることが可能である（会社109条2項参照）[14]。もっとも、一般社団法人の社員の議決権について差異を設けたとしても、種類社員総会のようなものが設けられるわけではない（会社109条3項対照）[15]。

定款においてある社員につき社員総会の決議事項の一部につき議決権を有しないものと定めた場合の社員総会招集手続について、次のような問題が生じる。理事会設置一般社団法人の社員総会は招集通知に記載されている目的事項しか決議することができないところ（一般法人49条3項）、取締役会設置会社の株主総会と異なり、理事会設置一般社団法人の社員総会については、その社員総会の目的事項の全部につき議決権を行使できない社員には招集通知を発する必要がない旨の定めがない（会社298条2項3項対照）。そのため、特定の社員総会において目的事項の全てについて議決権を行使できない社員にも招集通知を発しなければならないとの解釈が示されているが[16]、そのような扱いが合理的かどうか検討を要する。社員提案権の対象となる事項についても、社員が議決権を行使することができる議題・議案に限る旨の規定がないので（一般法人43条から45条）、同じ問題が生じる（会社303条1項括弧書き・304条括弧書き対照）。

(3) **決議・決議の瑕疵**　社員総会の決議には普通決議と特別決議がある。普通決議は、定款に別段の定めがある場合を除き、総社員の議決権の過半数

を有する社員が出席し、出席した当該社員の議決権の過半数をもって行う決議
である（一般法人49条1項）。ここでいう総社員の議決権は、その事項について
議決権を行使することができる社員全員の議決権と解釈すべきである。

　特別決議は、総社員の半数以上であって、総社員の議決権の3分の2（これ
を上回る割合を定款で定めた場合にあってはその割合）以上にあたる多数をもって
行う決議である（同49条2項）。これは、会社法309条3項の特殊決議要件と類
似する。「総社員の半数以上」および「総社員の議決権」は、それぞれ、「その
事項について議決権を行使することができる社員の半数以上」および「その事
項について議決権を行使することができる社員全員の議決権」と解釈すべきで
ある（会社309条3項参照）が、「総社員の半数以上」という頭数要件については、
文字通りの意味に解することも考えられる。特別決議事項は、社員の除名、監
事の解任、役員の損害賠償責任の一部免除、定款の変更、事業の全部の譲渡、
解散とその場合の継続、および合併契約の承認である。

　社員総会の決議の取消しの訴え（一般法人266条）、決議の無効または不存在
の確認の訴え（同265条）については、株主総会決議の瑕疵と同様の規定が設け
られている（会社831条、830条）。

4　理事・理事会

(1)　理事の選解任・資格・任期・業務執行および代表権限

　一般社団法人の理
事は社員総会の普通決議で選任・解任される（一般法人63条1項、70条1項）。選
任について社員総会決議の定足数の緩和の制限（会社341条）や累積投票（会社
342条）に関する定めはない。補欠の理事の選任（一般法人63条2項）、欠格事由
（65条1項）、欠員が招じた場合の措置（同75条。監事および会計監査人についても
定めがある）、については、会社法と同様の定めが設けられている。

　理事の任期は、株式会社の取締役の任期と同じであるが（一般法人66条。会社
332条1項）、一般社団法人には定款の定めに基づく理事の任期の伸長に関する
規定（会社332条2項）はない。[17]

　理事の員数は1人または2人以上であるが、理事会設置一般社団法人では、
理事は3人以上でなければならない（一般法人65条3項）。

理事会非設置一般社団法人の理事は、定款に別段の定めがない限り、一般社団法人の業務を執行し（一般法人76条1項）、代表理事その他一般社団法人を代表する者が定められていない限り、理事が2人以上いる場合でも各自が一般社団法人を代表する（同77条1項2項）。理事会非設置一般社団法人の代表理事の選任方法、代表権限とその制限、代表者の行為についての損害賠償責任、代表理事に欠員が生じた場合の措置および表見代表理事については、株式会社の代表取締役と同様の定めが設けられている（一般法人77条3項から5項、78条、79条、82条、会社法349条3項から5項、350条、351条、354条）。理事が2人以上ある場合の業務執行の決定等についても取締役会設置会社でない株式会社の取締役と同様である（一般法人76条2項から4項、会社法348条2項から4項）。一般法人法にも内部統制システムに関する定め（一般法人76条3項3号。4号で大規模一般社団法人は内部統制システムの整備について決定することが義務付けられている）はあるが、子法人（一般法人2条4号）とからなる企業集団を含めた内部統制システムは、一般法人法とその法務省令には定められていない。監事を設置していない一般社団法人と理事の間の訴えにおける法人の代表についても、監査役や各種委員会が設置されていない株式会社と原則的に同様の規律になっている（一般法人81条、会社353条）。[18]

　(2)　**理事会**　　理事会設置一般社団法人は、理事会において、理事の中から代表理事を選定する（一般法人90条3項）。理事会の組織、職務、理事会の専決事項、理事会の招集権者、招集手続、理事会の決議[19]、決議・報告の省略および議事録[20]については、株式会社の取締役会とほぼ同じ定めが設けられている（一般法人90条1項2項4項5項、93条から98条、会社362条1項2項4項5項、366条、368条から371条、372条1項2項）。なお、一般社団法人の理事会決議には、会社法373条（特別取締役による取締役会決議）に相当する定めはない。

　理事会設置一般社団法人の理事は、取締役会設置会社の取締役と同じく、理事会の構成員として理事会決議に参加するとともに、理事の職務の遂行を監視することが職務であり、理事会設置一般社団法人の業務は、代表理事および理事会の決議により業務を執行する理事として選定された者（以下「業務執行理事」という）が執行する（一般法人91条1項）。理事会による理事の職務の監督のた

め、業務執行理事は、3か月に1回以上職務の執行の状況を理事会に報告しなければならないが、定款で、その報告頻度を、毎事業年度に4か月を超える間隔で2回以上まで下げることが認められる（一般法人91条2項、会社363条2項対照）。一般社団法人では、株式会社と比べて、監督対象となる事項がそれほど頻繁には生じない場合があることを想定したのであろう。

(3) **理事の義務・報酬**　一般社団法人と理事の関係は委任に関する規定に従う（一般法人64条）。そのため、理事は、一般社団法人に対して善管注意義務を負う（民644条）。また、理事は、一般社団法人に対して忠実義務を負う（一般法人83条）。これについて、理事がその地位を利用して個人的利益のために法人の利益を犠牲にすることを禁止する趣旨であるとの説明がされているが[21]、株式会社の取締役の善管注意義務と忠実義務の関係（同質説）と別異に解する必要はない。理事の監事への報告義務（一般法人85条）についても、監査役設置会社の取締役と同じ規律が設けられている（会社357条1項）。

理事は、取締役と同じく、競業取引と利益相反取引（直接取引・間接取引）が制限される（一般法人84条）。制限の解除を判断するのは、理事会非設置一般社団法人では社員総会、理事会設置一般社団法人では理事会である（同条1項柱書き・92条1項。理事会への報告につき同条2項）。

理事の報酬については、定款にその額を定めていないときは、社員総会の決議によって定めるものとされている（一般法人89条）。規定の趣旨は、取締役の報酬（会社361条）と同じくお手盛り防止である。一般社団法人ではいわゆる業績連動報酬などは想定されていない（会社361条1項2号対照）。理事全員の報酬合計額の上限を定款または株主総会決議で定める総額枠方式も可能であり、退職慰労金についても株式会社の取締役と同様の解釈を行うことになる。一般社団法人には、事業報告における報酬の開示についての明文規定はない（一般法人則34条参照）。

なお、公益法人については、理事等の報酬について、民間事業者の役員等の報酬、当該法人の経理の状況その他の事情を考慮して、不当に高額にならないような支給の基準を定めていなければならず（公益認定5条13号）、報酬の支給基準においては、理事等の勤務形態に応じた報酬等の区分およびその額の算定

方法ならびに支給の方法および形態に関する事項を定めるものとされ（公益認定法施行令3条）、その支給基準は公表しなければならないものとされている（公益認定20条2項）。

5　監　　事

　監事は、理事の職務の執行を監査する（一般法人99条1項前段）。株式会社の監査役と異なり、監事の権限を定款により会計監査に限定できる旨の定めはない（会社389条対照）。

　監事は、社員総会の普通決議により選任され、解任は社員総会の特別決議を要する（一般法人63条1項、70条1項、49条2項2号）。補欠の監事を選任できること（一般法人63条2項）、監事の選任議案の提出についての監事の同意等（一般法人72条）、監事の選解任等についての意見の陳述（一般法人74条1項から3項）、欠格事由（一般法人65条1項）、兼任禁止（一般法人65条2項）についても、監査役と同様の規律になっている。

　監事の任期は、選任後4年以内に終了する事業年度のうち最終のものに関する定時社員総会の終結の時までであるが（一般法人67条1項本文）、任期の伸長に関する定めがないこと（会社336条2項対照）、および定款によって、その任期を選任後2年以内に終了する事業年度のうち最終のものに関する定時社員総会の終結の時までとすることを限度として（つまり理事の任期よりも短くしないという限度で）短縮することができる点で（一般法人67条1項ただし書き）、監査役の任期と異なっている。[22]

　監事は独任制の機関である。一般社団法人では監事会の制度は設けられていない。

　監事と一般社団法人の委任関係、監事の監査報告作成義務、業務財産調査権、子法人調査権、理事への報告義務、理事会出席義務、社員総会への報告義務、理事の行為の差止め、監事設置一般社団法人と理事の間の訴えにおける法人の代表、監事の報酬等、費用等の請求（一般法人64条、99条1項後段2項から4項、100条から106条）については、監査役と同様の規律になっている（会社330条、381条1項後段2項から4項、382条から388条）。

6 会計監査人

会計監査人は、一般社団法人の計算書類およびその附属明細書を監査する職務を有する（一般法人107条1項前段）、一般社団法人の外部機関である。会計監査人は、公認会計士または監査法人でなければならず、外国公認会計士（公認会計士16条の2第5項）も一般社団法人の会計監査人となることができる（一般法人68条1項）。

会計監査人は、社員総会の普通決議によって選解任される（一般法人63条1項、70条1項）。会計監査人の選解任および不再任の議案の内容は監事が決定する（一般法人73条）。

会計監査人と一般社団法人の委任関係、会計監査人の任期、監事による会計監査人の解任、会計監査人の会計監査報告作成義務、調査権、監事に対する報告、定時社員総会における意見の陳述、会計監査人の報酬に関する監事の関与については（一般法人64条、69条、71条、107条1項後段2項から5項、108条から110条）、監査役設置会社の会計監査人と同様の規律になっている（会社330条、338条、340条1項から3項、396条1項後段2項から5項、397条1項2項、398条1項2項、399条1項）。

7 役員等の損害賠償責任

理事、監事および会計監査人（以下「役員等」という）の一般社団法人に対する損害賠償責任（一般法人111条1項）、理事の競業避止義務違反の場合の損害額の推定（同条2項）、および理事の利益相反取引に関する任務懈怠の推定（同条3項）、責任の免除（一般法人112条）、ならびに理事の自己のためにする直接取引にかかる責任の特則（一般法人116条）は、株式会社の取締役、監査役、会計監査人の責任と同じ規律となっている（会社423条1項から3項、424条、428条）。役員等の責任の一部免除（一般法人113条から115条）についても、原則的に株式会社の取締役、監査役および会計監査人に関する会社法の規律（会社425条から427条）と同様である。一般社団法人においても、法人が継続的な活動を営む中で被る損害は役員等が個人として負担し得る賠償責任の範囲を超えることがあるという認識から、会社法と同じ責任の一部免除が設けられた[24]。なお、一般

社団法人の理事や監事は無報酬とする場合が多いが、その場合に責任の一部免除制度を適用すると、責任の全額免除が可能になる。

役員等の第三者に対する責任（一般法人117条）[25] および連帯責任（一般法人118条）も、取締役、監査役および会計監査人に関する会社法の規律と基本的に同様である（会社429条、430条）。

8 社員による監督是正

単独社員による理事の行為の差止めについては、会社法における取締役の行為の差止めと同じ規律が設けられている（一般法人88条。会社360条）。

役員等の責任追及の訴え（代表訴訟）を提起する権利についても、単独社員権として認められている（一般法人278条）。一般社団法人には、旧株主による責任追及の訴え（会社847条の2）、最終完全親会社等の株主による特定責任追及の訴え（会社847条の3）および株主でなくなった者の訴訟追行（会社851条）に相当する制度はない。その他の点では、株式会社における株主代表訴訟制度と同じ規律が設けられている（一般法人278条から283条。会社847条、847条の4から850条、852条、853条）。

理事および監事の解任の訴えについても、取締役等の解任の訴えに係る会社法の規制に準じた規定が設けられている（一般法人284条から286条。会社854条から856条）。

4 一般社団法人と株式会社のガバナンスの比較のための視点

1 社員のガバナンス向上へのインセンティブ

民間非営利部門を社会経済システムの中に積極的に位置づけ、民間非営利部門の公益的活動の健全な発展を促進し、一層活力ある社会の実現を図るという、公益法人制度改革の目的からすると、[26] 一般社団法人のガバナンスの健全化のための規制を法制度に組み込むことは重要である。従前の公益法人は、主務官庁の監督下にあったため、法人内部のガバナンスについてはそれほど関心が示されなかった（民法の法人の理事・監事に関する規定は数か条にとどまっていた）

134

が、法人制度改革後は、一般社団法人は準則主義に基づいて設立され、公益法人でない限り公の機関による監督を受けない。そのため、一般法人法は、一般社団法人の機関制度について、株式会社に関する会社法の規制に準じた規定を設けている。

ただし、一般社団法人には、指名委員会等設置会社や監査等委員会設置会社のようなモニタリング・モデルを指向する制度は存在しない。また、子会社（子法人）利用による株主権の縮減への対応（多重代表訴訟等）に関する制度もない。

株式会社についてのコーポレートガバナンス論の最終目的は、持分価値の長期的最大化であるといわれる。コーポレートガバナンス論が主な対象としてこなかった小規模あるいは閉鎖的な株式会社や持分会社でも、株主・社員は株式価値・持分価値の最大化のためのガバナンスの向上にインセンティブを有する。一方、一般社団法人の社員には持分概念がないので、持分価値の最大化の観点からの社員のガバナンス向上へのインセンティブは、一般社団法人では存在しない。[27]

そうすると、社員総会を通じたガバナンスや社員権の行使を通じたガバナンスは、規定上は会社法とほぼ同じであるとはいえ、株式会社と同程度の有効性があるとみることには疑問がある。

2　理事の善管注意義務、経営判断および利益相反取引と監事の役割

一般社団法人の理事の法人に対する一般的義務（善管注意義務・忠実義務）は、株式会社の取締役と同様である。一般社団法人の理事の業務執行の決定にも経営判断原則の適用があるとされているが、理事には社員利益の最大化のために冒険的な取引を行うことは期待されていない。

株式会社の場合、定款所定の目的とは事業（営利事業）を意味する。これは営利法人である株式会社では、（目的である）事業によって得た収益を株主に分配する目的があることが前提であるからである。これに対し、一般社団法人では、目的と事業を区別して定款に定めるのが通常である。[28]ここで目的とは、当該法人の究極的な目的（営利法人でいうところの営利目的に相当する公益目的など）

を意味する。その上で、事業として、収益事業とそれ以外の事業（究極的な目的に直接関連する事業）が併記される。一般社団法人の理事は、定款所定の事業を法人の究極的な目的との関連で実現することが求められる。

一般社団法人の理事の不祥事は、利益相反行為や目的逸脱行為に関するものが多い。[29]株式会社の取締役に準じた現在の利益相反取引規制は比較的厳格なものとなっているが、[30]不当な取引の是正をエンフォースするメカニズムとして社員代表訴訟に期待しにくいのは上述のとおりである。[31]

理事の目的逸脱行為や利益相反行為は、法令定款違反行為といえるから、その是正のために監事の役割が重要になる。一般社団法人の監事制度は株式会社の監査役に準じているが、監事会は法定されておらず、また監事の任期を定款により2年に短縮することも認められている（一般法人67条1項ただし書き）。また、業務執行理事の理事会（監事には出席義務がある）への報告頻度も、定款で年2回にすることができる（一般法人91条2項ただし書き）。社員による経営監督メカニズムが機能しにくい一般社団法人において、監事の独立性や監督権限を株式会社の監査役よりも低下させることに合理性があるのかどうか、再検討すべきである。[32]

3 理事の競業避止義務

理事の競業避止義務は、中間法人法における中間法人の理事には定められていなかった。中間法人の事業は非収益的なものが多いこと、中間法人の収益事業と理事の個人的事業が競合する場合は善管注意義務違反に基づく損害賠償責任を負うこととすれば足り、理事の競業取引に介入権（平成17年改正前商264条3項）を認める必要はないこと、がその理由であった。[33]

公益法人制度改革のための議論でも、いくつもの公益法人の理事を兼ねることがよくあり、それが不当であるともいえないので、理事の競業避止義務は設けないという考え方が主流であり、[34]「公益法人制度改革に関する有識者会議・非営利法人ワーキング・グループ」が平成16年10月12日に公表した「非営利法人制度の創設に関する試案」においても、また「公益法人制度改革に関する有識者会議・報告書」（平成16年11月19日）においても、理事の競業避止義務につ

いての言及はなかった。一般社団法人について、理事の競業避止義務を定めた理由は明らかでないが、会社法の制定とほぼ同時期に一般法人法案が策定されたことから、あえて競業避止義務についてのみ株式会社の取締役と異なる規制にすることに合理的理由が見いだせなかったということであろうか。

　非営利法人であるNPO法人や学校法人の理事には競業避止義務の定めはないが、それらの法人は主たる目的事業に支障のない範囲でしか収益事業を行うことができない（非営利活動5条1項、私学26条1項）ため、競業取引が行われる可能性は相対的に低く、株式会社の取締役並みの規制の必要性はそれほどない。これに対し、公益法人を除き一般社団法人の事業については制限がない。そのため、一般社団法人の事業とその理事が自己または第三者のためにする事業の間に競合が生じる危険性は相対的に高く、一般法人法の制定の機会に理事の競業避止義務について会社法に準じた定めを設けることに一定の合理性がある。

5　おわりに——営利法人と一般社団法人の機関に関する規制の同質化

　一般法人法の施行以来、一般社団法人の数は順調に増加し、民間部門における一般社団法人のプレゼンスは拡大している。一般社団法人は、公益法人として認定されなければ、行うことのできる収益事業の規模等に制限がなく、また定款所定の目的に沿うように法人が運営されているかを含めその活動について公の機関による監督がない。そのため、一般社団法人のガバナンスは、少なくとも営利法人と同等でなければならない、との考え方が、一般社団法人の機関に関する規制の根底にあるといえるだろう。現行法における営利法人の機関に関する規律との違いのうち、以下の2点について、今後の立法論を含めて指摘しておきたい。

　第一に、一般社団法人には指名委員会等設置会社・監査等委員会設置会社に相当する機関設計が定められていない。いわゆるモニタリング・モデルの機関設計を採用するニーズは一般社団法人にはないと考えられたのであろう。しかし、委員会型の機関設計が一般社団法人に適合しないものかどうかは検討の余

地がある。

　一般論として、一般社団法人にも目指すべき目的があり、その成果の評価を
もって理事会が業務執行者の選解任を行うというガバナンスのモデルが一般社
団法人と相いれないわけではなかろう。もっとも、一般社団法人の社員には持
分がないため、役員のインセンティブを高める報酬の設計と報酬内容の決定を
行う報酬委員会を必置とする指名委員会等設置会社は、一般社団法人には適合
しないと考えられる。一方、監査・監督をする委員会のみを置く（そのかわり
監事を設置しない）機関設計は、一般社団法人にも適合しうると考える。監査等
委員会設置会社では、社外取締役が取締役の過半数である場合は、取締役会決
議によって重要な業務執行の決定を取締役に委任することができる（会社399条
の13第5項）。業務を執行しない外部理事の割合が多い一般社団法人は、モニタ
リング・モデルの機関設計が可能である。そこで、一般社団法人にも、監事を
置かずに監査等委員会に準じる委員会を置き、その委員会の構成員の過半数を
外部理事とする監査等委員会型の機関設計を認めることが立法論として考えら
れる。[39]

　第二に、一般社団法人には合同会社型の機関設計が認められていない。それ
は、法人制度の改正の議論が会社法制定の議論と並行して行われており、その
時点では、有限責任社員のみからなる組合型の会社（合同会社）に関する機関
制度はまだ検討の段階にあったため、合同会社の機関設計を取り込むことはで
きなかったことによると考えられる。[40]

　ただし、今後の一般社団法人の機関制度の在り方としては、持分会社型の機
関設計（原則として社員が業務執行・代表機関であり、社員総会・理事・監事・会計監
査人制度がなく、業務を執行する社員を定めたときには各社員に業務財産調査権がある
ことなど）[41]を一定の要件を満たす一般社団法人が選択できるようにする余地は
あると考えられる。

【注】
　　1)　中間法人法は、営利も公益も目的としない中間的な団体に準則主義に基づいて法人
　　　格を付与することを可能とするために、平成13年に制定された。中間法人は、「社員に
　　　共通する利益を図ることを目的とする」社団とされており（中間法人2条1号）、一般

法人法制定後は、営利を目的としない社団についてのより一般的な制度である一般社団法人に包摂された。

2) 落合誠一「会社の営利性について」黒沼悦郎・藤田友敬編『江頭憲治郎先生還暦記念・企業法の理論（上巻）』（商事法務、2007年）1頁、神作裕之「一般社団法人と会社—営利性と非営利性」ジュリスト1328号（2007年）36頁、松元暢子『非営利法人の役員の信認義務』（商事法務、2014年）などを参照。

3) 新公益法人制度研究会『一問一答　公益法人関連三法』（商事法務、2006年）28頁、熊谷則一『逐条解説　一般社団・財団法人法』（全国公益法人協会、2016年）23頁。

4) 一般法人法は、社員が欠けたことを一般社団法人の解散事由としているが（一般法人法148条4号）、社員が1人となることを解散事由としていない。

5) 持分の否定が非営利法人に必須の要素ではない。各種協同組合では、構成員に持分が認められている（農協14条1項、23条1項など参照）。平成18年の改正前の医療法に基づき設立された社団医療法人には社員に持分のあるものとないものがある（朝長英樹監修『医療法人の法務と税務〔第3版〕』（法令出版、2015年）46頁）。

6) 一般社団法人の社員の権利にも単独社員権と少数社員権がある。社員権行使につき一定期間継続して社員であるという要件はない。少数社員権についての少数社員要件は、概ね、会社法における総株主の議決権の100分の3が総社員の議決権の10分の1に、会社法における総株主の議決権の100分の1が総社員の議決権の30分の1に、それぞれ相当しているが、例外もある。

7) 従前の中間法人には、有限責任中間法人と無限責任中間法人が存在したが、一般法人法は、社員の無限責任性に関する規定を設けていない。

8) 基金の返還に係る債権には利息を付すことができず（一般法人143条）、基金を返還する場合は、返還する基金に相当する金額を代替基金として計上しなければならない（同法144条1項）。代替基金は原則として取り崩せない（同条2項3項）。

9) 一般社団法人では社員の持分は観念されないから、自己持分の取得の形での利益の分配はありえない（神作・前掲注（2）39頁）。

10) 渋谷幸夫『公益社団法人・公益財団法人・一般社団法人・一般財団法人の機関と運営〔第5版〕』（全国公益法人協会、2017年）220頁。

11) 新公益法人制度研究会・前掲注（3）160頁。ただし、持分概念があり剰余金の配当も認められる協同組合（中協59条等参照）を参考にすることに疑問なしとはしない。なお、平成27年の農業協同組合法の改正では、農業協同組合の事業運営の原則に関する規定（同改正前同法8条・同改正後7条1項）から、「組合は、……営利を目的としてその事業を行ってはならない」という定めが削除された（農業協同組合法令研究会『逐条解説　農業協同組合法』（大成出版社、2017年）11頁）。

12) 公益社団法人においては、社員総会において行使できる議決権の数、議決権を行使することができる事項、議決権の行使の条件その他の社員の議決権に関する定款の定めがある場合には、その定めが、社員の議決権に関して、当該法人の目的に照らし、不当に差別的な取扱いをしないものであること、および社員が当該法人に対して提供

した金銭その他の財産の価額に応じて異なる取扱いを行わないものであること、が求められる（公益認定5条14号ロ）。これは、公益法人でない一般社団法人では、拠出金による議決権の数の差別等が認められることを前提にしているといえよう。

13) 「第13回非営利法人ワーキング・グループ議事録」21頁。非営利法人ワーキング・グループ議事録については、http://www.gyoukaku.go.jp/jimukyoku/koueki-bappon/yushiki/wg.html（平成29年9月30日閲覧）参照。

14) 株式会社における属人的定めが登記事項になっていないのと同じく、一般社団法人の議決権に関する別段の定めも登記事項ではない。

15) 一般法人法48条1項の文言は、廃止前の中間法人法33条と同様である。中間法人法における有限責任中間法人についての規律は、廃止前の有限会社法における有限会社の規律に準じたものとなっていた（相澤哲・杉浦正典編著『一問一答　中間法人法』（商事法務研究会、2002年）55頁）。

16) 熊谷・前掲注（3）83頁。

17) 内閣官房行政改革推進事務局が平成17年12月26日から1か月間行った公益法人制度改革に関するパブリックコメントにおいて、理事の任期伸長には反対の意見が圧倒的に多かった（新公益法人制度研究会・前掲注（3）57頁）。

18) 理事会設置一般社団法人は監事を設置しなければならないので、一般法人法には会社法364条に相当する規定がない。

19) 理事会設置一般社団法人は監事を設置しなければならないため、社員による理事会の招集に関する定め（会社367条参照）はない。

20) 理事の議事録への署名については、定款で、議事録に署名または記名押印しなければならない者を、当該理事会に出席した代表理事とする旨を定めることができる（一般法人95条3項）。株式会社の取締役会にはない便法であるが、そのような定款の定めがある場合には代表理事以外の出席した理事の氏名が議事録に記載されるから（一般法人則15条3項6号）、出席した理事で議事録に異議をとどめないものが決議に賛成したものと推定されること（一般法人95条5項）との関係では、取締役会と実質的な違いはない。

21) 新公益法人制度研究会・前掲注（3）54頁。中間法人法における中間法人の理事には、忠実義務に関する定めはなかった。

22) 中小企業等協同組合の監事の任期は4年固定ではなく4年以内である（中協36条2項）。農業協同組合、NPO法人、医療法人、社会福祉法人の監事の任期は理事の任期とあわせて（役員の任期として）規制されている（農協31条1項、非営利活動24条1項、医療46条の5第9項、社福45条）。このように広義の中間法人の監事の任期についての規制は一定していない。

23) 一般法人法には、最終完全親会社等の株主による特定責任追及の訴え（会社847条の3）に相当する制度がないため、基本的には平成26年改正前の会社法425条から427条に相当する定めになっている。

24) 川島いづみ「構成員による理事者の責任追及と責任軽減」金融法務事情1711号（2004

年）14頁。

25）　一般社団法人では、株式等の募集にあたるものがないが、それに代わり基金を引き受ける者の募集にかかる虚偽記載等についての責任が定められている（一般法人117条2項1号ロ。会社429条2項1号イ対照）。

26）　公益法人制度改革に関する有識者会議「報告書」（平成16年11月19日）3頁。

27）　神作裕之「非営利団体のガバナンス」NBL 767号（2003年）24頁。

28）　渋谷幸夫『定款の逐条解説　公益社団法人　一般社団法人編』（全国公益法人協会，2013年）55頁。

29）　公益法人に係る不祥事の例について、本村健編集代表『一般法人・公益法人のガバナンスQ＆A』（金融財政事情研究会、2012年）3-5頁参照。

30）　公益法人については、社員・理事等に特別の利益を与えることや、営利事業を営む者等に特別の利益を与えることが禁止されている（公益認定5条3号4号）。

31）　非営利法人の理事等の利益相反取引規制を営利法人よりも厳格にすべきかどうかについての米国の議論が、松元・前掲注（2）340-348頁において詳細に紹介検討されている。

32）　理事会非設置一般社団法人では監事の設置は任意である。これは中間法人法上の有限責任中間法人において監事が必置だったこと（同法51条）からも後退している。

33）　相澤・杉浦・前掲注（15）111頁。

34）　「第3回非営利法人ワーキング・グループ議事録」33頁、「第11回非営利法人ワーキング・グループ議事録」33頁。

35）　ただし、同様に収益事業の範囲が限定されている医療法人や社会福祉法人については（医療42条の2、社福26条1項）、一般法人法と同程度に法人のガバナンスを強化するため、平成28年の改正により、理事の競業避止義務に関する一般法人法の規定が準用されることとなった（医療46条の6の4、社福45条の16第4項）。今後の方向性として、営利法人であるか否かを問わず、理事の競業避止義務が通則化してゆく可能性がある（一般論として、佐久間毅「法人通則──非営利法人法制の変化を受けて」NBL 1104号（2017年）44頁参照）。

36）　公益法人の収益事業については、公益目的事業比率（公益法人が行うすべての事業（公益目的事業、収益事業、法人の運営のための活動）の規模に占める公益目的事業の割合）が100分の50以上でなければならず（公益認定5条8号、15条）、そのため収益事業の規模が制限されている。

37）　尾崎安央「学校法人のガバナンスに関する一考察」黒沼悦郎・藤田友敬編『江頭憲治郎先生古稀記念・企業法の進路』（有斐閣、2017年）351頁は、学校法人の収益事業（私学26条1項参照）を念頭に置きつつ、法律によって制限された範囲であっても、収益事業を行う非営利法人のガバナンスは、少なくとも持分会社と同等のレベルのものでなければならない、とする。

38）　株式会社と比較した場合の一般社団法人の機関制度に係る論点の検討として、北村雅史「一般社団法人の機関制度の検討」NBL 1104号（2017年）29頁。

39) 平成26年改正前の一般法人法には、外部理事（一般社団法人の理事であって、当該一般社団法人又はその子会社の業務執行理事又は使用人でなく、かつ、過去に当該一般社団法人又はその子法人の業務執行理事又は使用人となったことがないもの）と外部監事（一般社団法人の監事であって、過去に当該一般社団法人又はその子法人の理事又は使用人となったことがないもの）の定義が定められていた。これは、責任の一部免除制度について、平成26年改正前会社法で、社外取締役と社外監査役について別途の定め（最低責任限度額が年額報酬の2年分、責任限定契約の対象）があったことに対応しているのであって、理事会や監事の構成に関係する定義ではなかった。仮に監査等委員会設置会社型の機関設計を一般社団法人に認めることになると、社外理事の定義が復活することになる。

40) 中間法人法に基づく無限責任中間法人に関する規律は、合名会社の規律に準じていた（相澤・杉浦・前掲注（15）172頁）。

41) 公益法人ではなく、定款所定の社員資格の取得要件（一般法人11条1項5号）として、社員全員の同意を要することが定められている場合などが考えられよう。

〔付記〕本稿は、JSPS 科研費（課題番号：17K03458）による研究成果の一部である。

会社の経営状況の悪化の局面における取締役報酬の一方的減額

——ドイツ連邦通常裁判所2015年10月27日判決の意義——

久保　寛展

1　はじめに——本稿の目的

　2008年の金融危機の結果、ドイツでは、企業の持続的な発展を促進するために、取締役の報酬に対する監査役会の責任が強化された。とりわけ2009年7月31日の取締役報酬の相当性に関する法律（VorstAG）[1]では、会社の状況が悪化した場合における取締役報酬の減額を定めるドイツ株式法87条2項の規制が強化され、その結果、同項1文では、「報酬総額の決定後に会社の状況が悪化し、報酬の継続支給が会社にとって不公正になる場合には、監査役会（または裁判所）は、監査役会の申立てにより、報酬を相当な額に減額すべきである」旨が規定された。もっともこの2009年の法律に基づく株式法の改正以降、これまで当該条文の解釈に関して裁判上明確化されることはなかったが、最近の連邦通常裁判所2015年10月27日判決[2]では、報酬の減額を決定する監査役会に対し、減額に係る諸要件が明確化されることになった。本判決に関して、たしかに学説では、当該判決の判旨の細部について批判が見受けられるとはいえ、おおむね好意的に受け入れられている状況からすれば、実務上、当該判決が有する意義は決して小さくない。

　本稿は、とりわけ経営状況の著しい悪化に基づく取締役報酬の一方的減額の局面について、前述の連邦通常裁判所の判決を検討するものである。ここでは、まさに経営状況が著しく悪化した結果、倒産に陥った会社の取締役について、監査役会（または倒産管財人）が一方的に報酬を減額した事案が扱われたが、連邦通常裁判所が当該条文の解釈指針について、はじめて判断を示したという

点で注目に値する。以下では、まず、2009年に改正された現行株式法87条1項・2項の改正の経緯を確認した後（2節）、当該連邦通常裁判所の判決の概要を示し（3節）、さらに、本判決の意義および学説の評価を確認したうえで（4節）、最後に簡単な要約を行うことにしたい（5節）。

2　2009年の「取締役報酬の相当性に関する法律」の制定[3)]

1　制定の背景

　もともと、前述の2009年7月31日の取締役報酬の相当性に関する法律が制定された背景には、2008年後半以降、ドイツでも金融・経済危機が深刻化し、破綻する金融機関や事業会社が増加した結果として、多数の労働者が解雇される状態になったにもかかわらず、取締役に対し高額の報酬が支払われた事例や、自己の不祥事で退任したにもかかわらず、多額の報酬は受け取ったという事例が相次いだことにある。この事態は、ドイツ国民の大企業の経営者に対する不信感をいっそう増大させることになり、ひいては経営者報酬への立法的介入も触発させた。このため、連立与党会派によって、まず、2009年3月17日に「取締役報酬の相当性に関する法律」[4)]草案が提示され、取締役報酬に対して新たな相当性審査が導入されるべきことが示された。[5)]しかし、その3ヶ月後の6月17日には、すでに法務委員会によって修正決議勧告が提出されたことから、これ[6)]を受けて当該草案は一部変更された上で、同法案が成立し，2009年8月5日から施行されたという経緯がある。[7)]

2　改正点

　本法における改正点は多岐に及ぶが、主要な改正点としては、①会社が取締役に対して役員責任保険（D&O保険）を締結する場合において、取締役の自己負担額（損害の最低10％から固定報酬年額の1.5％までの額）が明定されたこと（株式法93条2項3文）、②上場会社の取締役が監査役会の構成員に就任する場合には、2年間の冷却期間を置かなければならないこと（株式法100条2項4号）、③取締役報酬の決定については、これまで監査役会内部の委員会で行われること

が実務慣行であったが、この決定の決議を監査役会全体会（Plenum）における権限としたこと（株式法107条3項）、④不相当な報酬額を確定したことを責任発生原因として、監査役の会社に対する損害賠償責任を明定したこと（株式法116条）等が掲げられる。もっとも、取締役報酬の相当性に関連して重要な改正点が、⑤株式法87条1項および2項の改正であり、これによって、より具体的に相当性基準が定められると同時に（同条1項）、会社の状況が悪化した場合には、監査役会は、取締役の報酬を減額する義務が定められたのである（同条2項）。

3 相当性基準としての取締役の業績の追加

株式法87条1項の相当性基準について、もともと改正前では「取締役の職務」および「会社の状況」が掲げられていたが、さらに、これに「取締役の業績（業績指向性）」が付け加えられた。改正後は、これらの要件は3つとも充足しなければならなくなる。この場合の「取締役の職務」とは、取締役任用契約、定款あるいは業務規程により各取締役に定められた職務の種類・範囲およびそれに伴う責任をいい、各取締役個人の特別の能力、知識、取締役としての経験などが報酬を決定する場合の考慮要素にされる[8]。次に、「会社の状況」とは、会社の財産状況だけでなく、財務状況、売上・収益状況および将来の会社の発展や市場などの外部の要素を総合的に判断される性質のものであり、したがって、会社の経済状況が不良の場合であっても、必ずしも当然に少額の報酬しか約束できないものではないとされる。これは、会社の業績悪化後の再建時に取締役に就任する者の報酬の場合、たとえ通常の場合よりも高額であっても、相当性を欠くことにはならないからである[9]。これに対し、改正後に追加された「取締役の業績」については、個人的業績だけでなく、取締役会内部での協力や取締役会全体の集団としての能力も含むものと解されている[10]。現行法上は、以上の基準によって相当性が判断される。

4 報酬の通常性

報酬の上限を確定するために、改正後は特別の理由がなければ通常の報酬を超えないように配慮されなければならない。たしかに草案段階では、取締役の

全報酬が相当性を有するための比較の対象として、取締役の職務および業績とともに通常の報酬が規定されていた。しかしそうであれば、通常の報酬であれば相当であるとの印象を与えることになって妥当ではなく、またこれに関係して、徐々に報酬が高額化する効果（Aufschaukelungseffekt）を生じさせる可能性があることを否定できないので、これを回避するために相当性の上限を作り出す必要があったとされる。[11] しかしながら、何をもって通常であるか否かを判断するかは問題であり、これについては、当該会社の事業分野・規模および地域において通常であるという意味での水平的比較可能性と、当該会社内での賃金・給与体系において通常であるという意味での垂直的比較可能性の2つの基準をもって判断することが示された。[12] 前者の基準によれば、類似の業種や同様の規模の会社を比較対象にすることになるのに対し、後者の基準によれば、当該会社の他の取締役の報酬や従業員の給与を比較対象にする。もっとも、後者の基準では、会社内で報酬を等級化するような場合、当該会社内での報酬慣行や報酬体系との関連性を失わないように配慮すべきであるとされる。[13]

5 報酬が相当でない場合の事後的変更

改正後の株式法87条2項では、「報酬総額の決定後に会社の状況が悪化し、報酬の継続支給が会社にとって不公正になる場合には、監査役会（または裁判所）は、監査役会の申立てにより、報酬を相当な額に減額すべきである」と規定される。改正以前では、悪化が「本質的」であり、かつ不公正が「著しい」場合を定めていたが、この両者の文言を削除して、監査役会の報酬の減額を容易にすると同時に、監査役会による減額の実効性を高める目的から、改正以前では減額することが「できた（kann）」のに対し、改正後では減額「すべきである（soll）」と改められた。この会社の状況の悪化と、会社にとって不公正であるという2つの要件につき、政府草案理由書によれば、前者の悪化とは、会社が解雇や給与の減額を行わなければならない場合や剰余金の配当ができない場合を意味し、さらに後者の不公正であるかどうかは、取締役に義務違反の行為があった場合だけでなく、義務違反行為として非難できなくても、会社の状況の悪化が取締役の在任中に発生しかつこの悪化に対し取締役の帰責性が認め

られる場合に肯定されるとする。[14]この場合の減額には、退職年金や遺族扶助手当およびこれに類似する給付も含まれ、会社から退職した後の最初の3年間に限り、減額が可能になっている（改正後株式法87条2項2文）。[15]

6 監査役の損害賠償責任

従来、監査役会が各取締役の報酬総額を決定する場合において注意義務に違反し、不当に高額な報酬を決定した場合には、監査役は会社に対して損害賠償責任を負うことに解釈上争いはなかった。この場合、株式法上は取締役の注意義務および会社に対する損害賠償責任を定めた株式法93条を準用する116条が適用された。しかし、改正後は、監査役はとくに不当な報酬を決定した場合には（株式法87条1項）、これに対して賠償する責任を負うと明定されている（株式法116条3文）。この趣旨は、相当な報酬の決定は監査役会の重要な職務であり、監査役会が当該職務行為において義務に違反した場合には、監査役個人として責任を負うことを明確化するためである。[16]この場合に監査役が賠償する損害は、相当な報酬額と実際に確定された報酬との間での差額であり、その限りでは原則として損益相殺（Vorteilsausgleichung）は認められないが、[17]ただし監査役会による取締役報酬の確定も、いわば企業家的決定（株式法93条1項2文）に類するものなので、経営判断原則の適用の余地があるものと解されている。

7 小 括

このように2009年6月18日に連邦議会によって「取締役報酬の相当性に関する法律」が制定されたが、この制定の背景には、いずれにしても、当時の経済危機と高額な経営者報酬に対する批判があったといえよう。その批判に応じて、立法者は、報酬の相当性・通常性基準を具体化し、会社の状況が悪化しかつ取締役報酬が会社にとって不公正である場合に監査役会が一方的に当該報酬を減額するのか否かを明らかにした。この場合の重要な点は、主として相当性基準に関連して、従来の「減額することができる」から「減額すべきである」へと基準を引き上げたことにあろう。もっとも、草案段階では、減額につき、いっそう明確に「減額しなければならない」と定めていたことからすれば、「減

額すべきである」との文言は、草案よりも要件が緩和されたとみることもできる。そうであれば、減額すべきであったにもかかわらず、減額しなかった監査役に対する責任追及については少し困難になったのではないかとの指摘もある。しかし、この改正によって1937年株式法78条１項および２項に基礎を置く、現行株式法87条１項および２項が、当時の規定と比べて大きく改訂され、少なくとも２項の要件について強化されたことは注目される。解釈論としては以上のように説明することができよう。ただし、この規定が裁判実務においてどのように運用されるのかについては、必ずしもその指針が明確に示されたわけではなく、本規定が発動されることもなかった。その結果、法律要件や法律効果に関していまだ未解明な問題も少なくなかったが、このような状況のもと、連邦通常裁判所が、2015年10月27日判決においてはじめて株式法87条１項および２項に関して見解を表明する機会を得たことは、前述のとおりである。そこで、以下では、節を改めて本判決を取り上げ、この問題につきどのように判断されたのかを考察したい。

3　連邦通常裁判所2015年10月27日判決の概要

1　事実の要約

　本件は、倒産手続が開始されたU株式会社（債務者）における取締役（原告X）の、取締役任用契約に基づく未履行の報酬請求権をめぐって争われた事案である。その概要は、次のとおりである。すなわち、「（１）原告Xは、2010年７月１日以降、U有限会社の財務担当の業務執行者であったが、U有限会社が、上場の準備のため、2011年春にU株式会社に組織変更されたことから、引き続き同年４月14日の任用契約に基づき、U株式会社の最高財務責任者（CFO）である取締役に任命された。組織変更前のU有限会社における2009年度の売上高は約4600万ユーロ、2010年度の売上高は約8500万ユーロ、また2009年度と2010年度の各経常利益はそれぞれ約200万ユーロおよび約340万ユーロであり、U株式会社の基礎資本は300万ユーロであった。

　（２）2011年４月14日の任用契約は、2012年12月31日に終了するものであった

が、当該契約の３条において、まず、月額1000ユーロの企業年金に係る出資金、ならびに健康・介護保険に係る保険料を加えた18万8000ユーロ（月額１万5666ユーロ67セント）の年間総支給額が合意されていたほか、原告Ｘは、資本増加の場合には無償でストック・オプションが付与されるとともに、税引き後の営業収益（Betriebsergebnisse nach Steuern）の1.5％の額において毎年、変動型報酬を受けることにもなっていた。さらに、Ｕ株式会社による災害保険およびD&O 保険の締結も定められていたほか、任用契約７条２項では、社用車の貸与も規定されていた。この７条２項の規定に基づき、原告Ｘは、社用車の貸与に関して『自動車利用に関する契約』を締結したが、当該契約10条では、Ｕ株式会社が当該契約の有効期間前に本件社用車の返還を請求する場合には、利用できなかった期間に対して補償する義務が定められていた。

（３）しかしながら、Ｕ株式会社が2011年度中に経済的に破綻したことをきっかけに、監査役会が、2011年12月31日付で報酬の継続支給を撤回する旨を通知したことから、Ｕ株式会社は、2012年１月以降、原告Ｘに継続して報酬を支給することをしなかった。

（４）Ｕ株式会社は、2012年２月３日、チュービンゲン区裁判所に対し、倒産手続の開始および仮の倒産管財人の選任を求める申立てを行った結果、被告Ｙが同年２月６日の決定をもって仮の倒産管財人に選任されたので、被告Ｙは、同年３月７日付の書面により、Ｕ株式会社の監査役会に対し、取締役の報酬を制限することを要求した。この書面では、次のような記載があった。すなわち、『……倒産手続の申立てを考慮し、私は、倒産手続の開始以降、取締役につき、報酬を2500ユーロの最高額に……制限する』と。これに基づき、Ｕ株式会社の監査役会は、同年３月15日の監査役会において被告Ｙの要求を協議し、全会一致により決議した結果、最終的に監査役会議事録には、次のような内容が記載された。すなわち、『当監査役会は、倒産手続の開始以降、すべての取締役の報酬を2500ユーロに減額することを決議する』と。

（５）Ｕ株式会社の倒産手続は、2012年３月30日に開始され、かつ被告Ｙが正式に倒産管財人に指定された後、被告Ｙは、３月30日の書面をもって、同年６月30日付で原告Ｘの任用契約を解約した。同年４月10日の書面では、被告Ｙ

は、休暇取得請求権（Urlaubsansprüche）が原告Xに生じた場合には当該請求権を算入したうえで『極めて慎重に（höchst vorsorglich）』原告Xを罷免したことを通知し（……）、2500ユーロを超えて継続して報酬を支給することを拒絶している。他方、原告Xは、被告Yの要求に応じて、2012年4月23日、貸与された社用車を返還するとともに、同年1月ないし3月分の倒産手当（Insolvenzgeld）を受給したが、この倒産手当を控除した同年1月ないし3月分の3万8510ユーロ40セントの報酬、ならびに同年7月ないし12月分の9万3388ユーロ8セントでの『任期を早められたことによる損害（Verfrühungsschaden）』を債権表に届け出たところ、被告Yはこれらの各債権を争った。このことから、原告Xは、訴えを提起し、これらの各債権を債権表で確定すること、ならびに同年4月ないし6月分の報酬の支給（利息を含む5万2860ユーロ31セント）と弁護士費用の補償（利息を含む1641ユーロ96セント）を求めるとともに、同年3月15日の監査役会決議の効力が形式的瑕疵に基づき生じないことの確認を求めた」というものである。

　本件を審理したチュービンゲン地方裁判所は、2013年4月22日判決をもって、被告Yに対し、2012年4月ないし6月分の合計7500ユーロの減額された報酬を原告Xに支給し、かつ3万8510ユーロ40セント（同年1月ないし3月分）および2760ユーロ（同年7月ないし12月分の月額2040ユーロの失業手当を控除した部分）の額において債権表での確定を命じ、その他の請求を棄却したが、原告Xはこれを不服としてシュツットガルト上級地方裁判所に控訴した。控訴裁判所は、U株式会社の監査役会によって同年3月15日に行われた取締役報酬の減額に関する決議の効力は、原告Xに生じていないとしたため、被告Yが上告した。

2　判決理由の要旨

　このような事実関係に対し、連邦通常裁判所は、次のように判示した。すなわち、「（1）取締役報酬の減額に係る監査役会の権利（株式法87条2項）は、監査役会が会社を代表して取締役に対する形成の意思表示によって行使される株式会社の一方的な形成権である（下線部は筆者：以下同じ）。

　（2）取締役報酬の減額が倒産手続の開始後に決定されても、倒産手続の開始

前の報酬の減額に係る監査役会決議の効力が生じないわけではないので、この原則によれば、倒産手続の開始前になされた2012年3月15日の監査役会決議に基づく取締役報酬の減額（株式法87条2項）の効力は、報酬の減額が倒産手続の開始後に決定されたとしても、発生しないものではない。

（3）取締役は、原則として契約に基づき合意された報酬について任用契約の終了時まで全額受給することを信頼できるので、株式法87条2項に基づく報酬の減額は、基本法2条1項（人格の自由）、14条1項（所有権の保障）に照らして制限的に解釈されなければならない。

（4）控訴審では、会社の状況が悪化したこと、および原告Xへの報酬の継続支給が会社にとって不公正であることが確定された。ここでの会社の状況の悪化は、会社が倒産に熟している場合に発生するものであり、控訴審が確定したところによれば、本件では監査役会決議の時点においても、倒産開始の時点においても、この状況は存在したとする。これに対し、取締役に義務違反行為があったか、または義務違反行為として非難できなくても、会社の状況の悪化が取締役の責任発生時期と合致しかつ当該取締役に帰責性が認められる場合には、報酬を継続して支給することは、株式法87条2項1文の意味において不公正であるが、この要件もまた、本件では充足している。控訴審の確定したところによれば、原告Xの任用契約の締結に際して、その後にU株式会社が倒産に熟することは予測できなかったが、U株式会社は、監査役会が2012年3月15日の決議によって取締役の報酬を減額したときは、すでに倒産に熟していたとし、会社の経済的破綻も、財務担当取締役である原告Xの経済的に誤った判断に基づくことが確定された。それゆえ、控訴審では、この状況において、合意された報酬の継続支給は不公正であることが認められた。

（5）監査役会は、株式法87条2項の法的効果として、特段の事情が存在しない限り、相当な額に報酬を減額しなければならない。その場合の減額は、少なくとも継続支給が、会社の状況の悪化に直面して、株式法87条2項の意味において不公正とみなされない程度まで行われなければならない。なぜなら、減額が相当な水準に達しなかったのであれば、減額された金額の継続支給が不公正である限り、監査役会は、引き続き減額義務を負わされるからである（株式法

87条1項1文)。もっとも、会社の状況の悪化に直面して、公正な額を超えて取締役の報酬が減額されてはならない。なぜなら、監査役会の一方的意思表示によって契約に基づき合意された報酬に介入することになるので、基本法2条1項（人格の自由）、14条1項（所有権の保障）に基づき、公正な額以上の減額に係る法律上の根拠を株式法87条2項から読み取ることはできないからである。合意された報酬を減額する権限は、報酬を継続して支給すれば、取締役の帰責性に基づく会社の状況の悪化に直面して、会社にとって不公正であるという条件に依拠するものであって、それゆえ、（ぎりぎり）公正な金額までの減額に限り、正当化することができる。

（6）原告Xのような取締役が、訴えの提起により、合意された報酬全額の支給を要求する場合には、裁判所は、まず、報酬の減額に係る諸要件（株式法87条2項1文）の存否を審査する必要がある。このことが肯定されるならば、原告Xは、訴えの提起をもって、全面勝訴することはできない。報酬の減額が金額的にも法律にも適合する場合、つまり、減額された額を超える報酬を継続して支給すれば、会社の状況の悪化に直面して、会社にとって不公正である場合には、その訴えは棄却される。

（7）株式法87条2項1文所定の公正性の法的審査に際して、裁判所は、個別事案の諸事情の全部を斟酌し、かつ相互に比較検討しなければならない。とくに報酬が合意された時点と対比させて、その後の会社の状況の悪化が考慮され、かつどの程度、その悪化が取締役に帰責できるのか、また会社の状況の悪化が、場合によっては取締役の義務違反行為に基づき引き起こされたのかを審査する」。

4 本判決の意義および学説の評価

1 本判決の意義および特殊性

2009年改正の株式法87条1項・2項のうち、2項によれば、改正後の監査役会は、会社の状況が悪化した結果、取締役報酬の継続支給が会社にとって不公正である場合には、取締役の報酬を相当な額に引き下げるべきものとされる。

従来、本項の趣旨につき、これを正面から扱った連邦通常裁判所の判例は存在しなかったが、本判決によってはじめて同条2項に基づく取締役報酬の事後的な減額に係る諸要件に関して連邦通常裁判所によって判断が示された。

本件では、仮の倒産管財人（被告Y）の提案に応じて、監査役会によってすべての取締役の報酬が1ヶ月2500ユーロに減額されたことにより、株式法87条2項の問題が具体化された。しかし従来、いつ会社の状況の悪化は発生するのか、報酬の継続支給が会社にとって不公正である場合とは、どのように判断されうるのか、その場合の報酬の相当な額はどの程度なのか、また、監査役会はどのような判断および決定の裁量を有するのかなどの問題が、議論の対象になっていたところである。[21] 実務でも、取締役報酬の減額がそれほど頻繁でなくても実施される可能性があり、同条2項が適用される余地があったことから、本判決によって同条2項が必ずしも「無味乾燥な法（papierenes Recht）」[22]でないことが示されたのである。

たしかに本判決の基礎にあった具体的事実は、株式会社の倒産における報酬の減額という特別な状況であったが、[23]そうであっても、学説では、判決理由において主として取締役報酬の減額に係る一般的問題が扱われたことに特別な意義があると指摘される。なぜなら、連邦通常裁判所は、学説の見解とは異なり、監査役会には株式会社の状況が悪化した場合に報酬を減額するか否かついて、監査役会は、特段の事情が存在しない限り、相当な額に報酬を「減額しなければならない」とされたからである。[24] さらに、連邦通常裁判所が、本件において、とくにどの程度の金額まで取締役の報酬を減額できるのかという問題を扱ったこと、ならびに原審とは異なり、倒産における報酬の減額の可能性に関して倒産手続の開始後も減額は可能であることを判示したことも重要である。

2 株式法87条2項1文の法律要件

(1) **会社の状況の悪化**　もっとも、減額に係る法律上の要件として、会社の状況の悪化が掲げられているが、この場合の悪化は、事後的（取締役報酬の合意後）に発生し、かつ合意時点でいまだ予見できなかったことが必要である。[25] この意味において、連邦通常裁判所は、会社が倒産に熟した場合に悪化が発生す

ると明示した。²⁶⁾2009年の改正法では、具体的に会社が解雇や給与の減額を行わなければならない場合や、さらに剰余金の配当ができない場合で足りるとするが、もし倒産に熟した場合が無制限に解されるとすれば、これに賛同できないとする学説もある。²⁷⁾もともと減額に関する株式法87条2項の規制は、「合意は守られなければならない（pacta sunt servanda）」の原則に相違することを前提とするので、基本法2条1項（人格の自由）、14条1項（所有権の保障）²⁸⁾に照らして制限的に解釈される性質のものである。²⁹⁾もちろん、解雇や給与カットそれ自体だけでは、必ずしも会社の状況の悪化を意味するわけではなく、それらが場合によっては会社の長期的利益を指向した会社の将来の競争力の改善の一部にもなることもある。そうであれば、このような長期的利益を指向した措置を実施するインセンティブを取締役に与える反面、同時に監査役会に報酬を減額させる義務を負わせるという意味であれば、それは理屈に合わないのではないかとの指摘もある。³⁰⁾むしろ、この場合の会社の状況の悪化は、累積的に剰余金の配当が不可能であると同時に、解雇や給与カットが不可避であることが前提になろう。³¹⁾

(2) **報酬の継続支給の不公正**　取締役報酬の継続支給は、取締役に義務違反行為があったか、または義義務違反行為として非難できなくても、会社の状況の悪化が取締役の責任発生時期と合致しかつ当該取締役に帰責性が認められる場合に、会社にとって不公正であることが必要であるとする。もっとも、この場合に連邦通常裁判所は、個人的な帰責可能性を要求している。³²⁾すなわち、財務担当取締役である取締役の経済的に誤った判断が、会社の経済的な衰退を生じさせた原因であったということである。しかしながら、実際問題として、裁判所に対し、関係する取締役の個々の業務執行と、会社の経済的衰退や発展との間での因果関係の判断を委譲することは、多くの場合、困難であって、もし委譲するのであれば、裁判所が困難な予測および代替的な行為について困難な判断をしなければならないことになると指摘される。³³⁾

3 法律効果

(1) **報酬の減額に係る監査役会の裁量の有無**　もともと報酬が相当でない場合

の事後的変更に際して、2009年の改正後は、監査役会は減額「すべきである」ものとされ、また原審でも、その場合、監査役会には減額の「裁量」が存在するものとされた。しかしながら、連邦通常裁判所は、前述のように、会社の状況が悪化した場合、監査役会が報酬の減額に関して決定または決議をしなければならず、その結果、「すべきである」の文言について、通常の場合、監査役会は原則として減額義務を負うものと解し、特段の事情が存在する場合に限って、この義務を無視できるものと判示した[34]。このことから、連邦通常裁判所によれば、法定の要件（株式法87条2項1文）を充足する場合には、監査役会に対し原則的な行為義務を生じさせるが、この結論は学説でも支持されている[35]。したがって、監査役会は、取締役報酬の相当な減額に関して決定する義務を負い、その際、監査役会は併せて減額の当否とその程度に関しても決定する必要があるので、会社の状況が悪化する具体的なおそれがあるか、もしくは当該悪化がすでに発生した場合には、監査役会は、絶えず取締役の報酬を減額すべき法定の要件が存在するかどうかについて調査する義務を負うものとされる[36]。もっとも、特段の事情に基づき減額を断念した監査役会の決定の場合は、いわゆる経営判断（株式法93条1項2文）であると解されるのに対し、監査役会が当該義務に違反して取締役報酬の減額を履行しない場合であれば、これは、監査役に対し会社に対する損害賠償義務を生じさせる（株式法116条1文・93条2項）[37]。報酬を減額するかどうか、またどの程度減額するのかは、一般的な諸原則に従って判断されるので、監査役会は会社の利益のために十分な情報を基礎に合理的な方法に基づいて減額することになる[38]。

(2) **取締役の報酬額の確定（減額の範囲）**　もともと草案の理由書によれば、減額は、株式法87条1項1文に基づき相当な水準で行われるものとされる[39]。それゆえ、連邦通常裁判所は、報酬の継続支給が少なくとも会社の状況の悪化に直面して、会社にとって不公正であるとみなされない金額で減額されなければならないと結論づけた[40]。したがって、報酬の減額が相当な水準に達せず、減額された金額の支給が依然として不公正である限り、監査役会は継続して減額する義務を負う。もっとも、監査役会は、会社の状況の悪化に直面して、会社にとって公正であるにもかかわらず、必要以上に報酬を減額する権限まで付与さ

れているわけではないので、報酬の減額は、公正性に合致する金額を超過してまで行われてはならない。[41]つまり、公正な金額（ぎりぎり（gerade noch））への減額だけが行われうるにすぎないのである。連邦通常裁判所によれば、この一定限度への減額の制限は、監査役会が一方的意思表示によって契約に基づき合意された報酬（取締役任用契約に基づく報酬受領の期待可能性）に介入するために、憲法上の要請から認められるものとする。[42]このことは、結論として減額される報酬の確定に際して監査役会に裁量または判断の余地がないことにつながるが、もしそうであれば説得的でないとの指摘もある。[43]なぜなら、報酬の減額を決定する場合、監査役会は業績についても考慮して相当な報酬を適切に算定しなければならないからであり、ここで要求されるのは、実際に許容される報酬の確定ではなく、許容される報酬の一定の変動幅を確定して、明らかに不相当な報酬を除外することにほかならないのである。[44]

次に、公正性を法的に審査する場合には、個別事案における諸事情の全部が考慮され、相互に比較検討されなければならない。[45]とりわけ報酬の合意の時点と比較して、会社の状況の悪化が考慮されるとともに、当該悪化に関係する取締役に対して、どの程度、個人的に帰責されうるのか、また義務に違反して会社の状況の悪化が惹起されたのかが考慮される。[46]したがって、公正性の審査に際しては、取締役の個人的事情も完全に無視できる性質のものではない。[47]さらに考慮されるべき基準として、連邦通常裁判所は、関係する取締役が倒産後も引き続き提供する活動と、当該活動によってもたらされる会社に対する利益を指摘する。[48]とくに変動型の取締役報酬の場合には、会社の状況の悪化が相応に報酬にも反映されるのかどうか、反映される場合には、どの程度反映されるのかも考慮されるとする。[49]もっとも、減額に下限が存在するかどうかまでは明らかにされない。たしかに各取締役の報酬に絶対的な下限は存在しないが、もともと確定された報酬は、事後的に減額された報酬と同様に相当でなければならない。[50]減額された報酬について、とりわけ取締役の任務や業績指向性を考慮すると、報酬を完全に「ゼロ」に引き下げることは観念できないし、また、たとえ減額された報酬が幹部社員の俸給よりも高額であったとしても、連邦通常裁判所の見解によれば、当該幹部社員の俸給が下限を形成するものではないとす

る。[52]

(3) **減額の行使**　取締役報酬の減額は、監査役会が会社を代表して取締役に対して表明する形成の意思表示であり、株式会社の一方的な形成権である。[53]したがって、監査役会の決議によって会社の意思が形成されることから、学説では、取締役に対し報酬の減額の決議を表明することによって、取締役報酬の変更の効果がもたらされることに異論は生じていない。[54]

4　倒産手続における減額

もっとも、連邦通常裁判所は、倒産開始後の時点では報酬の減額が破産管財人によってのみ行使されるのかどうかという問題を明らかにしていない。すなわち、倒産手続の開始後は監査役会が倒産管財人の指図または同意のもとで権限を有するにすぎないのか、あるいは単に倒産管財人に限り、権限を有するのかという問題である。[55]本件でも、倒産手続の開始前に行われた2012年3月15日の監査役会決議が、倒産手続の開始後の時期に関係している。この問題につき、たしかに減額は倒産手続の開始後でも可能であることが明確にされた結果、会社が倒産に近い状態や、まさに倒産の状態において、会社の危機が事後的に（報酬の合意の時点以後に）はじめて発生した場合には、常に会社の状況の悪化に関する要件を充足すると解されよう。[56]しかし、倒産手続の開始と同時に、債務者の財産に関する管理処分権は、倒産管財人に移転することからすれば（ドイツ倒産法80条）、倒産手続の開始以降については、もっぱら倒産管財人が倒産財団に重要な取締役報酬の減額について決定する必要があると考えられる。[57]そうであれば、本件では、倒産管財人が監査役会の減額措置に同意した事実があるとはいえ、少なくとも倒産財団から取締役報酬を支給する場合には、減額に関する決定は、倒産管財人の権限にのみ服すると解される。

5　結びに代えて

このように2015年10月27日の連邦通常裁判所判決によって、2009年の改正後の株式法87条1項・2項の解釈指針が示された。とりわけ重要な解釈指針は、

①株式法87条 2 項に基づく報酬の減額は、監査役会が会社を代表して取締役に
対し表明する形成の意思表示によって行使される、株式会社の一方的な形成権
であること、②株式法87条 2 項の会社の状況の悪化は、会社が倒産に熟した場
合に発生し、かつ取締役に義務違反行為があったか、または義務違反行為とし
て非難できなくても、会社の状況の悪化が取締役の責任発生時期と合致しかつ
当該取締役に帰責性が認められる場合には、報酬の継続支給は不公正であるこ
と、③報酬の減額は、少なくとも報酬の継続支給が会社の状況の悪化に直面し
て不公正であるとみなされない金額で行われなければならず、他方、会社の状
況の悪化に直面して公正である以上に取締役の報酬を減額することを許すもの
ではないこと、に集約されよう。ドイツの学説でも、前述のように判旨の一部
に疑義を呈する見解もあるが、おおむね支持されている。わが国でも、報酬の
減額の問題には任用契約における拘束力（合意は守られなければならない原則）
があることは明白であり、原則として取締役の同意なく、会社が一方的に減額[58]
できる余地はない。しかし他方、その例外として経済情勢の激変や経営状況の
著しい悪化の場合において一方的に減額できるかどうかについては、このよう
なドイツの解釈指針は、わが国でも同様に参考になるように思われる。[59]

【注】

1) Gesetz zur Angemessenheit der Vorstandsvergütung vom 31.07.2009, BGBl. I 2009, S. 2509.

2) BGH, Urteil vom 27.10.2015 – II ZR 296/14, AG 2016, S. 214 = BB 2016, S. 463 = DB 2016, S. 403 = MDR 2016, S. 285 = NZG 2016, S. 264 = WM 2016, S. 327 = ZIP 2016, S. 310. 本件に係る学説の見解として、Christian Arnold, BGH: Einseitige Herabsetzung der Vorstandsbezüge im Fall der Insolvenz der Gesellschaft, DB 2016, S. 700; Michael Kort, Kriterien der Herabsetzung der Vorstandsvergütung nach §87 Abs. 2 Satz 1 AktG – Kommentar zu BGH v. 27.10.2015 – II ZR 296/14, AG 2016, 214, AG 2016, S. 209; Olaf Müller-Michaels, BGH: Herabsetzung der Vorstandsbezüge wegen Verschlechterung der Lage der Gesellschaft, BB 2016, S. 588; Markus Weber, Nachträgliche Herabsetzung der Vorstandsbezüge wegen Verschlechterung der Lage der Gesellschaft – zugleich Besprechung des BGH-Urteils vom 27.10.2015 – II ZR 296/14, DB 2016, S. 403, DB 2016, S. 815 がある。

3) 本節で言及する「取締役報酬の相当性に関する法律」については、すでに種々の先

行研究があることから、以下の論述は、次に掲げる文献によっている。すなわち、高橋英治「ドイツにおける『取締役報酬の相当性に関する法律』草案の概要——日本法への示唆」商事法務1873号（2009年）72頁以下、正井章筰「ドイツにおけるコーポレート・ガバナンス強化への取組み（上）（下）——『取締役報酬の適切性に関する法律』を中心として」監査役564号（2010年）59頁以下、565号（2010年）82頁以下、野田輝久「ドイツにおける取締役報酬の実質的相当性について」近畿大学法科大学院論集7号（2011年）53頁以下、高橋英治『ドイツ会社法概説』（有斐閣、2012年）153-156頁、伊藤靖史『経営者の報酬の法的規律』（有斐閣、2013年）323頁以下、青竹正一「ドイツと日本における取締役の報酬規制」早川勝ほか編『ドイツ会社法・資本市場法研究』（中央経済社、2016年）326頁以下。

4) すなわち、キリスト教民主同盟（CDU）、キリスト教社会同盟（CSU）およびドイツ社会民主党（SPD）の各会派である。

5) Gesetzentwurf der Fraktionen der CDU/CSU und SPD, Entwurf eines Gesetzes zur Angemessenheit der Vorstandsvergütung (VorstAG), BT-Drs. 16/12278 vom 17.3. 2009.

6) Beschlussempfehlung und Bericht des Rechtsauschusses (6. Ausschuss) zu dem Gesetzentwurf der Fraktionen der CDU/CSU und SPD –Drucksache 16/12278–, Entwurf eines Gesetzes zur Angemessenheit der Vorstandsvergütung (VorstAG), BT-Drs. 16/13433 vom 17.6.2009.

7) なお、2009年改正前株式法87条1項では、「監査役会は、取締役個人の全報酬を確定する場合には、当該全報酬が取締役の職務および会社の状況と相当の関係にあることに注意しなければならない」と規定されていた（高橋・前掲注（3）『ドイツ会社法概説』153-154頁、野田・前掲注（3）55頁）。もっとも、当該規定は実効性を欠くものであり、たとえ不相当に高額の報酬が取締役に支払われても、高額報酬を決定した監査役会あるいは取締役が損害賠償責任（株式法116条・93条2項）を負う可能性はほとんどなかったとされる（高橋・前掲注（3）『ドイツ会社法概説』154頁）。

8) 青竹・前掲注（3）328頁。

9) 同上329頁。これは、再建が失敗に終わるかもしれないというリスクを引き受けていること、および不良な状況を改善し、破綻を免れるために特別に有能な人材を求める必要があることによる。

10) 同上329頁。もともと2002年に制定されたドイツのコーポレート・ガバナンス規準（第4.2.2号）に依拠したものであるが、解釈上、「取締役の職務」に「取締役の業績」が含まれると解する余地があったので、この要件を追加してもあまり影響はなかったといわれる。

11) 野田・前掲注（3）69頁。

12) 正井・前掲注（3）監査役564号65頁、野田・前掲注（3）70頁、伊藤・前掲注（3）325頁、青竹・前掲注（3）330頁。

13) 野田・前掲注（3）71頁。

14) Gesetzentwurf der Fraktionen, a. a. O. (Fn. 5), BT-Drs. 16/12278, S. 6; 野田・前掲注
（3）74頁、青竹・前掲注（3）332頁。

15) 3年間への限定は、会社の状況の悪化を取締役に帰責できる期間は、おのずから限
られること（法的安定性）、および退職年金等への信頼は保護されるべきものであるこ
とがあげられる（Beschlussempfehlung und Bericht des Rechtsausschusses, a. a. O. (Fn.
6), BT-Drs. 16/13433, S. 10-11; 青竹・前掲注（3）332頁）。

16) Gesetzentwurf der Fraktionen, a. a. O. (Fn. 5), BT-Drs. 16/12278, S. 6; 野田・前掲注
（3）76頁、伊藤・前掲注（3）328頁、青竹・前掲注（3）333頁。

17) Gesetzentwurf der Fraktionen, a. a. O. (Fn. 5), BT-Drs. 16/12278, S. 6; 野田・前掲注
（3）76頁。

18) 正井・前掲注（3）監査役565号82頁。

19) 同上82頁。

20) OLG Stuttgart, Urteil vom 1.10.2014 - 20 U 3/13, AG 2015, S. 128 = BB 2015, S. 912
= NZG 2015, S. 194 = WM 2015, S. 245. 本件に係る学説の見解として、Torsten
Göcke, Unwirksamkeit eines Aufsichtsratsbeschlusses zur Herabsetzung der Vor-
standsvergütung gem. § 87 Abs. 2 AktG, DB 2015, S. 296; Michael Kort, Herabsetzung
von Vorstandsbezügen gem. § 87 II AktG in der Insolvenz der AG, NZG 2015, S. 369;
Sebastian Pläster, BB-Kommentar „Eine Herabsetzung der Vorstandsbezüge gemäß
§ 87 Abs. 2 AktG begegnet zahlreichen Fallstricken, vor allem in der Insolvenz der
AG", BB 2015, S. 916; Gerald Spindler, Die Herabsetzung von Vorstandsvergütungen
in der Insolvenz, - Zugleich Besprechung von OLG Stuttgart, Urteil vom 01.10.2014 -
20 U 3/13, DB 2014, S. 2820, DB 2015, S. 908 がある。

21) Müller-Michaels, a. a. O. (Fn. 2), S. 588.

22) Kort, a. a. O. (Fn. 2), S. 209.

23) なお、連邦通常裁判所は、有限会社の場合への株式法87条の適用問題について、単
に「株式法87条は有限会社の業務執行者には準用されない」と簡潔に論じているにす
ぎない（BGH, a. a. O. (Fn. 2), Rn. 25）。しかし、学説では、有限会社の業務執行者の報
酬についても相当でなければならず、かつ有限会社の状況が悪化した場合も同様に、
有限会社の業務執行者の報酬の減額は可能でなければならないと主張される（Kort, a.
a. O. (Fn. 2), S. 213）。

24) Kort, a. a. O. (Fn. 2), S. 209.

25) Weber, a. a. O. (Fn. 2), S. 816.

26) BGH, a. a. O. (Fn. 2), Rn. 38.

27) Vgl. Weber, a. a. O. (Fn. 2), S. 816.

28) Vgl. Pläster, a. a. O. (Fn. 20), S. 916; Weber, a. a. O. (Fn. 2), S. 816.

29) BGH, a. a. O. (Fn. 2), Rn. 24; Spindler, a. a. O. (Fn. 20), S. 909; Weber, a. a. O. (Fn. 2), S.
816. もっとも、Kort, a. a. O. (Fn. 2), S. 210-211 によれば、株式法87条2項の制限解釈
の要請によって、どのような結論を導き出しうるのかは不明確であると批判される。

30) Weber, a. a. O. (Fn. 2), S. 816.

31) Weber, a. a. O. (Fn. 2), S. 816.

32) BGH, a. a. O. (Fn. 2), Rn. 39-40.

33) Weber, a. a. O. (Fn. 2), S. 816.

34) BGH, a. a. O. (Fn. 2), Rn. 44.

35) Kort, a. a. O. (Fn. 2), S. 210.

36) Weber, a. a. O. (Fn. 2), S. 816.

37) Vgl. Weber, a. a. O. (Fn. 2), S. 816-817.

38) Weber, a. a. O. (Fn. 2), S. 817.

39) Gesetzentwurf der Fraktionen, a. a. O. (Fn. 5), BT-Drs. 16/12278, S. 6.

40) BGH, a. a. O. (Fn. 2), Rn. 44.

41) BGH, a. a. O. (Fn. 2), Rn. 45.

42) BGH, a. a. O. (Fn. 2), Rn. 45.

43) Weber, a. a. O. (Fn. 2), S. 817.

44) Weber, a. a. O. (Fn. 2), S. 817.

45) BGH, a. a. O. (Fn. 2), Rn. 47.

46) BGH, a. a. O. (Fn. 2), Rn. 47; Gesetzentwurf der Fraktionen, a. a. O. (Fn. 5), BT-Drs. 16/12278, S. 6.

47) BGH, a. a. O. (Fn. 2), Rn. 47; Hüffer/Koch, AktG, 12 Aufl., §87 Rdn. 27; Weber, a. a. O. (Fn. 2), S. 817.

48) BGH, a. a. O. (Fn. 2), Rn. 51.

49) BGH, a. a. O. (Fn. 2), Rn. 54; Weber, a. a. O. (Fn. 2), S. 817. Kort, a. a. O. (Fn. 2), S. 212 は、この連邦通常裁判所の判旨につき明示的に支持している。

50) Kort, a. a. O. (Fn. 2), S. 211.

51) Kort, a. a. O. (Fn. 2), S. 211-212.

52) BGH, a. a. O. (Fn. 2), Rn. 52. Weber, a. a. O. (Fn. 2), S. 817 および Müller-Michaels, a. a. O. (Fn. 2), S. 588 によれば、このことは、取締役の特別な機関関係に基づく信任的拘束の現れであるとする。

53) BGH, a. a. O. (Fn. 2), Rn. 20; Hüffer/Koch, a. a. O. (Fn. 47), §87 Rdn. 30.

54) BGH, a. a. O. (Fn. 2), Rn. 31.

55) Kort, a. a. O. (Fn. 2), S. 210; Weber, a. a. O. (Fn. 2), S. 818.

56) Kort, a. a. O. (Fn. 2), S. 210.

57) Hüffer/Koch, a. a. O. (Fn. 47), §87 Rdn. 30; Kort, a. a. O. (Fn. 2), S. 210; Weber, a. a. O. (Fn. 2), S. 818.

58) 最判平4・12・18民集46巻9号3006頁では、「株式会社において定款又は株主総会の決議（……）によって取締役の報酬額が具体的に定められた場合には、その報酬額は、会社と取締役間の契約内容となり、契約当事者である会社と取締役の双方を拘束するから、その後株主総会が当該取締役の報酬につきこれを無報酬とする旨の決議をした

としても、当該取締役は、これに同意しない限り、右報酬の請求権を失うものではない」とされるので、すでに確定された報酬額の一方的変更は、原則として契約の拘束力に基づき認められない。

59) わが国の学説でも、経済情勢が激変した場合に事情変更の原則に基づき報酬を変更する場合もあることは否定できないとする見解（水上敏「判批（前掲の最判平4・12・18)」『最高裁判所判例解説民事篇（平成四年度)』（法曹会、1995年）598頁のほか、近年では潘阿憲「取締役報酬の変更をめぐる法的問題」法学新報（中央大学）122巻9・10号（2016年）364頁))、ならびに当時の西ドイツ株式法87条に依拠して、会社の経営状況が著しく悪化したときは一旦確定した報酬額を減額する慣行があり、このような状態の下で任用契約が結ばれた場合、あるいは任用契約の中に会社の経営状況が著しく悪化したときは取締役の報酬を減額しうる旨の特約がなされているときは、会社は報酬額を一方的に減額できるとする見解（阪埜光男「判批」金融・商事判例197号（1970年）5頁）が主張されている。

〔付記〕本稿は、JSPS 科学研究費補助金（基盤研究（C)：15K03234）による研究成果の一部である。

共同相続株式に係る判例法理と残された問題

久保田安彦

1 はじめに

　株式会社の株式が共同相続された場合の法律関係をめぐっては、一連の最高裁判例がみられる[1]。それを時系列に沿って並べると、以下のとおりである。

　まず、①株式が共同相続された場合、遺産分割協議が整うまでは、当該株式は相続分に応じて共同相続人の準共有に属する（準共有説、最判昭45・1・22民集24巻1号1頁など）。このため、共同相続株式については、原則として準共有株主である共同相続人間で権利行使者を選定したうえで、会社に通知しなければ、株主権を行使することができない（平成17年改正前商203条2項、会社106条本文）。その一方で、②いったん権利行使者の選定・通知が行われた場合には、準共有株主間で権利行使者の権限について内部的取り決めがなされたときでも、権利行使者は自己の判断に基づき議決権を行使できる（最判昭53・4・14・民集32巻3号601頁〔以下、「最判昭和53年」という〕）。③準共有株主が、原告適格が株主等に制限されていない訴訟（株主総会決議不存在確認訴訟など）を提起する場合にも、権利行使者としての選定・通知がなされていないときは、特段の事情がない限り原告適格を有しない（最判平2・12・4民集44巻9号1165頁など）[2]。④権利行使者の選定は、全準共有株主の持分（相続分）の過半数によって行う（過半数説、最判平9・1・28判時1599号139頁など）[3]。⑤権利行使者でない準共有株主が準共有株式の全部（自己の持分だけではない）に係る議決権の行使をする場合において、全準共有株主の持分の過半数の同意がないときは、たとえ会社の同意（会社106条ただし書）があるとしても、原則として当該権利行使は違法で

ある（最判平 27・2・19民集69巻 1 号25頁〔以下、「最判平成27年」という〕）。

　筆者は、これら一連の最高裁判例の見解は（その読み方によって評価は変わり
うるが）基本的には合理的であって支持できると考えている。ただし、これら
の最高裁判例だけでは、十分に共同相続株式をめぐる法律関係が明らかになら
ない場面もあることから、本稿では、一連の最高裁判例の見解を基本的に支持
しうることを前提に、それらの最高裁判例が残した問題を取り上げて検討する
ことにした。問題は多岐にわたるが、本稿では、特に②最判昭和53年および⑤
最判平成27年を取り上げて、それらの判決が残した問題を検討することにした
い。以下では、そうした検討の準備作業として、まずは上記①準共有説および
④過半数説の合理性を確認することから始めよう。それら二つの見解は、一連
の最高裁判例の基礎ないし出発点となる考え方として位置づけられるからであ
る。

2　共同相続株式に係る準共有説と権利行使者の選定に係る過半数説

1　共同相続株式に係る準共有説の合理性

　判例は、株式が共同相続された場合、遺産分割協議が整うまでは、当該株式
は相続分に応じて共同相続人の準共有に属するとする準共有説に立ちながら
も、同説に立つことの論拠を長らく明示してこなかった。これに対し、最判平
成27年は、株式に自益権と株主総会の議決権などの共益権が含まれるとしたう
えで、このような株式に含まれる権利の内容・性質に照らせば、当然分割の対
象にはならないと判示した。その趣旨は、株式に共益権も含まれるから、民法
427条にいう可分債権には該当せず、それゆえ同条に基づく当然分割の対象に
もならないというものであろう。かかる理由付けは、従来、準共有説を支持す
る多数説が強調してきたものでもあった。[4]

　もっとも、上記の理由付けは形式的なものにすぎないから、それだけでは、
さほど説得的であるとは思われない。[5]この点について、学説上は、準共有説の
論拠として、当然分割を認めると株式は遺産分割の対象から除外され、共同相
続人間の紛争を全体として解決するうえでの障碍になる可能性があること、と

りわけ相続株式が支配株式である場合には、当然分割を認めると当該株式が有する経営支配権が解体され、円滑な企業承継に支障が出るおそれがあること[6]が主張されている。準共有説の理由付けとしては、むしろこうした政策的な理由付けが重要であろう[7]。

準共有説に対しては、相続株式は相続分に応じて共同相続人間で当然に分割されるとする当然分割説も有力である。この当然分割説は、準共有説を批判して、同説の下では相続株式の全部につき基本的には権利行使者を通じた権利行使がなされるところ、それだと少数持分権者である共同相続人の保護に欠けるという[8]。たしかに、このような問題意識は貴重である。しかし、後述するように（とりわけ本稿3節2・3および4節2・3・4参照）、準共有説の下でも、解釈を工夫することで当然分割説に従う場合に類似した保護を少数持分権者に与えることは可能である。そうだとすれば、上記のような政策的な理由付けを重視して、準共有説に従うのが妥当であるように思われる。

2　権利行使者の選定に係る過半数説の合理性

権利行使者の選定方法につき、判例は、全準共有株主の持分の過半数によって行うことができるとする過半数説に立つ。これに対し、学説上は、全員一致説も有力である。

全員一致説は、権利行使者の選定がなされない場合の多くが、中小企業の支配株式の共同相続人間における遺産分割争いに由来するところ、権利行使者の選定は当該企業の実質的な承継者の決定を意味するために、過半数説だと、本来は共同相続人の全員一致で決定すべき実質的な企業承継者を共同相続人の相続分の過半数で決定できることになって問題が大きい旨を主張している[9]。こうした全員一致説の立場からすれば、とりわけ問題視されるのは、過半数説だと「クーデター」の危険があることであろう。つまり、過半数説の下では、本来会社の後継者として予定されている者（仮に相続割合に応じて遺産分割がなされれば支配株主となるが、共同相続人である準共有株主の中では少数持分権者である者）が存在する場合でも、持分（相続分）の過半数を保有している他の共同相続人が会社の支配権を奪取する危険があるというわけである[10]。

しかし、全員一致説が問題視するような「クーデター」の危険は、過半数説に立ったうえで、後述するような解釈（本稿4節2・3・4」参照）をとることによっても回避することが可能である。他方で、判例が述べるように、全員一致説は会社運営に重大な支障が生じさせる危険がある。それは、全員一致説の下では、権利行使者の選定が困難であるところ、仮に権利行使者の選定がなされず、準共有株式について議決権行使がなされない場合には、それによって株主総会決議の定足数要件を満たせなくなるために、取締役の選任などの重要な決定を行い得ないことを意味する。これらのことに鑑みると、過半数説の方が比較的妥当であるから、判例の立場を支持すべきであろう。

3 最判平成27年と残された問題（権利行使者の選定・通知がない場合の問題点）

1 最判平成27年とその射程

(1) **最判平成27年** 最判平成27年は、権利行使者の通知・通知がなされていない状況で、準共有株主の一部が準共有株式の全部（自己の持分だけではない）に係る議決権の行使をする場合、全準共有株主の持分の過半数の同意がないときは、たとえ会社の同意があるとしても、原則として当該議決権行使は違法であると解している。

こうした見解の理由付けとして、最判平成27年は以下のように述べる。すなわち、会社法106条本文は、民法上の共有に関する規定に対する「特別の定め」（民264条ただし書）であり、また、会社法106条ただし書は、会社の同意がある場合には、同条本文の適用が排除されることを定めたものと解される。そうすると、会社が会社法106条ただし書所定の同意をしたときには、同条本文だけが排除されるにすぎず、民法上の共有に関する規定は、なお守るべきルールとして残っていることになるため、民法上の共有に関する規定に従わない場合は、会社の同意があっても、権利行使者でない準共有株主による権利行使は許されない。そして、民法上の共有に関する規定では、①共有物の変更行為（処分行為を含むと解されている）は、全共有者の同意によって決し、②共有物の管理行為は、全共有者の持分の過半数によって決し（民252条本文）、③共有物の

保存行為は、各共有者が行いうるものとされているところ（民252条ただし書）、準共有株式の全部に係る議決権行使は、当該議決権の行使をもって「直ちに株式を処分し、又は株式の内容を変更することになるなど特段の事情」（上記①に該当する特段の事情）のない限り、当該準共有株式の管理行為（上記②）に該当するから、全準共有株主の持分の過半数の同意を要することになる。それゆえ、権利行使者でない準共有株主による準共有株式の全部に係る議決権行使について、全準共有株主の持分の過半数の同意がない場合には、たとえ会社の同意があるときでも、原則として当該権利行使は違法であると解すべきである、と。

　最判平成27年によれば、準共有株式の全部に係る議決権行使をもって「直ちに株式を処分し、又は株式の内容を変更することになるなど特段の事情」が認められる場合には、当該議決権行使は共有物の変更・処分行為（上記①）に該当するために、準共有株主全員の同意が必要であることになる。この点について、最判平成27年の事案では、株主総会における（a）取締役の選任議案、（b）代表取締役の選任議案、（c）本店の所在地を変更する旨の定款変更議案に係る準共有株式の議決権行使が問題とされたところ、最高裁は、仮に当該議決権行使によって（a）〜（c）のいずれの議案が可決されたとしても、それをもって「直ちに株式を処分し、又は株式の内容を変更することになる」とはいえないため、特段の事情が認められないとした。[12]

　株主総会決議で可決された場合に株式の処分または株式の内容変更をもたらしうる議案としては、例えば、会社の解散、事業譲渡、合併などの組織再編、株式の併合や全部取得条項付種類株式の全部取得などのキャッシュ・アウトに係る議案、種類株式の内容等に係る定款変更議案が考えられる。最判平成27年によれば、準共有株式の全部につき、権利行使者でない準共有株主がそれらの議案に係る議決権行使を行う場合において、当該議決権行使をもって当該議案が可決されることになるとき（典型的には準共有株式が支配株式であるとき）には、上記の特段の事情が認められ、当該議決権行使については、準共有株主全員の同意がない限り、たとえ会社の同意があっても違法とされるものと考えられる。[13]

(2) **最判平成27年の射程と残された問題**　最判平成27年が判示したのは、議決権が行使される場合である。ただし、議決権以外の株主権が行使される場合にも、上記の論理はそのまま妥当するから、最判平成27年の立場からすれば、当該株主権の行使が株式の変更行為（処分行為を含む）、管理行為または保存行為のいずれに該当するかによって、必要な準共有株主間の内部的手続は異なることになると考えられる。例えば、準共有株式の全部につき、準共有株主が株式買取請求権を行使する場合には、当該権利の行使は株式の変更行為に当たると解されるから、準共有株主の全員の同意がない限り、たとえ会社の同意があっても違法とされるであろう。他方、株主総会決議取消訴訟のように、違法行為を是正するための訴訟の提起は株式の保存行為に当たり、会社の同意さえあれば、各準共有株主が行うことができると解される。[14)]

　このように最判平成27年の射程は、権利行使者の選定・通知がなされていない状況で、準共有株主が準共有株式の全部につき、議決権を行使する場合だけでなく、議決権以外の株主権を行使する場合にも及ぶと理解される。反面、権利行使者の選定・通知がなされていない状況で、準共有株主が、準共有株式のうち自己の持分（相続分）に相当する分に係る株主権（特に株主総会の議決権）を行使する場合については、最判平成27年は判断を示していない（射程外である）と解される。[15)]したがって、①そのように各準共有株主が、準共有株式のうち自己の持分に相当する分に係る権利（特に株主総会の議決権）を行使することが許されるかどうか、②仮に許されるとした場合、会社の同意の他に、準共有株主間の内部的手続としてどのような手続を要するのか、③必要な内部的手続を経ていない場合、各準共有株主による権利行使の効力についてどのように解すべきかといった問題は、いまなお残されていることになる。それら最判平成27年が残した問題について、以下、順次検討することにしよう。

2　各準共有株主が自己の持分について権利行使することの可否

　権利行使者の選定・通知がなされていない状況において、各準共有株主が、会社の同意を得て、準共有株式のうち自己の持分（相続分）に相当する分に係る株主権（特に株主総会の議決権）を行使することは許されるのであろうか。

この問題について、学説上、現行法の解釈論として、明示的に否定説をとる論者はみられないようである。他方で、近時は、会社の同意さえあれば、かかる権利行使も許されるとする見解（肯定説）が積極的に主張されている[16]。この肯定説の根拠としては、①各準共有株主はその持分に応じて会社経営のリスクを負担する以上、リスクに見合ったコントロール権（特に株主総会の議決権）の行使を認めることが望ましいこと、②準共有株主間の紛争が深刻化して身動きがとれない状況が長期化する例が少なくないところ、そのような状況では、各準共有株主の持分に従った権利行使を認めるのが一般的にはベターであると考えられること、③民法上の共有規定のなかでは、民法249条が共有制度の最も基底的なルールとして他の規定に優先して適用されるべきところ、同条は、各共有者による自己の持分に応じた共有物の使用を認めており、肯定説の実定法上の根拠になると考えられることが挙げられている[17]。これらの主張は説得的なものであるから、肯定説を支持すべきであろう。

3 必要な内部的手続

そうすると次に問題となるのは、肯定説の下で、各準共有株主が準共有株式のうち自己の持分（相続分）に相当する分に係る株主権を行使することにつき、準共有株主間でどのような内部的手続によって決定させるべきか（全員の同意や持分の過半数の同意を要求すべきか）である。この点については、肯定説のなかで見解が分かれている。

第一に、少なくとも株主総会での議決権行使の場合には、準共有株主間の内部的手続は不要であるとする見解（以下「内部的手続不要説」という）がみられる[18]。第二に、「各共有者は共有物の全部について、持分に応じた使用をすることができるが、具体的な使用方法については共有者間の合意が必要である。これに対し、変更・処分行為に当たる場合に、各共有者が持分に応じて議決権を行使することについて共有者全員の同意があるときは、持分に応じて議決権を行使することは認められてよい」と述べる見解（以下「内部的手続必要説」という）[19]もみられる。

内部的手続必要説は、民法学説による民法249条の解釈を論拠とするようで

ある。この点について、民法学説上は、以下のような解釈が一般的である。①民法249条は、各共有者は、共有物の全部について、その持分に応じた使用をすることができると定めているところ、民法251条が共有物の変更につき共有者全員の同意を要求することとの関係で、民法249条にいう「使用」も、あくまで共有物の変更を伴わない使用を指すと解する。そのうえで、②各共有者がかかる「使用」をする場合において、その具体的な使用方法については、目的物の管理に関する事項として持分による多数決で決めなければならない（民252条）。他方、③各共有者が共有物の変更を伴うような使用をする場合には、共有者全員の同意が必要である（民251条）。

　おそらく内部的手続必要説は、こうした民法学説を、以下のような形で株式の準共有の場合にも当てはめることで、一定の内部的手続を要するとする解釈を導くものと理解できる。つまり、各準共有株主が準共有株式のうち自己の持分（相続分）に相当する分について株主権を行使しようとする場合は、そうした形での権利行使（いわば「分割使用」）をすること自体について、共有物の管理に関する事項として、準共有株主の持分の過半数による同意を要する。他方、当該株主権の行使によって直ちに株式を処分し、または株式の内容を変更することになるなどの特段の事情がある場合には、共有物の変更を伴うような「使用」として、準共有株主の全員の同意を要すると解するのである。

　ここで注目すべきは、こうした内部的手続必要説の解釈が、権利行使者の選定・通知がなされていない状況で、準共有株主が準共有株式の全部につき株主権を行使する場合について、最判平成27年が示した解釈と同一である点である。内部的手続必要説によれば、準共有株主による株主権の行使が、準共有株式の全部についてのものか、それとも、準共有株式のうち自己の持分（相続分）に相当する分についてのものかにかかわらず、同一の内部的手続が要求されるのである。

　しかし、そもそも、共同相続による株式準共有の場合において、各準共有株主が準共有株式のうち自己の持分（相続分）に相当する分について株主権を行使するときにも、民法学説を上記のような形で当てはめるのが妥当かどうかは、慎重な検討を要するように思われる。というのも、かかる場合の利益状況

は、民法学説が想定する利益状況とは大きく異なると考えられるからである。

　まずは、民法249条をめぐる民法学説が想定する利益状況を確認してみよう。民法学説では、主に、自動車のように、共有物の性質上それを各共有者が分割して同時に使用すること（分割使用）が困難であるために、当然に共有物が一つのものとして（一体的に）使用される状況、あるいは、不動産や組合財産のように、共有物の性質上その「分割使用」が必ずしも困難でないとしても、「分割使用」を許してしまうと、共有物全体の価値が低下したり、当該財産を共有に属させたことの意味が失われたりして、共有者全体の利益に悪影響が及びうるために、共有物の一体的使用が基本とされるべき状況が想定されていると考えられる。[23]また、共同相続財産にしても、相続人の共有に属するのは、相続人間で当然に分割されるべきでない財産であるとされ、やはり共有物が当然に一体的に使用される状況、ないしは一体的使用が基本とされるべき状況が想定されている。[24]

　たしかに、こうした状況想定は、一般論としては妥当なものであろう。そして、そのような状況想定の下では、共有物の具体的な使用方法（共有物の一体的使用をするときの方法だけでなく、共有物の「分割使用」が可能である場合にそうした使用方法をすることも含まれる）につき、共有者の持分の多数決による決定を要求することにも妥当性が認められる。つまり、共有物が一体的に使用される場合には、他の共有者は当該共有物を使用できなくなるうえに、その使用方法如何によって、共有者全体の利益に悪影響が及びうるために、共有者の持分の過半数によって使用方法を決定させるべきである。そして、共有物が一体的使用ではなく、「分割使用」に供される場合にも、共有物全体の価値が低下したり、当該財産を共有に属させたことの意味が失われたりすることで、共有者全体の利益に悪影響が及びうるために、「分割使用」という使用方法を認めること自体について共有者の持分の多数決による決定を要求することには合理性が認められるであろう。

　しかし、少なくとも共同相続による準共有株式に関する限り、それを取り巻く利益状況は上記のような一般的想定と大きく異なるように思われる。まず、準共有株式は、その性質上、各準共有株主の持分に応じた「分割使用」が困難

というわけではないから、当然に一体的に使用される状況にない。また、共同相続による準共有株式は、一体的使用が基本とされるべき状況にあるわけでもない。というのも、先に触れたように、各準共有株主はその持分に応じて会社経営のリスクを負担する以上、むしろリスクに見合ったコントロール権（特に株主総会の議決権）を認めることが望ましいうえに、共同相続人である準共有株主間の紛争が深刻化して身動きがとれない状況が長期化する例が少なくないところ、そのような状況では、各準共有株主の持分に従った権利行使（分割使用）を認めるのが一般的にはベターであるからである。

結局のところ、民法学説が想定する利益状況は、共同相続による準共有株式に関する限り、①権利行使者の選定・通知が行われている状況で、当該権利行使者が準共有株式の全部について株主権を行使する場合の利益状況、または、②権利行使者の選定・通知が行われていない状況で、準共有株主の一人が準共有株式の全部について株主権を行使する場合の利益状況と同様であるとはいえても、③権利行使者の選定・通知が行われていない状況で、各準共有株主が準共有株式のうち自己の持分（相続分）に相当する分についてのみ株主権を行使する場合の利益状況とは大きく異なるのである。むしろ③の場合には、類型的にみて、基本的には準共有株主全体の利益に悪影響は及ばないと考えられるから、かかる態様での株主権行使をすること（準共有株式の「分割使用」をすること）自体は「目的物の管理に関する事項」（民252条）に該当せず、それゆえ、準共有株主間の内部的手続は不要であると解すべきである。そのうえで、例外的に、各準共有株主が自己の持分について権利行使を行うことによって「直ちに株式を処分し、又は株式の内容を変更することになるなど特段の事情」が認められる場合には、準共有株主全体の利益に悪影響が及びうるために、当該権利行使は共有物の変更・処分行為として準共有株主全員の同意を要する（民251条）と解すれば足りるのではなかろうか。

4　内部的手続違反の権利行使の効力

先に触れたように、最判平成27年は、準共有株主が会社の同意を得て準共有株式の全部について議決権を行使する場合において、必要な内部的手続を経て

いなかったときは、当該議決権行使は違法であるとしたうえで、その結果、株主総会決議は、決議方法の法令違反として取消しの対象になるとする。これは、内部的手続違反の議決権行使は会社の善意・悪意を問わず無効であるために、仮に当該議決権行使がなければ定足数要件または可決要件を満たさず株主総会決議が成立しなかったとみられる場合には、当該株主総会決議に決議方法の法令違反という取消事由が認められるという趣旨であると理解される。判例は、そのように内部的手続違反の権利行使を絶対的無効と解する理由を明示していないが、①上記のような場合には株主総会決議を取消しの対象にするのが妥当であるところ、そのためには内部的手続違反の権利行使は無効であると解する必要があること、および、②会社は同意を与えるかどうかを選択できるのであるから、会社の善意・悪意を問わずに権利行使が無効とされて株主総会決議等の瑕疵になる危険を負担させても酷ではないこと[27]（危険があると思えば同意しなければ良いだけである）に鑑みると、この点についても最判平成27年の見解を支持すべきである。

　それでは、準共有株主が会社の同意を得て、準共有株式のうち自己の持分（相続分）に相当する分に係る株主権を行使する場合については、どのように解すべきであろうか。既述のように、そのような場合には、原則として準共有者間の内部的手続は不要であるが、当該株主権の行使によって直ちに株式を処分し、または株式の内容を変更することになるなどの特段の事情がある場合には、準共有株主の全員の同意を要すると解するから、そうした全員の同意がないときの株主権行使の効力は問題になりうる。この問題についても、上記①②の理由付けはそのまま妥当するから、やはり当該株主権の行使は無効であると解すべきであろう。

4　最判昭和53年と残された問題（権利行使者の選定・通知がある場合の問題点）

1　最判昭和53年とその射程

　最判昭和53年4月14日民集32巻3号601頁は、有限会社の社員Xが、社員総会における取締役選任決議の無効確認を求めた事案に関するものである。第一

審と控訴審はいずれもＸの請求を棄却したので、Ｘが上告したが、その際、Ｘは、上告理由の一つとして以下のような主張をした。その主張とは、本件社員総会では、準共有持分につき権利行使者が議決権を行使したところ、当該権利行使者の選定に際して、準共有者全員の全員一致での同意がなければ権利行使者が社員総会で議決権を行使できないことが取り決められたにもかかわらず、権利行使者はそのような全員一致での同意を得ることなく議決権を行使して本件社員決議を成立させたから、本件社員決議には瑕疵があると解すべきであるのに、瑕疵がないとした原判決は法令の解釈適用を誤っているという旨の主張である。

　これに対し、最高裁は、「有限会社において持分が数名の共有に属する場合に、その共有者が社員の権利を行使すべき者一人を選定し、それを会社に届け出たときは、社員総会における共有者の議決権の正当な行使者は、右被選定者となるのであつて、共有者間で総会における個々の決議事項について逐一合意を要するとの取決めがされ、ある事項について共有者の間に意見の相違があつても、被選定者は、自己の判断に基づき議決権を行使しうると解すべきである。」と判示した。

　こうした最判昭和53年の判示は、共有者間で権利行使者の権限について内部的な取り決めをした場合において、権利行使者が内部的取り決めに違反して権利行使をしたときでも、当該権利行使は有効である（そのため議決権が行使された場合にも総会決議の瑕疵にはならない）という趣旨を述べるものと理解される。[28]そして、そうした趣旨のものと理解する限り、最判昭和53年の見解は、基本的に妥当である。というのも、そのように解さないと、会社はいちいち内部的取り決めの有無を確認したうえで、内部的取り決めが存在する場合にはそれに従った権利行使がなされているかどうかを確認すべきことになって、会社法106条本文が権利行使者の選定・通知を要求して会社の便宜を図ったことの趣旨が没却されるからである。[29]

　ただし、最判昭和53年は、権利行使者による内部的取り決め違反の権利行使について、常に有効であるとまで明示的に判示しているわけではない。そのため、最判昭和53年の下でも、特別な事情がある場合には、例外的に当該権利行

使が無効になると解する余地は残されているから、具体的にどのような場合にそのように解すべきかが問題となる（問題点①）。

また、最判昭和53年は、権利行使者の権限について内部的な取り決め（当該事案における取り決めは、準共有者全員の全員一致での同意がなければ権利行使者が社員総会で議決権を行使できない旨の取り決めであった）をすることが許されることを前提にしている一方、そうした内部的取り決めをするために、準共有株主間でどのような決定手続を要するかは判示していないから、その点も問題になる（問題点②）。さらに、最判昭和53年は内部的な取り決めがある場合について判示するにとどまるのであり、内部的取り決めがない場合において、権利行使者が準共有株式に係る株主権をどのように行使するかにつき、権利行使者は自己の意思だけで決定できるのか、それとも、何らかの準共有株主間の内部的手続を要するのかについては判示していないと理解できるため、この点も問題になる（問題点③）。加えて、仮に内部的手続を要するとした場合には、権利行使者がその内部的手続に違反して権利行使したときに、当該権利行使が有効かどうかも問題になろう（問題点④）。以下、これら４つの残された問題につき、少し順序を入れ替えて、まず２で問題点③④、３で問題点②、４で問題点①を検討することにしたい。

２ 権利行使者の権利行使方法の決定手続に係るデフォルトルール

まず取り上げるのは、権利行使者の権限について内部的な取り決めがない場合において、権利行使者が準共有株式に係る株主権をどのように行使するかにつき、権利行使者は自己の意思だけで決定できるのか、それとも、何らかの準共有株主間の内部的手続を要するのかという問題である。これは、換言すれば、権利行使者の権利行使方法の決定手続に係るデフォルトルールはどのようなものかという問題である。

この問題を検討するときの前提問題となるのは、そのような場合に民法上の共有に関する規定の適用があるかどうかである。この点について、最判平成27年は、会社法106条本文は民法上の共有に関する規定に対する「特別の定め」（民264条ただし書）であるとする。こうした判示については、会社法106条本文

が適用される場合には民法上の共有に関する規定が準用されないことを述べる
ものであり、しかも、会社法106条本文が適用される場合とは、権利行使者の
通知・通知がある場合のことを指すという理解も可能であることが指摘されて
いる。[33] 仮にそうした理解に立てば、上記の最判平成27年の判示は、権利行使者
の通知・通知がある場合には民法上の共有に関する規定が準用されない旨を述
べるものと理解すべきことになる。しかし、会社の事務処理の便宜を図るとい
う会社法106条本文の趣旨に鑑みると、権利行使者の通知・通知という特別な
手続を要求するだけで十分であり、それ以上に民法の共有規定の準用まで排除
する必要はないはずである。[34] むしろ最判平成27年は、会社法106条本文が権利
行使者の通知・通知という民法上の共有規定にはみられない特別な手続を要求
している点を指して、民法上の共有規定に対する「特別の定め」であると述べ
たにすぎないのであり、権利行使者の選定・通知がある場合に民法上の共有規
定の準用を排除することまで意図したものではないと理解すべきであろう。し
たがって、最判平成27年の下でも、権利行使者の選定・通知がある場合におけ
る準共有株主間の内部関係については、民法上の共有規定がその性質が許す限
りにおいて適用されると解すべきである。[35]

　そこで、民法上の共有規定の適用を考えると、まずは、各共有者は自己の持
分に応じた使用をすることができる旨を定める民法249条が適用されることに
なる。先にも触れたように（本稿 3 節 2 参照）、同条は共有制度の最も通底的な
ルールを定めるものと位置づけられるからである。

　この結果、第一に、準共有株式に係る権利行使のうち、株主総会での議決権
行使のように、各準共有株主の持分に応じた権利行使が可能なものについて
は、各準共有株主は自己の持分に応じた使用が許されるから、権利行使者に対
し、自己の指図に従って権利行使するよう求めることができると解される。[36] こ
のような準共有株主からの指図がある場合、株主総会での議決権行使であれ
ば、権利行使者は不統一行使をすることになるところ、そうした不統一行使を
すること自体につき、準共有株主の持分の過半数の同意を要するとする見解も
ありうる。[37] しかし、準共有株主の指示に従った議決権の不統一行使がなされた
場合でも、それによって他の準共有株主に特段の不利益は生じないから、準共

有株主間の内部的手続を要求する必要はないと考えられる。このことは、権利行使者の選定・通知がない状況で各準共有株主が自己の持分についてのみ権利行使する場合（本稿3節3参照）と同様である。

なお、上記と関連して、準共有株主からの指示を受けた権利行使者が会社に議決権の不統一行使を求めた場合に、会社がそれを拒むことができるかどうかが問題になる。この点について、会社は拒むことができないとする見解が有力である一方[38]、会社法313条3項は、株主が「他人のために株式を有する者」である場合には議決権の不統一行使を拒むことができない旨を規定するところ、「他人のために株式を有する者」という文言の解釈として、権利行使者がこれに含まれると解するのは困難であること、および、会社が不統一行使を拒否できないとすると煩雑な事務処理が要求され、権利行使者の通知・通知を要求した会社法106条本文の趣旨が害されることを理由に、会社は拒むことができるとする見解も少なくない[39]。しかし、そもそも会社法313条3項の趣旨は、権利行使をする株主と実質上の株主とが食い違う場合に、実質上の株主の意思に従った議決権行使を保障することにあると理解されるところ[40]、準共有株式について権利行使者による議決権の不統一行使を認めることは、そうした規定趣旨に適うものである[41]。また、権利行使者による議決権の不統一行使を認めると会社の事務処理が煩雑になるといっても、煩雑になる度合いは、会社法106条本文の趣旨が害されるほどではないであろう[42]。したがって、準共有株主からの指示を受けた権利行使者が会社に議決権の不統一行使を求めた場合に、会社はそれを拒むことができないと解すべきである。

第二に、各準共有株主からの指示がない分については、権利行使者は準共有株式に係る権利を一体的に行使することになるが、その際には、どのように権利行使するかにつき、目的物の管理に関する事項として持分の過半数によって決定しなければならないと解される（民252条）[43]。もっとも、権利行使者が過半数持分権者である場合には、事実上、当該権利行使者が単独で権利行使方法を決定できることになろう[44]。

第三に、権利行使者による準共有株式の権利行使によって「直ちに株式を処分し、又は株式の内容を変更することになるなど特段の事情」が認められる場

合には、当該議決権行使は共有物の変更・処分行為に該当するために、準共有株主全員の同意が必要であると解される（民251条）。[45]

　このように権利行使者の権利行使について、準共有株主による指図を認めたり、準共有株主間の内部的手続が必要であるとする解釈に対しては、以下のような批判がなされるかもしれない。すなわち、権利行使者が準共有株主の指図や必要な内部的手続に違反して権利行使を行った場合において、仮に当該権利行使が無効であるとされると、会社は権利行使者が準共有株主の指図に従って権利行使しているか、内部的手続を経ているかを調査する必要が生じて、会社の事務処理の便宜を図ろうとする会社法106条本文の趣旨に反するのではないか。さりとて、当該権利行使が有効であるとされると、準共有株主の指図や内部的手続が遵守されなくなる可能性が大きいから、指図を認めたり内部的手続を要求したりしても意味が乏しい（エンフォースが不十分になる）から、いずれにせよ妥当でないという批判である。

　こうした批判に対しては、筆者は、後ほど改めて触れるように（本稿4節4参照）、権利行使者が準共有株主の指図や内部的手続に違反して権利行使を行った場合には、会社が悪意である場合に限って、当該権利行使は無効になると解することで対処できると考えている。そのように解すれば、会社法106条本文の趣旨は損なわれないうえに、実際上特に問題となる閉鎖会社の事例では、会社が悪意であることも少なくないから、そうでない場合のエンフォースには限界があるものの、少数持分権者である準共有株主の保護に資すると思われる。

　さらに付言すると、共同相続による株式準共有の場合には、持分の過半数を保有する準共有株主が存在しない事例もありうるところ、そのような事例では、上記のように準共有株主による指図を認めたり、準共有株主間の内部的手続が必要であると解することで、権利行使者の選に賛成するという準共有株主が現れやすくなるという効果も期待できる。その結果、権利行使者の選定も行われやすくなると考えられるから、いわゆる過半数説を採用することで権利行使者の選定が行われやすくしようとする判例の基本的な考え方にも合致しているといえよう。

3 準共有株主間における内部的取り決めの決定手続

最判昭和53年は、権利行使者の権限について内部的な取り決めをすることが許されることを前提にしている。このことは、準共有株主がその協議によって上記2で述べたようなデフォルトルールを変更することが許されることを意味する。そのこと自体に問題はないと思われるが、しかし、そうしたデフォルトルールの変更（権利行使者の権限についてデフォルトルールとは異なる内部的な取り決めをすること）には、準共有株主の全員一致を要すると解すべきである。さもないと、デフォルトルール（特に本稿4節2で述べた第一のルールおよび第三のルール）は全く意味を失ってしまうからである。

4 内部的手続や内部的取り決めの違反があり、しかも会社が悪意である場合の取扱い

既述のように、①権利行使者が、準共有株主間における必要な内部的手続（本稿4節2参照）を経ずに権利行使を行った場合、あるいは、②準共有株主間でそれとは異なる内部的取り決め（例えば、権利行使者による権利行使には常に準共有株主全員の同意を要するといった取り決め）に反して権利行使を行った場合でも、かかる権利行使は基本的に有効であると解される。さもないと、会社はいちいち必要な内部的手続を経ているか、あるいは内部的取り決めがある場合にそれを遵守しているかを調査する必要が生じて、会社の事務処理の便宜を図ろうとする会社法106条本文の趣旨が損なわれるからである。

もっとも半面で、常にそのように解すると、必要な内部的手続や内部的取り決めのエンフォースが不十分になりかねない。その場合、不利益を受ける準共有株主の救済は、権利行使者に対する損害賠償のみに委ねるという立場もあり得る。しかし、損害額の立証が困難である場合が多いであろうから、実効的な救済が与えられない可能性が高いであろう。また、会社が、権利行使者が必要な内部的手続や内部的取り決めに違反していることについて悪意である場合は、会社代表者が権利行使者の利害関係者であること（典型的には権利行使者自身であったり、権利行使者と同グループに属する準共有株主であったりすること）が少なくないと考えられる。そのような場合にまで、権利行使が有効であると解す

る必要はない一方、仮に有効であると解すると、内部的手続や内部的取り決めの違反が助長されかねないから、むしろそのように解すべきではないであろう。

　そこで、まずは、会社は、権利行使者の権利行使が内部的手続や内部的取り決めに違反していることを証明できるだけの証拠を有している場合には、民法上の共有規定（民249条以下）に違反する違法なものであることを理由に、当該権利行使を拒むことができると解すべきである。本来、権利行使者の権利行使が民法249条以下に違反する場合でも、それによって当該権利行使が無効になるわけではない。しかし、会社が当該権利行使の違法性を証明できるだけの証拠を有しており、当該権利行使を拒むことができたにもかかわらず、敢えて拒まなかった場合には、会社は、信義則上、当該権利行使が有効であることを（不利益を受けた準共有株主や他の株主に対して）主張することは許されないと解すべきではなかろうか。その結果、会社が上記のような意味で悪意であるにもかかわらず、権利行使者の権利行使を拒むことをせず、例えば議決権行使を認め、それによって株主総会決議が成立したとする扱いをしたのであれば、当該株主総会決議には決議方法の法令違反という取消事由が認められることになる。[47]

　それでは、会社が善意であるが重過失がある場合はどのように解すべきであろうか。まず、会社に一般的な調査義務を負わせることは、会社法106条本文が権利行使者の選定・通知を求めて会社の便宜を図ったことの趣旨を損なってしまうから、妥当でないであろう。しかし、内部的手続や内部的取り決めの違反が強く疑われる状況で、少し調査すればそのことを立証できるだけの証拠を掴むことができたのに、それをしなかったような場合（予見可能性があることを前提とした結果回避義務違反の程度が著しい場合）に限って、会社の重過失が認められるとするならば、会社法106条本文の趣旨を損なうことはないように思われる。したがって、そのような意味で会社が重過失である場合にも、悪意である場合と同様に解すべきである。

5　結びに代えて

　本稿では、株式が共同相続された場合の法律関係をめぐる一連の最高裁判例は基本的に支持しうることを前提に、特に最判平成27年と最判昭和53年を取り上げて、それらが残した問題（それらの射程外にある問題）を取り上げて検討した。

　その主な結論のみを掲げると、以下のとおりである。まず、権利行使者の選定・通知が行われていない場合につき、①各準共有株主は、会社の同意を得れば、準共有株式のうち自己の持分に相当する分に係る株主権を行使することができる。②その際、当該権利行使を行うことによって「直ちに株式を処分し、又は株式の内容を変更することになるなど特段の事情」が認められる場合には、準共有株主全体の利益に悪影響が及びうるために、共有物の変更・処分行為として準共有株主全員の同意を要する（民251条）。③他方、そうした特段の事情が認められない場合は、類型的にみて、基本的に準共有株主全体の利益に悪影響は及ばないと考えられるから、かかる態様での株主権行使をすること自体は目的物の管理に関する事項（民252条）に該当せず、それゆえ、準共有株主間の内部的手続は不要であると解される。

　次いで、権利行使者の選定・通知が行われている場合につき、④準共有株式に係る権利行使のうち、株主総会での議決権行使のように、各準共有株主の持分に応じた権利行使が可能なものについては、各準共有株主は「持分に応じた使用」（民249条）が許されるから、権利行使者に対し、自己の指図に従って権利行使するよう求めることができる。⑤各準共有株主からの指示がない分については、権利行使者は準共有株式に係る権利を一体的に行使することになるが、その際には、どのように権利行使するかにつき、目的物の管理に関する事項として準共有株主の持分の過半数によって決定しなければならない（民252条）。⑥権利行使者による準共有株式の権利行使によって「直ちに株式を処分し、又は株式の内容を変更することになるなど特段の事情」が認められる場合には、当該議決権行使は共有物の変更・処分行為に該当するために、準共有株

主全員の同意が必要である（民251条）。⑦権利行使者の権利行使方法につき、上記のような内部的決定手続とは異なる手続を定める内部的取り決め（例えば、常に準共有株主全員の同意を要するといった取り決め）をすることもできるが、それには、準共有株主の全員の同意を要する。⑧権利行使者が、上記のような内部的決定手続や内部的取り決めに違反した権利行使を行った場合でも、当該権利行使は有効である。ただし、会社がかかる違反を証明できるだけの証拠を有している（悪意である）ときは、権利行使を拒みうると解したうえで、会社がそれにもかかわらず権利行使を拒まなかったときは、信義則上、当該権利行使が有効である旨を主張することができないと解すべきである。

　以上のような解釈論は、共同相続株式が共同相続人の準共有になるとする準共有説に立ちながらも、他の共有物とは異なる株式の特殊性に鑑みて、共同相続株式が共同相続人間で当然に分割されるとする当然分割説に従う場合と類似した保護を、少数持分権者である共同相続人に与えようと指向した結果でもある。また、こうした解釈論によれば、権利行使者の選定方法に係る全員一致説が特に懸念するような「クーデター」の危険（仮に相続割合に応じて遺産分割がなされれば支配株主〔企業承継者〕となるが、共同相続人の中では少数持分権者である者が存在するのに、持分の過半数を保有する他の共同相続人が会社の支配権を奪取する危険）を防止することも可能になるであろう。

　もっとも、本稿で積み残した問題も少なくない。例えば、準共有株式に係る権利行使のうち、具体的にどのようなものが共有物の変更・処分行為に該当するのかという問題をめぐっては、様々な議論があるが、本稿では、そうした議論について検討することができなかった。また、上記のような解釈論によれば、権利行使者が内部的決定手続や内部的取り決めに違反した権利行使（例えば株主総会での議決権行使）を行い、しかも、会社がそのことについて悪意である場合は、会社の行為（例えば株主総会決議）の効力に影響が及ぶところ、権利行使者でない準共有株主は、かかる会社の行為の効力を争う訴訟（例えば株主総会決議取消訴訟）を提起できるかが重要な問題となるのに、それも本稿では検討することができなかった。こうした問題については、稿を改めて論じることにしたい。

【注】

1) 一連の最高裁判例の中には、有限会社の持分に関するものも含まれている。もっとも、有限会社の持分の共有に関する有限会社法22条は、株式会社の株式の共有に関する商法203条を準用していたこと、および、有限会社の持分の場合と株式会社の株式の場合を別異に解すべき理由は見当たらないことから、一般に、そうした判例の射程は株式会社の株式にも及ぶと解されている。そこで、本稿では、そのことを前提に、株式会社の株式の場合についてのみ言及することにしたい。

2) 最判平3・2・19判時1389号140頁および最判平9・1・28金判1019号20頁も同様の見解を採用している。

3) 最判平11・12・14集民181号83頁も、最判平成9年を引用したうえで、同様の見解を明示している。

4) 神作裕之「会社訴訟における株式共有者の原告適格」同ほか編『会社裁判にかかる理論の到達点』(商事法務、2014年)231頁参照。

5) 大杉謙一「判批」ジュリスト1214号(2001年)89頁。実際、こうした最判平成27年および多数説の理由付けに対しては、当然分割説の立場から、複数の株式が可分かどうかが重要であるところ、株式が相続人間で分割されると、それにともない共益権も分割されるから、株式に共益権が含まれることは株式を可分債権と同視して民法247条を適用することの障碍にはならない旨の反論がなされている(出口正義「株式の共同相続と商法203条2項の適用に関する一考察」筑波法政12号(1989年)72-74頁、田中亘「事例⑥」伊藤靖史ほか『事例で考える会社法〔第2版〕』(有斐閣、2015年)120頁)。なお、この点について後掲注25とそれに対応する本文も参照。

6) 大杉・前掲注(5)89頁、山田泰彦「株式の共同相続と相続株主の株主権」早稲田法学69巻4号(1994年)195-196頁、神作・前掲注(4)232頁、田中・前掲注(5)120頁、青竹正一「判批」商事法務2073号(2015年)21頁、吉本健一「株式の共同相続と権利行使者による議決権行使の効力」神戸学院法学47巻1号(2017年)5-7頁など参照。

7) この点に関連して、最判平28・12・19民集70巻8号2121頁は、預金債権も相続人間で当然分割されず遺産分割の対象になると解するにあたり、一般論として、「遺産分割の仕組みは、被相続人の権利義務の承継に当たり共同相続人間の実質的公平を図ることを旨とするものであることから、一般的には、遺産分割においては被相続人の財産をできる限り幅広く対象とすることが望まし〔い〕」とする。こうした一般論は、本文に掲げた政策的な理由付けと軌を一にするものである。

8) 出口・前掲注(5)83-84頁。

9) 大野正道「株式・持分の相続準共有と権利行使者の法的地位」江頭憲治郎編『鴻常夫先生還暦記念・八十年代商事法の諸相』(有斐閣、1985年)236頁、江頭憲治郎『株式会社法〔第7版〕』(有斐閣、2017年)123頁注3。

10) 福島洋尚「権利行使者の指定・通知を欠く準共有株式の権利行使」法学新報122巻9＝10号(2016年)389頁参照。

11) 権利行使者の選定・通知がない場合には、会社の同意がある場合を除き、準共有株式について議決権を行使することはできないが、準共有株式の議決権は、定足数算定の基礎になる「議決権を行使することができる株主の議決権」には含まれると解するのが多数説である。さもないと、準共有株式以外の株式が少数である場合でも、当該少数の株式だけで株主総会決議を成立させられることになって問題が大きいからである（神作・前掲注（4）242-243頁、江頭・前掲注（9）337頁注4、田中・前掲注（5）123頁注17）。

12) ただし、学説上は、取締役選任議案や代表取締役選任議案に係る議決権行使も、事情によっては、株式の変更行為に該当しうる（したがって準共有株主の全員の同意が必要である）とする見解が有力である（江頭憲治郎・門口正人編『会社法体系（3）』（青林書院、2008年）73-74頁〔岡正晶〕、林孝宗「判批」新・判例解説 Watch 商法 No. 77（2015年）4頁、青竹・前掲注（6）27頁、松元暢子「判批」ジュリスト臨時増刊（平成27年度重要判例解説、2016年）92頁など）。そうした見解は、例えば、準共有株式が閉鎖会社の支配株式である場合には、取締役選任議案や代表取締役選任議案に係る議決権行使によって、取締役や代表取締役の交替が実現することで配当政策の変更が行われるなど、株主の利益に大きな影響を及ぼす可能性があることから、株式の変更行為に当たるとする。

13) 岡・前掲注（12）70頁、福島洋尚「判批」金融・商事判例1470号（2015年）6-7頁参照。

14) 田中・前掲注（5）132頁注38。

15) 同上133-134頁。

16) 現行会社法の下での見解として、田中・前掲注（5）125-126頁、吉本健一「準共有株式の権利行使と会社法106条但書」神戸学院法学45巻4号（2016年）39-40頁、平成17年改正前商法の下での見解として、田中啓一「判批」ジュリスト554号（1974年）110頁、出口・前掲注（5）67頁以下、山田・前掲注（6）193頁以下など参照。また、青竹・前掲注（6）24-25頁、中村信男「判批」法律のひろば68巻9号（2015年）60頁も、こうした権利行使が許されることを前提とした議論をされている。

17) 田中・前掲注（5）125-126頁、吉本・前掲注（16）39-40頁。

18) 田中・前掲注（5）133頁、吉本・前掲注（16）39-40頁。

19) 青竹・前掲注（6）24-25頁。

20) 同上24-25頁は、かかる見解の論拠を明示していないが、民法学の文献を参考文献として掲げている。

21) 川島武宜・川井健編『新版注釈民法（7）』（有斐閣、2007年）447-450頁〔川井健〕、松岡久和・中田邦博『新・コンメンタール民法（財産法）』（日本評論社、2012年）368頁〔松岡久和〕。

22) こうした解釈は、権利行使者の選定・通知がなされていない状況で、準共有株主が準共有株式の全部につき議決権を行使する場合に関して、最判平成27年が採用した解釈と同じものである。なお、この点に関連して、中村・前掲注（16）60頁も、権利行使者の選定・通知を欠く場合は民法の規定が適用されるとする最判平成27年の判断枠

組みに従うと、各準共有株主が準共有株式のうち自己の持分（相続分）に相当する分について株主権を行使しようとする場合には、特段の事情のない限り、共有物の管理に関する事項として、準共有株主の持分の過半数による同意を要することになるという分析を示されている。

23）　川井・前掲注（21）427-457頁、松岡・前掲注（21）366-370頁参照。

24）　例えば、最判平28・12・19民集70巻8号2121頁における岡部喜代子裁判官の補足意見でも、共同相続された預金債権は相続人間で当然分割されず遺産分割の対象になることの理由付けとして、預金債権について相続人各自の行使を許すべきでない旨が強調されている。

25）　この点に着目すると、本来、株式は可分債権とされても良さそうである。当然分割説（相続株式は相続分に応じて共同相続人間で当然に分割されるとする見解）の論者が主張されるのは、まさにそのことであろう。しかし、既述のように（本稿2節1参照）、可分債権とすると遺産分割の対象から除外され、共同相続人間の紛争を全体として解決するうえでの障碍になる可能性があることから、それを回避するために可分債権とはせず、共同相続人間で準共有されるする準共有説に立つべきである。こうして準共有説に立ったうえで、可能な限り、可分債権と同様の取扱いとなるような法的処理をするのが最善であると考えられる。

26）　こうした解釈をとる場合には、一部の準共有株主（A）が自己の持分について株主権を行使してくると同時に、別の準共有株主（B）が準共有持分の過半数の同意を得て準共有株式の全部について株主権を行使してくるという事態が比較的生じやすくなるところ、その場合に、会社にどのような対応をさせるべきかが問題になる。この問題について、会社としては、いずれの株主権行使についても同意しないこともできるが、仮に同意する場合には、Aの株主権行使を優先させ、BにはAの持分を除いた分についてのみの株主権行使を認めるという対応をさせるべきであろう。というのも、それとは異なり、会社の判断に委ねたり、あるいはBの株主権行使を優先させてしまうと、各準共有株主に自己の持分について株主権を行使することを認めることの意味が大きく失われかねないからである。

　上記のような対応を会社に求めることについては、会社が負担するリスクが増えるという批判がなされるかもしれない。しかし、そもそも権利行使者の選定・通知がない状況で、会社が準共有株主（AやB）による株主権行使に同意しようとする場合というのは、会社代表者が権利行使者の利害関係者（典型的には権利行使者自身や権利行使者と同グループに属する準共有株主）であり、各準共有株主の持分がどれほどなのかについて十分な情報を持っていることが多いと考えられる。そうであれば、上記のような対応（Aの株主権の行使を優先するという対応）を会社に求めたとしても、実際上は、会社が負担するリスクが増えることは考えにくいのではなかろうか。

27）　後述するように（本稿4節4参照）、権利行使者の選定・通知がある状況で、当該権利行使者が準共有株主の指図や内部的手続に違反して権利行使を行った場合には、会社が悪意である場合に限って、当該権利行使は無効になると解すべきであると考えて

いる。このように権利行使者の選定・通知がある場合には、それがない場合とは異なり、会社の善意・悪意を考慮するのは、権利行使者の選定・通知がある場合には、本文で述べた②の理由付けが妥当しないからである。

28）　榎本恭博「判解（最判昭和53年）」『最高裁判所判例解説民事篇昭和53年度』（法曹会、1982年）177-178頁。

29）　吉本・前掲注（6）20-21頁など。これに対し、木下崇「共有株式に係る議決権の行使と権利行使者の指定に関する一考察」丸山修平ほか編『永井和之先生古稀記念・企業法学の論理と体系』（中央経済社、2016年）265頁は、権利行使者は管理事項に属するような権利行為しか行うことができず、処分行為に属する事項について権利行使するためには準共有株主全員の同意を得なければならないとしたうえで、会社にかかる同意を得ているかどうかを確認する義務を負わせるべきであるとされる。

30）　最判昭和53年の読み方としては、権利行使者は、内部的な取り決めがない場合には、自己の意思だけで、どのように準共有株式の株主権を行使するかを決定できるとする旨までを含意しているという読み方もあり得る（出口正義「判批」鴻常夫ほか編『会社法判例百選〔第5版〕』（有斐閣、1992年）201頁）。しかし、筆者は、必ずしもそうした読み方をする必要はないし、すべきでもないと考えている。

31）　福島・前掲注（10）395頁は、最判27年における特段の事情の説示を踏まえ、権利行使者の選定・通知がある場合において、権利行使者が共有株主間で意見の相違のある変更行為と解される議決権行使をも当然になしうるか否かについて再検討が求められるとする。

32）　同様の見解を述べる学説として、川井・前掲注（21）596頁参照。

33）　吉本・前掲注（16）32頁。

34）　同上33頁注20参照。

35）　同上34頁参照。

36）　田中・前掲注（5）125-126頁。また、山田泰彦「株式の共同相続による商法203条2項の権利行使者の指定方法と『特段の事情』」早稲田法学75巻3号（2000年）382頁も、理論構成は必ずしも明らかでないが、同様に解されている。なお、山田・前掲注（6）196-197頁も参照。

37）　前田雅弘「判批」私法判例リマークス17号（1998年〈下〉）107頁は、そのような見解に立たれるようである。

38）　出口・前掲注（30）201頁、瀬谷ゆり子「議決権不統一行使の現代的役割」酒巻俊雄・志村治美編『現代企業法の理論と課題・中村一彦先生古稀記念』（信山社、2002年）225-226頁、田中・前掲注（5）124頁、江頭編・前掲注（9）339頁など。また、岩原紳作編『会社法コンメンタール（7）』（商事法務・2013年）238頁〔松尾健一〕は、少なくとも共同相続による株式準共有の場合にはそのように解すべきであるとされる。

39）　味村治『改正株式会社法』（商事法務研究会、1967年）150-151頁、龍田節「判批」民商法雑誌80巻1号（1979年）116頁、大隅健一郎・今井宏『会社法論中巻〔第3版〕』（有斐閣、1992年）55頁、前田・前掲注（37）107頁など。

40) 松尾・前掲注（38）237頁参照。

41) 田中・前掲注（5）124頁は、信託の場合に不統一行使を認めながら、共有の場合に不統一行使を認めない実質的な理由はないとする。

42) 会社法106条本文は、準共有株主による各別の権利行使を許すと会社の事務処理が煩雑になるために権利行使者による権利行使を要求するものであるところ、権利行使者による議決権の不統一行使を許すことによって会社の事務処理が煩雑になる度合いは、準共有株主による各別の権利行使を許すことによって会社の事務処理が煩雑になる度合いと比べて、相当に小さいように思われる。

43) 岩原紳作「判批」法学協会雑誌96巻2号（1979年）228-229頁、片木晴彦「判批」判例評論466号（1997年）63頁、前田・前掲注（37）107頁、青竹正一「株式・有限会社持分の共同相続と社員権の行使」同『閉鎖会社紛争の新展開』（信山社、2001年）34-35頁、山田・前掲注（36）380-381頁、伊藤靖史「判批」商事法務1586号（2001年）42頁、泉田栄一「株式・持分の相続と権利行使者の通知」法学新報109巻9＝10号（2003年）99-103頁、神作・前掲注（4）244頁、来住野究「判批」明治学院大学法学研究97号（2014年）111-112頁など。反対、木内宜彦「判批」判例評論326号（1986年）56頁、稲田俊信「共有株式・持分の権利行使に関する諸問題」日本法学63巻4号（1998年）84頁。

44) この点に関連して、準共有者全員での協議が必要かどうかは議論がある。積極説に従えば、権利行使者が過半数持分権者である場合にも、ひとまず準共有者全員での協議を要することになる。こうした積極説は、全員の協議を要するとすることで、事実上、準共有者全員の同意を求めることに近づけることを志向するものである（福島・前掲注（10）399頁、飯田秀総ほか『会社法判例の読み方』（有斐閣、2017年）35頁〔松中学〕）。もっとも、積極説に対しては、本当にそのような効果が期待できるかどうかを疑問視する見解も強いところである（木下崇「共有株式に係る議決権の行使と会社による同意」法学新報122巻9＝10号（2016年）125-126頁、吉本・前掲注（6）16-18頁など参照）。

45) 前掲注（43）で掲げた文献参照。

46) 山田・前掲注（36）384頁。

47) 学説上、権利行使者が内部的手続や内部的取り決めに違反して、株主総会で議決権を行使した場合において、当該議決権行使は有効であるとする見解（龍田・前掲注（39）117頁、榎本・前掲注（28）177-178頁、大野・前掲注（9）258頁、稲田・前掲注（43）81頁、青竹・前掲注（43）52頁、来住野・前掲注（43）117頁注17など）と、会社（株主総会の議長）が悪意である場合には、当該議決権行使は無効であるとする見解（片木・前掲注（43）63頁、山田・前掲注（36）384-386頁、泉田・前掲注（43）105頁注119、田中・前掲注（5）126頁、神作・前掲注（4）244頁、岡・前掲注（12）69-70頁、吉本・前掲注（6）20-24頁など）が対立している。筆者は、このうち後者の見解に従うべきであると考えているが、その場合には、会社の「悪意」につき、単に権利行使者の違反を知っているという意味ではなく、本文で述べたような意味に解すること、および、

会社が当該権利行使者の権利行使を拒むことができると解することが必要であろう。というのも、そのように解さないと、会社は対応に行き詰まってしまうからである。

〔付記〕本稿の執筆に際しては、吉本健一教授（神戸学院大学）および笠原武朗准教授（九州大学）から有益な御教示を賜った。ここに記して、篤く感謝申し上げる。

取締役の誠実性（グッドフェイス）をめぐる米国会社法学の近時の議論

酒井　太郎

1　問題の所在、取締役の信認義務規範

米国会社法制において、株式会社の取締役は、その会社との間の信認関係に[1]
基づいて、会社に対し、信認義務と呼ばれる包括的な義務を負うものと解され
ている。[2] 信認義務は忠実義務と注意義務という二つの義務から構成され、[3]忠実
義務は会社および株主の利益増進のために適切な動機を持つべき義務、そして
注意義務は、そのような利益増進の動機を有する取締役（忠実義務を履行する取
締役）が、相応の注意を払いつつ行動すべき義務であると説明される。[4]

忠実義務も注意義務も、取締役会社間の合意により免除することができない
義務である。[5] しかし、デラウェア州会社法は、会社が設立定款に定め（免責条[6]
項）を置くことにより、取締役の注意義務違反行為によって生じた当該取締役
に対する損害賠償請求権を、会社が放棄することを認めている（デラウェア州
一般会社法102条（b）(7)）。[7]これは正確には、損害発生原因となった取締役の行
為が同法に限定列挙されている例外事由に該当しない限りにおいて、免責を可
能とするものであり、免責が許されない例外事由として、忠実義務違反、グッ
ドフェイス good faith を欠く作為・不作為その他の行為が規定されている。[8]

伝統的に忠実義務とは、会社に対して取締役が利益相反関係に立たないよう
にする義務であるといわれてきた。[9] そしてグッドフェイスは、会社の利益増進
のためにするという動機があることをいい、グッドフェイスの反意語である
バッドフェイス bad faith は、会社に対して背信的意図を有することを指すと
解されてきた。[10]定款による免責が許されないという点において忠実義務違反と

グッドフェイスの欠如（またはバッドフェイス）が同程度の帰責性を持ち、かつ、後述するようにグッドフェイスの要請が忠実義務の一部をなすものであると理解することは、すなわち、忠実義務の内容が、従前の限定的なもの（利益相反の回避）から、会社の最善の利益を実現するという動機をもっぱら有すべきこととといった範囲にまで拡張されたことを意味する。ここでは、会社との間に金銭上の利益衝突を生じないことにとどまらず、金銭上の関係以外のあらゆる利益衝突を生じないことが求められ、それどころか、たとえ会社との間に利益相反が何ら存しなくても、会社に対する利益増進の動機をもって事に当たらなかったことを理由として忠実義務違反（ひいては取締役の損害賠償責任）が認められるべきこととなるのである。

　経営判断事項に対して利害関係を持たず、他人からの影響を受けずに独立した経営判断をすることができる取締役について忠実義務違反（グッドフェイスの[11]欠如またはバッドフェイスを理由とする忠実義務違反）が争われる場合、当然のことながら、そのような取締役の心理状態（利益増進にかかる動機の欠如または背信的意図）を客観的にどのように定義し、評価するかという問題が出てくる。まず、利益増進の動機に見合う行動が全く見られない場合には、新しい忠実義務の要請に応えているとはいえないであろう。しかし、何らかの行動が形だけでも伴っていればそれでよいということにはならないと思われる。このとき、利益増進にかかる自己の動機の実現が妨げられていないという現実の認識（自己の職責が履行されているとの認識を有すること、または、自己の職責が果たされていないとの認識を有しないこと）が、具体的事実を通じて裏付けられる必要があると考えるならば、当該認識の存否の判断方法にとどまらず、免責条項の対象となる注意義務違反との識別方法も問われてくる。もし、注意義務違反との識別[12]や、経営判断原則その他の法準則への影響を意識して、忠実義務違反の認定基準を極端に狭い形で設定するならば——そしてその結果、中立性と独立性のある取締役において何らかの作為の事実がありさえすれば責任が問われないことになるのであれば——、結局のところ、伝統的な忠実義務に基づく判断枠組みに依拠したのとあまり変わらない結果になる。

　本論文は、忠実義務の拡張によって新たに生じた上記の論点に関するデラ

ウェア州会社法判例および理論の状況を概観し、分析を試みるものである。そしてそこでの検討を通じ、米国会社法学において、経営判断事項に関して利害関係のない取締役につき、具体的な行為を義務づけることに慎重な姿勢はとられているものの、忠実義務違反を構成し得る行為類型を提示し続けることによって取締役の作為を一定の方向に誘導しようとするアプローチが模索されていることを、本論文は指摘しようとするものである。

2 グッドフェイスの意義

英米法におけるグッドフェイスの意義は抽象的であり、行為者の法的な地位およびその置かれた具体的状況に応じて定まる不定形のものである[13]。このうち、取締役の職務遂行に関して要求されるグッドフェイスについていえば、それは、会社の正当な利益のためにするという認識を持ちつつ事に当たることをいう[14]。そして、取締役の責任認定においては、グッドフェイスの欠如、またはグッドフェイスの反対概念であるバッドフェイスの存在が必要になるところ、それらは、前記の認識を欠いているか、または会社の正当な利益増進のためにするものではないとの認識を有していることを意味する[15]。

取締役がグッドフェイスを持ちつつ職務を遂行すべきことは、いくつかの州会社制定法およびモデル規定において、行為規範として[16]、または責任規範として[17]明示的に定められている。また判例法上、反対の主張立証が行われない限り、経営判断原則に基づいて取締役は、情報を踏まえつつグッドフェイスをもって、会社の最善の利益に適うとの信念を有しながら経営判断を行ったものと推定され[18]、当該経営判断の当否に関する裁判所の審査が手控えられる。そのほか、利益相反取引にかかる承認（無効・取消しの主張を制限するための要件）や取締役の応訴費用の会社による弁償にあたり、承認機関または被告取締役におけるグッドフェイスのある行動が必要となる[19]。

このように、グッドフェイスのある取締役に加えられる法的保護、またはグッドフェイスを欠くことにより取締役に生じる法律上の不利益は小さくない。その中でも実務上および学説上きわめて重要なのが、会社が設立定款の定

めをもって取締役に対する損害賠償請求権を広範囲に放棄すること（定款による免責）を認めた、デラウェア州一般会社法102条（b）(7)の規定である[20]。この規定があることにより、会社または株主は免責対象となる行為について損害賠償請求をすることができず、かりに取締役に対して損害賠償請求訴訟が提起されても、請求権の不存在を理由とする被告取締役の申立てにより（デラウェア州衡平法裁判所規則12条（b)(6)）、訴えは却下されることとなる。経営判断原則の下では、（事前の提訴請求を不要とする根拠とともに）同原則の適用を排除するに足りる事実の立証が原告から行われれば正式事実審理に移行することが可能であるのに対し、この免責条項がある場合には、原告による訴訟追行そのものが不可能になるのである。

　デラウェア州一般会社法102条（b)(7)は、免責が許されない取締役の一定の行為（会社損害発生原因）を限定列挙した上で、それに該当しない行為につき会社の損害賠償請求権の放棄を認める。ここに免責が認められない行為とは、①忠実義務違反、②グッドフェイスを欠く作為・不作為、③故意の違法行為、④認識ある法律違反、⑤違法な剰余金分配（剰余金配当および自己株式取得）、⑥取締役に不当な利益を生じる取引である。ここでは、②から⑥の行為が忠実義務違反とは性質上異なるものであるのか否かが問題となるが[21]、少なくとも②のグッドフェイスを欠く行為については、13年に及ぶ判例・学説上の激論を経た末に[22]、忠実義務違反の範疇に属する行為であることが2006年のデラウェア州最高裁判所の判決で明らかにされている[23]。

3　グッドフェイスの意義をめぐる主要判例

　デラウェア州において取締役の損害賠償責任の認定との関わりでグッドフェイスの意義が明らかにされた主要判例として、ケアマーク株主代表訴訟事件和解所見（デラウェア州衡平法裁判所、1996年）[24]、ディズニー株主代表訴訟事件第4判決（デラウェア州衡平法裁判所、2005年）[25]、ライオンデル・ケミカル対ライアン事件判決（デラウェア州最高裁判所、2009年）[26]の三つが挙げられる。

1 ケアマーク事件

本和解所見の傍論において、デラウェア州衡平法裁判所は、法令遵守体制を構築して会社業務の監視に努めるべきことが取締役会の一般的職務に属するとした上で、そのような監視を可能にするための情報収集・報告系統の整備が取締役会において恒常的にまたは組織的に放棄されている場合には、取締役会の対応はグッドフェイスを欠いたものと評価され、取締役の会社に対する損害賠償責任が問われることになると説示した。[27] 本件では個別の経営判断の当否は問題とされておらず、当該体制整備にかかる取組みが全体として不存在であるときにはグッドフェイスの欠如にあたるという認定基準が示された。[28] 本和解所見は、グッドフェイスという主観にかかわる事柄を客観的に評価するための方法を提示した点で重要な意義を有するが、取締役の完全な不作為を事実上要求していることから、監視を怠ったとされる取締役が、グッドフェイスの欠如を理由に損害賠償責任を負わされることはほとんどないと考えられる。

なお、監視義務は注意義務の領域に属すると考えられているところ、その完全な懈怠がグッドフェイスの欠如と評価されれば忠実義務違反が導かれることとなる。ここでは、当該帰結を導く前提として、忠実義務が、会社の利益増進のために取締役が奉仕すべきことを内容とする、（利益相反禁止にとどまらない）広い意味に解されていることに留意する必要がある。

2 ディズニー事件

本件事案は、過大な退職手当支給を含む役員任用契約の締結を取締役会が承認したことにつき、取締役らのグッドフェイスの欠如が争われたというものである。本件をめぐり出された判決のうち、取締役会の個別的な経営判断について、いかなる場合に取締役のグッドフェイスの欠如が認定されるのかを判示したのが、いわゆるディズニー事件第4判決である。同判決は、意識的にまたは意図的に自己の職責を無視した場合（「故意の義務放棄、自己の職責に対する意識的な無関心 intentional dereliction of duty, a conscious disregard for one's responsibilities」）がグッドフェイスの欠如にあたるとしたものであるが、本件においてそれは、会社の重要な意思決定に際して当該決定から生じるリスクに関知しない

との態度をとったこと（一定の行動をなすべき義務に直面しながら、あえてこれを無視しまたは無関心の態度をとること）により裏付けられるという[29]。

　また同判決は、グッドフェイスを伴った行動であるというためには、取締役において常時、正当な意図を有しつつ会社の最善の利益と繁栄のために行動していることが必要であるとする。そして、グッドフェイスを伴った行動を怠っている状況、またはバッドフェイスがある状況として、①会社の最善の利益の増進とは異なる目的で、受任者が故意に行動する場面、②会社に適用のある法令に違反する意図を有しつつ行動する場面、または、③何らかの行動をとるべき義務を負っていることを承知していながら、自己の職責を無視しているとの認識を持ちつつそのような行動を怠る場面が、顕著なものとして例示されている[30]。それらによれば、取締役が会社に対する害意を有していなくても、また、自己の行為が会社に損害が発生させるということについて具体的な認識を有していなくても、果たすべきであると理解している職責を果たさないままでいて、しかもそのことを当人が認識しているならば、当該取締役は、自己の不作為と相当因果関係のある会社損害について定款規定に基づく免責を受けられないこととなる[31]。

3　ライオンデル事件

　(1)　**前　説**　　ある経営判断を行った取締役について、果たすべき自己の職責を認識しつつこれを無視したことを理由にグッドフェイスの欠如を認定するためには、まずもって、その果たすべき職責の内容、すなわち経営判断の時点で当該取締役がいかなる行動をとらなければならなかったのかを明らかにしなければならない。しかし、それは本来著しく困難なことであり[32]、また、後知恵的な判定を招くおそれが大きいものである。したがって、取締役の行動に関して具体的項目を設定してその履行の有無を問うというアプローチは、基本的にとるべきではないといえる。そこで、具体的状況に適合した行為規範を緩やかに設定した上で、取締役のとった具体的行動が全体として当該規範に反しないものであるかどうかを審査していくという方法が、自ずと用いられるべきこととなる。この考察枠組みを企業買収局面における標的会社取締役の経営判断に

当てはめるならば、最高価格を買収者候補から得るために尽力するというレブ
ロン義務[33]の履践の有無をめぐり、質的見地に照らしていかなる水準の行為態様
があれば取締役の動機の不純が疑われ、グッドフェイスの欠如を認めうるかが
問われるべきこととなる[34]。この点が争われた近時の重要事案が本件である。

(2) **事　実**[35]　　本件事案は、いずれも世界有数の化学メーカーであったバセ
ル AF（バセル）がライオンデル・ケミカル（ライオンデル）を吸収合併（交付金
合併）したことに関連するものである。バセルは複合産業持株会社アクセス・
インダストリーズ（アクセス）の子会社であり、アクセスの支配株主は大富豪
レナード・ブラーヴァトニクであった。そしてライオンデルの取締役会長兼
CEO はダン・スミスであった。

2006年4月、ブラーヴァトニクはスミスに対してライオンデル買収の意向を
伝え、その後バセルがライオンデルの取締役会に買収提案をしたのであった
が、ライオンデルの取締役会は提示された価格が不十分であるとして、支配権
移転に関心がない旨をバセルに回答した。ところが2007年5月11日、今度はア
クセスが米国連邦証券取引委員会に大量保有報告書（スケジュール 13D）を提出
し、ライオンデルの社外株式の8.3%を取得することができるストック・オプ
ションを第三者から取得したことを開示した。

アクセスによる前記開示が行われたその日に、当該開示への対応がライオン
デルの取締役会で審議された。そこでは、当該開示後にライオンデルの株価が
上昇したことで、同社買収が「現実味を帯びてきた in play」（同社は買収の標的
になった可能性が高い）との認識が示されたが、当面は、他の買収者候補が現れ
るかどうか状況を見守るとの判断が行われた。ちなみに取締役会開催の3日
後、投資会社であるアポロ・マネジメント（アポロ）がスミスに接触して
MLBO（management-led leveraged buy-out）の実施を提案したが、スミスは利
益相反を名目にアポロの提案を拒絶している。その後、スミスはバセルの
CEO と面会してバセルへのライオンデル売却を相談し、2007年7月9日、ス
ミスは直接ブラーヴァトニクと買収交渉を行った。このときスミスは1株あた
り48ドルの価格を要求し、これ以下の価格はライオンデルの取締役会に推奨す
ることができず、取締役会の承認を得ることができないと主張した。ブラー

ヴァトニクは当該価格を受け入れる一方、買収対価の3％に相当する4億ドルの解約金条項、そして7月16日までの合併契約締結を要求した。スミスはこの申出に同意した。この合意内容は翌日（7月10日）にライオンデルの取締役会に通知された。なお、ライオンデルの取締役会が本件合併契約に関する事実を知ったのはこのときが初めてであった。

7月10日、ライオンデルの取締役会は、別件での使用を予定していた企業価値関連資料の内容を確認するとともに、他の候補者による買収の可能性について議論したが、バセルの提示した条件を記載した文書を提出するようスミスに指示した上で、バセルの提案に関する審議を翌日に行うとの決定をするにとどまった。ちなみにスミスがブラーヴァトニクに対して文書の提出を求めたところ、ブラーヴァトニクは、まずライオンデルの取締役会から、バセルの提案を真剣に検討する意思があることを11日中に示してもらわなければならないと応じた。11日、ライオンデルの取締役会は、合併実現の有無に応じたライオンデル株主の利益の比較その他若干の事項について検討したとされるが、最終的に、バセルの提案につきブラーヴァトニクと交渉する権限をスミスに授与した。さらに12日、ライオンデルの取締役会は、スミス以外の同社の経営陣を排除した上でバセルの提案の利点について討議している。ライオンデルにより本件合併の財務アドバイザーに選定されたドイツ銀行は、バセルの提案に関するフェアネス・オピニオンを大急ぎで取りまとめたものの、他の買収者候補の勧誘を試みることはなかった。

7月15日にバセルから付属資料とともに合併契約案がライオンデルの取締役会に送られ、審議が行われた。同案には、3億8500万ドルの解約金、ライオンデルからの買収勧誘の禁止（no-shop clause）、対抗提案に対するバセルの追加提案権（matching-right）という取引保護条項が含まれていた。[36]ドイツ銀行は1株48ドルの価格が公正であるとの見解を示す一方で、ライオンデルの買収に関心のある企業は20社に上ること、および実際に対抗提案が行われていない理由等について説明を行った。そしてライオンデルの取締役会は、本件合併契約案を承認し、株主に推奨することを全会一致で決議した。2007年11月20日に開催されたライオンデルの臨時株主総会で本件合併契約は承認され、12月20日に履

行が完了した。

　時価総額200億ドル（株主に対する支払額125億ドル）とされるライオンデルの買収は、このようにきわめて短期間のうちに立案・交渉・実行されたが、本件合併からおよそ1年後、合併存続会社であるライオンデルバセルが米国連邦破産法11章に基づく民事再生手続の開始を申し立て、再生計画が認可されるという、予想外の展開を迎えることとなる[37]。

　(3)　**裁　判**　　バセル（ブラーヴァトニク）の登場から本件合併合意に至るまでの過程で、ライオンデルの取締役会は、経営陣およびドイツ銀行からの説明を受けつつブラーヴァトニクの提示する条件の精査には努めたものの、ブラーヴァトニクとスミスの間で合意された基本的内容をライオンデルに有利な形で変更するための積極的な行動は、認定事実による限りで何もしておらず、きわめて受動的な対応に終始していた印象を受ける。もっとも、1株48ドルの価格の公正性についての審査は専門家（ドイツ銀行）の分析の下で一応行っているので、支配権移転局面にあることを積極的に開示して買収提案を募らなかったことや、買収者候補および買収条件についての需要調査（マーケット・チェック）を行わなかったことなどを挙げてレブロン義務違反を問うことは難しいように思われる[38]。しかし、アクセスによるスケジュール13Dの提出に伴い買収が現実味を帯びてきた段階をもって、支配権移転が不可避となり、このときからレブロン義務が発生すると解したならば、当面状況を静観するのみであったライオンデル取締役会の対応には、大きな疑問が残る。

　さて、本件裁判では、ライオンデルの取締役らのグッドフェイスの欠如（グッドフェイスを欠いたレブロン義務の不履行）を認定することができるか否かが主として争われた[39]。この点に関して原告は、①合併条件の検討に費やされたのはわずか7日間であり、取締役会が情報を十分得ていたとはいえないこと、②取締役会はマーケット・チェックをせず、またはその他バセルの提案を上回る条件を得るための行動をとっておらず、価格が妥当であるとしたその判断の前提を欠いていること、そして③不相当な内容の取引保護条項により、バセル以外の者からの提案の途が閉ざされたことを、根拠事実として主張した。他方、被告取締役らは、定款に基づく免責の対象となる行為を根拠に原告が請求を行って

いることを理由に、サマリ・ジャッジメント（略式判決。正式事実審理を経ない終局判決）の申立てをした。もし被告取締役らの行動にグッドフェイスを欠く点があれば、定款免責の対象外となるからサマリ・ジャッジメントは許されず、損害賠償責任認定の可能性を生じる。

デラウェア州衡平法裁判所は、ライオンデルの取締役会自体の適性は肯定しつつも、①７日に満たない交渉期間、②アクセスのスケジュール13D提出後に買収候補者が現れることを想定した行動をとらず、正規のマーケット・チェックも行っていないこと、③取締役会が交渉および売却のプロセスに積極的に関与しなかったことを挙げて、取締役会によるレブロン義務履行に重大な⁴⁰⁾疑念があると認定し、１株48ドルの価格が公正であることは認めたものの、レブロン義務の履行に関する部分について被告のサマリ・ジャッジメントの申立てを却下した⁴¹⁾。

しかし、上訴審においてデラウェア州最高裁判所は、取締役会が会社売却の決定をした７月よりも前にレブロン義務が課されることはないとした上で、本件事案における被告のレブロン義務違反を否定し、原判決を破棄して事案を原審に差し戻した。

上訴審判決において、取締役の忠実義務違反を導くバッドフェイス（グッドフェイスの欠如）⁴²⁾の意義が次のように論じられている。すなわち、ディズニー事件第４判決によれば、バッドフェイスは、①会社に対する害意をいうところの「主観的バッドフェイス」と、②主観的バッドフェイスには至らないがグロス・ネグリジェンスよりも帰責性が重いという、両者の中間領域に属する受任者の態様に大別することができ、このうち②は、意図的な義務の放棄、認識ある自己の職責の無視として例示される。他方、監視局面におけるバッドフェイスを明らかにしたものとしてストーン判決がある⁴³⁾。同判決は、ケアマーク事件和解所見で示されたグッドフェイスの欠如にかかる定義（恒常的なまたは組織的な監視懈怠）が、ディズニー第４判決にいうバッドフェイスの定義に合致することを明らかにしたものであるが、その根拠は、取締役の責任認定にあたり自己の信認義務不履行を当該取締役が認識していることが必要であるという点に求められている、と⁴⁴⁾。

そして上訴審判決は、次の三つの点で原判決には誤りがあると指摘する。それらはすなわち、①ライオンデルの取締役らが会社売却を決定する前、または売却が不可避となる前の段階でレブロン義務を課した点、②レブロン義務をもって、会社の売却過程で充足されるべき一定の行為要件を定めたものであると解した点、そして、③レブロン義務履行に向けた不完全な取り組みをもって、バッドフェイスに該当するところの自己の義務の認識ある無視と同視したという点である。[45]このうち①については、自発的にせよ受動的にせよ会社支配権の移転を生じる取引に着手したときに限り、レブロン義務が生じるのであり、会社売却が現実味を帯びただけでは足りないとする。そして、本件でレブロン義務は2007年7月10日以降に生じたものというべきであり、ライオンデルの取締役らが、スケジュール13Dが提出された日に会社売却も買収防衛も決定することなく推移を見守ることとしたのは、経営判断として全くもって適切であると判示した。[46]

　さらに上訴審判決は、グッドフェイスを欠いたレブロン義務の不履行に関して、次のように論旨を展開する。[47]すなわち、レブロン義務は最高価格の獲得を求めているに過ぎないのであり、このことに関してバーカン事件判決は、取締役会が従うべき義務履行の方法は何ら指定されていないと指摘している。[48]しかるに原判決は、取締役らが、買収提案の公募（オークション）、マーケット・チェック、または市場に関する完全な情報のいずれかに基づいて、最高価格の提案を受けたことを確かめなければならないとし、それが実行されていないというが、レブロン義務履行の方法は法的に何ら指示されていない。したがって会社売却の過程で特定の手段を講じることを、それらの手段のいずれについても怠ったからといって、取締役の職責の認識ある無視が証明されたことにはならない。先例にいうごとく、取引局面において、利害関係のない取締役が故意に職責を無視したとして忠実義務違反に問われるためには、極めつきの事実an extreme set of factsがなければならない。[49]取締役らが認識を有しつつ完全に自己の職責の履行を怠ったときに限り、忠実義務違反となるのである。ここで審査の対象となるのは、取締役らが最高の売却価格を獲得する上でとる必要があったと考えられる行動をすべてとったのかどうかではなくて、最高価格を

獲得するための試みを完全に怠ったのかどうかという点である。ライオンデルの取締役らはバセルの提案に備えた行動をまったくとらなかったし、合併合意をする前にマーケット・チェックを行うことを検討すらしなかったが、グッドフェイスを伴う行動を怠ったとまではいえず、忠実義務違反にはあたらない、と。

(4) **上訴審判決に対する評価**　ライオンデル事件上訴審判決は、監視義務懈怠におけるグッドフェイスの欠如（恒常的なまたは組織的な懈怠）と、個別の経営案件への不適切な対応におけるグッドフェイスの欠如（認識ある義務の無視）が、会社に対する害意はないものの自己の義務の懈怠につき認識を有するという点で共通し、それゆえに等しいものであるとする。その上で、本件合併に至るまでの取締役らのレブロン義務履行のプロセス（＝個別の経営案件への対応）にかかるグッドフェイスの存否の判断に関し、「認識ある義務の無視」の要件に「恒常的なまたは組織的な懈怠」の要件を加重した、より制限的な認定基準——認識のある完全な履行懈怠、義務履行に向けた試みの完全な懈怠——を採用した。

　学説は一様に、レブロン義務違反が忠実義務違反にあたるとして取締役の損害賠償責任を追及することは、本判決が出たことによりほぼ不可能になったものと評価する。現に、その後の同種事案でグッドフェイスを欠いたレブロン義務不履行を理由とする損害賠償請求が認容されたものは現在のところ存在しないようである。また、この要件加重が、（忠実義務違反の範囲拡張に伴う）取締役の責任追及の激化を阻止するという政策的な意図に基づくものであることを指摘する見解もある。

　最高価格獲得に向けた行動を一切とっていないならば、そのことはレブロン義務の違反にとどまらずグッドフェイスを欠いた当該義務の違反（忠実義務違反）にあたるという立論は、裁判規範（責任規範）としては非常に簡明なものであり、グロス・ネグリジェンス（注意義務違反の認定要素）との曖昧な境界を意識しなくてよいという利点がある。しかしそれでは、取締役全員が討議の場からあえて席を外したなどといった、およそ考えられないような状況でない限りは取締役のグッドフェイスの欠如を認定することができないこととなり、裁

判規範としての実用性はほぼ皆無といわなければならない。それゆえ、ライオンデル事件上訴審判決がレブロン義務履行にかかる取締役の行動を量的基準（実質的には有か無かの二値的基準）から評価しているのに対して、学説の中には、取締役の行動にかかるグッドフェイスの存否を判断するための、質的基準を設定することができるはずであると説くものがある。

それによれば、最高価格実現のための試みを完全に懈怠したとまではいえない状態であっても、ディズニー事件第４判決で示された「認識ある義務の無視」を証拠づける経営判断プロセスが存在し得るという。[55] この点に関して、ブルーナーは最高価格を実現すること以外の目的を積極的に推進しようとすることもまた、グッドフェイス欠如の裏付けになり得ると指摘しており、その理由として、レブロン事件判決が取締役の信認義務違反を認める根拠として特定の買収者（フォーストマン）との間で交わされたロックアップ合意を示していることを挙げている。[56] 動機における、会社または株主の利益増進からの乖離に着目するというブルーナーの発想は、グッドフェイスの欠如という消極面からではなく、バッドフェイス（会社に対する背信的意図[57]）の存在という積極面から行為を評価して忠実義務違反を導こうとする点において正攻法的であり、説得力があるといえる。最近のデラウェア州会社法判例も、会社の最善の利益の増進とは異なる目的を追及しているかどうかに着目するブルーナーの見解に沿う形でバッドフェイスの意義をとらえ、当該目的につき原告の主張立証を要求するものが出始めている。[58] ただし、ロックアップをはじめとする取引保護条項から、バッドフェイスを導くに足りるだけの、会社または株主の利益増進から乖離した動機を読み取ることは通常困難であると思われ、実際のところ、最近の判例で原告の主張が認められたものはないようである。[59]

リーダーマンもまた、本件におけるロックアップの効果に着目するものであるが、ブルーナーとは異なり、取締役の動機の不純の問題として対応するのではなく、レブロン義務履行の質ないし達成水準の問題ととらえて、より客観的な側面から分析を目指している。すなわち、リーダーマンは、ロックアップが有するところの買収競争の促進および阻害という機能両面に着目し、レブロン義務履行に関する裁判所の審査手法として、ロックアップ合意が競争制限的で

ないかどうか、とりわけ、企業価値評価のために利用可能な情報に制約がある場合に、他の買収者の参入機会を阻害するような違約金条項その他の取引保護条項が設定されていないかどうかを検討すべきであると説く。[60]ちなみにリーダーマンは、本件における取締役会の行動の問題点として、①会社売却にかかる交渉および実行に際し、経営陣に主導権を取らせてしまったこと、および②ロックアップ合意が果たす役割、すなわち競争的な買収提案を促進するのかそれとも阻害するのかという点を見極めなかったことを挙げている。リーダーマンの所説は、取締役の動機に着目しないという点で立証上の困難を回避したといえるけれども、取引保護条項の設定がグロス・ネグリジェンス以上の帰責性を有することの根拠を明確に示すことができるかどうかは若干疑問である。[61]

なお、示唆的な議論として、ベインブリッジは、RJR ナビスコ事件判決におけるウィリアム・アレン衡平法裁判官の説示を引用しつつ、ライオンデル事件上訴審判決が、レブロン義務履行時におけるバッドフェイスを推認する方法として経営判断の不条理性審査を採用したものであると分析する。[63]これに対してブルーナーは、経営判断のプロセスが不条理でなくても、不備が著しく、かつ取られた行動について考え得る事業上の正当化事由が存しないならば、バッドフェイスを認定することができるとの見解を示している。[64]

4　むすびに代えて

利益相反関係および利害関係に着目する伝統的な忠実義務規範を拡張して、たとえ会社に対する関係で中立性・独立性を有する取締役であっても、グッドフェイスの欠如（またはバッドフェイス）を媒介として忠実義務違反を追求し得るものとする現在の取扱いは、取締役の責任規範をより厳格なものにするという会社法政策が採用されたことの現れであると解釈することができるであろう。しかし具体的な責任認定（グッドフェイスの欠如の認定）の場面においては、上述のようにきわめて限定的な、ないしは極端な基準設定が行われていて、判例を概観する限り、取締役の責任認定に関する状況は従前と比べて変化がないように見える。より具体的にいえば、裁判所は責任規範を厳格なものにしつつ

も、その運用を慎重にする形で経営環境の激変を避けているように見える。とりわけ、取締役の裁量が比較的制約されるところのレブロン義務履行の場面においてすら、行動の質を不問とし、完全に職務を放棄していない限りはグッドフェイスの欠如を認めないということであれば、他の場面において取締役の会社に対する損害賠償責任を追及することは、一層困難になるのではないかと推測される。ただし、学説においては、取引保護条項などに着目して、レブロン義務履行に関する取締役の行動の質を審査し、グッドフェイスの存否の判定に結びつけようとする試みが一部で行われているところである。

　上の段落の冒頭で言及したところの、会社法政策の採用および裁判上の運用の現状は、独立取締役の義務とされるべき領域と株主のリスク負担に委ねられるべき領域を画定していく過程として理解することができるであろう。これは政策的な要素を含むがゆえ多分に流動的であるといえるが、少なくとも裁判規範の問題として考える限り、グッドフェイスの意義（および独立取締役についてその存否および程度を判断するための基準[66]）が明確であるとはいえない現段階においては、ライオンデル事件上訴審判決に見られるような裁判所の慎重な姿勢——判定基準の設定を急がない姿勢と解したい——は、まずは判定基準の前提となるべきグッドフェイスの欠如またはバッドフェイスの意義をめぐる議論の熟成を待つという意味で（そしてそれが実際に進行中であると認められる限りで）、むしろ是認すべきものなのかもしれない。すなわち、株式会社の病理に対応するためには、まずその生理（ここではグッドフェイスの概念）を究明しなければならないということである。

【注】

1)　受任者となる者が他人の利益のために行動することを引き受けることにより生じる法律関係。そのような関係には、他人からの財産または権限の授与と、受任者に対する強い信頼が備わっている。*See* Tamar Frankel, Fɪᴅᴜᴄɪᴀʀʏ Lᴀᴡ 1-78, Oxford University Press, 2011.　同書の日本語訳としてタマール・フランケル著、溜箭将之監訳、三菱 UFJ 信託銀行 Fiduciary Law 研究会訳『フィデューシャリー——「託される人」の法理論』（弘文堂、2014年）1-79頁参照。

2)　酒井太郎「米国会社法学における取締役の信認義務規範（1）」一橋法学11巻3号

（2012年）53-59頁参照。ただし、州会社制定法の条文で「信認義務を負う」などと定めるものはない。ちなみに米国法曹協会の模範事業会社法では、注意義務の内容を敷衍した取締役の行為準則を定めるとともに、自己取引・利益相反取引にかかる手続規定および当該手続が履践された場合の当該取引の法的効果が規定されている（それでもなお、忠実義務に相当する義務規範を定めた規定はない）。ここでは「信認義務」という伝統的な用語法によらない考え方がとられている。酒井・前掲論文55頁注（14）および対応本文参照。

3) 同上59-61頁参照。

4) 同上111-113頁参照。

5) 同上147頁および同頁注371参照。

6) 本論文では、米国州会社制定法としてデラウェア州会社法を主に取り扱うこととするが、その理由は、同州で設立された企業が100万を超えるとともにフォーチュン500の66％以上を占めており、判例の蓄積に富むことに基づく。*See* State of Delaware Official Website, https://corp.delaware.gov/aboutagency.shtml (last visited Mar. 7, 2018).

7) 酒井・前掲注（2）146頁参照。ただし、放棄されるのは損害賠償請求権のみであって、注意義務自体は免除されないから、注意義務違反を理由とする他の衡平法上の救済手段（差止請求など）は引き続き利用可能である。

8) 詳しくは2節を参照。

9) 酒井・前掲注（2）59頁および同頁注24の指示箇所参照。

10) 同上94-95頁参照。判例法上両者を区分していないことについて、同99-100頁参照。

11) 同上116頁参照。

12) 注意義務違反の認定要件であるグロス・ネグリジェンス（gloss negligence, 重過失）の内容は、グッドフェイスの欠如またはバッドフェイスのある状況と明瞭には区別しがたいところがある。酒井・前掲注（2）90-91頁参照。また、酒井太郎「米国会社法学における信認義務規範（2・完）」一橋法学12巻1号（2013年）205-206頁も参照。

13) 酒井・前掲注（2）93頁注168参照。

14) 同上94頁注169・170参照。

15) 同上94頁参照。

16) カリフォルニア州会社法309条（a）およびニューヨーク州事業会社法717条（a）などの州法規定、ならびに模範事業会社法8.30条（a）および米国法律協会「コーポレート・ガバナンスの原理」4.01条。

17) カリフォルニア州会社法309条（c）などの州法規定、および模範事業会社法8.31条（a）。

18) Aronson v. Lewis, 473 A.2d 805, 812 (Del. 1984). 同様の表現として米国法律協会「コーポレート・ガバナンスの原理」4.01条参照。

19) デラウェア州一般会社法144条・145条などの州法規定。模範事業会社法8.51条（a）・8.53条（a）、米国法律協会「コーポレート・ガバナンスの原理」7.20条（a）（免責お

よび費用弁償）。

20）　酒井・前掲注（2）146頁参照。制定法の規定により定款に取締役免責条項を置くこ
とを認めている州は、デラウェア州のほか多数に上る。酒井・前掲注（2）154-164頁
参照。

21）　同上148-149頁参照。

22）　酒井・前掲注（12）95-229頁参照。

23）　Stone v. Ritter, 911 A.2d 362 (Del. 2006).　他の紹介を含む詳細は酒井・前掲注（12）
215-227頁参照。同判決では、忠実義務および注意義務の二つの義務のみが、その違反
によって取締役の会社に対する責任を生じさせるのであり、両義務とは別個独立の義
務類型を観念する余地がないことを明らかにしている。デラウェア州一般会社法102条
(b)(7) の趣旨を踏まえるならば、本文掲記の②〜⑥はいずれも忠実義務違反の具体例
を限定列挙したものとなる。酒井・前掲注（2）151-154頁（法改正の経緯）および酒
井・前掲注（12）206-215頁（信認義務の意義をめぐる新二分論の内容）参照。

24）　*In re* Caremark International, Inc. Derivative Litigation, 698 A.2d 959 (Del. Ch.
1996).　説示内容および他の紹介につき酒井・前掲注（2）62-65頁参照。

25）　*In re* Walt Disney Co. Derivative Litigation, 907 A.2d 693 (Del. Ch. 2005) (Disney
IV).　第4判決を含む事件全容および他の紹介につき酒井・前掲注（12）134-155頁参
照。

26）　Lyondell Chemical Co. v. Ryan, 970 A.2d 345 (Del. 2009).　日本語の紹介として、藤
林大地「会社の売却と取締役の誠実義務」商事法務1891号42頁（2010年）がある。

27）　*Caremark*, 698 A.2d at 971.　酒井・前掲注（2）63頁参照。

28）　ただし、酒井・前掲注（2）65頁注（45）参照。

29）　*Disney IV*, 907 A.2d at 755.　酒井・前掲注（12）146頁参照。

30）　*Disney IV*, 907 A.2d at 755-56.　酒井・前掲注（12）147頁参照。

31）　自己の職責に対する認識ある無視を理由に取締役の損害賠償責任が認められた事例
として、イマージング・コミュニケーションズ株主代表訴訟事件（*In re* Emerging
Communications, Inc. Shareholders Litigation, C.A. No. 16415, 2004 Del. Ch. LEXIS 70
(Del. Ch. May 3, 2004).）がある。同事件の詳細につき、酒井・前掲注（12）169-183頁
参照。

32）　定款免責に関して注意義務違反と忠実義務違反を明瞭に区別するということであれ
ば、注意義務違反の要件の一つであるグロス・ネグリジェンス（重過失）は、忠実義
務違反の要件の一つであるグッドフェイスの欠如またはバッドフェイスと質的に大き
く異なるものとして理解される必要がある。また、グッドフェイスの欠如の認定にあ
たっては、忠実義務違反として経営判断原則の保護が認められないという帰結を導く
に足りるだけの強度の帰責性――それは、理論的には、取締役の動機にかかわるもの
であり、経営判断の質にかかわるものではない――も要求される。

33）　Malpied v. Townson, 780 A.2d 1075, 1083 (Del. 2000), *citing* Revlon v. MacAndrews
& Forbes Holding, Inc., 506 A.2d 173, 182-83 (Del. 1986).　当該義務を解説した近時の

文献として、飯田秀総「企業買収における対象会社の取締役の義務——買収対価の適切性について」フィナンシャル・レビュー121号（2015年）138-145頁、片山信宏「取締役の信認義務と審査基準」法学研究（大阪学院大学）41巻2号（2015年）10-12頁、楠元純一郎「Revlon 判決再考（二）——Revlon 基準の発動事由」丸山秀平ほか編『永井和之先生古稀記念・企業法学の論理と体系』（中央経済社、2016年）271頁、高銀実「米国デラウェア州会社法における M&A 過程の予備的差止について——レブロン義務と情報開示の信認義務との相関関係を中心に」神戸法学雑誌（2015年）264-266頁等参照。

34) ここでは、経営判断プロセスの質（注意義務の履行）が問われているのではなく、当該経営判断に関与した取締役の主観的態様が念頭に置かれていることに留意する必要がある。酒井・前掲注（12）118-119頁（ノーマン・ヴィーシーの所説）参照。

35) この部分の叙述は、Ryan v. Lyondell Chemical Co., C.A. No. 3176-VCN, 2008 Del. Ch. LEXIS 105 (Del. Ch. July 29, 2008) および *Lyondell*, 970 A.2d 345 に基づく。

36) ここには、他の買収者候補からの優越した条件提示を理由とする解除権条項 fiduciary out provision も定められていた。なお、所定の解約金は株式対価総額の3％、ライオンデルの企業価値の2％に相当する。

37) 以上、ライオンデルバセルのウェブサイト（https://www.lyondellbasell.com/en/news-events/corporate–financial-news/）の2007年12月20日付、2009年1月6日付、および2010年3月12日付記事（2018年3月7日確認）。なお、本件合併その他に関連して、ブラーヴァトニクはライオンデルバセルの債権者から複数の巨額損害賠償請求訴訟を提起されたが、原告敗訴の結果に終わっている。Tiffany Kary, *Blavatnik Faces Creditors in Trial Over Lyondell Bankruptcy* (Oct. 17, 2016), https://www.bloomberg.com/news/ articles/ 2016- 10- 17/ blavatnik- faces-creditors-in-trial-over-lyondell-bankruptcy (last visited Mar. 7, 2018); Sujeet Indap, *Blavatnik cleared of fraud claims over Lyondell Chemical buyout* (Apr. 22, 2017), https://www.ft.com/content/99807542-26e7-11e7-8691-d5f7e0cd0a16 (last visited Mar. 7, 2018).

38) 後掲注（48）および対応本文参照。

39) 被告取締役11名のうち、スミス以外は全員独立取締役であった。*Lyondell*, 2008 Del. Ch. LEXIS 105, at *12. 本件ではグッドフェイスの欠如を伴うレブロン義務違反のほか、買収対価情報に関する開示義務違反、ライオンデル取締役らの信認義務違反にかかるバセルの教唆責任が追及された。

40) *Lyondell*, 2008 Del. Ch. LEXIS 105, at *59-71.

41) *Lyondell*, 2008 Del. Ch. LEXIS 105, at *118-19. また、取引保護条項に排他性がないとは言い切れないとして、これに関してもサマリ・ジャッジメントの申立てを却下した。

42) 本判決ではバッドフェイスとグッドフェイスの欠如を同義に解することが明らかにされている。*See Lyondell*, 970 A.2d at 240 n. 8. このことに関して、酒井・前掲注（2）99-100頁参照。

43) 前掲注（23）参照。

44) *Lyondell*, 970 A.2d at 240.

45) *Lyondell*, 970 A.2d at 241.

46) *Lyondell*, 970 A.2d at 242.

47) *Lyondell*, 970 A.2d at 243-44.

48) Barkan v. Amsted Industries, Inc. 567 A.2d 1279, 1286 (Del. 1989).

49) *Lyondell*, 970 A.2d at 243, *citing In re* Lear Corp. Shareholder Litigation, 967 A.2d 640 (Del. Ch. 2008).

50) Joseph K. Leahy, *A Decade After Disney: A Primer on Good and Bad Faith*, 83 U. Cin. L. Rev. 859, 871-72 (2015); Christopher M. Bruner, *Good Faith in Revlon-Land*, 55 N.Y. L. Sch. L. Rev. 581, 589 (2010/11). ちなみに、2009年のデラウェア州衡平法裁判所の事案でチャンドラー衡平法裁判官は、ライオンデル事件上訴審判決で示された厳格な挙証責任に触れつつ、注意義務違反に基づく損害賠償責任を免除している会社において会社支配権の売却取引につき信認義務違反があった場合、株主の現実的な救済となるのは、差止めに限定されるのではないかとの見解を明らかにしている。Police & Fire Ret. Sys. v. Bernal, C.A. No. 4663-CC, 2009 Del. Ch. LEXIS 111 (Del. Ch. June 26, 2009). なお、差止請求が定款免責の対象外であることについて、酒井・前掲注（2）146-147頁参照。

51) *See cases cited in infra* note 58. *See also*, McPadden v. Sidhu, 964 A.2d 1262 (Del. Ch. 2008); *In re* Lear Corp. Shareholder Litigation, 967 A.2d 640 (Del. Ch. 2008).

52) Lawrence Lederman, *Deconstructing Lyondell: Reconstructing Revlon*, 55 N.Y. L. Sch. L. Rev. 639, 642 (2010/11).

53) Andrew C. W. Lund, *Opting Out of Good Faith*, 37 Fla. St. L. Rev. 393, 439-40 (2010).

54) Leahy, *supra* note 50, at 871-72.

55) Lund, *supra* note 53, at 439.

56) Bruner, *supra* note 50, at 590 (*citing Revlon*, 506 A.2d, at 182-85). ただし、同事件は損害賠償請求ではなく暫定的差止命令の申立てが認められた事例であることに留意する必要があると思われる（前掲注（7）も参照）。

57) 酒井・前掲注（2）92-95頁参照。

58) *See, e.g.*, Chen v. Howard-Anderson, 87 A.3d 648, 684 (Del. Ch. 2014); *In re* Novell, Inc. Shareholder Litigation, C.A. No. 6032-VCN, 2014 Del. Ch. LEXIS 249, at *23 (Del. Ch. Nov. 25, 2014); *In re* Answers Corp. Shareholder Litigation, C.A. No. 6170-VCN, 2012 Del. Ch. LEXIS 162, at *3-4 (Del. Ch. July 19, 2012)（本判決は原告の主張に不適法な点はないとして訴え却下の申立てを退けたものであるが、その後、ライオンデル事件上訴審判決の判断枠組みを用いてレブロン義務違反に基づく損害賠償責任が否定されている。*Answers*, 2014 Del. Ch. LEXIS 17 (Del. Ch. Feb. 3, 2014), *aff'd*, 105 A.3d 989 (Del. 2014)）（以上3件はレブロン義務違反が争われた事例）; Houseman v. Sagerman, C.A. No. 8897-VCG, 2014 Del. Ch. LEXIS 55, at *19-20 (Del. Ch. Apr. 16, 2014). *See, also*, Leahy, *supra* note 50, at 877 n. 116.

59) 前掲注（51）の事例参照。

60) Lederman, *supra* note 52, at 656.

61) 私見としては、ブルーナーの見解にリーダーマンの着眼点を加味することにより、ロックアップの客観的態様（各利害関係者に及ぼす効果およびその大きさ）から取締役の主観──会社および株主の最善の利益を追求すること以外の目的の存否──を推認するというアプローチを用いることができるように思われる。

62) *In re* RJR Nabisco, Inc. Shareholders Litigation, C.A. No. 10389, 1989 Del. Ch. LEXIS 9, at *41 n. 13 (Del. Ch. Jan. 31, 1989). 当該説示の解説として、酒井・前掲注（2）100頁注（200）参照。

63) 2009年4月27日付ブログ記事（http://www.professorbainbridge.com/professorbainbridgecom/2009/04/does-irrationality-bad-faith.html）参照（2018年3月7日確認）。

64) Bruner, *supra* note 56, at 590-91. ベインブリッジが経営判断内容の不条理性に着目するのに対し、ブルーナーは経営判断プロセスの不条理性を問題としている。

65) ライオンデル事件上訴審判決は、レブロン義務履行の方法またはその枠組みを提示することはできないとの前提の下、原審判決で行われた重点項目充足にかかる審査を排斥するので、自ずと「何らかの作為がありさえすればそれでよい」というきわめて謙抑的な審査基準が用いられるべきこととなる。この点については、確立した実務慣行の存在を前提としてそれに準拠すること（準拠しない場合にはその理由）の判断を取締役会が現実に行ったかどうかという点に焦点を置いた司法審査も可能であると思われるが、少なくとも同判決は一切の試みを怠った場合に帰責原因を限定している。

66) これはつまるところ、独立取締役の能力評価方法に他ならない。司法上の審査方法が調わない間は、市場の評価（株主のリスク負担）に委ねられるべき問題として維持されることとなり、（従前と状況が変わらないという意味において）さして支障は生じないともいえよう。しかし、学術的見地に立つならば、米国会社法学における忠実義務をめぐる議論として、利益相反回避の領域を超えた取締役の行為規範・責任規範を解明していくことは、競争促進的な株式会社法制を考察していく上できわめて重要な意義があると考えられる。

非公開企業における動機付け交渉

――忠実義務と退出権の代替性の観点から――

宍戸　善一

1　はじめに

　公開企業に比して、非公開企業の大きな特色のひとつは、組織設計に関する定款自治・契約自由がより広範に認められていることである。[1]非公開企業の組織設計は、関係当事者（創業時の社員・経営者および設立後に参加する社員・経営者[2]）[3]間の動機付け交渉の結果として、組織形態の選択、定款によるデフォルト・ルールの変更、社員間契約による補完という形で定着される。[4]本稿は、非公開企業の組織設計における動機付け交渉の主要な争点のうち、忠実義務と退出権に焦点を当て、機会主義的行動の抑止という観点からは、両者を代替的に用いることができるという仮説から、非公開企業の類型に応じて、合理的な組織設計の方向を模索し、それを可能とする組織法のあり方について提言を行うものである。[5]本稿の議論においては、日本と米デラウェア州の株式会社法と合同会社（LLC）法を比較検討対象とする。[6]

　2節においては、動機付け交渉の課題の違い（以下、「動機付け交渉状況」と呼ぶ）に着目して、本稿の考察対象である非公開企業を、家族企業型、共同事業型、ベンチャー企業型の3類型に分類する。3節では、忠実義務を限定するニーズが動機付け交渉状況によって異なることを、3類型に即して論じ、4節では、退出権を制限するニーズが動機付け交渉状況によって異なることを、3類型に即して論じる。5節において、忠実義務と退出権を代替的に用いることが可能であるという仮説を提示し、3類型における両者の組合せが、代替関係の右肩下がりのライン上にあることを示す。6節では、デラウェア州 LLC 法

が忠実義務と退出権の双方に関して完全な契約自由を認めたことによって生じた問題点を紹介し、7節において、日本とデラウェア州の株式会社法とLLC法を比較し、代替性仮説を当てはめることによって、非公開企業のための組織法の立法政策に関する示唆を提示する。8節は結論である。

2　非公開企業の3類型——動機付け交渉状況の観点から

　本章では、社員間における動機付け交渉の課題の違いに着目し、非公開企業を、家族企業型、共同事業型、および、ベンチャー企業型の3類型に分類する。

　家族企業型は、典型的には、社員間の動機付け交渉を必要としない非公開企業である。オーナーと経営者が同一人である一人会社として設立され、後に、創業者の生前ないし相続時に、配偶者と子供たちに持分が分配されるという経緯をたどるのが典型例である。一人会社のうちはもとより[7]、企業承継後、経営支配権が一人の相続人に集中した場合には、他の持分所有者（兄弟姉妹など他の相続人）の物的資本ないし人的資本の拠出が必要でない限り、現オーナー経営者には少数持分所有者に対して動機付けを行うインセンティブがない[8]。動機付け交渉が必要とされない状況では、支配株主（社員）の少数株主（社員）に対する圧迫ないし締出しが起こりやすく、強行法規による一定の後見的保護が必要であると考えられる。

　共同事業型は、各構成員が物的資本と人的資本の両方を拠出して共同事業を営む非公開企業である。各構成員が自らのペイオフを最大化するためには、他の構成員に対して、将来にわたる、物的資本の拠出および人的資本の拠出を動機付けする必要に迫られる。次に述べるベンチャー企業型とは異なり、共同事業型では、各構成員が物的資本の拠出者と人的資本の拠出者を兼ねているため、各構成員が拠出する物的資本と人的資本の比重が異なることによる「インセンティブのねじれ」をいかに調整するかが、動機付け交渉の主要な課題となる[9]。共同事業型には、複数の自然人が構成員となるパートナーシップ型と複数の企業が構成員となるジョイント・ベンチャー型[10]がある。家族企業型と比較して、全ての社員が共同経営者であり、株式会社形態であれば、全ての社員が取

締役となり（あるいは取締役を派遣し）、LLC 形態であれば、全ての社員が業務を執行する[11]（あるいは職務執行者（会社598条1項）を派遣する）ことが原則であるところに特色がある[12]。

　ベンチャー企業型は、起業家が外部の資本家（エンジェルないしベンチャー・[13] キャピタル（VC））[14] から出資を受けるものである。起業家は VC 等に対して、物的資本の拠出を行う動機付けをする必要があり、VC 等は起業家に対して、人的資本の拠出を行う動機付けをする必要がある。ベンチャー企業型は、人的資本の拠出者と物的資本の拠出者が分離している点において、上場企業と連続している面があり、人的資本の拠出者のオートノミーと物的資本の拠出者のモニタリング権限のバランスをとることが動機付け交渉の主要な課題となる[15]。また、ベンチャー企業型では、VC 等が M&A ないし IPO によるエグジットを行うことを前提とした動機付け交渉がなされ[16]、VC 等が M&A に際しての優先分配権を取得する点が共同事業型とは異なっており[17]、エグジットのタイミングをめぐり、異なった種類株主間の利害対立が生じ得る。シリコンバレー型の VC 投資実務では、VC が投資先企業の取締役会に参加して起業家を支援する「ハンズオン」型投資が主流である[18]。そこでは、業務執行は起業家が行い、VC はモニタリングを行うので、共同経営ではないが、株式会社形態では、各投資ラウンドのリード VC は取締役を派遣し、LLC 形態では、VC も業務執行社員となるのが典型事例である[19]。

　以上に、動機付け交渉状況の観点から非公開企業の3類型を提示したが、それぞれ、典型事例を前提としており、3類型の間には境界事例も存在することに注意する必要がある。

3　忠実義務の限定——類型ごとのニーズ[20]

　広義の忠実義務[21]は、損害賠償責任発生の可能性を通じて、取締役ないし業務執行社員をして、善良な管理者としての注意を払わせる効果、および、自らの利益を優先する行動を慎ませる効果があるが、訴訟リスクが高すぎると、経営に参加するインセンティブを阻害してしまう。それゆえ、非公開企業の動機付

け交渉においては、取締役ないし業務執行社員の忠実義務をどのレベルに設定するかが一つの重要な課題となる。法定の忠実義務を限定するニーズは各類型の動機付け交渉状況によって異なる。忠実義務を限定できる範囲は各国の会社法によって異なり、株式会社と LLC とでも異なるが、本章の目的は、各類型の非公開企業における忠実義務を限定するニーズを考察することにあるので、定款自治の限定がないことを前提に議論する。

家族企業型では、忠実義務を限定するニーズは、少なくとも、会社設立時に定款作成権限を有する創業者にはない。会社設立時には、オーナー経営者以外の社員は存在しないのが典型例であり、訴訟リスクを限定する必要はない。将来、共同経営者を置くとすれば、オーナーとしてはむしろ経営者の忠実義務は厳格な方が望ましい。企業承継の際に、子供の一人に経営を任せるとすれば、その後継者が他の子供たち（少数社員）を公正に取り扱うよう、忠実義務は限定しない方がよい。[22]

共同事業型では、各構成員（共同経営者）は、自らの忠実義務を限定して、訴訟リスクを減らしたいと望むが、他の構成員（共同経営者）の忠実義務を限定することによる機会主義的行動のリスクを恐れるというトレードオフの状況にあるため、忠実義務を完全に排除するという合意が成立することは基本的にない。[23] 共同事業型（とくにジョイント・ベンチャー）では、自らが利益相反に陥るリスクに対しては、契約上の手続的規定（利益相反取引に関する合意条項、会社の機会に関する拒否権条項等）での対処が可能であり、相手方が通例でない取引等により機会主義的行動をとるリスクに対しては忠実義務を適用することにより対処することが双方の利益にかなう。[24] 当初からパートナー間で合意しておいた自らの利益を追求することは認め合うが、機会主義的に相手方の利益を侵害する行為は認めないという意味で「中間的な」忠実義務の限定といえる。[25]

共同事業型では、各構成員の利益代表としての取締役が各構成員の利益を最大化するために、取締役会レベルで再交渉を行っていくことが前提とされている。[26] それゆえ、共同事業型では、取締役会で各共同事業者の利益代表が自己利益を最大化するための自由な交渉を行うことを認める忠実義務の設定が求められる。[27] 自らの利益を追求し合うことを認め合っていたのに、それを忠実義務違

反であるとして損害賠償を請求するのは禁反言として認められないという説が
アメリカでは有力であるが、会社法上はあくまですべての取締役は会社に対す
る忠実義務を負っており、潜在的な訴訟リスクは否定できない。2000年にデラ
ウェア州会社法が、会社が、定款の規定ないし取締役会決議によって、会社の
機会を放棄することを認めたのは、そのような共同事業の潜在的な訴訟リスク
に対処したものと思われ、「中間的な」忠実義務の限定を制定法が正面から認
めたものと評価できる。[29)]

　ベンチャー企業型では、VC の利益を代表する取締役が、将来の M&A 等によ
るエグジットの際に、深刻な利益相反状況に陥ることが予想され、かつ、その種[30)]
の利益相反問題は、利益相反取引や会社の機会の分配のように、予め手続的規
定を置くことによって解消されるものでもない。[31)]いわゆるシリコンバレー・モデ
ルでは、取締役会に、普通株主の利益代表としての起業家と、優先株主の利益
代表としての VC がともに出席し、取締役会レベルで、両者の関係について再
交渉を行うことを前提としてきた。[32)]ベンチャー企業型においては、VC 取締役も
会社の利益最大化に対する忠実義務があるとしても（ジョイント・ベンチャーにお
けるような禁反言という防御は成立しない）、取締役会で各種類株主の利益代表が自
己利益を最大化するための自由な交渉を行うことを認める忠実義務の設定が求
められる。[33)]

　また、VC は、会社支配の取得、段階的投資、契約スキーム等によって、起
業家の機会主義的行動をモニタリングすることが可能である。それゆえ、VC
は忠実義務をできるだけ限定して、訴訟リスクを最小限に抑えたいと考える。
起業家サイドには、競業等の定型的利益相反の可能性はあるが、いずれにして
も、契約スキーム等によって制約されており、IPO 前に自らが忠実義務違反
によって訴えられるリスクは VC に比して相対的に小さく、[34)]むしろ、忠実義
務を限定せず、VC の機会主義的行動を抑制することに利益を有している。[35)]し
かし、VC の訴訟リスクを引き下げることによって、VC に対して、出資を行
うインセンティブ、および、取締役としてハンズオンを行うインセンティブを
与えることができるのであれば、[36)]起業家にとってのベネフィットもコストを上
回る場合が多いであろう。[37)]

4 退出権の制限——類型ごとのニーズ

　ここでいう退出権は、物的資本を回収する権利であり、持分の譲渡による退出と持分の払戻し（退社または解散）による退出の双方が含まれる。株式会社では持分の譲渡による退出が原則であり、合同会社では持分の払戻しによる退出が原則である。[38]

　強い退出権は、他の構成員に対する威嚇（threat）として機能し、少数派社[39]員の締め出されるリスクを軽減するが、各社員が企業活動にコミットすることによって他の社員に資源拠出を行うインセンティブを与えることを困難にする。一般に、持分の譲渡による退出よりも、持分の払戻しによる退出の方が、物的資本の企業資産からの引き上げを伴うので、退出の威嚇は大きい。また、退出の条件および持分評価の方法によっても退出の威嚇の強さは変化する。

　構成員の退出権の強弱に関するニーズも動機付け交渉状況によって異なる。構成員にどこまで強い退出権を与えることができるか、逆に、構成員の退出権をどこまで限定できるかは各国の会社法によって異なり、株式会社と LLC とでも異なるが、本章の目的は、各類型の非公開企業における構成員の退出権の強弱に関するニーズを考察することにあるので、定款自治の限定がないことを前提に議論する。

　家族企業型では、少なくとも創業者には、退出権を制限するニーズがある。創業者は多くの場合、将来にわたる企業の存続を望んでいるので、企業資産流出のリスクを抑える必要があり、非経営社員となる相続人の退出権（とくに持分の払戻し）をも制限したいと考えるであろうが、退出権を制限すると、退出の威嚇が弱まり、少数社員が締め出されるリスクは高くなる。

　共同事業型では、各構成員が、自らの退出権は確保しつつ、相手方の退出権は制限したいと考える。しかし、仮に共同事業者がいつでも退出できる状況では、各構成員が共同事業に人的資本を拠出するインセンティブを失ってしまうので、共同事業者たる各構成員はお互いに共同事業へのコミットを行う必要があり、そのためには何らかの退出権の制限が必要である。[40]

ベンチャー企業型では、シリコンバレー型の VC 投資実務においては、VC の退出権は制限せず、起業家の退出権を制限する実務が多く、日本の VC 投資実務においては、すべての株式に対して定款による譲渡制限を付するのがほとんどであるが[41]、VC は、起業家に買取義務を課したり[42]、株式に償還請求権をつけたりして[43]、物的資本を引き上げることが可能なようにしている[44]。さらには、VC は、段階的投資によって、起業家に対して退出の威嚇を効かせることができる[45]。起業家も、株式譲渡制限が付されていたとしても、人的資本を引き上げることは可能であり[46]、それが当該事業に必須なものである場合には、VC に対する退出の威嚇となる。すなわち、VC は起業家の人的資本の退出を恐れ、起業家は VC の物的資本の退出を恐れており、ともに相手方の退出を制限するニーズを有するが、実態として、VC と起業家は、お互いに、退出の威嚇によって、相手方の機会主義的行動を牽制し合う構造になっているといえる。それゆえ、法形式的に物的資本の強い退出権を与え合ったとしても、動機付け交渉の実態に大きな影響を与えるものではない[47]。

5 忠実義務と退出権の代替性

本章では、機会主義的行動の抑止という観点からは、忠実義務と退出権は代替的に用いることができるという仮説を提示する[48]。すなわち、強い忠実義務が課されている場合には、強い退出権は必要なく、逆に、忠実義務が制限されている場合には、強い退出権が必要である（仮説 1）[49]。縦軸に忠実義務の強度、横軸に退出権の強度をとった場合、右肩下がりの代替性のラインが描けるが（次頁の相関図）、この代替関係のラインから外れた組織設計は効率的でない（仮説 2）[50]。

忠実義務も退出権も、構成員の機会主義的行動を抑止する機能がある[51]。忠実義務は、利益相反的状況にある構成員の訴訟リスクを高めることによって、退出権は、退出の威嚇として作用することによって、構成員の機会主義的行動を抑止する機能がある。

しかし、強力な忠実義務は、コース的交渉（Coasean bargain）を妨げること

によって、[52]構成員の資源拠出のインセンティブを阻害する危険があり、強力な退出権は、各構成員が企業活動にコミットすることを妨げることによって、[53]他の構成員の資源拠出のインセンティブを阻害する危険がある。

　忠実義務も退出権も、このようなトレードオフの問題を抱えているが、非公開企業の類型ごとのニーズに応じて代替的に使い分けることによって、できるだけ構成員の資源拠出のインセンティブを阻害しないで、機会主義的行動を抑止することが可能になる。

　家族企業型においては、少なくとも創業者にとって、将来にわたる企業の存続（企業資産が分散しないことを含む）と、家族の融和（締出し等による内部紛争が起こらないこと）が重要であり、弱い退出権と強い忠実義務の組合せが合理的な選択である。全ての社員が経営に参加する共同事業型では、各構成員は自らの訴訟リスクの限定および退出権の確保を望むが、お互いに機会主義的行動を牽制し、かつ、共同事業にコミットする必要があるので、中間的な忠実義務と中間的な退出権の組合せが、具体的な動機付け交渉状況に応じて選択されることになる。ベンチャー企業型では、忠実義務の限定によって不確実性を除去す

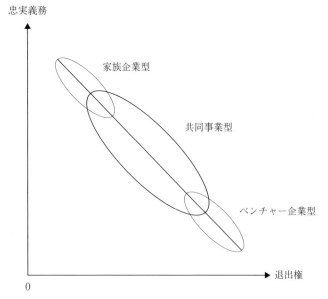

るニーズがあるが、それによって生じる機会主義的行動のリスクは、退出の威嚇によって牽制し合うという組合せが合理的な選択となる。

6　デラウェア州 LLC 法の実験

忠実義務と退出権に関して、デラウェア州のＬＬＣ法は徹底した契約自由の原則をとっており、両者のほぼ完全な排除すら認めている。これは、コントラクタリアン的な考え方をほぼ完全な形で組織法に取り入れる実験を行っていると見ることもできるが、同州の判例や論争からはその様々な問題点も浮かび上がってくる。

1　忠実義務の排除

米デラウェア州の LLC 法は、2004年改正において、定款による忠実義務の完全な排除を認めたが、同じ条文の但書において、契約相手に対して誠実で公正な対応を行う黙示の義務（implied covenants of good faith and fair dealing、以下 ICGF&FD）を排除することはできないとされている。デラウェア州 LLC 法の改正後、デラウェア州裁判所において、ICGF&FD の適用の是非が争われた判決が相次ぎ、LLC における忠実義務排除をも認める定款自治に対して疑問が投げかけられている。

ICGF&FD とは、契約の当事者は、契約から生じる利益を享受する他の当事者の権利を損なうような行為を行ってはならないという契約に内在する義務である。Branson 教授は、デラウェア州裁判所が ICGF&FD に言及したところを以下のように要約している。第一に、明示の契約条項が存在する場合、ICGF&FD の主張は、単なる契約違反の主張ということになり、元々の契約にギャップが存在する場合に、ICGF&FD が適用される余地がある。第二に、その例外として、契約によって許容された将来の裁量権の行使において、裁量権を行使する者が合理的かつ誠実に行動しなかったときに、ICGF&FD が適用され得る。第三に、ICGF&FD は、あらゆる問題を解決するもの（catchall）として、また、後知恵（afterthought）として用いられてはならない。とくに、

注意深く、詳細に作成された契約がある場合には、ICGF&FD の主張は後知恵とみなされることが多い[64]。

Branson 教授は、契約による忠実義務の排除と ICGF&FD に関するデラウェア州の判例を以下のように総括している[65]。経営者および支配権を行使しうる者は、LLC 等の株式会社以外の組織形態を用い、かつ、注意深く忠実義務を排除する契約条項を用いることによって、多少うさんくさいと見える取引に関して責任を問われるリスクを最小限に抑えることは可能であるが[66]、明らかに詐欺的な取引に関しては、仮に忠実義務が契約によって排除されていたとしても、裁判所は、ICGF&FD を適用するなどして責任を問うている[67]。

2 退出権の排除

デラウェア州においては、退社権だけでなく、LLC 契約による解散判決請求権を含む退出権の完全な排除が認められている。デラウェア LLC 法§18-802 は、「LLC 契約に別段の規定がない限り」といった、解散判決請求権を契約で排除できることを明示する規定を持たないが、デラウェア州の判例は、契約による排除を認めている[68]。

退出権の制限に関する完全な契約自由を認めた立法例であるが、そのことによって、必ずしも合理的とは思われない紛争処理が行われた例として、Huatuco v. Satellite Healthcare[69] がある。これは、LLC を用いた対等合弁のケース[70]で、LLC 契約において、忠実義務（default fiduciary duty）の適用はないこと、退社権（withdrawal right）はないこと（対価は支払われないこと）、「事態を大きく変更する事件（transfer events）」があった場合は相手方持分の売渡請求権（call option）が発生することが定められていた。原告は、合弁に対する役務提供契約から得られる利益を主たる目的として出資したが、一方的に役務提供契約を解約された。しかし、原告には持分売渡請求権を行使する資金的余裕がなかったため、裁判所に対して、デッドロックの際の解散判決請求（6 Del. Code §18-802）を行ったが、裁判所は、本件 LLC 契約は解散判決請求権を明示的に排除していないが、「メンバーはこの契約で明示的に認められた権利のみを行使できる」との文言があることから、それを排除したものと認定できるとし

て、原告の請求を棄却した。原告は50％の持分を有していたにもかかわらず、実質的に合弁事業から締め出されることになった。退出権の完全排除を認めることは、むしろ、忠実義務の完全排除を認めること以上に深刻な問題を引き起こし得ることを示した事例といえよう。

7　非公開企業のための組織法に関する日米比較と若干の立法政策論

　5節で述べた、忠実義務と退出権の代替的利用の可能性に着目すると、非公開企業のための組織法は、この代替関係の右肩下がりのライン（216頁の相関図）に沿った定款自治を許容するものであることが望ましい（仮説3）。

　ここで、忠実義務と退出権に関する日本とデラウェア州の株式会社法とLLC法の規定および判例法を比較してみよう。

1　忠実義務の強さの比較

　日米ともに、取締役は会社のため忠実にその職務を行う義務を負っており、「会社のため」とは、総株主の利益を図ることを意味すると解されている。[71]デラウェア州判例法における忠実義務（fiduciary duty）は、取締役が利益相反状況にあることを前提とする、狭義の忠実義務（fiduciary duty of loyalty）と、利益相反状況がないことを前提とする、善管注意義務（fiduciary duty of care）とに分類され、取締役がそれぞれの責任を免れる要件および違反の効果を大きく違えている。これに対して、日本の判例法は両者の区別を否定し、法的差異を設けていないが、学説では、善管注意義務と（狭義の）忠実義務の概念を区別して論じることが一般的になっている。[72]

　忠実義務の強さを測る上で、善管注意義務の限定と狭義の忠実義務の限定とを一概に同列に比較することはできないが、アメリカ法の歴史の中で、善管注意義務の限定ないし排除がまず初めに認められ、狭義の忠実義務の限定はごく最近まで認められなかったことを踏まえ、両者を含む広義の忠実義務（default fiduciary duty）が限定されることなく課される場合を最強として、善管注意義務の排除がなされている場合、狭義の忠実義務の内、会社の機会に関するもの

のみが排除されている場合、そして、全ての狭義の忠実義務が排除されている場合の順に忠実義務の強度は限定されていくと考える。

　日本の株式会社法は、善管注意義務を含む忠実義務を強行法規として規定し、定款による免除を認めていないが（会社424条）、社外役員および非業務執行取締役の責任に関しては、「善意でかつ重大な過失がないとき」に限り、定款の定めに基づき、責任限定契約を締結することができる（会社427条1項）。[73]デラウェア州株式会社法は、1986年に、取締役の善管注意義務違反から生じる損害賠償責任の定款による排除を認め、[74]さらに、2000年には、会社の機会（corporate opportunity）に関して、実質的に、狭義の忠実義務の定款による排除を認めている。[75]日本のLLC（合同会社）法は、定款による忠実義務自体の排除は認めていないが、忠実義務違反を理由とする損害賠償責任の事前免除を認めている。[76]ただし、ボトムラインとして信義誠実義務があると考えられる。デラウェア州LLC法は、忠実義務自体の排除も、損害賠償責任の事前免除も、ともに認めているが、ボトムラインとしてICGF&FDがある。[77]

　このように、忠実義務に関しては、日本もデラウェア州も、株式会社法は強行法的な要素が強く、より強い忠実義務が求められるのに対し、LLC法は広範な契約自由が認められており、弱い忠実義務の設定が可能である。

2　退出権の強さの比較

　退出権の強さを比較する上では、まず、株式会社とLLCの違いについて整理しておく必要がある。日米の株式会社法はともに、株式譲渡制限によって第三者の参入リスクに対処することを認めているが、完全な譲渡禁止を認めるものではなく、既存株主による買取り等、代替的な退出手段の提供を求めている。これに対して、デラウェア州を含む米国LLC法は、議決権を含む持分の譲渡可能性を想定していない。[78]すなわち、キャッシュフローに関する持分を譲渡することはできるが、議決権を含む社員としての持分の譲渡を完全に禁じることも可能である。日本のLLC法は、米国のような持分概念の区別をすることなく、議決権を含む社員としての持分の譲渡を想定して、それを制限することを認めている（会社585条）。退社権が強行法規として設定されていることから持

分譲渡制限の定款自治の範囲は広く、譲渡禁止も可能と考えられる。[79)]

本稿において、退出権の強さの意義は退出の威嚇の強さにあり、退出の威嚇の強さは、本来であれば、持分の譲渡による退出と持分の払戻しによる退出の両方を併せて評価すべきものであるが、持分の譲渡による退出の威嚇は株式の流動性等によって異なり、持分の払戻しによる退出の威嚇と一概に比較することは困難である。また、結果的には同じく持分の払戻しによる退出をもたらす、退社権と解散判決請求権も、その要件と効果は異なっており、両者の退出の威嚇の強さを一概に比較することも困難である。本稿では、機会主義的行動の抑止という観点から、各社員が専権的にトリガーを引ける退社および解散判決請求の制度に焦点を当て、退出の威嚇の強さは、随意退社が認められている場合を最強とし、退出の条件としてのやむを得ない事由の範囲を狭める方向で弱まり、退社は認められないが、圧迫事例において解散判決請求権がある場合、行き詰まり事例においてのみ解散判決請求権がある場合、の順に弱まっていき、完全に解散判決請求権を排除できる場合を最弱と考える。

退出権の制限に関して、日本の株式会社法の契約自由の範囲は広い。ボトムラインとしては、解散判決請求権（会社833条1項）がある。解散判決請求権は行き詰まり（deadlock）類型（1号）と圧迫（oppression）類型（2号）の両方が定められているが、後者は、圧迫行為の結果、企業の存立が危うくなっていることが要件とされており、行き詰まりではない純粋に多数株主の圧迫のケースで解散判決が認められた裁判例はほとんどみられない。[80)]デラウェア州株式会社法の契約自由の範囲もほぼ同様であり、解散判決請求権が、事実上デッドロックの場合に限られることも、日本とほぼ同じと考えられる。[81)]

これに対して、日本とデラウェア州のLLC法の退出権の制限に関する規定は大きく異なっている。日本のLLC法は、「やむを得ない事由」がある場合にいつでも退社できることを強行法規として定めており、定款でどこまで「やむを得ない事由」を制限できるかは明らかでなく、[82)]契約自由の範囲は狭い。デラウェア州LLC法は、これと対照的に、株式会社法よりも広い契約自由を認めている。退社権はデフォルト・ルールとしても定めがないだけでなく、解散判決請求権の排除も可能である。[83)]退出権の制限に関するボトムラインは無いと

いってよい。

このように、日本もデラウェア州も、株式会社法は退出権の制限に関して、一定のボトムラインを設定しながら、退出権の制限を広く認め、弱い退出権の設定を許容している。LLC法は、この点に関しては、両法域で大きく異なり、日本のLLC法は強行法規で強い退出権を設定しているのに対して、デラウェア州のLLC法は、株式会社法よりも広範な契約自由を認め、完全な退出権の排除をも認めている。

3 代替性仮説への当てはめ

以上の、日本とデラウェア州の株式会社法およびLLC法の比較を、忠実義務と退出権の代替性仮説に当てはめると以下のようなことが分かる。

日本の株式会社は、退出権に関してはかなり広範な契約自由が認められているが、強行法規により強い忠実義務が求められているため、忠実義務と退出権の効率的組合せを示す右肩下がりのライン（216頁の相関図）では、左上の一角のみが許容されることになる。動機付け交渉状況の観点による非公開企業の3類型の中では、家族企業型のニーズに合致した組織形態であるが、共同事業型やベンチャー企業型のニーズには必ずしも合致していない。

日本のLLCは、忠実義務に関しては広範な契約自由が認められているが、強行法規により強い退出権が求められているため、右肩下がりのラインの右下の一角のみが許容されることになる。ベンチャー企業型のニーズに合致した組織形態であるが、家族企業型や共同事業型のニーズには必ずしも合致していない。

デラウェア州の株式会社は、退出権に関しては、日本の株式会社とほぼ同等のかなり広範な契約自由が認められており、忠実義務に関しても会社の機会に関するものは排除可能とされているので、右肩下がりのラインの左上から中程の地点までカバーすることができ、家族企業型のニーズだけでなく、共同事業型のほとんどのニーズにも合致した組合せを契約で選択することが可能である。

デラウェア州のLLCは、忠実義務に関しても（ボトムラインとしてICGF&FD

非公開企業における動機付け交渉（宍戸　善一）

があるものの）、退出権に関しても（ボトムライン無し）、ほぼ完全な契約自由を
許容されており、右肩下がりのラインの全ての部分をカバーすることができ
る。それゆえ、3類型全てのニーズに合致した組合せを契約で選択することが
可能である。ただし、忠実義務の限定に関しても、退出権の制限に関しても、
完全な契約自由を認めると、両者を完全に排除する、相関図の左下の選択肢を
取ることが可能になる。しかし、その組合せは、代替性仮説からすると合理的
ではない選択であり、その結果著しく不公正な事象が発生した場合、裁判所に
よる事後的な介入がなされる可能性が高くなる。それは不確実性を高め、事前
の効率性を阻害することになる。そうであれば、むしろ強行法規によって事前
にボトムラインを設定しておいた方が、不確実性を低め、事前の効率性をより
阻害しないで済む可能性が高い。

　強行法規による事前のボトムラインの設定は、代替性仮説によれば、必ずし
も、忠実義務と退出権の両方について行う必要はない（仮説4）[84]。契約自由に
よって忠実義務の排除を認める場合には、強行法規によって退出権を保証し、
契約自由によって退出権の排除を認める場合には、強行法規によって一定の忠
実義務を課すことが、少なくとも一つの立法政策として合理性がある。その意
味で、日本の非公開企業法は、退社権については幅広い契約自由を認めながら、
忠実義務の限定を認めない株式会社法と、忠実義務違反による損害賠償責任の
免除を可能とする定款自治を認めながら、退社権の制限については定款自治を
認めないという強行法規を残した合同会社法のいずれかを選択できるように
なっており、代替性仮説に沿った法制度ということもできる。

　強行法規を利用する場合の問題点は、その硬直性にあり、日本の株式会社法
と合同会社法の組合せの弱点は、忠実義務と退出権の効率的組合せを示す右肩
下がりのライン上の中間領域の動機付け交渉に対応できないところにある。株
式会社において忠実義務を限定できる範囲を一定限度広げるか、または、合同
会社において退社権の制限の余地を一定限度認めれば、共同事業を含む、ほと
んどの類型の非公開企業のニーズに応えることができるようになるが、それぞ
れの定款自治の範囲を一定限度以上に広げると、効率的組合せのラインから乖
離した契約がなされるリスクが高まる。組織法の立法政策において、このよう

なトレードオフは不可避であり、最適なバランスを探る努力が欠かせないことになる。

8 おわりに

非公開企業において、社員の機会主義的行動の抑止は、他の社員に対する資本拠出の動機付けになる。忠実義務と退出権はともに機会主義的行動の抑止効果を有する法制度であるが、ともに、その強度が強すぎる場合にはトレードオフを伴う。本稿では、機会主義的行動の抑止という観点からは、忠実義務と退出権は代替的に用いることができ、縦軸に忠実義務の強さ、横軸に退出権の強さをとると、右肩下がりの代替性のライン上に、両者の最適組合せが位置するという仮説を提示した（216頁の相関図）。

非公開企業の類型によって、社員の交代や業務執行者の機会主義的行動に対する許容度が異なるので、忠実義務の程度と退出権の程度の最適組み合わせも異なる。非公開企業を、家族企業型、共同事業型、およびベンチャー企業型の3類型に分けて、それぞれにおける最適な忠実義務と退出権の組合せを検討すると、仲間割れ防止が重要な課題である家族企業型においては強い忠実義務と弱い退出権、相互に人的資本を拠出させることが課題の共同事業型においては中間的な忠実義務と中間的な退出権、VC に物的資本の拠出とハンズオンをさせることが課題のベンチャー企業型においては弱い忠実義務と強い退出権の組合せが最適であり、これらは、上記の右肩下がりの代替性のライン上に位置する。

デラウェア LLC 法は、ほぼ完全な忠実義務の排除と完全な退出権の排除を同時に可能にした、おそらく世界初の立法例であり、デラウェア州裁判所も、組織設計に関する当事者間の契約の解釈において、完全合意の原則を徹底している。たしかに、共同事業型やベンチャー企業型のように、事前に合理的な動機付け交渉を行い得る場合には、当事者間の動機付け交渉の結果をそのまま契約に書くことを認め、かつ、裁判所は契約をその文言通りにエンフォースするのが効率的であるはずであるが、デラウェア州の判例を見ると、代替性のライ

ンから外れた、忠実義務と退出権の両者を完全に排除した事例に完全合意の原則が適用されて、少なくとも当該事案の解決としては妥当とは思われない判決がなされることもあり、また、逆に、裁判所が具体的事案における不公正を放置できず、ICGF&FD の適用という形で、契約で排除したはずの忠実義務が「裏口から入ってくる」ことが懸念される場合もある。

そこで、代替性のラインから大きく乖離する不均衡に陥ることを牽制し、かつ、事前の明確性を確保するために、強行法規による事前のボトムラインの設定が考えられるが、代替性のライン上の動機付け交渉の自由を最大限許容するためには、ボトムラインの設定は、忠実義務か、退出権のどちらかに、選択的に行うことが望ましく、両方の契約自由を同時に強行法的に限定するのは望ましくない。これを一つの組織法で行うことは現実的には直ちに容易ではないので、日本の株式会社法と合同会社法は、非公開企業の組織の選択肢として見た場合、両者が一体として、上記の代替性仮説に沿った法制度を提供していると評価することもできる。合理的な動機付け交渉の帰結をより広くカバーできるよう、株式会社法の忠実義務、合同会社法の退社権に関する定款自治の範囲をどこまで拡大すべきかを論じる必要があるが、それに伴うトレードオフを勘案し、非公開企業の組織法として、両法を併せて、最適なバランスを追求することが求められる。

【注】

1) 2005年会社法は、全株式譲渡制限付き株式会社に対して、それ以外の株式会社に比して、広範な定款自治を認め、かつ、非公開企業を対象として、定款自治を徹底する合同会社を新設した。
2) 本稿では、株式会社および合同会社の双方を検討対象とするため、株主を含む持分所有者について「社員」の用語を用いる。
3) 組織設計に関する交渉のほとんどは設立時に完結する。設立後の再交渉の余地はあるが、実際に再交渉が行われるのは、設立後に参加する当事者の交渉力が極めて強い場合に限られる。
4) 宍戸善一『動機付けの仕組としての企業──インセンティブ・システムの法制度論』（有斐閣、2006年）参照。
5) 他の争点に関しては、宍戸善一「合弁合同会社」小出篤・小塚荘一郎・後藤元・潘

阿憲編『前田重行先生古稀記念・企業法・金融法の新潮流』（商事法務、2013年）211頁参照。

6）　日本の現状において、非公開企業の組織形態として、全株式譲渡制限付き株式会社と合同会社が最も現実的な選択肢であると思われること（*See* Zenichi Shishido, *Legislative Policy of Alternative Forms of Business Organization: The Case of Japanese LLCs, in* Robert W. Hillman & Mark J. Loewenstein eds., Research Handbook on Partnerships, LLCs, and Alternative Forms of Business Organizatinos, 374, 376 (2015))、アメリカにおいて最も多く用いられているデラウェア州の株式会社と LLC を比較研究の出発点とすることが現実的であると思われることによる。

7）　一人会社であっても、従業員や債権者に対する動機付け交渉が必要になるが、本稿では、非公開企業の社員（株主）間の動機付け交渉に限って議論を行う。

8）　家族企業型の中には、兄弟姉妹間で共同経営が行われ、お互いの人的資本の拠出を動機付けする必要が生じ、共同事業型に近い動機付け交渉状況になる場合もある。また、家族企業型の事業が拡大発展し、第三者から増資による資金調達を行う必要が生じ、ベンチャー企業型に近い動機付け交渉状況になる場合もある。そのような意味では、3 類型の間の境界は必ずしも明確なものではない。

9）　宍戸善一・福田宗孝・梅谷眞人『ジョイント・ベンチャー戦略大全——設計・交渉・法務のすべて』（東洋経済新報社、2013年）36頁参照。*See* Zenichi Shishido, Munetaka Fukuda & Masato Umetani, Joint Venture Strategies: Design, Bargaining, and the Law 2, 14-16, 195 (2015).

10）　江頭憲治郎編著『合同会社のモデル定款——利用目的別8類型』（商事法務、2016年）30頁では、「一緒に脱サラして起業した友人だけが社員である」会社を、社員の全員が「複数の密接な関係にある自然人」である、家族企業（全員業務執行）型に分類しているが、本稿では、そのような企業は共同事業型に分類される。

11）　合同会社（LLC）を含む持分会社では、全ての社員が業務を執行することがデフォルト・ルールであり（会社590条1項）、定款に別段の定めを置くことによって、業務執行社員と非業務執行社員を分けることができる（591条1項）。

12）　ただし、全ての社員が同程度に経営に関与するとは限らず、経営の主導権を握る社員とモニタリング的な役割を担う社員に分かれることもある。

13）　江頭・前掲注（10）では、エンジェル投資家が出資する例を、エンジェル投資家も「密接な関係にある自然人」として、家族企業（業務執行社員選任）型に分類しているが（72頁）、本稿では、エンジェル投資家が将来のエグジットを期待している場合は、ベンチャー企業型に分類される。

14）　ベンチャー・キャピタルは、ベンチャー・キャピタル運用会社、ベンチャー・キャピタル・ファンド、ないし、ベンチャー・キャピタリストのいずれかを指す概念であるが、各文脈において、これらを明確に使い分けることは困難であるので、本稿では、これら3つの概念の総称として VC の用語を用いる。宍戸善一「序論」宍戸善一・ベンチャー・ロー・フォーラム（VLF）編『ベンチャー企業の法務・財務戦略』（商事法務、

2010年）1頁参照。

15)　宍戸・前掲注（4）182頁、宍戸・前掲注（14）2頁参照。

16)　宍戸・前掲注（4）101頁、110頁参照。*See* SHISHIDO, FUKUDA & UMETANI, *supra* note 9, at 196.

17)　宍戸・前掲注（4）101頁注25、113頁参照。なお、後掲注（30）参照。

18)　長谷川博和「ハンズ・オン」宍戸・VLF 編・前掲注（14）395頁参照。日本の VC 投資実務では、かつては、VC が取締役を派遣することは、必ずしも通例ではなかったが（高原達弘「取締役の選任権限の分配と取締役の責任」宍戸・VLF 編・前掲注（14）406頁参照）、今日では一般化している。

19)　江頭・前掲注（10）のモデル定款でも、VC は、日常的な業務執行に従事しないが、社内の意思決定についての発言権を確保するため、業務執行社員とされている（194-195頁）。

20)　ここでは、組織設計の交渉に実質的に参加できる者のニーズを考えている。家族企業型では、創業者、共同事業型では、各共同事業者、そして、ベンチャー企業型では、起業家と VC 等の投資家である。

21)　江頭憲治郎『株式会社法〔第7版〕』（有斐閣、2017年）434頁参照。なお、後掲注（71）、（72）およびその本文参照。

22)　江頭・前掲注（10）では、家族企業（全員業務執行）型に友人同士で起業した場合も含まれ、家族企業（業務執行社員選任）型にエンジェル投資家が出資する場合も含まれているからか、前者のモデル定款では、故意・重過失を除き業務執行者の責任を予め免責し（47頁）、後者のモデル定款では、免責を原則に「ただし、異議を述べる社員がいた場合は任務懈怠につき責任を負う」とあるが（85-86頁）、本稿が前提としているような純粋な家族企業に関しては疑問がある。

23)　共同事業型の構成員はすべて共同経営者であるので、仮に、属人的に忠実義務の程度を変えられるとしても、そのような取決めに合理性があるとは思われない。

24)　デラウェア州の判例に現れた例としては、ゴルフ場経営を行う LLC の多数社員が、より高い価格での買収に関心を示している者の存在を秘して、形式的なオークションを行ったうえで自ら落札し、少数社員を低い対価でスクイーズ・アウトしたケース（Gatz Properties, LLC v. Auriga Capital, 59 A.3d 1206 (Del. Supr. 2012)）、コンドミニアム開発プロジェクトを行う LLC の業務執行社員が、自らが支配する会社と開発運営契約を結び、過大な運営費の支払等によって、プロジェクトの資産を流用し、自らが個人保証しているローンのデフォルトを避けるために、非業務執行社員に帰属すべきキャッシュを秘密裏にローンの弁済に用いたケース（Bay Center Apartments Owner, LLC v. Emery Bay PKI, LLC, et al., C.A. No. 3658-VCS, 2009 WL 1124451 (Del. Ch. 2009)）、2年前の買収価額の約10分の1の価格で、実質的所有者が同じ企業間で行われた M&A に関して、瑕疵のあるフェアネス・オピニオンに基づき承認手続きがとられたケース（Gerber v. Enterprise Holdings, LLC, 67 A.3d. 400 (Del. Supr. 2013)）等がある。

25) 宍戸・福田・梅谷・前掲注（9）70-76頁参照。江頭・前掲注（10）には、「合弁会社の場合、対会社責任の責任制限のニーズは乏しく、定款に特に規定を置く必要はないと考えられる」とあるが（170頁）、合弁会社においても責任制限のニーズがない訳ではない。忠実義務の完全な免責は合理的とはいえないが、本文で述べたような手続規定等によって、実質的な忠実義務の限定を行う必要はある。その意味では、利益相反取引および競業取引に関して、相手方パートナーの承認を取ったとしても、結果的に損害が発生した場合には取締役が損害賠償義務を負うことになる株式会社（会社423条3項、356条1項2号・3号、423条2項、356条1項1号）よりも、相手方パートナーの承認をとっておけば、損害賠償の問題は生じない合同会社（会社595条1項、594条1項）の方が、この点に関しては、共同事業型には適しているといえる。宍戸・前掲注（5）222頁参照。

26) *See* SHISHIDO, FUKUDA & UMETANI, *supra* note 9, at 12-13. 宍戸・福田・梅谷・前掲注（9）338頁参照。

27) このようなコース的交渉（Coasian bargain）が行われることによって、総価値を最大化する結果（パレート最適な状況）に到達し得る。宍戸善一・常木淳『法と経済学──企業関連法のミクロ経済学的考察』（有斐閣、2004年）3頁参照。*See* Robert Bartlett & Eric Talley, *Law and Corporate Governance in* BENJAMIN E. HERMALIN & MICHAEL S. WEISBACH EDS., 1 THE HANDBOOK OF THE ECONOMICS OF CORPORATE GOVERNANCE 225 (2017).

28) *See* Harold Marsch, Jr., *Are Directors Trustees?: Conflict of Interest and Corporate Morality*, 22 BUS. LAW. 35, 58 (1966); Zenichi Shishido, *Conflicts of Interest and Fiduciary Duties in the Operation of a Joint Venture*, 49 HAST. L. J. 63, 81 (1987).

29) Del Gen. Corp. Law §122 (17). 後掲注（75）とその本文参照。

30) たとえば、トラドス事件においては、VC 等が有する優先株式の残余財産優先分配請求権（liquidation preference）の額とほぼ同額の買収案件を可決した取締役会のメンバーに対して、一銭の見返りも得られなかった普通株主が忠実義務違反による損害賠償訴訟を提起した。*See in re* Trados Inc. Shareholder Litigation, 73 A.3d 17 (Del. Ch. Aug. 16, 2013).

31) ダウンサイド・リスクが生じた場合の、優先株主に liquidation preference があることからくる VC 取締役の利益相反リスクは予め予想できるが、合意条項等は機能しない。*See* Shishido, *supra* note 6, at 385.

32) *See* Bartlett & Talley, *supra* note 27, at 227.

33) このようなコース的交渉の前提を確保する必要があるため、かつてのデラウェア州の判例は、優先株主が支配する取締役会は、会社の利益にとって最善であるといえる限りにおいて、普通株主の不利益において優先株主の利益に資する経営判断を行うことを認めていたと考えられるが（*See* Jesse Fried & Mira Ganor, *Agency Costs of Venture Capitalist Control in Start-ups*, 81 N. Y. U. L. REV. 967, at 993 (2006))、近年、全ての取締役が普通株主の利益を最大化する忠実義務を負うとする判例が相次いだ。前記

トラドス事件（前掲注（30））において、デラウェア州衡平法裁判所は、VC を代表する取締役等の利益相反を認定し、被告取締役等に完全な公正（entire fairness）の立証責任を課した。最終的な結論としては、普通株式の価値はゼロであったとして、完全な公正が満たされていたことが認められ、請求は棄却されたが、取締役らは長期間の訴訟対応を余儀なくされた。*In re* Trados Inc. Shareholder Litigation, *supra* note 30. その後、ODN 事件判決においても、デラウェア州衡平法裁判所は、VC 株主の償還請求権の原資を生み出すために会社の主要な資産を売却する戦略を遂行したとして、普通株主が取締役に対して損害賠償請求訴訟を提起したのに対し、残余請求権者としての株主全体に対する取締役の忠実義務を強調して、完全な公正基準を適用した。Frederick Hsu Living Trust v. ODN Holding Corp. et al., C.A. No. 12108-VCL, 2017 WL 1437308 (Del. Ch. April 24, 2017). トラドス判決や ODN 判決のように、VC 取締役が、普通株主に対する忠実義務を課されると、優先株主としての利益を守りながら、普通株主の利益を損なっていないことを立証するのは困難であり、VC 投資の不確実性を著しく高めることになる。

34) ただし、M&A 等、種類株主間の利害の対立が激しい場合に、取締役としての忠実義務違反を問われる可能性はある（前掲注（30）参照）。

35) 業務執行取締役である起業家と非業務執行社外取締役である VC の忠実義務を同じに定める必要はない。デラウェア州の株式会社法も日本の株式会社法も、後者の責任限定を認めているが（後掲注（73）、（74）とその本文参照）、トラドス事件（前掲注（30））のような、利益相反が問題とされるケースでは、責任限定が否定される可能性がある。

36) 日本の VC 投資実務において、従来 VC が取締役を派遣する事例が少なかったのは、損害賠償責任を問われるリスクの懸念も影響していたと思われる。社外取締役に対して事前の賠償責任の限定（会社427条）が可能になったことは、VC 投資実務において重要であるが、この責任限定は、悪意・重過失が認められる場合には適用されず、VC 取締役はハンズオンを志向するという特性からすると、任務懈怠責任を問われた場合に、軽過失を立証するのは容易でないという懸念を抱く。また、会社法429条に基づき、取引先等の第三者との関係でも、会社法上の責任を直接問われる余地があるという点も、取締役の法的責任に関する懸念を VC に抱かせていると思われる。髙原・前掲注（18）405-409頁参照。

37) ただし、VC に対する評判の市場（reputational market）が全く機能していない場合には、コストがベネフィットを上回る可能性もある。最近、日本でも、VC に対する評判の市場が成立しつつあると認識されている。

38) 宍戸・前掲注（5）233頁参照。

39) 本稿では、退出権の支配の分配に影響を及ぼす機能に焦点を当てて論じているが、退出権は果実の分配に関する重要な権利でもある。宍戸・前掲注（4）68頁、宍戸・福田・梅谷・前掲注（9）90頁参照。

40) 一般に、日本の合同会社においては、社員の退社権を定款で制限することはできないと解されているが、合理的な範囲において、一定の制限は可能であると解すべきで

ある。宍戸・前掲注（5）235頁、江頭・前掲注（10）172頁参照。

41）　宍戸善一「ジョイント・ベンチャーとの比較におけるベンチャー・キャピタル投資
契約の特色」宍戸・VLF編・前掲注（14）336頁参照。

42）　棚橋元「ベンチャー・ファイナンスにおける投資契約」宍戸・VLF編・前掲注（14）
232頁、宍戸・前掲注（41）336頁参照。

43）　棚橋・前掲注（42）242頁参照。

44）　棚橋元「種類株式の使い方」宍戸・VLF編・前掲注（14）284頁参照。

45）　宍戸・前掲注（41）335頁参照。

46）　日本のVC投資契約では、創業者株主が「取締役を辞任しない義務」および「再任
を拒否しない義務」が定められることが一般的であるが（棚橋・前掲注（42）258-259
頁参照）、その法的効力には疑問もある。いずれにしても、人的資本の拠出を強制する
ことは不可能であり、少なくとも、起業家がやる気をなくす「消極的退出」のリスク
は避けられない。そのための対策として、VCは、起業家にエクイティのインセンティ
ブを持たせ、かつ、早期の退出をしないインセンティブとして、ストック・オプショ
ンのベスティングやスウェット・エクイティのリバース・ベスティング等の契約手法
を用いている。

　　　また、競業避止契約が、起業家が転職したり、他の企業を立ち上げたりすることの
制約となるが、カリフォルニア州では、それさえも労働契約法によって無効とされて
いる。*See* Ronald J. Gilson, *The Legal Infrastructure of High Technology Industrial
Districts: Silicon Valley, Rout 128, and Covenants Not to Compete,* 74 N. Y. U. L. REV.
575 (1992).

47）　VC投資契約に、VCの残余財産優先分配請求権とみなし清算条項を付した場合、企
業価値がVCの残余財産優先分配請求権を上回るまでは、起業家は、退出権を行使し
たとしても資金回収はできないので（合同会社の定款記載例として、江頭・前掲注（10）
211-212頁参照）、仮に随意退社を認めたとしても、過剰な退出の威嚇が生じることは
ない。

48）　同様の議論は、親子会社法制に関する立法論における、支配株主の信認義務と強制
公開買付けとの関係についても当てはまるように思われる。

49）　退出権は他の構成員に対する威嚇（threat）として、機会主義的行動を抑制する機能
があるので、強力な退出権がある場合には、厳格な忠実義務を定める必要性は低下す
る。

50）　忠実義務も退出権も強い場合は、各構成員（とくに非経営社員）の交渉力が強くな
りすぎて、過度な介入を招き、他の構成員（とくに経営社員）の人的ないし物的資本
を拠出するインセンティブを阻害する可能性が高い（相関図の右上）。逆に、忠実義務
も退出権も弱い場合は、各構成員（とくに非経営社員）の交渉力が弱くなりすぎ、他
の構成員（とくに経営社員）の機会主義的行動をモニタリングすることが不能となる
（相関図の左下）。各社員の人的資本が必須のものであり続ければ、法的な交渉力の補
強は必要ない（弱い忠実義務と弱い退出権の組合せでも差し支えない）ともいえるが、

当初は必須なものであった人的資本が陳腐化する可能性もある。

51) 忠実義務も退出権も、それ以外の機能を有することはいうまでもないが、本稿では、機会主義的行動の抑止機能に焦点を当てて論じる。

52) 最近のデラウェア州の判例のように、全ての取締役に単一の残余請求権者に対する忠実義務を課すと、総価値の最大化につながる交渉を行うことが困難になる。*See* Bartlett & Talley, *supra* note 27, at 225.

53) 日本の合同会社法のように、強行法規によって強力な退出権が定められていると、構成員が、長期継続的に会社にとどまり企業活動を続けることを約束して、他の構成員に資源拠出を行うインセンティブを与えようとしても、そのような約束を信じてもらうことが困難になる。宍戸・前掲注（5）234-235頁参照。

54) *See e.g.,* FRANK H. EASTERBROOK AND DANIEL R. FISCHEL, THE ECONOMIC STRUCTURE OF CORPORATE LAW (1991).

55) Delaware Limited Liability Company Act §18-1101(c). なお、2004年改正後、LLC契約に忠実義務に関する規定がない場合に忠実義務の適用があるかないかに関して、デラウェア州の裁判官の間においても論争があったが（See Auriga Capital v. Gatz Properties, LLC, 40 A.3d 389 (Del. Ch. 2012)）、2013年改正において、LLC契約に忠実義務を制限ないし排除する規定がない場合には、忠実義務（default fiduciary duties）の適用があることが明らかにされた（§18-1104）。

56) 法体系が全く異なるので、一概に比較することは困難であるが、日本における信義誠実の原則に近いものと考えてよいであろう。

57) Delaware Limited Liability Company Act §18-1101(c).

58) ICGF&FD の適用を認めたものとして、Bay Center Apartments Owner, LLC v. Emery Bay PKI, LLC, et al., *supra* note 24; Gerber v. Enterprise Holdings, LLC, *supra* note 24., 適用を認めなかったものとして、Wood v. Baum, 953 A.2d 136 (Del. 2008); Allen v. Encore Energy Partners, L.P., 72 A.3 d 93 (Del. 2013) 参照。

59) *See* Leo Strine, Jr., & Travis Laster, *The Siren Songs of Unlimited Contractual Freedom, in* ROBERT W. HILLMAN & MARK J. LOEWENSTEIN EDS., RESEARCH HANDBOOK ON PARTNERSHIPS, LLCS, AND ALTERNATIVE FORMS OF BUSINESS ORGANIZATIONS 11 (2015).

60) *See* Douglas M. Branson, *Alternative Entities in Delaware: Re-introduction of Fiduciary Concepts by the Backdoor?, in* ROBERT W. HILLMAN & MARK J. LOEWENSTEIN EDS., RESEARCH HANDBOOK ON PARTNERSHIPS, LLCS, AND ALTERNATIVE FORMS OF BUSINESS ORGANIZATIONS 55, 60 (2015).

61) *See* Branson, *supra* note 60, at 64.

62) *See* Stewart v. BF Bolthouse Holdco, LLC, C.A. No. 8119-VCP, 2013 WL 5210220 (Del. Ch. 2013); Oram Sylvania, Inc. v. Townsend Ventures, LLC, C.A. No. 8123-VCP, 2013 WL 61995544 (Del. Ch. 2013); Branson, *supra* note 60, at 62-63.

63) *See* Winshall v. Viacom Int'l Inc., 76 A.3d 808 (Del. Supr. 2013).

64) *See* Eurofins Panlabs, Inc. v. Ricera Biosciences, LLC, C.A. No. 8431-VCN, 2014 WL

2457515 (Del. Ch. 2014).

65) Branson, *supra* note 60, at 67.

66) *See* Allen v. Encore Energy Partners, L.P., *supra* note 58.

67) *See* Gerber v. Enterprise Holdings, *supra* note 24.

68) R&R Capital, LLC v. Buck & Doe Run Valley Farms, LLC, C.A. No. 3803-CC, 2008 WL 3846318 (Del. Ch. 2008).

69) Huatuco v. Satellite Healthcare, C.A. No. 8465-VCG (Del. Ch. Dec.9, 2013).

70) ただし、本件は、被告は法人であるが、原告は個人の共同事業のケースであった。

71) 日本法について、江頭・前掲注（21）435頁注 1 、レックス・ホールディングス損害賠償請求事件（東京高判平25・4・17判時2190号96頁）参照。アメリカ法について、Guth v. Loft, Inc., 5 A.2d 503, 510 (Del. 1939); Cede & Co. v. Technicolor, Inc., 634 A.2d 345, 361 (Del. 1993) 参照。なお、ベンチャー企業型に関連して、デラウェア州衡平法裁判所において、優先株主によって選任された取締役であっても、普通株主の不利益において、優先株主の利益を図ることは忠実義務に違反するとの判決が最近相次いで出されたことは前述したが（トラドス判決（前掲注（30））、ODN 判決（前掲注（33）））、日本においても同様の解釈がなされている。

72) 江頭・前掲注（21）435頁参照。

73) 社外役員に関して、平成13年（2001年）改正、非業務執行取締役に関して、平成26年（2014年）改正。江頭・前掲注（21）436頁注 3 参照。

74) Del Gen. Corp. Law §102 (b) (7). See Bartlett & Talley, *supra* note 27, at 187-188. バン・ゴーコム判決（Smith v. Van Gorkom, 488 A.2d 858 (Del. 1985)）以降、多くの州において、定款によって取締役の善管注意義務の限定ないし排除を認める立法がなされた。*See* AMERICAN LAW INSTITUTE, PRINCIPLES OF CORPORATE GOVERNANCE: ANALYSIS AND RECOMMENDATIONS vol. 1 136, vol. 2 256-257.

75) Del Gen. Corp. Law §122 (17). *See* Bartlett & Talley, *supra* note 27, at 190. 前掲注（29）とその本文参照。

76) 合同会社を含む持分会社について、業務執行社員または法人である業務執行社員の職務執行者の善管注意義務が強行法規として規定されているが（会社593条 1 項、598条 2 項）、株式会社における会社法424条のような、定款による損害賠償義務の免除を禁じる規定は置かれていない。江頭・前掲注（21）436頁注 3 。宍戸・前掲注（5）222頁参照。

77) Delaware Limited Liability Company Act §18-1101(c).

78) *See* LARRY E. RIBSTEIN & ROBERT R. KEATINGE, 1 RIBSTEIN AND KEATINGE ON LIMITED LIABILITY COMPANIES 315 (§7: 4) (2013).

79) 神田秀樹編『会社法コンメンタール〔第14巻〕』（商事法務、2014年）〔宍戸善一〕16頁参照。

80) 宍戸善一「解散判決における業務執行上の著しい難局」岩原紳作・神作裕之・藤田友敬編『会社法判例百選〔第 3 版〕』（有斐閣、2016年）194-195頁参照。合同会社を含

む持分会社については、1号事由、2号事由の区別なく、「やむを得ない事由」による解散判決を認めており（会社833条2項）、合名会社の事案で、存続可能な会社の圧迫事例について解散判決がなされたものがある（最判昭61・3・13民集40巻2号229頁）。

81) *See* Aleksandra Kaplun, Business Divorce Litigation in New Jersey vs. Delaware: A Comparative Report, http://cclg.rutgers.edu/wp-content/uploads/Business-Divorce-Litigation-in-New-Jersey-vs.-Delaware-A-Comparative-Report.pdf (last visited March 14, 2018).

82) 合理的な範囲で「やむを得ない事由」を定款で制限できるか否かに関しては、学説の解釈は分かれている。神田編・前掲注（79）〔小出篤〕223-225頁参照。

83) 前掲注（68）およびその本文参照。

84) かつてわが国において、譲渡制限株式会社の少数株主保護法制として、退社を容易にする方向での立法が議論されたが、実現には至らなかったことは示唆的である。商法・有限会社法改正試案（昭和61年）3条8項、6条2項。*See* Zenichi Shishido, *Problems of the Closely Held Corporations: A Comparative Study of the Japanese and American Legal Systems and a Critique of the Japanese Tentative Draft on Close Corporations*, 38 Am. J. Comp. L. 337, 367-68 (1990).

〔付記〕本稿の執筆に当っては、Robert Bartlett, Richard Buxbaum, Mark Ramseyer, Roberta Romano, 梅谷眞人、後藤元、福田宗孝の各氏より貴重な示唆を得た。また、校正段階で、武田信宏氏より、有能な研究補助を得た。

「出資履行の仮装」に関する会社法規制の現状と課題

佐　藤　　誠

1　本稿の目的と検討範囲

　株式会社の設立、新株の発行、新株予約権の発行に際して、出資の履行にかかる払込みを仮装する行為（いわゆる「預合い」や広義の「見せ金」）が行われることがある。預合いとは、一般的には、株式会社の設立に際して、発起人が、株金の払込みを仮装するため、株金払込取扱機関の役職員らと通謀してなす仮装行為[1]をいい、見せ金とは、典型的には、株式会社の設立または新株発行（新株予約権の行使によるものを含む。）に際して、発起人、取締役や株式引受人等が払込取扱機関以外の第三者から借り入れた金銭をもって株式の払込みに充て、会社の成立後または新株発行の効力発生後に取締役に就任した発起人または取締役が直ちにそれを引き出して、自己の借入金の返済に充てる行為をいう。

　出資の履行が仮装されたものである場合、その払込みとしての効力および会社設立または新株発行の効力が問題となる。本稿では、紙幅の制約もあるため、以下では、新株発行の場面における見せ金のケースに焦点を絞って論じることとする。

　見せ金の払込みとしての効力については、無効と解するのが判例であり、学説も同様に解するのが多数であったと言える[2]が、これを有効と解する下級審判例[3]も見られ、これを支持する見解[4]も有力に主張されていた[5]。

　これに対して、見せ金による払込みによって発行された新株の効力については、2005（平成17）年改正会社法（以下、本稿において「平成17年会社法」とする。）以前の商法（以下、本稿において「平成17年改正前商法」とする。）においては、見

せ金による払込みについて無効と解する見解（無効説）からも新株発行の無効原因にはならないと解されていた[6]。平成17年改正前商法280条の13第1項により、取締役が引受・払込担保責任を負い、新株発行の登記がなされたにもかかわらず、引受なき株式については、取締役が共同で引き受けたものとみなされ、払込みの責任を負うためというのがその理由とされた[7]。

　ところが、平成17年会社法は、取締役の引受・払込担保責任に関する規定を廃止した[8]。その背景には、次のような出資関連規制の機能についての見解の対立があった。

　すなわち、株主有限責任の株式会社においては、会社債権者のため資本の充実が必要であり、そのための規制が当然に要求されるものであるとの伝統的見解に対して、資本充実の原則が会社債権者の保護にとってどの程度の意味があるかについて疑問を呈し、むしろ出資関連規制の主たる機能は、設立・増資時点での資金提供者間、特に株主間の利益移転を防止することにある、とする見解が主張されていた[9]。

　平成17年会社法の立案担当者は、この伝統的見解に対する批判的見解に依拠したと評価されている[10]。この立場は、見せ金による払込みも、払込み自体の効力としては有効であり、発行された新株も当然有効であり、債権者保護は、取締役等の民事責任（会社429条1項または2項）に委ねれば足りるという考え方を基礎とする。

　しかしながら、平成17年会社法施行後も見せ金による払込みを無効と解する見解は多く、これまでの裁判例においても、無効説が維持されていた[11]。そのため、払込みが無効であるとすると、株式引受人は失権するはずであり（会社208条5項）、株主になる権利を失うが払込義務は消滅する。また、取締役等も引受・払込担保責任を負わないため、発行された株式の効力をめぐって解釈上の混乱が生じていた。すなわち、このような新株の発行には、無効原因があるとする見解、提訴期間の経過によって瑕疵が治癒されるべきものではないとして、新株発行の不存在事由となるとする見解、訴えによるまでもなく当然に無効となるとする見解等が主張されていた[12]。

　これに対して、発行された株式について法律関係の安定を図る必要があると

して、見せ金による払込みを有効と解するべきとする見解も有力に主張されていた。[13]

　そのような中で2014（平成26）年に行われた会社法改正（以下、本稿において「平成26年改正」とする。）において、出資の履行を仮装した者およびこれに関与した取締役等の責任を定め（会社213条の2第1項、213条の3第1項）、このいずれかの義務が果たされるまでは、株式引受人は、株主としての権利を行使することができない（会社209条2項）とする規定が設けられた。[14]

　これにより、払込みが仮装されたものであったとしても、会社法213条の2または3の支払義務が果たされれば、引受人は株主としての権利行使が可能である以上、発行された株式を当然に無効と解する理由はなくなった。

　もっとも、平成26年改正は、その立案担当者らの議論によると、仮装の払込み自体の効力や発行された株式の効力について特定の解釈に依拠して立法論的に解決することを目的とするものではなく、既存株主から募集株式の引受人への不当な価値の移転が生じることを防ぐとともに、払込みが仮装されたものであった場合でも、発行された株式が当然には無効とならないものとし、平成17年改正前商法における取締役等の担保責任とは異なり、取締役等の責任はあくまで株式引受人の責任を補完するためのものであり、取締役等が義務を果たしても株主としての権利を有するのは株式引受人とすることを企図してなされたものである。[15][16]

　すなわち、平成26年改正においては、仮装された払込みの払込みとしての効力については、今後の解釈論や立法的措置に委ねられているのである。本稿では、以下の諸点についての検討を通じて、仮装の払込みをめぐる解釈論上の問題点や、立法的措置の必要性の有無について明らかにしたい。

　第1に、仮装された払込みの効力および発行された株式の効力をいかに解するべきか。

　第2に、会社法213条の2の支払義務の法的性質（出資履行義務が残存しているのか、それとは別の法定責任か）[17]をいかに解するべきか、また、あわせて当該支払義務が履行されない間の仮装払い込みにかかる株式の法的地位をいかに理解すべきか。

第3に、213条の2ないし3の支払義務に対応する債権者は会社であるが、当該会社の株式引受人ないし取締役らに対する債権の消滅時効期間は何年と解するべきか（商事債権か民事債権）か。消滅時効期間が満了し、債務者が時効を援用したため支払義務が履行されないことが確定した場合、株主としての権利行使は可能となるのか。

2　仮装された払込みおよび発行された株式の効力について

1　立法の経緯

　上述の通り、平成26年改正の立案担当者らは、仮装された払込みおよびこれにより発行された株式の効力について特定の解釈を前提としておらず、今後の解釈に委ねるものとしているが、この改正の経緯を確認しておきたい。

　2012（平成24）年6月13日の法制審議会会社法制部会第21回会議における資料「会社法制の見直しに関する要綱案の作成に向けた検討（1）」（会社法制部会資料24）によると、出資の履行が仮装された場合の取扱いについての骨子は以下の通りであった。[18]

① 募集株式の引受人は、次に掲げる場合には、株式会社に対し、次に定める行為をしなければならないものとする。
ア 募集株式の払込金額の払込みを仮装した場合 払込みを仮装した払込金額の全額の支払
イ 現物出資財産の給付を仮装した場合 当該現物出資財産の給付（株式会社が当該給付に代えて当該現物出資財産の価額に相当する金銭の支払を請求した場合にあっては、当該金銭の全額の支払）
（注） ①の義務は、第847条第1項の責任追及等の訴えの対象とするものとする。
② ①ア又はイに掲げる場合には、出資の履行を仮装することに関与した取締役（委員会設置会社にあっては、執行役を含む。）として法務省令で定める者は、株式会社に対し、①アの払込金額又は同イの金銭の全額に相当する金額を支払う義務を負うものとする。ただし、その者（当該出資の履行を仮装したものを除く。）がその職務を行うについて注意を怠らなかったことを証明した場合は、この限りでないものとする。
③ ①により募集株式の引受人の負う義務は、総株主の同意がなければ、免除することができないものとする。

④ ①の支払若しくは給付又は②による支払がされたときは、募集株式の引受人は、出資の履行をすることにより募集株式の株主となる権利を失わなかったものとみなすものとする。

⑤ 募集株式の引受人は、①ア又はイに掲げる場合には、①の支払若しくは給付又は②による支払がされた後でなければ、出資の履行を仮装した募集株式について、株主の権利を行使することができないものとする。

⑥ ⑤の募集株式を譲り受けた者は、当該募集株式についての株主の権利を行使することができるものとする。ただし、その者に悪意又は重大な過失があるときは、この限りでないものとする。

この時点では、④に見られるように、払込みを仮装した場合は、本来失権するはずであるが、①に定める義務を履行すれば遡及的に失権しなかったものとみなすということから、仮装の払込み自体の効力を無効と解する従来の通説・判例の解釈が念頭に置かれていたように思われる。

しかしながら、特定の解釈を前提としないという方針を明確にするためであろうか、2012（平成24）年7月18日開催の法制審議会会社法制部会における「会社法制の見直しに関する要綱案（第1次案）」（会社法制部会資料26）以降、上記[19]④に相当する部分の記述がなくなっている。

2　検　討

平成26年改正会社法においても、出資の履行を仮装した者が義務を履行した場合は、失権しなかったものとみなすという文言は明文化されていない。

この結果、平成26年改正会社法の規定に基づく仮装の払込みの効力については、「払込み・給付は有効であるという前提によっていると解するのが自然である。」との指摘がなされている[20]。

他方で、平成26年改正会社法の解釈としても仮装払込みを無効と解する立場から、「仮装払込みがされた場合にも引受人等は失権せず、株式は引受人等の下で有効に成立することを前提とすれば、無理なく説明することができる。」としつつ、「仮装払込みであったことが判明した場合も、払込みは無効なものとして扱われるが、引受人等が失権したことにはならず、株式は払込みを仮装した引受人等の下で有効に成立すると解するべきである。」という見解もある[21]。

明文化はされなかったものの、払込み仮装引受人等の支払義務が履行された場合は、失権しなかったものとみなして引受人が株主としての権利を行使しうるという上述の「会社法制の見直しに関する要綱案の作成に向けた検討（１）」（会社法制部会資料24）に見られる考え方に近い解釈といえよう。

確かに、条文の文言からすれば、払込みが仮装されたものであっても、払込みとしては有効とした上で、株主間の利益移転の問題は、払込み仮装引受人等の支払義務を課し、当該義務が履行されるまでは株主としての権利行使を認めないとすることにより対応するという解釈（以下、有効説とする。）が自然であるようにも思われる。

しかしながら、そもそも株主権は株式会社における会社支配権（会社経営に対する指揮権能）を構成するものであり、出資により会社経営について負担するリスクの大きさに応じて、それぞれの株主に保障されるものであるから、出資の形式だけを整えたに過ぎず、実質的なリスクを負わない仮装の払込みを有効と解することは、たとえ、事後的に相当額の支払義務を負うとしても、株式会社制度の本質に整合しないものと考える。平成26年改正会社法の解釈として、仮装の払込みを無効と解すること（以下、無効説とする。）も上述の見解のように十分に可能であり、条文の文言のみで確定はできないといわざるを得ない。

発行された株式の効力については、有効説からは当然有効であり、新株発行無効の訴えの無効原因にはならないということになる。これに対して、無効説からは、当然には無効とはならないものの、払込み仮装引受人等の支払義務が時効により消滅した場合のように、最終的に履行されないことが確定した場合は、引受人は失権したこととなり、当該株式は無効あるいは不存在となると解する余地がある。[22]

3　払込みを仮装した引受人の支払義務（会社213条の２）の法的性質と義務が履行されるまでの株式の法的地位について

払込みが仮装されたものであったとしても、払込み仮装引受人等の支払義務が履行された場合には、仮装払込み自体の効力を有効・無効いずれに解したと

しても発行された株式は有効であり、引受人が株主としての権利を行使できることになる。

それでは、当該義務の法的性質は何か、また、当該義務が履行されるまでの間の株式の法的地位はどのように解するべきか。

有効説からは、実質的には仮装されたものであったとしても、有効な払込みがあったとみる以上、会社法213条の2の払込み仮装引受人等の支払義務を「出資履行義務（会社208条1項、2項）が残存するもの」と解することはできない。したがって、株主間の利益移転を是正するために法が特に定めた法定責任と解することとなろう。

この立場からは、株式は、仮装であっても払込みがなされた時点で成立し、払込義務は果たされたことになる（会社209条1項）が、その株式については、払込み仮装引受人等の支払義務が履行されるまで株主としての権利行使が停止されている（同条2項）と説明することとなろう。

また、当該株式が支払義務の履行前であっても、善意・無重過失で当該株式を譲り受けた者は株主としての権利行使が認められる（会社209条3項）ことも、株式自体は成立しているが、払込みを仮装した引受人は、払込み仮装引受人等の支払義務が履行されるまで権利行使を停止されているに過ぎないと解する有効説からは説明しやすい。

これに対して、無効説に立つ場合、当該義務の法的性質について、直ちに失権はしないものの、有効な払込みを完了していない以上、有効な払込をなす義務が残存することになるという考え方（払込義務残存説）もありうる。しかしながら、外形上払込行為はなされているため、払込義務は尽くされたことにはなるが、株主間の不当な利益移転是正等の観点から法が特に定めた義務であるとする考え方（法定責任説）が素直な解釈であろう。いずれにしても、引受人は失権せず株式も一応成立はしているが、株主の権利行使が停止されることになり、善意・無重過失の第三取得者にはこのような法定責任はおよばないため、権利行使が可能となると説明できよう。

これに対して、同じく仮装払込みを無効と解する立場から、仮装払込みの場合、引受人は失権するものの、増資の登記等の外形と実質との乖離を解消する

ために、仮装払込人および関与取締役らの法定責任が認められるのであり、この義務が履行されたときにはじめて仮装払込人は株主となり、善意・無重過失の第三取得者は、表見法理にしたがって株主となり得るという見解や、払込仮装引受人等の支払義務の履行前は、支払義務を履行すれば株式を取得できる一種のコール・オプションが存在するのみで、株式は未成立と解するべきである、とする見解（未成立説）も主張されている。

　これらの見解の根底には、払込が仮装されたものであったという事実は、多くの場合発覚しにくいものであること、平成26年改正会社法によって設けられた払込仮装引受人等の支払義務が実際に履行される可能性は低いこと、また、見せ金により取得した株式を市場で売却することで資金を調達するといった不正なファイナンスを防ぐ必要がある、といった問題意識が存在すると思われる。

　未成立説によっても、当該株式が善意・無重過失の第三者に譲渡された場合には、第三取得者は株主としての権利を行使しうる。そのため、仮装払込によって発行された株式が善意・無重過失の第三者に譲渡されることを阻止することで既存株主が被る不利益（権利の希釈化）を防ぐ必要性が指摘される。つまり、当該株式がまだ引受人の元にとどまっている場合、当該株式は未成立であるから、株式発行不存在確認の訴えが可能であり、これを本案訴訟として引受人等による株式譲渡の禁止を命ずる仮処分（民保23条1項）を申し立てることができるというのである。

　有効説からは、払込み仮装引受人等の支払義務が履行されるか否かにかかわらず、仮装払込株式の有効性を問う余地は説明しづらい。しかしながら、上場会社において支配権維持目的で仮装払込みによる新株発行が行われる場合等仮装払込引受人の元に株式が残っている場合に仮装払込株式の有効性を問う可能性を排除する必要はないとして、未成立説を評価する見解もある。

　傾聴に値する見解であるが、そもそも仮装の払込がなされたという事実が早期に発覚しにくいものであること、また、株主がいつ保有する株式を譲渡するかを他の株主が事前に察知することは通常困難であろうことを考慮すると、未成立説が主張する株式譲渡禁止の仮処分申立という手段の実効性には疑問を感

じざるを得ない。また、仮に見せ金等仮装の払込みによって株式が発行された
ことを当該株式が善意・無重過失の第三者に譲渡される前に他の株主が知り得
たとしても、当該株式の譲渡が予定されていない段階で譲渡禁止の仮処分を申
し立てた場合に、保全の必要性が認められるのであろうか。

　このような場合には、善意・無重過失の第三者に譲渡されることを阻止する
よりも、そのことにより不利益を受ける既存株主としては、払込み仮装引受人
等の支払義務の履行を求める訴え（会社847条、213条の2および213条の3）によ
り当該義務を果たさせることの方が本来の解決方法なのではないだろうか。仮
装の払込みによって株式を取得した引受人は、現実の払込みをなす資力を有し
ていないという場合も多いであろうから、譲渡によって得た利益を上記の支払
義務履行の原資として不当な利益の享受を許さず、本来会社に払い込まれるべ
きであった資金が可能な限り会社に支払われるようにすることで、既存株主か
らの不当な利益移転の是正が図られるべきであると考える。

　このように考えると、問題は、払込みが仮装されたものであることを、それ
を是正させるインセンティブを強く有する他の株主が早期に探知しうる仕組み
が存在しないことにあるといえよう。また、払込みの仮装が行われてから、そ
の事実の発覚までに時間がかかる場合、発覚しても、払込み仮装引受人等の支
払義務が時効によって消滅することにより、もはや会社が当該義務の履行を請
求できなくなると、他の株主が責任追及等の訴え（会社847条）によってこれを
追及することもできなくなることから、この支払義務の消滅時効期間等も問題
になる。次節では、この点について検討する。

4　会社法213条の2および213条の3の義務の消滅時効期間等について

　仮装払込み引受人等の支払義務の法的性質を出資における払込み義務自体が
残存していると解すると、会社が事業のためにする行為であることから、その
消滅時効期間は5年（商522条、3条1項）と解する余地がある。

　しかしながら、出資の履行が仮装された払込みによるものであったという事
実が容易には発覚しにくいものであり、取引の迅速性が求められる性質のもの

でもないこと、上述のように、この義務の法的性質は法定責任と解するのが素直であることなどを考慮すると、その消滅時効期間は10年（民167条1項）と解するべきである。

　もっとも、平成29年5月26日に成立した改正民法[27]およびこれに関連する整備法では、消滅時効期間の統一化等時効に関する規定の整備が行われようとしており、商事債権か民事債権かという区別は、今後は意味を失う。その改正民法においては、債権は、民事債権か商事債権かを区別せず、次の場合に時効消滅することとなる。すなわち、①債権者が権利を行使することができることを知った時から5年間行使しないとき（改正民166条1項1号）、または②債権者が権利を行使できる時から10年間行使しないとき（同2号）である。

　改正民法166条1項2号の客観的起算点からの消滅時効については、現行の民法166条1項、167条1項と変わりないが、1項1号が適用されると現行法の下で会社の請求権を民事債権と解する場合よりも短期に消滅時効が成立しうることとなる。会社法213条の2等の支払義務は、権利としては会社の請求権であり、株主には代表訴訟と同じく会社の権利を代表して行使することが認められるものであるから、改正民法における債権者とは、会社といわざるを得ない。では、払込みが仮装されたものであることを会社が知った時が1項1号の消滅時効の起算点となるが、払込みの仮装に取締役等が関与していた場合、仮装の払込みがなされた時から直ちに5年の消滅時効が起算されることにもなりかねない。

　そうなれば、会社自らが仮装払込引受人等に対して支払を請求することが期待できず、株主や数年経って会社経営が破綻し、破産管財人等の調査により仮装の払込みがなされていた事実が発覚した時には既に支払義務は時効により消滅しており、これが援用されればもはや支払を求めることはできないというケースが増えることが懸念される。株主間の不当な利益移転を是正し、不公正ファイナンスを防止するとともに、新株発行が事後的に無効となることによる取引の安全への影響を生じさせまいとする平成26年改正会社法の趣旨に照らすと、このような結果を生じさせかねないことは、平成26年改正が不完全なものであったというほかないのではないか。

新株発行の取引の安全を図りつつ、平成26年改正会社法の立法趣旨を実現するためには、仮装の払込みが行われた場合に、会社法213条の2または3の支払義務が確実に履行されることを確保するための制度設計が不可欠であると思われる。

　立法論としては、新株発行等において仮装の払込みが行われた場合に、会社がこれを知った時には、直ちに213条の2または3の支払義務の履行を請求するか、株主に対して当該事実（仮装の払込みがなされた旨およびそれを行った引受人等に関する情報）を通知または公告することを義務づけ、これがなされない限り債権者たる会社が権利を行使することができることを知ったとは認めないものとして、改正民法166条1項1号の消滅時効の主観的起算点を明確にするような措置が必要であると考える。

5　むすびにかえて

　株式会社の設立や新株発行における仮装の払込みの効力をめぐっては、従来から議論が続いており、商法から平成17年会社法、平成26年改正会社法へと規定が変遷するに応じて、様々な理論が提唱されてきている。

　資本金制度が債権者保護において果たす役割についての疑問から資本充実の原則は会社法上廃止されたとする見解もある。しかし、そのことと、出資が仮装されたものであっても有効と解することとは必然的に結びつくものではないであろう。

　資本多数決制度を採用する株式会社においては、引き受けた株式について、実質的に出捐をなし、応分のリスクを負担する者に株主としての資格を認めるべきである。実質的出捐を伴わない形式的な払込行為（仮装の払込み）は有効な払込みとは認めるべきではない。

　これを有効と解しても、仮装払込引受人等の支払義務を履行しなければ株主としての権利は行使できないとされたことで、仮装の払込み自体を有効とかいしても、実質的出捐をなすまでは株主とは認められないのであって、払込みの効力まで否定する実益はなく、仮装された払込みであっても株式は成立する以

上、その払込みは有効と解するのが条文の文言からは素直な解釈である、との反論も考えられる。

しかしながら、仮装の払込みがなされたという事実が発覚しにくいものであるということは、仮装払込引受人等の支払義務が履行される可能性が低く、その間、本来許されないはずの株主としての権利行使がなされる、あるいは善意・無重過失の第三者に譲渡され、その譲渡利益は会社に帰属することなく不公正ファイナンスの温床となる、といった点を考慮すると、仮装された払込みは法的に効力を認めないとすることが、少なくとも不公正ファイナンス抑制に対する心理的圧力という点では望ましいであろう。

他方で、無効と解する場合、仮装払込引受人等の支払義務が履行されないことが確実となった場合（消滅時効が援用された場合）、株式の効力を否定する余地がある。しかし、新株発行無効の訴えによる無効は提訴期間の経過で不可能であるから、当該新株発行は不存在と解するほかないが、発行株式の一部が払込みの仮装であった場合、その一部について不存在ということができるか、という問題もあろう。

このような観点からは、やはり上述のように仮装の払込みについて会社が知った時は、株主に対して通知・公告を義務づけ、早期に仮装払込引受人等の支払義務の履行請求がなされるような制度的担保が必要であると考える。

【注】
1) 最決昭35・6・21刑集14巻8号981頁発起人が払込取扱機関から株金の払込みのための金額を借り入れ、これを弁済するまで会社が払込取扱機関に払込金の引き出しを要求しない旨を約する行為が典型とされる。江頭憲治郎『株式会社法〔第6版〕』（有斐閣、2015年）82頁注（3）参照。預合いを行った発起人等や預合いに応じた者には会社法上罰則が定められている（会社965条）。他方で、会社が株式払込取扱銀行から金融を受けて株式引受人に対する債務を弁済し株式引受人が右弁済金を引受株式の払込金に充当するという払込方法をとった事案につき、株式引受人の会社に対する債権が真実に存在し、かつ会社にこれを弁済する資力がある場合には、資本充実の原則に反するものではなく、株金払込仮装行為とはいえないから、預合罪および応預合罪にあたらないとしたものとして、最判昭42・12・14刑集21巻10号1369頁がある。
2) 見せ金による払込みは、外見上出資の履行の形式こそ備えているが、実質的には到底払込があつたものとは解し得ず、払込としての効力を有しないものといわなければ

ならない、とする。最判昭38・12・6民集17巻12号1633頁をリーディングケースとし、その後の裁判例においてもこの見解が踏襲されている。本文で述べた典型例の他に、会社が当初から貸付金の弁済を請求するつもりがなく株式引受人に対して払込資金を融資し、これをもって株金の払込みに充てさせる行為等実質的に会社資金による払込みであると評価される行為も本稿では広義の見せ金と呼ぶこととする。

3) 上柳克郎「預合・見せ金等による株式の払込み——見せ金に関する有効説と無効説を中心に」金融法務事情1000号（1982年）48頁、野村修也「見せ金による株式払込」鴻常夫ほか編『会社判例百選〔第6版〕』（有斐閣、1988年）21頁参照。

4) 東京地判昭32・8・30下民集8巻8号1613頁。

5) 鴻常夫「株式払込をめぐるからくりと法の規制」同『会社法の諸問題Ⅰ』（有斐閣、1988年）132頁。

6) 最判昭30・4・19民集9巻5号511頁。

7) 株式会社設立時の発起人・取締役の引受・払込担保責任については、平成17年改正前商法192条。

8) この責任廃止については、「募集株式の発行等に際する見せ金には、債務超過状態の継続に起因する上場廃止を免れる目的で行われる等悪質なものが多く、したがってこの責任を廃止したことが立法論として妥当か否かは疑わしい。」として疑問が呈されていた。江頭憲治郎『株式会社法〔第4版〕』（有斐閣、2011年）695頁注（4）参照。

9) 藤田友敬「会社法と債権者保護」商法会計制度研究懇談会編『商法会計に係る諸問題』（企業財務制度研究会、1997年）15頁、39-41頁。後藤元「資本充実の原則と株式の仮装払込みの目的」前田重行・神田秀樹・神作裕之編『前田庸先生喜寿記念・企業法の変遷』（有斐閣、2009年）223頁、225-226頁。

10) 後藤・前掲注（9）226頁。

11) 東京地判平24・2・16（LEX/DB 25482570）は、新株発行に際しての会社資金による払込みの事案において、「株式引受人が会社から直接又は間接的に借り入れた資金によって株式の払込みを行った場合には、会社には融資先に対する貸金債権が生ずるから、これをもって直ちに資本の充実をもたらさない仮装の払込みであるとまでいうことはできないけれども、融資先の返済の意思や能力、担保価値等の諸事情に照らして、当該貸金債権が実質的には資産と評価することができないときには、当該払込みは、仮装払込みとして無効となるというべきである。」としており、東京地判平26・4・30（LEX/DB 25519055）も、会社設立に際しての見せ金を理由に設立無効の訴えが提起された事案において、見せ金とは言えず、原告も被告会社の株主とは認められず原告適格を有しないとして訴えを却下したが、判旨の中で、見せ金による払込みは効力を有しないとして伝統的な立場に立っている。

12) 弥永真生『リーガルマインド会社法〔第13版〕』（有斐閣、2012年）307頁は、「208条5項の趣旨に照らし、不存在と解すべきである。」とされ、他方、「特集　新司法試験問題の検討2010」法学セミナー668号（2010年）2頁以下の民事系科目試験問題検討において、黒沼悦郎教授は、「会社法は取締役の払込担保責任を廃止したので、発行され

る株式について有効な払込みをなし得る者はおらず、発行された株式は新株発行無効の訴えによるまでもなく無効になると解されます。」とされていた（3頁）。

13)　吉本健一『レクチャー会社法』（中央経済社、2008年）41頁。

14)　同様の規定は、会社の設立時（会社52条の2第1-4項、102条の2第1項、103条2項、102条3項）および新株予約権の行使時（会社286条の2第1項、286条の3第1項、282条2項）の払込みについても設けられた。なお、払込みを仮装した者から善意無過失で当該株式を譲り受けた者は、株主としての権利を行使できるとされている（会社209条3項等）。

15)　「法制審議会会社法制部会第21回会議議事録」（2012年6月13日）42-46頁（http://www.moj.go.jp/shingi1/shingi04900138.html, last visited 26 September 2016）参照。坂本三郎編著『立案担当者による平成26年改正会社法の解説（別冊商事法務393号）』（商事法務、2015年）152-154頁、154頁注54参照。なお、2009年頃から主として新興市場の上場会社の募集株式の発行等につき、見せ金等の手法を用いたいわゆる「不公正ファイナンス」と呼ばれる行為が頻発し、マネーロンダリング等の温床となっているとの指摘があり、規制の強化を図るという目的もあったとみられる。大杉謙一「大規模第三者割当増資」岩原紳作・小松岳志編『会社法施行5年——理論と実務の現状と課題』（2011年、有斐閣）81-88頁、86頁参照。江頭・前掲注（1）758頁注5参照。

16)　片木晴彦「仮装の払込みと株式の効力」鳥山恭一・中村信男・高田晴仁編『岸田雅雄先生古稀記念論文集・現代商事法の諸問題』（2016年、成文堂）205-226頁、222頁は、平成26年改正会社法の一連の責任規定の意義は、既存株主から仮装払込みを行った引受人への価値の移転の救済だけではなく、新株発行等によって会社に一定の資産が拠出されたというアナウンスメントに対する信頼性を担保する意義をも有していると指摘している。

17)　「法制審議会会社法制部会第13回会議議事録」（2011年9月28日）36-37頁（http://www.moj.go.jp/shingi1/shingi04900089.html, last visited 26 September 2016）は、株式引受人の義務については、「払込期日又は払込期間の経過後も払込みの義務を負う」とし、関与した取締役らの義務については、「仮装払込みの金額に相当する額を支払うという特別の法定責任」としているが、少なくとも仮装の払込みを有効と解する場合、株式引受人の義務についても法定責任と解することになろう。無効説からは、当初の払込み義務が残存しているという解釈とこれと同額の支払義務が法定責任として定められたものという解釈が可能である。

18)　「会社法制の見直しに関する要綱案の作成に向けた検討（1）」（会社法制部会資料24）13頁（http://www.moj.go.jp/shingi1/shingi04900138.html, last visited 10 October 2016）参照。

19)　「会社法制の見直しに関する要綱案（第1次案）」（会社法制部会資料26）10-11頁（http://www.moj.go.jp/shingi1/shingi04900145.html, last visited 10 October 2016）。

20)　弥永真生『リーガルマインド会社法〔第14版〕』（有斐閣、2015年）293頁。

21)　松尾健一『会社法判例百選〔第3版〕』（有斐閣、2016年）21頁参照。片木・前掲注（16）

223頁においてもこのような解釈が有力であり、平成26年改正会社法209条2項および3項の文言からは、素直な解釈であるといいうる、と指摘されている。

22) 無効説に立ちつつ、このような場合にも引受人は失権しないと解する見解も存するかも知れないが、その場合は有効説と実質的にほとんど違いがないことになろう。

23) 森本滋「平成26年会社法改正の理念と課題」法の支配176号（2015年）62頁、片木・前掲注（16）223-224頁。

24) 江頭・前掲注（1）112頁注2、片木・前掲注（16）224頁。

25) 江頭・同上注3。

26) 片木・前掲注（16）225頁。

27) 2017（平成29）年5月26日に「民法の一部を改正する法律案」が可決成立、公布から3年以内（2020年を目途）に施行されることとなった。

中国会社法の到達点と課題
──任意法規・最低資本金規制を手掛かりに──

徐　　治文

1　はじめに

　中国では有限責任会社および株式会社を規制対象とする会社法が1993年12月に制定されてから24年余りが経過した。その間に中国会社法は、四回の改正が行われ、特に2005年および2013年の改正では会社定款による私的自治を認める任意規定の増加、会社設立の準則主義の容認および最低資本金規制の撤廃など歴史的な大改正を成し遂げた。本稿は、任意法規および最低資本金制度を手掛かりにして、中国会社法の歴史的変遷・到達点および展望を検討することを目的とする。本稿の検討手順として中国会社法の歴史的経緯（2節）、中国会社法における強行法規および任意法規（3節）、中国会社法における最低資本金規制（4節）、中国会社法の意義と課題（5節）の四つの部分に分けて述べることにする。

2　中国会社法の歴史的経緯

1　1993年中国会社法の制定および施行

　1993年以前、中国では社会主義計画経済体制のもとで企業は、主に国有企業（全人民所有制企業）という企業形態で営まれていた。1993年の中国憲法の改正で中国の経済体制は、社会主義計画経済体制から社会主義市場経済体制に移行した（憲法7条）。その社会主義市場経済体制に対応するためには近代的企業形態である会社制度を整備することが必要であった。そして中国会社法は、現代

企業制度を建設する必要に応えるため、会社の組織と行為を規定し、会社、株主及び債権者の合法的な利益を保護し、社会経済秩序を維持し、社会主義市場経済の発展を促進するため、憲法に基づいてこの法律を制定する（会社法1条）という立法趣旨のもとで1993年12月29日に公布され、1994年7月1日より施行された。会社法の施行で中国では国有企業を含む従来の企業形態に加え、有限責任会社および株式会社という企業形態も法的に承認された。

2 1999年中国会社法の第一回改正

中国では1999年に会社法の第一回改正が行われた。1993年会社法では、国有独資会社に対する国の管理監督権について国家が授権した機構若しくは国家が授権した部門は、法律と行政法規の規定に従い、国有独資会社の国有資産を監督し、管理するという簡単な規定のみが設けられた（67条）。1999年会社法第67条では、国有独資会社の監査役会について下記のように定めていた。①国有独資会社の監査役会は、主に国務院、または国務院が授権した機構、部門が任命派遣した人員により構成され、かつ会社従業員の代表が参加すること、②監査役会の構成員は、三名を下回ってはならず、監査役会は、本法第54条第1項第1号及び第2号に定める職権及び国務院の定めるその他の職権を行使すること、③監査役は、取締役会会議に列席すること、④取締役、支配人および財務責任者は、監査役を兼任してはならないこと。

また、ハイテク技術産業の発展を促進し、ハイテク技術関連企業が証券市場での直接融資を行うことに支持するために1999年会社法では「ハイテク企業に属する株式会社は、発起人が知的財産権及び非特許技術のより出資する金額が会社登録資本に占める比率、会社の新株発行及び株式上場の申請条件は、国務院が別途に規定する」という内容が追加された（229条2項）。

3 2004年中国会社法の第二回改正

1993年会社法では株式の発行価額について額面金額を超過する価格を株券の発行とするには、国務院証券管理部門の承認を得なければならないとされていた（131条2項）が、2004年の改正によって上記第2項の内容が削除された。

4 2005年中国会社法の第三回改正

2001年の WTO 加盟以後、社会主義市場経済体制の確立に対応し、国際的な慣習にも適応対応するためには、中国ではより抜本的な会社法改正を行うことが必要であった。会社組織および行為を規制し、会社、株主および債権者の適法的な権益を保護し、社会経済秩序を維持し、社会主義市場経済の発展を促進するため、本法を制定する（1条）という立法目的のもとで2005年10月27日に第三回改正中国会社法が公布され、2006年1月1日より施行された。

2005年中国会社法改正の特徴は、主に以下のようなことであった。まず、会社定款による私的自治が認められ、会社法における任意規定、特に有限責任会社に関する任意規定の数が大きく増加された。さらに会社設立に関しては、幅広く設立準則主義の採用が容認され、最低資本金規制も大幅に緩和された。また、会社訴訟関連の規定を充実させ、司法による事後的な救済制度を整備するという改正も行われた。結局、2005年会社法改正は、新たに増加した条文、41か条で削除した条文も46か条に達し、そして内容を改正した条文137か条となる会社法制定以来の大改正であった。

5 2013年中国会社法の第四回改正

会社設立のハードルを引き下げ、中小投資者の負担を軽減し、会社設立の利便を図るという規制理念の下で2013年に中国会社法の第四回改正が行われ、2014年3月1日より施行された。2013年中国会社法改正の主な特徴は、主に以下のようなことであった。

まず、会社の登録資本制度についてはこれまでの払込登録制から引受登録制に変更された。さらに有限責任会社のみならず一人有限責任会社および株式会社に関してもその最低資本金規制が廃止された。また、改正法は、登録資本の登記条件を緩和するとともに、登記事項及び登記書類をも簡素化するなど会社登記の関連規定を規制緩和した。最後に、以上の法規制の緩和に伴い、取引安全を保障するために、会社信用関連の情報開示制度を整備し、会社の自主的管理を強化し、企業に対する事後的監督を強化するという改正も行われた。

3　会社法における強行法規および任意法規

　中国会社法は、これまでに四回の改正が行われ、特に2005年および2013年の改正では会社定款による私的自治を認める任意規定の増加、会社設立の準則主義の容認および最低資本金規制の撤廃など本格的で歴史的な大改正を成し遂げた。1993年会社法の規定と比べれば、現行会社法の最大の特徴の一つは、任意規定の増加および強行法規の減少である。以下では、1993年会社法の条文と対比しながら中国会社法における強行法規および任意法規を検討していくのである。

1　1993年会社法における規制理念および強行法規

　1993年会社法の最大の特徴は、任意法規が極めて少なくて強行法規が多すぎるということであった。学説上、1993年会社法における規制理念および強行法規について伝統的に以下のように解されてきた。

　(1)　**会社法の規制理念**　　1993年会社法は、会社の組織および行為を規制し、会社、株主および債権者の権益を保護し、国有企業制度および経済体制の改革を促進することを規制理念として規定していた。[5] 以上のような会社法の規制理念について1993年会社法立法作業グループ構成メンバーであった中国政法大学の江平教授は、以下のように理論的に説明していた。つまり、会社法の立法主旨は、社会化の生産体制および市場経済の必然的要求である現代企業制度の構築の要求に応え、国有企業改革を進めるところにある。また、当時、中国において数多く会社が設立、運営されているが、そのうち相当な数の会社は、規範的な組織を持たない会社であるという企業社会の現状に触れ、江平教授は、会社法の役割は主として会社の組織や行為を規制し、会社、株主および債権者の合法的権益を保護すると強調した。[6]

　(2)　**会社法における強行法規の理論的根拠**　　それでは、以上のような規制理念の下で1993年会社法の規制構造は、どのようなものであったか。1993年会社法の規制構造・性格について江平教授は、次のように理論的に展開していた。[7] つ

まり、会社法は、会社当事者の私的自治という私法原則のもとで構築されたものであるが、市場経済体制には取引安全を必要とするため、国家は、取引安全の確保という視点から必要な介入、例えば、会社設立際の厳格な設立条件や厳格な最低資本金規制および厳格な登記・広告手続きを定めなければならない。その意味では会社法は、国家による介入および公法的制限の多い私法分野と言える。公法的な性格のゆえに会社法は、強行法規を主とすべきであるという。さらに会社制度が市場経済体制において重要な役割と影響を有するため、会社の設立および経営活動は、ますます株主個人利益の範囲を超えて社会全体の利益に直接的に影響を及ぼすこととなっている。そのことは、会社法と組合法の重要な相違点である。民法上の組合も市場経済における企業形態の一つであるが、民法上の組合は、当事者間の契約とされるため、組合契約の成立はより自由でそれに対する法規制も任意法規が多いことと反対に、会社は、当事者間の協議で会社法の規定、すなわち強行法規を変えることができないということであった。

2 現行会社法における規制理念の変化および任意法規の増加

(1) **会社法規制理念の変化**　1993年会社法では、会社の種類を有限責任会社および株式会社という二種類の会社として定義した上で会社の営利性について会社は、すべての会社資産をもって法により自主的に経営し、その損益は自らに帰属するが、国家のマクロ的調整・コントロールの下で、市場の需給に基づいて、自主的に生産経営を組織し、経済効率を向上させ、労働生産性と資産の価値を維持し増大させることを目的とするとされていた（5条）。そして会社法の規制理念については、現代企業制度を建設する必要に応えるため、会社の組織と行為を規定し、会社、株主及び債権者の合法的な利益を保護し、社会経済秩序を維持し、社会主義市場経済の発展を促進するため、憲法に基づいてこの法律を制定すると規定されていた（1条）。

　これに対して現行会社法は1993年会社立法の当時、国有企業の改革を念頭に置いた「現代企業制度を建設する必要に応えるため」の文言を削除した上で、立法目的については、会社組織および行為を規制し、会社、株主および債権者

の適法的な権益を保護し、社会経済秩序を維持し、社会主義市場経済の発展を促進するため、本法を制定する（会社法1条）とされる。

(2) **有限責任会社の執行取締役の権限**　1993年会社法では、有限責任会社の取締役会および執行取締役については、以下のように規定していた。すなわち、有限責任会社は、取締役会を置き、取締役会は3人以上13人以下で構成される（45条1項）が、社員数が相当に少ない若しくは規模が相当に小さい有限責任会社においては、1名の執行取締役を置き、取締役会を置かず、執行取締役は会社の支配人を兼任することができるし、執行取締役の権限は、第46条（取締役会の権限）を参照して定款に定めなければならないとされていた。

しかし、現行会社法は、執行取締役の権限は、会社定款により定めるとされる（50条2項）。

(3) **有限責任会社および株式会社の法定代表者**　1993年会社法では、取締役会長は、会社の法定代表者とするとされていた（45条4項、113条2項）。

これに対して現行会社法では会社の法定代表者は、会社定款の規定に従い、取締役会長、執行取締役又は支配人が、就任し、かつ法に従い登記するが、会社の法定代表者を変更する場合は、変更登記手続を行わなければならない（13条）とされる。これは、会社の法定代表者が会社定款の規定に従い、より柔軟的に設計することができると明確し、会社の経営により自由選択の空間を与えている。[8]

(4) **有限責任会社の利益配当及び出資引受権**　1993年会社法では、有限責任会社の利益配当及び出資引受権について社員は、その出資の割合に応じて利益の配当を受けるが、会社の資本を増加するときは、社員は優先的に引き受けることができるとされていた（33条）。

しかし、現行会社法では、会社定款・社員間の約定は、会社法の規定より優先的に適用することを認め、以下のよう規定を定めている。利益配当及び出資引受権について社員は、出資比率に基づき配当金を受け取る。会社が新たに増資する場合、社員は、実際に払い込んだ出資の比率に従って優先的に出資の払込を引き受ける権利を有する。但し、全社員が出資比率によって配当金を受け取らないこと又は出資比率によって優先的に出資を引き受けないことを約定す

中国会社法の到達点と課題（徐　　治文）

る場合はこの限りでない（34条）とされる。

　(5)　**有限責任会社の社員総会招集**　　1993年会社法では、有限責任会社の社員総会招集について社員総会を開催するときは、開催すべき日の15日前までに全社員に通知しなければならないとされていた（44条1項）。

　これに対して現行会社法では、有限責任会社の社員総会招集通知等について社員総会の会議を招集するときは、会議招集の15日前までに全社員に通知しなければならないが会社定款に別途規定がある場合、又は全社員が別途約定する場合はこの限りでないとされる（41条）。

　(6)　**有限責任会社社員の議決権**　　1993年会社法では、有限責任会社社員の議決権については社員総会は、社員は出資に比例して議決権を行使するとされていた（41条）。

　これに対して現行会社法では、有限責任会社社員の議決権について社員総会会議においては、社員が出資比率に基づいて議決権を行使するが、会社定款に別途規定する場合はこの限りでないとされる（42条）。

　(7)　**有限責任会社取締役会の議事・決議と招集**　　1993年会社法では、有限責任会社の取締役会の議事・決議と招集について下記のように規定されていた（49条）。すなわち、取締役会の議事方法及び決議方法は、この法律に定めるもの以外は、定款に定めるが、取締役会を開催するときは、開催すべき日の10日前までに取締役全員に通知しなければならないとされ、また、取締役会の議事の決定は議事録に記録し、会議に出席した取締役は議事録に署名しなければならないとされていた。しかし、現行会社法では取締役会の議事方式と議決手続は、本法に定めのある場合を除き、会社定款の定めによるが、取締役会は、議事の決定について議事録を作成し、会議に出席した取締役は、議事録に署名しなければならず、取締役会の議決は、一人一票により行うとされる（48条）。

　(8)　**有限責任会社の支配人の権限**　　1993年会社法では、有限責任会社の支配人の権限について下記のように規定されていた（50条）。すなわち、有限責任会社に支配人を置き、支配人は取締役会によって選任、解任されるが、支配人（経理）は、取締役会に対し責任を負い、次に掲げる権限を行うとされていた。

　①会社の生産と経営管理の業務を主宰し、取締役会の決定を組織し実行する

255

こと、②会社の経営方針と投資案を組織し実行すること、③会社の内部管理機構の設置を立案すること、④会社の基本的な管理制度を立案すること、⑤会社の具体的な規定を制定すること、⑥副支配人・財務責任者の選任若しくは解任を提案すること、⑦取締役会が選任若しくは解任すべき者以外の責任者を選任若しくは解任すること、⑧定款と取締役会によって授権されたその他の権限を行うこと。

ところで現行会社法では、支配人の権限について1993年会社法とほぼ上記の同様の権限を列挙的に定めた上で、会社定款に支配人の職権について別途規定がある場合は、その規定に従うとされる（49条）。

(9) **有限責任会社の持分譲渡と社員の先買権**　1993年会社法では、有限責任会社の持分譲渡と社員の先買権について下記のように規定されていた（35条）。つまり、社員相互の間では、自由に出資の全部又は一部を相互に譲渡することができるが、社員は、社員以外の者に出資を譲渡するときは、社員の過半数の同意を得なければならず、譲渡に同意しない社員は、譲渡にかかる出資を買い取ることを要し、買い取らないときは譲渡に同意したとみなされ、社員が譲渡に同意した出資に関して、同等の条件で、他の社員は、優先的に購入する権利を有するとされていた。

これに対して現行会社法は有限責任会社の持分譲渡と社員の先買権について下記のような規定を定めている（71条）。

すなわち、有限責任会社の社員間においては、互いにその全部又は一部の持分を譲渡することができるが、社員が社員以外の者に持分を譲渡する場合は、その他の社員の過半数の同意を得なければならないとされ、社員は、その持分譲渡事項を書面によりその他の社員に通知し、その同意を求めなければならず、その他の社員が書面通知の受領日から満30日が経過しても回答しない場合は、譲渡に同意したものとみなされるが、その他の社員の半数以上が譲渡に同意しなかった場合は、同意しなかった社員はかかる譲渡持分を買い取らなければならず、買い取らない場合は、譲渡に同意したものとみなすとされる。さらに社員の同意を得た譲渡持分については、同等の条件において、その他の社員が優先買取権を有するが、2名以上の社員が優先買取権の行使を主張した場合

は、協議によりそれぞれの買取比率を確定するとされ、協議が調わない場合は、譲渡時の各自の出資比率に従い優先買取権を行使するとされる。

そこで現行会社法は、会社定款に持分譲渡について別段の規定がある場合は、その規定に従うという規定を定めている（71条4項）。それは、会社定款・社員間の約定は、会社法の規定より優先的に適用されることを意味する。

3　現行会社法における任意法規の理論的根拠

中国では、いま、現行会社法における任意法規の理論的根拠について学説上、以下のように解されている[9]。

2005年会社法改正作業グループ構成メンバーであった中国政法大学の趙旭東教授は1993年会社法の限界および問題点について以下のように理論的に説明している。

つまり、1993年会社法は、法規制理念としておもに取引安全の保護や社会経済秩序の維持に強い関心を持ち、禁止、制限および管理を強調する明確な傾向性を示す一方、会社当事者への支持、励ましおよび誘導を無視している。そのために会社法の規制構造は、過度な硬直性と強行法規性を示し、しかるべき柔軟性と任意法規性に欠けている。換言すれば、1993年会社法の最大の欠陥は、強行法規が多すぎて任意規定が不足しているということである[10]。

さらに会社法の新しい規制構造に関連して次のよう会社法理論も展開されている。すなわち、任意法規を設計する出発点は、会社当事者の意思を尊重した上で会社運営を行うための模範的規則を提供すべきである。その理論的根拠は、以下のように展開されている。つまり、株主は、自分自身の利益には強い関心を持ち、会社の事項に対して直接に関与している。そのために会社および株主の利益に対する保護は、主に自由意志のもとでの株主による私的自治・協議によって実現されるべきである。株主は、自己利益所在の最善の理解者で会社設立や会社定款制定への参加、議決権の行使などを通じて自己の意思を表明し、適切な選択をする十分な機会を享有する。したがって会社法は、会社当事者の私的自治の権利を奪って、過剰に制限すべきではない[11]。

結論として会社法は、任意規定を増加させ、強行法規の範囲を減少させるよ

う改正すべきであるという。[12]

4　会社法における最低資本金規制

1　1993年会社法における最低資本金規制

　1993年会社法は、主に経済秩序の維持や株主・債権者の保護という視点から会社設立、特に株式会社設立際の極めて厳格な資本制度、つまり「入り口での規制」を定めていた。

　(1)　**登録資本の最低限度額と有限責任会社**　　1993会社法19条2項によれば、有限責任会社の設立は、株主の出資が法定資本の最低限度額に到達しているという条件を備えるものでなければならないし、1993会社法23条は、有限責任会社の登録資本について以下のように定めていた。すなわち有限責任会社の登録資本は、会社登記機関に登記された株主全員が払い込む出資額とし、次の各号に掲げる最低限度額を下回ってはならないということであった。

　①生産経営を主とする会社は、人民幣50万元

　②商品卸売りを主とする会社は、人民幣50万元

　③商業小売りを主とする会社は、人民幣30万元

　④科学技術開発、コンサルティング又はサービス型の会社は、人民幣10万元

　また、上記の規定と関連して1993会社法22条・25条は、絶対的記載事項として有限責任会社の定款に登録資本を記載しなければならないと規定し、出資金の分割払込を認めず、会社設立時に株主は、定款に規定する各自が引き受けた出資額全額を払い込まなければならないと定めていた。

　つまり、1993会社法は、有限責任会社の登録資本の最低限度額（最低資本金）について高額な出資金規定を定め、出資金の分割払込も認めないということであった。

　(2)　**登録資本の最低限度額と株式会社**　　1993会社法では、株式会社の設立は、発起人が引き受ける、および一般公開募集する株式資本が登録資本の最低限度額に到達するという条件を備えるものでなければならないとされていた（73条2項）。また、同会社法78条は、株式会社の登録資本については、次のように

規定していた。すなわち、株式会社の登録資本は、会社登記機関で登記される
払込済株式資本の総額とし、株式会社の登録資本の最低限度額は、人民幣1000
万元とすると定められた。また、上場会社について同会社法152条2項は、上
場会社の登録資本の最低限度額は、人民幣5000万元とするが、特殊会社のそれ
については会社法以外の法律と行政法規により定めていた。以上の規定と関連
して同会社法82条によれば、発起設立方式により株式会社を設立する場合に
は、発起人は、書面により定款の定める発行株式を全部引き受けた後、ただち
に全部の株金を払い込まなければならないとされ、同会社法79条4項は、絶対
的記載事項として株式会社の定款には、株式総数、一株の金額および登録資本
を記載しなければならないと規定していた。

　さらに1993年会社法では、株式会社の設立登記について行政認可主義を採用
し、株式会社の設立は、国務院が授権する部門又は省級の人民政府の認可を得
なければならないとされていた（77条）。

　以上の関連規定の分析で明らかになったように1993年会社法では株式会社の
登録資本の最低限度額（最低資本金）について極めて高額な出資金規定を定め、
出資金の分割払込も認めず、株式会社の設立登記についても厳格な行政による
審査・認可制度が採用されたのである。

　(3)　**1993年会社法における最低資本金規制の理論的根拠**　　1993年会社法におけ
る最低資本金規制の理論的根拠については当時の学説では以下のように解され
ていた。[13)]

　会社の資本は、会社が経営活動を行う物的基盤のみならず、会社債権者に対
する財産的担保でもある。したがって会社は、正常な生産経営活動を行うため
に法的規定に適合する資本を必要とし、国家も会社債権者の利益を保護し、社
会の経済秩序を維持するために会社資本について厳格な規制を行う必要があ
る。[14)]

　以上のような会社法規制理念の下で1993年会社法は、有限責任会社と株式会
社の両方に対して厳格な会社資本規制をしていた。1993年会社法の会社資本関
連の諸規定は、下記のように資本の三原則を体現し、広範囲にその原則を適用
し、厳格な設立要件を定めていた。[15)]

259

まず1993年会社法が授権資本制を否定し、厳格に資本確定の原則を採用した
趣旨は、会社設立中の投機的、詐欺的行為を効果的に防ぐところにあった。
1993年会社法制定の当時、会社の乱立で数多くのペーパー・カンパニーが現わ
れていた。そのことは、取引の安全を害し、社会経済の秩序を撹乱するという
弊害をもたらしたが、このような弊害を防ぐために資本確定の原則を反映する
具体的な規定として会社法は、会社設立についてかなり厳しい法規制を定めて
いた。[16)]

　また、1993年会社法が厳格に資本維持・充実の原則を採用した立法の趣旨は、
会社による債務弁済能力を維持し、債権者の利益を保護するところにあった。[17)]

　さらに1993年会社法が厳格に資本不変の原則を採用した立法の趣旨は、資本
増加から過剰資本で株主が過大な資本リスクを受けることから株主の利益を保
護するところにあったと説明されていた。[18)]

2　2005年会社法における最低資本金規制の緩和

　2005年会社法は、依然として会社財産を確保するための資本三原則を維持し
ながら1993会社法の資本規制をある程度に緩和した。

　2005年会社法は、有限責任会社の登録資本の最低限度額を従来の10万～50万
人民元から3万人民元に引き下げ（26条）、一人有限会社を新設し、その登録
資本の最低限度額を10万人民元に定めていた（59条）のに対して株式会社の登
録資本の最低限度額を従来の1000万人民元から500万人民元に引き下げた（81
条）。

　資本確定の原則に関連して2005年会社法は、以下のように規定していた。

　まず、有限責任会社について同会社法では、有限責任会社は設立に際して社
員の出資が法定の資本最低額に達していることを具備しなければならず（23条
2項）、有限責任会社の定款には絶対的記載事項として登録資本を記載しなけ
ればならないとされていた（25条3項）。それから株式会社について同会社法
は、株式会社は、設立に際して発起人が払込および公開募集を行う資本金が法
定の資本最低額に達していることを具備しなければならない（77条2項）とさ
れ、株式会社の定款には絶対的記載事項として会社の株式総数、一株の金額お

および登録資本を記載しなければならない（82条4項）とされていた。

　ところで2005年会社法は、1993会社法上の登録資本の概念を従来のとおりに使用していたが、同会社法上の登録資本の概念と1993年会社法上のそれとは、意味が異なっている。例えば有限責任会社の登録資本について2005年会社法26条は、次のように定めていた。

　つまり、有限責任会社の登録資本、会社の登記機関に登記された社員全員が引き受けた出資額とする。会社の社員全員が初回に出資する額は登録資本の20％を下回ってはならず、法定の登録資本最低限度額を下回ってもならない。残額は、会社成立日から2年以内に社員が全額払込むが、その内、投資会社は5年以内に全額払込むことができるとされていた。また、株式会社の登録資本について2005年会社法81条は、以下のように規定していた。

　すなわち、株式会社が発起方式で設立される場合、登録資本は、会社の登記機関に登記された発起人全員が引き受けた出資額とする。会社の全発起人員が初回に出資する額は、登録資本の20％を下回ってはならず、その残額は、会社成立日から2年以内に発起人が全額払込むが、その内、投資会社は5年以内に全額払込むことができる。株式会社が募集方式で設立される場合、登録資本は、会社の登記機関に登記された払込済の資本金の総額とする。

　以上の関連規定を見れば、以下の結論が得られる。つまり、2005年会社法上の登録資本の概念は、会社資本規制の緩和を反映し、株式会社が募集方式で設立される場合を除けば、有限責任会社のみならず、株式会社に対しても株主による出資金の分割払込を認めたのである。

3　2013年会社法と最低資本金規制の撤廃

　2013年会社法は、2005年会社法で緩和された最低資本金規制をさらに大幅に緩和し、法改正の最大の特徴の一つは、有限責任会社（一人有限会社を含む）および株式会社の最低資本金規制をすべて撤廃したことである。すなわち、法律・行政法規に別途最低資本金を定めている場合を除けば、有限責任会社、一人有限会社、および株式会社の最低資本金をそれぞれ3万人民元、10万人民元、500万人民元としていた規制がすべて撤廃された。また、最低資本金規制の全

面廃止と伴って会社登記に関連する法改正も行われていた。

(1) 有限責任会社（一人有限会社を含む）と最低資本金規制の撤廃　まず、2005年会社法第23条は、有限会社設立の必要条件に関して下記のように規定していた。

①株主が法定の定員数を満たしていること。②株主の出資額が法定資本の最低限度額を満たしていること。③株主が共同で会社定款を制定していること。④会社の名称があり有限会社の要求を満たす組織機構が確立されていること。⑤会社の住所を有すること。

2013年会社法第23条は、上記の第2号を会社定款の規定に合致する全出資者が払込を引き受けた出資額を有すると変更した。

また、2005年会社法第26条は、有限責任会社登録資本金の最低限度額について下記のように規定していた。①有限責任会社の登録資本金は、会社登記機関に登記した全株主の引き受けた出資額とする。会社の全株主の初回出資額は、登録資本の20％を下回ってはならず、また法に定める登録資本最低限度額を下回ってはならないものとし、その残りの部分は、株主が会社成立日から2年以内に全額払い込まなければならない。投資会社は5年以内に全額を払い込めばよい。②有限責任会社の登録資本の最低限度額は、3万人民元とする。法律、行政法規に有限責任会社の登録資本の最低限度額についてより高い規定のある場合は、その規定に従う。

2013年会社法は、上記2005年法第26条の内容を「有限責任会社の登録資本は、会社登記機関で登記した全出資者が払込を引き受けた出資額とするが、法律、行政法規及び国務院の決定で有限責任会社の登録資本の実際払込、登録資本最低限度額について別途規定がある場合は、その規定に従う」と変更した（26条）。

最後に2005年会社法第59条では、一人有限責任会社の登録資本最低限度額等について一人有限責任会社の登録資本最低限度額は10万人民元とするが、株主は、会社定款に定める出資額を一括で払い込まなければならないとされていた。

2013年会社法では、上記の第59条第1項が削除され、一人有限責任会社の最低資本金規制も撤廃された。

(2) **株式会社と最低資本金規制の撤廃**　まず、2005年会社法第77条では株式会社を設立する場合、次に掲げる条件に合致しなければならないとされていた。

①発起人が法定の員数に合致すること、②発起人が引受及び募集した資本が法定資本の最低限度額に達していること、③株式の発行、設立準備事項が法律の定めに合致すること、④発起人が会社定款を作成しており、募集により設立する場合においては創立総会の決議を経ていること、⑤会社の名称があり、株式会社の要求に合致する組織機構が設置されていること、⑥会社の住所を有すること。それに対して2013年会社法は、第77条を第76条とし、且つその第2号を「(2) 会社定款の規定に合致する全発起人が払込を引き受けた株式資本総額又は募集した実際払込株式資本総額を有する」と変更した。

また、2005年会社法第81条第3項では、株式会社の登録資本金について株式会社の登録資本の最低限度額は500万人民元とするが、法律、行政法規に株式会社の登録資本の最低限度額についてより厳しい規制がある場合は、その規定に従うとされていた。しかし、2013年会社法は、第81条を第80条とし、且つその第1項を「株式会社は発起設立方式で設立された場合、登録資本は会社登記機関で登記された全発起人が払込を引き受けた株式資本総額とするが、発起人が払込を引き受けた株式が払い込まれるまでは、他者から株式を募集してはならないと変更し、第3項を「法律、行政法規及び国務院の決定で株式会社の登録資本の実際払込、登録資本最低限度額について別途規定がある場合は、その規定に従うと変更した。

最後に2005年会社法第178条第3項は、登録資本金の減少に関して会社の減資後の登録資本金は、法定の最低限度額を下回ってはならないと定めていたが、2013年会社法では、この第178条第3項が削除された。

(3) **会社資本に関連するその他の規定**　まず、2005年会社法第7条第2項は、会社登記際の記載すべき事項について会社営業許可書には会社の名所、住所、登録資本、実際に払い込まれた資本、経営範囲、法定代表者の氏名等の事項を記載しなければならないと定めていたが、2013年会社法第7条第2項は、この「実際に払い込まれた資本」という部分を削除した。2005年会社法第27条第3

項は、出資における現金の割合について全株主の通貨出資金額は有限責任会社の登録資本の100分の30を下回ってはならないと定めていたが、2013年会社法は、第27条第3項の内容を削除した。

また2005年会社法第29条は、出資検査について株主は、出資を払い込んだ後、法により設立された出資検査機構による出資検査を受け、かつ出資検査証明書の交付を受けなければならないと規定していたが、2013年会社法は、第29条の内容を削除した。さらに2005年会社法第30条は、有限会社の設立登記等の手続きについて株主の初回の出資について法により設立された出資検査機構による出資検査の完了した後、全株主の指定する代表者又は共同で委託する代理人が会社登記機関に会社登記申請書、会社定款、出資検査証明書等の書類を提出し、設立登記を申請すると規定していた。ところで2013年会社法は、第30条を第29条とし、出資者が会社定款で定めた出資全額を引き受けた後、全出資者が指定した代表又は共同委託した代理人が会社登記機関へ会社登記申請書、会社定款などの書類を提出し、設立登記を申請すると変更した。

最後に2005年会社法第33条第3項は、有限責任会社の社員名簿について会社は、社員の氏名又は、名称およびその出資額を会社登記機関に登記しなければならず、登記事項に変更が生じた場合は、変更登記手続を行わなければらないが、登記又は変更登記を経ていない場合は、第三者に対抗することは、できないと定めていた。2013年会社法では、上記第33条第3項における「及びその出資額」が削除された（32条）。

(4) **会社法における最低資本金規制撤廃の理論的根拠**　　中国では会社法における最低資本金規制撤廃の理論的根拠について学説上、下記のように解されている[19]。

会社法の規制緩和という国際的競争の下で法人格否認原則の適用、取締役の義務・責任の強化および会社情報開示制度の整備に伴って最低資本金規制はもう時代遅れで会社の実態に合わず、存在する必要性もなくなったとされ、会社法改正で例外的に必要な場合を除けば、登録資本の最低限度額規制が大胆に撤廃されるべきであるとされる[20]。その上、最低限度額規制が撤廃された場合、会社法は、投資家が会社の経営性質や経営規模により必要となる会社資本の金額

を自由に決めることを認めるべきであり、あるいは人民法院または仲裁機関は、会社の経営性質や経営規模により会社の株主が十分に出資義務を履行したか、会社が「法人格否認の原則」による過小資本の会社に該当するかどうかを判断すべきであろうというのである。[21]

5　2013年会社法の意義と課題

　会社が営利性を目的とする企業組織である以上、厳しい市場競争の中でより低い「取引費用」で企業活動を容易に行うことは会社存続の基本条件であり、会社法が一律で強制的に会社の組織および行為を規制し、会社関係者の利害対立を訴訟制度によって処理することにかかる精力、時間及び金銭、つまり「取引費用」の増加や「効率性」・競争力の低下というという問題も無視すべきではないであろう。[22]株式会社の内部関係に限定すれば、公平性という価値規範や第三者の利益を損なわない限りにおいて会社関係者が自ら自由に選択できる任意規定によって構成されるべきであり、特に株式の自由譲渡を制限される非公開会社に関して任意法規をより多く増加すべきであろう。[23]その理由としては、任意法規のもとで会社関係者がそれぞれの会社実態に対応して自らの創意工夫を通じて効率的にその利害対立を解決でき、強行法規と任意法規の結合という二元的な会社法構造こそ、安定した活力のある会社秩序を実現することができるからである。[24]以下では中国会社法の意義と課題について検討して行きたい。

1　2013年会社法の到達点

　中国では1993年会社法は、主に経済秩序の維持や株主・債権者の保護という視点から会社設立際の「入り口での規制」、つまり、行政認可規定を含む最も厳格な設立手続きのみならず、世界的に見ても最も高い最低資本金規制も規定していた。従来のような過剰規制は、市場経済体制に相容れないものであり、会社への過剰な行政介入は、官僚腐敗など社会的不公平を誘発するおそれがある一方、出資者の投資意欲を抑制し、資源の無駄使いを招き、会社、特に株式会社の発展を阻害してしまった。[25]

中国会社法は、2005年および2013年の大改正で定款による私的自治を認める任意法規を増加し、会社設立の行政認可規制を撤廃し、会社の最低資本金規制を原則的に廃止し、会社設立・登記手続も簡素化にするなど「入り口での法規制」を大幅に緩和した。これは、中小閉鎖会社が数多く存在している実態を柔軟に対応して法規制の実効性の向上のみならず、「取引費用」の低減や「効率性」・競争力の向上という視点からも現代会社制度へと大きな一歩を踏み出したと理論的に評価すべきであろう。

2 2013年会社法の課題

日本では近年は、会社法の中にも会社定款によって会社法と異なる定めをすることを明文で認めている場合が増加しているが、とくに2006年5月1日より施行された日本会社法では、株式会社においても定款自治の範囲が拡大している。[27]

中国会社法は、定款自治を認める任意法規の多くは有限責任会社に関連するもので今後の改正で日本会社法を参考に有限責任会社のみならず、株式会社に関しても任意法規を増やすべきであろう。

6 おわりに

以上のように本稿は、会社法における任意法規および最低資本金規制を中心に中国会社法の歴史的変遷、到達点および課題を検討してきた。2005年および2013年の大改正で中国会社法は、アメリカ会社法の影響を受けて会社定款による私的自治の範囲を広げ、事前統制から事後規制への方向転換を示している。そのために会社の組織・経営に関しては多くの事項が人民法院による事後的救済に委ねられていると考えられる。[28]

事後的な救済や、会社諸利害関係者の公平な利害調整という視点では、裁判所は、株主間の契約、あるいは定款による私的自治を解釈・判断したり、それを監督・履行させたりして会社をめぐる当事者間の利害関係を調整し、株主や債権者の利益保護に重要な役割を果たすと考えられる。[29]

最高人民法院は、2005年の会社法改正後、2006年2月に「中華人民共和国会社法の適用に関する若干問題の規定（一）」（会社法司法解釈）を公布し、2008年5月と2011年1月には「会社法司法解釈（二）」と「会社法司法解釈（三）」も公布したが、2014年2月に上記三つの司法解釈をそれぞれ改正した。また、最高人民法院は、2017年8月に「中華人民共和国会社法の適用に関する若干問題の規定（四）」を新たに公布した。現在、中国においては上記四つの会社法司法解釈が会社法の実体法上の規定とともに施行されている[30]。そのために中国会社法の到達点および課題を考察する際に会社法の実体法上の規定のみならず、最高人民法院の上記四つの会社法司法解釈も検討すべきであろう。今後の研究課題としては会社法司法解釈や会社法関連の人民法院の裁判例を検討しながら中国会社法研究を進めていきたい。

【注】

1) 徐治文「中国におけるコーポレートガバナンスの現状と問題」九大法学69号（1995年）8頁。

2) 周剣龍「コーポレートガバナンスと中国会社法」西村幸次郎編著『グローバル化のなかの現代中国法』（成文堂、2009年）97頁、范健・王建文「公司法」法律出版社、80-83頁（2006年）。

3) 趙旭東主編「新公司法制度設計」法律出版社、序（2006年）。

4) 范健・王建文「公司法第四版」法律出版社、64頁（2015年）。

5) 曹康泰「関与中華人民共和国公司法修訂草案的説明」1頁（2004年12月）。

6) 江平主編「中国公司法原理与実務」科学普及出版社、序（1994年）。

7) 江平主編「新編公司法教程」法律出版社、3頁（2003年）。

8) 劉俊海「現代公司法」（第三版）法律出版社、612頁（2015年）、石少侠編「公司法学」中国政法大学出版社、19～20頁（2015年）、趙万一編「公司治理的法律設計与制度創新」法律出版社、50～51頁（2015年）。

9) 趙旭東主編「公司資本制度改革研究」法律出版社、12頁（2004年）、趙旭東主編「公司法学」（第四版）高等教育出版社、36-45頁（2016年）。

10) 趙旭東主編「新公司法制度設計」法律出版社、357頁（2006年）。

11) 劉俊海「現代公司法」（第三版）法律出版社、133-137頁（2015年）。

12) 趙旭東主編「新公司法制度設計」法律出版社、357-360頁（2006年）。

13) 江平主編「中国公司法原理与実務」科学普及出版社、19頁（1994年）。

14) 江・前掲注（13）19-20頁。

15) 江平主編「新編公司法教程」法律出版社、74頁（2003年）。

16) 江・前掲注（13）19頁。

17) 江・前掲注（13）序。

18) 李潤生「论我国现行公司资本制度的变迁定位及未来发展」湖南社会科学、第 6 期99-101頁（2015年）。

19) 劉俊海「现代公司法」（第三版）法律出版社、133-137頁（2015年）、叶林「关于我国公司法修改的若干问题」新疆科学论坛、第 1 期24頁（2014年）。

20) 劉・前掲注（11）65-67頁。

21) 劉・前掲注（11）189-191頁。

22) 徐治文『現代会社法理論と法と経済学』（晃洋書房、2007年）182頁。

23) 徐・前掲注（22）185頁。

24) 孙婷「2013年公司法修改的解读与思考」法学研究、第 4 期65-66頁（2015年）、王萧「小议我国公司法修改」经济研究导刊、第24期310頁（2014年）。

25) 龙飞「经济全球化背景下我国公司法的修改与完善分析」法制与社会、第 5 期100頁（2014年）。

26) 劉・前掲注（11）61-65頁。

27) 宍戸善一「定款自治の範囲の拡大と明確化——株主の選択」商事法務1775号（2006年）17-20頁、川村正幸ほか『詳説会社法』（中央経済社、2016年）37-38頁、近藤光男『最新株式会社法』（中央経済社、2017年）3 - 4 頁。

28) J. C. Coffee, 1989, The Mandatory/Enabling Balancein Corporate Law: an Essay on The Judicial Role, 89 Colum. L. Rew. (1989), at 1618-1624. R. Romano, Foundatino of Corporate Law, Foundation Press (1993), at 111-118.

29) 布井千博「中国会社法の改正」ビジネス法務 6 巻 2 号（2006年）105頁。

30) 国務院法制局編「中華人民共和国会社法典」（新四版・11）中国法制出版社、38-43頁（2018年）。

企業統治改革の到達点と展望
――資本市場を中心に――

宵　　　鵬

1　はじめに

　周知のとおり、企業統治は、英文コーポレート・ガバナンス（corporate gov-ernance）の和訳であり、法律、経済、経営とファイナンスの分野で定着している用語である。その原点は、テークオーバー（takeover）やコーポレート・コントロール（corporate control）などが盛んに用いられた80年代に遡る。1980年代の株式市場取引は敵対的買収（hostile takeover）と特徴づけられ、主要上場会社が半数以上公開買付け（TOB, tender-offer bid）を経験していた。敵対的買収の出現の最も有力な理由の一つとして、フリー・キャッシュ・フロー仮説が挙げられる。この仮説によると、高収益の投資機会がないにもかかわらず、経営者が本来株主に還元すべきキャッシュ・フローを自分の "格" を高めるために無謀な規模拡大に費やすことこそ、敵対的買収を招いた原因である。Jen-sen (1986)[1] は、オイルショックの石油価格急騰がもたらしたキャッシュ・フローを石油価格の下落後も株主に還元せずに油田開発、精製設備投資や多角化経営に投下し続けた米国の石油会社を例に、フリー・キャッシュ・フロー仮説こそ1980年代の敵対買収を説明することができる最も有力のものだと力説した。巨額のフリー・キャッシュ・フローがやがて石油会社をターゲットとする活発な敵対的買収を招いた。Jakobs (1986)[2] の推測によると、敵対的買収やその潜在的圧力が米国の石油会社の株主にもたらした利益が2兆円にも達した。

　敵対的買収を招いたもう一つの理由として、多角化経営が挙げられる。セグメント・データを使った初期の研究である Shin and Stulz (1998)[3] は、多角化

269

企業の部門部設備投資は、他部門 CF に有意に依存すること、と、q レシオで評価した投資機会から見て有望な部門に資金が流れるとは限らないことを明らかにした。多角化企業の内部補助を描いた理論モデルとしては、Scharfstein and Stein（2000）[4]がある。CEO が低収益部門の部門長を前向きに働かせるため、部門の規模から感じる私的利益を享受させるというレント・シーキングのモデルを想定し、内部補助を説明した。Rajan *et al.*（2000）[5]も、事後的な社内での利益再配分を念頭に、自らが稼いだ利益が他部門に取られることを避けるために、事業部門が収益率の低いがほかの部門に取られにくい「防衛的」な投資を選ぶ可能性を理論的に描いた。

　フリー・キャッシュ・フロー仮説と多角化経営仮説を厳密に識別することは難しいが、収益性の低い事業に資金が投下される点は同じである。その結果、株価が低迷する。Holmstrom and Kaplan（2001）[6]によると、80年代における米国の敵対的買収ブームは、経営者が長年の株安を放置し、しかも取締役会や株主総会が有効に経営者をガバナンスすることができなかったことに対する資本市場の復讐であるという見方もあながち誤りとは言えない。

　Jensen（1993）[7]は、米国企業を例に、衰退企業の効率的な退出（efficient exit）が妨げられる以下の理由を挙げている。まず。成長の栄光に浸っている大企業は、衰退セグメントから退出しなければならないと知りつつも問題が先送りできなくなるまで座視し続ける。早期改革を実行しようとすれば、社長の座から追われる覚悟が必要である。また、雇用確保という大義名分も、リッチなキャッシュ・フローや外部資金を赤字部門に費やすことで労使間の一時の和平を買って問題を先送りさせる重要な要因である。したがって、経済衰退期に成熟・衰退事業から企業の退出を促すメカニズムが企業統治である。

　敵対的買収に対抗するために、裁判所の是認もあって、米国企業が相次いで敵対的買収防衛策を導入した。買収防衛策の導入によって、経営権を狙うアクティビストによる大口買付けが劇的に少なくなった。代わりに、ミューチュアル・ファンド（mutual fund）やペンション・ファンド（pension fund）などのいわゆる機関投資家の声が注目を集めた。しかし、機関投資家によるアクティビズムの投資先の経営業績に対する効果が微々たるものだった。1990年代後半か

ら、アクティビストは数パーセントの株式を取得して、企業価値や株主価値の向上を要求したり、フリー・キャッシュ・フローを問題視したり、企業のM&Aの条件に異議を唱えたり、企業に資産売却などを迫ったり、買収防衛策の解除、取締役会の独立性、過大役員報酬などの企業統治関連に関与したりする戦略を取ることが多い。英米の実証分析によると、アクティビズム直後、株主への利益還元がよく見られ、業績改善はより時間がかかるが、長期にわたって株価が上昇する。日本では、アクティビストが保有株式を企業に高値で買い取らせるグリーン・メーラーだというイメージがまかりとおっているが、米国のアクティビストが保有株式を企業に売却した割合はわずか1.8%に過ぎない。

　本論は、退出をキーワードに、日本の企業統治改革を概観し、資本市場活性化の到達点と展望を述べる。本節に続く部分の構成は以下の通りである。2節では、ソニーを取り上げ、赤字事業からの退出を促す点から、社外取締役の導入も高額報酬による外国人経営者の登用も機能せず、アクティビスト・ファンドの圧力だけが効果的だったと説明する。企業統治との関連で、敵対的買収の脅威を経て、機関投資家の声からヘッジ・ファンド・アクティビズムへの変遷を3節で取り上げる。4節は、クロスボーダー・アクティビズムの日本企業統治に与える影響について解説し、日本企業統治改革の敗退を論じる。最後に、株式持合の木地に社外取締役導入等の下地を塗ったことが現在の到達点と括り、株式持合から機関投資家とアクティビストが協働できるように変えて企業統治を仕上げるべきと、5節で展望する。

2　失われた10年と企業の退出

　90年代以降の日本経済のキーワードは、銀行と企業の退出である。拓殖銀行、長期信用銀行、日本債券信用銀行などの国有化とともに、多くの上場企業も民事再生法、会社更生法および破産等で退出した。これは日本経済の「失われた10年」である。その主な原因として、破綻していたのに銀行の支援を受けて延命している企業、いわゆる「ゾンビ企業」を存続させたことが多くの論文で指摘されている（Peek and Rosengren, 2005; Caballero *et al.*, 2008; 星、2000、2006;

櫻川、2002）。日本の企業統治がメインバンクきのうとして特徴づけられていた。肝心な銀行が多くの不良債権を抱えると、不良債権を隠すことがゾンビ企業の延命につながると理解できる。

しかし、2000年代に入って銀行の不良債権問題などが解決し、一部のゾンビ企業は健全化した（福田・中村、2008）[9]にもかかわらず、日本経済全体は低成長から抜け出せていない。その理由は一体何であろうか。答えは、既に Kang and Shivdasani（1997）[10]で明示されている。1986～90年の間に営業利益が半減した日米企業を比べたところ、生産拡大や既存設備拡大で対応した米国企業はわずか2.6％に過ぎなかったが、日本企業ではそれが27.2％にも達した。また、資産売却は米国が36.8％に対し日本はわずか4.3％、人員削減は米国が31.6％に対し日本では17.4％にとどまった。最も好対照なのは、買収などの資本市場の圧力に晒された比率で、米国の36.8％に対し日本はなんと0.42％である。言い換えれば、メインバンクが機能していた時代にも、日本企業は営業利益が半減したにもかかわらず生産拡大や生産設備拡張をしていたのである。低採算事業からの早期撤退を促す点から、健全なメインバンクシステムは十分ではなかった。もちろん、メインバンクが役割を果たしたが、メインバンク機能が資本市場の圧力と比べてそれほどパワフルではなかったと言えよう（Schleifer and Vishny, 1997）[11]。

「失われた10年」の原因は不良債権を多く抱えた銀行と赤字企業の退出への抵抗にある。突き詰めていけば、ゾンビ企業の起因は銀行と企業のガバナンスの欠如である。とりわけ、赤字企業と経営不振銀行の退出を促す資本市場のメカニズムは機能しなかった。それは、金融機関と事業法人の株式持ち合いの結果でもある。ゾンビ企業へ融資を続けた最初の失われた10年は、日本のコーポレート・ガバナンスの当然の帰結とも言える。

もっと深刻なことに、赤字事業からの撤退を促すのに、企業内部ガバナンスと機関投資家のいずれからの規律も機能しなかった。その代表例として、[12]ソニーが挙げられる。ソニーは2003年にいち早く委員会等設置会社に移行、取締役会のメンバーの大半を社外取締役に入れ替えた。形の上では、業務執行と監督権の分離による内部ガバナンスを強化した。社外取締役の導入が日本の企業

統治改革の要と位置付けられ、長年義務付けるとの議論があったが、最近になって日本版コーポレート・ガバナンス・コードでは、社外取締役を任命しない場合はその理由を説明することとなっている。

しかし、ソニーを見る限り、社外取締役が株主の味方だととても言えないのではないか。まず、ソニーへの取締役の報酬の個別開示を求める株主提案は2002年以来7年間にわたって提案してきた。2007年6月総会は44.3%の賛成があった。にもかかわらず、ソニーは頑なに開示を拒み続けた。これをきっかけに、1億円以上の役員について内閣府令改正を受けて企業に開示が義務化されるようになった。役員報酬の基準、役員報酬の内訳、ストップ・オプションの行使などの役員報酬の個別開示は、投資家に重要な情報を伝達する。そもそも、米国企業統治に倣ってストック・オプションの導入、社外取締役の導入、自己株式取得の解禁などの内部ガバナンス関連の制度改正が行われてきた。しかし、ソニーの社外取締役はこの点を全く理解していなかったようである。本来は、率先して委員会等設置会社に移行した企業統治の優等生のソニーは、他社に先駆けて役員報酬の個別開示を行うべきだった。

2003年度以降はソニーの金融部門が高収益、音楽・映画部門も収益率を高める中で、電機がマイナスに転落し格差が広がった。つまり、ソニーはエレキ事業から退出すべきだった。にもかかわらず、ソニー設備投資は一貫して電機部門が大部分を占めており、音楽・映画と金融による投資がわずかである。特に2003〜2007年度に2極化傾向が一段と強まった。ちなみに、ハワード・ストリンガー社長の2009年度の役員報酬が8億円にも達していた。役員報酬の個別開示を拒んだのは、芳しくない経営業績と比べてトップ経営者の報酬が高すぎるといううしろめたさがあったからかもしれない。もちろん、過去の輝きを取り戻せるなら、8億円の役員報酬は決して高くない。問題は、高額報酬にもかかわらずストリンガー氏の取締役兼代表執行役会長兼 CEO 就任から社長兼 CEO を退いた時点の間に、ソニー株価が半減した。しかし、社外取締役も株主利益をないがしろにして企業価値の毀損を座視し続けていた。

皮肉なことに、買収防衛策で撃退したかったアクティビストファンドはソニーにノーを突きつけたのである。2013年、米国のアクティビスト投資ファン

ドサードポイントは、ソニーにエンタテインメント部門を上場させ、全株式の
うち15～20％を売り出し、PC や DVD レコーダーなどの不採算事業の見直す
べきだというと書簡を送った。これに対して、ソニー経営陣は 8 月 6 日、エン
タテインメント部門の上場分離を拒否した。これに対し、ソニーの収益目標未
達の場合は、サードポイントは株主総会での株主提案も辞さないと報じられて
いた。2014年 2 月 6 日、パソコンや DVD レコーダーなどの不採算事業の見直
しについては明確な返答をしなかったソニーは、VAIO ブランドを付して運
営する PC 事業を投資ファンドの日本産業パートナーズに譲渡することに関す
る意向確認書を締結し、2014年 5 月 2 日に正式契約を締結した。ただし、2014
年 3 月期の連結当期純損益（米国基準）は、円安にもかかわらず前年同期430億
円の黒字から1300億円の赤字に転落した。

　米国でアクティビストは機関投資家に代わって矢面に立って、企業価値の向
上のためにいろいろな提案を経営者に突きつける。本来はアクティビストが時
価総額の大きい大型株よりも、中型株と小型株を中心に投資することが多い。
サードポイントは、アップルから巨額の株主還元を引き出し、米国ヤフーの経
営陣を更迭させことで名を轟かせた著名なアクティビストファンドである。い
たずらにサードポイントの要求を突っぱねると委任状合戦につながりかねな
い。2013年 3 月期の定時株主総会に関する臨時報告書と有価証券報告書から、
議決権の行使比率が59.9％であり、外国人機関投資家持株比率が32.67％と
なっていた。外国人持ち株比率が高いことから、株主利益を促進する株主提案
が株主総会で可決される公算は高いと推測できる。今まで、米国では機関投資
がアクティビストに協働することがしばしば見られた。また、テレビ事業10年
連続赤字を出したソニー経営陣は、サードポイントの提案が"ファンドとして
の性質上追求する利益と中長期的視点に立つ企業価値ひいては株主の皆様の共
同の利益の拡大とが衝突する"とは到底反論できない。ソニーの株価低迷は、
企業にも物言うことが許されない日本の風土が招いたのである。

　ソニーはいち早く米国流の企業統治を取り入れたが、社外取締役が多数を占
める取締役会が、株主の利益のために積極的に赤字エレキ部門からの退出を促
したとは言い難い。むしろ、赤字部門への投資を座視し続けていた。ソニーの

凋落は、銀行不良債権に起因するゾンビ投資とは無関係である。また、多角化説も当てはまらない。上述した多角化経営理論に照らせば、部門長も CEO も赤字部門の投資を続けるインセンティブを有しないのである。ソニーの長年の赤字と赤字部門投資は、前述した Jensen（1993）で指摘されたかつての米国企業と同じである。しかも、社外取締役の導入も高額報酬による外国人経営者の登用もソニーの再生が叶わなかった。結局、社外取締役や業績連動報酬などの内部ガバナンスよりも、サードポイントの圧力がはるかに効果的である。次節では、退出を促す資本市場の圧力について外国の経験と日本の現状を取り上げる。

3 機関投資家からアクティビスト投資家へ

ソニーの事例からわかるように、内部ガバナンスよりも資本市場の圧力が重要である。現在、アクティビスト投資家は資本市場の重要な担い手である。アクティビスト・ファンドの前身は、アクティビスト・ブロックホルダー（activist blockholder）である。1980年代に、経営業績が低迷する米国の株式を大口買付けする大株主（ブロックホルダー、blockholder）は、アクティビスト、銀行や保険会社やペンション・ファンドなどの金融機関とコングロマリットなどの戦略投資家（strategic investors）に分類される。1980年代に敵対的買収も辞さないアクティビストの大口買付けが株式市場取引の新しい主体として加わったのである。これは、株価低迷の企業を買収して企業価値を高めて利益を得る鞘取りである。

買収を支えるハイイールド債券市場の暴落や買収防衛策の導入によって、経営権を狙うアクティビストによる大口買付けが劇的に少なくなった。その後、一時、投資先企業の経営への介入なども行う、カリフォルニア州職員退職年金基金カルパース（CalPERS, The California Public Employees' Retirement System）などのいわゆるもの言う機関投資が登場した。以下の理由で、機関投資家アクティビズムの投資先の経営業績に対する効果が微々たるものだった。まず、米国税法の集中投資に対する不利な扱いからミューチュアル・ファンドなどの分

散投資が義務付けられる。その結果、持株比率がそれほど高くないため、機関投資家間のただ乗り問題（free rider）が深刻である。また、年金基金や企業年金などの機関投資家が企業や地方政府からの圧力を受けるため、ファンド・マネジャーは、企業にものをいうわけにはいかないのである。そのうえ、米1940年投資顧問法の報酬規制を受けるファンドのマネジャーのインセンティブの欠如も挙げられる。

　もっと深刻なことに、2014年以降カルパースの前 CEO[18]や前役員[19]が収賄で有罪判決を受けたことから、巨大年金基金自身のガバナンスが問われることになった。受託者責任の名のもとに投資先にガバナンスを声高に主張してきたカルパース自身にはガバナンス能力が欠如していたと「カルパースに関する特別監査報告書[20]」で厳しく指摘された。本来、ウォールストリート・ルール（Wall Street rule）、すなわち、投資先の経営に満足しなければその株式を売却することは、機関投資家の既定路線となっている。インセンティブの乏しいカルパースが企業のガバナンスにくちばしを挟むことはいささか胡散臭かった。

　ミューチュアル・ファンドやペンション・ファンドと比べて、ヘッジ・ファンドに対する規制は大きく異なる。ヘッジ・ファンドに関する一般的な定義は必ずしもないが、米証券取引委員会（SEC, Securities and Exchange Commission）のヘッジ・ファンドに関する円卓会議（SEC Roundtable on Hedge Fund）で討議されたヘッジ・ファンドの特徴が以下のようにまとめることができる。まず、富裕層個人投資家と機関投資家が出資する私募ファンドである。つまり、先に述べた公募ファンドに対する規制はヘッジ・ファンドには及ばないのである。そして、プロのマネジャーに運用されることが多い。また、報酬は資産に比例する部分のほか、ベンチマークを超える収益に応じて成功報酬が支払われる。通常、ヘッジ・ファンドは投資家に対し資産の2％とベンチマークを超える収益の20％の運用報酬を徴収する。このことから、ヘッジ・ファンドのマネジャーは利益を上げるインセンティブがはるかに強いと言えよう。

　分散投資の規制対象ではないので、ヘッジ・ファンドはある企業に集中投資することができる。よって、フリー・ライダー問題は大幅に緩和される。また、解約に際し2年間の解約制限期間を設けているため、安定した長期運用を行う

ことができる。これに対して、ミューチュアル・ファンドは投資家の解約に応じて直ちに運用資産を売却しなければならない。つまり、ミューチュアル・ファンドは流動性の低い小型株に集中投資することが難しいと思われる。

ミューチュアル・ファンドやペンション・ファンドのマネジャーのように投資家に対して果たさなければならない「思慮ある者の原則」（プルーデントマンルール、prudent-man rule）などは適用されない。ただし、ヘッジ・ファンドが詐欺防止条項（antifraud provisions）に律される。富裕層個人投資家と機関投資家を対象にする私募ファンドであるため、ヘッジ・ファンドはミューチュアル・ファンドのように開示義務が要求されない。最後に、主な顧客が企業ではないため、ヘッジ・ファンドは利益相反問題に直面していない。これに対して、ミューチュアル・ファンドは証券会社の子会社に運用されることが多い。また、ペンション・ファンドは国や州の規制などに大きく左右される。

上述したように、ミューチュアル・ファンドやペンション・ファンドと異なって、ヘッジ・ファンドは相対的に独立であり、投資成果を上げるインセンティブもはるかに強いといえよう。この点は、プライベート・エクイティー・ファンド（private equity fund）とベンチャー・キャピタル・ファンド（venture capital fund）に共通するものである。ただし、プライベート・エクイティー・ファンドは、非上場化取引（going private transaction）に特化し、ヘッジ・ファンドと違ってほぼ全株式を取得することが多い。また、ベンチャー・キャピタル・ファンドの多くはベンチャー企業の上場前の段階の投資に特化する。もちろん、異なる種類の私募ファンドの間にきれいに線引きすることは難しい。とりわけ、プライベート・エクイティー・ファンドとヘッジ・ファンドの間には重なる要素も少なくはない。

1990年代後半から米国で出現したアクティビスト・ヘッジ・ファンドに関する研究のうち、最も包括的なデータベースに基づく研究として、Brav *et al.* Thomas（2008）[21]が挙げられる。彼らの最も大きな貢献は、米1934年取引所法13条 d 項に基づく支配目的とする 5 ％超の株式取得に関する大量保有報告書（Schedule 13D filing）[22]だけではなく、支配目的とする 5 ％未満の株式取得も含まれている。ここで支配目的とは、買収はもちろん、会社の企業統治や経営方針

に重大な影響を与えることを指す。小型株の取得比率が高いものが多いため、アクティビスト・ヘッジ・ファンドの持ち株比率が5％未満の時価総額の大きい会社は漏れるバイアスが生じてしまう。たとえば、株式の2.6％を所有していた著名投資家億万長者カール・アイカーン（Carl Icahn）は2005年タイム・ワーナー（Time Warner）の経営方針に異議を唱え、最終的に巨額の株式買戻しをさせた。13D様式大量保有報告書検索に加えて、ニュース検索でアクティビスト・ヘッジ・ファンドの持株比率が5％未満の事例もが特定された。

　二つのソースを合わせると、2001年〜2006年の間に、236のヘッジ・ファンドが882社に対して延べ1059回の関与を行った。ファンドの数も関与した企業数も2001年から2006年にかけて増え続けた。ターゲット企業に対する要求もさまざまである。最も多いのは、企業価値や株主価値の向上を要求することであり、全体の約半分を占める。続いて、フリー・キャッシュ・フローを問題視する件数も多い。また、企業のM&Aの条件に異議を唱える件数も少なくない。企業に資産売却などを迫る件数も相当数に上る。最後に、買収防衛策の解除、取締役会の独立性、過大役員報酬などの企業統治関連の関与も多く見られる。アクティビズムの40.6％は成功し、25.8％はターゲット企業とファンドが部分的に妥協し、21.4％は失敗する。残りは未決着となっている。ヘッジ・ファンドの投資期間は約2年程度、ヘッジ・ファンド・アクティビズムがよく批判されているほど短くはない。同業他社と比べて、ターゲット企業のQが低く、配当利回りも低い。ターゲット企業の特徴は、ヘッジ・ファンドがよく企業価値向上や株主利益還元を要求することと一致する。企業規模は株式時価総額がトップ25％の企業の割合が比較的に小さいが、以外はほぼ均一に分布する。これは時価総額の大きい企業を狙う場合にはリスクが大きいからである。大量保有報告書が提出された日に、ターゲット企業の株価が上昇する。ヘッジ・ファンド・アクティビズム直後、株主への利益還元がよく見られるが、業績改善はより時間がかかる。

　ヘッジ・ファンドに限らず、プライベート・エクイティー・ファンド、ベンチャー・キャピタル・ファンドと個人投資家も企業にものを申すことが多い。2003年〜2005年の間の13D様式大量保有報告書から101のヘッジ・ファンド

による 151 の事例とヘッジ・ファンド以外の 134 のアクティビストによる 154 の事例を特定し、Klein and Zur（2009）[23] はアクティビストを招いた要因とアクティビズムの影響を分析した。持ち株比率が 5 ％以上に限定したため、件数はより少ない。101 ヘッジ・ファンドの内、2 社以上を狙ったものはわずか 24 のファンドである。24 のファンドの内、前述したタイム・ワーナーにアクティビズムを挑んだカール・アイカーンのヘッジ・ファンドは最もアクティブで計 10社に挑んだ。続いて、スティール・パートナーズⅡ（Steel PartnersⅡ）は 8 社にものを申した。実は、このスティール・パートナーズこそ後程日本にも進出し、日本企業に次々とものを申してクロスボーダー・ヘッジ・ファンド・アクティビズムに挑んだヘッジ・ファンドである。異なるタイプのアクティビストの共通点は、13D 様式大量保有報告書が提出される時点で株価が上昇し、その後も上昇を続けることである。アクティビストの掲げる目標の 6 割以上が達成された。とりわけ、取締役会に取締役を送り込むことがよく見られる。その理由として、時には委任状合戦も辞さずに株主提案を積極的に行ったことが挙げられる。ただし、ほかのタイプのアクティビストと比べて、ヘッジ・ファンド・アクティビストは収益性が高く、安全性が高く、現金保有率が高い企業を狙うことが多い。これを反映して、ヘッジ・ファンド・アクティビストはフリー・キャッシュ・フローを問題視、株式買戻しの増額、最高経営責任者（chief executive officer, CEO）の報酬削減、配当の実施を求めることが比較的に多い。13D 様式大量保有報告書提出後、ヘッジ・ファンドの投資先企業は配当が倍増し、その結果現金保有比率が低下することと同時に長期負債比率が上昇する。対照的に、ほかのタイプのアクティビストの投資先企業は、経営戦略の変更が求められ、その結果として資本支出や研究開発を削減することが見られる。

　もの言う株主と言っても、アクティビストは最初水面下で投資先の経営陣に接触することが多い。デューク大学・CFO マガジンのビジネス・アウトルック・サーベイ（以下、ビジネス・アウトルックと略す）によると、2006年までに米国上場企業の実に40％は、アクティビストファンドのターゲットとなった経験があるという。しかし、アクティビストと経営陣のやり取りについて、35％は

友好的であり、48％は中立的であり、敵対的なケースは17％に過ぎない。アクティビストにコンタクトを求められた企業の3割は、アクティビストの提案が経営方針に影響を及ぼしたと答えた。その多くは、経営戦略、M&A 計画、取締役派遣、人事変化と資金調達にかかわるものである。また、多くのターゲット企業がアクティビストの意見を聞き入れる。さらに、アクティビストの意見を取り入れた企業のうち、良くなったと答えた比率は26％、悪くなったと答えた比率15％を大きく上回った。日本以外のアジア企業に対するアクティビストのコンタクトは、米国よりもさらに頻繁である。アクティビストの提案を取り入れて業績が悪化したと答えたアジア企業の割合はわずか4％に過ぎない。戦略決定に関する提案は8割に近く、48％は財務関連のものであり、M&A にかかわる提案は40％になるという。ビジネス・アウトルックのアンケート結果を額面通りに受け取れば、アクティビストの提案を採用すれば、企業が良くなる可能性は高く、とりわけ、アジア企業がアクティビストの提案を受け入れるデメリットは小さい。換言すれば、アクティビストは企業価値の脅威ではなく、アクティビストの提案が企業の経営改善に資するものが多いと言えよう。

　年金基金や企業年金などと比べて、ヘッジ・ファンドやプライト・エクイティ・ファンドの根本的に異なる点は、市場競争の有無である。競争に晒されないため、公的年金はインセンティブが乏しいと言わざるを得ない。一時、カルパースのような異端な機関投資家自身のガバナンス問題からわかるように、機関投資家は資本市場の主役には向かないと思われる。他方、80年代の敵対的買収と同じように、ヘッジ・ファンドやプライト・エクイティ・ファンドのアクティビズムは、金融イノベーションの一環であり、広義の鞘取り（arbitrage）と解されるべきである。次節では、米国のアクティビストの日本進出と日本の買収防衛策を取り上げて、企業統治改革の失敗について検討する。

4　クロスボーダー・アクティビスト

　リップルウッドは、破たんした旧日本長期信用銀行などへの出資で注目を集めたことは、記憶に新しい。経営破たん銀行や倒産企業の再生が米国の再生

ファンドにとって格好の草刈り場となった。米国の長年の企業再生の経験を蓄積した投資ファンドは、次々と日本にやってきた。一時、真山仁による一連の経済小説、『ハゲタカ』、『ハゲタカⅡ』と『レッドゾーン』がヒットし、NHK土曜ドラマ「ハゲタカ」が話題を呼んで後東宝などにより映画化されることとなった。

　『ハゲタカ』以外に、株価低迷企業を狙うスティール・パートナーズ・ジャパンや村上ファンドも登場した。前述のように、スティール・パートナーズⅡはウォレン・リヒテンシュタンが1993年に共同で設立した米国で最もアクティブなアクティビストファンドである。スティール・パートナーズ・ジャパン・ストラテジック・ファンド（オフシェア）、エル・ピーは、日本企業への投資を目的で設立された投資ファンドである。ウォレン・リヒテンシュタンはゼネラル・パートナーおよび代表者である。以下、ウォレン・リヒテンシュタンはゼネラル・パートナーおよび代表者となるファンドおよびその関係者等をスティールという。

　スティールは一躍して世間の注目を浴びるようになったのがソトーとユシロ化学工業に対する突如の敵対的買収であった。2003年春に2003年12月から2004年2月にわたって、スティールとNIFバイアウトマネジメント株式会社（以下、NIF）の株式会社ソトーに対する対抗TOBが行われていた。2003年12月18日の終値890円に対して、スティールは公開買付価格1150円で319万7000株を買い付けると公示した。スティール側が既に13万5000株、合計185万5000株を所有していた。買付予定の株式の議決権数を加えると、スティールの特別関係者の買付け後の所有比率が33.34％に達する。なお、応募株券の総数が買付予定数を超えるときは、その超える部分の全部買付けは行わないものとし、あん分比例の方式により、買付けに係る受け渡しその他の決済を行う。

　2004年1月15日、ソトー経営陣が連携し、NIFは、2004年1月16日付公開買付届出書で一株1250円・買付予定数は発行済み株式数の66.67％の1010万株と提示した。また、応募株券数の総数が買付予定数を上回る場合でも、その全部の買付けを行うので、買付け等後における株券等所有比率が100％に達する可能性も考えられる。NIFに対抗するために、スティールは、2004年1月26

日付で買付価格を1400円に引き上げた。そして、買付予定数も1329万5062株に引き上げ、ソトーの発行済み株式をすべて取得しようとした。かつ、買付予定数を超えるか下回るかと関係なしに、応募株券全部の買付けを行うことに変更した。続いて、NIF は2004年2月6日付で買付価格を1470円に訂正した。最終的に、スティールは2004年2月12日付で買付価格を1550円に訂正した。

ソトー取締役会は、スティールの公開買付けおよび公開買付けの変更に反対意見を表明すると取締役会で決議したことと同時に、NIF の公開買付および公開買付けの目的および買付け等の価格の変更に対して2004年1月15日付および同年2月5日付でそれぞれ賛同するとの意見を表明した。が、2004年2月16日開催のソトー取締役会において、1550円以上の公開買付価格では、スティールが成功した場合も NIF が成功した場合も、金融資産や不動産のみならず、染色・整理加工事業用の資産の処分が必至となり、中核的事業である染色・整理加工事業および不動産賃貸事業を維持発展させるという、そもそもの MBO の目的が達成されないことを理由に、NIF と協議して以前の賛同意見をいずれも撤回することを決定した。かわりに、同日開催の取締役会において、中核的事業の運営に支障を生ぜしめない範囲内で、株主に利益還元を行うべく、特別配当を実施することを決議するとともに、2006年3月期末までに、1株当たり総額500円相当の利益還元策を実施する中期株主還元策を公表した。ちなみに、2003年度の中間配当と期末配当、2004年度の中間配当はいずれも6.5円であった。1株当たり500円相当の利益還元策のうち、2004年度については、普通配当と特別配当の合計で1株当たり年間200円を配当した。

なお、スティールの2004年2月24日付の公開買付報告書によると、応募株券の株はわずか11万5000株であり、応募株券を全部買い付けた。他方、NIF の2004年2月27日付の公開買付報告書によると、応募株券の数は16万4888株であり、買付予定数を下回ったため応募株券の全部の買付けは行わなかった。上述したように、最終的にソトーは1株当たり500円総額約75億円を株主に還元することでスティールの敵対的買収をかわした。2003年3月までに、スティールは、ユシロ、ソトー、帝国臓器製薬、天竜製鋸、三精輸送機、理研ビタミン、中央倉庫、日本特殊塗料、高田機工の大株主となった。スティールのユシロと

ソトーに対する敵対的買収はひとまず不調に終わった。敵対的買収をかわすために、ターゲット企業は増配ラッシュとなった。これは、敵対的買収を回避するには、利益配分の大幅積み増しが有力な選択肢になってきた。10社合計の連結純利益は前の期比43％増えたのに対し、配当総額は3.9倍に急増した。

スティールと NIF のソトーに対する対抗公開買付けは、以下の点で評価されるべきである。まず、買収防衛策として対抗公開買付けは、一株一票の資本市場における経営権の基本設計に合致する。Grossman and Hart（1988）[24]によると、一株一票と多数決は、企業価値を高めるために設計された買収ルールであり、株式を売買すると同時に議決権を売買する経営支配権市場メカニズムである。株主の権利は受益権（cash flow rights）と経営参加権（control rights）に分類される。一株一票は、すべての株主の受益権と経営参加権の比率が実質的に均等なければならない。経営権の維持は、既存経営陣および協力ファンドがスティール以上の公開買付価格を提示して獲得するものである。第2に、スティールの日本進出が資本市場の活性化につながった。今でも、対抗公開買付はわずかである。第3は、株主に対する利益還元のあり方が大きく変えられたことである。最後に、敵対的買収はそれほど脅威ではないと示された点である。スティールや NIF への応募株券の数からわかるように、株主のフリー・ライダー問題で応募するよりも株主として残って買収者と同じ高値の収益を得たいのである。なぜなら、買収者の下で実現できる収益は必ず買付価格を上回るからである。一株一票は、すべての株主の受益権と経営参加権の比率が実質的に均等でなければならない。

しかし、2000年1月の村上ファンドの昭栄に対する日本初の敵対的 TOB やスティールのソトーに対する敵対的買収などから、敵対的買収の脅威が誇張されるようになった。[25]2005年5月『企業価値・株主共同の利益の確保又は向上のための買収防衛策に関する指針』（以下、「防衛策指針」とする）の発表以降、事前警告買収防衛策の導入が相次いでいた。「防衛策指針」では、買収者のみが他の株主の損害の上で利得を得るグリーンメール、株主が買収価格は不十分だと考えていても、二段階目の買収条件が不利であったり、不明確であったりすることで、株主が売り急ぐよう強要してしまう二段階買収の構造上強圧的な買

収類型、事前に買収提案の交渉を申し込むことなく、いきなり TOB をかける
ことにより、現経営陣に対して、より有利な条件で会社を購入してくれるホワ
イトナイトを探したり、新たな経営提案を行う時間的余裕を与えたりしないよ
うな代替案喪失類型、企業価値を損なう買収提案であるにもかかわらず、株主
が十分な情報がないままに、誤信して買収に応じてしまう株主誤信類型に該当
する買収に対して、企業価値や株主の共同の利益に脅威を与えると判断され、
買収対象会社が買収防衛策を発動することができる。

　本来、買収者から高い買付価格を引き出すために、独立社外取締役が中心と
なる取締役会が防衛策をちらつかせて交渉を有利に運ぶことが多い。ところ
が、スティールのブルドックソースに対する敵対的買収をめぐって、株主総会
で承認された防衛策が本当に発動されてしまった。スティールは2002年12年に
ソースその他調味料の製造・販売等を主たる事業とする東京証券取引所第二部
上場会社ブルドックソースの株式の5.05％を取得したと、大量保有報告書を提
出した。ソトーとユシロ化学に対する敵対的買収直後、ブルドックソースは連
続２年増配を続けた。スティールはその株主還元策に必ずしも満足しなかった
ため、2007年５月18日、ブルドックソースの発行済株式すべての取得を目的と
して、買付価格を１株1584円とし、買付期間を６月28日までとする公開買付け
を開始した。ウォレン・リヒテンシュタインは、2007年５月11日付で公開買付
けの概要とスティールが「長期的視点にたって全ての株主にとっての株主価値
向上のため経営陣と協力」することを目指す長期投資家であると同社に書簡を
送って説明していた。また、スティールは５月15日付けで公開買付けを開始す
ることを同社取締役会に伝える書簡を送った。

　ブルドックは、５月25日付で提出した意見表明報告書[26]でスティールの公開買
付けに情報が不十分だとして意見の表明を留保するとしつつも、スティールの
公開買付けが中長期的な観点からブルドックの企業価値向上ひいては株主の共
同の利益の確保・向上に資するものであるかどうかについては懸念を表明し、
株主にブルドックの情報開示に留意しつつ慎重に行動するよう呼びかけた。
同時に、スティールに対して、多岐にわたる計９頁の質問を答えるように情報
開示を要求した。ちなみに、ブルドックからスティールと買付価格について交

渉した事実は見当たらない。

「防衛策指針上」の類型から、発行済み全株式を買い付けること事前に買収提案の交渉を申し込んだことから、スティールの買収は、事前に構造上強圧的な買収類型と代替案喪失類型には該当しないと思われる。しかし、買収者が意見表明報告書の質問に対して十分な回答が不十分だと判断した場合は、買収対象会社の取締役が明示的に暗黙的に株主誤信類型だとして公開買付けに反対するとともに、買収防衛策を発動することができる。ブルドックの質問攻めに対して、機密情報や競合他社に知られてしまっては対象者にとって不利益となることを理由に、現にスティールは第4買付価格の算定基準の詳細や世界的に販売を拡大することを含むブルドックに対する事業改善の提案に対する回答を回避ないし留保していた。そこで、ブルドックは、6月1日付公開買付者との間で秘密保持契約を締結したうえで未回答の質問事項に対する具体的な回答を要求する書簡をスティールに送付した。

秘密保持契約の締結等に提案に対して何ら具体的な回答はなされていないことを理由の一つとして、6月7日、ブルドックソースの取締役会は、公開買付けに反対するとともに、対抗措置として、7月10日の実質株主名簿上の株主に対し、保有株式1株につき3個の割合で新株予約権を無償で割り当てる議案を、6月24日開催予定の定時株主総会に付議することを決議した。ただし、スティール以外の株主が新株引受権1個につき普通株式1株と引き換えに取得することができる一方、スティールおよび関係者の有する本件新株予約権については、公開買付価格1584円の4分の1の金額に相当する1個につき現金396円で取得することができるものとされていた。つまり、この対抗措置は、経済実質的には、スティール関係者の保有しているブルドックソース株式の一部を、スティール自身がつけた公開買付価格と同額で、ブルドックソースが強制的に買い取ることを内容とするものであった。その金額は20億円以上になる。事実上、これは増配や自社株買いと同じような株主への利益還元である。

これに対し、スティールは、6月13日、株主平等の原則に反することなどを理由に、防衛策の差止めを求める仮処分の申立てをした。また、スティールは同月15日、本件公開買付けの買付価格を1700円に引き上げ、買付期間を8月10

日までに延長する条件変更を行った。ブルドックソースの株主総会は、同月24日、本件新株予約権無償割当てを内容とする議案を、出席株主の議決権の約88.7%、議決権総数の約83.4%の賛成により可決した。

　東京地裁は6月28日、スティールの申立てを却下し、また、東京高裁も7月9日、「濫用的買収者」と断じてスティールの抗告を棄却した。これに対し、スティールは許可抗告をしたが、最高裁は8月7日、スティールの抗告を棄却する決定をした。[27] 同決定において、最高裁は、株主平等の原則（会社法109条1項）の趣旨が及ぶと認めつつ、企業価値がき損され、会社の利益ひいては株主の共同の利益が害される特定の株主による経営支配権取得のような場合には、その防止のために当該株主を差別的に取り扱ったとしても、衡平の理念に反し、相当性を欠くものでない限り、これを直ちに株主平等の原則に反するものということはできないと判示した。そのうえで、スティールとその関係者以外の株主のほとんどが防衛策に賛成し、手続に重大な瑕疵があるとも認められないからその判断が尊重されるべきであり、また、スティール関係者に対して経済的補償がなされていることから、当該取扱いが相当性を欠くとも言えないとして、株主平等の原則の趣旨には反しないとした。

　最高裁決定後、スティールは8月9日、買付価格をさらに引き上げるとともに、買付期間を8月23日まで延長する条件変更（2回目の買付条件変更）を行った。しかし結局、公開買付けへの応募は発行済株式の1.89%の131万8456株にとどまった（8月24日スティール買付報告書）。その後、スティールは2008年3月末までに、保有ブルドックソース株式の全部を売却した。[28]

　最高裁判決の解釈は難しい。まず、スティール関係者に対して経済的補償がなされなければ、当該取扱いが相当性を欠き、株主平等の原則の趣旨には反することになるか否かは明らかではない。最も重要なことは、ブルドックの露骨な株式持合工作（胥・田中、2009）[29]を考慮せずに、低位対的買収者以外の株主のほとんどが防衛策に賛成し、手続に重大な瑕疵があるとも認められないからその判断が尊重されるとする点である。日本の事前警告買収防衛策が米国のポイズンピルと似て非なるものである。独立社外取締役が多数を占める取締役会を前提とする米国のポイズンピルは、日本で株主総会のお墨付きの奇妙なものに

かわっている。導入だけではなく発動も株主総会の承認を要する日本型買収防衛策は所有構造に大きく依存することから、買収防衛策以前に株式持合や安定株主の存在が重要だと胥（2009）[30]と前述の胥・田中（2009）が喝破したのである。期差取締役会（staggered board）と任期中の取締役の解任制限という防衛策の下では、買収者が支配権を得るためには二回以上の委任状勧誘戦を経なければならない。これに対し、株式持合は、持合企業同士の経営者が決断しない限り、企業価値を高める敵対的買収者は常に負け戦と決まっている。これは、デラウェア州で違法とされるデットハンドやノーハンドの防衛策と全く同じである。

　種類株式、ピラミッド型所有構造および株式持合が一株一票の原則を歪める。持合株式の議決権を実質的に行使するのは、持合株主の上場会社の経営陣である。経営陣が会社の株式をわずかしか所有しないことから、持合株式の実質的な受益権と経営参加権の比率は0である。つまり、持合とは、持合企業同士の経営陣が何も投資せずに持合によってサポートされる経営者の経営支配権の維持という"株主の共同の利益"を共有するのである。90年代後半に上場企業の株式所有構造が大きく変容し、銀行の株式保有規制によって金融機関との株式持合が一部解消されるようになった結果、一部の日本企業がモノ言う株主や敵対的買収の圧力に晒されることになった。もちろん、スティールのようなアクティビスト投資家が日本に進出した主な原因は、日本経済や株価が10年以上にわたって低迷したことである。

　華やかに注目されていた日本型事前警告型買収防衛策の裏に、静かな株式持合という"究極の防衛策"の復活も一部の企業で見られていた。"究極の防衛策"の防衛策をバックに本来高い買付価格を引き出すための防衛策が本当に発動され、スティールがブルドックとのバトルで敗退した。これによって、日本の資本市場の活性化も遠のき、資本市場関連の日本企業統治改革が大きく敗退した。事前警告型買収防衛策が導入されるようになってから、持合比率は上昇した結果、2010年3月期から金融庁は株式持合状況を開示するよう義務付けるようになった。また、2013年に、買収防衛策で撃退したかったアクティビストのサードポイントは再びソニーにノーを突きつけたのである。

5 展　望

　企業統治を漆器で例えると、資本市場は木地、内部ガバナンスは漆になる。
木地に布を着せて補強するほど頑丈にしなければ、どんな立派な漆もすぐ剥が
れてしまう。社内取締役と比べると、社外取締役が積極的にトップ経営者に加
担するインセンティブがない点は否定しないが、株主の利益にためにものいう
とも思わない。まして、一人二人程度の社外取締役では取締役会の独立性と程
遠いものである。百歩譲っても、資本市場と内部ガバナンスは両輪であり、現
在の日本の企業統治はまだ動けない一輪車に過ぎない。

　されど、株式持合の木地を変えることはかならずしも容易なことではない。
株式持合状況の開示義務に続いて、政策保有株式の説明義務を要求するコーポ
レート・ガバナンス・コードの導入で、株式持合や政策保有株式が議題となっ
ている点は評価されるべきである。また、持合解消に動く事例も見られてい
る。一方、簡単に規制を潜る方策も見られる。例えば、持合株式の発行会社に
対する議決権は維持しつつ、持合株式の価格変動リスクを免れるための仕組み
として信託を利用する仕組みが考案されている。[31] この信託方式の持合は、普通
の持合よりはるかに悪質であり、持合株式の価格変動リスクすら免れる。ま
た、防衛策として、A社がB社の株を、B社がC社の株を、C社がA社の株を
保有するようにすれば、このようなネットワーク所有構造は"持合"には該当
しない。

　何より大事なことは、経営者自身が資本市場の役割を理解することである。
アクティビストの要求は経営者の口に苦けれども企業の病に利あり、アクティ
ビストの提案は経営者の耳に逆らえども企業価値に利ありと、株主も学習しな
ければならない。防衛策発動後のブルドックの業績を分析した胥（2015）[32] が示
したように、大見えを切った経営陣の経営計画を信じて、出席株主の議決権の
約88.7％、議決権総数の約83.4％が防衛策発動に賛成したブルドックソースの
株主が得たのは、株価の長期低迷しかなかった。もちろん、スティールの買付
価格にサヤ寄せした株価で売却した株主やスティールは嗤った。

営業利益の計画は一度も達成されていなかったにもかかわらず、持合株主と洗練されていない個人投資家が多数を占める株主は、ブルドックの買収防衛策の更新案に対する議決権行使結果がいずれも99％賛成となっていた。長い年月を要するかもしれないが、防衛策目的で安定株主工作や個人株主を増やす方策を弄して資本市場に自ら背くような企業は、いずれも資本市場で淘汰されることになる。他方、機関投資家が多い企業は、アクティビスト投資家と機関投資家の協働で資本市場が機能することが期待される。確かに、海外機関投資家も国内機関投資家も矢面に立って企業の退出を迫ることは難しい。ただし、ウォールストリートにしたがって機関投資家が株式を売却して株価が下がれば、株式市場からの資金調達が難しくなることは資本市場機能の一部である。重要なことは、アクティビストが矢面に立つ際に機関投資家が協働することである。少なくとも、海外機関投資家は持合株主や個人投資家のように露骨な持合の上で買収防衛策を導入するような会社提案には賛成しないと期待される。

　これに関連して、金融機関や機関投資家が投資先の株主総会での議決権行使を個別に開示するか開示しない場合は理由を説明することを求める日本スチュワードシップ・コードの改訂が評価すべきである。少なくとも、こういった情報開示がアクティビスト投資家のターゲット企業選定のための重要な参考になる。最も重要なことは、「機関投資家は、適切な場合には、他の投資家と協調して行動すべきである」英国スチュワードシップ・コード原則５を、日本スチュワードシップ・コードに加えて、資本市場の機能強化のために畫龍點睛の功を完うすることである。資本市場が機能する証として、サードポイントが高収益のアップルに利益還元の要求を突き付けたように、日本でも国内外のアクティビストが連続赤字に陥る時点よりはるか早い段階でアップルのような優良企業にものいうことが許容されることが挙げられる。そのために、建設的な「目的のある対話」になるか否かの判断は、アクティビスのターゲット企業の経営陣や持合株主ではなく、ターゲットの機関投資家と株式市場に委ねるべきである。

【注】

1) M. Jensen, "Agency Costs of Free Cash Flow, Corporate Finance and Takeovers," *American Economic Review* 76 (1986), pp. 323-329; A. Klein and E. Zur "Hedge Fund Activism," *Journal of Finance* 64 (2009), pp. 187-229.

2) E. Allen Jakobs, *The Agency Cost of Corporate Control*, MIT, 1986.

3) H. Shin, and R. Stulz, "Are Internal Capital Markets Efficient?" *The Quarterly Journal of Economics* 113 (1998), pp. 531-552.

4) D.C. Scharfstein and J.C. Stein, "The dark side of internal capital markets: Divisional rent-seeking and inefficient investment," *Journal of Finance* 55 (2000), pp. 2537-2564.

5) R. Rajan *et al.*, "The cost of diversity: diversification discount and inefficient investment," *Journal of Finance* 55 (2000), pp. 35-80.

6) B. Holmstrom and S. Kaplan "Corporate Governance and Merger Activity in the United States: Making Sence of the 1980s and 1990s," *Journal of Economic Perspectives* 15 (2001), pp. 121-144.

7) M.C. Jensen, "The modern industrial revolution, exit, and the failure of internal control systems," *Journal of Finance* 48 (1993), pp. 831-880.

8) J. Peek and E.S. Rosengren, "Unnatural Selection: Perverse Incentives and the Misallocation of Credit in Japan," *The American Economic Review*, Volume 95 (2005), pp. 1144-1166; R. J. Caballero *et al.*, "Zombie Lending and Depressed Restructuring in Japan," *American Economic Review* 98 (2008), pp. 1943-1977; 星岳雄「なぜ日本は流動性の罠から逃れられないか」深尾光洋・吉川洋編『ゼロ金利と日本経済』（日本経済新聞社、2000年）233-266頁、同「ゾンビの経済学」岩本康志ほか編『現代経済学の潮流2006』（東洋経済新報社、2006年）41-68頁、櫻川昌哉『金融危機の経済分析』（東京大学出版会、2002年）。

9) 福田慎一・中村純一「いわゆる『ゾンビ企業』はいかにして健全化したのか」経済経営研究（日本政策投資銀行設備投資研究所）Vol. 28（2008年）。

10) J.K. Kang and A. Shivdasani, "Corporate restructuring during performance declines in Japan," *Journal of Financial Economics* 46 (1997), pp. 29-65.

11) A. Shleifer and R. W. Vishny, "A Survey of Corporate Governance," *Journal of Finance* 52 (1997), pp. 737-783.

12) その他大手電機企業の盛衰については猿山純夫・胥鵬「赤字事業への投資からみた大手電機メーカーの盛衰」田村晶子編『国際競争力を高める企業の直接投資戦略と貿易（法政大学比較経済研究所 研究シリーズ31）』（日本評論社、2017年）を参照されたい。

13) http://online.wsj.com/public/resources/documents/ThirdPointLettertoSony.pdf

14) ソニー社ニュースリリース「ソニーからサードポイントへの返信書簡について」（http://www.sony.co.jp/SonyInfo/News/Press/201308/13-091/）（last visited 16 May 2014）

15) ソニーにエレクトロニクス事業の改革促すサードポイント、2014年1月22日、日本経済新聞。

16) ソニー社ニュースリリース「PC 事業の譲渡に関する正式契約の締結について」(http://www.sony.co.jp/SonyInfo/News/Press/201402/14-0206/, last visited 16 May 2014)

17) ソニー社ニュースリリース「PC 事業の譲渡に関する正式契約の締結について」(http://www.sony.co.jp/SonyInfo/News/Press/201405/14-0502/, last visited 16 May 2014)

18) http://www.latimes.com/business/la-fi-calpers-buenrostro-20160531-snap-story.html, last visited 1 March 2017.

19) http://www.reuters.com/article/us-calpers-villalobos-idUSKBN0G804R20140808, last visited 1 March 2017.

20) https://www.calpers.ca.gov/docs/forms-publications/report-special-review.pdf, last visited 1 March 2017.

21) A. Brav *et al.*, "Hedge fund activism, corporate governance, and firm performance," *The Journal of Finance* 63 (2008), pp. 1729-1775.

22) 支配目的で上場企業の5%超の株式の取得後10日以内に Schedule 13D 様式に基づく報告書を米証券取引員会 (SEC) へ提出しなければならないと定めている。ただし、支配目的ではない場合は、取得した年度末に Schedule 13G 様式の報告書の提出することが義務付けられている。ただし、当初支配目的ではなかった株式が支配目的に変更した場合は、13D 様式でその変更を提出しなければならない。

23) A. Klein and E. Zur, "Hedge Fund Activism," *Journal of Finance* 64 (2009), pp. 187-229.

24) S. J. Grossman and O. D. Hart, "One share-one vote and the market for corporate control," *Journal of Financial Economics* 20 (1988), pp. 175-202.

25) 日本で、アクティビスト・ファンドや物言う株主からコンタクトを求められたことがあると答えた企業の割合はわずか12.7%である。明らかに、米国やアジア諸国と比べて、日本企業のコーポレート・ガバナンスにおいて、物言う株主の圧力やアクティビズムが脅威には程遠い存在である。詳細は宮島英昭ほか「日本型コーポレート・ガバナンスはどこへ向かうのか(下)」商事法務2009号(2013年)12-21頁を参照。

26) 金融商品取引法の下で、公開買付対象会社は、公開買付開始公告がなされた日から10営業日以内に意見表明報告書を提出しなければならない。そのほか、意見表明報告書に公開買付けに対する意見のほか、公開買付者に対する質問(27条の10第2項)、また、公開買付開始公告に記載された買付け等の期間を政令で定める期間に延長することを請求する旨及びその理由(27条の10第2項2号)を記載することができる。

27) 一連の司法判断の詳細について田中亘「ブルドックソース事件の法的検討(上)(下)」商事法務1809号(2007年)4-15頁、1810号(2007年)15-28頁を参照。

28) 「米スティール、ブルドック全株売却、買収劇から完全撤退」日本経済新聞2008年4月18日朝刊9面。

29) 胥鵬・田中亘「買収防衛策イン・ザ・シャドー・オブ株式持合い——事例研究」商

事法務1885号（2009年）4-18頁。

30)　胥鵬「買収防衛策イン・ザ・シャドー・オブ株式持合い」商事法務1874号（2009年）45-55頁。

31)　白井正和「信託を用いた株式の議決権と経済的な持分の分離」トラスト60研究叢書『商事法・法人法の観点から見た信託』（2014年）93-122頁を参照。なお、開示規制がないため実態が明らかではない。

32)　胥鵬「ブルドックは企業価値の番犬か」田中亘・中林真幸編『企業統治の法と経済——比較制度分析の視点で見るガバナンス』9章（有斐閣、2015年）241-260頁。

〔付記〕この論文は科学研究費補助金（基盤B：26285021；16H03659）と法政大学科研費インセンティブ助成金の研究成果の一部である。記して感謝する。

不相当な対価と組織再編の差止め

周田　憲二

1　はじめに

　会社法はその制定時に組織再編対価の柔軟化を導入したが、株主保護のための制度は大きく変更されなかった。組織再編の無効の訴えによって事後的に組織再編の効力が否定されると、取引の安全に対する影響が大きいことから、無効の訴えによる救済は容易ではない。そこで、組織再編によって不利益を受ける株主の救済は株式買取請求制度にほぼ委ねられたが、この制度にも制度的な限界があったため、株主保護のあり方に懸念が示されていた。

　こうした事情を背景に、平成26年改正会社法は、一般的な組織再編が法令または定款に違反する場合において、当事会社の株主が不利益を受けるおそれがあるときは、株主は当該組織再編の差止を請求することができる旨を明定した（784条の2第1号等）。

　この一般的な組織再編の差止事由である「法令又は定款」の違反の意義について、立案担当者は、改正前の略式再編の差止事由である「法令又は定款」（平成26年改正前会社784条2項1号）の違反と同意義であって、会社を名宛人とする「法令又は定款」の違反を意味し、取締役の善管注意義務違反や忠実義務違反を含まないとの解釈、および、対価が不相当であることが取締役の善管注意義務違反・忠実義務違反の問題を生じ得るとしても、会社を名宛人とする「法令又は定款」の違反となることはないとの解釈を示している。

　この解釈にしたがえば、不相当な対価の組織再編を差し止めることができなくなりそうである。しかし、従来、特別利害関係人による議決権行使によって

著しく不当な決議がされたと評価される場合であれば、決議取消しの訴えを提起することができると一般に解されてきた。全部取得条項付種類株式の取得や株式併合も組織再編と同様の差止規定が置かれた（171条の3、182条の3）。そこで、学説からは、従来の解釈を改正法の下でも認めるための工夫が試みられている。

ところで、株式買取請求の「公正な価格」の算定方法について判例・学説が構築してきた判断枠組みは、組織再編の条件の公正性判断をとり入れた枠組みとして設計されている。組織再編の対価も条件であるから、その枠組みに準じて対価の相当性が判断されるのであれば、多数決濫用の決議取消事由の不当性の要件は、その認定方法が大きく変わる可能性がある。

そこで、本稿では、開示義務、株主総会決議の瑕疵および多数決濫用の決議取消事由が差止事由にあたるかを検討するとともに、組織再編条件の公正性にかかる判断枠組みを応用して組織再編の対価相当性を判断することが可能かについて検討を試みたい。

2　開示義務違反

事前開示義務を定めた規定は、議決権、買取請求権、異議申述権などの権利行使に必要な情報を提供する趣旨で置かれたものであるから、事前備置書類等の不備・虚偽記載は組織再編に関する手続上の重大な瑕疵であり、組織再編の無効事由にあたると解される。[6]事前備置義務を定めた規定が会社を名宛人とする手続規定であることからすれば、事後的無効による混乱を回避するという要請は大きいというべきであり、したがって、事前開示規定の違反は法令違反の差止事由となろう。[7]

合併対価の相当性に関する開示事項として、「合併対価の総数または総額の相当性に関する事項」が事前開示事項とされている（会社則182条3項1号）。立案担当者によれば、この開示事項は、組織再編の対価として株主に交付される財産の価値の総和は、基本的には、消滅会社等の企業価値にもとづいたものとなるべきであるという観点にもとづく開示事項であるから、具体的には、①当

事会社の企業価値を算定するために採用した方法、②当該方法において算定の基礎とされた数値および算定の結果、③対価の総数または総額の決定に際して考慮されたその他の事情が記載されることが想定されるほか、④信頼することのできる第三者機関により対価の総数・総額が算定されたことを示す具体的な事実は、その決定過程や算定根拠の合理性を示す事情として本事項に含まれる、という。[8]

　立案担当者は、対価の相当性の要請から上記の具体的記載事項の解釈を導いているが、対価の相当性が実体要件であるかについて、後に述べるように争いがある。したがって、「相当性に関する事項」にかかる開示義務は、「相当であること」が実体要件であることを前提としたものではなく、相当性の判断に必要な事項を開示することを定めたものと解すべきであろう。[9]

　第三者機関が依頼者に有利な算定をしたのでは、対価の相当性を判断する根拠とするのに不適切であるから、第三者機関には実質的な独立性が求められる。だからこそ、立案担当者は上記④を具体的な記載例として示したのであろう。東京証券取引所の適時開示制度も、「算定機関についての重要な利害関係がある場合は、その関係の内容および重要な利害関係がある算定機関に算定を依頼することとした理由を記載する」ことを求めている。[10]

　こうした事情を踏まえて、第三者機関の独立性に関する事項が「合併対価の相当性に関する事項」に含まれると解した上で、その不記載を法令違反の差止事由と解する見解が有力である。[11]

　第三者機関の独立性の開示が望ましいことに異論はない。しかし、開示義務は、株主（又は債権者）の合理的な判断に必要な事項を開示する義務として、株式会社の規模を問わずに課され、その不備は無効と評価される瑕疵となるから、開示事項の範囲は明確に画定する必要がある。[12]会社に与える影響が軽微であるため第三者機関に算定を依頼しないとの経営判断もあるだろう。[13]

　また、後に述べるように、少数株主の締出し等の構造的な利益相反関係が認められる組織再編においても、その利益相反関係を排除する措置がとられている場合には、裁判所は当事会社が決定した価格を尊重する傾向にあるから、第三者機関の独立性は「公正な価格」の決定の場面においても問題となるところ、

その独立性は実質的に審査されなければならないと説かれている。[14]

　支配・従属会社間における合併では、従属会社の取締役と少数株主との間には類型的・構造的な利益相反関係が認められる。[15]このような利益相反の問題に対処するため、対価の相当性に関する具体的記載事項として、共通支配下関係（会社計算2条3項32号）における組織再編では、少数「株主の利益を害さないように留意した事項（当該事項がない場合にあっては、その旨）」の開示が求められる（会社則182条3項3号）。この規定も、少数株主に配慮すべき法律上の義務を定めたものではなく、開示を通じ、企業の意識が高まるという効果を期待した規定にすぎないと解されている。[16]

3　株主総会決議の瑕疵

　組織再編を承認する株主総会決議の瑕疵は、一般に法令違反の差止事由になると解されている。[17]株主総会の招集手続および決議方法に関する法令の違反は、831条1項1号が規定する法令違反の取消事由にあたり、手続上の瑕疵は、短い審理期間における裁判所の審査にもなじむものといえる。しかし、説明義務に関する規定（314条、795条2項、3項）は、取締役等を名宛人とする規定であって、会社を名宛人とする規定ではないから、立案担当者の説明に従えば、その違反は法令違反の差止事由に該当しないことになりそうである。[18]

　全部取得条項付種類株式の取得を承認する株主総会で、取締役は取得を「必要とする理由」を説明しなければならない（171条3項）。株式併合にも同様の規定が置かれる（180条4項）。全部取得条項付種類株式の取得や株式併合は少数株主の締出しとしての利用が想定されるところ、そもそも締出しについては、長期的投資に対する期待を持たせておきながら、その後、その期待を奪うことは禁反言または信義則違反にあたるとの見解が有力であった。[19]会社法制定後は、とりわけ閉鎖会社において、その株式に換価性がないこと、株主であること自体に価値があり得ること、裁判所が公正な価格の算定を誤るおそれがあることなどを理由に、少数株主の締出しには「正当な事業目的」を要するべきとの見解が有力である。[20]しかし、組織再編に関する限り、多数決濫用を決議取

消しの訴えで争うことが可能であること、「正当な事業目的」の内容が明確でないため、それを欠くことによる無効は取引の安全を著しく害し、経営を萎縮させることを理由に、多数説は「正当な事業目的」を要件として認めない。[21]

株式の有利発行を「必要とする理由」（199条3項）の説明義務について、多数説は、その客観的合理性を判断することは困難であり、理由に納得するか否かは株主の判断に委ねられることを理由に、その客観的合理性までは問わないと解する。[22]

全部取得条項付種類株式の取得や株式併合を「必要とする理由」の説明についても、有利発行におけるのと同様に、客観的合理性の判断は困難であるから、その判断は株主に委ねられると解される。そして、「必要とする理由」の説明がないか、または虚偽である場合でなければ、831条1項1号の法令違反の決議取消事由にあたらないと解される。[23]

平成26年改正会社法によって、全部取得条項付種類株式と株式併合について、組織再編と同等の水準での情報開示、差止めおよび買取請求の制度が整備された。これに伴い、全部取得条項付種類株式の取得や併合を「必要とする理由」の説明について、客観的合理性を要するとの見解や、[24]会社の利益の視点からの説明は、最低限、必要との見解[25]が有力に示されている。[26]

全部取得条項付種類株式の取得や株式併合は、濫用された場合、少数株主の権利を多数決によって奪うことになるから、それを正当化する目的が必要であると説かれている。[27]しかし、濫用を排除するため、取得や併合にかかる手続上の規制として「必要とする理由」の説明義務が課されたと理解すべきであることからすれば、[28]その説明に懈怠や虚偽があった場合にのみ、法令違反の差止事由となるのであろう。[29]

株主総会の招集手続や決議方法が法令に違反するような場合であれば、[30]その違反が組織再編の差止事由の法令違反にあたらないときであっても、その決議には取消しの瑕疵がある。

4 不公正な組織再編比率

1 著しく不公正な組織再編比率

　組織再編比率の公正性は従来から合併について論じられており、その当事会社の企業価値に照らして比率が公正であるべきことは当然の要請であると有力に説かれてきた。不公正な合併比率が定められた場合、株主は当該合併によってその持分価値の一部を失うことが、その理由とされる。[31] 交換価値の等価性、[32] 経済的公正の原則、[33] または財産権の保障の観点からも公正の要請が論じられてきた。[34]

　しかし、企業価値の評価が困難なため、厳密に公正であるべきことまでは要請されない。[35] 東京高裁平成2年1月31日判決においても（資料版商事77号193頁）、合併比率は多くの事情を勘案して種々の方式によって算定されうるから、厳密に客観的正確性をもって唯一の数値とは確定しえず、微妙な企業価値の測定として許される範囲を超えない限り、著しく不当とはいえないとの判断が示されている。そして、同判決は、反対株主が株式買取請求権を行使できるから、合併比率の不当または不公正が合併無効事由にあたらないと判示し、その上告は棄却されたから、比率の不公正自体を無効事由としないのが判例の立場であると解される。[36]

　しかし、微妙な企業価値の測定として許される範囲を超え、違法と評価されるような場合においては、著しく不公正な比率を合併無効事由とする余地はなお残されていると解される。[37] 株式買取請求権が会社にとどまりつつ不利益の回復を望む株主には無益であることもあって、「著しく」不公正な合併比率を無効事由と解する立場は、なお有力である。[38]

　それでは、この有力説に立つとしても、「著しく」不公正な組織再編比率を差止事由とすることが認められるだろうか。

　立案担当者によれば、差止事由としての法令違反とは会社を名宛人とする法令の違反であり、取締役の善管注意義務違反や忠実義務違反を含まないと解されるから、組織再編比率の不公正は法令違反の差止事由とならない。[39] 差止事由

の法令違反とは手続上の瑕疵と考えられるから、組織再編比率の不公正自体は、たとえそれが著しい場合であっても、明確に法令違反と認められるような例外的な場合を除き、差止事由となし得ないだろう。[41]

2　特別利害関係人の議決権行使による著しく不当な決議

　組織再編の条件は、当事会社の担当者による複雑な交渉を経て合意に至るのが実際であろう。[42]したがって、組織再編条件の合意は、将来にわたる企業経営の見通しやシナジーの予測等を踏まえた会社の経営者としての取締役の専門的かつ総合的な判断に委ねられたものと解され、その承認は、特別決議による株主の判断に委ねられることになる。そこで、通説は、必要な情報が適正に示された上で株主が組織再編を承認したのであれば、恣意的な決定でない限り、すべての株主はその条件を受け容れたものとして扱う。[43]こうした理解のもとでは、対価の不相当は効力の問題ではなく、[44]取締役の義務の問題として整理される。[45]

　しかし、支配会社が従属会社を吸収合併する場合や、同一支配会社傘下の従属会社間で行われる合併においては、多数株主と少数株主との間に構造的な利益相反関係が存在し、多数決が濫用されるおそれが類型的に認められる。そのような関係のある当事会社間において、「著しく」不公正な比率の吸収合併契約が、少数株主が反対したにもかかわらず株主総会で承認されたのであれば、それは多数決の濫用があったからにほかならない。そこで、吸収合併契約を承認する従属会社の株主総会において、特別利害関係人の議決権行使によって著しく不当な決議がされたと認められる場合であれば、従属会社の少数株主は、決議取消しの訴えを提起することができると従来解されてきた。[46]株主総会決議が取り消されれば、その決議によって承認された合併は総会決議による承認を欠き、これが無効事由となるだけでなく、株主総会決議取消しの訴えを本案とする仮処分を申し立てることによって、合併を差し止めることができるとの見解が有力であった。[47]

　この方法によって著しく不公正な比率の組織再編を差し止めることは、平成26年改正会社法の下でもなお可能と解されている。[48]しかし、総会決議の取消しの訴えを本案とする仮処分を認めない見解があることが、一般的な組織再編に

差止請求制度を導入した理由であったことを考慮すると、この方法が認められ
るか不安がないわけではない。

そこで、この決議取消事由を法令違反の差止事由として認める解釈論も有力
に主張され、多くの支持を得ている。もっとも、取消認容判決が確定するまで
当該決議が効力を失うわけではないので、組織再編差止請求権および決議取消
請求権の両方を被保全権利として組織再編差止仮処分を申し立てる解釈や、決
議取消請求権または株主権にもとづく妨害排除請求権を被保全権利とする解釈
など、決議取消しの瑕疵を法令違反と構成するための解釈論が展開されてい
る。

そこで、以下では、これらの解釈論が認められることを前提として、831条
1項3号の不当性要件の認定方法について、検討したい。なお、存続会社が消
滅会社の株主総会において議決権を行使すれば、当該存続会社が特別利害関係
人にあたるとの理解に、ほぼ異論がない。

3 著しく不当な決議

一般に、「著しく」不公正な比率を内容とする組織再編を承認する決議が、
831条1項3号の「著しく不当な決議」にあたると解されている。したがって、
不当性の要件を認定するためには、「著しく」不公正な比率であることを認定
する必要があるといえそうであるが、株式買取請求の「公正な価格」の算定方
法に関しては、そのような考え方はとられていない。

株式買取請求の「公正な価格」の算定方法について、多数説は、①企業価値
が増加する独立当事者間の組織再編であれば、当事会社の判断に信頼を置くこ
とができない特段の事情がない限り、当事会社が決定した価格が尊重される。
②支配会社と従属会社間のように非独立当事者間で企業価値の増加する組織再
編が行われた場合でも、意思形成過程の公正性が確保されたときであれば、上
記の特段の事情がない限り、当事会社が決定した価格が尊重される。③公正な
手続を経ていない場合、当事会社の判断に信頼を置くことができない特段の事
情がある場合や、企業価値が増加しない場合は、裁判所が「公正な価格」を決
定する、と解する。

上記①に関し、テクモ事件最高裁決定は、「相互に特別の資本関係がない会社間において、株主の判断の基礎となる情報が適切に開示された上で適法に株主総会で承認されるなど一般に公正と認められる手続により株式移転の効力が発生した場合には、当該株主総会における株主の合理的な判断が妨げられたと認めるに足りる特段の事情がない限り、当該株式移転における株式移転比率は公正なものとみるのが相当」との判断を示した[58]。

テクモ事件は株式買取価格決定申立事件であるから、最高裁の示した上記の判断枠組みが株式買取請求以外においても妥当するかは解釈に委ねられるのだろう。しかし、テクモ事件最高裁決定がその理由として述べる「忠実義務を負う取締役が当該会社及びその株主の利益にかなう計画を作成することが期待できるだけでなく、株主は、株式移転子会社の株主として自らの利益が株式移転によりどのように変化するかなどを考慮した上で、株式移転比率が公正であると判断した場合に株主総会において当該株式移転に賛成するといえる」[59]という根拠は、当事会社の決定した「比率は公正なものとみる」根拠として文言上明確に述べられる。またこの理由の内容をみても、上記①および2の通説の考え方と同趣旨のものと解される[60]。そうすると、組織再編比率の公正性をテクモ事件最高裁決定の枠組みに準じて判断することも許されそうである[61]。

そうであるならば、831条1項3号が問題となるのは相互に特別な資本関係がある会社間における組織再編であることが多いだろうから、その場合の不当性要件は上記②の枠組みによって判断されることになろう。

上記②のように相互に特別の資本関係がある会社間の組織再編では、取締役と一般株主との間に構造的な利益相反関係が存在するため、原則として、当事会社の判断を尊重する前提を欠く。しかし、その利益相反関係が排除されれば公正性が確保されたといえる。そこで、相互に特別の資本関係がある会社間の組織再編であっても、「利益相反排除措置がとられた上で、株主の判断の基礎となる情報が適切に開示され、株主総会で適法に承認された場合には、組織再編条件は公正なものであると考えてよい」とされる[62]。

このように、不当性の要件が上記②の枠組みに準じて判断されるためには、利益相反排除措置の有無が決定的に重要な要素となる。

この点に関し、全部取得条項付種類株式の取得価格が争われたジュピターテレコム事件最高裁決定は、独立した第三者委員会や専門家の意見を聴くことを利益相反排除措置の具体例としてあげる。[63] MBO 指針には、社外役員・第三者委員会等への諮問等、意思決定の過程において恣意性を排除する実務上の具体例が示されている。[64]

　もっとも、これらの利益相反排除措置を外形的に調えただけの場合に公正性が推定されるのは適切ではないから、利益相反排除措置は実質的に機能していることが必要と解される。[65] 利益相反排除措置の必要性や内容は、組織再編の方法や利益相反の内容・程度に応じて異なるものとなろうから、実効性ある利益相反排除措置がとられていたかは、個別具体的に審理されるのであろう。[66]

　相互に特別な資本関係がある会社間の組織再編には、利益相反の問題だけでなく、一般株主と特別利害関係株主との間に情報の非対称性があることが指摘される。[67] したがって、特別利害関係人が関与した株主総会決議が「適法に承認された」と評価されるためには、相当に厳格な審査が行われる必要があろう。[68]

　このように、相互に特別な資本関係がある会社間の組織再編でも、実効性ある利益相反排除措置がとられていたと評価されたとき、上記②の枠組みに準ずるのであれば、比率の公正性にかかる当事会社の判断が尊重され、不当性の要件はみたされないことになるのであろう。

　これに対し、相互に特別な資本関係がある会社間の組織再編が、利益相反の内容および程度からみて必要とされる措置がとられていないときは、対価の不当が推認されるとの見解が有力である。[69]

　831条1項3号による決議取消しが争われた下級審裁判例の中には、不当性の要件について、株式の「公正な価格」に比して著しく低廉な対価であることを要すると判断したものがある。[70] しかし、決議取消事由を認定する場面で、裁判所が事後的に形成する「公正な価格」を基準とすることは、その性質からして許されない、[71] との批判は差止めにおいてより説得的といえよう。株価を比率の公正性の審査基準とするのであれば、むしろ、判断の明確性を考慮し、決議前の時価を基準とすることが認められてよいであろう。[72]

　もっとも、比率の公正性について裁判所が審査するものとすると、ごく短期

間で巨額の企業価値の審査をすることが困難であるとの意見が示された改正の経緯から問題となる。[73] 仮に、利益相反排除措置が講じられていない場合には、対価の不当性を推定するという取扱いをとったとしても、企業評価に明確な基準がないことから、会社側が評価の基礎となる事実を提示すれば、裁判所としては結局「著しく」不公正ではないと判断せざるを得なくなるとの危惧もある。[74]

そこで、利益相反の内容や程度が著しいにもかかわらず利益相反回避措置が全くとられない場合、不当性の要件を認めてよい、との見解が有力に主張されている。[75] そもそも当事会社が比率決定に際して考慮すべき要素が企業価値に限定されるわけではなく、[76] 当事会社の勢力関係や政策的配慮を加味して比率が定められることがあるのであれば、[77] 当事会社が決めた比率が公正であることの判断は困難とならざるを得ないから、手続的公正性の審査のみに限定する解釈は、差止事由の明確性の要請に、基本的には合致するといえよう。

しかし、一般に、手続的瑕疵がない場合であれば実体的瑕疵がないと評価することは可能であったとしても、[78] 手続的瑕疵がある場合であれば実体的瑕疵があると評価してよいかは、慎重な検討を要しよう。後者の場合、上記③の判断枠組みに準ずれば、比率の公正性を裁判所が審査することになるのが原則である。著しい手続的瑕疵が比率の公正性の判断に影響を及ぼすことは否定できないであろうが、それだけでは違法と評価されない手続的瑕疵のみをもって不当性の要件を認定することは、わが国の裁判所のとる立場ではないように思われる。[79]

そうすると、手続的瑕疵がない場合であれば実体的瑕疵がないものとして取り扱うことにより手続的公正性を重視するとともに、手続的瑕疵がある場合には、比率決定に関する情報を当事会社が有していることから、不当性が推定されるものとして取り扱うべきであるといえようか。このように考えたとき、利益相反排除措置は上記②の場合に、「一般に公正と認められる手続」は上記①②の場合に、当事会社の決定した条件が尊重される前提となる手続であるから、上記①②の場合とも、不当性の要件は、各手続の履践の有無によってまずは判断されることになるのであろう。

これまで、不当性の要件を、利益相反排除措置等の手続的公正性と、比率の

実体的公正性に分けた枠組みで判断する可能性について検討してきた。この判断枠組みの利点は、手続の公正性確保に向けたインセンティブを強いものとする点だけでなく、取締役の善管注意義務違反・忠実義務違反を法令違反の差止事由としない改正法に対する批判に、将来的に応える可能性がある点にも認められそうである。[80]

　もっとも、手続的公正性の審査が取り入れられたとしても、実体的公正性の面から「著しく不当」と認められる場合にのみ不当性を肯定するのが裁判所の立場と考えられることからすると、こうした解釈は組織再編比率の不公正を法令違反の差止事由としない改正法の解釈に反するおそれがある。しかし、手続的公正性による判断が取締役の忠実義務にかかる解釈論を応用したものであることを考慮すると、多数決の濫用は許されるべきではないのであろう。[81]831条1項3号は、決定過程の公正を問題とする手続規制であり、[82]経営判断原則の適用を排除する機能を有すると評価される。[83]

5　むすびにかえて

　本稿は、開示義務、株主総会決議の瑕疵および多数決濫用の決議取消事由が組織再編の差止事由にあたるかを検討し、あわせて株式買取請求の「公正な価格」の算定方法に関する判断枠組みを、組織再編比率の公正性の判断枠組みとして応用することを試みるものであった。

　事前開示は、組織再編の情報開示として重要な意義を有しており、その不備は無効事由となり、法令違反の差止事由となろう。

　株主総会決議の瑕疵は、立案担当者の説明では差止事由にあたらないようであるが、少なくとも積極的な説明義務の違反は法令違反の差止事由となろう。株主総会の招集手続・決議方法を定めた規定に違反すれば、それだけで取消の瑕疵を帯びる。

　著しく不公正な組織再編比率は、831条1項3号の要件を充たす場合であれば、法令違反の差止事由または従前から認められてきた株主総会決議取消の訴えを本案とした仮処分の方法で差止が認められるべきであろう。その際、831

条 1 項 3 号の不当性の要件が、株式買取請求の「公正な価格」の算定方法に準じた判断枠組みで審査されるのであれば、まずは利益相反排除措置の有無等の手続の審査がされることになるから、その限りにおいて仮処分申立事件における裁判所の負担が重くなることはないだろう。この判断枠組みで不当性の要件を審査すると、利益相反排除措置をとるようなインセンティブが働く点において望ましいように思われるが、それが外形的に調えられても公正性は担保され得ないから、手続きの審査は厳格に行う必要があろう。[84]

【注】

1) 笹川敏彦「判批」法と政治56巻 3・4 号（2005年）59頁。
2) ①組織再編の効力発生前に請求しなければならず、株主総会決議を要する場合には総会前に反対を通知しなければならないという手続上の制限があること、②株主が買取請求制度を知らなかったり、組織再編の対価が不公正であることに気がつかないおそれがあること、③訴訟費用は株主の負担となること、が制度的限界として指摘される。弥永真生「著しく不当な合併条件と差止め・損害賠償請求」黒沼悦郎・藤田友敬編『江頭憲治郎先生還暦記念・企業法の理論上巻』（商事法務、2007年）628頁、飯田秀総「組織再編等の差止請求規定に対する不満と期待」ビジネス法務12巻12号（2012年）77頁。
3) 田中亘「組織再編と対価柔軟化」法学教室304号（2006年）83頁。
4) 組織再編の無効の訴えによって事後的に組織再編の効力が否定されると法律関係を複雑・不安定にするおそれがあることに加え、略式組織再編以外の通常の組織再編の差止めを認める明文の規定がないため、組織再編の差止請求が認められるかについて解釈が分かれていたことが、一般的な組織再編の差止請求にかかる明文規定を置いた理由として説明される。坂本三郎ほか「平成26年改正会社法の解説」坂本三郎編著『立案担当者による平成26年改正会社法の解説』（商事法務、2015年）205頁。
5) 同上205頁。
6) 森本茂編『コンメンタール会社法（18）』（商事法務、2010年）51頁〔柴田和史〕、神戸地尼崎支判平27・2・6 金判1468号58頁。
7) 髙木宏明「組織再編等の差止請求」太田洋・髙木宏明編『平成26年会社法改正と実務対応〔改訂版〕』（商事法務、2015年）280頁、飯田秀総「特別支配株主の株式等売渡請求」神田秀樹編『論点詳解平成26年改正会社法』（商事法務、2015年）162頁。
8) 相澤哲ほか「合併等対価の柔軟化の施行に伴う『会社法施行規則の一部を改正する省令』」商事法務1800号（2007年）6-7 頁。
9) 武井一浩・中山龍太郎・山中政人「第三者割当の有利発行適法性意見制度と実務対応〔Ⅶ・完〕」商事法務1886号（2009年）25頁。キャッシュ・アウトに関し「正当な事

業目的」と実質的に同様の要件を「相当性の要件」として認める見解として、船津浩司「キャッシュ・アウト」神田秀樹編『論点詳解　平成26年改正会社法』（商事法務、2015年）183頁。

10）　東京証券取引所『会社情報適時開示ガイドブック〔2015年6月版〕』168頁。

11）　飯田・前掲注（2）80頁。

12）　齊藤真紀「不公正な合併に対する救済としての差止めの仮処分」神作裕之ほか編『会社裁判にかかる理論の到達点』（商事法務、2014年）128頁。

13）　田中亘「『公正な価格』とは何か」伊藤靖史ほか『事例で考える会社法〔第2版〕』（有斐閣、2015年）415頁。

14）　白井正和「利益相反回避措置としての第三者委員会の有効性の評価基準」岩原紳作・山下友信・神田秀樹編『会社・金融・法〔下巻〕』（商事法務、2013年）182頁。笠原武朗「組織再編行為の無効原因」飯田秀総ほか編『落合誠一先生古稀記念・商事法の新しい礎石』（有斐閣、2014年）327頁では、差止事由ではあるが無効事由とならない開示事項として第三者機関の独立性を整理する見解が示されるが、無効事由となる差止事由との区別が困難となり、法律関係の安定性を害するおそれを否定できないように思われる。

15）　江頭憲治郎『企業結合法の立法と解釈』（有斐閣、1995年）285頁、柴田和史「合併法理の再構成（6・完）」法学協会雑誌107巻1号（1990年）100頁。

16）　座談会「会社法における合併等対価の柔軟化の施行」商事法務1799号（2007年）10頁〔石井裕介発言〕、弥永真生『コンメンタール会社法施行規則・電子公告規制〔第2版〕』（商事法務、2015年）860頁。

17）　江頭憲治郎『株式会社法〔第7版〕』（有斐閣、2017年）892頁。

18）　奥山健志・若林巧晃「組織再編における株主・債権者保護に関する規律の見直し等」商事法務1960号（2012年）19頁。

19）　江頭・前掲注（15）265頁。

20）　笠原武朗「少数株主の締出し」森淳二朗・上村達男編『会社法における主要論点の評価』（中央経済社、2006年）134頁。

21）　藤田友敬「企業再編対価の柔軟化・子会社の定義」ジュリスト1267号（2004年）109頁、田中・前掲注（3）81頁。全部取得条項付種類株式の取得につき「多数決により公正な対価をもって株主資格を失わせること自体は会社法が予定している」とするのが裁判例である。東京地判平22・9・6判タ1334号117頁等。

22）　江頭・前掲注（17）742頁注7、神田秀樹編『会社法コンメンタール5』（商事法務、2013年）〔吉本健一〕15頁。

23）　山下友信編『会社法コンメンタール4』（商事法務、2009年）98頁〔山下友信〕、145頁〔山本為三郎〕。

24）　受川環大『組織再編の法理と立法——利害関係者の保護と救済』（中央経済社、2017年）308頁。

25）　船津・前掲注（9）179頁。

26) 有利発行規制においても、組織再編その他の形態による買収規制と整合性な解釈の必要性が指摘される。松中学「募集株式の発行等と株主の利益」田中亘編著『数字でわかる会社法』（有斐閣、2013年）155頁。

27) 藤田友敬「組織再編」商事法務1775号（2006年）57頁、江頭憲治郎ほか編『改正会社法セミナー株式編』（有斐閣、2005年）237頁以下。

28) 北村雅史「企業結合の形成過程」森本茂編『企業結合法の総合的研究』（商事法務、2009年）21頁。

29) 江頭・前掲注（17）290頁注1、893頁注3、受川・前掲注（24）308頁、船津・前掲注（9）183頁。笠原・前掲注（14）325頁では、公開会社の決議取消事由は差止による解決に委ねるべきことが示唆される。

30) 情報提供機能を有する株主総会の招集手続（301条1項、施行規則86条等）の違反が差止事由としての法令違反に含まれないことを批判するものとして、松中学「子会社株式の譲渡・組織再編の差止め」神田秀樹編『論点詳解　平成26年改正会社法』（商事法務、2015年）201頁。

31) 大隅健一郎・今井宏『会社法論下巻II』（有斐閣、1991年）87頁、今井宏・菊地伸『会社の合併』（商事法務、2005年）121頁。

32) 中村健『合併の公正と株主保護』（千倉書房、1987年）59頁。

33) 宍戸善一「紛争解決局面における非公開株式の評価」岩原紳作編『竹内昭夫先生還暦記念・現代企業法の展開』（有斐閣、1990年）421頁。

34) 岡田昌浩「少数株主締め出しと株式取得の対価の公正性の確保」川濱昇ほか編『森本茂先生還暦記念・企業法の課題と展望』（商事法務、2009年）92頁。

35) 龍田節「合併の公正維持」法学論叢82巻2・3・4号（1968年）285頁、鈴木竹雄・竹内昭夫『会社法〔第3版〕』（有斐閣、1994年）510頁注6、森本編・前掲注（6）〔柴田〕、中村健「組織再編における少数株主保護」亜細亜法学45巻1号（2010年）6頁。

36) 最判平5・10・15資料版商事法務116号196頁、「垣内正「判批」判例タイムズ762号（1991年）233頁、遠藤美光「合併比率の不公正と合併無効事由」江頭憲治郎ほか編『会社法判例百選〔第2版〕』（有斐閣、2011年）185頁。この東京高裁判決が、「仮に」「著しく不公正な合併比率が無効事由なるとの原告の主張を前提にしても、と断りの下で「著しく」不公正な合併比率であったかを検討していたことから、「著しく」不公正な比率も無効事由としないのが判例の立場であると理解するものとして、笠原武朗「合併比率の不公正と合併無効事由」岩原紳作・神作裕之・藤田友敬編『会社法判例百選〔第3版〕』（有斐閣、2017年）187頁。なお、この事案は、支配会社の株主が合併の無効を主張した事案であるから、親会社株主総会における特別利害関係人の関与は問題とならない。齊藤・前掲注（12）94頁。

37) 遠藤・同上185頁。「著しく」不公正な比率も無効事由としないとのが判例の立場とみる見解が有力である。伊藤靖史「合併比率の不満と株主」伊藤靖史ほか『事例で考える会社法〔第2版〕』（有斐閣、2015年）99頁、笠原・同上187頁。特別利害関係人が関与せずに著しく不公正な比率の組織再編が決定された以下のような場合に、その効

力を争えるかが問題となろう。①株主の合理的無関心によって決議が成立した場合。松井秀征「新株有利発行に関する一考察」小塚壮一郎・高橋美加・松澤三男編・落合誠一先生還暦記念『商事法への提言』（商事法務、2004年）390頁以下。②独立当事者間における組織再編であるため、取締役と株主との間の利益相反関係が顕在化しない場合。白井正和『友好的買収の場面における取締役に対する規律』（商事法務、2013年）49頁。③略式・簡易の再編である場合。また、被支配会社の大株主が支配会社株式を保有している状況で、支配会社が不利な比率で被支配会社を吸収合併した場合、支配会社における当該株主の持株比率は、その有利な割合で増加するのに対し、支配会社の他の株主の持株比率はその不利な割合で減少するため、無効事由とする必要が大きい。明田川昌幸「組織再編比率についての特別利害関係と法規制」岩原紳作・山下友信・神田秀樹編集代表『会社・金融・法〔下巻〕』（商事法務、2013年）210頁。④正当な事業目的のない少数株主の締め出しが株主平等原則違反により無効となる余地を認める場合。大塚章男「少数株主の締め出しと株主平等原則に関する一考察（下）」商事法務1879号（2009年）27頁、奥島孝康・落合誠一・浜田道也編『新基本法コンメンタール会社法1〔第2版〕』（日本評論社、2016年）369頁［西尾幸夫］、久保寛展「少数株主の締出しの正当性と権利濫用」川濵昇ほか編『森本茂先生還暦記念・企業法の課題と展望』（商事法務、2009年）159頁、船津・前掲注（9）188頁。

38) 龍田節『会社法要論』（有斐閣、2007年）472頁、神田秀樹『会社法〔第19版〕』（弘文堂、2017年）374頁、柴田和史『会社法詳解〔第2版〕』（商事法務、2015年）417頁、受川・前掲注（24）160頁。

39) 坂本ほか・前掲注（4）205頁。

40) 法制審議会会社法制部会第7回会議議事録46頁〔藤田友敬幹事発言〕。

41) 江頭・前掲注（17）892頁、黒沼悦郎「株式買取請求権に関する一省察」黒沼悦郎・藤田友敬編『江頭憲治郎先生古稀記念・企業法の進路』（2017年）415頁、田中亘『会社法』（東京大学出版会、2016年）637頁。同一種類の株主に異なる種類の株式を交付する旨を吸収合併契約に記載したため、契約の内容が749条3項に違反するような場合が、著しい不公正比率が法令違反の差止事由になる例として示される。奥山・若林・前掲注（18）18頁。株主権の濫用、株主平等原則といった一般条項が適用される場合、法令違反の差止事由となる余地は残されるのであろう。森本茂『会社法〔第2版〕』（有信堂高文社、1995年）381頁参照。

42) 竹内昭夫「企業の合併と分割」竹内昭夫・龍田節編『現代企業法講座3 企業運営』（東京大学出版会、1985年）428頁。

43) 今井宏「親子会社の合併と少数株主の保護」上柳克郎・川又良也・龍田節編集代表『大隅健一郎先生古稀記念・企業法の研究』（有斐閣、1977年）216頁注34、伊藤・前掲注（37）99頁。

44) 今井・菊地・前掲注（31）125頁、山田純子「合併比率の不公正と合併無効原因」家近正直編『現代裁判法大系17』（新日本法規出版、1999年）412頁、村田敏一「株式会社の合併比率の著しい不公正について──その抑止策と株主の救済策を中心に」立命

館法学321・322号（2008年）519頁。

45）白井・前掲注（37）99頁、飯田・前掲注（7）152頁、玉井利幸「株式等売渡請求、キャッシュ・アウト、取締役の義務（1）（2）」南山法学36巻3・4号（2013年）250頁、37巻3・4号（2014年）209頁。

46）竹内・前掲注（42）429頁、上柳克郎・鴻常夫・竹内昭夫編集代表『新版注釈会社法13』（有斐閣、1990年）119頁以下〔今井宏〕。

47）甲府地判昭35・6・28判時237号30頁（決議方法が法令に違反しかつ著しく不公正と認定された事案）。新堂幸司「仮処分」石井照久・有泉亨・金沢良男編『経営法学全集19・経営訴訟』（ダイヤモンド社、1966年）137頁、新谷勝『会社訴訟・仮処分の理論と実務〔第2版〕』（民事法研究会、2011年）175頁。決議取消請求権を被保全権利とする仮処分のほか、株式を発行する場合であれば210条の差止請求権の類推適用が、会社損害が認められる場合であれば360条の差止請求権を被保全権利とする方策が考えられる。弥永・前掲注（2）634頁以下。

48）江頭・前掲注（17）892頁、田中・前掲注（41）654頁、中村信男「組織再編の差止」金融・商事判例1461号（2015年）99頁、和田宗久「キャッシュ・アウト手段としての全部取得条項付種類株式と株式併合」金融・商事判例1461号（2015年）85頁。

49）瀬木比呂志『民事保全法〔新訂版〕』（日本評論社、2014年）299頁によれば、本案でできない差止めを民事保全法23条3項によって求めることは、よほど特殊な事情がない限り難しく、会社法の差止請求権を被保全権利とする仮処分のみが認められる。

50）江頭・前掲注（17）892頁、弥永真生『リーガル・マインド会社法〔第14版〕』（有斐閣、2015年）381頁、中東正文「組織再編等」ジュリスト1472号（2014年）48頁、受川・前掲注（24）290頁。

51）太田洋・野田昌毅・安井桂大「組織再編の差止請求およびキャッシュ・アウトの差止請求に関する実務上の論点（上）」金融・商事判例1471号（2015年）6頁。

52）田中亘「各種差止請求権の性質、要件および効果」神作裕之ほか編『会社裁判にかかる理論の到達点』（商事法務、2014年）27頁。

53）齊藤・前掲注（12）129頁。

54）笠原・前掲注（14）330頁注42では、対価の相当性を裁判所に判断させることが適当でないことを理由に、この取消事由を、差止事由ではなくが無効事由とすべき解釈が示される。松中・前掲注（30）208頁では、多数決濫用によって不当決議が成立する状態であれば、決議前の差止を認める解釈が示される。

55）相澤哲・葉玉匡美・郡谷大輔編著『論点解説　新・会社法──千問の道標』（商事法務、2006年）679頁。反対説として、村田・前掲注（44）536頁。

56）江頭・前掲注（17）893頁注4、伊藤・前掲注（37）99頁。

57）加藤貴仁「レックス・ホールディングス事件最高裁決定の検討〔中〕」商事法務1876号（2009年）5頁、田中・前掲注（41）631-633頁。

58）最決平24・2・29民集66巻3号1784頁。

59）最決平24・2・29民集66巻3号1784頁、1789頁。

60) 竹内・前掲注（42）428頁、藤田友敬「新会社法における株式買取請求権制度」黒沼悦郎・藤田友敬編『江頭憲治郎先生還暦記念・企業法の理論（上巻）』（商事法務、2007年）289頁。

61) 江頭・前掲注（17）864頁注2。相互に資本関係がない会社間における組織再編においても利益相反関係が存在し得ることを理由に、比率の公正性にかかる判例の立場に疑問を呈する見解として、白井正和「判批」民商法雑誌148巻4・5号（2013年）79頁。組織再編比率の不公正を余剰の分配の問題と理解する多数説では、企業価値が毀損する組織再編はシナジー分配の問題とならない。黒沼・前掲注41・431頁、玉利利幸「全部取得条項付種類株式を用いた少数株主の締出の効力を争う方法——公正な価格と株主平等の原則」南山法学34巻3・4号（2011年）94頁。

62) 藤田友敬「公開買付型前置型のキャッシュアウトと株式の取得価格」論究ジュリスト20号（2017年）93頁。

63) 最決平28・7・1民集70巻6号1445頁。

64) 裁判例は、MBO指針を参照して公正な手続の履践を審査する傾向にあると評価されている。飯田秀総「キャッシュ・アウトの合理性を活かす法制度の構築」ジュリスト1495号（2016年）59頁。

65) 白井正和「MBOにおける利益相反回避措置の検証——ホリプロ株式取得価格決定申立事件を題材に」商事法務2031号（2014年）9頁。

66) 中東・前掲注（50）49頁、受川・前掲注（24）294頁。

67) 阿南剛「シャルレMBO株主代表訴訟事件控訴審判決の検討」商事法務2095号（2016年）41頁。

68) 松尾健一「組織再編における株式買取請求権」法学教室433号（2016年）13頁。

69) 中村・前掲注（48）99頁。藤田・前掲注（60）298頁注61によれば、裁判所が比率の公正性に介入する場合、裁判所が企業価値を算定し、①当事者の企業価値評価が合理的か、および②比率がそれを反映しているかをチェックする。交付金合併の場合、②シナジーの推計が合理的か、③シナジーの分配が企業価値評価を反映しているかをチェックする。

70) 全部取得条項付種類株式の取得決議取消しが争われた大阪地判平24・6・29判タ1390号309頁。

71) 齊藤・前掲注（12）97頁。

72) 東京地判平22・9・6判タ1334号117頁、江頭・前掲注（15）275頁、291頁以下、秋坂朝則「判批」法律論争84巻1号（2011年）365頁。決議取消しは、価格決定申立をした株主の取得の効力まで否定する可能性があるため、その不利益を考慮する必要性が指摘される。久保田安彦「判批」商事法務2032号（2014年）111頁。

73) 法制審議会会社法制部会では、要件の明確性を求める指摘、単なる対価の不当性を差止請求の要件とすると、実際上、裁判所が短期間で審理を行うことが極めて困難となるとの指摘がされていた。法務省民事局参事官室「会社法制の見直しに関する中間試案の補足説明」（2011年）53頁、制審議会会社法制部会第7回会議議事録（2010年）

47頁〔那須野太幹事発言〕、49頁〔鹿子木康委員発言〕等。

74) 今井・前掲注（43）214頁。

75) 中東・前掲注（50）49頁、受川・前掲注（24）294頁、伊藤吉洋「特別利害関係人の議決権行使による著しく不当な決議と組織再編の差止」北村雅史・高橋英治編『藤田勝利先生古稀記念・グローバル化の中の会社法改正』（法律文化社、2014年）244頁。

76) 飯田秀総「判批」商事法務2080号（2015年）85頁。

77) 石綿学「テクモ株式買取価格決定事件最高裁決定の検討〔下〕——株式買取請求権制度における『公正な価格』の判断枠組み」商事法務1968号（2012年）14頁。

78) 取締役の善管注意義務違反・忠実義務違反が問題となる場合において、一般に公正と認められる手続が実質的に行われたと認められるときは、特段の事情がない限り、裁判所は、当事者間で締結された取引条件を尊重し、取締役の善管注意義務違反を否定すべきとの見解として、田中亘「企業買収・再編と損害賠償」法律時報88巻10号（2016年）24頁。

79) MBO を実施した取締役の損害賠償責任が認められた大阪高決平27・10・29金判1481号28頁（シャルレ事件）は、取締役に、会社に対する義務違反があった場合でも、対価の公正性が図られておれば、株主に対する関係では義務違反とならない旨の判断を、傍論ながら示している。これと同様に考えると、不当性の要件を認定するためには、利益相反排除措置という手続の瑕疵だけでなく、「著しく」不公正な比率が定められたという実体的な瑕疵が必要とされることになろう。

80) 取締役の善管注意義務違反・忠実義務違反を、一般的な組織再編の差止事由の法令違反に含めるとの見解が有力である。飯田・前掲注（2）80頁、白井正和「組織再編等に関する差止請求権の拡充」川嶋四郎・中東正文編『会社事件手続法の現代的展開』（日本評論社、2013年）218頁。不当性の要件が本文で述べた枠組みで判断される場合、手続的公正性の審査の段階において、利益相反排除措置の実効性や第三者機関の独立性に関する開示の有無について審査されることが、将来的に期待されるからである。

81) 松中・前掲注（30）209頁。

82) 森本茂「合併の公正確保と西ドイツ株式会社法（一）」法学論叢113巻1号（1983年）2頁。

83) 飯田・前掲注（7）156頁。

84) 裁判所が常に価格決定を独自に行うとすれば M&A 取引を萎縮させかねないから、独立当事者間取引において当事会社の決定した条件を尊重するという議論は、株式買取請求の「公正な価格」を実質的に審査する立場からも、組織再編行為の差止め・無効や取締役の責任追及の場面においては説得力があると指摘される。しかし、この立場が組織再編行為の差止めの場面で本文で述べた判断を採用するかは分からない。黒沼・前掲注（41）427頁。

ドイツと日本における固有権論の発展と課題

高橋　英治

1　はじめに

ドイツ法においては、人的会社および有限会社において、社員は会社との関係において本人の同意なしに多数決によって奪うことのできない権利を有すると考えられている。[1]この権利は、いわば団体のために個人の核心領域を侵されない権利であると従来考えられてきた。ドイツの会社法学の第一人者であるヘリベルト・ヴィーデマンは、本人の同意なしには多数決によって奪うことのできない社員の権利を、憲法上の基本的人権と対比させ、「社員の基本権（mitgliedschaftliches Grundrecht）[2]」と呼んだ。かかる権利の存在は、会社における私的自治に限界があることを示す。ドイツのヴィーデマンと同じ趣旨で、日本の田中耕太郎博士は、国家という社会において多数決によっても侵すことのできない、国民の基本的人権はいかなるものかであるかという問題の株式会社における具体化が、固有権とは何かという問題であると説いた。[3]

現代の日本の学界では、「株主の諸権利を平面的に二分して多数決の限界を画そうとする固有権論は、今日その役割を否定されているといえる[4]」という評価が一般的である。これに対し、ドイツ法では、人的会社において固有権論はなお大きな意味を有する。ドイツでは、特に近年、本人の同意なしに多数決により奪うことのできない権利の侵害の存否に関する判例法上の基準に関し、大きな変化が生じた。

本稿は、かかるドイツの判例法を参考に、主として日本における持分会社の社員権保護の法理として、固有権論を活用することができないか、その可能性

を探究するものである。

　本稿は、先ず、ドイツの判例上の固有権論の成立の背景を概観し（2節1）、固有権論を構成する核心領域論（2節2）と確定性の原則（2節3）の成立と発展を明らかにする。次に、確定性の原則の放棄を決めた連邦通常裁判所の判例について概観し（2節4）、かかるドイツの固有権に関する判例法の発展が日本法にとって参考になる点を明らかにする（2節5）。最後に、日本における固有権論の発展過程を示し（3節1、2）、日本法は、ドイツ法の固有権論から何を学ぶことができるのかについて検討し（3節3）、今後の研究課題を提示する（4節）。

2　ドイツ法

1　固有権論の背景

　日本と比較した上でドイツ経済の特徴的な点は、ドイツでは、合名会社や合資会社のような「人的会社」が、経済の基礎を支えているという点である。2016年の調査によると、2016年1月1日の時点において、登記簿上、株式会社・株式合資会社の数は1万5746社（0.95％）であったのに対し、合名会社の数は2万4215社（1.46％）であり、合資会社（有限合資会社を含む）の数は25万7681社（15.55％）であった。[5]

　バイエルンで1910年に有限会社につき法人とその社員の二重課税が導入されたことを契機として、人的会社とりわけ有限合資会社（GmbH & Co. KG.　合資会社の無限責任社員として有限会社が参加している合資会社形態）が、二重課税を回避する手段としてドイツ全土で多数新設された。[6] 有限合資会社の課税上の特権が廃止された現在においても、ドイツで有限合資会社は、会社自治の大きさに加えて構成員が有限責任の利点を享受しうる点から、会社としての魅力を維持している。[7] ドイツでは、人的会社は数が多いことを背景にして、人的会社に関する裁判例が多く出され、固有権に関する判例理論が発達した。

2 核心領域論の成立

ドイツでは、議決権・配当請求権・残余財産分配請求権・情報請求権等が、社員権の核心を占めると考えられている。かかる社員権の核心を占める諸権利は、原則として、多数決によって（本人の同意なしに）奪われない権利であると位置づけられている。[8] この考え方は核心領域論（Kernbereichslehre）と学説上呼ばれる。[9] ドイツ民法35条が規定する「特別権（Sonderrecht）」が定款によって社員に与えられた特権であり、同条が特権擁護のための規定であるのに対し、[10] 核心領域論は、人的会社における社員権を構成する権利そのものの保護のための理論である。本稿は、核心領域論によって保護される多数決によって奪うことのできない権利を「固有権」と呼ぶ。

核心領域論の端緒は、1956年5月14日連邦通常裁判所判決において現れた。[11] 事案は、次のようなものであった。合資会社（Y社）の無限責任社員（A）の死亡後、Y社の社員総会において、Y社の有限責任社員は、Y社の無限責任社員の地位を引き継いだAの息子であるGと共同でのみ議決権を代理行使できると決議された。Y社の有限責任社員であるXが、Y社の利益処分に関するY社の社員総会決議に不満を持ち、Gの議決権行使に関する取り決めは無効であるとして、Y社を訴えた。原審はXの訴えを認めた。連邦通常裁判所も、その要点を次のように示して、Xの訴えを認めた。

> 「有限責任社員の議決権は定款により排除できるのは、当該定款が有限責任社員の地位それ自体を侵害していない限りにおいてである。」[12]

本判決は、「社員権の核心領域の侵害」という表現を用いていないが、合資会社の有限責任社員の議決権が、定款によっても排除できない場合があることを認めた。

その後、1984年11月8日連邦通常裁判所判決は、核心領域論につき「（会社法上の地位の核心領域（Kernbereich）における）社員の奪うことのできない権利を侵害する決議は、原則として当該社員の同意を必要とする」と判示した。[13] 本判決の基礎となる事案は、公開有限合資会社（有限合資会社における有限責任社員として多数の投資家が出資している会社形態を指す）（Y社）の有限責任社員（X）

が、Y社の有限責任社員が受け取る利息金を放棄する4分の3多数決による社員総会決議に対して異議を唱え、1600マルクの利息金の支払を求めてY社を訴えたというものであった。本判決は、社員権の「核心領域」に関する部分については、当該社員の同意なしに、社員総会決議によって奪うことができないと判示した。ただし、本判決は、Xは自己が負っている有限責任社員の誠実義務によりY社の社員総会決議において賛成しなければならなかったはずであるとして、結論としてはXの訴えを認めなかった。本判決によって、核心領域論は名実ともに確立した。

3　確定性の原則の成立と発展

　確定性の原則とは、法律で予定していない多数決の権限は、人的会社の会社契約により十分に確定性をもって行われた授権を限界にするというものである[14]。確定性の原則は少数派社員の保護の手段であり、ヴィーデマンは同原則を「手続による少数派保護」であると位置づけた[15]。

　カールステン・シュミットによると、核心領域論と確定性の原則は次のような関係にある[16]。確定性の原則は、多数決による少数派社員への不利益付与に関する授権を形式上正当化し、多数決を予測可能なものとする。すなわち、確定性の原則は、過去に確定性をもってなされた授権なしには、社員の固有権は制限できないとし、社員権を保護する。これに対して、核心領域論は、「固有権」となりうる権利を特定し、多数決により奪えない権利を定めることにより、多数決による少数派社員に対する不利益付与の可能な範囲を限定する。

　もともと確定性の原則は、多数決で決められた追加出資から少数派社員を守る法理として出現した[17]。すなわち、確定性の原則について初めて言及したとされる1917年11月23日ライヒ裁判所判決は、合名会社の追加出資を求める多数決による社員総会決議が有効か否かにつき、「出発点となるべきは個人の自由であり[18]」、将来における多数決による追加出資を許すか否かは、当該合名会社の社員の自由に委ねられているとした。ライヒ裁判所によると、合名会社の社員の追加出資が認められるのか否かについては、会社契約で明確に定められるべき事項である。その上で、ライヒ裁判所は、この問題については追加出資につ

いて明確に多数決に委ねると定める規定が会社契約に存在するか否かが決め手になるとした。本判決は、合名会社社員に多数決により追加出資が求められるか否かという問題につき、これを明確に定める会社契約規定の有無が決め手となるとする点で、後の確定性の原則の端緒となる判決であった。

1952年11月12日連邦通常裁判所判決は、前記1917年11月23日ライヒ裁判所判決を基礎に、4分の3多数決による会社契約の変更によっても、清算会社の設立中の会社への組織変更は有効にならないと判示するに至った。本判決では、同族会社である合資会社（X社）が、X社の社員ではないが同社の業務執行を委任されたYがX社の業務執行者ではないことを確認する訴訟を提起した。本件上告審では、唯一の無限責任社員（A）の死亡により清算会社となったX社に、新たな無限責任社員（B）が加入することにより設立中の会社に組織変更するが（以下「本件組織変更」という）、かかる組織変更が有効になるためには、X社の社員総会の4分の3多数決で十分であるのか、あるいは、決議に参加した社員全員の同意が必要とされるか否かが、争点の一つとなった。連邦通常裁判所は、前記1917年11月23日ライヒ裁判所判決を引用し、多数決により会社契約を変更できる事項は会社契約中に定められていなければならないが、本件組織変更は会社契約中に明確に定められておらず、しかも全く通常ではない契約の変更であるとした。本判決は、結論としては、4分の3多数決による組織変更決議が存在したこと等を理由として、YがX社の業務執行者ではないとするX社の確認訴訟を認めたが、本件組織変更が有効になるためには、X社の会社契約中に多数決により会社契約を変更することができる事項が明確に定められなければならないとした点で、確定性の原則を前提としていた。

1972年10月23日連邦通常裁判所判決は、業務執行権の剥奪および会社の顧問（Beirat）からの解任は、多数決によってこれをなしうるということが会社契約から一義的に（eindeutig）生じる場合に、これが可能であると判示し、本件においてかかる一義性の要請が満たされるか否かについて審査するに至った。本判決の基礎となる事案は、合資会社（Y1社）において無限責任社員はY2およびXであり、有限責任社員であったのがY3～Y5であった。Y2～Y5が、Xが無限責任社員から有限責任社員となり、会社の活動から排除されることを決議

し、その後の社員決議においても、Xを会社の顧問から解任することを決議したが、Xはこの決議が決議に参加した社員の全員一致によってなされていないため無効であると主張したというものであった。連邦通常裁判所は、前記審査を経て、結論的にはXの上訴を認めなかった。本判決では、顧問からの解任が多数決でできることが会社契約から一義的に読み取れるか否かが、当該解任の有効性のポイントとされた点において、確定性の原則が明確に採用されていた。

しかし、1978年3月13日連邦通常裁判所判決は、公開合資会社につき、確定[24]性の原則を放棄するに至る。[25]本判決の基礎となる事案は、公開合資会社（X社）の無限責任社員を B.-T. 株式会社から H. 有限会社（Y社）へと変更する定款変更があり、これを承認する社員総会決議においてY社は決議に参加していなかったにもかかわらず、新たにX社の無限責任社員となったY社に対してX社が未履行の出資をなすように求めたというものであった。連邦通常裁判所は、原審判決につき、確定性の原則に固執して、多数決による会社契約の変更が許されることが会社契約から一義的に認められなければならないことを前提としていると批判し、[26]確定性の原則に固執する場合、会社の発展が不可能となり、危機的状況が生じても、これに対応した決定ができなくなると批判した。[27]その上で、連邦通常裁判所は、公開人的会社では、会社契約が議事対象を明確に示していない場合でも、多数決による会社契約の変更は許される旨判示し、[28]Y社の上訴を認めなかった。

2007年1月15日オットー判決において、連邦通常裁判所は、確定性の原則を維持しつつ、多数決の正当化の根拠と範囲は会社契約の解釈からも生じると判示した。[29]本判決の基礎となる事案は、有限合資会社（P社）において、25％の持分割合を有するP社の有限責任社員（X）が、75％の持分割合を有するY1〜Y3に対して、P社が4分の3多数決で決した年度決算と年度利益処分につき、これは基本業務に該当するから、ドイツ商法119条1項に基づきP社の社員決議参加者の全員一致で決めるべきあった等と主張して、Xの社員権を侵害したと訴えたものであった。連邦通常裁判所は、結論的にはXの訴えを認めなかったが、前記1952年11月12日連邦通常裁判所判決を引用しつつ、通常の事

項は多数決によって決議できるが、会社の基礎にかかわる通常でない決議事項については多数決で決議できないという基準を確立した。本判決は、多数決で奪うことのできない権利を、全く奪うことのできない「絶対的に奪うことのできない」権利と、本人の同意があれば奪うことができる、あるいは、重要な事由があれば奪うことができる「相対的に奪うことのできない」権利とに分類した。[31]

　その後、2008年11月24日連邦通常裁判所第二保護共同体判決が確定性の原則を維持したのに対し、[32] 2012年10月16日連邦通常裁判所判決は、近時の裁判例において多数決の形式的正当化のためのいわゆる確定性の原則は意味を失っている旨判示した。[33] 2012年10月16日連邦通常裁判所判決の基礎となった事案は、ある合資会社が会社契約変更につき4分の3あるいはそれ以上基準での多数決を定めている会社契約条項を社員総会決議で緩和しようとしたところ、合資会社の有限責任社員（X）が当該社員総会決議の無効の確認を求めたというものであった。連邦通常裁判所はXの訴えを認めず、会社契約で定められている多数決の要件も、4分の3多数決により緩和できるとした。その際、連邦通常裁判所は、「いわゆる確定性の原則は多数決を形式上正当化するための法理としては意味を失っている」と判示した。[34]

4　2014年10月21日連邦通常裁判所判決──確定性の原則の放棄と新しい理論の形成

　2014年10月21日連邦通常裁判所判決は、確定性の原則を放棄し、社員権侵害[35]から少数派社員を保護するための新しい理論を形成した。

　本判決の基礎となる事案は次のようなものであった。有限合資会社（A社）において、Xは少数派でありその有限責任社員としての地位をM財団に譲渡するように義務づけられているか否かについて、多数派であるYらと争いがあった。2011年7月5日、A社の社員総会で、Xの有限責任社員としての地位を、A社の会社契約10条1項に基づいて、M財団に譲渡するよう決議がなされた。Y1が80票、Y2が10票を有し、Xは10票を有しており、A社の会社契約6条5項に従い単純多数決により当該決議はなされた。A社の会社契約10条1項

318

は、会社持分の譲渡には社員総会の同意が必要である旨規定していた。Ａ社の会社契約6条5項は、会社契約または法律に明確に定められていない事項については、その決議は出された票の単純多数決によって行う旨規定していた。

2014年10月21日連邦通常裁判所判決は、多数決を形式的に正当化する確定性の原則を放棄したと宣言し、[36]確定性の原則に代わり、多数決によって決定できる通常の決議事項か否かを決するのは、問題となっている会社契約の条項の解釈であるとした。連邦通常裁判所は、本判決において、意思表示の解釈にあたっては契約の文言に拘泥することなく真実の意思を探求するべきである（ドイツ民法133条）、および信義誠実に従った契約の解釈（ドイツ民法157条）というドイツ民法上の任意規定たる解約解釈の原則から、決議事項が多数決によって決議されてよいものか、それとも人的会社の決議原則である全員一致が要求されているのかが、決せられるべきであるとした。[37]連邦通常裁判所は、本判決において、第二段階目のいわゆる核心領域論の適用に当たっては、もはや核心領域論という表現を用いず、侵害が会社の利益の点から必要なものであるのか、そして、かかる侵害が、当該侵害を受ける社員にとって、その保護に値する利益を考慮して無理なものとなってはいないかが判断されるべきとした。[38]連邦通常裁判所は、本件に関して原審が確定性の原則に従ってＡ社の会社契約6条5項を解釈し多数決に服すべき決議事項か否かを通常の決議事項であるのか通常でない決議事項であるのかによって決めたことを不服とし、事件を原審に差し戻した。[39]

5　ドイツ法における固有権論からの日本法へ示唆

　ドイツ法上の核心領域論と確定性の原則の発展から日本法が学びうることは、合名会社や合資会社のような人的会社において、少数派社員の保護のため理論として、核心領域論と確定性の原則が生まれたという事実である。人的会社においては社員の「基本権」を法理上固有権として認め、これを保護する要請は、ほとんどすべての事項につき詳細な法律上の規制のある株式会社等に比べて大きい。なぜなら、人的会社における社員権保護のための法律上の規制は、日本とドイツでは、極めて簡潔で不十分であり、不文の判例法理により補

う必要性が極めて高いからである。他方、会社契約ないし定款は継続的契約である。あらゆる事態を想定して会社契約をあらかじめ完全なものにしておくことは不可能である。人的会社を取り巻く環境が変化した場合、これに合わせて社員権を制限する必要も生じる。

　人的会社の社員から社員権に属する権利を奪う際に、人的会社の原則である全員一致が必要である、あるいは、多数決で決めることができるが当該社員の個別の同意を必要とするならば、当該権利は固有権である。これに対して会社契約による社員権に属するある権利の剥奪を、社員の（持分あるいは頭数による）多数決のみで決めることができ当該社員の個別の同意は必要ないとすると、当該権利は固有権ではない。社員のある権利につきこれを固有権と認めるか否かは、人的会社における社員権保護の必要性と会社の利益に鑑み社員につき一定の権利を制限するのはやむをえないとするのかによる二つの要請の調和の問題である。従来の連邦通常裁判所の判例が核心領域論を採っていたことは、この問題を侵害される社員の権利の観点からのみ一面的にとらえていたことを示す。しかも、従来の連邦通常裁判所の核心領域論では、多数決により社員権に属する権利が制限可能であるか否かは、当該権利がいかなる内容を持つ権利であるか、すなわち当該権利の客観的性質によって判断されていた。また、核心領域論では、社員権に属する諸権利の中でどの権利が「核心領域」に属することになるのかその基準が明確でなく、これは核心領域論が、裁判の基準としては、不完全であることを示す。

　2014年10月21日連邦通常裁判所判決が新しい核心領域論として、侵害される社員の利益とともに、侵害する側の会社の利益を考慮している点は、会社契約の継続の契約であり不完全契約である点を考慮するとともに、環境の変化に応じて会社自身が変化しなければならない結果として、社員権を構成する権利が多数決により奪われることを容認する点で、社員権保護の新局面を示すものである。

　ある権利につき多数決により社員から奪うことができるか否かは、会社契約に明確に定められているか否かによるという確定性の原則は、会社契約が継続的契約であり常に不完全契約であるということを考慮していなかった。その点

で、2014年10月21日連邦通常裁判所判決が確定性の原則を放棄したことは基本的には正しい判断であった。ドイツの学説は、2014年10月21日連邦通常裁判所判決が確定性の原則を放棄したことに賛成している。しかし、法律上定められた解釈原則である意思表示の解釈の原則である当事者の真意を探求するという原則（ドイツ民法133条）および信義誠実の解釈の原則（ドイツ民法157条）に基づき、ある権利につき本人の同意なしに多数決により奪うことができるか否かを、会社契約の解釈のみによって、決することには無理があろう。ドイツ法では、ドイツ民法133条・157条では、ある権利につき本人の同意なしに多数決により奪うことができるか否かを決することはできず、「侵害が会社の利益の点から必要なものであるのか、そして、かかる侵害が、当該侵害を受ける社員にとって、その保護に値する利益を考慮して無理なものとなってはいないか」という実質的基準によって、ある権利が本人の同意なしに多数決により奪うことができるか否かにつき判断されることになると考えられている。かかるドイツ法の実質的基準は、とりわけ日本の持分会社において社員のある権利の侵害がいかなる場合に固有権侵害となり違法となるのについての判断基準として、参考になる。

3　日　本　法

1　従来の議論状況

戦前の日本においては、圧倒的なドイツ商法学の影響下でドイツの固有権論の学説継受が試みられた。株主の固有権については、日本の会社法学の開拓者であった岡野敬次郎博士も、法律によって各株主の固有の権利（Sonderrechte der Aktionäre）として認められたものは、総会決議をもってしても、これを侵すことができないと論じていた。また、岡野博士は、株主の議決権を株主権の最も重要な分子であり、「奪うことのできない権利」であるから、「議決権を有しない株主」は認めることはできず、会社が自ら議決権を有する最少株数を定めることはできないと説いた。

日本の商法学において固有権が本格的に論じられ始めたのは、1910（明治43）

年の竹田省博士の「株主の固有権を論ず」を嚆矢とする[44]。氏は、ドイツの固有権論を単に分析・紹介するに止まらず、日本の株式会社法の解釈において、固有権論がいかなる意味を持つのか、各論的にかつ詳細に日本法解釈論を展開した[45]。1928（昭和3）年、田中耕太郎博士は、「固有権の理論に就て」と題する論文において、カール・レーマンの „Einzelrecht“[46]、同じくカール・レーマンの „jura quaesita“[47]、ドイツ民法35条の „Sonderrechte“、あるいはパウル・ラーバントの „iura singulorum“[48] をすべて「固有権」と訳し[49]、自己の学説である社員権否認論の見地から「固有権」に関するドイツの学説を分析・検討した。その後、田中耕太郎博士は、1938（昭和13）年改正商法の解釈論として、多数決をもって奪うことのできない権利として議決権などを挙げ、また一定期間利益配当請求権を定款規定によって奪うことは許されないと論じた[50]。

　これに対し、松本烝治博士は、1935（昭和10）年、固有権否認論を唱え、株主権の中で、定款規定により奪うことのできるものとそうでないものとの区別は、奪うことができるとした場合の結果が会社の本質に反しまたはその他の強行法規に違反するか否かに帰着すると説き、固有権という概念を認めない論考を発表した[51]。

　戦後になり、日本法では個人企業の株式会社化という現象が生じた。すなわち、日本は、戦後、小規模であり、ドイツであれば個人企業あるいは人的会社の形態を採るような企業であっても、株式会社の形態を採っていた。その要因としては、①株式会社に最低資本金制度が長い間導入されていなかったこと[52]、②日本の企業家にとって「株式会社」という名称が企業の社会的信用を生むため取引上有利であると考えられていたこと、③株式会社の方が個人企業よりも租税法上有利であると一般の企業家が考えていたこと[53]、④日本においては、かつて会社は人的会社の無限責任社員とはなることができず、ドイツにおけるような有限合資会社の形態は認められていなかったこと、⑤日本法において合名会社と合資会社は法人であり、法人税がかかるため、ドイツ法におけるような二重課税を免れるという人的会社設立のメリットが生じえないこと等があった。かかる状況下で、日本では多くの会社が株式会社の形態を採ったため、ドイツ法では判例法上人的会社の法理となっていた固有権論が、日本法において

は、戦後、株式会社の法理としてその当否が議論されることとなった。

鈴木竹雄博士と竹内昭夫博士は、株主総会の多数決によって奪うことのできない株主の権利を固有権と呼び、ある権利が固有権であるか否かは、その権利が株式会社に参加する株主にとって本質的利益に関するものであるか否かによって決するとした。[54] この両博士の考え方はドイツの核心領域論の影響を受けていた。しかし、両博士は、固有権性は、制限の程度および他の権利との関係を考慮して弾力的に考えるべきであるとし、合理的な範囲を超えて利益の社内留保を図る総会決議は、株主の権利を保障する法律の規定のない状況下では、固有権としての利益配当請求権を侵害することになると論じた。[55]

これに対して、森本滋教授は、固有権は、法規定が不備な時代において株主を特別に保護するために機能した歴史的概念であり、合理的な制限をこえる内部留保を固有権の侵害として当然に決議無効とすることは法的安定性を害すると論じた。[56] 上場会社が多額の利益を内部留保して、株主の利益配当権を侵害するという現象には、上場会社が株式相互保有により個人株主に対する利益配当を制約にしていたという事実が、その根底にあった。上場会社の株式の相互保有が解消している現状の下においては、[57] 鈴木竹雄博士と竹内昭夫博士の固有権侵害論を採る必要性が少なくなっている。

2005（平成17）年会社法の成立とともに、固有権の立法化という現象が生じた。すなわち、会社法105条は、従来は会社法上の不文の根本原理とされていた株主の固有権を明文化した。[58] すなわち、株主の権利の中、剰余金の配当を受ける権利（同条1項1号）、残余財産の分配を受ける権利（同条1項2号）、株主総会における議決権（同条1項3号）は、法律の定め（例えば、会社法164条1項）によらず、定款でこれらの権利を制限することは許されないと解されている。[59]

現在では、多数決で奪うことができる権利か否かは、その権利を定める規定の解釈によればよいという立場が多数を占める。[60] いずれの立場を採るにせよ、神田秀樹教授が正当に説くように、多数決濫用に関する法規定がある程度整っている株式会社においては（会社法831条1項3号等参照）、固有権論が少数派株主の権利保護の法理として機能する場面は極めて限定されている。[61]

323

2　固有権を用いた現代の解釈論

　現代の日本の会社法学において、積極的に固有権論を展開しているのが高田晴仁教授である。高田晴仁教授は、「議決権は、……法的例外（会社108条1項3号・308条1項括弧書・同項但書・同条2項、等）を除き、定款や株主総会をもってしても奪うことのできない株主の『固有権』であると捉えられてきた……固有権たる実をあげるためには、議決権を実際に行使しうることが保障されなければならない[62]」と論じ、最判昭和43年11月1日民集22巻12号2402頁が、定款による株主の議決権の代理人資格の制限が「会社の利益」を保護する趣旨に出た場合には有効であるという趣旨の判決を下していることに注目し、「『会社の利益』の具体的内容は『株主以外の第三者による総会の攪乱防止』にある……株式会社では資本多数決が支配するのであるから、判旨のいう『会社の利益』は、結局のところ『多数派の株主の利益』を意味することになり、これを理由として議決権の行使を制限することは議決権の固有権性と矛盾するおそれがあろう[63]」として、株主の議決権の代理人資格の制限を行う定款が無効であると説く。

　文言解釈を重視する村田敏一教授は、かかる高田晴仁教授の解釈を、特に会社法が成立した2005（平成17）年以降は説得力が増していると評価する[64]。その理由は、会社法の立案担当者が、「ただし、定款に別段の定めがある場合は、この限りでない」（会社139条1項等）という明文の定めのない限り、定款による別段の取扱いをすることができないと解すべきであると説いているが、会社法310条1項にはかかる明文規定がなくその第1文は「株主は、代理人によってその議決権を行使することができる」と規定しているため、かりに会社法が定款による別段の定めがある場合をすべて書き切っていると考えるならば、会社法310条の文言解釈として定款の規定により代理人によって議決権を行使できるのは株主が代理人の場合だけであると限定できないはずであると考えられるからである。

　注目すべきは、高田晴仁教授の解釈が、議決権が固有権であり、そこから論理必然的にその代理行使を制限する定款規定は例外なく無効であるとする硬直したものではなく、「会社法が代理人資格を制限していないことから直ちに定款による一切の制限が排斥されると解するのは……説得力に乏しいといわざる

をえない。というのも、一口に代理人資格の制限といっても、様々な態様や段階が考えられるのであって……定款自治によって代理人資格をどの範囲まで制限することが認められるかを個別的、実質的に検討する必要がある」とし、総会屋対策を理由に議決権の代理人行使の資格を株主に限定することが「株主の固有権を制限するほどの合理性があるのか疑問である」としている点である。この叙述は、高田晴仁教授自身が合理性を理由とした固有権の制限を認めたものと読むことができる。筆者は、株主の議決権の代理人資格を制限する定款規定につき、いわゆる制限的有効説の立場に立つが、「無効説」の立場に立った場合でも、合理性を理由とした定款による株主の議決権の代理行使の制限の可能性は認められるべきであり、かかる解釈論は、実務上の要請等実際上の必要性を考慮する会社法解釈の一つの方法として支持できる。

伝統的固有権論は、株主の固有権を「株主が株主たる資格に於て有する権利にして多数決を以て之を制限し又は剥奪することの得ざるもの」と定義し、合理性を理由とした定款規定による固有権の制限を認めていない。議決権の代理行使の資格を株主に限定している定款の下での株主でない者による議決権の代理権行使の可否という極めて法技術的色彩の強い問題に対して、伝統的意味での固有権論を援用した解釈論は柔軟性に欠ける。岩崎稜博士は、「固有権論は……個々の会社の利害状況、の顧慮を排除する」として固有権論を批判した。

出発点として「議決権は固有権である」とし、かつ、「議決権の代理行使の代理人資格を制限することで株主の固有権が侵害される」という立場に立つと、合理性を理由とした定款規定による固有権の制限を認めない限り、非株主による議決権の代理行使を制限する定款規定は合理性の見地からする緻密な個別的考察を経ることなく一律に無効であるという結論になってしまう。高田晴仁教授の解釈論は、固有権論も時代により深化すべきことを示唆する。

3 現代の日本の人的会社・株式会社において固有権論はどのような意義をもつのか？

法務省の統計によると、合同会社の設立数は2010（平成22）年の7153社から、2014（平成26）年は1万9808社に急増した。2015（平成27）年は合同会社の設立

数はさらに増加し、2万2223社に達した。2016（平成28）年は、合同会社の設立数は2万3787社であった。安倍晋三政権の経済政策であるアベノミクスにより法人税率が下がり続けているため、個人経営から法人経営に乗り換えて節税する企業家が増えていることが合同会社の設立数が増化した一因であると考えられている。現代における「個人企業の法人成り」は、個人企業の株式会社化だけでなく、個人企業の合同会社化を生み出しているのである。合同会社の経営が全員一致で決せられる限り、少数派社員の保護の問題は生じない。しかし、持分による多数決が持分会社に導入される場合、少数派社員の保護の手段として、固有権を観念する必要性が生じる。

合同会社が多数存在し、しかもその数が増加する傾向にある現在、合同会社における少数派社員の保護の法理として固有権論は重要である。本稿で紹介したドイツ法の新しい固有権侵害基準においては、侵害される社員の利益だけでなく、侵害する会社の利益をも考慮する合理性基準となっているという点で、日本における固有権論のあり方に対して示唆を与える。

日本においては、通説上、株式会社の利益配当請求権は固有権であると考えられてきた（会社105条1項1号参照）。利益配当請求権は合同会社社員にとっても法律上保障された権利ではあるが（会社621条1項）、持分会社の社員の利益配当請求権が固有権となりうるか否かについては、利益配当に関する定款自治が持分会社では広いという事情もあり（会社621条2項）、解釈上明確でない。

ドイツ法では、利益配当請求権は定款変更によって本人の同意無しには一方的に奪うことのできない権利すなわち「固有権」であると原則的には考えられている。

現行法上、固有権侵害を援用する必要がある事例としては次のようなものが考えられる。ある合同会社（A社）の定款において、業務執行社員（B）に定款変更を一任する旨の別段の定めが設けられていたが（会社637条）、利益配当については従来、A社の定款の規定に従い、持分の割合に比例して実施していた。かかる状況下で、A社の定款変更の権限を有するBが、A社の大部分の持分を有するCについて、ほとんど無いに等しい、ごくわずかな額の利益配当しかCが将来にわたって受け取れない内容への定款変更を行った場合、かかる定

款変更は、Ｃの同意がない限り、Ｃの固有権侵害を構成し、原則として無効であるというべきであろう。ただし、ドイツ法を参考にすると、Ａ社の他の社員全員もＣと同じ割合で利益配当を受け取ることとなり、将来的に配当されない利益はＡ社に内部留保され、このような方法でＡ社に内部留保利益を積み立てることが、Ａ社の利益にとって必要不可欠であり、Ｃがわずかな額の配当しか将来的にわたって受け取れないことが、Ｃにおける残余財産分配請求権（会社法649条３号・666条参照）の存在も考慮して、Ｃによって受忍されるべきと認められる場合には、Ｃの固有権侵害を構成しないというべきであろう。

会社法621条１項は2005（平成17）年会社法によって新設された規定であるが、本条項により持分会社の社員が利益配当請求権を有するということが強行規定であるのか、あるいは、任意規定であるのかについては、会社法立案担当者の解説においても、また、学説においても、明確でない。仮に会社法621条１項が強行規定であるとすると、本条項は持分会社社員の利益配当請求権が固有権であることを定めたことを意味し、例えば合同会社の社員から利益配当請求権を奪う内容への定款変更は会社法621条１項に違反し原則として無効となる。たとえ、会社法621条１項が任意規定であるとしても、Ａ社（合同会社）の定款変更の権限を有するＢ（Ａ社の業務執行社員）がＡ社の定款を変更し、Ａ社の業務執行社員であるＣから利益配当請求権（会社621条１項）と残余財産分配請求権（会社649条３号・666条参照）の両者を奪うことは、Ｃの同意がある、あるいは、Ｃが業務執行社員としてＡ社から過大な額の報酬を受け取っている等の特段の事由がない限り、Ｃの固有権侵害を構成し、ＢによるＡ社の定款変更が原則として無効になると解される。

東京地立川支判平成25年９月25日金融・商事判例1518号54頁では、公開会社ではない株式会社であるＹ社の株主のＸが、Ｙ社が定款変更決議（以下「本件定款決議」という）により議決権および剰余金の配当につき株主ごとに異なる規定を新設し、本件定款変更決議の結果、Ｘの持株比率が14.7％から0.17％にまでに減少し、Ｘの剰余金の配当を受ける権利が、Ｘらを除く株主の100分の１となったことを不服として、本件定款決議の無効確認の訴えを提起した。裁判所は、会社法109条２項が定める「属人的定めの制度についても株主平等原則

の趣旨による規制が及ぶと解するのが相当であり、同制度を利用して行う定款変更が、具体的な強行規定に形式的に違反する場合はもとより、差別的取扱いが合理的な理由に基づかず、その目的において正当性を欠いているような場合や、特定の株主の基本的な権利を実質的に奪うものであるなど、当該株主に対する差別的取扱いが手段の必要性や相当性を欠くような場合には、そのような定款変更をする旨の株主総会決議は、株主平等原則の趣旨に違反するものとして無効になるというべきである[82]（傍点筆者）」と判示した。本件において、裁判所は、「株主平等原則の趣旨」という不明確な法理を持ち出すことなく、会社による恣意的な定款変更決議によりXの議決権および剰余金配当請求権という「株主の基本的な権利」（会社105条1項2号・3号参照）が著しく侵害され、これについてXの同意はなく、かかる不利益をXは受忍すべきではなかったという固有権論を根拠にして本件定款変更決議を無効とすべきであったように思われる。

4 おわりに

以上、ドイツの固有権論の近時の発展から日本法が学ぶべき点を示した。それは、①固有権論が、合同会社のような持分会社の社員権保護の法理として有用性を有する、②固有権侵害の存否の判断については、侵害される社員と侵害する側の会社の両利益を調和させる実質的基準（「社員の権利侵害が会社の利益の観点から必要であり、かつ、権利を侵害される社員が受忍すべき事情が存在するか否か」）が有用である、という点であった。

固有権論は、株主平等原則の起源ともいうべき法理である[83]。しかし、会社法105条2項が存在し、株主平等原則（会社109条1項）および多数決濫用法理（会社831条1項3号等）が明文化されている現在の日本の株式会社法において、これらの条文や一般法理で解決することができずに、固有権論が援用されるべき局面は少ないと考えられるが、固有権論を援用すべき場合として、本稿で示した公開会社でない株式会社における定款変更決議による議決権と剰余金配当請求権の侵害の場合以外に[84]、どのような場合を具体的に想定することができるか

については、今後の研究課題としたい。

【注】

1) ドイツの閉鎖的な資本会社（株式会社、有限会社等）における固有権につき、増田
政章「ドイツの閉鎖的会社における固有権」近畿大学法学46巻 2 = 3 号 1 頁以下（1998
年）参照。

2) Wiedemann, Kapitalerhöhung in der Publikums-KG, ZGR 1977, 692.

3) 田中耕太郎『改訂会社法概論（下巻）』（岩波書店、1955年）317頁。

4) 龍田節「資本多数決の濫用とドイツ法（ 1 ）」法学論叢68巻 1 号（1960年）76頁。八
木弘博士は、1956年、「固有権理論そのものは、今日では、『寧ろ既にその任務を果し
た株式会社法学説史における一つの記念碑にすぎない』」と論じていた（八木弘「株主
平等の原則と固有権」田中耕太郎編『株式会社法講座第 2 巻』（有斐閣、1956年）447頁）。

5) Windbichler, Gesellschaftsrecht, 24. Aufl., München 2017, S. 45.

6) 高橋英治『ドイツと日本における株式会社法の改革――コーポレート・ガバナンス
と企業結合法制』（商事法務、2007年）344頁参照。

7) これら以外の有限合資会社の長所として、①有限合資会社自身には共同決定の適用
がない、②いわゆる統一的有限合意会社（有限責任社員はすべて、無限責任社員とし
て参加している有限会社の社員によって構成される有限合資会社）の形態をとった場
合、持分の譲渡に公証人の公証が必要ない（ドイツ有限会社法15条 3 項）、③資本維持
の義務がない等がある（高橋英治『ドイツ会社法概説』（有斐閣、2012年）381頁以下
参照）。ドイツでは合資会社の約70％が有限合資会社である（高橋・前掲注（ 6 ）351
頁）。

8) Karsten Schmidt, Gesellschaftsrecht, 4. Aufl., Köln 2002, S. 472.

9) Wiedemann, Gesellschaftsrecht I , München 1980, S. 360 ff.

10) 本稿では、„Sonderrechte" を、本稿が主として取り上げる人的会社の固有権とは区別
する意味から、「特別権」と訳す。ドイツ民法35条は「社員総会の決議をもって社員の
特別権（Sonderrecht）を害するには、その社員の同意を必要とする」と規定する。本
条における特別権とは優先権と同じ意味であり（Weick, in: Staudinger BGB, Berlin
2005, §35 Rdnr. 8)、定款上の基礎を有し総会の多数決によっても奪うことのできない
権利を指す（Ellenberger, in: Palandt BGB, 73. Aufl., München 2014, §35 Rdnr. 1)。一
般の社員権は特別権には該当しない（Ellenberger, in: Palandt BGB, 73. Aufl., §35
Rdnr. 3)。連邦通常裁判所によって認められた典型的な特別権としては、有限会社にお
いて会社契約の規定によりある社員に対して付与された当該有限会社の業務執行者と
なる権利がある（BGH, Urteil v. 4.11.1968, NJW 1969, 131)。固有権論が社員権保護の
ための法理であるのに対し、特別権は社員が特別に得た特権であり、ドイツ民法35条
は特権保護のための規定である。

11) BGHZ 20, 363.

12) BGHZ 20, 363 Leitsatz.

13) BGH NJW 1985, 974.

14) Karsten Schmidt, a.a.O. (Fn. 8), S. 474.

15) Wiedemann, a.a.O. (Fn. 9), S. 411.

16) Karsten Schmidt, a.a.O. (Fn. 8), S. 474.

17) RGZ 91, 166, 168.

18) RGZ 91, 166, 168.

19) RGZ 91, 166, 168.

20) BGHZ 8, 35.

21) BGHZ 8, 35, 41.

22) BGHZ 8, 35, 42.

23) BGH WM 1973, 100, 101.

24) 公開合資会社は、多数の出資者が有限責任社員として参加している合資会社の特殊形態である（高橋・前掲注（7）75頁参照）。

25) BGHZ 71, 53.

26) BGHZ 71, 53, 57.

27) BGHZ 71, 53, 58.

28) BGHZ 71, 53 Leitsatz.

29) BGHZ 170, 283 Leitsatz „OTTO".

30) BGHZ 170, 283, 286.

31) BGHZ 170, 283, 288.

32) BGHZ 179, 13, 20 „Schutzgemeinschaft Ⅱ".

33) BGH NZG 2013, 63, 64 Rdnr. 15.

34) BGH NZG 2013, 63, 64 Rdnr. 15.

35) BGH ZIP 2014, 2231.

36) BGH ZIP 2014, 2231, 2233.

37) BGH ZIP 2014, 2231, 2233.

38) BGH ZIP 2014, 2231, 2234.

39) BGH ZIP 2014, 2231, 2235.

40) Priester, EWiR 2015, 71 f.; Schäfer, Der Bestimmtheitsgrundsatz ist (wirklich) Rechtsgeschichte, NZG 2014, 1401 ff.; Wertenbruch, Abschied von Bestimmtheitsgrundsatz und Kernbereichslehre im Beschlussanfechtungssystem der Personengesellschaft, DB 2014, 2875 ff.; Ulmer, Mehrheitsbeschlüsse in Personengesellschaften: definitiver Abschied von Bestimmtheitsgrundsatz, ZIP 2015, 662.

41) Lind, Anmerkungen, LMK 2015, 366316, S. 2.

42) 岡野敬次郎『会社法』364頁（有斐閣、1929年）。

43) 同上382頁。

44) 竹田省「株主の固有権を論ず」同『商法の理論と解釈』（有斐閣、1959年）48頁（初

ドイツと日本における固有権論の発展と課題（高橋　英治）

出は、京都法学会雑誌 5 巻 7 号（1910年））以下。

45）　同上59頁以下。

46）　Kahl Lehmann, Einzelrecht und Mehrheitswille in der Aktiengesellschaft, ArchBürgerR 9 (1894), 297 ff.

47）　Kahl Lehmann, Das Recht der Aktiengesellschaft, Bd. 2, Berlin 1904, S. 202.

48）　Paul Laband, Der Begriff der Sonderrechte nach deutschem Reichsrecht, Annalen des Deutschen Reichs 1874, Sp. 1487 ff.

49）　田中耕太郎「固有権の理論に就て」同『商法学　特殊問題（上）』（春秋社、1955年）186頁（初出は、法学協会雑誌46巻 3 号（1938年））。

50）　田中耕太郎『改正会社法概論』（岩波書店、1939年）458頁。

51）　松本烝治「株式会社に於ける定款自治の原則とその例外」同『商法解釈の諸問題』（有斐閣、1955年）223頁（初出は、中央大学50周年記念論文集（1935年））。

52）　株式会社に最低資本金制度が導入されていたのは1990（平成 2 ）年から2005（平成17）年までのわずか15年間にすぎない。最低資本金の額も1000万円と極めて少ない額であった（平成17年改正前商168条の 4 参照）。2005（平成17）年会社法は、株式会社につき最低資本金制度を廃止した。

53）　高橋英治『会社法の継受と収斂』（有斐閣、2016年）264頁。

54）　鈴木竹雄・竹内昭夫『会社法〔第 3 版〕』（有斐閣、1994年）110頁。

55）　同上111頁注 2 。

56）　森本滋『会社法〔第 2 版〕』（有信堂、1995年）115頁。

57）　高橋・前掲注（53）211頁。

58）　岩原紳作「新会社法の意義と問題点 I 総論」商事法務1775号（2006年）11頁、山下友信編『会社法コンメンタール 3 』（商事法務、2013年）27頁〔上村達男〕。

59）　酒巻俊雄・龍田節編集代表『逐条解説会社法第 2 巻　株式・1 』29頁（中央経済社、2008年）〔森淳二朗〕。

60）　上柳克郎・鴻常夫・竹内昭夫『新版注釈会社法（ 3 ）』（有斐閣、1986年）12頁〔前田庸〕、増田・前掲注（ 1 ） 2 頁。

61）　神田秀樹『会社法〔第19版〕』（弘文堂、2017年）70頁以下参照。同旨、村田敏一「いわゆる株主の固有権と株主平等原則」立命館法学367号（2016年）204頁以下参照。

62）　高田晴仁「議決権行使の代理人資格の制限」岩原紳作・神作裕之・藤田友敬編『会社法判例百選〔第 3 版〕』（有斐閣、2016年）68頁。

63）　同上69頁。

64）　村田・前掲注（61）190頁参照。

65）　相澤哲・郡谷大輔「会社法制の現代化に伴う実質改正の概要と基本的な考え方」商事法務1737号（2005年）16頁。

66）　高田・前掲注（62）68頁以下。

67）　同上69頁。

68）　奥島孝康・落合誠一・浜田道代編『新基本法コンメンタール・会社法 2 〔第 2 版〕』

43頁（日本評論社、2016年）〔高橋英治〕、高橋英治「議決権行使の代理人資格の制限」法学教室381号（2012年）98頁、高橋英治『会社法概説〔第3版〕』（2015年）119頁参照。

69）　竹田・前掲注（44）48頁。

70）　大森忠夫「議決権」田中耕太郎編『株式会社法講座第3巻』（有斐閣、1956年）883頁、田中・前掲注（3）317頁以下、竹田・前掲注（44）48頁以下参照。

71）　岩崎稜『戦後日本商法学史所感』（新青出版、1996年）253頁。

72）　2015年8月23日付朝日新聞。

73）　中村信男「合同会社制度と法制上の問題点」法律のひろば69巻8号（2016年）56頁参照。

74）　大隅健一郎・今井宏『会社法論上巻〔第3版〕』（有斐閣、1991年）348頁。

75）　Karsten Schmidt, a.a.O. (Fn. 8), S. 472.

76）　2005（平成17）年会社法の立案担当者は、定款変更を特定の業務執行社員に一任することが可能であるという立場に立つ（相澤哲・郡谷大輔「持分会社」商事法務1748号（2005年）23頁）。学説は、事柄に応じて、代表社員に定款変更を一任できると明示する（宍戸善一「持分会社」ジュリスト1295号（2005年）111頁、奥島孝康・落合誠一・浜田道代編『新基本法コンメンタール会社法3〔第3版〕』（日本評論社、2015年）72頁〔今泉邦子〕）。

77）　なお、かかる定款変更も、利益配当の方法に関する定款自治の原則を定める会社法621条2項の制度趣旨からみて有効であると解する立場も解釈論としては成立可能である。また、会社法621条1項を強行法規と考えると、かかる定款変更は会社法621条1項に実質的に違反すると解釈する余地もある。

78）　BGH ZIP 2014, 2231, 2234; Lind, Anmerkungen, LMK 2015, 366316, S. 2.

79）　相澤哲・葉玉匡美・郡谷大輔編著『論点解説　新・会社法——千問の道標』（商事法務、2006年）594頁参照。

80）　奥島・落合・浜田編・前掲（76）〔青竹正一〕参照。

81）　本判決の評釈として、洪邦桓「判批」ジュリスト1499号（2016年）111頁、鳥山恭一「判批」法学セミナー747号（2017年）123頁参照。

82）　東京地立川支判平25・9・25金判1518号62頁。

83）　高橋・前掲注（53）48頁参照。

84）　東京地立川支判平25・9・25金判1518号54頁。

米国の株主提案における通常の事業の範囲

田中　慎一

1　問題の所在

　株主総会は、機関として会社の意思決定を行う場であるが、書面投票や委任も含めて株主の意向が示される貴重な場でもあり、純粋に機関決定を行うだけでなく、株主からのメッセージを示す場としても機能してきたといえよう。中でも、株主提案権はそうした株主の意向を伝えるという意味でも利用されてきた。[1)]

　さらに、今日の機関投資家には、平成26年に策定されたスチュワードシップコードにより、エンゲージメントを通した役割が期待されている。このエンゲージメントを通した役割とは、投資先の企業やその事業環境等に関する深い理解に基づく建設的な「目的を持った対話」（エンゲージメト）などを通じて、当該企業の企業価値の向上や持続的成長を促すことのようである。いわゆる「エンゲージメント」は機関投資家が投資先企業の経営の細部にまで介入することを意図するものではないが、一定の関与を行うものとされる。こうしたエンゲージメントは、株主の権利を背景とすることから、株主総会の力を通した関与も想定されるべきであろう。

　こうした株主のメッセージを伝えるために株主提案権が用いられる際、定款変更議案の形をとって様々な内容の提案がなされている。しかし、定款変更議案の形をとる提案は、本当に定款変更を目的とするものではないことも少なくないように思われる。すなわち、本質的にはまさに定款に記載すべきとされる内容について、総会決議という形で、経営陣に株主の意思を明確にしたいとい

うにとどまるものも少なくないのではなかろうか。定款変更議案は特別決議の
ため、可決に至ることは現状ではほぼみられていない。この高いハードルを株
主が望んでいるのかは疑問である。また、定款変更議案の形をとることから、
仮に可決した場合、定款規定の効力の有無など別の問題を提起しかねない。決
議が定款変更議案ではなく、会社の機関決定としての効力を持たない勧告的な
ものにとどまっても、議決権行使助言機関による議決権行使基準[2]などを考慮す
れば一定の力を持ちうる。勧告的決議の方が当事者の希望に沿う場合もありえ
よう。

　しかし、勧告的決議であってもその影響力を考慮した場合、どのような内容
が株主総会において株主によって審議される対象として適切なのであろうか。
その議論はまだあまり行われているとはいいがたい。そうした議論の前段階と
して、本稿は、米国の連邦取引所法による株主提案制度をみる。米国の連邦取
引所法による株主提案制度は、提案ができる議題の範囲について、日本よりも
細かな規制があり、その中で、通常の業務に関する提案は排除可能とされてい
る。どのような提案が通常の業務に関するものとして排除可能とされているか
という点は、会社の経営事項について、どの程度株主総会に付されているかと
いう点を知るうえで参考になると思われる。この排除可能な通常の業務に関す
る提案の内容については、SEC のリリースや裁判例が出されてきている。そ
こで、本稿は SEC のリリースや裁判例をもとに、米国株主提案制度上、通常
の業務に関するものはどのように考えられているかを明らかにすることを目的
とする。

2　規則 14a-8 による株主提案制度概要

　この制度は株主が提案した議題・議案等を会社側の委任状勧誘書類に掲載す
ることを求める制度である。連邦証券取引所法14条（a）項のもと、規則
14a-8 において定められる。まず、持株要件は2000ドルまたは１％以上の議決
権がある株式を提案の提出前の１年以上継続して保有することであり、総会の
日までの継続保有が求められる[3]。１度の株主総会で提案できる数は１つであ

334

り、500語以内の提案と提案理由を会社側の委任状勧誘書類に記載することを求めることができる。提出期限は、原則として、前年会社が委任状書面を発送した日と同じ本年の日から120日前であるが前年に定時総会が開かれなかった場合と30日以上の日程変更がされた場合は、会社が委任状書類を印刷し始める日よりも相当な期間の前となる。

　一般的にこれが株主提案に関する制度として説明される。この制度は、総会の目的事項の提案やその議案を招集通知への記載を求める日本の制度とは異なる。米国では招集通知や議題そのものに関する規制は州法に権限があるため、連邦法は委任状の記載に関する制度のみを持つ。

　この提案制度を用いて、株主が会社側委任状勧誘書類に掲載を求めることが出来る内容については、規則14a-8(i)において定められている。同項が列挙する以下の内容に該当した場合は、会社はその提案を委任状勧誘書類から排除可能である。すなわち、排除可能な提案は13項目が挙げられ、具体的には①州法上不適切なもの、②法令違反（提案を守ることが、州法・連邦法・外国法違反となる場合）、③委任状規則違反、④個人的な不満や特別な利益に関する提案、⑤事業との関連性（直近会計年度における会社の総資産の５％に満たない事業に関連する提案。また、明確に会社の事業と関連しない提案）、⑥会社が権限や権威を持たない（lack the power or authority）提案、⑦提案が会社の「通常の事業」（the company's ordinary business operations）に関連するものである場合、⑧取締役選任提案、⑨会社提案と対立する提案、⑩会社がすでに実質的に示唆している提案、⑪他の提案や会社の提案との重複、⑫過去５年間で会社の委任状資料に掲載された他の提案と実質的に同じ内容の問題を扱う提案、⑬具体的配当額に関する提案である。

　これらの排除可能な事項の中で、「通常の事業」に関する提案（⑦）を排除する理由は州法にある。すなわち、多くの州法が、会社の事業上の事項は取締役会によって指揮されるなどと規定していることが「通常の事業」に関する提案を排除する理由である。しかし、州法の判例上、何が通常の事業に該当するかについての判断はほとんどみられず、SEC スタッフは自分自身の判断を下さなければならない状況があるとされる。つまり、上記⑦の排除事由の解釈

は、経営に関する事項について経営者のみで判断すべき事項と、株主総会の決議の対象とすべき事項の区別について、SEC や連邦裁判所の考え方を示すものといえよう。そこで、以下、この「通常の事業」に関する議論をみていくこととする。

3　「通常の事業」の範囲に関する議論

1　1970年代から80年代の改正提案に関連する議論

「通常の事業（ordinary business operations）」という言葉は、株主提案を定める規則 14a-8 において、長く用いられている用語であるが、今日の解釈に影響を与えているのは、その意味を限定しようとした1976年に改正での議論である。この改正で「通常の事業」に関する規定の改正が検討された。そこで提案された規定は、「会社の通常の事業の指揮にかかわる経常的日常的事項（routine, day-to-day matter）[10]」を排除できるというものであった。この改正によって「通常の事業」のなかでも「経常的日常的事項」のみを排除の対象とすることが試みられた。

この「通常の事業」の範囲を限定する趣旨は、従来の規定では、会社や株主にとって相当に重要性を持つ提案でも排除できてしまうことにあった[11]。また、株主民主主義という観点に沿うことから支持された[12]。他方、株主は団体としては、複雑な本質を持つ通常の事業を判断するには、事業への専門的なノウハウやその会社の事業についての適切な知識が欠けているという観点から批判があった。この観点をもつ者からは、株主総会で経営上の問題を判断することは、ほとんどの場面で、株主にとって実行可能とはいえないとする[13]。

結局、SEC はこの改正を実行には移さなかった。その理由は 2 点挙げられている。1 点目は、この改正によってもたらされる困難さが、利益よりも大きいと考えたことであり、2 点目は、その解釈がもう少し柔軟に行われれば、改正前の文言の方が機能しやすいと考えられたことである[14]。

1 点目の問題点として挙げられる困難さは、具体的には「経常的（routine）な」事業と「重要な」事業の区別の困難さである[15]。改正提案では区別する基準

として、提案された事項について取締役会の行動が必要であるか否かという基準が示された[16]。しかし、米国では取締役会の経営に関する権限は大きく移譲されていることを勘案すると、この基準はその適用において一貫性のないものとなってしまうだろうとされる[17]。また、このほかに合理的な基準もなく、改正提案は困難さがあるとしている[18]。

　1点目の問題点を考えて改正を行わないと判断されたが、これに対応してSECは解釈の柔軟化が必要であるとした。文言の改正をしない以上、解釈によって従来の問題点を解消しようとしたものである。SECが従来の文言とその解釈で問題としたのは、株主にとって相当に重要性を持つ提案であっても排除されてきたことであった。具体例として、従来、電力会社に原発を建設しないように求める提案が「通常の事業」の範疇にあるとして排除されてきたことが挙げられている[19]。しかし、この原発の経済性と安全性を考慮して建設するか否かを判断することは、「通常の」経営事項とは言えなかったのではないかとして、今後は、こうした提案をSECスタッフは通常の業務の範疇を超えるものと判断するとした。すなわち、「通常の事業」に関する解釈はより限定的にすることとし、本質的に平凡で、いかなる重要な政策等も含まない提案について排除できるとした[20]。

　1982年から1983年における改正にかかわるSECリリースでも、「通常の事業」に関する解釈について、変更が示された。具体的には、株主提案のうち、特定の内容について会社に株主へのレポートを準備して配付することを求める提案や、特別委員会の設置を推奨するような提案について、解釈を変更することが示された。それまで、そのような会社の事業等に関するレポートの配布を求めたり特別委員会の設置を推奨するような提案について、SECは「通常の事業」に該当しないとして排除することを認めてこなかった[21]。そうしたレポートの準備や配付、委員会の設置が通常の事業として行われていたわけではなかったことが理由として挙げれられる[22]。しかし、この解釈への反論が多かったことを理由に、個々の事例において、レポートの準備や配付、委員会の設置により求められている情報の種類が通常の事業にかかわるものかどうかを考慮に入れて、排除可能かどうかを判断するように解釈を変えることが提案され、採

337

用された。[24]

2 Cracker Barrel Old Country Stores へのノーアクション・レター (1992)

1991年に Cracker Barrel Old Country Stores 社（以下、Cracker Barrel 社とする）の従業員が、同性愛者であることを理由に解雇された。この解雇は、同社への社会的な反発やボイコット、さらにはメディアの否定的な報道を招き、これに対処するために、同社は、反同性愛政策をやめることを発表した。しかし、解雇された従業員の再雇用がなされないなど、対応に不十分さを感じた同社株主である New York City Employees' Retirement System が同社に株主提案を行った。[25] この株主提案は、Cracker Barrel 社の取締役会に、性的指向に関して差別のない雇用政策をとること、および、そうした政策を雇用に関するポリシー・ステートメントに掲載するよう求めたものであった。これに対して、Cracker Barrel 社がこの提案を自社の委任状から排除することの可否を SEC に問い合わせたことに対して出されたものが、このノーアクション・レターである。[26]

レターでは、会社役員以外の雇用に関する政策や実務は、一意に会社の通常の事業の行為に関するものとなると判断した。そして、排除可能な提案の例として、従業員の健康上の利益に関する提案、役員以外を対象とする一般的な報酬に関する提案、労働力のマネージメントに関する提案、雇用や解雇のマネージメントおよび雇用の条件や従業員の訓練や動機づけといったことに基礎を置く提案を挙げた。[27]

また、一般的に会社の労働力に関する提案が排除可能であるといっても、従来その提案が「社会政策」に関する場合は例外とされてきたことに言及する。この例外について、社会政策に基礎を置く労働に関連する提案は、排除可能か否かの線引きが一段と難しくなってきていることから、規定の適用を見直し、会社の一般的な雇用に関する政策と実務に関する提案については、社会的問題と結びついていたとしても、もはや会社の通常の事業の範囲から外れるものではないとした。

3 Amalgamated Clothing & Textile Workers Union v. Wal-Mart Stores (1993)

労働組合である原告が、ウォルマート社に平等な雇用機会と差別撤回措置政策、取組、データに関するレポート作成とその配布をすることについて投票を行うことを求める提案をした[28]。裁判所は、以下のように述べて Cracker Barrel 社事件のノーアクション・レターの解釈を否定した。まず、裁判所は先の1976年のリリース[29]の立場を重視し、Cracker Barrel 社のノーアクション・レターがその適用を誤っていると指摘した。Cracker Barrel 社のノーアクション・レターにおいて、SEC は、提案が社会政策を提起するものであり、株主や公共の利益を減少させるものでなくても、雇用問題に関する提案は排除可能とした。また、本件で SEC がウォルマートに出したノーアクション・レターでは、雇用政策は一般的に日常的（day-to-day）な業務の要素を含むとして排除を認めた。しかし、いかなる提案にも日常的（day-to-day）な事業の要素は含まれうるものである。そして、1976年リリースでは、提案が日常的な業務を含むと特徴づけられるかどうかでなく、重要な政策的理由がない場合に限って排除可能としている[30]。

ウォルマートは、提案が社会的に重要であったものだとしても、株主を、政策の実施にまで巻き込むものであるという点を主張する。これに対し、裁判所は、提案が政策の採用を迫るにとどまるか、さらに政策の実施を求めるものであるかは重要でないとする。本件の提案は一般的に重要な政策的な考慮を含んでおり、ウォルマートの通常業務に関するために排除可能とはならないとした[31]。

4 1998年の改正提案での解釈変更の明示

1998年の改正に向けた議論の中で、SEC は Cracker Barrel 社へのノーアクション・レターでとった自らの立場を変更することを明らかにした。まず、1997年のリリースで、立場を変えることが提案された[32]。具体的には、雇用関連の提案でも重要な社会政策問題に焦点を当てるものは、自動的に「通常の事業」に関するとして排除できないと明示した。

これは、雇用関連提案に関して Cracker Barrel 社へのノーアクション・レ

ターで形成された明確な線引きを行うアプローチを変更するものである。それ
により、雇用関連の提案もケース・バイ・ケースの分析に戻る。この変更につ
いて、SECは、重要な社会問題から生じる雇用問題に関する提案に関心を持つ
株主の投票への関心を取り戻す点で正当化している。[33]

　ケース・バイ・ケースの分析に戻ることから、SEC は「通常の事業」に関
する提案について解釈するうえで、主要な考慮要素となる二つのポイントを示
す。一つ目は提案の主題（subject matter）に関連する。日常的に会社を運営す
るために、ある職務が、経営能力が重要な職務である場合、実務的な問題とし
て直接的な株主の監視に服させるべきではない。例として、雇用、昇進、解雇
といった労働力のマネージメント、製品の質や量、取引先の保持が挙げられる。
しかし、そうした問題にかかわる提案でありながら、重要な社会政策問題に焦
点を当てる場合、経営者の専権事項とはならず排除可能とは考えられない。[34]

　二つ目の考慮要素は、提案が「細部にわたる経営（micro manage）」を求める
程度に関連する。団体としての株主は、事業の専門的ノウハウや会社の事業へ
の詳細な知識が欠けることから、情報を与えられたうえでの判断をするに適さ
ない事項がある。そのような、複雑な本質を持つ事項について過度に厳密な調
査を行わせて、細部にわたる経営を求める程度がどれほどであるかが考慮要素
となる。この考慮要素は多くの場面で問題になるとして次のような場面を挙げ
る。提案が複雑な事項の詳細を求める場面、複雑な施策の実施を特定の時間枠
や方法で行うことを求める場面などである。[35]

　1997年のリリースは、こうした提案にコメントを求めるものであったが、こ
の SEC の立場の変更を実際に行うことを明示したのが1998年のリリースであ
る。[36]このリリースにおいて、立場を変える理由として、1997年のリリースに加
えて説明されたのは、雇用政策関連の問題関心の社会的な高まりである。すな
わち、1992年以降、雇用問題に関わる政策上の問題の相対的な重要さが、広く
一般的な議論の対象として再出現しているとする。また、株主が雇用関係提案
を通して、その見解を会社の経営者に示す機会を持つことについて、株主の間
に深い関心があることを改正作業を通して理解したとしている。[37]

　また、1998年リリースは、ケース・バイ・ケースの判断がされる際に依拠す

340

る立場として、1976年リリースの立場を挙げる。すなわち、重要な社会政策問題をもたらす提案は、排除できないとするものである。また、そこで考慮される要素として、上記の1997年リリースで示された二つの考慮要素を改めて示した。[38]

5 トリニティ対ウォルマート事件

株主であるトリニティ[39]は、ウォルマートの定時株主総会において、取締役会に、報酬・氏名・統治委員会の規定について以下を含む形で修正することを要求する提案を行った。修正すべき具体的内容は、1. 公共の安全や健康を特に脅かすもの、2. 会社の評判を害する相当な可能性を有するもの、3. 会社がブランドを高めていくのに不可欠な家族や地域の価値に対して、多くの積極的活動によって合理的に考慮されたものという3点について、会社がそのような生産物を購入しているかどうかについて定式化し、そのための政策と基準について監視と公開レポートを行うことである。

ノー・アクションレターにおいて、SEC スタッフは、提案は会社が販売する製品やサービスに関連するものであり、通常の事業に関する提案として排除可能であるとしたため、トリニティが提訴した。

第1審において、裁判所は、次のように述べて、トリニティの提案は排除できないとした。[40]トリニティ提案は取締役会に、ウォルマートの政策の発展と実行を監視させるものである。もし、そうした政策が制定されたならば、その政策はウォルマートが販売するべきものを形成することとなる。しかし、提案自体は、販売する対象を決定するような結論をもたらすものではない。トリニティ自身も認識しているように、危険な製品を認識するために取締役会が配慮することによってもたらされる結果は、提案されている範囲を超えている。しかし、いかなるトリニティ提案の直接的な効果を取締役会が感じたとしても、実行すべき政策を決定するのは取締役会である。[41]

それ以上に、ウォルマートが販売すべきものなどに関係する提案という場合、提案が、重要な社会政策上の問題に焦点を合わせているということであれば、排除できない。なぜなら、提案は、日常的な業務を超えて、株主の投票を

受けるに適するに十分な政策的な問題となるからである。重要な社会政策問題に焦点を合わせた提案は社会的・コミュニティ的効果を含む。つまり、世界最大級の小売業者に十分な消火器としての効果を持つ。そして、ウォルマートの名声は、ウォルマートで販売された製品が誤用され、結果的に人が傷ついたり殺されたりする場合に大きな影響が及ぼされる。このように、提案は重要な政策的な問題を含んでおり、株主投票に適している[42]。

　この判決は、第2審において、第三巡回裁判所によって破棄された[43]。第三巡回裁判所は、排除できるかどうかの判断にあたって、次のような基準を設定した。まず、第一段階として、提案の「主題（テーマ）（subject matter）」は何かを明らかにし、その主題が通常業務関連しているかを判断する。次に、提案の主題が通常業務に関連する場合には、第二段階として、裁判所は、その提案が重要な政策問題を含んでおり、その会社の日常的業務を「超えて（transcend）」いるかを判断する。この第二段階はさらに二つに分かれており、①提案が、重要な社会問題や公序を示唆するものであるかを判断した上で、②提案の主題は通常業務を「超えて」いるかを判断する。

　第一段落である提案の主題が通常業務に関連するか否かを判断する点において、トリニティの主張は以下の3点のようになる。1点目に、提案は重要な商品購入上の政策の取締役会による監視を通したコーポレートガバナンスについてのべており、実質的に通常業務の意思決定からは切り離されている。2点目に、提案は、共同体（community）を害することを避けるための会社の基準（カンパニーズスタンダード）に関連しており、一方で公共の安全や会社の倫理を伸長するものであり、排他的に個々の製品に関連するものではない。3点目として、提案が実質的に提起しているのは公益（public policy）に関する問題であり、とくにこの会社の店舗が仕える共同体の安全と富についてである。

　裁判所は、これに対して、提案株主が、どのように文章を構成したかよりも、そこにある主題をみるという基準から、提案は、ウォルマートが購入するべき物を決める可能性があり、ほぼ、そうなると判断した。すなわち、トリニティ提案の主題は、1）安全と健康危険にさらすもの　2）会社の名声を害する可能性　3）会社のブランド価値向上に不可欠な家族やコミュニティの価値を害

するものという三つの要素を含む購入決定についてどのようにウォルマートがアプローチするかという点にある。[44]トリニティの主張するコーポレートガバナンスに関するという点については、14a-8(i)を見据えて、取締役会の監視と評価をいう形に整形したものにすぎない。小売業者がその取扱製品にアプローチすることは、日常業務である。提案は特定のものの販売をやめることを直接に求めてはいないが、その主題は、日常業務に関するものであれば、他の例外が適用されない限り排除可能であるとした。[45]

　以上の第一段階の判断を踏まえて、提案が重要な社会問題や公序を示唆するかという第二段階の①が次に判断されることになる。提案は、ウォルマートの取締役会に、特に評判やブランド、コミュニティや家族の価値を危険にさらすような製品の取引決定を監視することを求めるものである。裁判所は、公共の安全やウォルマートの評判、そのコアバリューを危険にさらすものの販売という倫理的・社会的政策の実施は雇用差別問題に匹敵するという見解の存在などを理由に挙げて、トリニティの提案が、社会的な、また、会社における重大な関心事に基礎を置くということを否定はできないとする。[46]

　そこで、この提案は、主題が日常的業務に関するけれども株主投票に適した重要な政策問題を含む場合となり、第二段階の②の判断が必要となる。ここでの判断されるのは、株主の焦点が、日常的業務に関するより重要な政策問題の方に向けられているか、すなわち、その主題となるものは「通常の業務」を「超えた」ものといえるかという点である。ここで、「超えた」とは、政策問題が、会社か自らの中心的な業務の核心にどうアプローチするかという点とは切り離されていることを意味すると説明する。[47]この点について、ウォルマートのような小売業者にとって、不可欠な業務は何を販売するかであり、その決定は、金融や市場、名声や競争その他の要素の注意深いバランスをとった上で日々行われるものであるとして、何を販売するかは小売業者の業務の核心にあたるとした。[48]その上で、顧客やコミュニティの安全を強調することは株主利益の最大化のために会社の経営を行う者の基本的な役割であり、株主の直接的な監視下に置くことはできないと判断した。[49]すなわち、トリニティ提案は会社の業務の核心から切り離されてはいない。以上から、第三巡回裁判所は、トリニティ提案

343

を排除することを認めた。

6 小　　括

　以上のように、米国において「通常の事業」に関する提案は、連邦証券取引
所法のルールに基づく株主提案制度の対象からは外されているが、その「通常
の事業」の意味するところは揺れ動いている。また、現在に至るまでその解釈
は定まり切っていないともいえそうである。以下、ここまでの流れを整理する。
　1976年の SEC リリースが出るまでは、通常の事業の範囲は比較的広いと認
識された。そこで、SEC は、会社や株主にとって重要な政策を含む提案は、
通常の事業に含まれず排除できないという方向性で解釈を行っていくことを示
した。限定的な解釈が行われてもなお排除可能な提案の具体的内容がどのよう
なものになるかは明確ではない。結果的に撤回された改正提案の内容は SEC
の意図を汲む上で参考となりうるが、その文言である「経常的日常的業務」該
当性の基準が取締役会の行動を必要とするか否かであり、これは取締役が多く
の権限を委譲していることから一貫した解釈が難しいと SEC は認めている。
権限の委譲が大きいことが適用の一貫性を阻害する理由はリリースにおいて説
明されていないが、実際に取締役会が行動する事項が多くはないため、文言通
り解すると多くの提案が排除の対象となりかねず、排除を限定的に解する方向
性にそぐわない。そのため、異なる解釈をとることが必要になると、事例ごと
の判断となり一貫性の確保が難しくなることは予想できる。また、他方、限定
的解釈によって、これまでは排除できたが、リリース以後に排除できなくなる
提案の内容についても、原発建設の是非という例が挙げられているものの基準
は明確化していない。
　1982年から83年にかけてのリリースで、会社にレポートや特別委員会の設置
を求めるような提案であっても、その調査の主題が通常の事業に関する場合は
排除の対象となることが示された。このようなリリースが必要になる程、米国
では、会社にレポートや特別委員会の設置を求める提案が多かったともいえ、
米国の特色に基づく議論といえよう。この解釈の変更は、「通常の事業」に関
するとして排除される対象となる提案を拡大するものであり、排除されるべき

提案が明確化されたわけではない。

　この状況を踏まえて、1991年の Cracker Barrel 社に対するノーアクション・レターでは、排除可能となる提案の定型化が試みられた。すなわち、会社役員以外の雇用に関する政策や実務に関する提案を包括的に会社の通常の事業の行為に関する提案として排除可能という基準を示した。1976年のリリースの持つ曖昧さを限定していく試みであったが、この限定は裁判所には評価されなかった。1992年の判決では、いかなる提案にも日常的事業の要素は含まれうるとし、雇用などの特定の要素が入ったことで排除可能とすることを否定した。すなわち、1976年レターが出た後の段階に解釈を戻したと言えよう。

　また、このような Cracker Barrel 社へのノーアクション・レターの立場の変更は1998年の改正に向けた作業で、SEC 自身も明示することとなった。しかし、SEC は、単に1976年のリリースの状態に戻すのではなく、1997年のリリースで、「通常の事業」に関連する議題かどうかを判断する二つの考慮要素を示すという形で解釈を進めた。すなわち、提案の主題に着目することと、「細部にわたる経営（micro manage）」を求める程度の大きさに着目することであった。

　トリニティ対ウォルマート判決の第１審は、通常の事業に該当しても株主の投票を受けるに適するに十分な政策的な問題となる場合に排除できないという限定を行うにとどまったが、第２審は判断基準をより細かく設定した。第２審の判断基準は、第一段階として提案の主題が通常の事業に関連するか否かを判断し、第二段階として、その主題が重要な政策問題を含んでいるかをみた上で、含んでいる場合には、その主題がその会社の日常的業務を「超えて」いるかを判断するという二段階の基準であった。また、日常的業務を超えているとは、提案の内容はその核心といえる業務への会社の対応とは切り離せる場合を指すとする。この控訴審判決は、上記の SEC のリリースも参照しており、1997年のリリースで示された考慮要素の影響がみられる。しかし、SEC リリースより丁寧な判断基準を示すものであり、今後どう取り扱われるかが注目される。とはいえ、第一段階の重要な政策問題を含むか否かという基準について、重要である場合の判断基準は示されていないこと、また、第二段階は「超えている」

ことの意味がわかりにくいことなどへ批判も出されている⁵⁰⁾。このように、現在に至るまで「通常の事業」に該当して排除可能な提案は事前に予想可能なほどには明確になっていないといえる。

4　結びにかえて

　本稿ではここまで、米国の株主提案制度上、規則14a-8(i)(7)の「通常の事業」該当して排除可能な範囲を分析してきた。その結果、「通常の事業」に該当するとして排除可能な範囲は必ずしも明確ではないが、排除可能な範囲を限定する方向性での解釈がなされていることは、はっきりしている。逆にいえば、米国においては一定程度経営に関連する事項であっても株主総会での審議の対象としている点は興味深い。日本法上、株主提案による総会決議は、法令が定める目的事項の範囲内でなければ排除可能なため、経営に関する事項を定款変更という形でなく直接的に議題とすることは公開会社では困難であることからは対照的にも思える。また、重要な社会政策等を含む問題を株主による議論の対象に適したものとするという考え方も日本においては従来あまりなされていないように思われる。

　しかし、日本法と米国法には無視できない程度の差がある。2節で示したように、諸手続きの違いに加えて、この株主提案制度は、株主が提案した議題を会社の委任状に掲載することを求める制度である。株主が自ら委任状勧誘資料を作成した場合の手続きはこれとは別に定められており、会社は株主の要求に基づいて株主名簿を提供するか、株主が作成した勧誘資料を株主の費用で会社が送付しなければならない⁵¹⁾。たとえば、取締役の選任提案は後者の手続きによる。また、株主総会の権限については州法が定めるところであり、仮に経営事項に関係する株主提案が可決した場合の効果は、各州法によることになる。そして、ノーアクション・レター制度の存在が、必ずしも明確でない基準でも実務上の運用を可能にしている。

　米国は、経営事項については日本よりも柔軟に株主総会の審議対象としているようではある。日本法との比較においては規則14a-8以外の委任状勧誘規

制、ノーアクション・レター制度、および州法における株主総会の権限と可決
された事項の効力の問題等に関する分析を踏まえる必要があり、更なる検討が
必要である。

【注】

1) ある程度の株式を取得した株主が自らの息のかかった取締役の選任を提案するよう
な場合は、まさに機関決定の場として提案権が用いられているといえよう。他方、い
わゆる運動型の提案などは、定款変更という形はとっているものの、実態としては株
主の意向を表明するという意味合いが強いように思われる。

2) 例えば ISS の2018年度版日本向け議決権行使助言基準においては、取締役選任議案
の行使基準として、「少数株主にとって望ましいと判断される株主提案が過半数の支持
を得たにもかかわらず、その提案内容を実行しない、あるいは類似の内容を翌年の株
主総会で会社側提案として提案しない場合、経営トップである取締役」の選任に反対
すべきとされている。https://www.issgovernance.com/file/policy/active/asiapacific/
Japan-Voting-Guidelines-Japanese.pdf,(2018.3.30).

3) 17 C.F.R. § 240.14a-8(b)(2).

4) 17 C.F.R. § 240.14a-8(c).

5) 17 C.F.R. § 240.14a-8(d).

6) 17 C.F.R. § 240.14a-8(e).

7) 我が国において、この制度に着目した研究は少なくない。たとえば、松中学「アメ
リカにおける株主提案権制度」一般財団法人比較法研究センター『株主提案権の在り
方に関する会社法上の論点の調査研究業務報告書』1 頁、http://www.moj.go.jp/MIN-
JI/minji07_00182.html, (2018.3.30)、吉行幾真「米国における株主提案権に関する一考察
──プロキシー・アクセスに着目して」名城法学63巻 2 号（2013年）35頁、内海淳一「ア
メリカにおける株主提案の最近の動向」松山大学論集22巻 2 号（2010年）249頁、長坂
守「アメリカにおける株主提案権制度の機能に関する一考察──コーポレート・ガバ
ナンス論の歴史的展開を背景にして」阪大法学52巻 5 号（2003年）163頁など。

8) 賛成の比率によって、排除できる期間が異なる。過去 5 年で 3 ％未満が一回あった
提案、6 ％未満が二回あった提案、10％未満が三回あった提案が、排除対象となる。

9) Proposed Amendments to Rule 14a-8, Exchange Act Release No. 19,135, 47 Fed.
Reg. 47,420, 47,429 (Oct. 26, 1982).

10) PROPOSED AMENDMENTS TO RULE 14a-8 UNDER THE SECURITIES EX-
CHANGE ACT OF 1934 RELATING TO PROPOSALS BY SECURITY HOLDERS
(S7-643), Exchange Act Release No. 9343, 9 S.E.C. Docket 1030 (July 7, 1976).

11) Adoption of Amendments Relating to Proposals by Security Holders, Exchange Act
Release No. 12999, 41 Fed. Reg. 52994 at 52997 (Dec. 3, 1976).

12) *Id.*

13) *Id.*

14) *Id.* at 52998.

15) *Id.*

16) *See, supra* note 10.

17) *See, supra* note 11 at 52998.

18) *Id.*

19) *Id.*

20) *Id.*

21) *See, supra* note 9.

22) *Id.*

23) *Id.*

24) Amendments to Rule 14a-8 Under the Securities Exchange Act of 1934 Relating to Proposals by Security Holders, Exchange Act Release No. 20091, 28 S.E.C. Docket 798 (Aug. 16 1983).

25) この提案を行った NYCERS は、その後、このノーアクション・レターの有効性について、SEC を訴えている（New York City Employees' Retirement System v. S.E.C., 45 F. 3d 7 (1995)）。本文で触れたこのノーアクション・レターが出される背景は、その判決文も参照している。

26) Cracker Barrel Old Country Store, Inc., SEC No-Action Letter, [1992-1993 Transfer Binder) Fed. Sec. L. Rep. (CCH) ¶ 76,418, 77,284-85 (Oct. 13, 1992).

27) *Id.*

28) Amalgamated Clothing & Textile Workers Union v. Wal-Mart Stores, Inc. 821 F. Supp. 877 (S.D.N.Y. 1993). 同社のサプライヤーに文書化して広めるための努力と、マイノリティーや女性がオーナーであるサプライヤーからモノやサービスを購入する努力に関する記述を行うこともあわせて求められている。

29) *See, supra* note 11 at 52998.

30) *See, supra* note 28, at 890.

31) *Id.*, at 891-892.

32) AMENDMENTS TO RULES ON SHAREHOLDER PROPOSALS, Exchange Act Release No. 39093, 65 S.E.C. Docket 986 (Sept. 18 1997).

33) *Id.*

34) *Id.*

35) *Id.*

36) AMENDMENTS TO RULES ON SHAREHOLDER PROPOSALS, Exchange Act Release No. 23200, 67 S.E.C. Docket 373, 1998 WL 254809 (May 21, 1998).

37) *Id.*

38) *Id.*

39) ヘッジファンドというよりも典型的な会社の社会的責任を追及する活動家のようである。

40) Trinity Wall Street v. Wal-Mart Stores, Inc., 75 F.Supp.3d 617 (2014).

41) *Id.*

42) *Id.*

43) TRINITY WALL STREET v. WAL-MART STORES, INC. 792 F.3d 323 (2015).

44) *Id.* at 334.

45) *Id.* at 334-335.

46) *Id.* at 335-346.

47) *Id.* at 347 例として、スーパーマーケットチェーンに子供の肥満対策のため、砂糖入りソーダの販売を評価することを求める提案とスーパーマーケットに雇用と給与に関する差別の不適切性を提案することを比較して、後者は排除できないとする。雇用や給与も事業を行う上で中心的なものの一つであるが、スーパーマーケット事業に不可欠なものとは区別できるということを理由とする。

48) *Id.* at 348.

49) *Id.*

50) Stephen M. Bainbridge *Revitalizing SEC RULE 14A-8'S Ordinary Business Exclusion: Preventing Shareholder Micromanagement by Proposal* 85 FORDHAM L. REV. 705, 729-730.

51) 17 C.F.R. § 240.14a-7.

敵対的企業買収と対抗措置

徳本　穰

1　序

　いわゆるニッポン放送事件[1]を契機に、わが国においても、敵対的企業買収に対する対抗措置[2]をめぐる司法判断が新たに蓄積され始めてきた[3]。しかしながら、こうした敵対的企業買収に対する対抗措置をめぐる司法判断は、それ以前にも、1980年代後半を中心に、新株の第三者割当増資をめぐり、みられてきたところである[4]。また、最近では、平成26年の会社法改正において、第三者割当増資の規制強化がなされた他、敵対的企業買収に対する対抗措置をめぐり、様々な課題もみられると思われる。

　そこで、本稿においては、こうしたニッポン放送事件以後の新たな司法判断と従来の司法判断とを対比し、そこにみられる差異を明らかにすることにより、新たな司法判断と従来の司法判断の射程の違いや、これらの判断枠組の会社法における妥当性等を検討し、敵対的企業買収に対する対抗措置の局面における主要目的理論の適用の限界等について論じてゆきたいと考える。その上で、平成26年の会社法改正が第三者割当増資に与える影響や、敵対的企業買収に対する対抗措置をめぐる様々な課題等について、論じてゆくことにしたい[5]。

2　従来の司法判断

1　主要目的理論

　上述したように、従来、敵対的企業買収に対する対抗措置は、主として、新

株の第三者割当増資の局面において、それが不公正発行にあたるか否かをめぐり、論じられてきた（旧商280条ノ10を参照）。そして、ニッポン放送事件の発生以前において、裁判所は、かかる不公正発行の判断にあたり、いわゆる主要目的理論を採用することにより対処してきた。

この主要目的理論によれば、新株発行の主要目的が買収者の持株比率を低下させ、かつ、当該新株の発行を決議した取締役の支配的地位を維持するためであると考えられる場合には、当該新株発行は不公正であるとされ、もし、新株発行の主要目的が会社の資金調達のため等会社の通常の事業目的のためであると考えられる場合には、当該新株発行は公正であるとされてきた。

そして、この主要目的理論の適用における特徴としては、例えば、前記のいわゆる宮入バルブ事件（第一次事件）に典型的にみられるように、裁判所は、主要目的の認定にあたり、主として、会社に資金調達の必要性があったか否かという要素を考慮の対象とし、その他の要素についてはそれほど問題とせず、比較的容易に対象会社の主張を容認することにより、主要目的は対象会社の資金調達にあると認定した上で、不公正発行にはあたらないと判示してきたことがあげられる。そして、こうした結果、例えば、前述の宮入バルブ事件（第一次事件）では、買収者が対象会社の発行済株式総数の過半数に足る株式を取得した場合であったが、対象会社が友好的関係にある会社に対して第三者割当増資を決議した際に、それは新株の不公正発行にはあたらないと判示されている。

それでは、何故、このように、従来の司法判断には、主として、会社の資金需要の有無という要素を考慮して、多くの場合に対象会社の主張が認容されるという傾向がみられたのであろうか。この問いに答えることは、従来の司法判断にみられた主要目的理論の適用とその限界を明らかにする上で、重要であると思われる。

2 主要目的理論の適用とその限界

上述したように、従来の司法判断においては、事案の状況からすると、本来、敵対的企業買収に対する対抗措置であると認定されるべき第三者割当増資につ

いて、これを対抗措置とは認定せず、資金調達の目的のためになされるものと認定してきた。

こうした背景には、わが国においては、例えば、米国のデラウエア州の判例理論にみられるような、対抗措置の適法性を柔軟に司法審査するための判断枠組がそれまで確立されていなかったために、事案に応じた合理的な解決を困難にするという面があったからではないかと推測される。すなわち、主要目的理論によれば、上述したように、新株発行の主要目的が、対抗措置のように、会社の資金調達（あるいは、他の会社との資本提携、従業員持株制度の推進等）会社の通常の事業目的のためであるとは考えられない場合には、それは不公正発行にあたると判断されることになると思われる。そこで、こうした結果、たとえ、対抗措置が対象会社の利益のために行われ、対象会社の企業価値を高めるものであったとしても、主要目的理論によれば、そうした目的での新株発行はやはり不公正発行にあたると思われる。

こうした点から、従来の司法判断においては、もし、事案の本質的な争点が対抗措置であると認められる場合に、事案としてはとにかく第三者割当増資の効力を維持すべきであると判断されるときには、資金調達の目的が主要目的か否かという問題設定を行い、主要目的を資金調達目的であると認定して、当該第三者割当増資を不公正発行ではないと結論付けてきたものと、推測される。[8]

そこで、このように考えてくると、従来の司法判断にみられる主要目的理論は、新株発行が会社の通常の事業目的のために行われる場合において、そこに不公正さが介在するような場合には、一応、機能するといえるが、新株発行が対抗措置の目的で行われる場合には、対抗措置の適法性を柔軟に司法審査するための判断枠組としては、うまく機能しないように思われる。そして、そこに、主要目的理論の適用における限界があるように思われる。

それでは、ニッポン放送事件以後にみられる新たな司法判断は、いかなる内容の判断枠組なのであろうか。それは、従来の司法判断にみられる主要目的理論といかなる差異を有するのであろうか。次に、これらの点について検討したいと考える。

3 ニッポン放送事件以後の司法判断

1 判断枠組の内容と意義

上述したように、ニッポン放送事件を契機として、近年、敵対的企業買収に対する対抗措置をめぐる司法判断が新たに蓄積され始めてきた。これらの事案においては、従来の司法判断が新株の第三者割当増資をめぐる事案が中心であったのに対して、新株予約権発行や株式分割をめぐる事案である点等に差異がみられるが、対抗措置としての新株予約権発行が不公正発行にあたるか否かが問題となったニッポン放送事件においては、その事案における新株予約権発行は、新株発行と実質的に同じである旨が判示されている。

そこで、以下では、従来の司法判断が新株の第三者割当増資をめぐる対抗措置の事案が中心であったことや、取締役会の決議に基づく事案であったこと等に鑑み、主として、類似の事案であるニッポン放送事件を前提に検討することにしたい。[9]

ニッポン放送事件にみられる判断枠組の内容は、大要、「敵対的企業買収において、対象会社は、いわゆる機関権限の分配秩序の観点から、原則として、対抗措置をとることは許容されない。そして、対象会社は、株主全体の利益の保護という観点から、対抗措置をとることを正当化する特段の事情がある場合において、手段の相当性等が認められるときは、例外的に、対抗措置をとることが許容される場合がある」とする旨の内容である。

そこで、この判断枠組の内容の特徴は、対抗措置の目的でなされた新株予約権発行について、それを原則と例外に分けて検討しているところにある。そして、特に、その判断枠組は、企業価値の毀損を防ぎ、企業価値を維持・向上させる等の目的でなされる新株予約権の発行、すなわち、会社の利益のために対抗措置としてなされる新株予約権の発行が、不公正発行にあたるか否かについて、例外的にではあるが、一定の場合には、会社の利益のために対抗措置として新株予約権の発行を行うことが許容されることを、わが国で初めて、明らかにしており、その点において、意義があるように思われる。

それでは、このような考え方は、従来の司法判断にみられる主要目的理論といかなる差異を有するのであろうか。次に、この点について検討することにしたい。

2　主要目的理論との差異

　上述したように、従来の主要目的理論によれば、新株発行の主要目的が、対抗措置のように、会社の資金調達等会社の通常の事業目的のためであるとは考えられない場合には、不公正発行にあたると判断されることになる。これに対して、ニッポン放送事件にみられる判断枠組によれば、上述したように、対抗措置であると認定された場合にも、直ちに不公正発行にあたるとされるのではなく、さらに、原則と例外に分けて検討されており、もし、例外的な場合にあたるとされれば、手段の相当性等が認められる場合には、対抗措置をとることが許容されることになる。そこで、まずは、この点において、差異があるように思われる。

　また、さらに、この例外的な場合には、対抗措置の手段としての相当性等が検討されるとされているが、この点にも、差異があると思われる。そして、この点には、前述の米国のデラウエア州の判例理論の影響があるのではないかと、推測される。

　すなわち、こうした判例理論の典型例である前述のユノカル基準においては、対抗措置の司法審査として、対象会社の経営者に、「①買収者の株式所有のために、会社の政策や効率性に対し危険が存在すると信じるにあたり、合理的な根拠を有していたこと、②とられた対抗措置が、生じた脅威との関係において、合理的であったこと」を立証することが課されており、そこでは、対抗措置の必要性や相当性に関連した司法審査が行われているからである。[10]

　そこで、このように考えてくると、ニッポン放送事件にみられる判断枠組は、形式的な面では、従来の司法判断にみられる主要目的理論と同様の形式を帯びているといえるが、内容的な面では、異質な内容を含むといえ、ニッポン放送事件にみられる判断枠組を、単に従来の司法判断にみられる主要目的理論の延長線上のものにあると捉えることには、無理があるのではないかと思われる。[11]

それでは、これらの二つの判断枠組は、その射程をいかに異にしているのであろうか。また、これらの判断枠組の会社法における妥当性等については、いかになるのであろうか。次に、これらの点について検討したいと考える。

4　会社法における妥当性

1　二つの判断枠組の射程

会社法は、旧商法下における新株の不公正発行の差止めに関する規定（旧商280条ノ10を参照）を、210条第2号に置いている。また、旧商法下における新株予約権の不公正発行の差止めに関する規定（旧商280条ノ39第4項を参照）も、247条第2号に置いている。そして、会社法の規定の内容は、旧商法下における新株及び新株予約権の不公正発行の差止めに関する規定の内容と、ほぼ同様である。そこで、旧商法下における新株及び新株予約権の不公正発行の差止めをめぐる議論が、会社法においても、基本的には妥当するように思われる。[12]

それでは、従来の司法判断にみられる主要目的理論とニッポン放送事件にみられる判断枠組の射程は、いかに異なるのであろうか。これまでの検討からは、公開会社を前提にすると、次のように整理されるのではないかと思われる。[13]すなわち、まず、問題となる募集株式及び新株予約権の発行が、会社の通常の事業目的のために行われる場合であり、そこに不公正さが介在するような場合には、基本的に、会社法においても、従来の司法判断にみられる主要目的理論が適用されるように思われる。これに対して、問題となる募集株式及び新株予約権の発行が、対抗措置の目的のために行われる場合には、基本的に、会社法においても、ニッポン放送事件にみられる判断枠組が適用されるように思われる。[14]そして、このことは、ニッポン放送事件の直前に決定が下されたいわゆるベルシステム24事件[15]の司法判断の内容からも支持され得るように思われる。[16]

そこで、このように考えてくると、問題となる募集株式及び新株予約権の発行が、会社の通常の事業目的のために行われるのか、それとも、対抗措置の目的で行われるのか、その区別をいかに行うのかが重要になると思われる。そして、このことは、例えば、裁判に発展することはなかったが、近年の王子製紙

と北越製紙の攻防における北越製紙による三菱商事への第三者割当増資について、もし、この第三者割当増資の差止めが求められていたとすれば、裁判所において、その目的をいかに捉えるべきかについて、争点になったものと、推測される[17]。

そこで、次に、こうした目的の区別をいかに行うべきかについて、検討したいと考える。

2　二つの目的の区別

前述したように、問題となる募集株式及び新株予約権の発行が、会社の通常の事業目的のために行われるのか、それとも、対抗措置の目的で行われるのか、により、裁判所において適用される判断枠組が異なるとすれば、その目的をいかに認定してゆくのかが重要となってくる。そして、この点について、やはり米国のデラウエア州の状況が参考になるように思われる。

米国のデラウエア州の判例理論によれば、問題となる募集株式の発行が、会社の通常の事業目的のために行われるのか、それとも、対抗措置の目的で行われるのかにより、やはり、裁判所において適用される判断枠組が異なっている[18]。そして、この二つの目的の区別にあたり、その目的を的確に認定してゆくために、米国のデラウエア州の裁判所では、例えば、①対象会社に資金需要があるのか、②その発行に付随する条件等に、敵対的企業買収を妨げるようなものがあるのか、③その発行を取り巻く一連の対象会社の経営者による行為の中に、敵対的企業買収を妨げるようなものがあるのか、④その発行の計画が長期間にわたり考慮されていたのか、⑤その発行を取り巻く市場の状況はどうなのか、⑥その発行について、その株式を取得することになる者がその議決権を行使するにあたり、対象会社の経営者が、その行使につき影響力を及ぼす虞があるのか、⑦その発行が実現された際に生じる買収者の支配の希釈が、対象会社の経営者のいかなる態様ないし目的の下で行われようとしているのか等、多様な要素を斟酌しながら、その目的の認定が行われている[19]。

そこで、近年、わが国の裁判所においても、前述のベルシステム24事件にみられるように、新株発行の目的の認定は、従来よりもきめ細かくなされるよう

になってきたと思われるが、こうした米国のデラウエア州の裁判所にみられる認定の在り方は、今後、わが国の裁判所において、問題となる募集株式及び新株予約権の発行が、会社の通常の事業目的のために行われるのか、それとも、対抗措置の目的で行われるのかについて、その目的を的確に認定してゆくにあたり、示唆に富むものと思われる。

5 出光の公募増資の裁判例

このように、問題となる募集株式及び新株予約権の発行が、会社の通常の事業目的のために行われるのか、それとも、対抗措置の目的で行われるのか、今後、その区別が重要になるように思われるが、この点において、注目すべきと思われるのは、近時大きな話題をよんだ出光の公募増資の裁判例である。[20]

この裁判例は、石油精製及び油脂製造業等を目的とする株式会社である出光と、出光の創業家株主との間で、昭和シェルとの経営統合をめぐる対立のある中で行われた、公募増資の方法でなされる普通株式の発行について、創業家株主が、本件新株発行は不公正発行に該当し、それによって不利益を受ける虞があるとして、本件新株発行を仮に差し止めるよう求めた事案である。

本件においては、裁判所がいかなる判断枠組を用いて司法審査を行うのかをめぐり、決定が出される以前から、従来の主要目的理論が用いられるのか、あるいは、ニッポン放送事件にみられる判断枠組が用いられるのか等、議論がみられていた。[21]この点について、裁判所は、従来の主要目的理論を採用した上で、本件新株発行の主要目的は、資金調達・財務体質改善にあり、不公正発行によるものではなく、創業家株主が不利益を受ける虞も存在しない等として、仮に差し止めることを認めなかった。

この点について、筆者は、この裁判所の考え方は、妥当であると考える。その理由は、これまでに論じてきたことからも明らかなように、本件における事案の内容は、敵対的企業買収に対する対抗措置の事案（典型的には、外部からの新たな買収者の登場に対して、対象会社の経営者が、買収者による支配の確立を阻止すべく、防御策として行うという事案）ではなく、会社の通常の事業目的をめぐって、

株主と経営者との間で、いわば内紛等の対立がみられるという事案の内容であるからである。[22]

そこで、出光の公募増資の裁判例は、このように、従来の主要目的理論を適切に採用したものと捉えられるが、この裁判例からも示されるように、問題となる募集株式及び新株予約権の発行が、会社の通常の事業目的のために行われるのか、それとも、対抗措置の目的で行われるのかについて、今後、その区別が重要になるものと思われる。[23]

6 ニッポン放送事件以後の司法判断と二つの目的の区別

このように、本稿においては、敵対的企業買収に対する対抗措置について、ニッポン放送事件以後の新たな司法判断と従来の司法判断とを対比し、そこにみられる差異を明らかにした上で、新たな司法判断と従来の司法判断の射程の違いや、これらの判断枠組の会社法における妥当性等を検討し、敵対的企業買収に対する対抗措置の局面における主要目的理論の適用の限界等について、論じてきた。

すでに検討してきたように、新たな司法判断は、問題となる募集株式及び新株予約権の発行が、会社の通常の事業目的のために行われるのか、それとも、対抗措置の目的で行われるのかについての、区別を要請するように思われる。この点について、筆者は、こうした区別の必要性について、従来、指摘してきたところであり、かかる区別自体については、適切であると考えている。こうした区別[24]は、従来、わが国では、それほど深く認識されてはこなかったように思われるが、ニッポン放送事件以後の新たな司法判断の登場により、かかる区別が明確化されたことにも、意義があるように思われる。また、経済産業省と法務省による「企業価値・株主共同の利益の確保又は向上のための買収防衛策に関する指針」（平成17年 5 月27日発表）も、こうした区別を意識してまとめられている。

もっとも、筆者の考えからは、こうした新たな司法判断については、様々な課題も残されているように思われる。また、近時では、平成26年の会社法改正において、第三者割当増資の規制強化もなされた。そこで、以下においては、

こうした平成26年の会社法改正が第三者割当増資に及ぼす影響や、敵対的企業買収をめぐる様々な課題等について、論じてゆくことにしたい。そして、その上で、敵対的企業買収と対抗措置をめぐり、関係者の合理的な利害調整の実現をいかに図ってゆくべきかについて、考察してゆくことにしたい。

7 対抗措置をめぐる様々な課題

1 「企業価値」という用語の内容

それでは、以下において、敵対的企業買収に対する対抗措置をめぐる様々な課題について、筆者の観点からみて特に重要と思われるものを幾つか採り上げながら、検討してゆくことにしたい。

まず、第一の課題は、「企業価値」という用語の内容についてである。周知のように、この「企業価値」という用語は、例えば、「濫用的な敵対的企業買収に対して、対象会社は、その企業価値を維持・向上させることを目的として、必要かつ相当な対抗措置をとることが許容される」というような表現で、しばしば使用されている。

この点について、すでに紹介した経済産業省と法務省による「企業価値・株主共同の利益の確保又は向上のための買収防衛策に関する指針」（平成17年5月27日発表）では、企業価値は、「会社の財産、収益力、安定性、効率性、成長力等株主の利益に資する会社の属性又はその程度をいう」と定義されている。そして、経済産業省の企業価値研究会の「企業価値報告書−公正な企業社会のルール形成に向けた提案−」と題する報告書（平成17年5月27日発表）では、「企業価値とは、会社の財産、収益力、安定性、効率性、成長力等株主の利益に資する会社の属性又はその程度をいう」との表現に続けて、「換言すると、会社が生み出す将来の収益の合計のことであり、株主に帰属する株主価値とステークホルダーなどに帰属する価値に分配される」と指摘されている。

しかしながら、ニッポン放送事件以降の新たな司法判断においては、ブルドックソース事件の高裁決定を除き、大要、企業価値とは、「会社ひいては株主全体の利益」ないしは「株主全体の利益」として捉えられているように見受

けられ、平成17年の企業価値研究会の報告書が明示しているような「ステーク
ホルダーなどに帰属する価値」まで含まれているか否かについては、必ずしも
明確ではないように思われる。

　そこで、その結果として、例えば、許容される対抗措置の範囲に差異を生じ
させる虞があるといえ、この「企業価値」という用語の内容については、今後、
これをさらに明確化・統一化してゆく必要があるように思われる。

　なお、経済産業省の企業価値研究会の「近時の諸環境の変化を踏まえた買収
防衛策の在り方」と題する報告書（平成20年6月30日発表）では、「企業価値」
とは、「概念的には、「企業が生み出すキャッシュフローの割引現在価値」を想
定するもの」と指摘されている。

2　対抗措置の適法性の判断基準

　次に、第二に、対抗措置の適法性の判断基準の内容についても、課題がある
と思われる。すでに前述したように、ニッポン放送事件以後の新たな司法判断
においては、ニレコ事件やブルドックソース事件の高裁決定を除き、大要、次
のような判断基準が採用されているように思われる。すなわち、そこでは、「敵
対的企業買収において、対象会社は、いわゆる機関権限の分配秩序の観点から、
原則として、対抗措置をとることは許容されない。そして、対象会社は、株主
全体の利益の保護という観点から、対抗措置をとることを正当化する特段の事
情があるときに、例外的に、手段の相当性等が認められる場合には、一種の緊
急避難的行為として、許容される場合がある」との判断基準が採用されている
ように思われる。

　また、この点について、会社法の立法担当者より発表された会社法を解説す
る文献の中では、敵対的企業買収における対象会社の経営者の義務について、
次のように述べられている。すなわち、そこでは、「中立義務については、会
社法に明文の規定はないものの、経営権維持を主要目的とする新株発行や新株
予約権の発行については、著しく不公正な方法として差止めの対象となること
等からすれば、株主を害するような買収に対する緊急避難的な場合や何らかの
形で株主総会の承認を得ている場合等を除いて、取締役には、善管注意義務の

360

一内容として一種の中立義務があるものと解される」と述べられている。[25]

そこで、これらの点について検討すると、こうした新たな司法判断にみられる、原則と例外に分ける判断枠組には、次のような課題があるように思われる。

まず、第一の課題としては、原則としてとられている機関権限の分配秩序の観点について、その考え方を提供している代表的な学説[26]においては、こうした対抗措置は基本的には許容されないと考えられており、新たな司法判断にみられるような例外を明示的には認めていないと思われる点である。

次に、第二に、このように、例外的に一種の緊急避難的行為として、対抗措置を許容するという場合には、対抗措置をとることは、基本的には違法行為にあたるということになるが、比較法的に考察した場合に、果たして、そのように対抗措置を基本的に違法視することが妥当であるのか否かという点である。

この点について、例えば、前述したユノカル基準に代表される米国デラウェア州の判例理論[27]では、基本的に、対象会社の経営者に対抗措置をとる権限があるとした上で、司法審査を前提に、その対抗措置の限界を厳しく画するという対処の方法が採用されている。すなわち、米国デラウエア州の判例理論においては、こうした司法審査の結果、経営者の自己利益のための権限行使は法的に否定され、対象会社の利益のための権限行使については、それが必要かつ相当なものであるか否かが審査されることにより、対抗措置の妥当性や合理性が判断されるという対処がなされている。[28]それにより、たとえ、対象会社の経営者に対抗措置をとる権限が基本的に認められるとしても、懸念されるその濫用については、手当てがなされているように思われる。そして、より具体的には、米国デラウエア州の判例理論においては、例えば、委任状合戦の機会を奪うような策や、発行済株式総数の過半数を取得した買収者から支配を奪うような策は、法的に否定される傾向にあり、[29]いわゆるデッドハンド・ポイズン・ピル等の対抗措置も法的に否定されている。[30]

こうした検討から、わが国において、敵対的企業買収における対象会社の経営者に、善管注意義務の一内容として、一種の中立義務まで課せられるものと解すべきかについては、比較法的に考察すると、なお慎重に検討する余地もあるのではないかと思われる。[31]

3 ステークホルダーの利益の考慮

次に、第三に、第一の課題とも関連しているが、ステークホルダーの利益の考慮という課題もあるように思われる。そして、このことは、対象会社の経営者に基本的に対抗措置をとる権限があるとする米国デラウエア州の判例理論の考え方にも関連している。第一の課題の個所で論じたように、新たな司法判断においては、ブルドックソース事件の高裁決定を除き、対抗措置の適法性を判断するに際して、ステークホルダーの利益は必ずしも明示的には考慮されてはいない。

しかしながら、この点について、例えば、ユノカル基準に代表される米国デラウエア州の判例理論では、会社を取り巻く実態をできる限り斟酌すべきであると考えられている。そして、通常は、株主やステークホルダーの利害を最もよく把握しているのは経営者であることから、対象会社の経営者は、ステークホルダーの利益を考慮することにより、株主にも何らかの合理的に関連のある利益が生じると考えられる場合には、その範囲内で、株主以外のステークホルダーへの影響を考慮して、対抗措置をとることが認められている。[32] すなわち、そこでは、経営者が会社に対して負う信認義務の文脈の中で、ステークホルダーの利益を考慮することにより、そのことから、会社や株主等の利益に究極的に還元される場合には、こうした利益を考慮するという経営判断も、対象会社の経営者の経営判断の範囲に含まれ、信認義務の違反とはならないと考えられているように思われる。そして、こうした経営者による会社の利害関係者間の利害調整の役割には、現実的にみて、合理的な面も少なくないように思われる。

そこで、対抗措置の適法性の判断においては、ステークホルダーの利益を含めて、会社を取り巻く実態をできる限り斟酌してゆくべきではないかと思われる。

4 裁判所の究極的な機能

最後に、第四に、敵対的企業買収の対抗措置の適法性をめぐる司法判断における裁判所の究極的な機能についても、比較法的に考察すると、課題がみられるのではないかと思われる。この点について、ユノカル基準に代表される米国デラウエア州の判例理論では、前述したように、裁判所は、ステークホルダーの利益も含めて、敵対的企業買収に伴う複雑な利害の実態をできる限り斟酌し

ながら、対抗措置の妥当性や合理性を司法審査することにより、結果として、企業価値の維持・向上につながるような敵対的企業買収と、企業価値を毀損する虞のある敵対的企業買収とを、究極的な意味において、スクリーニングする機能を担っているように見受けられる。

この点について、確かに、わが国と米国では、裁判所の機能や制度等には様々な差異がみられるのも事実ではあるが、[33]こうしたスクリーニングの機能については、今後、わが国の裁判所においても、ある程度期待されてもよいのではないかと思われる。

以上、敵対的企業買収に対する対抗措置をめぐる様々な課題の中から、筆者の観点からみて特に重要と思われる幾つかの課題を採り上げながら、検討を行ってきた。そして、ニッポン放送事件以後の新たな司法判断については、このように、課題も少なからず残されているように思われる。

それでは、次に、平成26年の会社法改正において、第三者割当増資の規制の強化がなされたことから、このような会社法の改正が第三者割当増資に及ぼす影響について、検討してゆくことにしたい。

8 平成26年の会社法改正が第三者割当増資に及ぼす影響

周知のように、平成26年の会社法改正においては、大要、募集株式の引受人が総株主の議決権の過半数を有することとなるような募集株式の割当等を公開会社が行う場合について、情報開示の充実が求められるとともに、総株主の議決権の10分の1以上の議決権を有する株主が反対の通知を会社に行った場合には、原則として、株主総会の普通決議による承認がないと行えないものとされた。[34]

この点について、本改正がなされるまでは、第三者割当増資による新株発行は、いわゆる有利発行に該当しない限り、公開会社においては、取締役会決議のみによって行うことができるとされており（会社201条1項、199条3項を参照）、本改正は、第三者割当増資の規制を強化する内容であるといえる。

そこで、本改正によれば、総株主の議決権の10分の1以上の議決権を有する株主が反対の通知を会社に行った場合には、会社に資金調達の必要性がある場

合であっても、例外的な場合を除き、株主総会の普通決議による承認が必要とされることになり、本改正がなされるまでの規律と比べると、会社の機動的な資金調達を行い難くなるものと思われる。もっとも、株式所有が分散化した大会社等においては、10分の1以上という要件は決して軽くはないと思われることから、有力な株主の間で強い反対があるような場合でないと、この要件を満たすことは困難ではないかと思われる。

この点について、もともと、本改正の発端には、不透明な大規模第三者割当増資等をチェックすべきであるという議論があったことに鑑みると、こうした第三者割当増資の規制強化の内容自体は、濫用的な第三者割当増資等をチェックすることにもつながると思われるが、公正な第三者割当増資が行われる場合には、本改正がなされるまでの規律と比べると、会社の機動的な資金調達は、ある程度後退するように思われる。

なお、本改正においては、資金調達のような会社の通常の事業目的のために行われる場合が想定されており、対抗措置の目的で行われる場合を直接想定しているものではないように見受けられる。[35) また、本改正による規律の場合においても、もし、その要件を満たさないような場合には、不分明な点はあるものの、すでに検討してきたような本改正がなされるまでの状況と同じ議論が、基本的には、そこでもあてはまるように思われる。

9 結 び

以上、敵対的企業買収に対する対抗措置をめぐる様々な課題や、平成26年の会社法改正が第三者割当増資に及ぼす影響等についても、検討を行ってきた。

そこで、最後に、本稿における考察全体を通して、敵対的企業買収と対抗措置というテーマについて指摘を行うと、次の二つの点が、特に重要であると思われる。

まず、第一に、裁判所は、個々の具体的な事案において、会社法等の法を解釈しながら、関係者の利害調整を試みるが、敵対的企業買収と対抗措置というテーマにおいては、買収者、買収者以外の株主、対象会社の経営者、対象会社

のステークホルダー等の様々な利害関係者の利害が複雑に交錯することから、これらの利害をいかに合理的に調整してゆくべきかという点が重要であるように思われる。[36)

また、第二に、第一の点とも密接に関連しているが、株式会社における支配の変動の是非を判断するのは、究極的には、株主、経営者、市場、裁判所のいずれであるべきか、そして、これらの当事者は、その判断を単独で行うのか、それとも、相互に補完しながら行うのかという点が重要であるように思われる。[37)

そして、これらの点を突き詰めてゆくと、結局のところ、株式会社における支配の移転や行使等は、敵対的企業買収の局面において、自由になされるべきなのか、あるいは、そこには何らかの制約があると考えるべきなのか、という課題に帰着するように思われる。そして、現在のわが国は、まさに、こうした課題に直面しており、解釈論や立法論等を検討しながら、その答えを見出そうとしている状況にあるように思われる。[38)

この点について、筆者は、敵対的企業買収に関する法規制の理想的な在り方は、対象会社の企業価値を向上させるような敵対的企業買収は促進され、対象会社の企業価値を毀損するような敵対的企業買収は抑制されることが望ましいものと考えている。[39) そして、もし、そうであるとすれば、株式会社における支配の移転やその行使等には、敵対的企業買収の局面において、一定の制約があるとみるべきであり、そこにこそ、法の果たす役割があるのではないかと考えられる。[40)

【注】

1) ニッポン放送事件については、例えば、商事法務1726号（2005年）47頁（地裁決定、同異議申立事件決定）、1728号（2005年）41頁（高裁決定）を参照。

2) 本稿では、いわゆる防御策と予防策をまとめて、対抗措置と表現する。ここに、防御策とは、敵対的企業買収において、対象会社の支配をめぐる争いが始まった後に、対象会社により、その支配の移転・変動等を阻止すべくなされる措置を意味し、予防策とは、そうした支配をめぐる争いが発生する前に、将来の敵対的企業買収に備えて、あらかじめ、一定の条件が調えば、そうした効果が発生するように、対象予定会社がしておく措置の意味で用いている。

3) そうしたものとして、ニッポン放送事件の他に、ニレコ事件、日本技術開発事件、ブルドックソース事件がある。ニレコ事件については、例えば、商事法務1734号（2005

年）37頁（地裁決定）、1735号（2005年）44頁（異議申立事件地裁決定、高裁決定）、日本技術開発事件については、例えば、商事法務1739号（2005年）100頁、ブルドック ソース事件については、例えば、商事法務1805号（2007年）43頁（地裁決定）、1806号（2007年）40頁（高裁決定）、1809号（2007年）16頁（最高裁決定）をそれぞれ参照。

4）　そうした事例として、例えば、いわゆるタクマ事件、宮入バルブ事件、忠実屋・いなげや事件等がある。タクマ事件については、例えば、判時1290号（1988年）144頁、宮入バルブ事件については、例えば、判時1302号（1989年）146頁（第一次事件）、1323号（1989年）48頁（第二次事件）、忠実屋・いなげや事件については、例えば、判時1317号（1989年）28頁をそれぞれ参照。

5）　なお、本稿の一部は、「敵対的企業買収と予防策・防御策──わが国の近時の法状況にみられる理論的課題」青柳幸一編『融合する法律学（上）』（信山社、2006年）387頁や「主要目的理論の適用とその限界──敵対的企業買収に対する対抗措置の局面に焦点を合わせて」尾崎安央・川島いづみ編『比較企業法の現在──その理論と課題』（成文堂、2011年）等の拙稿においても、論じたことがある。

6）　この点について、不公正発行にあたると例外的に判示された、前記のいわゆる忠実屋・いなげや事件の評価が問題となる。しかしながら、忠実屋・いなげや事件は、二社間の相互引受による新株発行の事案であり、対象会社である忠実屋及びいなげやにとって会社の資金調達の必要性がそもそもなかったという特殊な事案内容であること等から、この事件をこうした傾向の例外と捉えることは、難しいのではないかと思われる。この点について、例えば、拙著『敵対的企業買収の法理論』（九州大学出版会、2000年）の文献の23-24頁を参照。

7）　とりわけ、デラウエア州の最高裁判所によるユノカル判決（Unocal Corp. v. Mesa Petroleum Co., Del.Supr., 493 A.2d 946 (1985)）を期に生成・発展した、いわゆるユノカル基準が、その典型例である。この点について、例えば、前掲注（6）の拙著の56頁以下を参照。

8）　この点について、前掲注（6）の拙著の47頁を参照。また、松井秀征「取締役の新株発行権限（1‐2・完）」法学協会雑誌114巻4号（1997年）69頁も参照。

9）　この点について、防御策の事案であるという点においては、ブルドックソース事件も防御策の事案であるといえる。しかしながら、ブルドックソース事件における防御策は、それ以前の防御策とは異なり、株主総会の決議に基づく防御策であることから、ニッポン放送事件やそれ以前の防御策にみられる取締役会の決議に基づく防御策とは異なる固有の法的側面を有している（この点に関連して、例えば、森本滋「株式会社における機関権限分配法理」浜田道代・岩原紳作編『会社法の争点』（有斐閣、2009年）97頁も参照）。そこで、ここでは、主として、ニッポン放送事件を前提に検討している。なお、ブルドックソース事件については、例えば、伊藤靖史「100　差別的行使条件付新株予約権の無償割当て」岩原紳作・神作裕之・藤田友敬編『会社法判例百選〔第3版〕』（有斐閣、2016年）204頁、北村雅史「商事法3　買収者に対する差別的取扱いを内容とする新株予約権の無償割当てと株主平等原則──ブルドックソース対スティール

パートナーズ事件」私法判例リマークス37号（2008年）92頁、田中亘「ブルドックソース事件の法的検討（上）（下）」商事法務1809号（2007年）4頁、1810号（2007年）15頁等の文献を参照。

10) この点について、例えば、前掲注（6）の拙著の56頁以下を参照。

11) この点について、拙稿「商法4 株式分割について商法280条ノ10（新株発行の差止め）の類推適用が認められるか」ジュリスト1313号（平成17年度重要判例解説）（2006年）111頁も参照。また、私見とほぼ同様の見解として、太田洋「日本技術開発の株式分割差止仮処分命令申立事件」商事法務1742号（2005年）48頁の文献がある。

12) なお、この点について、会社法には、株主が株式分割を差止められる旨の明文の規定は置かれてはいない。また、株式や新株予約権の無償の割当て（会社185条－187条、277条－279条を参照）についても、株主が差止められる旨の明文の規定は置かれてはいない。そこで、この点について、類推適用等により妥当な解決を図ることができないかが問題となるが、ブルドックソース事件において、裁判所は、新株予約権の無償の割当てに対して類推適用を認めた。この点について、商事法務1805号（2007年）49頁、1806号（2007年）46頁をそれぞれ参照。また、例えば、弥永真生「株式の無償割当て・株式分割と差止め」商事法務1751号（2005年）4頁も参照。

13) 本稿では、公開会社を前提に検討している。

14) もっとも、ここでの記述は、上述したように、ニッポン放送事件を前提にしたものである。ニッポン放送事件の以後、わが国においては、ニレコ事件、日本技術開発事件、ブルドックソース事件が発生したが、わが国における司法判断の内容には、これまでの司法判断においては検討対象とされなかったような法的争点も多く残されていることもあり、将来、司法判断の内容が変遷してゆく可能性もあるように思われる。

15) この裁判例について、東京地決平成16年7月30日（例えば、判時1874号143頁）、及び、東京高決平成16年8月4日（例えば、金判1201号4頁）を参照。

16) この点について、前掲注（11）の拙稿の111頁を参照。また、前掲注（11）の太田洋弁護士の文献の48頁も参照。

17) 王子製紙と北越製紙の攻防については、各種の報道記事を参照。また、この点について、拙稿「王子 北越 敵対的買収攻防の法的論点」ビジネス法務6巻11号（2006年）37頁の文献も参照。

18) そこでは、一般的に、会社の通常の事業目的のために行われる場合には、いわゆる経営判断原則が適用され、対抗措置の目的で行われる場合には、経営判断原則が適用される前に、前述のユノカル基準が適用されることとされている。

19) この点について、前掲注（6）の拙著の29-30頁を参照。

20) この裁判例については、例えば、金判1532号（2018年）41頁（地裁決定）、同57頁（高裁決定）を参照。また、例えば、杉田貴洋「出光興産新株発行差止処分命令申立事件の検討」商事法務2156号（2018年）1頁、弥永真生「公募増資と主要目的ルール――東京高決平成29・7・19」ジュリスト1511号（2017年）2頁もあわせて参照。

21) この点について、各種の報道記事を参照。

22) この点について、拙稿「コーポレート・ファイナンスと会社法 I 新株発行」法学教室444号（2017年）10頁も参照。

23) この点について、注目すべきと思われる他の事象として、株式の相互持合いがある。すなわち、株式の相互持合いとしてなされる募集株式の発行等については、会社の通常の事業目的のために行われると捉えられるべきか、それとも、対抗措置の目的で行われると捉えられるべきか、という課題である（この課題の詳細については、前掲注（5）の拙稿「主要目的理論の適用とその限界──敵対的企業買収に対する対抗措置の局面に焦点を合わせて」143頁以下を参照）。この点について、問題となる募集株式の発行等が行われると、現在ないし将来において、敵対的企業買収の局面が現れれば、対抗措置としての効果を伴うことになるといえる。そして、このことは、株式の相互持合いの場合だけではなく、問題となる募集株式の発行等が、会社の通常の事業目的のために行われる場合にも、そうした効果を伴うものといえる。それでは、問題となる募集株式の発行等が、対抗措置としての効果を伴うと、それは、対抗措置の目的で行われるものと捉えられるのであろうか。この点については、すでに、4節の個所において検討したように、対抗措置としての効果がある場合においても、必ずしも対抗措置の目的で行われるとはいえず、その目的の認定にあたっては、多様な要素を斟酌しながら、その目的の認定が行われるべきであると思われる（もっとも、この点について、拙稿「敵対的買収と対抗措置理論」太田洋・中山龍太郎編著『敵対的 M&A 対応の最先端──その理論と実務』（商事法務、2005年）111-112頁の注（5）、113頁の注（6）及び注（7）も参照。なお、この点に関連して、相互持合いについての開示規制もある程度有効に機能するように思われる）。そして、事案にもよるが、会社の通常の事業目的のために行われると捉えられる場合もあると思われる（この点について、松本真輔「株式持合いと会社法」ビジネス法務7巻12号（2007年）73頁も参照）。

24) この点について、前掲注（6）の拙著の45-50頁を参照。また、こうした区別を指摘し、ある行為が対抗措置であるとはいかなることなのか、といった問題を考察した、わが国における先駆的論文として、川浜昇「株式会社の支配争奪と取締役の行動の規制（1-3・完）」民商法雑誌95巻2号（1986年）1頁、3号（1986年）32頁、4号（1987年）1頁がある。また、洲崎博史「不公正な新株発行とその規制（1-2・完）」民商法雑誌94巻5号（1986年）1頁、6号（1986年）17頁の文献も、こうした区別を認識した上で、新株の不公正発行の規制の問題について論じている。もっとも、これらの文献は、対象会社の経営者の利益衝突の虞や機関権限の分配秩序の観点から、対抗措置を基本的に違法なものとして捉えている。これに対して、筆者は、後述するように、米国のデラウエア州の判例理論にみられるように、対抗措置を基本的に違法なものとして捉えるのではなく、対抗措置の適法性についての司法審査を行うことにより、事案毎に判断してゆくべきではないかと考えるものである。

25) この点について、相澤哲編著『一問一答 新・会社法』（商事法務、2005年）226-227頁を参照。

26) こうした学説として、例えば、前掲注（24）の川浜昇教授や洲崎博史教授の文献等

がある。

27) この点について、前掲注（７）を参照。

28) この点について、例えば、前掲注（６）の拙著の56頁以下を参照。

29) この点について、例えば、Blasius Industries, Inc. v. Atlas Corp., Del. Ch., 564 A.2d 651 (1988), Stroud v. Grace, Del. Supr., 606 A.2d 75 (1992), Frantz Mfg. Co. v. EAC Indus., Del. Supr., 501 A. 2d 401 (1985) 等の裁判例を参照。また、前掲注（６）の拙著の56頁以下もあわせて参照。

30) この点について、例えば、Carmody v. Toll Brothers, Inc., Del. Ch., 723 A. 2d 1180 (1998) の裁判例を参照。

31) なお、こうしたデラウエア州の判例理論にみられる考え方をわが国に解釈論として採り入れる場合には、そのような考え方が、さらに、「株主は会社企業の実質的所有者であり、それゆえ、会社を支配しうる」とする従来からの会社支配の捉え方に適合するものであるのかについて、理論的な検討が必要になるように思われる（この点の詳細については、前掲注（５）の拙稿「敵対的企業買収と予防策・防御策——わが国の近時の法状況にみられる理論的課題」及び前掲注（23）の拙稿を参照）。なお、その上で、株主総会と取締役会との間の権限分配の在り方について、例えば、そもそも、いかなる内容の権限をいずれの機関が有しているのか、また、そこに、明示的、黙示的、条件付等の権限の委譲を認めることはできないのか、また、そうした権限の委譲がある場合には、いかに考えられるのか、等により、場合に分けて、より柔軟に考えてゆくことも可能なように思われる（この点について、前掲注（５）の拙稿「敵対的企業買収と予防策・防御策——わが国の近時の法状況にみられる理論的課題」の文献の392-396頁、400-401頁も参照。また、前掲注（９）の森本滋教授の文献の97頁もあわせて参照）。

32) この点について、例えば、前掲注（７）のユノカル判決の955-956頁の判旨といわゆるレブロン判決（Revlon, Inc. v. MacAndrews & Forbes Holdings, Inc., Del. Supr., 506 A. 2d 173 (1986)）の182頁の判旨とをあわせて参照。また、Mills Acquisition Co. v. MacMillan, Inc., Del. Supr., 559 A. 2d 1261 (1989) の裁判例の1282頁の Note 29 の説示や、例えば、Robert A. Ragazzo, Unifying the Law of Hostile Takeovers: Bridging the UNOCAL/REVLON Gap, 35 Ariz. L. Rev. 989, at 1035 (1993) の文献も参照。また、前掲注（６）の拙著の61頁の注（32）もあわせて参照。

33) この点について、例えば、拙稿「会社の紛争処理におけるデラウエア州衡平法裁判所の特質——会社法の効率性を高めるための紛争処理の仕組（一）」専修法学論集90号（2004年）73頁の文献を参照。

34) この点について、会社法206条の２を参照。この規定は、平成26年の改正において、公開会社における募集株式の割当て等の特則として、新たに設けられたものである。この点に関連して、例えば、平成26年度日本私法学会シンポジウム資料「新株発行等・新株予約権発行の法規制をめぐる諸問題」商事法務2041号（2014年）１頁や、久保田安彦『企業金融と会社法・資本市場規制』（有斐閣、2015年）等の文献を参照。

35) この点について、そこでは、本改正が、対抗措置の目的で行われる第三者割当増資について、解釈上いかなる影響を及ぼすのか、また、そもそも、本改正自体が、理論的にみて整合性を有するものなのか、あるいは、単に妥協の結果として生み出されたものなのか、等といった本改正自体の評価も関わってくるように思われる。この点について、例えば、前掲注（34）の平成26年度日本私法学会シンポジウム資料の中の久保田安彦「Ⅲ　第三者割当て」の資料や、平成27年度日本私法学会シンポジウム「会社法・金商法における株式市場価格の意義と機能の探求」における筆者と志谷匡史教授との間における質疑応答（この点について、私法78号（2016年）57頁以下を参照）等を参照。

36) こうした利害調整について、敵対的企業買収と対抗措置というテーマについては、会社法だけではなく、金融商品取引法等の法令も複雑に関わり、そこでは、買収者側と対象会社側とのバランスを適切に図りながら、関係者の利害調整を合理的に図ってゆくことが重要であると思われる（筆者は、以前より、このような考え方を提唱してきた。この点について、例えば、前掲注（6）の拙著を参照）。そして、こうした利害調整には、個々の事案の解決を目指した解釈論を中心とするいわばミクロにおける利害調整と、買収者側と対象会社側が適切に攻防を展開するための土俵を提供する立法論を中心としたいわばマクロにおける利害調整とが、存在するように思われる。そして、この点について、個々の事案の解決を目指した解釈論を中心とするミクロにおける利害調整については、裁判所において、事案毎の解決を図りながら、その司法判断の蓄積を通して、敵対的企業買収のルールを整備してゆくことが重要になってくると思われる（この点について、例えば、太田洋「買収防衛策——企業価値研報告書をめぐって　㊤　司法判断に抵触する内容」（平成20年7月29日の日本経済新聞の経済教室の記事）も参照）。また、買収者側と対象会社側が適切に攻防を展開するための土俵を提供する立法論を中心としたマクロにおける利害調整については、近年、公開買付けルール等のいわば包括的なM&Aルールのようなものを検討すべきであるとの見解もみられるが、こうした見解の中には、例えば、英国における企業買収規制に注目しながら、市場に密着した規制を目指し、買収規制の専門機関を設けるべきこと等を提言する考え（この点について、例えば、平成20年1月27日に早稲田大学において開催された問題提起型シンポジウム〈日本の企業法制が向かうべき方向とは——企業・金融・資本市場・労働〉における渡辺宏之教授による「日本版テイクオーバー・パネルの構想」と題する報告を参照。また、この点に関連して、上村達男『会社法改革　公開株式会社法の構想』（岩波書店、2002年）の文献も参照）や、法制度の問題点を指摘しながら、会社支配権の移転手続を明確化する制度の創設、公開買付ルールの改正、種類株式の上場の容認等を提言する考え（この点について、例えば、平成20年2月5日付の「株式会社の本質と敵対的買収——敵対的買収ルールに関する東京財団案」と題する東京財団による政策提言を参照）等がみられる。そして、そこでは、主として、いわば会社支配の移転過程を規制しようとしているといえる（この点に関連して、例えば、中東正文「企業結合法の総合的研究　企業結合法制と買収防衛策」商事法務1841号（2008年）45頁の文献も参照）。そこで、このように、利害調整の在り方についても、会社支

配の移転過程ではなくその行使を規制する在り方や、会社支配の移転過程そのものを規制する在り方等、様々な在り方が存在するように思われる（この点に関連して、例えば、森淳二朗「敵対的企業買収の法的規制と会社支配理論」石山卓磨・上村達男編『公開会社と閉鎖会社の法理』（商事法務研究会、1992年）631頁の文献も参照）。そして、これらの中には、これまで検討を行ってきた対抗措置を通した利害調整をはじめ、他にも、例えば、支配株主の義務を通した利害調整等も含まれるといえよう。

37）　この点に関連して、例えば、田中亘『企業買収と防衛策』（商事法務、2012年）の文献も参照。

38）　この点について、わが国の状況を比較法的にマクロな観点から捉えると、大要、以下のような状況にあるのではないかと思われる。すなわち、その状況とは、「欧州型の法規制の在り方を見てみると、大要、そこでは、対象会社の経営者がとりうる対抗措置はかなり制約されているが、強制的公開買付制度や全部買付義務等が課されており、買収者側に課せられるハードルが高い反面、対象会社側も対抗措置については抑制的であることが求められている。そして、こうした法規制の在り方を通して、欧州なりに、いわゆる企業価値基準を満たす努力が図られているように推測される。しかしながら、この点については、強制的公開買付制度や全部買付義務等の規制が、企業買収のコストを増大させ、潜在的な公開買付者を過度に萎縮させ、望ましい企業買収の数をも減少させるのではないかとの懸念も払拭できないように思われる。これに対して、米国型の法規制の在り方を見てみると、大要、そこでは、対抗措置について対象会社の経営者の行動は比較的自由に認められるが、公開買付者に全部買付義務を課さず、取引条件の設定等に寛容な態度がとられ、最終的には裁判所による対抗措置の適法性に関する司法判断を前提に、買収者側も対象会社側も比較的自由に攻防を展開することができるといえる。そして、こうした法規制の在り方を通して、やはり、米国なりに、企業価値基準を満たす努力が図られているように推測される。しかしながら、この点については、デラウエア州等では裁判所によるコントロールが図られているように思われるが、経営者の裁量権の行使を適切に牽制しないと、場合によっては、経営者の自己利益につながる対抗措置まで許容されてしまうという懸念も払拭できないように思われる。そこで、こうした欧州型の法規制と米国型の法規制の在り方を前提に、現在のわが国の法規制の在り方を見てみると、大要、わが国の法規制の在り方は、これらの法規制の中間に位置付けることができるように思われる。この点について、確かに、それは妥協が図られた結果であるという側面もあり、様々な課題も残され、改善の必要性もあるように思われるが、そこでは、一方において、株主利益や株主意思の尊重を原則としながら、例外的に、対象会社の経営者が対抗措置をとるという可能性を認め、他方において、強制公開買付制度や全部買付義務を限定した形で導入し、買収者の行動を規制しながら、株主や投資者の保護を図りつつ、対抗措置の発動等に応じた公開買付の撤回や買付条件の変更を許容して、買収者のリスクを軽減しているといえる。そして、こうした法規制の在り方を通して、わが国なりに、買収者側と対象会社側のバランスを図ろうと努力しているように思われる。」という内容である（この

点について、筆者は、2007年5月26日に、久留米大学において開催された東京商事法学会第250回記念大会のシンポジウム「会社法と金融商品取引法の交錯」において、河村賢治教授の御報告に対するコメントの中で、こうした考えを発表したことがある。なお、この点に関連して、仮屋広郷「企業買収法制のあり方と今後の展望──制度設計への視座」一橋法学11巻1号（2012年）61頁の文献も参照）。そして、この点について、米国型の法規制と欧州型（とりわけ英国型）の法規制のいずれの型の法規制の場合においても、買収者側と対象会社側のバランスを図りながら、企業価値基準を満たす努力が図られることが望ましいように思われる。そこで、もし、そうであるとすれば、7節の4の個所においても指摘をしたように、敵対的企業買収と対抗措置の局面においては、望ましい敵対的企業買収は促進し、望ましくない敵対的企業買収は抑制するというような、何らかのスクリーニングの機能を伴うメカニズムを構築することも必要であるように思われる。また、すでに論じてきたように、様々な会社の利害関係者の利害を合理的に調整するメカニズムの構築も必要であるように思われる（なお、これらの点について、前掲注（5）の拙稿「敵対的企業買収と予防策・防御策──わが国の近時の法状況にみられる理論的課題」の文献の396-397、403-405頁や私法71号（2009年）の168-171等も参照）。

39）　この点について、前掲注（6）の拙著を参照。なお、こうした考え方は、今日では、一般的に、企業価値基準とよばれる。

40）　なお、この点に関連して、敵対的企業買収と対抗措置の局面においては、今後、株主による差止めという法的課題（会社210条2号、247条2号を参照）の他に、関係者の民事責任をめぐる法的課題（会社423条、429条、民709条等を参照）についても、重要になってくるように思われる。また、ブルドックソース事件を契機として問題となったいわゆる金員等の交付をめぐる法的課題についても、そのような金員等を交付することにより、かえってグリーンメーラーを誘発するような虞もあり得ること等から、そのような金員等の交付を伴わない対抗措置についても、これを適法なものと捉えるべき場合があるように思われる。そこで、そうした際における理論構成の在り方についても、重要になってくると思われる（この点について、拙稿「企業価値研究会「近時の諸環境の変化を踏まえた買収防衛策の在り方」の概要」監査役547号（2008年）34頁の文献を参照。また、経済産業省の企業価値研究会の「近時の諸環境の変化を踏まえた買収防衛策の在り方」と題する報告書（平成20年6月30日発表）もあわせて参照）。なお、これらの法的課題については、紙数の制約から、別稿において、あらためて詳細に論じる予定である。

〔付記〕本稿の執筆にあたっては、公益財団法人トラスト未来フォーラムの助成を受けた。ここに記して、深く感謝の意を申し上げる次第である。

英国会社法におけるステークホルダー利益の取扱いと
会社法制改正構想の行方

中村　信男

1　はじめに

　イギリス会社法は、従来はコモンローにより会社全体の利益のために職務を行うべきものとされてきた取締役の会社に対する義務について、経営管理機構の在り方や従業員の経営参加に係る EC 会社法第 5 指令案を受けた1980年会社法（the Companies Act 1980）の一部改正により、取締役がその職務を遂行するに当たり考慮すべき事項に株主の利益とともに従業員（employee）の利益を含む旨を定めるに至った（同法46条 1 項）。これによりイギリス会社法は、伝統的な株式会社に関する株主所有者観から脱して、株式会社の本質を社会的公器と見る立場に徐々にシフトし、会社の利益を株主利益と従業員利益とする二元的アプローチを採用した。[1]その規律は1985年会社法309条に引き継がれた。

　しかし、10年超に及ぶ議論を経て制定された2006年会社法は、1985年会社法309条 1 項に定められていた取締役の上記義務を大きく変更した。2006年会社法172条 1 項は、会社の取締役は、当該会社の社員（member）[2]全体の利益のために会社事業の成功を促進する可能性が最も大きいであろうと誠実に思量するところに従って行為しなければならず、その際、意思決定の結果として長期的に生じる可能性のある結果、当該会社の従業員の利益、供給業者・顧客その他の者と当該会社との事業上の関係の発展を図る必要性、当該会社の事業が地域社会および環境に及ぼす影響、当該会社の事業活動の水準の高さに係る評判を維持することの有用性、社員相互間の関係において公正に行為する必要性を考慮しなければならない旨を定めるところとなったからである。これにより、従

業員の利益は、1985年会社法の下では株主全体の利益と同様の位置づけを与えられていたものが、2006年会社法の下では、上記規定により、その位置づけが若干後退させられている。[3]

　その一方で、1985年会社法309条では、会社の取締役がその職務を遂行するに当たり考慮すべき事項として掲げられていなかったその他のステークホルダーの利害や事業活動による社会的・環境的影響が、現行の2006年会社法の下では、取締役が制定法上その職務の遂行に当たり考慮すべき対象に追加されていることが注目される。イギリス会社法は、社会的実在といえる会社の事業活動において業務執行機関が法的に誰の利益のために、あるいは、どのような利害関係者の利益・利害を考慮して職務を遂行すべきかという会社本質論との関係において、注目すべき展開を示したと見ることもできそうである。同時に、現行イギリス会社法の上記の義務が、あくまでも株主利益を取締役が会社事業の成功を促進する上で考慮すべき対象の中心に据えており、依然、株主主権（shareholder primacy）の立場を前提にしていることに注意が必要である。[4]

　いずれにせよ、イギリス2006年会社法172条1項に定める会社取締役の義務については、株主以外のステークホルダー（以下、「非株主ステークホルダー」という。）から一定の評価と期待が示され、また、少数株主保護の観点からの重要性も指摘されているが[5]、その一方で、現実には、必ずしも所期の効果をあげておらず、期待ギャップが生じているといわれている。[6] そのため、イギリス政府は、同義務の実効性確保に向けた取組みを講じつつある。

　これに対し、わが国の会社法は、株式会社取締役や持分会社の業務執行社員の義務として、当該会社の株主・社員以外のステークホルダーの利益等を考慮すべきことを明記していないものの、株式会社のうち上場会社は、ソフトローとされるコーポレートガバナンス・コードにより、非株主ステークホルダーとの適切な協働に努めることを要請されている（基本原則2前段）。そのことから、イギリスの上記取組みは、わが国の上場株式会社が同コードの要請にどのように対応するのか、その方策を探る上で、参考になろう。そればかりか、わが国では、株式会社の事業活動における非株主ステークホルダーの利益の取扱いがもっぱらソフトローとしてのコーポレートガバナンス・コードの中で定められ

374

ているに過ぎないことと異なり、イギリスでは、ハードローとしての制定法の定めを受け、コーポレートガバナンス・コードがそれと連携をとって所要の措置を規定しており、この面でハードローとソフトローとの整合性・連関が確保されている。この点でも、イギリス会社法・コーポレートガバナンス・コードに基づく取組みは、ハードローとソフトローとの連関確保という点でも注目に値しよう。

そこで、本稿は、2006年会社法172条1項に定める会社の成功を促進すべき取締役の義務に関する現行制度を概観し、その意義を確認した上で、この面でのイギリス会社法およびコーポレートガバナンス・コード等の改正構想や想定される対応策を紹介し、わが国において非株主ステークホルダーの利益の会社法上の位置付けや非株主ステークホルダー利益の保護のための法的規律の具体的対応を今後探る際の参考に供することを目的とする。

2 2006年会社法172条の「会社の成功を促進すべき取締役の義務」の創設経緯と意義等

1 会社の成功を促進すべき義務の法定までの経緯と同義務法定の意義

イギリスでは従来、コモンロー上、取締役がもっぱら株主（現在および将来の株主）全体の利益を考慮すべきものとされてきたが[7]、前述のように、1980年会社法により、取締役の制定法上の義務として、取締役がその職務遂行にあたり株主全体の利益のみならず従業員の利益をも考慮すべき旨が規定され、1985年会社法309条1項へと引き継がれた。このこと自体、イギリス会社法制の進展を示すものといえた。しかし、同時に、この義務については、当該義務がもっぱら会社に対する義務として位置付けられ、取締役の信認義務（fiduciary duty）と同様の方法により強制し得る旨が規定されていたこと（同条2項）から、取締役が同条1項所定の義務を履行しない場合でも、会社のために取締役の義務違反につき訴えを提起する権利を有していない従業員は、有責取締役に対し当該義務の履行を強制する法的手段を有していない一方、取締役が株主には好ましくない意思決定等を行った場合でも、株主からの責任追及に対し、従業員の利益を考慮したものとの抗弁を提出することができた。そのため、同義務は、

375

実体法上の意義・評価として、取締役の従業員に対する義務・説明責任の強化というよりむしろ取締役の株主に対する説明責任を希釈化するものという厳しい指摘を受けていた。[8] しかも、現代経済社会における会社（特に株式会社）のステークホルダーとして、従業員がその主要な一部であることは疑いないが、会社の事業の成功を実現する上で利益・存在を考慮すべきステークホルダーは従業員に限られない。[9]

そこで、イギリス政府は、1998年3月における「競争力ある経済に向けた会社法現代化」[10]の公表に始まる会社法の全面改正作業において、より広範なステークホルダーの利益を会社法による保護の射程に組み込むべく、1985年会社法309条所定の取締役の義務の見直しに着手した。その検討作業では、当初、取締役がその職務遂行においてイギリス会社法の伝統的枠組みに従い株主（全体）の利益の向上を第一に追求しつつ、従業員その他の非株主ステークホルダーの利益にも相応の配慮を払うことを求める包摂アプローチ（inclusive approach）と、取締役に対し、その職務の遂行に当たり会社の繁栄のために株主の利益とその他のステークホルダーの利益とをバランスよく調整することを求める多元アプローチ（pluralist approach）のいずれを基本原理とするかが、会社本質観とも関連して詳細に議論された。[11] しかし、その後、イギリス政府が公表した会社法改正のための諮問文書「競争力ある経済に向けた会社法現代化：その枠組みの構築」[12]においては、後者の多元アプローチが却って責任の所在を曖昧にすることから、前者の包摂アプローチを採用する立場を明らかにし、それが2006年会社法172条1項の規定の新設に繋がったという経緯がある。

こうした立法の経緯からも明らかであるように、2006年会社法172条1項の会社の成功を促進すべき取締役の義務は、取締役が会社事業の成功を促進する上で考慮すべき対象の中核要素として現在および将来の社員・株主全体の利益を据えた上で、従業員を含む非株主ステークホルダーの利益を、社員・株主全体の利益のために会社の（目的・事業の）成功を促進すべき義務を履行する上で考慮すべき附随要素と位置付けており、依然、株主主権主義を維持するものと考えられている。[13] とはいえ、2006年会社法が、取締役がその職務の遂行にあたり追求すべき「会社の利益」が「株主の利益」のみであるとの古典的な考え

方に立脚しないことも明らかであり、会社の利益の向上・最大化を目指す上で、株主の利益のみならず非株主ステークホルダーの利益をも考慮する必要があるという洞察[14]のもと、コモンロー上の取締役の義務の内容を再定義し現代化する点に、同法172条1項所定の義務の法的意義を見出すことができるであろう。同法が新たな株主価値（enlightened shareholder value (ESV)）アプローチを採用するとされるのは、そのためである[15]。

2　会社法172条1項の規律の概要

こうした ESV アプローチから、第1に、2006年会社法172条1項では、取締役は、株主全体の利益のために会社の事業の成功をもたらす可能性が最も高いと誠実に（in good faith）判断する方法で行為しなければならないとした上で、その義務の履行のために、会社の意思決定がもたらす可能性のある長期的な影響、従業員の利益、供給業者・顧客その他との事業場の関係を強化する必要性、会社の事業活動が地域社会および環境に与える影響、高い事業活動上の評判を維持することの妥当性、株主を公正に扱う必要を考慮しなければならないとする。この義務法定の理論的意義は、前述のように小さくないが、それに加えて、実体法上の機能・実効性という観点からも、同項が、取締役が社員・株主全体の利益のために会社の（目的・事業の）成功を促進する職務を遂行する上で考慮すべき要素の一つとして、株主間の公正な処遇の必要性をも明記していることから、取締役が種類株主間のみならず多数派株主と少数派株主との利害対立の場面において一部の種類株主や少数派株主に対し不公正な取扱いを行う場合に、当該義務の違反を理由とする責任追及等を可能にする点で、重要な機能を発揮し得るとの指摘は注目される[16]。

その一方で、第1に、会社法172条1項の文言を見ると、同項所定の義務は、その履行の有無が基本的に、取締役が誠実に判断したところの如何という主観的基準（subjective test）によって決まるとされているところ、当該義務だけが問題となる場面では、裁判所が取締役の誠実な判断を尊重する傾向にあることから、一般的に当該義務の履行確保の実効性の点で限界が指摘されてきた[17]。第2に、当該義務も他の制定法上の取締役の一般的義務とともに、取締役の会社

に対する受託者的義務と同様の方法でこれを強制し得るものとされているところ（同法178条2項）、結局、取締役の受託者的義務一般につき enforcement の権利を有するのが会社とその社員・株主に限られているため、その種の権利を有していない非株主ステークホルダーとの関係で、ESV アプローチを採用する「会社の成功を促進すべき義務」は、冷めた見方をすれば、実効性確保の措置を欠き、訓示的なものにとどまらざるを得ないとも考えられる[18]。

　第2に、2006年会社法は、小規模会社を除くすべての会社に対し、同法172条1項所定の上記義務を取締役がどのように履行しているかを社員・株主が評価できるようにするために、年次報告書の一部として戦略報告書を作成し社員・株主に提供することを義務付けた上で[19]（同法414A条・414B条・414C条1項）、上場会社等についての規律として、当該会社の事業の展開・業績・状況を理解するため必要がある限り、戦略報告書の中に、当該会社の事業の基本的な方向性と将来の事業の展開に影響を及ぼし得る要因、業績と事業の状況、環境・雇用上の問題や社会・共同体・人権に係る課題に関する情報を盛り込むことを要し、ジェンダーの多様性に関する情報も含める必要があるものとする（同法414C条7項・8項）。

　もともと、会社法172条1項に定める、ESV アプローチによる会社の成功促進義務の導入にあたり、公開会社と私会社とを問わず一定規模以上の会社を対象に、会社の業績・戦略のほか従業員・顧客・供給業者・社会全体等との関係の如何まで説明する「業務・財務概況」（Operating and Financial Review）の作成を義務付けることが提案されており[20]、これによりイギリス政府は、開示制度との連動を通じて間接的ながら、制定法上の位置づけを与えられた会社の成功促進義務の履行確保を図ろうとした。これを受け、2006年会社法は、当初、会社に年次計算書類とともに取締役報告書（directors' report）の年次株主総会への提出と株主・社債権者への提供等を義務付けた上で、取締役報告書における事業レビュー（business review）で当該会社の取締役による同法172条1項所定の会社の成功促進義務の履行状況について開示させることとした（2013年改正前2006年会社法417条2項）。

　もっとも、事業レビューについては、多くの実態調査により、開示の質と理

378

解しやすさの点で必ずしも所期の効果をあげていないことが明らかにされた。また、会社の成功促進義務の取締役による履行状況等を含む非財務情報の開示の在り方として統合報告（integrated reporting）の導入が提唱されてきたこともあり、2006年会社法は、2013年改正によって戦略報告書（Strategic Report）を導入して事業レビューを廃止し、[21]その内容として、会社の事業の展開、業績および状況を理解するために必要な限り、環境に関する事項（会社事業の環境への影響を含む。）や当該会社の従業員、社会・地域社会・人権に関する問題についての会社の方針とその有効性の如何を記載すべきことを規定した。これにより、現在では、戦略報告書制度が、2006年会社法172条１項所定の義務の取締役による履行の確保を果たす機能を託されている（同法414C条１項）。[22]

とはいえ、戦略報告書は、事業レビューの問題点の改善を制度趣旨としながら、会社の成功促進義務の取締役による履行の状況に係る開示内容に関しては、事業レビューの記載事項をほぼそのまま踏襲しているため、非株主ステークホルダーの利益・非株主ステークホルダーとの関係構築に対する会社としての配慮の方針の開示を義務付けるにとどまり、会社の成功促進義務の履行状況や履行確保の手段等までは開示・説明を求めていないのが現状である。この点で、戦略報告書は、その趣旨・機能と記載・開示項目との間の効果的な連関が図られていないという問題が指摘されており、両者の連携強化が課題とされている。[23]

3　会社の成功を促すべき取締役の義務の実効性確保を巡る課題と改善策の模索

1　課題としての実効性確保

上記の通り、2006年会社法172条１項に定める、会社の成功を促進すべき取締役の義務の履行の有無は、結局、取締役が当該会社の社員全体の利益のために会社の成功を促す可能性が最も大きいと誠実に（in good faith）判断したところに従って行為したかどうかによって決まる構造となっていることに加え、非株主ステークホルダーの利益等を適切に考慮させることに対する実効的な enforcement 手段が用意されていないこと、また、間接的な義務履行確保措置と

して位置づけられる戦略報告書も、その機能に照らし開示内容が必ずしも十分なものでないことから、同義務の実効性確保が、イギリス政府として取り組むべきコーポレート・ガバナンス関連の重要課題の一つとされている[24]。

現に、そのことを裏付ける事由として、例えば、大規模小売事業を営む某社が利益増を図るべく商品の仕入れ業者に対する商品代金の支払いを意図的に遅延する事例が報告されている[25]。また、従業員の利益についても、株主の選任した取締役が会社業務に係る意思決定においてこれを必ずしも十分に考慮していないとの問題認識からか、イングランド・ウェールズの労働組合の連合体である Trade Union Congress（TUC）は、健全な労使関係の構築が会社事業の長期的成功を導く鍵の一つであり、その具体的方策として労働者代表を取締役会の一員に加えるため、会社法を改正し、取締役の3分の1以上（最低でも2名）の労働者代表取締役の選任を一定範囲の株式会社に義務付けるとともに、当該労働者代表取締役の選任は株主総会ではなく労働者がこれを行うものとする旨の明文規定を設けることを提言している[26]。

2　イギリス政府の対応

⑴　2016年 Green Paper の提言　そこで、イギリス政府は、2016年11月29日に公表した緑書「コーポレート・ガバナンスの改革」（以下、「2016年 Green Paper」という。）において、現行制度につき見直しを要する主要項目として、（Ⅰ）業務執行取締役の報酬規制の強化、（Ⅱ）ステークホルダーの意見を会社業務の意思決定に反映させる方策の導入、（Ⅲ）大規模非公開企業のガバナンスの強化を掲げた上で、このうち（Ⅱ）において、2006年会社法172条1項に定める会社の成功を促進すべき取締役の義務に関して、取締役による当該義務の履行の確保を図るためのものとして複数の方策を提案する。すなわち、イギリス政府は、2016年 Green Paper において、第1に、すべての会社が株主の利益のみならず労働者、顧客、供給業者および広範な社会に対する責任や労働者等の利益等を考慮して経営されるよう確保する必要があることを問題意識として明示する[28]。第2に、同政府は、2006年会社法172条1項が同項所定の取締役の義務の履行方法を詳細に規定しないことで、各会社が置かれた状況に応じ

て取締役が必要な対応を講じることのできる柔軟性を有しているものの、様々な利害関係者の利益・利害の調整という困難な職務を取締役に課す上に、年金受給者を利害関係者に含めていない点で問題もあると指摘する。[29]

その上で、2016年 Green Paper は、2006年会社法172条1項所定の会社の成功を促進すべき取締役の義務の履行を確保するための方策として、以下の措置を提案していた。[30]

方策1：ステークホルダー勧告パネル（stakeholder advisory panel）の設置
方策2：ステークホルダーの利益を代弁する非業務執行取締役の確保
方策3：ステークホルダー代表取締役の選任
方策4：ステークホルダーのための会社としての取組みに関する報告・開示の強化

このうち、第1に、方策1は、イギリスの会社において既に利用の実績のある労使協議会をモデルに、取締役会が、取締役が主要なステークホルダーの意見を直接聴取し、取締役会における意思決定にこれを反映させるため、ステークホルダーの代表者等から成る勧告パネルの設置を提案するものである。イギリス政府の構想では、同パネルの利用の仕方は様々なものがあるとされ、また、会社がその事業上のニーズや特定のステークホルダーのニーズに対応して柔軟に同パネルを設置し得る点にメリットがあるとされているが、ステークホルダーの代表者を取締役会に直接参加させるものでなく、その点では限界のあることも指摘されている。[31]

第2に、方策2は、非業務執行取締役に対し、主要なステークホルダー（特に労働者）の意見を取締役会での議論・意思決定に反映させることを職務として課す旨の提案である。方策2は、方策1に比し、当該非業務執行取締役をパイプとして、ステークホルダーの意見・利益等を取締役会での議論や意思決定等に直接反映させる可能性が高いが、反面、当該取締役は他の取締役と同様の法的義務を負うため、特定のステークホルダーの利益のみを優先することに法的制約を受けることや、他の取締役が主要なステークホルダーの利害に積極的な関心を払わなくなるリスクを孕むことが、問題点として指摘されている。[32]

第3に、方策3は、労働者代表取締役の選任を求める TUC の提言等に倣っ

てステークホルダー代表取締役の選任を提案するものであり、方策2とともに、取締役会での議論・意思決定に当該ステークホルダーの意見・利益を直接反映させようとするものであり、取締役会における多様性の確保やそこでの審議・意思決定に対する新たな視点の提供というメリットがある。その一方で、取締役会での議論等にステークホルダー間の対立軸を持ち込み意思決定の遅延を招きかねない等のリスクや、ステークホルダー代表取締役の員数が限られると、結局は名目的存在となるおそれもある等の問題点も指摘されている[33]。また、方策3には、方策2と同様、取締役の一般的義務との関係で、当該取締役が特定のステークホルダーの利益だけを考慮することに法的な制約を受ける法的問題も指摘されている[34]。

第4に、方策4は、2006年会社法が小規模会社を除くすべての会社に作成と社員・株主への開示を義務付けている戦略報告書（Strategic Report）における開示内容の拡充・充実を図り、取締役が同法172条1項所定の義務をどのように履行し様々なステークホルダーの利益をどの程度の範囲でどのような方法で考慮しているかを開示させようとする提案である[35]。

なお、2016年 Green Paper は、上記の4方策を相互に排除し合う関係にあるものとして位置づけておらず、これらを適切に組み合わせることも考えられるとし、例えば、方策2は方策1と組み合わせることで、ステークホルダーの利益を代弁する職務を与えられた非業務執行取締役の機能の強化が図られ、さらにその職務の遂行状況を方策4により開示することで、実効性を高めることができるとする[36]。

(2) **2016年 Green Paper の提案に対する政府の対応方針**　イギリス政府は、2016年 Green Paper において示した複数の対応方策について関係各界の意見を聴取し、2017年8月に2016年 Green Paper に対する政府の対応を取りまとめた[37]。それによれば、第1に、会社が非株主ステークホルダーの意見の会社業務への反映を強化することについては賛成意見が大半であったが、2016年 Green Paper が提示した方策1ないし方策3のいずれを採用すべきかについてはコンセンサスを得ることができなかったとされている[38]。その一方で、状況に応じて各方策がそれぞれ機能する場合もあることから、各会社が必要に応じて

各方策を選択して利用することができる柔軟性を持たせるべきであるとの意見が大勢を占め、2016年 Green Paper が示した方策4によることを歓迎していたとされている。[39]

　第2に、ステークホルダーの意見反映の強化を求めるべき会社の範囲・基準について、対象会社を FT 普通株価指数（FTSE）に組み込まれた会社に限るべきとの意見が一部にあったが、それに限らず少なくとも大規模な私会社も対象に含めるべきとの意見が多かったとされている。その上で、対象会社の範囲を画定する基準としては、従業員数に基づくべきとの意見が多数であったものの、基準となる具体的な従業員数については250人以上とする意見から5000人超とする意見まで様々であったとされている。しかも、従業員数を基準とする場合に、英国内の従業員数だけを考えるのか、国外で業務に従事する従業員数も加味するのかという問題点も指摘され、また、従業員数基準を採用した場合、会社が正規雇用する従業員の数を減らし、会社業務をアウトソースすることで、規制を潜脱するおそれがあるとの懸念が示された。[40] むしろ、既存の枠組みに従って対象会社の範囲を画するべきとの意見が多かったことから、例えば、戦略報告書での開示の拡充・充実という方法による場合は、同報告書の作成義務を負う会社のすべてが対象となる一方、UK Corporate Governance Code の規律強化による場合は、同 Code の適用対象となる会社（プレミアム市場上場会社）に限られることになるとの見方が示された。[41]

　第3に、2016年 Green Paper が示した方針はどのような方策によるにせよ、規制強化を意味するところ、その具体的な実行方法を立法によるべきかどうかも一つの問題とされた。この問題に対する各界意見を見ると、方策2の立法化に賛成する意見は少数であり、多くの意見は、立法措置は新たな開示要件の導入だけに限るべきとするものであり、UK Corporate Governance Code の採用する comply or explain アプローチの採用に多くの支持が寄せられ、こうしたアプローチで所期の進展が見られなかった場合に立法措置を講ずるのが有益であるとする見解が多数であった。また、一部の意見として、詳細なガイドラインが提示されれば、任意の対応またはソフトローによるアプローチでも事態の変化をもたらすことができるとする指摘もあったとされている。[42]

そこで、イギリス政府は、以上の各界意見を受け、第1に、公開会社（pub-
lic company）のみならず私会社（private company）についても一定規模以上の
すべての会社を対象として、当該会社の取締役が2006年会社法172条1項の定
めに従いどのように従業員の利益を考慮し供給業者・顧客その他のステークホ
ルダーとの関係強化を図っているかの説明義務を課すための立法措置（secon-
dary legislation）を講じる旨の立法計画を公表した。

　第2に、イギリス政府は、UK Corporate Governance Code の改訂およびガ
イドラインの策定を通じて、取締役会レベルでの従業員およびその他のステー
クホルダーとの関係の強化を図ることを方針として示し、UK Corporate Gov-
ernance Code の策定・運用を行っている Financial Reporting Council に対し、
持続可能な事業遂行を実現するための重要な要素の一つとして取締役会におけ
る従業員その他のステークホルダーの意見を効果的に反映させることの重要性
を明記する新たな原則の策定について諮問を行うよう求めること、その際、
Code 規定（Code provision）において、comply or explain アプローチにより、
従業員の利益考慮の手段として、従業員の意見・利益を代弁する非業務執行取
締役の任命、公式の従業員勧告委員会の設置または労働者選出取締役（direc-
tor from workforce）のいずれかを採択することを、プレミアム市場上場会社に
対し求めることについて検討・諮問を行うよう求めることを、政府方針として
示した。[43]

　第3に、第1の提案が一定規模以上の会社を対象とするものであること、第
2の提案はロンドン証券取引所プレミアム市場上場会社だけを対象とするもの
となることから、いずれも対象会社の範囲に一定の限定が付されるため、イギ
リス政府は、すべての会社を対象とするものとして、英国勅許会社秘書役・事
務局長協会（The Institute of Chartered Secretaries and Administrators：The Gover-
nance Institute）および英国投資業協会（The Investment Association）に対し、各
会社において取締役会レベルで非株主ステークホルダーとの関係を構築するこ
とができるようにするための実行方法について共同ガイダンスを策定するよう
要請した。[44]

　ちなみに、2016年 Green Paper で取り上げられたコーポレート・ガバナン

スに関する課題については、下院（House of Commons）ビジネス・エネルギー・産業戦略委員会（the Business, Energy and Industrial Strategy Committee）（以下、「下院 BEIS 委員会」という。）でも議論が行われており、同委員会は2017年4月5日付で同委員会2016年-2017年会期第3報告書「コーポレート・ガバナンス」を公表した。これに対し、政府は以下のような対応方針を示している。すなわち、第1に、下院 BEIS 委員会が2006年会社法172条1項所定の義務の履行の実効性確保につき行った若干の勧告のうち、FRC が UK Corporate Governance Code を改訂し、取締役による同項所定の義務の履行状況につき、取締役会が各ステークホルダーの利益をそれぞれどのように考慮したか、またそれが財務面での意思決定にどのように反映されているか、会社の目的（objectives）をどのように達成し、取締役会の意思決定がもたらす長期的な効果をどのように考慮したかを説明するよう求めるとともに、ステークホルダーの利益を考慮しなかった場合は、その問題を端的に対処しそれを報告すべきものとする旨の勧告に対し、イギリス政府は、基本的にこれを支持する。その上で、下院 BEIS 委員会は、上記の開示・説明義務の強化を UK Corporate Governance Code の改訂により実現する旨の考えを示していたが、これについては、上記の通り、イギリス政府は、同 Code の適用対象会社に限らず、公開会社および私会社のうち一定規模以上のすべての会社を対象とする説明義務の導入を立法により行うことが適当であるとの考えを示している。

4　会社法等における関連規律の見直し

1　会社法における関連規律の改正案

イギリス政府の上記方針に示されているように、第1に、イギリス政府は、2006年会社法172条1項に定める会社の成功を促進すべき取締役の義務の履行の実効性を確保するため、2018年夏頃に、所要の会社法関連規則（secondary legislation）を制定し、2006年会社法に当該義務の履行状況等の開示を上記の対象会社に義務付ける旨の規定を新設することを予定している。本稿脱稿の時点ではその具体的内容は明らかでないものの、おそらく、イギリス政府としては、

現行制度の下で小規模会社を除くすべての会社に作成が義務付けられている戦略報告書の記載事項の改善・充実を通じ、所期の制度改善を実現するものと想定される。

現に、2006年会社法の2013年の改正による戦略報告書の導入に合わせ政府（当時の会社法制管轄省庁であった Department for Business, Innovation and Skills）の要請を受け戦略報告書の記載事項等に関するガイダンスを策定した FRC は、[47]非財務情報およびダイバーシティ関連情報の開示に係る EU 指令の国内法化に対応するとともに、前述した2006年会社法172条１項に定める取締役の会社の成功促進義務の履行状況の同報告書での開示を改善するため、戦略報告書に関するガイダンスの改正に着手しており、新たに制定される予定の会社法関連規則の内容を踏まえてガイダンスの最終内容を確定させる予定である旨を公表しており、[48]イギリス政府が提示する立法措置とともに、FRC が行う戦略報告書ガイダンスの改訂の内容の如何が注目される。

2 UK Corporate Governance Code の関連規律の改訂案

第２に、FRC は、イギリス政府の上記要請を受け、第１に、ロンドン証券取引所プレミアム市場上場会社に適用される UK Corporate Governance Code を改訂し、現行 Code と同様に取締役会が会社の成功を主導する担い手であることを確認した上で、取締役会の職務として、会社の長期的かつ持続的な成功の促進、株主価値の創造およびより広範な社会への貢献を掲げるとともに、会社がその株主および非株主ステークホルダーに対する責任を果たすために、取締役会が株主および非株主ステークホルダーとの効果的な関係構築と株主および非株主ステークホルダーの参加促進を図る必要がある旨を、当該会社が遵守すべき原則（principle）として明記することを提案している。[49]

第２に、FRC は、同 Code に、労働者層（workforce）が会社経営に関連して問題提起を行い、会社の業務執行が当該会社の価値観（values）および責務に合致しないときに異議を唱えることができるものとする旨の原則を掲げるとともに、これを敷衍するものとして、取締役会が労働者層の意見を収集する方法を確立することを要するものとした上で、その通常の方法として、労働者層

選出取締役（director from workforce）、公式の従業員勧告委員会の設置、労働者層の意見・利益を代弁する非業務執行取締役の選定を例示し、また、労働者層が秘密・匿名により問題を提起する方法を用意し、取締役会がこれをレビューし、提起された問題に対する適切かつ独立の調査と善後措置を講じる仕組みが運用されるよう確保するものとする旨を定める規則の新設を提案している[50]。

　ちなみに、FRC が示している UK Corporate Governance Code の改訂提案が、政府の示す会社法改正構想と同様、非株主ステークホルダーのうち労働者層をその他の非株主ステークホルダーと区別し、特別な措置の採用を提案することは、イギリス会社法が1985年会社法309条１項を削除し2006年会社法172条１項に代えた立法経緯に鑑みると、違和感なしとしないが、おそらく、非株主ステークホルダーのうち労働者層がすべての会社にほぼ共通する不可欠の存在であることを考えてのことであろう。一方、2006年会社法172条１項では、従業員（employee）という文言を用いているが、FRC の上記提案では、労働者層（workforce）という表現に代えている。その趣旨は、現在の会社と労働者との契約関係の複雑化・多様化を踏まえ、わが国でいう派遣労働（agency worker）や労務請負（contractor (self-employed)）等をなるべく漏れなく包摂するべく用いられたものと説明されており[51]、その取扱いは参考に値する。

　さらに、FRC は、UK Corporate Governance Code 改訂案とともに、取締役会の実効性確保に係るガイダンスの改定案も併せ公表し、労働者層を含む非株主ステークホルダーとの関係構築のための具体的取組みとして、主要顧客とのコンタクト、顧客からの苦情・満足度データの収集、供給業者に対するフィードバック、ソーシャル・メディアの利用、利害関係グループおよび地域社会とのコンタクトを例示するとともに、労働者層の意見収集の方法としても、取締役との朝食ミーティングの開催、労働者層の年次総会の開催等の各種方法を通じて双方向の定期的な対話を行うことを提示する[52]。いずれにせよ、同 Code の適用を受ける対象会社は、いかなる方法により各種ステークホルダーとの関係構築を図り、その利益・意見を会社の業務執行上の意思決定等においていかに考慮したかを、コーポレート・ガバナンス報告書の中で説明を行い、

株主のみならず非株主ステークホルダーに対する説明責任を果たすことを求められることとなろう。

なお、UK Corporate Governance Code と関連ガイダンスは、前述のように、ロンドン証券取引所プレミアム市場上場会社を適用対象とするため、その他の上場会社および非上場会社はその適用を受けないが、同 Code 等の定めるところを全部または一部採用することを妨げないとされている。[53] そのため、会社法172条1項に定める会社の成功促進義務の履行確保に関しては、同 Code 等の定める原則・条項・ガイダンスが、多くの会社にとって有用な指針として機能することになると思われる。

3　ICSA・IA 共同ガイドラインの公表

このほか、注目すべき実務の取組みとして、英国勅許会社秘書役・事務局長協会と英国投資業協会とが共同で2017年9月に策定・公表したガイダンス「取締役会の意思決定におけるステークホルダーの意見反映—事業の強化、長期的成功の促進—」[54] が参考となる。紙幅の関係もあり、概略の紹介にとどめるが、このガイダンスは、取締役会が戦略上の意思決定を行うにあたり主要なステークホルダーの利益を理解・評価し適切に考慮することを確保するための方法を探ることに役立たせることを目的とするものとされており、こうした関連から、以下の 10 のコア原則を列挙する。

コア原則1：取締役会は、取締役会が当該会社の主要利害関係者（key stakeholders）と考える者を、その理由とともに明らかにするとともに、これらを定期的にレビューすべきである。
コア原則2：取締役会は、経営者から提供される情報だけに頼ることなく、取締役会として直接関係を構築する（engage）必要がある利害関係者を決定すべきである。
コア原則3：取締役会は、その構成と実効性を評価する際に、どのような利害関係者としての知見が取締役会において必要とされるのかを特定し、取締役会が、直接関連する経験または理解を有する取締役を擁することとするのか、取締役会が当該取締役から得るものがあるのかどうかを判断すべきである。
コア原則4：取締役を任用する場合、指名委員会は、任用プロセスおよび選考基準に基づき候補者を決定するに当たり、利害関係者の見地に立って判断すべきである。

コア原則 5：取締役会議長は、会社秘書役の協力を得て、利害関係者に関する事項について、すべての取締役が受けるトレーニングおよび新任取締役、とりわけ取締役の経験のない者の研修（induction）の適切性をレビューすべきである。

コア原則 6：取締役会議長は、取締役会、経営陣および会社秘書役の協力を得て、取締役会による意思決定の過程が主要利害関係者に対し十分な信頼を提供するものとなるよう、最善の方法を決定すべきである。

コア原則 7：取締役会は、主要利害関係者に対する適切な対応が講じられること、および、当該対応が定期的にレビューされることを確保すべきである。

コア原則 8：会社は、利害関係者に対する対応の仕組みを設計するに当たり、どのようなものが当該会社のみならず利害関係者にとっても最も効果的かつ有用であるかを検討すべきである。

コア原則 9：取締役会は、意思決定を行う場合は、主要利害関係者に対する影響をどのように考慮したかを株主に対し報告すべきである。

コア原則 10：取締役会は、取締役会が関係を構築している利害関係者に対し、利害関係の違いに応じてフィードバックを行うべきである。

このガイダンスはすべての会社を対象とし、各会社の自発的取組みを定めるものである上に、原則遵守義務や comply or explain ルールによる規定の適用という仕組みを採用しないため、対象会社の範囲やアプローチが UK Corporate Governance Code と異なるが、同ガイダンスが示すコア原則とそのそれぞれについて併記されている詳細な対応ガイダンスは、UK Corporate Governance Code 改訂案においても、取締役がこれを参照することに言及している。これを、同 Code 改訂案が、直接の適用対象となるプレミアム市場上場会社のみならずそれ以外の上場会社および非上場会社が同 Code 改訂案に準拠することを認めていることと併せ見ると、2018年中には最終確定される改訂 UK Corporate Governance Code の関連規定と上記ガイダンスは、すべての会社の取締役が会社法172条 1 項により課された会社の成功促進義務の履行方法等につき準拠すべきガイダンスとして機能し、同義務の履行確保に向けた実務指針として有用性を発揮することになろう。[55]イギリスでは、このように、実務の参考に供するため、会社法の定めるところを実務上どのように実行等するかにつき、ソフトローに属する実務指針を示し、ハードローとソフトローとを有機的に連携させることにより、所期の法効果の実現に役立たせる取組みが行われ

ることがあり、その手法はわが国でも大いに参考になると考えられる。[56]

5　結びに代えて

　イギリス2006年会社法172条1項に定める、ESV アプローチに基づく取締役
の会社の成功促進義務が、会社の利益・株主の利益ないし株主価値の増進、会
社の事業・目的の達成のために非株主ステークホルダーとの適切な関係の構
築、その利益の適切な配慮が求められることを、取締役の法律上の義務として
明言したことは、会社の利益や株主の利益に新たな光を当てその内容を現代的
に再定義する点で、理論的に注目に値することは前述した。同時に、この義務
が、enlightened shareholder value アプローチと言われる通り、会社ないし株
式会社を社員ないし株主を中核的存在とする伝統的な法観念を前提としなが
ら、そこに非株主ステークホルダーの利益を組み込むものである点で、依然、
株主主権を基調とするものであることも明らかであり、やや徹底を欠く憾みな
しとしない。イギリス政府は今回の会社法制の見直しにおいては、2006年会社
法172条1項の規律そのものの見直しを検討対象としていないが、その前提と
なる会社・株式会社の本質観を巡る議論とともに、今後、同条項の文言・規律
の見直しが行われる可能性もある。[57]それだけに、今後もイギリス会社法の動向
には、注意を払う必要があろう。
　また、イギリスでは、会社の業務執行における非株主ステークホルダーの利
益配慮が、会社法上の義務として明記された上で、ソフトローである UK
Corporate Governance Code においてそのための取組みを敷衍しており、ハー
ドローとソフトローの有機的な連携・連関が確保されているため、この面での
取組みをもっぱらソフトローとしてのコーポレートガバナンス・コードでのみ
規定するわが国の取扱いと根本的に異なっている。前述のように、イギリスで
は、この点に関するハードロー規定の2006年会社法172条1項の実効性が必ず
しも確保されていないという問題が指摘されて久しいが、近時の ESG 投資や
SDGs を巡る議論を併せ勘案すると、非株主ステークホルダーの利益・意見の
会社経営への反映を、取締役の職務の一環として位置づけた方が望ましく、そ

390

の意味で、わが国でもこれを会社法上の規律にも組み込むことは一考に値すると考えられる。

　ちなみに、イギリスでは、非株主ステークホルダーの利益・意見の会社業務への反映確保については、非株主ステークホルダーが株主となり株主権の行使を通じてこれを実現するケースのあることが指摘されている。筆者がFRCのインタビューで紹介された事例として興味深かったのは、イングランド教会（The Church of England）が年金基金運用のため株式を取得し株主権を通じて、同教会が理想とする社会の実現に向けた取組みを投資先企業に対して働きかけていることである。このように、株主がその権利を行使して、経済的利益の追求だけでなく、社会課題の解消・克服に向けた対応を投資先の会社に求める例が今後さらに拡大していけば、それが2006年会社法172条1項に定めるESVアプローチの実現、あるいは、健全な経済社会・社会の発展に貢献することとなるであろう。

　なお、イギリス会社法は現状では依然、株主利益の増進の観点から非株主ステークホルダーの利益配慮を取締役に義務付けるものであるが、イギリス会社法を母法とするインド会社法は、現行の2013年会社法において、よりCSR・非株主ステークホルダーの利益を前面に打ち出す立法主義を採用していること[58]が注目される。同法によれば、直近の会計年度中に50億ルピー以上の純資産、100億ルピー以上の売上高または5千万ルピー以上の純利益を有したすべての会社に対し、同法149条4項により独立取締役の選任義務を負うもの（上場会社）であるときは3人以上の取締役で組織し少なくともそのうちの1人が独立取締役であるCSR委員会（Corporate Social Responsibility Committee）を設置し、独立取締役の選任義務を課されないものであるときは2人以上の取締役で組織するCSR委員会を設置しなければならないものとした上で（同法135条1項）、同委員会が、当該会社が同法第7附則（Schedule Ⅶ）に列挙する領域・対象において行う貧困撲滅等のCSR活動に関するCSR方針を策定して取締役会に勧告し、当該活動について負担する支出額を勧告し、および、当該会社のCSR方針を随時監視するものとされている（同法135条3項）。また、取締役会は、CSR委員会の勧告を考慮した上で当該会社に係るCSR方針を承認して、その

方針の内容を取締役会報告書で開示し、当該会社のウェブサイトに掲載することを要し（同条 2 項・4 項 a 号）、当該会社の CSR 方針に掲げられた CSR 活動が当該会社により実行されるよう確保しなければならないともされている（同条 4 項 b 号）。しかも、取締役会は、直近の 3 会計年度中に当該会社が得た純利益の平均額の 2 ％以上に相当する額を当該方針に従って支出するよう確保しなければならないが（同条 5 項本文）、当該会社の支出額がこの数値基準を充たさなかったときは、取締役会報告書においてその理由を説明すべきものとされている（同項但書）。インドでは、2013年会社法がこうした規律を設ける以前から、自発的に CSR を意識した措置・活動を行う会社が存在したとされているが、CSR を意識した自発的な取組みを行う会社の数は比較的少なかったとされている[59]。その一方で、インドでは多くの一族経営コングロマリットが社会貢献への従事に関して長い伝統を有しているといわれていることもあり[60]、同法135条は、一定規模以上の会社を対象に CSR への取組みを制定法上の義務へと改めたものであり、comply or explain アプローチによるとはいえ法律上、純利益の 2 ％以上の CSR 活動への支出を当該会社に求めることも含め、先駆的な立法例として、イギリスでも注目されている[61]。しかも、インド2013年会社法は、すべての会社の取締役の一般的義務の一つとして、取締役が当該会社の社員全体の利益のために当該会社の目的を遂行するために誠実に行動することを要するとともに、当該会社の最善の利益に適う限り、当該会社の従業員、株主、地域社会の利益のために、また環境保護のために行動することを要する旨を定める（同法166条 2 項）。この規定も、イギリス2006年会社法172条 1 項と同様、株主の利益を会社利益の中核に置きながら非株主ステークホルダーの利益を包摂するアプローチを採用するものと思われるが、その点はともかく、イギリスおよびインドにおける上記の法的取組みを見ても、会社（特に一定規模以上の株式会社）の事業遂行において株主利益の最大化のみを追求すべきとの考え方ではなく、非株主ステークホルダーの利益を会社の利益概念に組み込んだアプローチが採用されていることは、現代社会に相応しい会社法制の在り方を探る上で、有益な理論的示唆を与えてくれるものであろう。

【注】

1) J. H. Farrar & B. M. Hannigan, Farrar's Company Law 4th ed., Butterworths, 1998, p. 386, 中村信男「英国における会社法見直しの動きと今後のコーポレート・ガバナンス」日本コーポレート・ガバナンス・フォーラム編『コーポレート・ガバナンス──英国の企業改革』93頁（商事法務、2001年）。

2) 2006年会社法172条1項・2項において、shareholder ではなく member の文言が用いられているのは、イギリス会社法上の company に株式会社（company limited by shares）のほか保証有限責任会社（company limited by guarantee）等が含まれるからである。

3) イギリス会社法制研究会編『イギリス会社法──解説と条文』107頁（中村信男・川島いづみ）（成文堂、2017年）。

4) Paul L. Davies and Sarah Worthington, Gower's Principles of Modern Company Law, 13th ed., Sweet & Maxwell, 2016, pp. 502-503, para. 16-38.

5) 川島いづみ「〈新版〉英法系諸国の会社法〔35〕」国際商事法務45巻7号（2017年）962頁。

6) 筆者が2018年3月7日に坂東洋行名古屋学院大学法学部教授とともに実施した FRC の開示部門の Project Director の Debbie Crawshawe 氏へのインタビューによる。

7) Farrar & Hannigan, supra note 1, at p. 381, Davies and Worthington, supra note 4, at, p. 502, para. 16-38.

8) Davies and Worthington, ibid, p. 512, para. 16-48.

9) Davies and Worthington, ibid, p. 503, para. 16-38.

10) The Department for Trade and Industry, Modern Company Law for a Competitive Economy (March 1998).

11) The Department for Trade and Industry, Modern Company Law for a Competitive Economy: The Strategic Framework (February 1998), paras. 5.1.1-5.1.50.

12) The Department for Trade and Industry, Modern Company Law for a Competitive Economy: Developing the Framework (March 2000), Ch.2.

13) Davies and Worthington, supra note 4, at, pp. 502-503, para. 16-38.

14) Davies and Worthington, ibid, p. 503, para. 16-38.

15) Davies and Worthington, ibid, p. 503, paras. 16-38, 16-39. なお、ESV について、わが国では、「啓蒙的株主価値」（例えば、川島・前掲注（5）960頁）、「啓発された株主価値」（例えば、小野里光広「英国会社法におけるステイクホルダー条項──Enlightened Shareholder Value（啓発された株主価値）との関係で」京都学園大学法学会編『転換期の法と文化』（法律文化社、2008年）3頁以下）などの様々な訳が充てられているが株主価値・企業価値を現代的視点で洞察し再定義したという意味で、「新たな株主価値」という訳を充てた。

16) 川島・前掲注（5）962頁。

17) Andrew Keay, Directors' Duties, 3rd ed., LexisNexis, 2016, pp. 139-141, 151-152,

paras. 6.43-6.47, 6.68, 川島・前掲注（5）960頁。

18) イギリス会社法制研究会・前掲注（3）125-126頁（注12）（中村・川島）、川島・前掲注（5）962頁、Keay, ibid, p. 151, para. 6.68. もっとも、非株主ステークホルダーが当該会社の株式を取得し株主の地位を併有する場合は、株主権の行使を通じ、ステークホルダーの利益考慮を取締役に強制することが可能である。Keay, ibid, pp. 185-186, para. 6.169.

19) イギリス会社法における戦略報告書については、宝印刷株式会社総合ディスクロージャー研究所編『統合報告書による情報開示の新潮流』245頁以下（川島いづみ）（同文舘出版、2014年）、イギリス会社法制研究会・前掲注（3）296頁-300頁（川島）。

20) 中村・前掲注（1）93頁、97頁。

21) 宝印刷株式会社総合ディスクロージャー研究所・前掲注（19）246-254頁（川島）。

22) Brenda Hannigan, Company Law, 4th ed., Oxford University Press, 2016, p. 226, para. 10-36, 川島・前掲注（5）962頁。

23) FRC, Draft amendments to Guidance on the Strategic Report Non-financial reporting, August 2017, p. 3.

24) Hannigan, supra note 22, p. 226, para. 10-36, House of Commons, Business, Energy and Industrial Strategy Committee, Corporate Governance, Third Report of Session 2016-17, HC 702, April 2017, paras. 27-30, 中村信男「イギリスにおける会社法改正構想──2016年緑書「コーポレート・ガバナンスの改革」に示された会社法改正構想の概観と示唆」比較法学51巻2号（2017年）81頁。

25) House of Commons, Business, Energy and Industrial Strategy Committee, ibid, para. 30.

26) TUC, All Aboard: Making worker representation on company boards a reality 2016, pp. 23-33.

27) The Department for Business, Energy and Industrial Strategy, Corporate Governance Reform Green Paper (November 2016) (hereinafter referred to as "Green Paper 2016").

28) Green Paper 2016, ibid, paras. 2.2-2.3.

29) Green Paper 2016, ibid, para. 2-8.

30) 各方策の詳細は、中村・前掲注（24）98-103頁を参照。

31) Green Paper 2016, supra note 27, paras. 2.17-2.18.

32) Green Paper 2016, ibid, paras. 2.19, 2.25.

33) Green Paper 2016, ibid, para. 2.26.

34) Green Paper 2016, ibid, para. 2.28.

35) Green Paper 2016, ibid, para. 2.32.

36) Green Paper 2016, ibid, paras. 2.34, 2.36.

37) The Department for Business, Energy and Industrial Strategy, Corporate Governance Reform: The Government response to the green paper consultation, August

2017 (hereinafter referred to as "Government Response 2017").

38) Government Response 2017, ibid, para. 2.5.

39) Government Response 2017, ibid, paras. 2.5, 2.6.

40) Government Response 2017, ibid, para. 2.29.

41) Government Response 2017, ibid, para. 2.30.

42) Government Response 2017, ibid, paras. 2.31, 2.32.

43) Government Response 2017, ibid, paras. 2.39-2.44, Action 6 (p. 32), Action 7 (p. 34).

44) Government Response 2017, ibid, Action 8 (p. 34).

45) House of Commons, supra note 24.

46) House of Commons Business, Energy and Industrial Strategy Committee, Second Special Report Session of 2017-19, Corporate Governance: Government Response to the Committee's Third Report of Session 2016-17, 22 September 2017 (HC 338), pp. 2-3.

47) FRC, Guidance on the Strategic Report, June 2014.

48) https: //www. frc. org. uk/accountants/accounting-and-reporting-policy/clear-and-concise-and-wider-corporate-reporting/narrative-reporting/guidance-on-the-strategic-report (last visited April 15, 2018)

49) FRC, Proposed Revisions to the UK Corporate Governance Code, December 2017 (hereinafter referred to as "Proposed Revision to the UK CG Code"), paras. 24, 26-34, FRC, Proposed Revisions to the UK Corporate Governance Code: Appendix A—Revised UK Corporate Governance Code, December 2017 (hereinafter referred to as "Revised UK CG Code"), Section 1, Principles A and C, Provision 4. 2017年12月に FRC が公表した UK Corporate Governance Code 2016 に対する改訂案の全容については、上田亮子「英国コーポレートガバナンス・コード改訂」資本市場リサーチ46号（2018年冬季）189頁以下で、改訂の背景事情も含め概説・分析がなされており、参考になる。

50) FRC, Revised UK CG Code, ibid, Section 1, Principle D, Provision 3.

51) FRC, Proposed Revision to the UK CG Code, supra note 49, paras. 32, 33.

52) FRC, Proposed Revisions to the UK Corporate Governance Code: Appendix B—Revised Guidance on Board Effectiveness, December 2017, paras. 26-36.

53) FRC, Revised UK CG Code, supra note 49, p. 2.

54) ICSA: The Governance Institute & The Investment Association, The Stakeholder Voice in Board Decision Making: Strengthening the business, promoting long-term success, September 2017.

55) Government Response 2017, supra note 37, at para. 2.45.

56) 例えば、2000年の会社法改正で株主総会の招集通知等の電子化措置が講じられた際に、英国勅許会社秘書役・事務局長協会が「最善慣行ガイド——株主との電子通信」（ICSA, Electronic Communications with Shareholders, 2000）を公表しており、電磁的

方法による招集通知・議決権行使につき、情報提供の中断時の対応等を含め詳細なガイダンスを提示していた。この点につき、中村信男「イギリス法における株主総会 IT化の概観と日本法への示唆」中央三井信託銀行証券代行部「証券代行研究」7号（2002年）1頁以下を参照。

57）Government Response 2017, supra note 37, at para. 2.46.

58）酒巻俊雄「我が国における会社法制の現状と課題」法律のひろば69巻8号（2017年）9-10頁。

59）Hemant Goyal and Sandhya Gupta, Corporate Social Responsibilities As per New Indian Companies Act 2013, p. 1 (2013). (http://www.globaljurix.com/our-publications/corporate- social-responsibility-as-per-new-indian-act-2013. pdf) (last visited April 15, 2018)

60）The Guardian, 5 April 2016, Indian law requires companies to give 2% of profits to charity. Is it working? (https://www.theguardian.com/sustainable-business/2016/apr/05/india-csr-law-requires-companies-profits-to-charity-is-it-working) (last visited April 15, 2018)

61）The Guardian, ibid.

コーポレートガバナンス・コードによる企業統治についての一考察
――制定法とコードとの規制選択の問題を考える諸観点――

野　田　　博

1　はじめに――問題関心と考察の射程

　コーポレートガバナンス・コード（以下、「CG コード」という）は、それが設けられた国や地域によって違いはあるが、国と証券取引所が協力し、場合によっては（機関）投資家や発行会社などの利害関係者の関与の下で策定されるというのが最も典型的なパターンであるとされ、2015 年 6 月 1 日から東京証券取引所等において適用が開始されたわが国の CG コードも、この典型的なプロセスにほぼ準拠して策定されている[1]。また、CG コードは法的拘束力をもたず、そのエンフォースメントに関しては、「コンプライ・オア・エクスプレイン」というメカニズムが採用されている場合が多いが[2]、わが国の CG コードは、その点でも共通する。

　ソフトローには各種の類型が見出されているが、その中で CG コードは、いわゆる商慣習・取引慣行等とは対極にある。商慣習・取引慣行等においては、作成主体は不特定多数の市場参加者、形成は自然発生的、動機は基本的には個々の当事者の利益確保といったものであるとされるのに対し[3]、CG コードは政策主導で人為的に導入されたソフトローである。形成主体については、上記のように、特定の主体がおり、その中で、国や証券取引所といった規制主体としての性格をもつ者が大きな位置を占める。また、わが国において CG コードは、その序文 6 項にも記されているように、国の成長戦略の一環として策定された。すなわち、明確な意図があって作り出されたというタイプであり、その形成動機は公益的規制であるということができる。そして、上場会社を名宛

人とし、特定の業界のメンバーといった閉じた世界の規制ではない。さらに、CG コードは国家機関がエンフォースメントを行うものではないが、その規律づけが実質を伴ったものとなっているか等について国家も関心を持ち、政府機関も関わる形でその実効性の検証等がされている[4]。

　このようなタイプのソフトローに関して、なぜ規制手法としてハードローを用いないのかという問題が生じることが指摘される[5]。確かに、CG コードには、企業文化・風土の醸成を求める規範（CG コード・基本原則2）などに代表されるように、その性質上ハードローに定めることが適切ではないと解される規範も含まれる[6]。また、CG コードの序文7項では、コードが「会社の迅速・果断な意思決定を促すことを通じて、いわば『攻めのガバナンス』の実現を目指すものであ」り、会社におけるリスクの回避・抑制や不祥事の防止といった側面（「守りのガバナンス」と呼ばれる）よりも、「健全な企業家精神の発揮を促し、会社の持続的な成長と中長期的な企業価値の向上を図る」という側面に主眼があることを謳っている。しかし、それらだけで、CG コードに定められる事項が説明できるわけではない。制定法である会社法においても、会社に選択の余地を認め創意工夫を促すことを通じて企業の成長・業績向上を促進するという取組みはこれまでもなされてきており、「攻めのガバナンス」が CG コードに固有のものというわけではないであろう[7]。また、CG コードにも、攻めのガバナンスの側面を含みつつ、同時に守りのガバナンスの側面も有する規範が存在することが指摘される[8]。さらに、規律付けの面でも、CG コードの規範性が、コンプライ・オア・エクスプレインのメカニズムのもとで必ずしも弱いとは言えない面もある[9]。これらのことは、ある規範について、なぜ会社法で定めず CGコードで定めるかという上記の問いが必ずしも自明でないことの一端を示すものであろう。また逆に、CG コードの存在下では、なぜ CG コードでなく会社法で定めるかということが問われるケースも出てくる余地があると思われる。

　本稿は、以上のような CG コードと会社法との規制選択の問題を主な関心事とするものである。もちろん、そのような規制選択の決定は、必ずしも論理必然的なものとは限らない。CG コードについてではないが、類型として近い面をもつあるソフトローについて、「ソフトロー／ハードローの棲み分けは、

この種の行為の規制は本来ソフトローになじむとか、ハードローが望ましいとか、規制の内容や性格でおのずと決まってくるわけではなく、両者の選択は実に恣意的であり、状況依存的だという、いささか虚無的な結論を導きかねないように思われる」との指摘もある。

　以下においては、まず2節において、わが国における CG コード成立の経緯、背景を概観する。そして、次に3節では、上述の本稿の関心事に基づき、たんに状況依存的というにとどまらず、適切な役割分担が図られるために留意すべき観点等の検討を行う。最後に4節を結びとする。

2　CG コード成立の経緯

　ここでは、上述した本稿の問題関心との関係で、わが国における CG コード成立の経緯を概観する。

　2014年6月に閣議決定された「『日本再興戦略』改訂2014」は、コーポレートガバナンスの強化についてのそれまでの施策の主な進捗状況として、会社法改正案が2014年6月に成立し、また同年2月に日本版スチュワードシップ・コードを取りまとめ、普及促進に向けて、コード受け入れを表明した機関投資家名を定期的に公表することとしたこと（同年6月より公表開始）を挙げた上で、新たに講ずべき具体的措置として、「東京証券取引所と金融庁を共同事務局とする有識者会議において、秋頃までを目途に基本的な考え方を取りまとめ、東京証券取引所が、来年の株主総会のシーズンに間に合うよう新たに『コーポレートガバナンス・コード』を策定することを支援する」との施策を盛り込んだ。これを受けて、2014年8月、金融庁・東京証券取引所を共同事務局とする「コーポレートガバナンス・コードの策定に関する有識者会議」（座長・池尾和人慶應義塾大学教授）が設置され、2015年3月5日に「コーポレートガバナンス・コード原案」が策定された。そして、このコードは東京証券取引所の有価証券上場規程等を改正することで導入され、同年6月に適用が開始された。

　以上は、「『日本再興戦略』改訂2014」以降の経緯の概要である。しかし、本稿の課題にとって一層関心を引くのは、CG コードの導入が「『日本再興戦

略』改訂 2014」に施策として盛り込まれたことには、どのような背景・経緯
があったかということであろう。その関係で、在日米国商工会議所の理事（当
時）であったニコラス・ベネシュ氏が CG コードの成立の経緯等について手記
を公にされている。それによると、CG コードの導入には、足踏み状態に陥っ
ていた会社法改正議論の打開策という側面があるようである。すなわち、2013
年10月に、それまで 2 年以上続いても決着をみなかった社外取締役選任義務づ
けをめぐる議論の打開策として、同氏が金融庁主導の CG コードを自由民主
党の代議士らに提案し、その代議士らの精力的な活動等を経て、「『日本再興戦
略』改訂 2014」におけるコード導入に提言に至ったとされる。また、政治家
以外にも、金融庁の担当チームがコード策定において果たした役割も大きかっ
たとされる。同手記では、以上のほかに、CG コードの基盤となった発想は、
すでに2010年に独立した経済学研究者により提供されたことも記されている。
なお、CG コードの導入については、後述するように、すでに証券取引所が上
場会社向けに会社法のルールに上乗せするルールを数多く定めてきていたこと
がその原動力になったとの見方も存在する。

　CG コードの導入が、とりわけ社外取締役選任義務づけをめぐって足踏み状
態に陥っていた会社法改正議論の打開策であったとの上記の捉え方のもとで
は、ある規範が制定法ではなく、ソフトローたる CG コードに定められてい
ることは状況依存的であるという説明につながりそうである。確かに、そのよ
うにしか説明できない部分もあるかもしれない。しかし、CG コードがガバナ
ンスの主体として期待を寄せているのが独立社外取締役であることは疑いない
としても、CG コードに含まれているのはそのような規範にとどまらないので
あり、社外取締役選任義務づけをめぐり膠着状態にある議論の打開策というこ
とだけで説明できるものではないであろう。また、適切な役割分担ということ
が理論的にも現実的にもないのかということは、成立の経緯とは離れて検討さ
れるべき課題たりうるであろう。

3 制定法とコードとの規制選択の問題を考える諸観点——適切な役割分担の考察のために

1 検討の方針

　ここでは、制定法（会社法）とコードとの規制選択の問題を考える観点、およびそれぞれの観点からの考察において留意すべき事項についての整理を目的とする。まず、会社法の特質が CG コードによる規制とどのように関係しているかという観点は、規制選択の問題の考察とも関わりをもつと思われる。[13] CG コードを導入している諸国でも、会社法は一様ではなく、その会社法の特質から、CG コードの導入が必然的といえる場合もあれば、そうでない場合もあるかもしれない。以下ではまず、この観点を取り上げる。次に、規制選択の問題により直接的に関わっていると考えられる観点として、それぞれの規制手法の長短に照らしての考察を取り上げる。そこでは、主に CG コードの長所とされる点を出発点とした考察を行う。最後に、それ以外に考慮すべきと思われるいくつかの観点を取り上げる。

2 会社法との関係——CG コードと親和性の高い会社法か否か

　会社法の特質が CG コードによる規制手法とどのように関係しているかということについて、川島いづみ教授は、イギリスの CG コードを対象とした研究を近時公表されている。[14] そしてその研究では、「株式会社の基幹構造を法律で規定してきた日本の商法・会社法においては、CG コードによる規制手法は、イギリス法におけるような必然性を必ずしももつものではない、ともいえよう」[15] とされている。

　イギリス会社法は、その本体に、業務執行・運営組織に関する規定や株主総会と業務執行組織との間の権限分配に関する規定をほとんど設けていない。[16] たとえば取締役会についてみると、取締役の自己取引についての取締役会の承認の要求等、機能する取締役会の存在を前提とした会社法規定は存在するものの、[17] イギリスの会社立法のどこにも、また記録されたコモンローにも、会社の取締役会の創設、構造または構成に関する積極的要求は存在しておらず、政府

により提供されたモデル定款が、これに関するデフォルト規定を定めているの
みである。そのような問題は、形式上、個々の会社それぞれの定款のもとでの
私的な秩序形成の問題とされているといえる。川島教授は、それがどう説明で
きるかにつき、準則主義への移行期における立法の影響があるのではないかと
される。すなわち、「株式会社の設立手続と運営組織に関するイギリス会社法
の規定は、基本的には、1856年ジョイントストック会社法の立場を2006年会社
法（現行法）に至るまで維持することとなり、会社の運営組織・業務執行組織
に関する規定は会社が附属定款において任意に定めることができるとする立場
が、基本的には現在まで受け継がれている」と。なお、イギリスにおいて、準
則主義による会社設立を認めた初の立法は、1844年のいわゆる登記法（Joint
Stock Companies Registration and Regulation Act, 7&8 Vict., c. 110）とされる。その
登記法と、株主の有限責任を認めた1855年の有限責任法（Limited Liability Act,
18&19 Vict., c. 133）とを統合したものとされる上記の1856年ジョイントストッ
ク会社法（Joint Stock Companies Act, 19&20 Vict., c. 47）は、レッセ・フェール最
盛期の立法といわれ、その指導原理を、公衆に対する完全な情報（fullest infor-
mation）の提供という条件のもとで、会社の設立・運営に当たって株主に完全
な自由を認めることとしていた。また、川島教授がその立場を基本的には受け
継いでいると指摘されるイギリスの2006年会社法（The Companies Act 2006）の
考え方は、同法に至る会社法現代化の改正作業において示された考え方に表れ
ていると思われる。同改正作業を統括し、最終的な責任を負うものであった統
括グループ（Steering Group）は、まず提案の出発点となる原則がどのような観
点において作り上げられているかにつき次のように述べ、会社法の授権法的理
解に立つことを明らかにしている。「会社法は本来、授権的（enabling）または
助長的（facilitative）であるべきである。すなわち、会社法は、事業その他の会
社の活動に携わる者が、自らの業務を共同の成功および効率的な生産活動に導
く可能性が最も高いと彼らが信じるやり方でアレンジし、運営できる手段を提
供すべきなのである」と。そしてそれとともに、そのような会社法の理解のも
とで、どのような場合に規制的介入が正当化されるかも示される。そこでは、
4つの場合が挙げられるとともに、それぞれについて例示がなされていたが、

その中の第２の場合として、法が当事者にデフォルト規定——たとえば模範定款——を供することができ、その結果取引コストを減少させるような望ましい結果が予測できる場合が挙げられている。[23]統括グループは、CG の領域における私的な秩序形成への規制上の委譲を「契約上の自由」の源とみており、そうした柔軟性は、「法が、発展していく商業上、科学技術上および市場の需要に適合し続けることを可能にする大きな強みである」とする。[24]

　イギリスのコーポレートガバナンス規制は、明らかに柔軟で、かつ既成ではなく「テイラーメイド」の性質を有している。それは、上述のように、規範の策定の責務の多くを代替的な非政府のアクターに委譲するという政府の傾向に由来する。委譲される非政府のアクターには、会社の定款を通じて会社株主のこともあれば、その他、英国財務報告評議会（Financial Reporting Council：FRC）等のような投資家を代表する規制団体のこともある。[25]そして、少なくとも過去20年にわたるイギリスの取締役会の発展に関して CG コードが重大な影響を有してきたことは、疑いのないところである。[26]

　以上のようにみてくると、イギリスの会社法は CG コードと高い親和性を有するものといえ、そのような会社法と CG コードとの（内的）関係との比較において、わが国での CG コードの導入は、川島教授が指摘されるように、必ずしも必然性をもつとはいえないのかもしれない。また、２節で述べた、わが国における CG コードの導入の経緯からは、ある規範が制定法ではなく、ソフトローたる CG コードに定められていることについて、状況依存的と評価すべき側面があるかもしれない。

　しかし、それらのことは、わが国において CG コードの存在意義を乏しくするものではないであろう。たとえば、2007年以降、東京証券取引所は、上場会社向けに会社法のルールに上乗せするルールを「企業行動規範」として数多く定めてきており、その流れが、2014年会社法改正の原動力となり、また CG コードの原動力にもなったと指摘されている。[27]また、法制審議会は、「会社法制の見直しに関する要綱」（法制審議会総会、2012年９月７日）と一体のものとして附帯決議を行い、証券取引所に対して上場会社に社外取締役の設置を奨励するルールを定めるよう求めたが、これについても、「2009年末から、すでに東

京証券取引所は『独立役員』制度を運用しており（他の取引所も同様の制度を導入している）、こうした規律を取引所の自主規制によって行うことは、従来の経緯からすれば、自然な流れであるといえる」とも指摘されている。[28]

このように、わが国でも CG コード導入の下地は徐々に形成されてきていたことが指摘される。そのことを踏まえると、会社法と CG コードとの間に見出される内的関連性といった点ではイギリスとの相違が認められるとしても、CG コードの存在意義は今後も高まっていくことは十分考えられよう。その場合、一体どこまでを CG コードで規律し、どこから法律ないしは証券取引所のルール等で規律するか、より一般的には、どこまでをハードローの規制領域とし、どこからソフトローの妥当する領域とするかということを論じる意義は、ますます大きくなると思われる。[29]以下においては、この問題を扱っていく。

3 規制手法の長短に照らしての考察

会社法と CG コードとの適切な規制選択を考える手がかりとして、それぞれの規制手法の長短に着眼するという観点が考えられる。この関係で、筆者は、別稿において、コンプライ・オア・エクスプレインとその他の規制手法との比較を試み、[30]その際、比較の対象の一つとして、制定法上の任意法規を取り上げたことがある。コンプライ・オア・エクスプレインも任意法規も、初期設定のルールからの離脱（opt-out）を許容する点で共通する面がある。なお、もちろん規範の中には、前述のように、法律事項としては規制することが難しい、あるいは規制することが適切でない事項もあり得るが、CG コードの中で規定される事項はそのようなものに限らず、制定法として規定されてもおかしくない事項も存在する。

上記のコンプライ・オア・エクスプレインと会社法上の任意法規との対比的分析によると、とくに市場による評価・影響力という機能の活用の点に、相違点の一つを見出すことができるように思われる。ある規範が任意法規として定められている場合、当該規範は、定款変更の株主総会決議によって事前に適用排除されているのでなければ、そのまま適用され、適用排除の場合に株主の事

前の関与がなされることになる。その定款変更による規範からの離脱が投資家の関心を引く場合も考えられ、その場合の市場による評価・影響力は、コンプライ・オア・エクスプレインと同等といってよいかもしれない。しかし、両者の大きな違いとして、任意法規はある時点での株主を意識したものであるのに対し、コンプライ・オア・エクスプレインのメカニズムにおけるエクスプレインというのは、一般には市場を念頭に置いて常時説明している状態を作り出すことが基本とされ[31]、そのようにして上場会社に継続的な説明責任を負わせるという点は、市場の評価・影響力をより意識した面があるといえる[32]。そして、この市場の評価・影響力が規範のエンフォースメントに資するのはいうまでもないが、その他、ソフトロー上の規範を自ら内在的に発展させていくことに資することが指摘される[33]。この後者のメリットが、制定法と CG コードとの選択においても考慮要素の一つになることは考えられる。たとえば、ある CG コードの規範について、きわめて高い遵守率が観察され、また、不遵守についての説明も多くが型通りである場合、そのような規範は柔軟性の価値が低く、たとえ一律の強制をしても失われるものは多くないとして、強行法規として定めることも考えられるが、上記のメリットを考慮して、CG コードのままにしておくこともあり得るといったことである。高い遵守率について、すぐ後に言及する形式主義等により遵守の程度が現状で過度になっているという見方をする余地は排除できないとともに、ある会社が、多くの企業が遵守している事項から乖離した場合のエクスプレインが評価され、実務に変化が生じ、規範自体の内容が見直されるということも、理論上は起こりうることが指摘されている[34]。

次に、制定法との対比で、立法者（ルールの策定者）が立法事実を確定できない場合に重要な手法になることが、ソフトローとしての CG コードを選択するメリットとして挙げられることがある[35]。立法事実を確定できない場合、一律の強行規定を選択すべきでないことは明白である。また、そのような場合、上場規則において定められた企業行動規範の「遵守すべき事項」として規律するという選択もすべきでないであろう[36]。しかし、そうだとしても、その場合にコンプライ・オア・エクスプレインを採用した CG コードが適切である、あるいは問題が少ないと直ちにいえるであろうか。ここでは、コンプライ・オア・

エクスプレインのメカニズムは決して中立的に機能するものでないことに留意[37]する必要があると思われる。たとえ多くの企業が遵守を選択していたとしても、それは、CG コードの内容が積極的に評価されている場合だけとは限らない。遵守と合理的説明を比較し前者の方が容易である、あるいは市場の側の形式的対応が危惧されるなどして遵守を選択している場合や、さらにはただ形式的にのみ遵守を選択している場合も考えられる[38]。CG コードの運用においてそのような形式主義が顕著に生じている場合、誤った規定内容を定めることによる弊害は、一律の強行規定の場合と同様に生じうると考えられる。

　たとえば立法事実を確定できないことの例として、ルールAとルールBとで、どちらが望ましいルールであるか、ルール策定者に分からない場合を考える。この場合、いずれか一方のルールをコンプライ・オア・エクスプレイン規範として定める場合と、制定法において、たとえばルールAをデフォルトの形で定めつつも、会社が任意にルールBを選択（opt-in）すればルールAの適用が排除される等、法令でルールAとルールBを選択制とする場合とでは、いずれが望ましいであろうか。上述した形式主義の程度にもよるが、後者の方が弊害の少ない場合があるかもしれない。また、立法事実を確定できないことの中身として、Cというルールが望ましいといえる条件（規制対象たる会社の範囲等）がルール策定者に分からない場合はどうであろうか。この場合も、ルールCを一律にコンプライ・オア・エクスプレイン規範として定めることが最善とは限らず、ルールCを強行法規として設けるがその規制対象会社の範囲は控えめに定め、それへの上乗せとして、その他の会社を適用対象とするコンプライ・オア・エクスプレイン規範を設ける、または、それらの会社が任意に opt-in できるタイプの制定法上の規定を設ける等の方法等も考慮に値しよう。以上は、抽象論の域を出るものではないが、立法事実が確定できない場合でも、制定法による規制手法を含め、多様な選択肢が検討対象になりうることへの留意の必要性を示すものと考えられる[39]。

4　その他の考慮要素

　ここでは、上述の点以外に考慮すべきと思われるいくつかの観点を取り上げ

る。

　第一は、正統性の観点である。CG コードについて、法令以外の行為規範の形成については、その正統性について疑念が呈されることがあり、その関係で、わが国の CG コードは、実質的には 4 か月間で原案が作成されていること等が指摘される[40]。ただ、ここでは、そのような短期間での作成とそれに伴う内容面での疑義といった問題ではなく、CG コードが国会の議決という民主主義的な過程を経ないこと等に着眼し、コードに定めることになじまない事項があるのではないかとする見解に注目したい。なお、その見解では、出発点として、コードの策定者の正統性は、その規制領域についての専門性によって与えられるところが大きいこと等が指摘されている[41]。

　さて、上記の見解では、イギリスの CG コードについて、コードで取り組まれた事項は、コード策定以来20年の全期間を通じ、主に取締役会の有効性の手段的側面に焦点を合わせるものであり、その一方、経営上のアカウンタビリティ・メカニズムの受益者としてふさわしい対象者はどの範囲かといった問題については、意図的かつ一貫して注意を払ってきていないということが観察できるとされる[42]。こうして、イギリスの CG コードでは、投資家保護主義のエートスによって具体化されていること、およびそれに対応して、それ以外の考慮要素——株主の利益を超える公益的問題——が除外されていることが、その重要な制度的特徴になっているとされるのである。これは一例であるが、そのようにして規制対象について抑制的であることは、規制の正統性に疑義を生じさせる事項を含めることによって、コードの正統性が傷つけられることは避けられなくてはならないとの配慮の表れとみることもできる[43]。以上の、CG コードの正統性に疑義を生じさせないことに配慮した規定内容ということも、コードと会社法との割り振りの問題を考える一観点たりうると思われる。

　第二に、コーポレートガバナンスの仕組みとして海外でも広く認知されている形態をとることで、内外の投資家の信認を得ることができ、ひいてはわが国の資本市場の国際競争力の強化に資するという発想は、たとえばわが国でも上場会社における社外取締役の選任強制等の議論でみられたところであるが、その発想を達成する上での規制選択の問題である。この点については、すでに別

407

の論考においても検討を加えており[44]、他の条件が同じであれば、アカウンタビリティの強化されたシステムに属する企業の方が資金調達しやすいと考えられるところ、国家または取引所ベースでのアカウンタビリティの強化をコンプライ・オア・エクスプレインの規制枠組みで達成しようとした場合、個々の企業がその属するシステムのアカウンタビリティの強化に基づく便益を享受するとともに、柔軟さも保持する結果になるかを検討した。ここでは結論のみにとどめるが、まず、その場合、投資家がそのシステムに信頼を寄せる際の指標の一つは CG コードの遵守率ということになろうが、高められたアカウンタビリティは公共財としての性質を備えており、その結果、不遵守会社が遵守会社の遵守努力にフリーライドするインセンティブが常にあることになる。次に、もちろんコンプライ・オア・エクスプレインは広く普及した規制手法であり、またその趣旨に照らすと、不遵守それ自体がシステムの評判を落とすことを意味するものではないであろう。大雑把には、たとえ遵守率が高くなくても、質の高い説明が提供されており形式主義が大きな問題にならなければ、システムへの投資家の高い信頼を基礎として個々の企業が享受する資金調達上の便益の低下は問題にならないと考えられる。しかし、形式主義がはなはだしければ、投資家の信頼は低下し、そのシステムに属する個々の企業の享受する便益の低下が問題になりうるといえよう。以上のような問題への懸念から、アカウンタビリティの強化を強行法規により達成しようとすることが考えられるかもしれない。このように、ここでも、強行法によるかソフトローによるかの選択の問題を考える観点が示されている。

なお、CG コード存在下での会社法等の見直しの動きの中には、コンプライ・オア・エクスプレインの規制枠組みを機能させるという観点もみられる。これは、制定法と CG コードとの規制選択の問題に直接関係しないが、CG コード存在下での法の役割の重要性を示しているといえるであろう[45]。

4　結　び

本稿では、CG コードと会社法との適切な規制選択という問題に着目し、そ

れを考える様々な観点の整理を試みた。個別具体的な規範内容に即した検討は
なしえておらず、それについては今後の課題としたい。また、適切な素材を得
てその検討を行うことを通じて、本稿で示した観点についての分析をより深
め、また、さらなる観点の提示が可能になるのではないかと期待している。そ
の意味で、本稿での考察は中間報告的なものにすぎないが、本稿でなした諸観
点の整理が上記の問題の解明のための足掛かりの一端を提供しえていれば、幸
いである。

【注】

1) 神作裕之「コーポレートガバナンス・コードの法制的検討——比較法制の観点から」
   商事法務2068号（2015年）17頁。
2) 同上17頁。
3) 藤田友敬「市場取引とソフトロー——矢野報告に対するコメント」ソフトロー研究
   3号（2005年）33頁、35頁。
4) 「スチュワードシップ・コード及びコーポレートガバナンス・コードのフォローアッ
   プ会議」（座長・池尾和人慶應義塾大学教授、事務局・金融庁および東京証券取引所）。
   この会議の提言により、2017年5月29日にはスチュワードシップ・コードの改訂版が
   取りまとめられている。
5) 藤田・前掲注（3）34頁。
6) 髙橋真弓「ソフトローとしてのコーポレートガバナンス・コードとスチュワードシッ
   プ・コード」自由と正義67巻7号（2016年）41頁、45頁。
7) 制定法において、選択の余地を認める規定として、任意法規のほか、何もしなけれ
   ば適用されないが、一定の手続きを踏む等、会社（関係者）が積極的に選択する
   （opt-in）場合に適用されるタイプの規定がある。詳しくは、野田博「会社法規定の類
   型化における『enabling 規定』の位置とその役割・問題点（上）(下)」一橋論叢122巻
   1号（1999年）1頁・123巻1号（2000年）190頁参照。
8) 髙橋・前掲注（6）43頁。
9) とくに上場会社でも規模の大きい会社ほど遵守率が高くなる傾向がみられる。たと
   えば QUICK ESG 研究所の集計（2016/7/7）によると、コード施行後1年の時点でガ
   バナンス報告書の提出企業（東証1部・2部）2183社のうち、フルコンプライは227社
   （10.40％）、エクスプレイン2つ以下が724社（33.17％）であるのに対し、TOPIX 500
   に限ると、提出企業472社のうち、フルコンプライは130社（27.54％）、エクスプレイ
   ン2つ以下が290社（61.44％）となっている。同研究所ホームページにより入手（http:
   //sustainablejapan.jp/quickesg/2016/06/27/corporate-governance/22814, last visited 7
   July 2016)。

10) 藤田・前掲注（3）35頁。

11) なお、名古屋・札幌・福岡の各証券取引所もこれに従っている。

12) ニコラス・ベネシュ「提案者の視点：ガバナンス・コードの生まれ方、残っている課題（アップデート）」（2016/9/2）。公益社団法人会社役員育成機構ホームページにより入手（https://bdti.or.jp/2016/04/02/cgcbirthnext/, last visited 3 October 2016）。

13) CGコードに関して、アメリカには統一的なコードがないことの理由として考えられるもののうち、アメリカに固有の理由として、会社法の管轄が連邦ではなく州にあるため、そうした中で統一的なとりわけ授権型のCGコードを策定することが難しいという側面も大きいとの指摘があるが（神作・前掲注（1）16頁）、これも会社法の特質がCGコードによる規制に影響する一例といえるであろう。

14) 川島いづみ「コーポレートガバナンス・コードとイギリス会社法」鳥山恭一ほか編『岸田雅雄先生古希記念・現代商事法の諸問題』（成文堂、2016年）239頁。

15) 同上262頁。

16) 同上262頁。

17) *See,* Companies Act 2006, ss 175 (4) (b), 177 (2) and 182 (1).

18) Marc Moore, *Corporate Governance in the Shadow of the State*, Hart Publishing, 2013, pp. 164-165.

19) 川島・前掲注（14）252頁。

20) 同上254-255頁。

21) 以上につき、同上252-254頁。

22) Company Law Review Steering Group, *Modern Company Law for a Competitive Economy: Final Report* (June 2001), para 1.10.

23) *Ibid.*, para 1.11. なお、詳細につき、野田博「コーポレート・ガバナンスにおける法と社会規範についての一考察」ソフトロー研究1号（2005年）105頁、107-108頁。

24) Company Law Review Steering Group, *Modern Company Law for a Competitive Economy: Developing the Framework* (March 2000), para 3.10.

25) Moore, *supra* note 18, p. 175.

26) *Ibid.*, p. 164 (fn. 109).

27) 神田秀樹「特集　コーポレートガバナンス・コード　特集にあたって」ジュリスト1484号（2015年）14頁、15頁。

28) 神田秀樹『会社法入門〔新版〕』（岩波書店、2015年）41頁。

29) 神作・前掲注（1）16頁参照。

30) 野田博「コーポレート・ガバナンスにおける規制手法の考察——ソフトローの側面を中心として」商事法務2109号（2016年）14頁、16-17頁。

31) 神田秀樹ほか「〈座談会〉平成26年会社法改正の検証」ソフトロー研究24号（2014年）51頁、65頁〔神作裕之発言〕。

32) 以上につき、野田・前掲注（30）17頁。

33) 神作・前掲注（1）18頁。

34)　同上18頁。

35)　Klaus Hopt, *Comparative Corporate Governance: The State of the Art and International Regulation*, 59 Am. J. Comp. L. 1, 66 (2011).

36)　遵守すべき事項の規範に違反した場合には、実効性確保手段（特設注意市場銘柄への指定〔有価証券上場規程501条1項4号〕、改善報告書の提出〔同502条1項2号〕、公表措置〔同508条1項2号〕、上場契約違約金〔同509条1項2号〕など）の対象になる。

37)　神田ほか・前掲注（31）77頁〔藤田友敬発言〕。遵守させる方向に働く要素が一切ないようにしたいのであれば、この手法を使うべきでないとされる。

38)　髙橋・前掲注（6）46頁。

39)　この部分の検討にあたって、松中学准教授から貴重なコメントをいただいた。深く感謝申し上げる。

40)　藤田友敬・澤口実「対談　これからの会社実務」ジュリスト1500号（2016年）2頁、17頁〔澤口発言〕。

41)　Moore, *supra* note 18, p. 171.

42)　*Ibid.*, p. 172.　もっとも、この点はその後の動向にも注意が必要である。その関係でここでは、イギリスCGコード〔2014年9月〕序文8において、法令上、会社が第一義的に説明責任を負うのは株主に対してであること、会社と株主との関係が本コードの主題であることを断りつつ、「会社には、資本以外のキャピタルの提供者が行う貢献を認識することが奨励される。ガバナンスに関する会社の全体的なアプローチと関連がある限り、取締役会は当該キャピタルの提供者の意見に耳を傾けることに関心を有するものであり、会社は当該関心を尊重するよう奨励される」とされていることを挙げるにとどめる（日本語訳は、コーポレートガバナンス・コードの策定に関する有識者会議の「参考資料2-1」〔2012年度版のコードの仮訳〕を参照）。

43)　Moore, *supra* note 18, p. 172.

44)　野田・前掲注（30）19-20頁。

45)　同上20-21頁。

イギリスにおける経営者の報酬規制

原　　弘明

1　はじめに

　日本の会社法においては、近時役員報酬をめぐる議論が活発になってきている。かつての役員報酬をめぐる議論は、役員の「お手盛り」による弊害防止に集中しており、その結果現在の会社法361条においても、総額の上限額を株主総会普通決議で決めることが実務の趨勢である。他方、伊藤靖史の先駆的研究[1]に始まる近時の議論は、経営者に適切なインセンティブを付与するための報酬規制の設計を模索している。[2]本稿の執筆時点で開かれている法制審議会会社法制（企業統治等関係）部会においても、諮問事項に「役員に適切なインセンティブを付与するための規律の整備」が含まれており、役員報酬に関する議論が交わされている。[3]

　日本の株式会社における経営者報酬の水準は、欧米に比べて遙かに低い水準にあるとされるが、会社経営者を海外からリクルーティングする事例も徐々に増えてくるものと思われる現在において、海外の法制を概観することにも一定の意義がみられるであろう。

　本稿では、アメリカ法に比して日本における紹介・検討があまり進んでいないイギリス法にスポットライトを当てる。もっともこの分野でも、伊藤のほか、上田真二・菊田秀雄らの詳細な先行研究が存在している。[4]本稿ではこれらの先行研究に屋上屋を架すのではなく、現在イギリスで検討されている会社法制改革の Green Paper とそれに対する各界の反応を踏まえた政府対応を紹介することで、今後の変革の方向性を占うこととする。[5]また、アメリカ法について[6]

412

は一定程度行われてきた、学術論文による制度評価も概観する。

　まず、2節では、Green Paper を検討する前提として、先行研究と重複する内容ではあるが、Say on Pay に代表されるイギリスの経営者報酬規制を概観する。3節では、Green Paper の具体的な内容を概観し、若干のコメントを加える。4節では、イギリスの経営者報酬制度について、学術論文がどのように評価してきたか、必要に応じて他国との比較制度分析にも触れつつ概観し、コメントする。5節では、以上の内容を踏まえた日本法へのインプリケーションを探る。

2　イギリスの経営者報酬規制

1　Say on Pay 前史

　イギリスにおいて経営者報酬が主たる会社法上の論点となり始めたのは、保守党のサッチャー政権が誕生した1980年代以降のようである。[7]経営者報酬が社会問題ないし法的問題となる発端は、国によって異なるものの、経営者報酬の絶対額やその伸び率が、株価や企業の業績に比して高すぎると認識される場合[8]と、会社の従業員の賃金に比して高すぎると認識される場合に大別できるように思われる。イギリスではまず後者が問題視された。

　それまでも、経営者報酬が判例上一切問題にならなかった訳ではない。イギリス法では取締役は株式会社と役務契約（service contract）を締結することにより報酬請求権が発生するが、取締役の任用が定款上明記されていなかった場合、役務に応じた報酬請求が認められるかが問題となった事例は存在した。裁判所はこのような場合、役務に応じた報酬請求権を抽象的には認めていたものの、具体的な請求認容には消極的な傾向にあった。このように、取締役が受け取るべき報酬を請求する形態の訴訟は確かに存在したものの、取締役の報酬が高すぎるとして株主が訴えを提起する事案はみられなかった。また、裁判所は個別額について経営判断を尊重する傾向にあった。

　1970年代までは、イギリスの経営者報酬は他の先進諸国に比して低額であったが、80年代の保守党政権における自由市場主義の下、報酬額は大きく伸び、

1979年から94年までの間にイギリスの公開大会社における CEO 報酬の総額は6倍に膨らんだ。このような経営者報酬額の急激な伸びが、Say on Pay 導入の素地となったともされる。

2 現在の規制

現在の経営者報酬規制の形成に至る経緯は先行研究に委ねることとし、ここでは2013年会社法改正以降の現状を概観する。[9]

イギリスのコーポレート・ガバナンス・コードは、プレミアム市場上場会社に適用がある。2016年４月時点でのイギリスのコーポレート・ガバナンス・コードでは、セクションD（報酬）と別表A（業務執行取締役の業績連動報酬の設計）が、経営者報酬についての主たる定めを置いている。セクション D.1.（報酬のレベルと構成要素）の基本原則は、取締役報酬が会社の長期間の成功をもたらすよう設計されるべきこと、業績連動要素は透明性があり、伸縮性があり（stretching）、厳格に適用される必要があるとされる。補充原則では、報酬委員会は他の企業との比較をすべきとしつつも、会社・個人に対応する改善が見られない場合、報酬レベルを引き上げるリスクの観点を有すべきとし、必要より多く報酬を支払うことを避けるべきとする。また、とりわけ年額報酬決定の際には、グループ内の他の雇用・賃金条件にも繊細であるべきとする。セクション D.2.（手続）の基本原則は、経営者報酬方針を進展（develop）させるため、及び個々の取締役の報酬パッケージを確定させるための、明確で透明性のある手続を要求し、取締役が本人の報酬決定に関与してはならない旨定める。補充原則では、業務執行取締役・上級管理職からの意見受領、CEO との協議に際して利益衝突を認識し調整すること、報酬委員会議長は報酬について主要株主との間の契約を維持することを保証しなければならないことが定められている。別表Aでは、報酬内容のバランスや株式ベース報酬、年金についての言及がある。

2013年改正前から、上場会社について、会社法439条は取締役報酬報告書（directors' remuneration report：DRR）について株主総会の勧告的決議を規定する。また、2013年改正による会社法439A条は、少なくとも３年に１回、取締

役の報酬方針について株主総会普通決議を義務づけている。拘束力を与えた効果として、報酬が方針と一致していなかった場合、直近に承認された方針が有効となる。

　また、日本法と異なる経営者報酬規制の特徴について若干触れておく。まず、イギリスでは取締役は株主総会の普通決議でいつでも解任できるものの[11]、対象となる取締役には告知が必要であり[12]、また当該取締役は報酬相当額の支給を受ける権利を失わない[13]。そのため、会社と取締役との間の任用契約においては、確定的な長期間の任用を内容とするものや、解約の事前告知期間を12ヶ月やそれ以上に設定するものがしばしば存在し、仮に取締役は解任されても当該期間の報酬相当額を得られることになる。このような報酬は「失敗への報償（rewards for failure）」と呼ばれており、経営者報酬規制において特に問題とされてきた[14]。コーポレート・ガバナンス・コードのD.1.5はこのことを念頭に、契約期間が1年以内であるべきであるとしている。日本法では会社法339条2項の解釈問題となりうる内容であるが、会社と取締役との間で任期よりも長期の契約を締結することに、債務的効力以外の法的な意味は認められないと考えられるし、「正当な理由」の解釈は不分明であり、同様の現象が頻発することは考えにくい。非公開会社における取締役任期の短縮の場合、2年分の報酬相当額の賠償を認めた下級審裁判例も存在するが[15]、これも上場企業で頻発するとは考えにくい現象であるから、一応イギリス固有の状況として紹介しておく。

3　会社法改革の Green Paper

1　問題意識

　Green Paper では、Say on Pay 導入後も経営者報酬の増加に歯止めがかかっていないこと、対従業員賃金比が大幅に増加していること、そのような報酬増加が会社の長期の（long-term）業績と十分にマッチしているといえるか疑問でとされている。そのため、Green Paper は株主の経営者報酬に対する権限を強化する様々な選択肢を提案している。また、経営者と他の会社構成員との alignment を強化するための方策も提案している。

2 提案内容

　株主が経営者報酬とパフォーマンスに対して有する権限強化の方策として、①DRR における報酬パッケージの全てまたは一部の要素を毎年拘束力ある決議事項とすること（従前は 3 年ごとの拘束力ある決議事項とされていた）、②DRR の勧告的決議で反対票の割合が過半数だった企業により強い効果を与えること、③上場会社の報酬方針に、年次報酬総額の上限を設けることを要求ないし推奨し、当該上限を超えた場合拘束力ある決議を要求すること、④従前の 3 年ごとより頻繁に、株主に経営者報酬方針について拘束力ある決議をする権限を必須とするか付与すること、⑤コーポレート・ガバナンス・コードにおいて、DRR に対する相当数の反対票が投じられた会社には株主と報酬について取り組む（engage）べきとする規定を強化すること、が提案されている。

　機関投資家・個人投資家が報酬に対する既存のあるいは新規の権限を全て行使できるようにする方策として、①ファンド・マネージャーに対し、定時株主総会（annual general meeting：AGM）における議決権行使と代理行使の記録の開示を義務づけること、②経営者報酬アレンジメントについて取り組む上級「株主」委員会（senior "shareholder" committee）を創設すること、③個人株主の、報酬や他の会社の意思決定についての議決権行使を容易にしあるいは促進させる方策の考慮、が提案されている。

　報酬委員会や委員会へのアドバイザーについて、特に報酬方針を策定する前に株主・従業員の見解を効率的に取り組ませるような効率性を改善させる方策として、①報酬委員会に、会社の報酬方針を準備する以前に株主・幅広い労働力と協議することを要求すること、②報酬委員会議長に、就任前少なくとも12ヶ月の従事を要求すること、が提案されている。

　報酬に関する指標（ratio）で新たに報告を要求すべきものの存否と内容としては、幅広い労働力に対する CEO 年次報酬の比率の報告を要求するすることによる、利益とリスクとしてありうるものを照会している。

　年次賞与が支払われるトリガーとしての要件は2013年の会社法改正で開示事項に含められていたが、取締役の意見が商業的に繊細な情報についての適用除外が定められていた。この開示を促すため、①投資家団体・投資家・投資家ア

ドバイザーに過去の情報を遡及的に開示させることを推奨すべきか、②法定開示の要件として、特定期間の全ての賞与ターゲットの遡及的開示を規定するかが照会されている。

長期インセンティブ・プラン（long-term incentive plans：LTIPs）が上場会社と株主の長期の利益により沿うための方策としては、経営者に付与されるオプションの保有期間を最低３年としていたのを延長すべきかが照会されている。

3 回答の概要

株主の権限強化については投資家団体・企業体など肯定的な評価が多かった。その理由としては、DRR に対する反対票が多かった会社が意味のある反応をすることが期待できないことや、そのような会社のとるべき行動が明確になり参考になるといったものがある。上場会社側は2013年改正で対応は十分であるとする。毎年の拘束力ある決議導入には１/３程度の賛成がある一方、反対票が多い企業がわずかであることから均衡を失するとの意見もある。報酬上限を設ける案・報酬方針の頻回の決議への反応は１/４以下であり、上限設定は報酬に一方的な拘束をかけること、頻繁な方針への投票は３年ごとの投票に比して長期安定性を削ぐとの懸念が占めさえる。⑤で補足した②の支持が最も多かった。投資家団体・企業体など2/3程度の支持があった。相当数の反対票の基準については意見が区々分かれている。

機関投資家・個人投資家の権限強化には回答総数の１/２未満の回答が寄せられた。ファンド・マネージャーの義務的開示には、社会的グループ、個人、資産保有者代表などの支持がほとんどである。投資家団体・一部の企業・シンクタンクは義務的開示に反対する。スチュワードシップコードの comply or explain で足りるとする。株主委員会については、個人投資家グループなどの支持がある一方、現実的な機能への疑問などから反対多数となっている。

株主・労働力の見解の報酬委員会への反映は、１/２を超える回答を得ている。4/5程度は効率性を何らかの形で改善する必要があるとするが、労働者代表の関与の仕方についての問題が多く指摘されている。報酬委員会議長の従事期間要件については、comply or explain による対応を主張するものが多い。

対従業員賃金比の開示については、会社側以外の回答者など全体の過半数が支持する。会社へのインセンティブ付与、報酬委員会への説明資料となるというものである。反対派は比較に益は少なく、会社間の差異に意を用いない比較になるとする。

　賞与の情報開示については 2/5 程度の回答があり、支持がわずかに多数であった。機関投資家の 3/4 が支持した一方、上場会社の 3/4 は反対した。他方、条文化の必要性には確証がない。近時任意の遡及開示が進んでいることを理由とする。もっとも、開示事項の明確化という意義を強調するものもある。

　LTIPs に対する 1/3 程度の回答では、大多数は LTIPs は会社の長期の業績と経営者報酬や適切に沿っていないとする。LTIPs が株価の伸びや株主への短期リターンなど狭い反応をみているとする。参考についても意見が分かれる。オプションの保有期間については 2/3 が 5 年への延長を支持している。

4　政府の結論

　DRR で20％以上の反対票が投じられることは稀で報酬委員会の実質的な判断ミスが考えられるとし、FRC にコーポレート・ガバナンス・コードに会社が踏むべき手続を改定すること、Green Paper への反応として、20％以上の経営者報酬その他の決定への反対票を受けた上場会社が、対応として行うと表明した内容について公簿（public register）に記録し続ける提案の履行を求める。

　FRC にコーポレート・ガバナンス・コードに、報酬委員会が報酬とインセンティブがどのように沿っているかを明らかにする強い責任を持たせる補助的資料を規定すること、労働者に対し拡大労働力比の賃金の反映を説明させることの協議を求める。

　政府は上場企業に毎年報酬報告書において、労働者の平均賃金に比した CEO 報酬の比率を、年ごとに変化した理由の説明と、どのような幅広い労働力の賃金・条件と関連するかについて報告させる二次立法を策定する。

　政府は上場会社に、複雑な株式ベースのインセンティブ設計の結果の可能性の範囲について報酬方針内でより明確な説明を求める二次立法を策定する。

　FRC に、株式ベース報酬の最低保有期間を 3 年から 5 年に延長することの

協議を求める。

提言が見送られたものとして、株主委員会設置、投資家の議決権行使の開示、個人投資家の議決権行使の容易化の方策、賞与ターゲットの開示がある。

5 小 括

Green Paper と回答を踏まえた政府の対応は、報酬絶対額の抑制を念頭に置いたものと、エクイティ報酬を会社の長期成長とリンクさせるためのものの両にらみの状態にある。また、DRR への反対票が会社の実質的な対応に結びついていない状況も垣間見える。これらの内容も踏まえ、次節では Say on Pay その他の報酬規制がどのような役割を果たしてきたのかを考えてみる。

4 イギリス経営者報酬制度の学説による評価

1 学説による評価のアプローチ

Say on Pay 制度一般に対する学説の評価は、アメリカその他イギリスの後に Say on Pay が導入された国家との比較分析も含め、相当数の蓄積がある。ここでは、国家間の比較分析を行っている論文も検討対象とする。

これらの論文のアプローチは、以下のように大別できる。ひとつは、①制度それ自体の検討、または導入後に起こった現象の評価などから制度の是非を問うものである。この分類に入る論文は、イギリスの Say on Pay の詳細な制度を検討するものを除けば、国家間比較や、およそ Say on Pay 一般に共通する内容を論じるものが多い。一方で、②実証分析も相当数ある。実証分析のアプローチとしては、〔1〕制度導入の前後で市場株価に影響があったかを検討するイベント・スタディや、〔2〕報酬に変更を及ぼすような Say on Pay が株価に影響を与えたかを検討するイベント・スタディ、〔3〕経営者報酬額の上昇自体を検討する研究などがある。ここでは、②についてはイギリスをデータサンプルにとる論文を中心に紹介し、必要に応じてアメリカなど他国で同様のアプローチをとった論文についても言及する。また、Say on Pay 以外に焦点をあてた分析も併せて紹介する。

2　（イギリスの）Say on Pay への否定的評価

　イギリスから世界各国に広まった Say on Pay 制度に対する学説の評価は、芳しいものではないように思われる。もっとも、そのうちの一部は現在において論拠を失っていたり、本稿の分析で参照するには適切でないようにも思われる。例えば、アメリカにおける Say on Pay の導入を痛烈に批判した Bainbridge [17] は、経営者報酬の増加は株価の増加によるものであるという過去のデータに依拠するが、現在は株価や企業業績と乖離して経営者報酬が増大していることが問題とされている。また、Say on Pay が会社法の州法から連邦法への変化を意味するという批判は、アメリカ法に固有の論点であり、Say on Pay をアメリカ連邦法として導入することへの批判とはなっても、（少なくとも本稿で問題とすべき）Say on Pay という仕組み自体への批判とはならない。以下では、現在においてなお検討する価値があると思われる学説の評価について概観する。

　制度の枠組み自体を批判する典型は Bainbridge である。Bainbridge は、株主の株式分散保有が進んでいる場合、情報が非対称で利害が対立する会社の全員一致による集合的意思決定は非合理的であり、経営陣に権限を集中させることが望ましいと考えている [18]。株主の合理的無関心の問題や、一部のアクティビストの利益追求によって適切な株主判断ができるのかという点は傾聴に値する。もっとも、現在では株主の多くが、議決権行使助言機関の助言に従った議決権行使という、自身による行動よりも安価な方法を選ぶことができる。現状に於いては、機関投資家や議決権行使助言機関の具体的な行動も考慮に入れた分析が進んでいるのだから、上述のような抽象論で Say on Pay の存在意義が直ちに否定されるべきものではないだろう。

　制度導入後の現象を考察した例として、アメリカにおける金融危機後の Say on Pay 導入の流れについて検討した Gordon [19] は、イギリスにおける Say on Pay 導入後数年の目に見える効果をその過程で分析し、①企業と大株主や、代表的機関投資家、議決権行使助言機関などとの対話が増加したこと、②報酬報告書の否決はごく稀であること、③代表的な機関投資家の集合体である、the Association of British Insurers（ABI）と the National Association of Pension Funds（NAPF）の報酬に対する影響力が大きくなっていること、④グラ

クソ・スミスクラインのケースに代表されるような、経営の失敗時における取締役の高額な退職報酬の問題が一般的でなくなってきていること、を挙げる。もっとも、これらよりも特筆すべき点として、Say on Pay は経営者報酬の増額傾向に歯止めをかけられていないことを挙げる。また、報酬報告書への反対票がごく少数であることも指摘して、制度自体に否定的な立場を示している。

実証研究のうち、Say on Pay の導入前後における報酬実態について否定的な評価を下したものとして、Girma *et al.* がある[20]。Girma らはコーポレート・ガバナンス・コードの改定によって pay for performance が実現されたかを分析したものの、Say on Pay の前後で統計的に有意な結果を得られていない。他方、Girma らは経営者報酬が企業規模とより強い相関性を有することを発見しており、コード改訂後、報酬委員会がより明確で可視的な指標である企業規模を報酬基準に用いた結果ではないか、と分析している。

報酬額の上昇率に対する Say on Pay の影響は、ないとする研究も多い[21]。もっとも、そのことのみをもって Say on Pay の意味がないとする研究ばかりではない。本稿冒頭で掲げた報酬規制の2つの観点のうち、報酬の絶対額の大きさや対従業員賃金比を問題とする立場からは、Say on Pay 導入以前の経営者報酬額が高すぎたのであれば、Say on Pay も役立たなかったことになるだろう。他方、pay for performance の観点からは、仮に株価や企業業績が伸びていれば報酬額が増えることは望ましいことである[22]。しかし、Green Paper の根拠として示されている現状では、企業業績が必ずしも伸びていない近時においても、経営者報酬額は着実に増加している。では、Say on Pay はやはり pay for performance のためにも役立たないのだろうか。それとも、別の有用な機能を果たしているのだろうか。

3　（イギリスの）Say on Pay への肯定的評価

限定的ながらも、Say on Pay に肯定的評価を示す研究も若干数みられる。業績に対して極端に高額な報酬が問題視された一部の事案について効果があったのは事実であるが[23]、ここではより緻密な実証分析を行った研究を紹介する。

実証分析以外の手法を用いたものとして、Davies は、会社経営者・投資家

などへのインタビューなどの調査手法を用いて、Say on Pay が会社経営者・投資家の行動変化を引き起こしたかを分析する。[24] その結果として、会社経営者と投資家との対話がはるかに頻繁になったことや、pay for failure の減少につながったと考えられること、投資家が報酬スキームについて具体的な説明を求めることのできる地位を得たことなどを指摘している。報酬制度に関係する当事者のこのような反応が得られたことは見過ごせないものの、データによる裏付けはどうなっているのであろうか。

　Carter & Zamora は、2002年から2006年までのイギリスのデータを用いて、各業種の中央値から乖離した過大な報酬を得ている CEO のいる企業や、株式報酬に過度の委任が定められている企業において、株主の反対票が多い傾向があり、かかる企業においては翌年の報酬の伸び率が低くなる傾向が有意に認められたとする。アプローチの特徴としては、現金報酬（salary）のほか、株式報酬の業績連動性（PPS）をストック・オプションとリストリクティッド・ストックに分けて考察している点にある。[25] 少なくとも業績パフォーマンスに比して過大な CEO 報酬が支払われていた企業においては、より適切な報酬への修正が見られた点で、Say on Pay には効果が認められるとする。もっとも、ストック・オプションとリストリクティッド・ストックには確かに位置づけに差があるものの、これら二者を分離して確定額の報酬と対比するアプローチを採用したことの方法論的な適切性はやや疑問が残る。

　Ferri & Maber は、Say on Pay の制度化前後の株価反応を検証し、イギリスにおいては小さいが有意な相関関係を認めている。特に、過度な報酬や問題の多い報酬実務のある企業において相関性があったとする。[26] もっとも、アメリカにおける同様の研究においては有意性の有無が分かれており、[27] Say on Pay 自体の効果と即断するのは難しそうである。

　また、2002年の制度導入から10年間の動向を分析した Alissa は、株主の投票行動についての考え方を修正している。従前の研究からは、取締役会は選択的に Say on Pay の反対票が多いケースに反応してきたと整理されてきたが、Alissa は、Say on Pay の反対票は DRR のような報酬関連案件以外に対するネガティブな反応の表れであることも考慮に入れる。そして、具体的には

CEO が解任される頻度が、反対票率が高い企業において有意に高まるとし、Say on Pay への反対票は、報酬議案のみならず経営陣構成に対するネガティブな評価も含みうる、より広範な効果があることを示唆する。[28]

　もとより、Say on Pay というひとつのルールがあらゆる企業の経営者報酬に対してポジティブな影響を与えるということは考えにくい（いわゆる "one size fits all"）。これらの研究は、アプローチに若干の異同は見られるが、反対票率の高い企業での対応を詳細に検討し、一定の動きがあったことを実証している点で、興味深いものであるといえるだろう。

4　その他の分析

　報酬コンサルタントが CEO 報酬に与える影響を分析したものとして、Voulgaris *et al.* がある。[29] Voulgaris らは、Bebchuk らが主張する、経営者は自分たちに有利な報酬契約を結ぼうとする managerial power approach（MPA）が報酬コンサルタント選任のメカニズムとして成立するかを検証する。結果としては、報酬コンサルタントはエクイティ報酬と有意な正の相関を、現金報酬と有意な負の相関を持つとされた。これはむしろ pay for performance と整合的な結果であるとする。また、報酬規制の米英における政策の相互作用について分析した Suárez の研究もある。[30]

5　私見──日本へのインプリケーションも含めて

1　イギリス法の評価

　イギリスにおける経営者報酬規制に関する論文は、これまで Say on Pay そのものについての検討が多かった。他方で、会社法本体における報酬方針の拘束力ある決議の意味するところについては、必ずしも検討が進んでこなかった。既に、報酬報告書の勧告的決議は当該企業の「過去の」報酬に関する株主の評価を、報酬方針の拘束力ある決議は「将来の」報酬に関する評価を示している、との一般的認識は示されていたが、なぜ過去と将来について、結果として勧告的決議・拘束力ある決議という差異が生じたのかも、考えてみる価値がある。

423

Say on Pay の勧告的決議は、柔軟な規制手法のバリエーションのひとつである。もっとも、その実際の規律効果については評価が分かれており、率直に言って否定的なものも少なくない。この場合、より実効的な規律のためには、Say on Pay を拘束力あるものに格上げするか、別途より規律効果の強い規制を導入することが考えられる。しかし、Say on Pay は性質上強い拘束力を持たせるのに向かない規制手法であるし、その背景には、経営者報酬の高額さは不当ではあるが、違法と評価することは困難であるという伝統的な立場も存在するように思われる。最後の点はイギリスに限ったことでもなく、経営者報酬の適正額を明確に判断できないことが、経営者報酬の法的規制の難しさの根源にある。

2013年会社法改正は、以上のような認識から、報酬額そのものの株主による決定の困難さを回避し、他方で経営者報酬が企業業績の将来にわたる増加に対するインセンティブであることをも踏まえて、「将来の」報酬に関する報酬方針の拘束力ある決議、という選択肢を選んだものと考えられる。

他方で、報酬方針が曖昧な内容に終始し、結果として株主は実効的な報酬方針に関する決議を行えない状況に至ることも容易に予測できる。Green Paper において提案されている、経営者の個別報酬額に上限を設ける考え方は、この問題への明示的な対処法のひとつである。大陸法系の諸国では、特に従業員の賃金水準と経営者報酬との比率が問題視されてきたこともあり、この種の規制は早くから議論されてきた。もっとも、この上限を厳密に定めてしまえば、反対に pay for performance の要素が減殺されてしまうことになりかねない。Green Paper は株式報酬についてこの考え方を除外する余地を示すことにより問題を回避しようとするが、報酬ミックスにおける株式報酬の割合が相当程度高いイギリスの現状に鑑みれば、それは規制の効果を薄めることに直結する。

過度に高額な報酬への対処と、pay for performance のバランスは、どのようにして決定され、あるいは決定されるべきなのだろうか。この決定要因としてイギリスで機能しているのは、①株式の分散投資から外国人投資家・機関投資家への株主構成の変化、②議決権行使助言機関・機関投資家団体の行動、③政権の立ち位置などであるように思われる。①は一般的に株主の短期的利益の

追求に傾く傾向が指摘され、pay for performance への志向があわせてみられる。②は国際的な（あるいはアメリカ的な）議決権行使の流れとの共通化を意味し、やはり pay for performance への志向を意味する。他方、③政権の対応は状況によって異なり、典型的にはイギリスにおける保守党・労働党の立場の違いが鮮明になる。しかし、現在のイギリスのメイ政権では、（事後的に撤回されることも少ないものの）相当程度労働者寄りの政策が打ち出されており、ここでは報酬額の上限規制が強く現れることになる。イギリスの EU 離脱もあり今後の予測は極めて困難であるが、③政権の行動に対して経済界がどの程度抵抗するかがキーになりそうである。

　もっとも、かかる Say on Pay や近時の法改正に対する消極的評価はともかくとして、イギリスで既に整備されている他の経営者報酬規制は、日本法よりも遙かに進展している。具体的には、①独立した報酬委員会による経営者報酬の個別額決定と、経営者が自身の報酬決定に関与できないこと、②経営者報酬の個別額が開示の対象となっていること、である。経営者報酬が過大であるとしてもそれは経営者自身の「お手盛り」によるのではなく、報酬委員会により決定されたものである。最終的には報酬委員会委員の人選が重要となるのは事実であるが、日本の監査役会設置会社において、報酬が支給される者も含めた取締役会で総額の分配が決定されるのとは大きな差がある。

　また、アメリカと異なる点として、イギリスは（日本と同様）株主総会で取締役の解任が可能である点が挙げられる。アメリカにおける Say on Pay の効果として、株主が取締役を株主総会において解任できないことから、その代替手段として機能していることが指摘されている。他方で、イギリスでは Say on Pay に対する反対・棄権票の議決権に占める割合には、相当程度神経が払われているようである。Say on Pay は取締役の解任という劇薬を使う前のよりソフトな手段として機能しており、反対・棄権割合は Green Paper においても細かく切り分けられている。反対・棄権割合が多いほど、報酬委員会は投資家との対話を密に行い、より株主の意に沿う報酬スキームを構築しようとする。対象は異なるものの、日本においても取締役選任議案の賛成割合はしばしば問題とされており、過半数の得票を得られればよいと考えられているわけで

はない。このような取扱いにも、イギリスと日本の類似点を見ることができるように思われる。

2 日本の役員報酬の現状と課題

まず、日本の役員報酬（主として取締役報酬）に関する論点について整理する。先行研究でも説明されているように、裁判例において主として問題とされたのは、取締役間の内紛により、一部の取締役への報酬が一方的に不支給・減額支給されたケースである。これは主として小規模で閉鎖的な会社で問題となるが、大規模な会社における年金支給の不利益変更が争われた事案もある。お手盛りによる弊害防止という観点から、株主総会においては取締役の個別報酬額は決定されず、総額の上限額が決議されるのみであり、多数派株主が役員でもある、所有と経営の一致度が高い会社においては、多数派の権限濫用が問題となりやすい。しかし、これは多数決濫用の一側面として捉えられるべきである。むしろ、取締役報酬が株主総会普通決議により決せられ、取締役報酬の総額が決定された場合、取締役会に配分が委任され、代表取締役にさらに委任される実務が、個々の取締役へのインセンティブ付与を制限する効果を持つ懸念がある。ただし、取締役報酬を個別具体的に決めることは、絶対必要ではないのかもしれない。特に業務執行権限を持たない取締役は、いわば取締役会というチームの一員として適切に権限行使することが求められるのであり、具体的に付与すべきインセンティブが明確になるとは限らない。再一任実務を安易に否定するのではなく、株主総会が適切に判断できればインセンティブ付与がうまくいく可能性も排除できないと考えられる。

近時、海外と同様に問題となっているのは、上場会社役員に対するインセンティブとしての報酬制度である。日本の現状の特徴は、絶対額が海外諸国に比して相当程度低いこと、報酬ミックスに占める現金等の割合が高く、株式やストック・オプションといったエクイティ報酬の比率が低いこと、個別額の開示が年額1億円以上の役員に限られていることなどである。役員報酬が海外に比して低額であることから、本稿のような議論には実益がないのではないか。このような疑問に対しては、特に外国人投資家は報酬の絶対額ではなく報酬ミッ

クスの内容に着目しており、日本企業の役員報酬は現金など確定額のものが多いため、役員が株主の利益を重視して会社を経営していないとの批判が見られるところである。[32]

　いわゆる株主・経営者間のエージェンシー問題を解決する手法として経営者に対する報酬を捉えた場合、エクイティ報酬比率の低さは確かに問題かも知れない。他方で、日本の役員報酬制度は従業員出身の経営者が多いこともあり、従業員の賃金から著しく乖離した状態にはなっていない。もともとイギリスにおいて役員報酬が問題となった発端には、企業業績とリンクしない報酬の伸びと共に、対従業員賃金比の極端な伸びがあったことを忘れてはならない。後者のような状況に置かれていない日本法において、直ちにエクイティ報酬を英米と同水準にすることは必然ではないだろう。本稿で触れた研究などで指摘されるエクイティ報酬の難点としては、①役員は株主・投資家と異なり自社銘柄株式またはオプションしか保有することができないため、エクイティ報酬を過小評価する傾向にあること、そのため役員が満足するために過大なエクイティ報酬を付与せざるを得ない状況に陥っていると思われること、②株価は自社の業績以外のマクロ経済指標にも左右されるため、インセンティブ付与のスキームとしては限界があること、などがある。このような指摘も踏まえると、外国人投資家の株式保有割合が上昇している一事をもって、エクイティ報酬を増額させることは躊躇される。議決権行使助言機関の報酬議案への対応も様々であるようだが、イギリス（・アメリカなど）と同様の現物・エクイティ比率を求めることは、あまりにも日本の現状に即していないように思われる。

　Say on Pay と日本の現行の報酬規制とはどのように整合するのだろうか。日本の会社法における取締役報酬規制は拘束的なものだが（会社361条1項）、総額上限規制であることから個々の役員のインセンティブ付与にはフィットしていない。[33]最終的な報酬支給額の報告書に対する承認手続や報酬方針を株主総会の任意の決議事項とすることは考えられてよいと思われるが、その前提として最低限、インセンティブを調整すべき個別の役員の報酬内容を把握できる仕組みが不可欠である。近時導入が進む監査等委員会設置会社制度においては、任意の報酬諮問委員会の設置も多いが、構成員に占める社外取締役の比率や議

長の社外取締役比率には限界がみられるようである[34]。イギリスにおいても、具体的な報酬額が記載された DRR に対する株主総会の決議は勧告的なものにとどまっており、あくまでも報酬方針についてのみ拘束的な決議がとられている。個別具体的な報酬額の適正性の個々の株主が判断することの難しさがある一方で、理念型としての報酬の支給方針は株主にも判断できるという考え方の表れであると思われるが、それは単に日本法にも Say on Pay を移植すればよいことを意味しない。総額上限決定の手法では、最終的に個々の役員報酬について規定された報酬方針が実現しているかは判断できず、それと異なった取締役会内の分配を阻止できないからである。結局、Say on Pay の移植のみを抽象的に議論することは意味がなく、業務執行権限を有する役員の報酬額開示と、報酬決定を行う機関（指名委員会等設置会社の報酬委員会、監査役会設置会社・監査等委員会設置会社における報酬諮問委員会）の独立性、そして報酬を付与される当該取締役を特別利害関係人として決議・審議から除外することが、まず必要である。この前提がなければ、インセンティブ付与としての役員報酬制度活用の前提が整っているとは評価できず、日本の取締役報酬規制は、あくまでもお手盛り防止の観点からしか評価できないように思われる[35]。

6　おわりに

日本の役員報酬規制は、英米その他諸国の数十年前の状態にあるように見える。絶対額は諸外国に比して極めて少額にとどまる一方、現金報酬の比率が高くエクイティ報酬の比率は極めて低い。これを国際化の流れから遅れていると批判することは容易であるが、経営者の内部労働市場からの調達という現実も踏まえれば、むしろ国際的な潮流を単純に移植することなく、日本法に必要な規制を適切に導入するための冷静な議論が必要である。本稿がその参考になれば望外の喜びである。

【注】
　1)　伊藤靖史『経営者の報酬の法的規律』（有斐閣、2013年）。

2) 近時の研究として、例えば、津野田一馬「経営者報酬の決定・承認手続（1）（2・完）」法学協会雑誌132巻11号（2015年）74頁、133巻1号（2016年）52頁。

3) http://www.moj.go.jp/shingi1/housei02_00297.html にて逐次情報公開されているが、役員へのインセンティブが議論された第3回・第4回会議の議事録のうち第4回分は現時点で準備中とされている（last visited 30 September 2017. これ以降のウェブページも同様である）。第3回会議議事録では、監督・動機付けの会社ごとの実務を尊重すべきであり開示で対応すべき（15頁）〔前田雅弘委員〕、ベスト・プラクティス形成の途上にあり総額上限決議以外の規制導入のニーズは薄い、株式報酬の取り扱いの明確化は望ましい（15-17頁）〔田中亘幹事〕、報酬決定手続の規制明確化が望ましい（21-22頁）〔尾崎安央委員〕、既存の会社法361条1項3号・4項は業績連動報酬を株主に説明した上で付与する手続にそぐわず、報酬決定方針の説明手続が必要である（25-28頁）〔藤田友敬委員〕（32頁〔野村修也委員〕も前者に同調）、株主総会の事前・事後関与のバランスや、取締役会全体・取締役個別のいずれをベースにするか考えるべき（30-31頁）〔加藤貴仁幹事〕、現金・株式報酬の分離明確化が必要である（前掲各意見のほか46頁〔松井智予幹事〕）、代表取締役への再一任は株主総会決議事項とすべき（46頁〔加藤幹事〕）（公開会社について47頁〔田中幹事〕も同旨）といった意見が注目される。株式報酬と資本制度・既存株主の持分希釈化についても議論されており、立法に際してはこの規定の仕方も大きな論点になるだろう。

4) 上田真二「英国における役員報酬の実態及びその規制」一般財団法人比較法研究センター編「役員報酬の在り方に関する会社法上の論点の調査研究業務報告書」（2015年）46頁以下。2006年会社法前後の経緯について、菊田秀雄「EUにおける取締役報酬規制をめぐる近時の動向」駿河台法学22巻1号（2008年）214頁。このほか直近のものとして、熊代拓馬「経営者報酬開示の機能とそのあり方——米英豪を手がかりとして」神戸法学雑誌67巻3号（2017年）43頁もある。また、前掲注（3）法制審議会会社法制（企業統治等関係）部会議事録も参照。

5) Department for Business, Energy & Industrial Strategy (hereinafter DBEI), *Corporate Governance Reform Green Paper* (2016), available at https://www.gov.uk/government/uploads/system/uploads/attachment_data/file/584013/corporate-governance-reform-green-paper.pdf

6) DBEI, *Corporate Governance Reform The Government respose to the green paper consultation*, available at https://www.gov.uk/government/uploads/system/uploads/attachment_data/file/640631/corporate-governance-reform-government-response.pdf

7) Randell S. Thomas and Christoph Van der Elst, "Say on Pay Around the World," 92 *Washington University Law Review* 653 (2015), at 722-3.

8) See e.g., Lucian Bebchuk and Jesse Fried, *Pay without Performance*, Harvard Univ. Press, 2006. 邦訳書として、溝渕彰訳『業績連動型報酬の虚実——アメリカの役員報酬とコーポレート・ガバナンス』（大学教育出版、2013年）がある。

9) 上田・前掲注（4）46頁以下、熊代・前掲注（4）76頁以下。

10) Financial Reporting Council, *The UK Corporate Governance Code*, available at https://www.frc.org.uk/document-library/corporate-governance/2016/uk-corporate-governance-code-april-2016. なお、2014年9月版の邦訳として、黒木松男訳「英国コーポレート・ガバナンス・コード」創価法学46巻1号（2016年）181頁がある。

11) 2006年会社法168条(1)項。なお、同条の邦訳として、中村信男・田中庸介訳「イギリス2006年会社法（2）」比較法学41巻3号（2008年）189頁、200-201頁（イギリス会社法制研究会『イギリス会社法——解説と条文』（成文堂、2017年）に再録）がある。

12) 2006年会社法168条(2)項。

13) 2006年会社法168条(5)項(a)号。

14) See for example, Paul Davies and Sarah Worthington, *Gower: Principles of Modern Company Law* (10th ed.), Sweet & Maxwell, 2016, at para. 14-56.

15) 東京地判平27・6・29判時2274号113頁。

16) For example, Thomas and Van der Elst, *supra* note 7.

17) Stephen M. Bainbridge, "Remarks on Say on Pay: An Unjustified Incursion on Director Authority," *Law & Economics Research Paper 08-06* (UCLA School of Law) (2008).

18) *Id.*, at 8-11.

19) Jeffrey N. Gordon, ""Say on Pay": Cautionary Notes on the U.K. Experience and the Case for Shareholder Opt-In ," 46 *Harvard Journal on Legislation* 323 (2009).

20) Sourafel Girma *et al.* "Corporate Governance Reforms and Executive Compensation Determination: Evidence from the UK," 75 *The Manchester School* (2007) 65.

21) Fabrizio Ferri and David A. Maber, *Say on Pay Votes and CEO Compensasion: Evidence from the U.K.*, 17 *Review of Finance* 527 (2013), at 554.

22) Pay for performance の立場からアメリカの経営者報酬規制を批判的に検討した Bebchuk は、同国における Say on Pay 規制の導入に賛成の立場である。

23) イギリスで最初の Say on Pay で反対票が上回ったのは、巨額のゴールデン・パラシュートが記載されていたグラクソ・スミスクラインのケースであった。

24) Stephen Davies, "Does 'Say On Pay' Work? Lessons on Making CEO Compensation Accountable," *Yale Millstein Center Policy Briefing No. 1*, available at http://www.shareholderforum.com/op/library/20070620_davis-briefing.pdf

25) Mary Ellen Carter and Valentina Zamora, "Shareholder Remuneration Votes and CEO Compensation Design," *AAA 2008 MAS Meeting Paper*, available at https://ssrn.com/abstract=1004061

26) Ferri and Maber, *supra* note 20 at 559.

27) Thomas and Van der Elst, *supra* note 7 at fn 46.

28) Walid Alissa, "Boards' Response to Shareholders' Dissatisfaction: The Case of Shareholders' Say on Pay in the UK," 24 *European Accounting Review* (2015) p. 727.

29) Georgious Voulgaris *et al.*, "Compensation Consultants and CEO PAY: UK Evidence," 18(6) *An International Review* (2010) p. 511.

30) Sandra L. Suárez, "Reciprocal policy diffusion: the regulation of executive compensation in the UK and the US," 12(4) *Journal of Public Affairs* (2012) p. 303.

31) 代表的なものとして、伊藤靖史「取締役報酬規制の問題点」商事法務1829号（2008年）4頁、同「取締役報酬の『不支給・低額決定』について」川濱昇ほか編『森本滋先生還暦記念・企業法の課題と展望』（商事法務、2009年）305頁など。

32) 以上について本稿筆者が簡単に概観したものとして、原弘明「役員の株式報酬と従業員持株制度」近畿大学法科大学院論集13号（2017年）87頁がある。

33) 伊藤・前掲注（1）第1編第3章など。

34) 澤口実・渡辺邦広編著『指名諮問委員会・報酬諮問委員会の実務』（商事法務、2016年）53-54頁、59頁、原・前掲注（32）90頁注10と対応する本文などを参照。

35) 前掲注（3）16頁〔田中幹事発言〕（他国と比べて、役員報酬に関して余り社会問題になっていないという現実からも、株主総会決議事項についてはベスト・プラクティスに委ねるべきとする）。

〔付記〕校正中に、「会社法制（企業統治等関係）の見直しに関する中間試案」が公表された。取締役の報酬等については、以下のような点が提案されている。

①取締役の報酬等の内容に係る決定に関する方針を定めているときは、株主総会に議案を提出した取締役が方針の内容の概要を説明しなければならないこと

②361条1項3号を株式・新株予約権・その他に整理すること

③取締役の個別報酬の再一任について株主総会決議を要すること（見直さない案と併記）

④株式・新株予約権を報酬付与する場合の払込み・出資不要の場合、他の者が株式の引受け・新株予約権の行使ができないこと（新株予約権のみ規律を設ける案、見直さない案と併記）

⑤公開会社における役員報酬等の内容に係る決定に関する方針、株主総会決議事項、再一任に関する事項、業績連動報酬に関する事項、株式・新株予約権に関する事項、の事業報告による情報開示の充実（個人別報酬額の開示はなお検討）

　これらの案は、役員への適切なインセンティブ付与に必要な要素として本文で述べた内容にもよく整合するものといえる。特に再一任について株主総会決議を要求する点は、従前の実務に大きな変更を与えるもので特筆に値する。他方、個人別報酬額の開示はなお検討事項とされており、日本の取締役報酬規制改革はなお道半ばといえるだろう。

　本稿は、JSPS科研費（課題番号17K03408）による成果の一部である。

株主提案権制度の目的
——日米比較を踏まえて——

松中　　学

1　はじめに

1　問題の所在

　株主提案権制度[1]は何のために存在するのだろうか。これは自明のようで、様々な可能性がある。それにもかかわらず、あまり解明されていない。株主提案権制度を導入した昭和56年商法改正においては、「株主とのコミュニケーション」を図ることが趣旨として言及されている[2]。しかし、株主提案権制度によってはじめて達成される「コミュニケーション」とはどのようなものか、必ずしも明確ではない。また、僅かな持株の株主に必ずしも可決を前提とせずに意見表明の機会を与えるのであれば、なぜそれが望ましいのか、そもそもそうした株主提案権の捉え方は、現実にインパクトのあるのは大株主などによる取締役の選解任の場面であるという現状[3]に照らして適切なのだろうか。

　現在の日本の制度の外にも目を向けると、株主提案権には様々なあり方があることが一層明確になる[4]。すなわち、行使要件や提案数・内容に対する規制など、具体的な制度設計には相当なバリエーションが存在する[5]。そして、それによって制度が果たすことができる機能は異なり、制度が達成しようとしている目的も異なる。例えば、要件を厳格化すると社会的提案は難しくなる[6]。また、取締役の選解任を提案できないものとすれば、当然、支配権交代に用いることはできない。このように、株主提案権制度により何ができるのかには複数の可能性がある。そして、具体的な制度設計は目的によって異なる。株主提案権制度の改正が視野に入っている現在、現行制度に限定せず、ありうる機能と目的

を明らかにする必要性は高いといえる。

株主提案権制度の機能と目的を考えることは、解釈・立法論上も重要である。前述のとおり、具体的な制度の内容は何を達成したいのかによって変わる。解釈論のレベルであれば、例えば、何が株主提案権の「濫用」と評価されるのかは、この制度によって何を達成するのかに強く影響されるはずである。仮に、株主提案権制度がもっぱら株主と経営者の間のエージェンシー問題を解決するためのものと捉えるのであれば、社会問題の解決を志向する提案は否定的に評価されるだろう。立法論のレベルでは、さらに制度の目的が重要になる。例えば、取締役選任議案を1人1議案と数える現在の理解の下で提案数を1つ（あるいは複数であってもごく僅かな数）に制限すると、取締役の過半数の交代は実現できない。[7]取締役の過半数の交代というドラスティックなエージェンシー問題の解決は株主提案権で達成すべきではなく、他の制度によるべきであると捉えるのであれば、上記のような制度設計は目的と整合的である。しかし、その場合、まずはそうした目的の設定が望ましいことが明らかにされる必要がある。もちろん、現実の立法においては、必ずしも目的の設定が先行するとは限らない。むしろ、政治的な要因の影響も受けつつ具体的な制度設計が決まり、そこから一定の目的は達成できないという限界が決まる面もある。そうはいっても、何をしたいのかを明確にしない、あるいは無自覚なまま制度設計のみを議論しても方向性が定まらないだろう。

2 本稿の目的

以上の問題意識の下、本稿は株主提案権制度の目的という観点から、アメリカ法と日本法を比較するものである。単に制度の目的を検討するだけではなく、比較を行うのは、制度の他のあり方を見出すとともに、具体的な制度設計と目的との関係の検討に資するためである。

比較の対象としてアメリカを選ぶのは次の2つの理由による。第1の理由は、純粋に比較の対象としての性格にもとづくものである。アメリカの株主提案権制度は、日本以上に権利を有する株主の範囲が広く、潜在的には幅広い目的を持ちうる。他方で、アメリカの制度は提案数や提案内容などの点で日本に

はない制約をかけ、株主提案権制度が果たす役割を限定している。そのため、濫用的な株主提案権の利用など、共通の問題も抱えつつ、他方で異なるあり方をあぶり出すのに適している。第2に、従来アメリカ法の紹介・検討が多く行われ、濫用をめぐる議論でも言及されている。[8] その中には優れたものも存在するものの、日米を「比較」したものはあまりない。部分的に似ている、あるいは日本が抱える問題に対処できそうな制度を持っているからといって、制度目的や前提の異同を意識せず、断片的にアメリカ法を参照するのは適切ではない。

　上述の本稿の目的に沿って、次の方針を採用する。まず、アメリカ法については比較に必要な限度で触れるのみであり、網羅的な紹介や分析は行わない。紙幅の制約に加えて、既述のとおり既に優れた紹介は存在し、筆者自身も紹介と分析を試みたことがあるためである。[9] 次に、比較を試みることが目的であるため、アメリカ法から規範的な示唆を得ること自体は目指さない。ただし、株主提案権制度の目的として何を採用すべきか、ある目的に整合的なルールがどのようなものかについては4節2で触れる。なお、本稿の検討対象は上場会社に限定している（日本の会社法との関係では、書面投票採用会社かつ取締役会設置会社を前提に検討する）。

2　総論——株主提案権制度の目的

1　序
　日米の比較に入る前に、株主提案権制度がどのような機能を果たしうるのかについて、主に株主全体に共通する利益の追求とそれ以外の利益の追求という観点から検討する。また、これとは別の観点として、株主提案権が可決される場合に限らず、交渉の道具として会社の行動を変える可能性についても検討する。

2　株主利益の追求
　まず、株主提案権が株主利益の追求に向けられる場面を考える。ここでいう

株主利益とは株主全体に共通する利益を意味し、特定の株主あるいは特定の属性を持った株主（例えば、従業員株主）のみに属する利益は含まれない。

(1) **支配の交代**　　株主利益を追求する中で最もドラスティックな形は、取締役の過半数・全部を交代させるために株主提案権を使うものである（以下、支配の交代と呼ぶ）。もし、株主提案権を用いて取締役の過半数の選解任を実現できないのであれば、提案株主自身の費用で提案を行う権利と全株主に提案内容を伝える制度が必要になる。

株主提案権を用いて支配の交代が可能であることで何が変わるのか。議決権の過半数を有する株主が賛成すれば、最終的に取締役を交代させることができる。そして、株主提案権が使えなくても、少数株主による株主総会の招集や委任状勧誘といった代わりになる何らかの制度は、通常、会社法に用意されている。そのため、株主提案権を使えるかどうかで変わるのは、主に費用の帰属といえる。

支配株主が存在する場合、支配の交代による利益（交代させないことによる不利益）を最も多く享受するのはその支配株主であり、費用が莫大なものとならない限り、支配株主の行動にはあまり影響が生じないと考えられる。もちろん、支配株主自身が全株主に提案を知らせなければならない義務があれば、ある程度の費用が生じる。

他方、支配権の獲得を目指す株主や支配株主には至らない大株主が支配の交代を目指す場合、株主提案権を使えないのであれば、他の株主の賛同が必要なため委任状勧誘を行わざるを得ない。この費用負担のため、支配の交代を目指すかどうかの行動が変わるようにも思える。しかし、株主提案を行える場合でも、より積極的に賛成を取り付ける必要があるため、委任状勧誘も併用する必要があるのが通常と考えられる。そうすると、見かけほど影響は大きくない。

(2) **支配の交代以外の経営者のエージェンシー問題の緩和**　　次に、株主提案権を用いて株主・経営者間のエージェンシー問題を解決するとしても、支配の交代に至らない提案を行うことも考えられる。例えば、配当に関する提案、防衛策の廃止、社外役員の選任といった提案である。

こうした株主提案を認める最も単純な理由は次のようなものだろう。こうし

た議案が株主利益に適うとしても、経営陣にとって不利益な場合には提案され
ない可能性がある。過半数の株主が賛成する場合でも、提案されない以上、実
現しない。他方、提案にかかる費用を提案株主のみが負担するのであれば、集
合行為問題によって十分な提案がなされない。そのため、会社、すなわち全株
主の負担で提案できるようにする。

　以上のような考えに立つと、可決可能性の低い株主提案を許容する理由はな
さそうである。しかし、否決される可能性が高くても、一定の支持を獲得でき
る場合には現経営陣にとって脅威になる。そのため、後述4でみるとおり、必
ずしも提案自体の可決を通じてではなく、経営陣との交渉を通じて株主利益を
追求する提案を実現することも考えられる。そうした交渉を行えるアクティビ
ストが登場している中では、支配の交代以外の株主利益の追求に関しては、可
決による実現よりも交渉道具としての機能の方が重要ともいえる。

3　株主利益以外の利益の追求

　次に、株主利益以外の利益の追求に向けられる場面をみる。これらの利益を
総称して私的利益という。株主利益を追求することは（通常は）社会的にも望
ましいが、私的利益の追求は望ましい場合もあれば、そうでない場合もある。

　⑴　**提案者のみの利益の追求**　　もっとも分かりやすい私的利益の追求は、提
案者のみに属する利益を追求する場面だろう。提案内容自体が自らの利益にな
る場合のみならず、何らかの利益を得るため、あるいは嫌がらせの手段として
株主提案を用いることも含まれる。また、提案自体と会社・世間の反応などを
楽しむ愉快犯的なものもここに入る。

　このような株主提案の利用を認める理由はない。嫌がらせや愉快犯的な提案
は、単に他の株主の負担で提案株主が非金銭的な利益を得ているに過ぎない。
また、仮に会社に対して株主以外の資格で、提案株主が有する正当な権利（例
えば、従業員や消費者として、提案株主が会社に対して有する契約上の権利）を実現
するためであっても同様に認める理由はない。そのような権利は交渉や裁判を
通じて実現できるところ、株主提案権を用いるのであれば、その費用を他の株
主に負わせることになる。そして、そうした株主提案権の利用を認めると、本

来は会社に対して何の権利も有しない者も利益を引き出す道具として使う余地が生じる。

(2) **株主以外のステークホルダー利益の追求**　次に、やはり私的利益の一部といえるのが、株主以外のステークホルダーの利益の追求である。ここで検討するのは、株主提案権を用いる以上、提案者も株主ではあるが、株主利益とは異なる特定のステークホルダーが享受する利益を追求する場面である。これには、その会社の従業員や取引先の利益を追求する提案、あるいは多くの社会的提案（特定の地域などの構成員というステークホルダーの利益を追求しているといえる）がある。

（純粋な）株主には、自己の利益につながらない限り、ステークホルダーの利益を追求するインセンティブはない。他方、あるステークホルダーが集合行為問題を解決できるのであれば、株主提案以外の手段を使って会社に働きかけを行うだろう。ただ、（株主にはならずに）何らかのステークホルダーであるだけでは、株主総会で提案する、あるいは株主に対してその主張を伝える法的な権利があるわけではない。

ステークホルダー利益の追求のための提案に株主提案権を用いることを認めるのは、①ステークホルダー自身にも一定の株式の保有を求めることを通じて株主共通の利害をある程度有することと引換えに、②提案・通知する権利を与える、③その費用を全株主が負担することを意味する。①があるために提案株主も株主利益を完全に無視するとは限らないが、持株（議決権）数の要件が一定程度厳しくない限り、ステークホルダーとしての利益が株主としての利益を上回る。もし、小規模な株式保有と釣り合う程度にステークホルダーとしての利益も小さいのであれば、そもそも株主提案を含めステークホルダー利益のための行動自体が割に合わないものとなるからである。そのため、そうした株主提案は、株主利益を害しない範囲でステークホルダーの利益になるとは限らず、株主利益を害してもステークホルダーの利益を追求するものとなりうる。

上記3(2)と同様に、ステークホルダーの利益を追求する提案も株主総会において可決されることを通じて実現する場合だけでなく、経営陣との交渉を通じて実現する可能性も（理論的には）存在する。株主総会で可決される場合、そ

のステークホルダーが大きな割合の議決権を持っているのでなければ、株主利益に合致するあるいはそれを害しない範囲でステークホルダーの利益を追求する提案が実現するに過ぎない。他方、交渉の場合、交渉に当たる経営陣の利害が株主のものと一致しない限り、株主利益を害する提案が実現する可能性もある。

4　交渉道具としての株主提案権

　2節3までは誰の利益を追求するのかに焦点を当てて検討した。その中で共通して登場したのは、株主提案権は可決を通じて提案を実現する可能性があるのはもちろん、可決されなくても（可決が確実ではなくても）、提案株主が経営陣と交渉する際の道具になる可能性であった。もちろん、株主提案権がなくても、株主は経営者に交渉を求めることはできる。株主提案権が使えることで、妥協しない（交渉に応じようとしない）場合には、最終的に株主提案権を行使し、経営陣の意に反してでも提案を実現させるという「脅し」の手段を株主が手にできるのである。株主提案権制度の設計に際しては、交渉の道具として機能する点に注意する必要がある。

　より分析的にみてみよう。Matsusaka & Ozbas の理論研究では、株主提案が経営陣にとって望ましくなく、経営陣にとって株主提案の成否について不確実性がある（否決されると確証できない）状況では、経営陣は妥協に応じるインセンティブを持つことが示されている（提案株主も可決させるのにコストがかかる以上、妥協に応じるインセンティブがある）[11]。不確実性が高まれば高まるほど、そのインセンティブは大きくなる。同論文の主な分析では考慮されていないが、可決・否決にかかわらず株主提案がなされること自体について経営陣に負の効用が生じる場合、否決されることに不確実性がなくても、妥協に応じうる[12]。

　もちろん、株主にとって望ましい提案が交渉によって実現する可能性は十分にある。しかし、そうなるとは限らない。経営陣が妥協し、提案株主が提案を撤回し、何らかの施策が実現する場合、妥協しなければ生じるであろう結果と比べて提案株主の望む方向に修正される（そうでなければ、提案株主は妥協しない）。提案株主が株主全体に共通する利害を有している場合、株主利益の追求

に資するが、私的利益を有している場合、株主提案権をテコとした交渉の結果、株主全体としてはより悪い結果が実現する余地が出てくる[13]。

　以上のとおり、交渉道具としての機能を考えると、株主提案権は必ずしも可決可能性自体が高いものではなくても意味を持ちうる。そして、これは、例えばアクティビストのファンドが配当をめぐって経営陣と交渉するといった場合のように上記2(2)の場面で特に重要になるだろう。また、交渉と妥協は3の各場面でも成り立ちうる。そこで妥協が成立する場合、（妥協が成立しない場合と比べて）株主利益から離れた内容となる可能性が高い。すなわち、特に3を考慮に入れると、交渉道具として使うことが手放しで望ましいと評価されるわけではない。仮に交渉の結果、提案は撤回され、何も生じていないようにみえても、提案株主（やその属するグループ）に対してサイドペイメントがなされている可能性もある[14]。

3　比　　較

1　序

　目的ごとの比較を行う前に、日米の株主提案権制度の概要をまとめる。

　日本の会社法では、総議決権の1％以上または300個以上の議決権を6ヶ月以上にわたって保有する株主は、議案要領通知請求権を有する（305条1項但書。いずれも定款で引き下げることができる。以下では定款の定めには言及しない）。権利行使は総会の8週間前までに行う必要がある（同項本文）。権利行使がなされると、会社が発する招集通知・参考書類に株主提案議案、提案理由（の概要）、取締役会の意見などが記載される（305条1項括弧書、301条1項・会社則93条1項）[15]。また、取締役会が招集に当たって決定した議題（298条1項2号・309条5項参照）以外の議題を提案する権利も議案要領通知請求権と同じ要件を満たす株主に与えられている（303条2項）。

　多数の提案を行う場合、他の事情と併せて権利濫用になる余地はあるものの[16]、提案数自体に対する制限はない。提案された議案はそのまま記載するが、提案理由などについては、全部を記載することが適切ではない場合、概要を記

載すれば足りる（会社則93条1項柱書括弧書）[17]。議案の内容に対する制限として
は、法令定款違反、泡沫提案（305条4項）が明示されているほか、提案理由に
ついては明らかに虚偽のもの、もっぱら名誉毀損または侮辱に当たるものは参
考書類に記載する必要がない（会社則93条1項3号括弧書）。また、議題提案権に
ついては、提案された議題が株主総会決議事項ではない場合にはとりあげる必
要はない[18]。

　会社が株主提案権を無視する場合、事前の段階であれば提案株主は記載を求
める仮処分により対処する余地がある。総会後であれば、株主提案と同じ議題
の可決議案があれば取消しの対象となるが、そうでなければ取り消すべき決議
がないことになる[19]。他方、会社側から参考書類に記載する義務がないことを事
前に確認することができるのかは定かではない。

　アメリカの連邦法では、1934年証券取引所法における委任状勧誘規制（Reg-
ulation 14A）[20]の一部として株主提案権について定める Rule 14a-8[21] が置かれてい
る。現行法では、議決権株式の1％以上または市場価格で2000ドル以上を、提
案時において1年以上かつ総会時まで継続的に保有している株主に権利が認めら
れる[22]。また、提案株主は提案が付議される株主総会に自らまたは代理人を通
じて出席する必要があり、正当な理由なく欠席した場合、その後2年間、会社
は当該株主による提案を拒絶できる。定時総会における提案であれば、前年の
情報をベースに、会社による委任状勧誘資料の発出日の120日前までに提案を
行う[24]。株主1人あたり提案数は1つに制限されている[25]。同一グループに属する
者がいる場合、グループで1つである[26]。また、提案と提案理由の両方を併せて
500語以内に制限されている[27]。

　会社は以上を含む手続に反した提案を排除できるほか、形式要件を満たす提
案でも Rule 14a-8(i) に定められた13の排除事由に該当する内容の提案を排除
できる。提案を受けた会社が、その提案を排除する場合、排除のための手続き
として、最終的な委任状勧誘資料を SEC に提出する80日以上前（原則）まで
に排除しようとする株主提案や排除理由などを SEC に通知する必要がある[28]。
この際、ノー・アクション・レターを請求することができる[29]。これは法的な拘
束力があるわけではないが、事実上、ノー・アクション・レターが認められれ

ば排除でき、認められなければ排除できないものとして機能している。[30]

2 株主利益の追求

以下では、総論で述べた株主提案権制度の目的となりうる４点について、日米を比較する。

(1) **支配の交代** 日本の株主提案権制度では、支配の交代に関する提案はもちろん制限されていない。現実にも大株主などが支配の交代を目指す提案を行うことはあり、会社（現経営陣）による取締役選任議案が否決され、株主提案[31]により選任された取締役にとって代わられた例もある。[32]また、株主提案が可決される事例の多くは、大株主が経営陣と対立し、支配の交代を目指す場合である。[33]もっとも、単純に取締役の過半数を交代させるのではなく、一部の候補者は会社側提案と重複した提案がなされる例もある。[34]また、株主提案の内容が交渉によって実現することもあり、[35]支配の交代の場面でも株主提案権の交渉道具としての機能が果たされている。

他方、アメリカでは、株主提案権を支配の交代に用いることは明確に否定されている。すなわち、Rule 14a-8 は取締役選任についての提案を排除事由の１つとしている。[36]この中には、取締役候補者の提案のみならず、[37]解任提案や取締役候補者の資質などに疑問を呈するものも含まれる。[38]この背後には、支配の交代（を含め、現在の取締役会と支配を争う場合）には、基本的には株主自らが委任状勧誘を行うべきであるとの発想がある。[39]これは、株主自身が費用と手続について負担するとともに、現在の取締役会と同じ委任状勧誘規制に服することを求めるものといえる。[40]

近年、アメリカでは株主に取締役候補者の提案（一般的に proxy access と称される）を認める動きが活発化してきた。[41]特に、2007年から2010年にかけて SEC によるルール形成をめぐって混乱があり、直接的に proxy access を認める Rule 14a-11 は否定された。しかし、デラウエア州が附属定款に proxy access を認める規定を置くことができる旨を明文で認めたこともあり、現在では、取締役候補者の提案を認めるように附属定款を変更する旨の株主提案は可能となり、実際に2015年に提案数が急増した。[43]Proxy access を認める附属定款を採

用している会社は多数あるものの、一般的には取締役の20％（最低2人）までしか提案を認めないタイプ（3/3/20/20）のものである。[44] 2017年現在、選任できる取締役の数などの制限をより緩和しようとする提案も増えているものの、上述の一般的なものより進んで選任を認める提案は株主総会でも支持されていない。[45] したがって、proxy access を肯定する動きは、株主提案権を支配の交代に使うことはできず、そのためには自ら委任状勧誘を行うべきであるという考え方を覆すものではない。[46]

　既述のとおり、支配の交代に株主提案権を使えるかどうかが、支配の交代自体に与える影響は（見た目ほど）大きくない。[47] 議決権比率から他の株主の支持が必要であれば、どのみち委任状勧誘を行う必要がある。反対に、ある株主が過半数の議決権を有しており、他の株主の支持が不要な場合、株主提案権を使えなければ、委任状勧誘などのために無駄な費用を負担させることになる。もっとも、過半数株主にとっては望ましくない経営陣を交代させることの利害が大きく、形式的に委任状勧誘などの手続を履践する費用（過半数株主は他の株主の支持を積極的に集めるための行為は必要ない）は相対的に小さなものになる。過半数株主がいる会社が少なければ社会全体への影響は大きくない。

　他方、支配の交代のための利用を認めるかどうかは、株主提案権制度の目的の捉え方の問題としては重要である。単に取締役の（過半数の）選任・解任のための提案を認めるかどうかだけではなく、株主提案権制度の他の部分の設計にも影響するからである。アメリカでは提案数を1つに限定しているが、支配の交代のために株主提案権を使えるようにするのであれば、妨げになる定款規定の廃止なども必要となる可能性があり、複数の提案を認める必要も出てくる。

(2)　**支配の交代以外の経営者のエージェンシー問題の緩和**　　次に、支配の交代以外の株主と経営者の間のエージェンシー問題に対処する提案についてみる。ここでとりあげる提案は、このエージェンシーコストの削減に資する機能があるというだけで、現実に行われる提案がそれを意図しているかどうかは別問題である。

　まず、日本法ではこうした提案に対する明示的な制約はない。現実に、過半

数に至らない取締役の選任議案、配当議案、ガバナンスに関する定款変更など
がなされている。高い支持を獲得するものは多くないものの、近年の提案をみ
ると、例えば、配当の決定機関に関する定款変更や報酬の個別開示に関する提
案は一定の支持を獲得している。また、支配の交代と異なり、株主提案を背景
に交渉がなされ、提案内容（の一部）が実現するといった事例はあまりないよ
うである。

　他方、アメリカでは、一部の提案については明示的に許容しないものとして
いる。すなわち、Rule 14a-8 では、会社提案と対立する提案および特定額の
配当についての提案は排除できると定めている。また、州法上認められない事
項についての提案も排除事由とされており、ガバナンスに関する附属定款を求
める拘束力のある（勧告的ではない）提案についてはこれに抵触する可能性もあ
る。

　以上の制約はあるものの、特にガバナンスに関する提案は遅くとも2000年以
降には株主提案の中心となった。ごく最近ではガバナンスに関する提案数は減
少しつつあるものの、依然として大きな割合を占めている。また、ガバナンス
に関する提案は、他の提案と比べて高い支持を得ている。そして、株主提案が
なされ、交渉によってそれが実現するだけでなく、高い支持を獲得しそうな提
案と同様の内容を会社が自ら実現させることもある。

　もっとも、ガバナンス関連の株主提案が実際に株主・経営者のエージェン
シー問題の解決にどこまで資するのかは明らかではない。実証研究では、特
に、業績が悪い企業と規模の大きな企業が株主提案の対象となりやすいことが
示されている。前者は経営者のエージェンシー問題の緩和と整合的であるが、
（他の条件が一定である限り）規模が大きいからといって、必ずしも株主・経営者
間のエージェンシー問題が深刻なわけではない。提案者の属性を考えると、む
しろ私的利益の追求の手段となっている可能性もある。

　また、ガバナンス関連のものに限らないが、実証研究全体では株主提案はパ
フォーマンスにあまり影響を与えていないことが分かる。提案を受けた会社が
SEC に排除を求めた提案について分析した直近の研究では、特に高いパ
フォーマンスの企業において SEC が株主提案の排除を認めると、その提案が

ガバナンス関連であっても株式市場は有意にプラスの反応をみせることが示されている。[61]

　提案を受けた個別企業への影響を計測する場合、市場全体への規律効果といった間接的な効果は反映されない。例えば、A社が、他社の株主が強く支持している提案と同内容の施策を、株主提案を受ける前に実現した場合について考える。この施策が企業価値を上げるものであっても、A社は株主提案を受けていない以上、株主提案による影響には含まれない。そのため、プラスの影響が生じないこと自体は株主提案の影響を過小評価している可能性も否定できない。しかし、上述の研究で、特に高いパフォーマンスの企業に対する株主提案の排除を認めることが市場から積極的な評価を受けていることからすると、有益ではない提案もなされているとはいえる。

　日米を比較すると、日本では法的な制約が小さい割にはこうした提案はあまり有効なものとなっていないとも思える。もっとも、アメリカで高い支持を獲得し、実現している提案内容（例えば、期差取締役会の解消、取締役選任の過半数投票制、報酬に関する株主総会決議など）の多くは、日本では会社法上強制されているため、経営者が自己利益の追求のためにこれらに反した施策をとりえないことが差異の理由の1つと考えられる。[62]

3　株主利益以外の利益の追求

(1)　**提案者のみの利益の追求**　　株主利益以外の利益、すなわち、私的利益の追求のうち提案者自身の利益追求のための提案について検討する。

　日本では、既に1でみたとおり、法令定款違反と泡沫提案という拒絶事由が定められている（305条4項）ほか、名誉毀損などを含む提案理由の記載も排除できる（会社則93条1項3号括弧書）。後者については、提案理由についてのみしか定めがないものの、裁判例が株主提案を権利濫用とする範囲にはこれらも含まれると理解されている。[63]もっとも、これ以上の制約はなく、必ずしも提案者自身の利益を追求する提案を積極的に抑止しようとしているわけではない。株主提案の要件をみても、議決権300個という基準があるため（303条2項・305条1項）、単元株式数と株価によっては、必要な投資額は私的利益の追求を行う

のに割に合う程度のものとなる。むしろ、株主に意見表明の機会を与えること[64]を重視し、後記(2)のステークホルダー利益の追求も含め、私的利益の追求をある程度容認する制度設計となっている。そして、「濫用的」といえる提案でも、[65]否決されることが明確である限り、そのまま付議し、否決するのが会社（取締役）にとっては安全策となるが、これは意見表明の機会を与えることとは整合的である。実際、HOYA株式会社における一連の株主提案のように会社が拒絶して裁判になった例もあるものの、明らかに濫用的といえる提案であっても、参考書類に記載されることがある。[66]

　アメリカでは、1年の継続保有要件はあるものの、日本と比べても必要な投資額は小さい（1でみたとおり、最低2000ドル）。そのため、従来から、株主提案権の行使を目的として小規模な投資のみ行うcorporate gadflyと呼ばれる株主が存在し、株主提案権の行使要件が緩すぎることが指摘されてきた。こうし[67][68]た背景もあり、現在、連邦議会上院で審議されているFinancial Choice Actには2000ドル要件の廃止（議決権のある証券の1％以上またはSECの定める1％以上の保有基準のみ）と1年の継続保有要件を3年に延長する旨が盛り込まれている。同法案の背後には、政治的（党派的）な事情もあると考えられるが、個人[69]による株主提案が多く、しかも特定少数の個人に集中していることは以前から指摘されている。他方、こうした事情を踏まえると、提案数の制限は重要な役[70]割を果たしていると考えられる（制限がなければ、同様の提案がより多くなされる可能性が高い）。

　以上のとおり、アメリカ法では株主提案権を行使できる株主の要件が緩く、提案者自身の利益を追求しやすい。これに対しては、提案数の制限以外にも、手続的な面および提案内容の面から制約がかけられている。手続的な面では、1で述べた提案株主の株主総会への出席は、出席する価値を本人も見いだせない程度の「ふざけた」提案を排除すると一応いえる。また、日本より長い提案の期限（委任状勧誘資料の発出日の120日前）を設定した上で、会社・株主間で提案に瑕疵がある場合の修正を行う手続も定められている。そして、1で触れた[71]とおり、会社はSEC（Division of Corporate Finance）にノー・アクション・レターを請求できる。

提案内容に対する制約としては、Rule 14a-8(i) の排除事由がある。まず、提案株主が利害を有する提案の排除がここで検討の対象としている提案を正面から捉えている[72]。具体的には、会社・第三者に対する提案株主の個人的な権利を主張する提案、不平不満に関連する提案、提案株主に利益を与える提案、株主全体で共有されない個人的利益を追求する提案である[73]。これにより排除されるものとしては、従業員であった株主による雇用関係上の問題や取引相手である株主による取引上の怨恨にもとづく提案がある[74]。提案内容自体は記載すべきものであっても、提案の動機が個人的利益の追求や怨恨などである場合にも、これに該当するとして排除できる[75]。このように広く対処できる規定であるが、これにもとづいて排除される例は少ない[76]。

また、各種法令違反に当たる提案を排除する規定[77]も、提案者自身の利益を追求する提案を排除する機能も持つ。典型的な濫用的提案との関係では、委任状勧誘規制に反する提案に、名誉毀損・侮辱に当たるもの、何を求めているか明確ではないもの、提案理由の大部分が提案と関係ないものが含まれる点が特に[78]意味を持つ[79]。会社の通常の事業運営についての提案の排除[80]も、個人的な利害や思い入れなどにもとづいて経営事項について提案を排除することで、ある程度は提案者自身の利益を追求する提案に対処する機能を持ちうるが、周知のとおり、むしろ社会的・政治的提案との関係で問題となってきた（後述3⑵）。さらに、日本の泡沫提案の排除と同様に、過去に一定の比率を下回る賛成しか得られなかった提案の排除も認められているものの[81]、あまり厳格にエンフォースされていないとも指摘されている[82]。

日米を比較すると、当然のことながら、両国とも提案者自身の利益を追求する株主提案を抑止する法ルールを採用しているが、その程度と対処方法は異なる。日本は、最低限の濫用対策を置く一方で、ある程度は提案者自身の利益の追求も容認することになる制度になっている。濫用が現実に起きつつもこうした制度で大きな破綻が生じなかったのは、単元株制度が存在するため、アメリカほどは小規模の投資で議決権300個の基準を満たすことができなかったためではないかと考えられる。他方、アメリカでは、提案権を持つ株主は非常に多い一方、重層的に濫用に対処している。すなわち、1人あたりの提案数を1つ

に絞ることで濫用のインパクトを抑え、かつ、多くの排除事由を定めて対処してきた。排除事由はある程度の具体性をもって定められているものの、解釈の余地は相当にある。そのため、ノー・アクション・レター制度によって事前に法的な不確実を避けられるようにしているものと理解できる。それでも、投資額要件との関係で度々批判されてきたとおり、個人活動家を中心に、提案自体（あるいは何らかの利益の獲得）を目的とした株主提案権の利用が広くみられる。

(2) **株主以外のステークホルダーの利益の追求**　　最後に、株主以外のステークホルダーの利益を追求する提案について検討する。

日本では、明示的にこのような提案を制限する規定はない。ステークホルダー利益を追求する提案には、業務執行事項に関するもの（特に、定款変更議案）も多い。[83] 業務執行事項について株主総会の決議事項とすることの可否は論じられてきたが、多数説は基本的にそうした制約はないとする。[84] また、業務執行に関する定款規定について一定の制限をすべき旨も指摘されている。[85] しかし、現行法の解釈論としては、会社による提案でもそうした制限ができなくなるとの問題が残る。[86]

現実にも、昭和56年商法改正の後、1984年の時点で初めての社会的提案がなされた。阪神電鉄の株主総会における場外馬券場等の設置をさせないための株主提案である。[87] そして、現在まで電力会社に対して原発反対運動の一環として多くの株主提案がなされるなど、（少なくとも表面的には）株主以外のステークホルダーの利益を追求するものと理解できる提案がなされてきた。[88] こうした提案がなされることは立法段階から認識されていたのみならず、[89] 昭和56年商法改正時における「企業の社会的責任」や「非行防止」を求める政治的・社会的圧力を考えると、社会的提案を封じるような制度とすることは困難であったと考えられる。

アメリカでは、社会的・政治的提案の可否は、主に排除事由のうち会社の通常の事業運営についての提案[90]に当たるかという点で問題となり、SEC の解釈は揺れ動いてきた。[91] 1998年、SEC は、重要な社会政策上の問題に焦点を当てる提案であれば直ちには排除せず、①経営陣に判断権限を与えないと経営に支障が出るかどうか、②株主が集団的な意思決定を行う適性を持たない、複雑な

事項について、マイクロ・マネジメントを行うものかどうかを考慮して排除の可否を個別的に判断するという前年の提案を採用した[92]。

また、環境や公衆衛生に関する提案については、負の影響を生じさせる事業の最小化や停止を求めるものは排除しないとした[93]。環境リスクなどの評価を求める提案については、SEC の解釈がやや混乱していたが、リスク評価の対象が日常的な経営に関する事項を超えない場合は排除を認め、リスク評価の対象が日常的な経営事項を超え、重要な政策的問題を提示する株主提案は排除できないことを明らかにした[94]。

限界事例に近いものの排除が認められたのは、公衆を危険にさらし、会社の評判やブランド価値を毀損するリスクのある商品（銃など）を販売するかどうかについて、取締役会の委員会の監督に服する旨を委員会の規則に定めるという提案であった。SEC による排除を認める判断の後、最終的にこれを肯定した第3巡回区連邦控訴裁判所の判断では、①重要な（会社の運営あるいは社会的な）政策上の問題に焦点を当てており、②その問題が会社の通常の事業運営を超えた内容のものであること、の2つを満たす場合のみ排除されないとした（商品構成を変える提案は、①を満たしても、②を満たさないことになる）[95]。しかし、SEC は、これでは排除を認める範囲が広すぎるとして、従来の判断枠組を維持するとしている[96]。

実際にも、ガバナンス関連の提案に次ぐ規模の社会的・政治的提案が行われている[97]。しかし、平均的な賛成票の割合、可決された提案の数のいずれの点でもガバナンス関連の提案には遠く及ばない[98]。実証研究をみると、アメリカの株主提案全体では、社会的・政治的提案だからといって必ずしも株主価値を損ねる提案が集中しているわけではない[99]。もっとも、労働組合が提案者として、その会社の従業員利益を追求する場合には、むしろガバナンス関係の提案を道具として交渉していることも示されている[100]。そのため、株主提案を用いて（株主利益に反する形であっても）株主以外のステークホルダー利益の追求が行われていないというわけではない。

以上のとおり、両国とも社会的・政治的な提案であっても許容している。必ずしも諸手を挙げて歓迎するわけではないにせよ、社会的・政治的事情を背景

にある程度は認めるという判断がなされているものといえる。もっとも、実際の利用方法をみると、両国とも政治的な利益の追求の手段となっている側面も否定できない。そして、アメリカの方が、要件が緩いことに加え、提案を行うプレーヤーの違いもあり、そうした側面が一層強いと考えられる。以下、もう少し具体的にみる。

　日本では社会的・政治的提案がなされることは認識されつつ立法がなされ、早い段階から実際に提案され続けている。そして、制限をかける方向の解釈論は一定の支持を集めつつも、支配的とはいえない。他方、アメリカでは、SECのノー・アクション・レターの審査を通じて、この問題に正面から答える必要が生じた。そして、許容・制限の両方向に振れながら変遷したものの、現在では、経営に支障が出るものを除いて許容し、問題によってはある程度積極的に認めているとも理解できる。

　利用実態をみると、日本では、可決も、交渉によって実現することも現実的とはいえない。アメリカでも、2017年に気候変動関係の提案が数個可決されて注目を集めたのを別とすると、ほとんどの提案は可決されず、大きな支持を集めているともいえない。ただ、従業員については交渉道具として用いている可能性が高い。また、政治的提案はもちろん、社会的提案も政治的な影響が顕著[101]にみられ、純粋にステークホルダー利益を追求するというよりも活動団体の政[102]治的な利益追求の手段となっている側面がより明らかになっている。

4　結論と示唆

最後に、以上の検討をまとめ、本稿の検討から得られる示唆を述べる。

1　結　　論

　株主提案権制度の目的との関係では、日本では、①支配の交代、②前記①以外の株主・経営者間のエージェンシー問題の緩和に株主提案を用いるのに法的な支障はない。他方、③提案者自身の利益追求の手段として用いることに対しては最低限の制約がなされているのみである。そして、④ステークホルダー利

益の追求のための提案も許容されている。③を明示的に制約するルールの少なさは、株主に意見表明の機会を与えるという制度導入当初の発想と整合的であり、ある程度は③も許容せざるを得ない制度となっている。実態面からいうと、可決・交渉による実現の両面で、①が最も実効性のある株主提案権の使い方となっている点が特徴的である。

アメリカについては、①は株主自身の委任状勧誘によるべきとして明示的に株主提案権制度の目的から除外している。他方、②は一定の制約を受けつつも、特に近年では附属定款の変更という形で利用範囲が拡大してきた。④については、現在のところ、弊害を除去しつつある程度認めている。そして、③に関しては、手続・実体の両面から濫用対策を講じているものの、株主提案権の要件が緩いこともあって十分に防ぎきれているとはいい難い。実態面では、②は、間接的な効果も含めて上場会社（特に大規模な会社）のガバナンスに影響を与えてきた。[103]④は②に次いで提案されているものの、実際に可決されることは多くない。提案の実現によるステークホルダー利益の追求よりも、むしろ、政治的な利益の追求の手段として用いられている側面がある。

2 示　唆

以上の比較から直ちに規範的な示唆が得られるわけではない。もっとも、立法上の議論となっている問題について何も論じないのでは、[104]1節で株主提案権制度の設計において制度目的の理解が重要であると強調したのと平仄が合わない。そこで、株主提案権制度の目的という観点から示唆をいくつか示す。

最も大きな問題から触れると、株主提案権制度の目的として、株主の意見表明の機会を与える、あるいは株主・経営者間のコミュニケーションの促進といった曖昧な理解は捨て、[105]①支配の交代と②それ以外の株主・経営者間のエージェンシー問題の緩和に絞ってもよいのではないだろうか。このことは、③④を制度目的と捉えないことを意味する。具体的には、現状と比べると③に対する制約を強め（濫用対策を強化）することになる。また、④ステークホルダー利益の追求に向けた提案は、積極的に認めるべきではないが、禁止すべきでもない。禁止するのは技術的に困難であり、②の提案を不用意に制約しかねないか

450

らである。しかし、株主提案権の要件を含む制約を厳しくする中で、従来なされてきた社会的提案の一部が不可能になっても構わないという判断につながる。以下で理由を具体的に説明する。

①支配の交代については、大株主がいる場合に、わざわざ少数株主による株主総会の招集を求める、あるいは委任状勧誘を自ら行う場合について別立てのルールを設けた上で、それに従わせるというコストをかける意義は乏しい。

③に関しては、仮に小規模な株主でも会社に意見を伝えられるようにする点を肯定的に捉えるとしても、その手段として、他の株主への通知と株主総会への付議を内包する株主提案権制度を利用するのはオーバースペックである。すなわち、株主の意見表明自体に価値を見いだすとしても、他の手段で達成すべきである。[106]

④については、ステークホルダー利益を反映させる途を設けるべきだとしても、なぜ、ステークホルダーとしての資格にもとづいて権利を与える（例えば、従業員に一定の権利を与える）のではなく、株主を兼ねたステークホルダーに、株主権の一環としてステークホルダー利益の追求をさせるのかという問題が残る。2節3(3)でみたとおり、株主利益と一致する限りでステークホルダー利益の追求を行わせるという正当化をするのであれば、相当の持株数（割合）を求める必要がある。また、現実には、ステークホルダー利益の追求というよりも、特定の団体や活動家の利益を追求する点で、③に近い用いられ方が行われていることも否定できない。他方、④の提案のみを切り出して排除するのは技術的に難しい。提案内容に着目すると、株主利益の追求のうち②支配の交代以外のものと区別が難しいものが出てくる。[107]株主総会と取締役（会）の権限分配という観点で調整を試みるとしても、やはり②のうち必要なものを制約しかねないことは、日本のこれまでの議論に現れている。

次に、以上の方向性の下で、より具体的な規律について検討する。第1に、株主提案権の濫用対策としては、提案できない事項などを詳細に定めるアプローチはあまり有効ではない可能性が高い。アメリカの規律の変遷をみると、このようなアプローチを採用しても、条文自体はある程度一般性・抽象性の残るものとならざるを得ない。アメリカでは、オープンな文言を含む Rule

14a-8(i) の運用はノー・アクション・レター制度に支えられているものの、それでもなお少なからぬ混乱を経ながら進化している。そうした運用のインフラと法的不確実性への耐性を持たないのであれば、他のアプローチをとる方が適切だと考えられる。

　第2に、提案数の制限は、少なくとも、濫用的な提案がなされた場合のインパクトを確実に抑えられる。しかし、株主提案権制度の目的として①支配の交代を認める以上、それを妨げるような制限は行うべきではない。例えば、2016年の東証全体の取締役の平均人数は8.25人、最も小規模な区分の連結売上高100億円未満のみをみても平均6.21人である。[108] 役員選解任議案において1人1議案という考え方を維持する限り、[109] 例えば、提案数を10に制約すると、平均的な上場会社の取締役は全員交代させられるが、役員全員の交代は困難になる一方、小規模な上場会社ではそれも可能になるなど、役員数により大きな差が生じる。他方、支配の交代を妨害しないように提案数の制限を緩めると（例えば、1人あたり20議案まで）、ごく一部の濫用にしか対処できない。そのため、法制審会社法制（企業統治関係）における役員・会計監査人の選解任に関する議案を除き、あるいは、人数にかかわらず1議案と数えた上で、10議案に制限する提案は1つの妥当な解決といえる。[110][111]

　第3に、小規模な投資しか行っていない株主の提案が有益なものといえないのであれば、議決権要件の引き上げを行うべきである。具体的には、議決権300個基準を廃止し、議決権割合1％のみとする[112]（あるいは相応に引き上げる）ことが考えられる。小規模な株主が、意味のある①支配の交代に関する提案を行うとは考えにくい。また、②に関する有益な提案を行う可能性はあるが、小規模な株主は、他の株主があまり支持しない提案を行う傾向があることが示されている。[113] 単なる意見表明やステークホルダー利益の追求のための提案は抑止されることになるが、制度目的を①②に限定するという本稿の立場からは、否定的に評価することにはならない。もちろん、これでも、例えば数％程度の議決権を保有する株主——会社と何らかの関係がある者が想定される——が濫用的な提案を行うのは防げないが、少数にとどまるのであれば個別に権利濫用で対処するのが適切だろう。[114]

最後に、本稿では交渉道具としての株主提案権という側面にも注目して検討を進めてきたため、この点に関する示唆に触れる。既にみたとおり、株主提案権を背景とした交渉によって望ましい結果が実現することもある一方、株主利益から離れて、提案者の利益（提案者自身であれ、ステークホルダーの利益であれ）に沿った妥協がなされる可能性がある。後者に対しては、利益供与規制（120条）で対処できる余地もある。もっとも、株主提案、交渉、実現・撤回という過程をたどる場合に、株主がそのことを知らなければ評価も対応もとることはできない。また、開示する必要があれば、問題のある交渉・妥協は行いにくい。そのため、株主提案があった段階で提案内容を全て開示させることはしないまでも[115]、撤回や何らかの合意の段階で、適時開示などがなされることが望ましいと考えられる[116]。

【注】

1) 本稿で「株主提案権（制度）」という場合、一定の要件を満たした株主が、株主総会の議題・議案を提案し、それを会社の費用で全株主に伝達する制度を広く指すものとする。日本法でいえば議題提案権（303条）と議案要領通知請求権（305条）の双方を含むもので、アメリカ法でいえば連邦法の委任状勧誘規制における Rule 14a-8 にもとづく株主提案権制度を指す。他方、議場における議案提案（304条）や提案株主自身が株主総会の招集や委任状勧誘を行う場合は含まない。

2) 後掲注（65）参照。

3) 牧野達也「株主提案権の事例分析——平成27年7月総会～平成28年6月総会」資料版商事法務390号（2016年）104頁、104頁参照（2015年7月から2016年6月に開催された株主総会では50社において株主提案がなされ、その内4社で可決された）。

4) 英米仏独の比較として、比較法研究センター『株主提案権の在り方に関する会社法上の論点の調査研究業務報告書』（2016年）（http://www.moj.go.jp/content/001182033.pdf, last visited Mar. 16, 2018）〔以下、『委託調査報告書』〕。

5) 例えば、委託調査報告書・前掲注（4）の参考資料「株主提案権の行使要件等の各国比較」（同138-139頁）では、日米英仏独の5カ国とも行使要件に1％または5％の議決権または持株比率を含み、選択的に別の基準も用意しているが、後者の厳格さは大きく異なることが示されている。最も緩いと考えられるのがアメリカの市場価格2000ドル、最も厳しいと考えられるのがイギリスの100ポンド以上の議決権付株式の株主100名以上であり、日仏独はその中間に位置する。

6) 例えば、2000年から2006年のデータを用いた英米の比較では、イギリスにおいて社会的提案がほとんどなされていないことを示している。Bonnie G. Buchanan *et al.*,

Shareholder Proposal Rules and Practice: Evidence from a Comparison of the United States and United Kingdom, 49 Am. Bus. L.J. 739, 771 Panel C & 779 (2012).

7) 後述 4 節 2 参照。

8) 下記で引用するもののほか、アメリカ法を対象とした株主提案権に関する近時の研究として、長阪守「アメリカにおける株主提案権制度に関する一考察——コーポレート・ガバナンス論の歴史的展開を背景にして」阪大法学52巻 5 号（2003年）1345頁、長阪守「アメリカにおける株主提案権制度の理論と現実——90年代以降の改正動向および株主の行動主義を巡る近時の争点」阪大法学53巻 2 号（2003年）489頁、内海淳一「アメリカにおける株主提案の最近の動向」松山大学論集22巻 2 号（2010年）249頁、吉行幾真「取締役の選任に関する株主提案権——米国 SEC 規則改正案を中心に」一橋論叢133巻 1 号（2005年）54頁、吉行幾真「米国における株主提案権に関する一考察——プロキシー・アクセスに着目して」名城法学63巻 2 号（2013年）35頁などがある。

9) 松中学「アメリカにおける株主提案権制度」委託調査報告書・前掲注（ 4 ） 1 頁。

10) (2)では個別の従業員や取引先などの利益（「私を不当に解雇するな」）ではなく、クラスとしての利益（例えば、「給与を〇％上げろ」「工場を閉鎖するな」）を念頭に置いている。もちろん、実際にはどちらに属するのか曖昧なものもありうる。

11) John G. Matsusaka & Oguzhan Ozbas, *A Theory of Shareholder Approval and Proposal Rights*, 33 J.L. Econ. & Org. 377 (2017).

12) *See id.* at 408.

13) *See id.* at 398-400.

14) John G. Matsusaka *et al.*, *Opportunistic Proposals by Union Shareholders*, Working Paper, 2017, *available at* https://ssrn.com/abstract=2666064 (last visited Mar. 16, 2018) では、労働条件の交渉に際して労働組合による提案が増えていることに加えて、賃金の上昇という形でサイドペイメントがなされている可能性が示されている（ただし、規模としては大きくない）。

15) 実際には参考書類に記載される。会社則73条 4 項、山田和彦編著『株主提案権の行使と総会対策』（商事法務、2013年）83頁参照。

16) 東京高決平24・5・31資料版商事340号30頁、東京高判平27・5・19金判1473号26頁参照。

17) 山田・前掲注（15）94頁参照。

18) 江頭憲治郎『株式会社法〔第 7 版〕』（有斐閣、2017年）331頁。

19) 田中亘『会社法』（東京大学出版会、2016年）190頁参照。なお、東京高判平23・9・27資料版商事333号39頁。取締役に対する損害賠償請求につき、東京高判平27・5・19・前掲注（16）参照。

20) 15 U.S.C. §78n.

21) 17 C.F.R. §240.14a-8.

22) *Id.* §240.14a-8(b)(1). Financial Choice Act における改正提案については、後掲注（69）（70）とその本文参照。

23) 17 C.F.R. §240.14a-8(h)(1) & (3).

24) *Id.* §240.14a-8(e)(2).　臨時総会であれば、会社による委任状勧誘資料の印刷・発送までに合理的な期間を確保する必要がある。*Id.* §240.14a-8 (e)(3).

25) *Id.* §240.14a-8(c).

26) *See, e.g.,* Texas Instruments Inc., SEC No-Action Letter, 1982 SEC No-Act LEXIS 1738 (Jan. 19, 1982); Occidental Petroleum Corp., SEC No-Action Letter, 1984 SEC No-Act LEXIS 1987 (Mar. 27, 1984).　排除を否定した例として、Trans World Corp., SEC No-Action Letter, 1981 SEC No-Act LEXIS 3034 (Feb. 5, 1981).

27) 17 C.F.R. §240.14a-8(d). URL は 1 語と数える。SEC Staff Legal Bulletin No. 14, Fed. Sec. L. Rep. (CCH) ¶ 60014, at C.2 (July 13, 2001); SEC Staff Legal Bulletin No. 14 G, Fed. Sec. L. Rep. (CCH) ¶ 60014G, at D (Oct. 16, 2012).

28) 17 C.F.R. §240.14a-8(j)(1) & (2).　期限の例外につき、SEC Staff Legal Bulletin No. 14B, Fed. Sec. L. Rep. (CCH) ¶ 60014B, at D (Sep. 15, 2004); SEC Staff Legal Bulletin No. 14G, *supra* note 27, at D.3 参照。

29) 株主提案に関するノー・アクション・レターの手続の詳細は、常岡孝好「ノー・アクション・レターの法的性質〔Ⅰ〕」商事法務1578号（2000年）12頁、13-14頁参照。

30) ノー・アクション・レターがどのような効力を持つのか、裁判でその判断を争えるのかなどについては、常岡・前掲注（29）17-23頁、常岡孝好「ノー・アクション・レターの法的性質〔Ⅱ〕～〔Ⅵ・完〕」商事法務1580号（2000年）28頁、1581号（2000年）33頁、1585号（2001年）29頁、1586号（2001年）33頁、1587号（2001年）36頁。

31) 松山遥・西本強編著『株主提案権の議案ごとの分析と問題点——平成23年 7 月から平成25年 6 月までの事例（別冊商事法務381号）』（商事法務、2013年）250頁参照。

32) 2012年 6 月のヤマダコーポレーションの株主総会では、会社側の取締役 7 名を選任する 2 号議案が否決、取締役 5 名を選任する株主提案（ 4 号議案）が可決され、支配の交代が実現した。株式会社ヤマダコーポレーション「第87期定時株主総会招集ご通知」32-39 頁（http://www.yamadacorp.co.jp/mt/mt-static/FileUpload/files/IR/87-syosyu.pdf）(last visited Mar. 16, 2018. 注32のウェブサイトは以下同じ)、同社「第87期定時株主総会決議ご通知」2 頁（http://www.yamadacorp.co.jp/mt/mt-static/FileUpload/files/IR/87-ketugi.pdf）、同社「当社第87期定時株主総会における株主提案の可決および代表取締役の異動に関するお知らせ」（平成24年 6 月28日） 1 頁（http://www.yamadacorp.co.jp/mt/mt-static/FileUpload/files/IR/kabunushiteiankaketsu-daihyouidou.pdf）。

33) 田中慎一「株主提案権制度の問題点」西南学院法学45巻 3・4 号（2013年）167頁、179-185頁（2012年までの事例の分析）。

34) 例えば、牧野・前掲注（ 3 ）104-105頁で紹介されている2015年のブラップジャパンおよび2016年のRISEの株主提案。

35) 提案株主が提案時に取締役（かつその後、執行役に選任）であり、やや特殊な面もあるが、2016年のクックパッドにおける佐野陽光氏による提案とその取下げの例がある。クックパッド株式会社「株主提案権の行使に係る書面の受領に関するお知らせ」

(2016年1月19日)（http://pdf.irpocket.com/C2193/Wc5N/Cdi4/Xnw5.pdf) (last visited Mar. 16, 2018. 注35のウェブサイトは以下同じ)、同社「当社第12回定時株主総会における取締役選任議案の決定及び株主提案の取り下げに対する同意に関するお知らせ」（2016年2月12日）（http://pdf.irpocket.com/C2193/Wc5N/Cdi4/Uxyg.pdf)、同社「第12回定時株主総会招集ご通知」5-8頁（http://pdf.irpocket.com/C2193/Wc5N/Cdi4/l7PZ.pdf）参照。

36） 17 C.F.R. §240.14a-8(i)(8).

37） *Id.* §240.14a-8(i)(8)(iv).

38） *Id.* §240.14a-8(i)(8)(ii) & (iii).

39） 松中・前掲注（9）42頁。

40） 同上42頁。なお、デラウエア州は、株主が委任状勧誘の費用償還を求められる旨を附属定款に定めることができるとする明文規定を2009年に置いた。Act of Apr. 10, 2009, §2, 77 Del. Laws. ch. 14 (codified as amended at Del. Code Ann. tit. 8, §113).

41） Proxy access をめぐる動きについては、藤林大地「米国における委任状勧誘制度——取締役の選任に係る勧誘規制と近時の動向を中心に」同志社法学62巻3号（2010年）777頁参照。

42） Act of Apr. 10, 2009, §1, 77 Del. Laws. ch. 14 (codified as amended at Del. Code Ann. tit. 8, §112).

43） 2014年には提案数17件中5件が可決されたのに対して2015年は82件中48件が可決された。Sullivan & Cromwell, LLP, 2015 Proxy Season Review 4, *available at* https://www.sullcrom.com/siteFiles/Publications/SC_Publication_2015_Proxy_Season_Review.pdf.

44） Sullivan & Cromwell, LLP, 2017 Proxy Season Review 6, *available at* https://www.sullcrom.com/siteFiles/Publications/SC_Publication_2017_Proxy_Season_Review.pdf [hereinafter Sullivan & Cromwell 2017] によれば、400社超が採用し、S&P 500の60%超が採用している。3/3/20/20とは、3％の株式を3年以上保有している株主が、20%の取締役を選任を提案でき、提案株主のグループは20人までに限られるという意味である。*Id.*

45） *Id.* at 8.

46） Marcel Kahan & Edward Rock, *The Insignificance of Proxy Access,* 97 Va. L. Rev. 1347 (2011) は、proxy access を認めても制限が多い割に株主にとってコストの節約にならず、真剣に支配の交代を目指す場合にはさほど影響がないとする。

47） *Id.* at 1433 は、仮に proxy access をめぐる様々な制約が取り払われても、現経営陣に対抗する株主が節約できる費用は僅かなものに過ぎず、むしろ委任状勧誘や会社側の候補者への反対の勧誘が成功した場合に、その運動の費用（campaign expense）の全部または合理的な部分を償還する方が影響が大きいと指摘する。

48） 可決された例として、2007年のアデランスにおける買収防衛策の廃止が挙げられる。これについては、田中・前掲注（33）178頁参照。

49） 支持の状況については、牧野・前掲注（3）111-117頁、松山・西本・前掲注（31）

4-29頁参照。

50)　株主提案の取下げの事例をみると、取締役の選解任に関するものがメインである。牧野・前掲注（3）117頁、松山・西本・前掲注（31）402-424頁参照。

51)　17 C.F.R. §240.14a-8(i)(9).

52)　*Id.* §240.14a-8(i)(13).

53)　*Id.* §240.14a-8(i)(1).

54)　州会社法では、取締役会に経営上の意思決定を行う権限を専属させており（*e.g.,* Del. Code Ann. tit. 8, §141(a)）、取締役会に一定の行為をとる義務を課すことはこれに反するためである（*See* Adoption of Amendments Relating to Proposals by Securities Holders, Exchange Act Release No. 34-12,999, 41 Fed. Reg. 52,994, 52,996 (1976)）。例えば、*CA, Inc. v. AFSCME Emp. Pension Plan,* 953 A.2d 227 (Del. 2008) では、株主による一定の取締役選任提案について、委任状勧誘の費用を償還すべき旨を定める附属定款の変更提案が問題となった。これらの詳細については、松中・前掲注（9）19-22頁参照。また、株主総会と取締役会の間の権限分配に関する日米の考え方の差異と株主提案権制度の関係については、松尾健一「『アメリカの株主の権利は強い』は本当か──株主提案権にみる権限分配の思想」ビジネス法務14巻3号（2014年）90頁参照。

55)　*See* Buchanan *et al., supra* note 6, at 776（2000年から2006年のデータ）.

56)　Sullivan & Cromwell 2017, *supra* note 44, at 1 によると2015年から2017年までの株主提案をガバナンスに関する提案、社会・政治的提案、報酬関連の提案に分けると、約半数がガバナンスに関するものであった。ただし、数は減少している。もっとも、異なる集計・分類によれば、2017年は社会的提案、環境関係の提案、政治資金関係の提案が半数強を占めている。Gibson Dunn, *Shareholder Proposal Developments During the 2017 Proxy Season* I.A.2 (June 29, 2017), https://www.gibsondunn.com/shareholder-proposal-developments-during-the-2017-proxy-season/ (last visited Mar. 17, 2018).

57)　Sullivan & Cromwell 2017, *supra* note 44, at 1（ガバナンス関連の提案は、平均して2015年に44％、2016年に40％、2017年に39％の支持があった）。こうした傾向は実証研究でも示されている。*See, e.g.,* Luc Renneboog & Peter G. Szilagyi, *The Role of Shareholder Proposals in Corporate Governance,* 17 J. Corp. Fin. 167, 183 Tbl. 8 Panel B (2011)（防衛策、取締役会、株主総会の議決に関する提案は支持を集めやすい）.

58)　例えば、前述の proxy access を認める附属定款の規定について、Sullivan & Cromwell 2017, *supra* note 44, at 6 および吉行幾真「株主提案権とプロキシー・アクセス」名城法学64巻1・2号（2014年）343頁、358-359頁参照。期差取締役会の解消と取締役選任の過半数投票制の普及について、Sullivan & Cromwell 2017, *supra* note 44, at 3-4 参照。なお、会社が株主提案を「実質的に」実施している場合、その株主提案を排除できる。17 C.F.R. §240.14a-8(i)(10)．詳細は、松中・前掲注（9）34-35頁参照。

59)　実証研究のレビューである Mathew R. Denes *et al., Thirty Years of Shareholder Activism: A Survey of Empirical Research,* 44 J. Corp. Fin. 405, 414-15 Tbl. 3 (2017) 参照。

60) *See id.* at 408-412. Renneboog & Szilagyi, *supra* note 57, at 173-75 は、株主提案を
含む委任状勧誘資料の発送日に株式市場が有意にプラスの反応をしたとしている。し
かし、同日より前の段階で株式市場に株主提案がなされたという情報が伝わっており
（新しい情報ではないため株主提案への反応とはいえない。同論文でもサンプル中にそ
うしたものがあると示している）、また、委任状勧誘資料には他の議案などの情報も含
まれている（株主提案以外の情報への反応の可能性が生じる）ため、イベント日とし
てあまり適切ではない。John G. Matsusaka *et al., Can Shareholder Proposals Hurt
Shareholders? Evidence from SEC No-Action Letter Decisions,* 9 (Working Paper,
2018), *available at* https://ssrn.com/abstract=2881408, last visited Mar. 17, 2018.

61) Matsusaka *et al., supra* note 60, at 21 & Tbl. 6.

62) 日本でも防衛策の導入は可能であるが、自主的に廃止する企業も増加している。株
式会社東京証券取引所『東証上場会社コーポレート・ガバナンス白書2017』27頁（2017
年 3 月）。防衛策については株主提案で廃止された例があることにつき、前掲注（48）。

63) 松尾健一「株主提案権制度の見直しの要否――近時の特徴的な事例を踏まえて」法
律時報86巻 3 号48頁、52頁（2014年）。

64) 澤口実「株主提案権の今」資料版商事法務340号（2012年）18頁、26頁は、東証が望
ましいとする 5 万円以上50万円以下の投資単位を採用すると最低1500万円の投資で利
用できるようになると指摘する。

65) 松井秀征「株主提案権の動向」ジュリスト1452号（2013年）41頁、44頁は、株主提
案権制度が、意見表明の機会を与えることを重視した制度であることから、意見表明
を制約する仕組みを制度の中にほとんど有していないと指摘している。また、昭和56
年商法改正の立案担当者も、株主提案権制度の趣旨を経営者・株主間あるいは株主間
の「コミュニケーションをよくして、開かれた株式会社を実現」することにあるとし
た上で、「特殊株主」が不合理な提案をした場合、「多数決で否定してしまえばそれまで」
であり、提案をさせないような工作はすべきではないとしていた。稲葉威雄『改正会
社法』（金融財政事情研究会、1982年）131-132頁。

66) 著名なものとしては、2012年の野村ホールディングスの株主提案が挙げられる。野
村ホールディングス株式会社「第108回株主総会招集ご通知」12-19頁（http://www.
nomuraholdings.com/jp/investor/shm/2012/data/report108.pdf, last visited Mar. 17, 2018）。

67) Corporate gadfly の語は50年以上前から用いられている。*E.g.,* Frank D. Emerson &
Franklin C. Latcham, *The SEC Proxy Proposal Rule: The Corporate Gadfly,* 19 U.
Chi. L. Rev. 807 (1952).

68) *See, e.g.,* SEC Roundtable Discussions Regarding the Federal Proxy Rules and State
Corporation Law 52, https://www.sec.gov/spotlight/proxyprocess/proxy-transcript050707.
pdf (May 7, 2007)（「100株の株主による専横」（the tyranny of the 100 share shareholder）
という Coffee の指摘）(last visited Mar. 17, 2018).

69) Financial CHOICE Act of 2017, H.R. 10, 115th Cong. §844(b) (2017), https://finan-
cialservices.house.gov/uploadedfiles/hr_10_the_financial_choice_act.pdf. 提案理由につ

いては、House Committee on Financial Services, The Financial Choice Act: Creating Hope and Opportunity for Investors, Consumers, and Entrepreneurs, Comprehensive Summary 132-35 (Apr. 24, 2017), https://financialservices. house. gov/ uploadedfiles/ 2017-04-24_financial_choice_act_of_2017_comprehensive_summary_final.pdf (last visited Mar. 17, 2018)（具体例として社会的・政治的提案を 3 つ掲げた上で、「特殊な利益」を有する者による提案の多さを挙げる）.

70) Buchanan *et al., supra* note 6, at 774-776. 最近でもそうした特定の個人活動家による提案が多いことは指摘されている。SULLIVAN & CROMWELL 2017, *supra* note 44, at 4 （3 人の個人活動家とそのグループが200以上の株主提案を行った）.

71) 17 C.F.R. § 240.14a-8(f)(1)（会社は提案の受領から14日以内に株主に修正を求め、株主は修正を求める通知の受領から14日以内に修正を行う）.

72) *Id.* § 240.14a-8(i)(4).

73) *Id.*

74) 具体例については、松中・前掲注（ 9 ）24頁参照。

75) *See, e.g.,* Armco, Inc., SEC No-Action Letter, 1980 SEC No-Act. LEXIS 2759 (Jan. 29, 1980).

76) Matsusaka *et al., supra* note 60, at Tbl. 1 （2007年から2016年に認められたノー・アクション・レターの排除理由を分類した1601件中、7 件のみ）.

77) 17 C.F.R. § 240.14a-8(i)(1)-(3). 契約あるいは権限分配上、会社が有効になしえない行為を求める提案の排除（*id.* § 240.14a-8(i)(6)）も同様の機能を持つ。

78) *See* SEC Staff Legal Bulletin No. 14B, *supra* note 28, at B.4; Moody's Corp., SEC No-Action Letter, 2014 SEC No-Act. LEXIS 124 (Feb. 10, 2014); AT&T Inc., SEC No-Action Letter, 2014 SEC No-Act. LEXIS 158 (Feb. 21, 2014). 詳細については、松中・前掲注（ 9 ）23-24頁参照。

79) Matsusaka *et al., supra* note 60, at Tbl. 1 によれば本文で述べたもの以外も含め、排除が認められた1601件中116件が Rule 14a-8(i)(3) に反することを理由とする。

80) 17 C.F.R. § 240.14a-8(i)(7).

81) *Id.* § 240-14a-8(i)(12). 過去 5 年以内に実質的に同じ内容の提案が会社側の委任状勧誘資料に記載され、かつ、付議された回数に応じて、1 回の場合は出席株主の 3 ％、2 回の場合は同 6 ％、3 回以上の場合は同10％を下回る賛成しか得られなかった場合がこれに当てはまる。Financial Choice Act では、賛成の比率を引き上げる（それぞれ 6 ％、15％、30％）提案がなされている。Financial CHOICE Act of 2017, H.R. 10, 115th Cong. § 844(a) (2017). これは1998年に提案されて実現しなかった内容と同様である。

82) *See* R. FRANKLIN BALOTTI, ET AL., MEETINGS OF STOCKHOLDER § 6.17 (3d. ed. Supp. 2017). ただし、同一性を実質的に判断して排除を認めることはある。*E.g.,* Chevron, Inc., SEC No-Action Letter, 1999 SEC No-Act. LEXIS 257 (Mar. 4, 1999).

83) 例えば、牧野・前掲注（ 3 ）115-117頁でまとめられている電力会社に対する株主提案を分類すると、9 社に対する提案合計73件のうち55件が業務執行を制約しようとする

定款変更の提案である。また、田中・前掲注（33）189-190頁の集計でも、同様の定款変更議案が多いことが示されている。

84）　この問題については、久保大作「社会的目的による株主提案権の行使――試論」黒沼悦郎・藤田友敬編『江頭憲治郎先生還暦記念・企業法の理論（上巻）』（商事法務、2007年）499頁、504-509頁参照。

85）　例えば、松井・前掲注（65）45-46頁（将来的に経営上の裁量を制約するおそれのある事項は355条に抵触するとの解釈論を示す。また、株主総会の決議事項についても同様の解釈を示している）。また、武井一浩「株主提案権の重要性と適正行使」商事法務1973号（2012年）52頁、56-57頁は、アメリカ法が通常の事業運営に関する提案を排除事由としていることに触れて、制限を示唆する。筆者自身もこうした議論の基本的な方向性にはシンパシーを覚えるが、線引きが困難ではないかと考えている。4節2参照。

86）　松尾・前掲注（63）49-50頁。

87）　河合伸一「株主提案権を行使されて――阪神電鉄株主総会からの報告」別冊商事法務80号（1985年）58頁、58頁。

88）　ステークホルダーの利益の追求のための提案と支配の交代以外の株主・経営者間のエージェンシー問題の解決のための提案は必ずしも明瞭に区別できない場合もある。そもそも、地域住民、消費者といったステークホルダーの利益追求を表面的には目指しているようにみえるものの、現実には、提案株主グループの運動団体としての利益の追求がなされているに過ぎない（本稿の分類では、提案者自身の利益追求）事例も少なくないと考えられる。

89）　例えば、座談会「株主提案権の行使をめぐる諸問題」別冊商事法務80号（1985年）8頁、9頁〔河本一郎発言〕参照。

90）　17 C.F.R. §240.14a-8(i)(7).

91）　詳細については松中・前掲注（9）26-30頁参照。

92）　Amendments to Rules on Shareholder Proposals, Proposed Rule, SEC Release No. 34-39093, 62 Fed. Reg. 50,682, 50,688-689 (Sept. 26, 1997); Amendments to Rules on Shareholder Proposals, Rules and Regulations, Exchange Act Release No. 34-40018, 63 Fed. Reg. 29106 (May 28, 1998).　元々は、雇用問題に特定して言及していたが、社会的提案一般に当てはまると捉えられている。*See, e.g.,* WILLIAM T. ALLEN & REINIER KRAAKMAN, COMMENTARIES AND CASES ON THE LAW OF BUSINESS ORGANIZATION 211-14 (5h ed. 2016).

93）　SEC Staff Legal Bulletin No. 14C, Fed. Sec. L. Rep. (CCH) ¶ 60014C, at D.2 (June 28, 2005).

94）　SEC Staff Legal Bulletin No. 14E, Fed. Sec. L. Rep. (CCH) ¶ 60014E, at B (Oct. 27, 2009).

95）　Trinity Wall St. v. Wal-Mart Stores, Inc., 792 F.3d 323, 345-47 (3d Cir. 2015).

96）　SEC Release No. 34-39093, 62 Fed. Reg. at 50,688; SEC Staff Legal Bulletin No. 14H,

Fed. Sec. L. Rep. (CCH) ¶ 60014H, at C (Oct. 22, 2015).

97) SULLIVAN & CROMWELL 2017, *supra* note 44, at 1 は、2015年から2017年の各年では、それぞれ約35.3％、約39.6％、約44.9％が社会的・政治的提案であったとしている。

98) *Id.* もっとも、2017年には気候変動関係の提案が多くなされ、そのうち３つが可決され、支持も前年と比べて高いとも指摘されている。GIBSON DUNN, *supra* note 56, at II.A. 1.

99) *See* Matsusaka *et al.*, *supra* note 60, at 21 & Tbl. 6 (高いパフォーマンスの企業でノー・アクション・レターの申請が拒絶されると、社会的提案でもガバナンス、報酬関連の提案でも、有意に負のリターンを示している).

100) Matsusaka *et al.*, *supra* note 14.

101) 共和党に政治資金を拠出している会社は、政治資金の拠出制限などの政治的提案を受けやすいことを示した研究がある。Geeyoung Min & Hye Young, *Active Firms and Active Shareholders: Corporate Political Activity and Shareholder Proposals* (Working Paper, 2015), *available at* https://ssrn.com/abstract=2601181 (last visited Mar. 17, 2018).

102) 社会的提案の嚆矢となった提案は、ベトナム戦争への反対を背景としたナパーム弾の製造に反対するものであった。*See* Medical Comm. for Human Rights v. SEC, 432 F. 2d 659, 681 (D.C. Cir. 1970), *vacated as moot*, 404 U.S. 403 (1972).　2017年の気候変動関係の提案も、トランプ政権による気候変動政策の変更に対する反発という側面が窺われる。

103) ただし、これは②に関する株主提案が提案を受けた企業の企業価値を向上させることとイコールではない。

104) 法制審議会会社法制（企業統治等関係）部会「会社法制（企業統治等関係）の見直しに関する中間試案」（平成30年２月）〔以下、「中間試案」〕第１部第２。

105) 松尾・前掲注（63）53頁、飯田秀総「株主提案権の濫用的な行使と会社法改正」神作裕之責任編集・公益財団法人資本市場研究会編『企業法制の将来展望――資本市場制度の改革への提言（2018年度版）』（資本市場研究会、2017年）227頁、248-249頁は、こうした側面を後退させてもよいのではないかと指摘する。

106) 株主提案権に代わるコミュニケーション手段の議論として、例えば、SEC ROUNDTABLE DISCUSSION ON PROPOSALS FOR SHAREHOLDERS 54-90, https://www.sec.gov/news/open-meetings/2007/openmtg_trans052507.pdf (May 25, 2007) (last visited Mar. 17, 2018) がある。

107) 例えば、違法行為によりステークホルダーを害するのを防ぐ（公害や違法な労務政策の解消）のはいずれの利益にもつなげうる。また、アメリカについて触れた環境リスク評価なども同様であろう。

108) 東京証券取引所・前掲注（62）66-67頁。

109) 提案数制限との関係でこの点に留意すべき旨が指摘されている。松尾・前掲注（63）51頁注20。

110) 「中間試案」・前掲注（104）第１部第２・1B1案・B2案（提案数を５議案とする A1・

A2 案でも、役員の選解任議案の別扱いは変わらない)。

111) 飯田・前掲注（105）254頁によれば、この制限によって影響を受ける株主提案は 2 ％未満である。同260頁は提案数の上限を 5 とする（影響を受けるのは20％未満）可能性も示している。

112) 「中間試案」・前掲注（104）第 1 部第 2（後注）では、議決権数基準の廃止について、なお検討するとしている。

113) 飯田・前掲注（105）264-266頁。要件の引き上げ（議決権300個基準の廃止）について好意的に評価しつつ、直ちに行う必要まであるとはいえないとする。

114) 新たな規律を設けるとしたら、例えば、次のものも考えうる。①提案本体についても現在の会社法施行規則93条 1 項 3 号括弧書と同様の規律など、不適切な提案を排除する規定を設ける（「中間試案」・前掲注（104）第 1 部第 2 参照）。②その上で、そうした記述が提案本体または提案理由に含まれる提案を行った株主に一定期間権利行使を認めない（株主ごとの規制）。もっとも、継続保有期間が 6 ヶ月のままでは、形式的に譲渡して潜脱を図ることも難しくない上に、これも変えるとなると少数の事例への対応としては大げさではある。

115) 株主提案についての（任意の）適時開示に関して、付議されない不適法な提案まで開示することには問題があると指摘されている。松山・西本・前掲注（31）426頁。

116) 撤回に関する開示例については、松山・西本・前掲注（31）402-424頁参照。本稿でとりあげた撤回の例では、例えば、クックパッドが2016年の株主総会に関して、同年 2 月12日に「当社第12回定時株主総会における取締役選任議案の決定及び株主提案の取り下げに対する同意に関するお知らせ」と題する適時開示を行っている。

ショートターミズム（短期主義）問題の真相と本質
――投資家の論理と経営の論理の交錯――

柳　　明昌

1　はじめに

1　問題の所在

アベノミクスの成長戦略をめぐる一連のコーポレートガバナンス改革では、「持続的な成長と中長期的な企業価値の向上」が実現すべき政策目標として掲げられている。日本企業が最低でも８％を超える ROE の達成にコミットすべきことを提言する、いわゆる伊藤レポートや[1]、伊藤レポートが媒介するダブルコード、つまり中長期的な観点から機関投資家と投資先企業との目的を持った対話を求めるスチュワードシップ・コード[2]（以下、SS コード）、およびステークホルダーとの適切な協働や株主との対話を定めるコーポレートガバナンス・コード[3]（以下、CG コード）は、いずれも中長期的な企業価値を高めることの重要性を説いている。

しかし、このような改革の動きと時期を同じくして、これと矛盾するような現象が顕著となったことも事実である。すなわち、ROE の改善を求める CG コードの導入や ROE を構成銘柄の選定基準とする JPX 日経インデックス400 の運用開始あたりから、いわゆるリキャップ CB（CB の発行＋自己株式の取得）の発行が増加した事実や自己株式の取得額が過去最高額に達した事実が明らかになった[4]。これらの株主還元策は、むしろ中長期的な経営に反する現象と性格づけられるものである。そうだとすると、中長期的な時間軸が強調される一方で、なぜこれに反するような現象が顕著になったのかが疑問となる（以下、「ねじれ現象」と呼ぶ）。この問題関心が本稿執筆の一つの契機となっている。

また、最近の改革の中で、なぜ「中長期的な」企業価値の向上が謳われるように
なったのかが問題となる。後にみるように、リーマンショックに始まる金
融危機以降、欧米ではショートターミズム（以下、短期主義）の問題が改めて取
沙汰されるようになっている。我が国では、おそらくこのような流れを受け
て、経済界をはじめ中長期的な時間軸を意識すべきことはあまり違和感なく受
け入れられ、最近ではどのように中長期的な企業価値を高めるかに議論の重心
が移りつつあるように見受けられる[5]。しかし、結論の先取りとなるが、少なく
とも、我が国においては、短期主義の問題の克服としての中長期主義という見
方には疑問がある。そうだとすると、なぜ中長期的な企業価値の向上が目指す
べき目標となるかは宙に浮いてしまう。ましてやそれを前提とした処方箋は的
外れなものとなる危険がある[6]。そこで、まず、短期主義とはどのような現象で
あるのか、短期主義は本当に実在する（あるいは神話である）のかどうか、短期
主義は規制を要するほど深刻な問題であるのかどうか、といった点について、
比較法的な分析を含めて明らかにするのが本稿の主要な課題である。そして、
短期主義をめぐる議論の分析から、我が国における真の課題が何であるか、さ
らに会社法上の課題が何であるかを明らかにすることを試みる。

2　本稿のアプローチ

　まず、2節において、本稿執筆の契機となったパズル、つまり、我が国にお
いて、なぜ時間軸をめぐる「ねじれ現象」が生じたのかについて、経営学・ファ
イナンスの知見を手掛かりとして分析する。次に、3節において、我が国にお
ける短期主義の位置づけが欧米におけるそれとどのように異なるかを分析す
る。具体的には、ケイ・レヴュー（Kay Review、報告書の内容につき、以下 KR）[7]
を一つの契機として伊藤レポートが作成され、これがダブルコードへと取り込
まれるという経緯に鑑み、ケイ・レヴューと伊藤レポートにおける短期主義の
位置づけの異同を明らかにする。この議論を受けて、4節において、我が国お
よび欧米における短期主義をめぐる議論を取り上げ、5節においてその議論状
況の分析・検討を行う。最後に、6節において、ダブルコード時代における今
後の課題を明らかにする。

2 時間軸の「ねじれ現象」

　中長期的な企業価値の向上を目指しながら、なぜ経済界においてこれと矛盾するような現象が生じることになったのだろうか。このパズルに一つの手がかりを与えてくれるのが、「反 ROE 包囲網」とでも呼ぶべき立場からの分析と提言である。[8]

　ROE 包囲網と呼ばれているのは、最近の一連のコーポレートガバナンス改革、つまり JPX 日経 400 インデックス、SS コード、伊藤レポート、CG コード、そして議決権行使助言会社であり、ROE を唯一無二の経営指標として改善を目指し、それに向けて企業を牽制する立場とされる。[9]ROE 包囲網には「ROE・社外取締役・株主還元策」の三点セットがある。これに対し、反 ROE 包囲網の立場によって繰り返し強調されるのが、ROE 包囲網は投資家の論理を経営に持ち込むものであるが、投資家の論理が経営に入り込むとろくなことはないという点である。[10]そして、ROE 包囲網に潜む様々な罠の存在を指摘する。例えば、ROE や成長目標としての EPS（一株あたり利益）[11]にしても、その数値目標を達成すること自体が目的化してしまうと「逆算経営」が行われてしまい、結果的に「割り算の罠」に陥る。SS コードにいうエンゲージメントには、ROE などをめぐって投資家の論理が経営の論理に入り込む「エンゲージメントの罠」があり、JPX 日経 400 インデックスには「インデックスの罠」があるというのである。

　反 ROE 包囲網の論者は、むしろ ROE 包囲網の意図せぬ結果を招かぬように、投資家の論理に経営が影響されないようにすることの重要性を説く。企業価値創造を実現する企業像は、伊藤レポートや CG コードが理想の企業像として描く姿とは異なり、経営の質を高め、中長期的に企業価値を高めること、つまり、将来生み出されると期待されるキャッシュフローをそのリスクで割り引いた現在価値の合計額を向上させることであり、そのために本業のキャッシュフローを持続的に拡大させることに尽きると述べる。[12]ROE は稼ぐ力の評価指標として経営の中心に据えるべきではなく、企業価値向上の結果として高

まるものと考えるべきという。

このように、反 ROE 包囲網の論者は、伊藤レポートの提言である上場会社は資本コストを上回るリターンをあげるべきという基本的なメッセージに賛成しながらも、日本企業が伊藤レポートのメッセージを誤解し、様々な罠に陥り、伊藤レポートが警鐘を鳴らす経営の短期主義が一層悪化するという意図せぬ副作用を生じさせていると分析する。

以上の分析は、時間軸のねじれのパズルに対する明確な答えを提供するとともに、投資家の論理と経営の論理を区別し、中長期的な企業価値の向上のためには、投資家の論理に影響されず、経営の論理に基づき独立した判断を行うべきことの重要性を説く点において、後に短期主義のメカニズムを理解するうえで重要であり、分析枠組みとしても注目に値する。

3　ケイ・レヴューおよび伊藤レポートにおける短期主義の異同

本来、何が解決を要する問題であるかを解明することなく、適切な処方箋を書くことはできないところ、問題の所在において指摘した通り、短期主義の意義やその問題の存在そのものについて議論の余地がある。そこで、以下では、ケイ・レヴューおよび伊藤レポートにおける短期主義の位置づけの異同を確認することにより、対処を要する課題についての両レポートの認識の違いを明らかにする。

1　ケイ・レヴュー

ケイ・レヴューは、ロンドン大学経済学のジョン・ケイ教授が、英国ビジネス・イノベーション・技能省（BIS）の依頼を受けて行った英国資本市場における投資の在り方とそれが長期的なパフォーマンスに及ぼす影響に関する調査・検討の報告書である（2012年7月最終レポート公表）[13]。

ケイ・レヴューの主張の核心は、緒言で述べられている点に尽きる。すなわち、短期主義の克服には「信頼・信用（trust and confidence）」の回復が鍵となるが、それは長期的な取引関係および人的関係の産物であり、他人の利益にお

構いなく短期的な利益を得ようとする多数の匿名者同士の「取引」によって生み出されるものではないという認識である（KR, Foreword）。ケイ・レヴューは、信頼・信用を基礎とした長期的な関係構築と投資の拡大を阻害する要因がどこにあるかを分析した上で、政府が、その要因を取り除き、取引よりも長期的な関係を醸成する施策を講じることを提言する。以下では、もう少し詳しく内容を説明する。

　英国において、英国の上場会社が資本市場において短期主義の有害な圧力を受けている証拠として、リーマンショック後の信用収縮期に限らず、2000年代初めから一貫して投資が減少してきている事実を指摘する。この原因について、短期的な行動の典型として数秒単位で取引する高頻度取引（High Frequency Trading, 以下、HFT）は、それ自体、英国経済にとって有害な短期主義的な行動ではないとしたうえで、競争力ある投資機会が減少していること、それはさらに、価値を生み出す有形資産への投資を可能にする無形資産への投資、具体的には、技術・能力の向上、ブランドや名声の形成への投資が不足していることにあると分析する（KR, 1-4~1-8, KR, 5-8~5-9）。

　英国の資本市場あるいは株主・経営者間に、かつては信頼・信用に基づく関係が存在したが、最近では、仲介機関の関与が増加しており、その副産物が市場のパフォーマンスを仲介者目線で評価する傾向である（KR, Chapter 3）。アセットマネージャーのうち、会社の事業活動に焦点を合わせる投資家タイプと短期的な株価の変動・相関に焦点を合わせるトレーダータイプが区別されるが、アセットマネージャー間の競争は会社の業績を上げない限りゼロサムゲームに過ぎないというのが短期主義問題の核心であり、アセットマネージャーのビジネスモデルとイギリス経済・投資家のモデルの衝突が起こりうることを認識すべきである。そして、事業の複雑化ゆえに証券価格がファンダメンタル価格に収斂するスピードが長期化する一方で、アセットマネージャーや会社の業績判断期間が短期化すると、市場動向に注意を向け、ファンダメンタルから目を逸らさせる悪循環に陥るリスクがある。

　また、発言（voice）より退出（exit）、関係性（relationship）より取引（trading）を重視するエートスが顕著になり（「関係性から取引へのシフト」）、この変化は株

主と会社の相互関係のみならず、役員と会社の相互関係にも影響を及ぼす（KR, Chapter 2）。すなわち、役員は、高いパフォーマンスを上げるよりも、自らがトレーダーとして振舞うようになり、流動性、透明性、価格発見それ自体が目的化される。しかし、取締役は、投資ポートフォリオを管理する一種のファンドマネージャーではなく、会社資産のスチュワードであり、そこでは信頼・尊敬を基礎とする受益者ニーズの分析・理解とエンゲージメントが鍵となる。そのようなスチュワードシップ概念に対応して、長期的に会社の成功を促進する取締役の義務（Companies Act 2006, Section 172）が導かれる。そして、EPS や ROE のような比率は、基礎となる価値に変化がない場合あるいは価値が減少した場合でも高められることから、短期的にでさえ会社の価値を増加させず、長期的に価値を損なうような短期的な判断をもたらしかねないと警鐘を鳴らしている（KR, 10-27・10-28）。また、個別的には、四半期開示を止めることや長期的な企業価値を高めることに結びつく情報開示、報酬やインベストメント・チェーンの在り方などの改善策を提言している。

2 伊藤レポート

伊藤レポートは、持続的な成長と中長期的な企業価値の向上を目指すもので、処方箋として提言された内容は、適切なインセンティブを与えるための報酬やインベストメント・チェーンの一端を担う者の受託者としての義務など、ケイ・レヴューと似通ったものとなっており、一見すると、ケイ・レヴューをはじめとする欧米における短期主義の克服が課題として認識されているようでもある。しかし、伊藤レポートにおける短期主義の位置づけは、欧米における議論とは本質的に異なると考えられる。

伊藤レポートは、中長期的な低収益性、つまり投資機会の短期化がマーケットの短期化を生じさせているとして、資本市場の短期化の原因（伊藤レポート8頁）は、そもそも十分な中長期の投資機会が存在しないことに求めている。しかし、経営の短期化との関連で、我が国では、継続的な R&D、設備投資の大きさ、長期的な雇用慣行、人材育成等に関する重要な問題は生じていないと認識されており（伊藤レポート2頁）、短期主義のエビデンスに関しては、ケイ・

レヴューでは本質的とは評価されない取引の短期化や HFT の存在など（取引よりトレード）が指摘される（伊藤レポート59頁、70-71頁）。むしろ、日本企業は、短期的な資本市場に対して収益を約束する一方、経営は長期的な視点で行う「ダブルスタンダード経営」が実践されてきたと評されている（伊藤レポート1頁、7頁）。我が国では、欧米で問題となる経営の短期主義は深刻な問題ではなく、むしろ中長期的な時間軸で経営が行われてきたとすると、なぜ中長期的な企業価値の向上が改めて説かれるのか。持続的な成長につながる長期的な視点に基づく革新的な経営判断が行われてこなかったことを「日本型の短期主義経営」と呼んでいるが（伊藤レポート2頁）、「真正な中長期主義の欠如」こそ問題であるという認識を示すものであろう。中長期的な経営の中身の再検討が求められている。言い換えると、市場の圧力に屈しないような日本流の中長期的な経営が中長期主義をいわば隠れ蓑にして資本効率の追求を怠っているとの認識と解される。ROE 8 ％という数値目標（伊藤レポート6頁、36-45頁）は、このような文脈においてよりよくその意味を理解することができる。

3　議論の整理

　ケイ・レヴューおよび伊藤レポートはともに中長期的な投資機会が存在しないことが短期的な投資を生じさせているとの認識を共有している。しかし、その原因分析と処方箋とにおいて異なる。ケイ・レヴューでは、中長期的な時間軸が推奨されるが、それはシティにおける〈信頼・信用〉を回復するためであり、それが信頼とは無縁な〈取引〉を重視するエートスよりも資本市場をより効率的にするとの信念に基づいている。スチュワードシップ概念が会社の資産に対する関係であることを強調し、その概念を取締役の義務の在り方に適用する点で注目される。

　これに対し、伊藤レポートでは、「ダブルスタンダード経営」から「真正な中長期主義経営」を目標として掲げており、短期的な投資家の論理が経営に持ち込まれることよりも、経営の論理そのものの見直しを迫るものと考えられる。伊藤レポートが資本効率や ROE を目指すべき指標としたためか、経済界では、短期主義問題の核心である市場参加者間でのゼロサムゲームの様相を呈

し、結果としての ROE を高める（良い ROE）のではなく、目標としてしまうという意図せぬ結果を生じさせている。また、取締役の会社に対する義務の在り方には言及されていない。

4 ショートターミズムをめぐる議論

1 我が国における議論

すでにみたように、ソフトローとしての SS コードや CG コードにおいて、持続的な成長と中長期的な企業価値の向上が謳われているが、これを会社法理論との関係でどう考えるべきか。我が国における取締役の義務の内容をめぐる従来の議論は、株主利益最大化モデルか、それともステークホルダー・モデルか、という点が議論の中心であったと考えられ、株主利益の内容として、中長期を考えるべきか、それとも短期を考えるべきか必ずしも明確ではない。現[14]に、短期的な利益ではなく、中長期的な利益最大化を主張する見解がある一方[15]で、短期的に得られる利益のみならず、長期的に得られると期待される利益を[16]も含むと主張する見解がある。

2 米国における議論

米国では、短期主義を犠牲にしてでも長期的な株主の利益を最大化すべきと[17]の主張が有力である。その意味では、最近の短期主義をめぐる議論は、リーマンショック後の金融危機を受けて、過去20〜30年間にわたり説かれてきた内容が改めて強調されている状況といえる。短期主義は、一般に、投資家・経営者・アナリストらが長期的な企業の繁栄や安定性を犠牲にして、クォータリー・キャピタリズム（四半期決算に過度に注力する）に代表される短期的な利益を追[18]求する傾向と理解されている。
[19]   [20]
しかし、短期主義をめぐる問題の評価は分かれる。著名な大学教授、会社法[21]   [22]
分野で豊富な経験を有する実務家、デラウェア州裁判所の判事、社会的に影響[23]   [24]
力を有する機関や経済界のリーダーたちは、ヘッジファンドの活動を懐疑的に評価しながら、短期主義が株価や個別企業のみならず、資本市場ひいては経済

全体に悪影響を及ぼすものであると主張している。これに対し、短期主義を問題視することに批判的な論者（後掲(2)）は、株価や企業業績といった実証的なデータに基づきながら、ヘッジファンドの活動が市場において一定の役割を果たしていると評価し、さらに、短期主義問題は神話であるか、少なくとも問題を誇張しすぎであるとの異論を展開している。

(1) **短期主義問題** 短期主義の存在を基礎づける証拠として、次の5つが指摘されることが多い[25]。第一に、米国ではここ10年間に四半期業績予想開示が著しく重要性を増してきており、米国の多くの会社が四半期利益に焦点を合わせ、研究開発や新たな商品開発への投資が少ないことである。同じことはケイ・レヴューにおいて指摘されていたし、米国における最近の研究でも、ヘッジファンドの圧力により R&D が著しく減少する傾向があることを示す実証研究がある[26]。第二に、短期主義の証明であり、また推進力であるともいわれるのが CEO の在任期間が短いことである。具体的には、2006年には8.5年であったものが、2007年には6.7年に短縮したことが挙げられる。第三に、短期的な圧力をかけるヘッジファンド、プライベート・エクイティや HFT の登場などに代表されるように、株主の属性に変化がみられることである。短期志向の株主と短期的な経営との間に相関関係がみられることは知られているが[27]、とりわけアクティビスト・ヘッジファンドはその報酬構造から短期志向であり、経営者がその圧力に晒されている事実が報告されている[28]。最後に、株式の平均保有期間が短くなり、投資の受益者にとっての時間軸と運用者の投資判断期間にずれが生じていることである。株式の保有期間が世界的にみて短くなってきていることはよく知られており、数秒間だけ保有するトレーダーが全米の株式取引の約70％を占めるともいわれる[29]。また、運用者と受益者との間の投資期間のずれに関する問題は、ケイ・レヴューや伊藤レポートが指摘するところである。第五に、近年、多額の自己株式の取得や剰余金の配当といった株主還元策が盛んに行われていることである[30]。

　経営者が中長期的な投資を行わず、短期主義が生じるメカニズムについては、短期志向の株主の影響力（投資家の論理）と経営者の判断（経営の論理）の両面あるいは相互関係から説明されるのが一般的である。

まず、市場参加者は短期的によい業績を出すことを強く求める。機関投資家や年金基金あるいはヘッジファンドのマネージャーたちは、ファンドへの新たな資金を得るため、短期的に結果を出すことが求められるし、より一般的に言えば、資本市場における投資の属性が、我慢強い資本（patient capital）から短期間で頻繁に売買を繰り返す資本に置き換わったことが指摘される。また、情報の非対称性ゆえに、短期に売買を繰り返す必要のない投資家でさえ、複雑かつ長期にわたる事業計画を十分に評価することができない、あるいは短期的な利益（失敗）が長期的な成功（失敗）を意味せず、企業が短期的に運営されているのか長期的に運営されているのかを投資家が判別できないとすると、ポートフォリオを構成する株式価値を評価する指標、例えば、四半期ごとの EPS がベンチマークとならざるを得ない。このように投資家が時間的な要素を考慮して長期的なプロジェクトについて大きくディスカウントするならば（「今日のジャム問題」といわれる）、あえて長期戦略を採用することは株価の下落に直面することになる。

　このように資本市場には情報の非対称性があり、市場が長期の投資プロジェクを正しく評価することができないならば、経営者が中長期的にみれば必ずしも最適な経営判断ではないと考えるとしても、市場の好感する措置を講じる圧力に晒されることになる。場合によっては利益操作（earnings management）の誘因に駆られ、ひいては過少投資を生じさせることになる（一種の囚人のジレンマ）。また、会社から早期に辞職・退職することが予想される場合や在職期間がかなり短い場合には、経営者は遠い将来に実現するような目標を設定するインセンティブを持たないであろうし、株式やストック・オプションを通じた報酬が与えられる場合には、経営者の利益になるように短期的に株価を上昇させ、利益を操作するインセンティブを与えることになろう。このような状況下では、経営者は、中長期的には企業価値を高めるにもかかわらず、短期的には利益の上がらない投資機会を後らせるか、最悪の場合は取りやめることになってしまう。

　以上にみたように、短期主義のメカニズムについては、制度的な要因やインセンティブの問題という面もあるが、投資家の論理が経営の論理に悪い影響を

及ぼすという点に本質的な問題があると理解される。

　短期主義批判論者は、投資家からの不当な短期的圧力を裏付ける証拠として、経営者などへの聞き取り調査や豊富な実務上の経験などの逸話的あるいは現実世界に根差した経験そのものに依拠している。このことは、短期主義批判論者が経済界のリーダーたちや買収防衛を専門とする著名な弁護士、デラウェア州裁判所の判事などから構成されることを想起すれば頷ける。

　(2)　**短期主義批判論に対する懐疑論**　　短期主義の存在やその問題の深刻さに懐疑的な論者の主張は次の通りである。

　まず、短期主義が問題であるとする見解は、嘲笑の的であるか出鱈目であるという[34]。経営者に対して「5年間一人にしてやるから、5年後に戻ってきてパフォーマンスをモニタリングしよう」というのは当然おかしいはずで、たとえ長期志向であるとしても、四半期ごとに成果をチックするのが普通である。1980年代に敵対的な企業買収を行った者は株主価値よりもエンパイア・ステートビルの建設に躍起になる役員たちを批判したが、それはあまりに多くの会社で無気力が蔓延し、厳しい経営判断を回避する傾向が強まったからである。長期的に経営しているという議論は出鱈目であるという。

　次に、21世紀は20世紀よりも社会の動き（変化）が素早いことを認識すべきことが指摘される[35]。技術の進化に合わせて取引のスピードやビジネスモデルの変化は素早く、長期の事業計画を立てること自体が難しくなっている実情を無視できないというのである。公開会社の CEO は、収益の50％が産業構造やビジネスモデル、マクロ経済要因といった外部的要因によって決まるとみている[36]。

　最後に、短期主義の存在やその問題の深刻さは実証されていないとして、その神話性を主張する見解である[37]。例えば、ヘッジファンド・アクティビズムに関する実証研究は、ヘッジファンドが買収対象企業とした企業の株価を上昇させ、あるいは長期的なリターンを生じさせることを示しており、アクティビストが価値を崩壊させる、あるいは短期主義的であるとの主張を支えるものではないとする[38]。より最近では、1994年から2007年までの間にヘッジファンドが介入した約2000社を対象に、介入後の5年間（長期とされる）にわたる対象会社

の企業業績や株価の上昇などのデータを分析した結果、ROA やトービンのQ（株価純資産倍率）で測定した企業業績の低下傾向は観察されず、むしろ業績が改善したこと、さらに、介入後にみられる株価の上昇も対象会社にとって長期的なコストを反映していない非効率的な価格であるとみることはできず、長期にわたり収益が悪化するという傾向は観察されなかったとの分析結果が公表されている。[39] さらに、短期主義の例証とされる株主還元策が頻繁に行われる事実に対しては、S&P 500社はその多くがすでに成熟企業であり、それほど成長機会を有していないことを考慮すべきこと、実質的にはエクイティによる資金調達から社債による資金調達へのリキャップが行われたとみるべきことが指摘され、短期主義によって投資のための資金が社外に流出したとの主張は裏付けられないとの批判が向けられる。[40]

　また、短期主義の影響による株式市場の歪みを示す証拠の存在を認めながらも、米国経済全体から見るとそれほど深刻な事態を生じさせていないとする指摘がある。[41] すなわち、①金融市場が短期的であっても、例えばベンチャー・キャピタルなどは短期主義を緩和する存在であり、システム全体の見地から米国経済を評価すべきこと、②株式市場が短期志向であるかははっきりしない一方で、事業の長期計画を過大評価する傾向を示す明確な証拠があること、③会社内部のメカニズムが短期志向を強める傾向があるのに、長期志向を促し、取締役会を市場の圧力から解放することにより、いっそう短期主義の弊害が大きくなること、④たしかに HFT などの出現により株式の平均保有期間が短くなっているが、主要な株式保有機関にはあてはまらないことを指摘する。そして、より重要な問題は、短期主義が存在するか否かではなく、短期主義の歪みにより、市場制度それ自体が長期的なプロジェクトを追求する会社を過少評価するといえる程度にまで至っているかにあるが、[42] そのような事実は裏付けられないとする。むしろ、新株発行や自己株式の取得（株式の買戻し）を通じて、企業価値を減少させる経営から長期志向の株主が利益を得る場合があることを実証的に示した上で、短期主義および長期主義はともにコストを生じさせる歪みがあることを踏まえつつ、長期志向又は短期志向のいずれが経済的な価値を生み出すかを実証的に把握することの必要性が説かれる。[43]

474

5 議論状況の分析および検討

1 短期主義・中長期主義の意義

短期主義とは、中長期的な企業価値を犠牲にして短期的な利益を追求することであり、株式の保有期間が短期的であることを意味するわけではない。ケイ・レヴューが指摘するように、長期投資家が市場条件に従って短期で売買することはあるし、短期投資家もまた会社の属性を考慮することはある。また、HFT に代表される新たな取引手法それ自体が本質的な問題でもない。問題の本質は、短期的な利益追求はゼロサムゲームであり、パイの奪い合いに過ぎないという点にあると考えるべきである。そうすると、「短期」「長期」という時間軸それ自体にあまり意味はないことがわかる。ビジネスモデルや事業サイクルが短縮化されている状況を踏まえるなら、そのサイクルに合わせ、企業価値を増加させるプロジェクトを立て続けに実現すること（ヒット商品の連続）を考えねばならないという過酷な現実が明らかになる。

2 理論的な分析

資本市場における投資家や経営に関する現実の問題を捨象し、純粋にファイナンス理論で考えれば、株式の保有期間の長短にかかわらず、割引キャッシュフローモデル（DCF 法）に基づく企業価値評価理論が支持されるべき旨が説かれる[44]（「フィッシャーの分離定理（Fisher's Separation Theorem）」）。すなわち、短期志向の株主が保有する株式をすぐに売りたいと考えるとき、長期的な企業価値が最大化されてはじめて長期的な株主が購入する価格を最大化することができるから、短期志向の株主でさえ、中長期的な企業価値の最大化を支持するはずである。また、ある会社が当期（四半期）のために収益の認識を早め、コストの先送りを行うように会計方針を調整することにより、当期利益が大きくなるように見せ、アナリストの予測を満たす報告をするとしても、情報を有する合理的な投資家であれば、会社の価値に何ら変化は生じておらず、会社の株式価値を高く評価することはないはずである[45]。

もしこのように上場会社の株価が期待される会社の将来収益をすべて正しく反映するならば、すべての投資家は会社の長期的な企業価値最大化を望むはずであるという強い帰結を生じさせる。近い将来に株式の売却を予定する者と永続的に株式を保有する予定の者とは、同じく長期的な企業価値（パイ）を最大化することを考えるはずで、社会的な再配分や投資期間の及ぼす効果は経済原理の誤解を露呈するものとの批判があたることになる。

3　短期主義のメカニズム

　しかし、理論モデルが前提とする効率的資本市場仮説の限界、情報の非対称性の問題、様々なインセンティブの歪みの問題があり、2でみたような理論がそのまま現実に当てはまるわけではない。実際、短期志向の株主の不当な圧力により中長期を目指すべき経営の論理が歪められるという短期主義の問題が俎上に載せられる。短期主義のメカニズムについて、一般に、市場における投資家の論理が取締役会（経営の論理）に伝播・浸透するプロセス全体（market to boardroom）という論理（伝播理論）で説明されるが、これとは逆に、経営者自らが市場における投資家の論理を酌んだ対応を行うことで、それが短期的な投資家を選別する機能を持ってしまうこと（株主の質は経営の質ともいわれる）や経営者が中長期的な企業価値を高めるような経営判断を積極的に行わず、中長期の投資機会が減少した結果、投資家が短期的な投資を行わざるを得ないことも指摘される。"鶏が先か、卵が先か"と同様の問題が生じる。この点で、投資家の論理に正面から応じることを回避し、日本型のダブルスタンダード経営を維持することも一案であるが、ケイ・レヴューをはじめ一連のガバナンス改革提案のように、投資家にも短期的な成果を求めることについて自制を求め、中長期的な企業価値を高める方向で経営者と協力することを求める方向性は──現実問題としてそのような運用がうまく行くかはさしあたり置くとして──支持できると考える。もっとも、スチュワードシップ概念を生んだ母国（英国）でも、株主意識の高まりにより、短期的な株主の利益を満たせない場合にSSコードの理念に反するような形での影響力の行使が観察されているようであり、反ROE包囲網の論者が指摘する「エンゲージメントの罠」に陥ら

ないように、エンゲージメントの多寡ではなく、その質に注意を払わねばならない。最終的には、持続的に企業価値を高めるためにどうすればよいかについての認識を共有することが何よりも重要であろう（6節参照）。

4　短期主義の神話性・実在性

　短期主義をめぐる議論の最も大きな対立はその実在性の有無にある。短期主義批判論者は、経営者への聞き取り調査や実務経験などの直接的な経験そのものを証拠とする。これに対し、短期主義批判に懐疑的な論者は、短期主義の原因と指摘される現象が株価や企業業績等に与える影響を実証的に分析するアプローチに依拠する。経営者が市場における投資家の短期主義に基づく圧力に晒されている（少なくともそのように感じている）のは事実であろうし、だからといってそれが直ちに何らかの対処を要するほどの弊害を生じさせていることが実証されたとは言い難い状況にある。両陣営の主張する裏付けは両立可能であり、議論はうまくかみ合っていない。

　短期主義批判に懐疑的な論者は、短期主義批判論者に対して、自らの経験をもって証拠としているか、あるいは実証研究では裏付けられない主張であることを認識せず、自己の主張の正当性を当然の前提としてしまっているとの批判を向ける。しかしながら、懐疑論者が行った実証分析の結果に対しても、その評価になお疑義を差し挟む余地が残されており、ヘッジファンドの属性や活動の詳細を踏まえた上で、さらなる実証研究を要すると考えられる。

5　会社法上の問題に与える示唆

　短期主義をめぐる議論の対立は、会社法の基礎理論の対立を反映するものである。つまり、コーポレートガバナンスにおける株主の役割を積極的に評価し、その関与の度合いを高めようとする立場と、株主による介入をできるだけ最小限に抑え、取締役の経営判断の裁量の余地をできるだけ確保しようという立場の争いである。その意味で、両者の代理戦争の舞台としての短期主義問題という性格が浮かび上がる。もちろん、後者が短期主義批判論者の主張であり、リーマンショックをはじめ、市場における様々な問題は、株主の影響力が

弱すぎるからではなく、強すぎることにより生じていると主張する。

　また、持続的かつ中長期的に企業価値を高めることが求められるならば、伊藤レポートでは触れられていないが、ケイ・レヴューが指摘するように、中長期的な経営の後押しをするために、取締役の義務の在り方に議論が及ぶのが自然であるように思われる。ケイ・レヴューは、取締役が投資ポートフォリオを管理する一種のファンドマネージャーではなく、会社の資産・事業のスチュワードであり、それに対応して長期的に会社の成功を促進すべき義務を会社に対して負うべきことを説いている（KR 8-3）。

　仮に、取締役の中長期的な会社に対する義務が導かれるとしても、中長期という時間軸は決して万能ではないという点に注意しなければならない。ケイ・レヴューにおいて中長期主義が唱えられたのは、中長期的な関係構築が信頼関係を生じさせ、その方が「取引」関係に基づくよりも市場を効率的にするという信念に基づくものであるし、中長期主義にも企業価値を犠牲にする可能性があることを指摘し、中長期主義を偶像化することに警鐘を鳴らすものがあった（4節2⑵）。また、短期主義批判に懐疑的な論者が指摘するように、中長期主義を隠れ蓑にし、経営者が十分な業績を上げない怠慢の言い訳とする危険が潜んでいる。中長期主義にもそれ相応のコストが伴うことを前提に、短期主義及び中長期主義の双方のコストを比較検討することが求められる。

6　ダブルコード時代における課題

　伊藤レポート、SS コードや CG コードにおいて、持続的な成長と中長期的な企業価値の向上が目指すべき目標とされたのは、欧米にみられるような短期主義が問題視されたというよりは、むしろ中長期的な時間軸の下で、資本コストを意識した真の意味での中長期的な経営が行われてこなかったからである。そうだとすると、当面は、短期主義を対処すべき課題として認識したうえで処方箋を考えるというよりは、いかにして持続的な成長を可能にし、その結果として資本コストを上回るリターンを実現するかを考える必要がある。

　この点、伊藤レポートや反 ROE 包囲網の論者が指摘するように、イノベー

ション創出能力が鍵となるように思われる。事業環境の変化を踏まえつつ、イノベーションの条件を考えることを通して適切な時間軸が導かれることになろう。イノベーションの創出には、十分な無形資産への投資が必要不可欠で、20年から30年の長期を見込むべきとするならば、投資家および経営の論理がともにこのサイクルに合わせられるべきである。ガバナンス・システムの在り方のみならず、イノベーションの本質をどう考えるかが改めて問われているように思われる。

【注】

1) 経済産業省「持続的成長への競争力とインセンティブ〜企業と投資家の望ましい関係構築〜」プロジェクト最終報告書（伊藤レポート）（平成26年8月）。脱稿後、「伊藤レポート2.0─持続的成長に向けた長期投資（ESG・無形資産投資）研究会報告書」（平成29年10月26日、以下「伊藤レポート2.0」）が公表された。ESG（環境・社会・ガバナンス）をはじめとする非財務情報の分析とその視点に基づく長期投資の重要性が示されている。

2) 日本版スチュワードシップ・コードに関する有識者検討会「『責任ある投資家』の諸原則《日本版スチュワードシップ・コード》──投資と対話を通じて企業の持続的成長を促すために（平成26年2月26日）」。

3) コーポレートガバナンス・コードの策定に関する有識者会議「コーポレートガバナンス・コード原案──会社の持続的な成長と中長期的な企業価値の向上のために（平成27年3月5日）」。

4) 企業にROEの改善を明示的に求めるコーポレートガバナンス・コードの導入やROEを構成銘柄の主要な選定基準とするJPX日経インデックス指数400の開始された2014年（ROE経営元年）あたりから、いわゆるリキャップCB（CB発行＋自己株式取得）の発行事例が増加した事実（「『リキャップCB』急増、株価への効果は？」東洋経済オンライン（2014年8月16日）、「資金調達　新潮流（上）」2015年9月16日付日本経済新聞など）や2016年（1〜9月）には自己株式の取得が過去最高額に達したこと（2016年10月19日付日本経済新聞電子版）が明らかにされた。また、トランプ政権による法人税減税措置を受けて、工場建設や労働者の賃金上昇というよりも、自己株式の取得が増加している事実について、*See* MATT PHILLIPS, Trump's Tax Cuts in Hand, Companies Spend More on Themselves Than on Wages, The New York Times, FEB. 26, 2018.

5) 例えば、CGコード補充原則2-3①（取締役会によるサステナビリティ（持続可能性）をめぐる課題への対応）のような要請を受けて、ESG課題への取り組みが期待されている。企業の稼ぐ力を強化するために有意義と考えられる具体的な行動について、経

済産業省「実効的なガバナンス体制の構築・運用の手引き（CGS レポート）」CGS 研究会報告書（平成29年 3 月10日）、「伊藤レポート2.0」（注 1 ）参照。

6) 我が国における短期主義をめぐる議論について、「現状を十分に解きほぐしたとは思えない中で、様々な解決策が提言されているのが実情であろう」と評されるが（鈴木裕「（コラム）共通した理解がないショートターミズム」（大和総研グループ、2013年12月19日））、この評価も頷ける。また、そもそもコーポレート・ガバナンス・コードの目指す「攻めのガバナンス」「会社の持続的な成長」目的とその実現のために採用する手法とが合致したものであるかに疑問を呈するものとして、江頭憲治郎「コーポレート・ガバナンスの目的と手法」早稲田法学92巻 1 号（2016年）109頁、111頁参照。

7) The Kay Review of UK Equity Markets and Long-Term Decision Making, Final Report (July 2012).

8) この分析及び提言の内容について、手島直樹『ROE が奪う競争力──「ファイナンス理論」の誤解が経営を壊す』（日本経済新聞出版社、2015年）参照。このほか、原丈人『増補 21世紀の国富論』（平凡社、2013年）74-75頁、同『「公益」資本主義──英米型資本主義の終焉』（文藝春秋、2017年）第 4 章・第 5 章、中野剛志『真説・企業論──ビジネススクールが教えない経営学』（講談社、2017年）210頁以下参照。

9) 手島・前掲（注 8 ）22頁。

10) 同上45-46頁、55頁、63頁、175頁、193頁。

11) 同上27頁、32頁、35頁、57頁、84頁。

12) 同上22頁、33頁、第 3 章参照。

13) 英国における短期主義をめぐる議論の流れについて簡単に説明しておきたい。英国において、資本市場における短期主義の問題は1990年代初頭から認識されたようである。See Eilis Ferran, *Company Law and Corporate Finance* (Oxford Univ. Press, 1999), pp. 76-77. 短期主義問題との関連では、2002年に検討が開始され、株主のエンゲージメントと長期的な投資文化を促進するための会社法改正提案（2005年）が注目される。2008年のリーマンショックと金融危機を受けて、Walker Review（2009）では、後にスチュワードシップ・コードに取り込まれるスチュワードシップ概念が打ち出され（不運にもあまり注目されることはなかったとされる。この事情について、See Alan Dignam, The Future of Shareholder Democracy in the Shadow of the Financial Crisis, 36 Seattle U. L. Rev. 639, 657 (2013)）、2010年には、英国財務報告評議会（FRC）によって株主への長期的なリターンを改善することができるように機関投資家と会社との間のエンゲージメントの質を高めることを目的とするスチュワードシップ・コードが公表された。

14) 我が国において、ショートターミズム問題を直接あるいは間接に扱う研究が公表されるようになっている。白井正和「アクティビスト・ヘッジファンドとコーポレート・ガバナンス」商事法務2109号（2016年）37頁、加藤貴仁「株主アクティビズムの健全化、短期主義への対抗（ 1 ）──アメリカ」日本取引所グループ金融商品取引法研究会記録（2016年）、松井秀征「株主アクティビズムの健全化、短期主義への対抗（ 2 ）──ヨー

ロッパ、特にイギリスを中心に」日本取引所グループ金融商品取引所研究会記録（2016年）、田中亘「上場会社のパラドックス——流動性が長期志向を生む仕組み」黒沼悦郎・藤田友敬編『江頭憲治郎先生古稀記念・企業法の進路』（有斐閣、2017年）35頁以下、加藤貴仁「株主優待制度についての覚書」黒沼悦郎・藤田友敬編『江頭憲治郎先生古稀記念・企業法の進路』（有斐閣、2017年）111頁以下など。

15) 落合誠一『会社法要説〔第2版〕』（有斐閣、2016）49-58頁、特に51-52頁。

16) 田中亘『会社法』（東大出版会、2017）256頁。

17) *See* e.g., Henry Hansmann and Reinier Kraakman, The End of History for Corporate Law, 89 Geo. L. J. 439, 439 (2001); Bernard Black and Reinier Kraakman, Delaware's Takeover Law: The Uncertain Search for Hidden Value, 96 Nw. U. L. Rev. 521, 527 (2002); E. Norman Veasey, The Stockholder Franchise Is Not a Myth: A Response to Professor Bebchuk, 93 Va. L. Rev. 811, 815-16 (2007).

18) *See* generally Lynne L. Dallas, Short-Termism, the Financial Crisis, and Corporate Governance, 37 J. Corp. L. 265, 268 & n.7 (2012).

19) 短期主義の起源について、古くは1897年から1903年までの第一次 M&A ブームの時代に遡るといわれるが（See L. E. Mitchell, *The Speculation Economy* (2007), p. 2. [cited as Speculation]）、米国の国際的競争力の低下した1980年代から1990年代初頭にかけて、経営者の短期主義について問題意識がもたれるようになった（See Michael E. Porter, Capital Choices: Changing the Way America Invests in Industry (1992). 米国、ドイツ、日本の会社における投資の比較分析を行った研究である）。米国の好景気もありしばらく議論は下火となったが、2000年代初頭のエンロン事件やワールドコム事件などを受けて議論が再燃することになった。この時期、経営者が目先の短期的な利益に照準を合わせ、会社法もそのような短期主義を促進するような内容となっている点が批判され、さらに、四半期開示や年次報告書の開示も廃止すべきであり、2年から5年ごとの開示を要求すべきとの提言も行われた（*See* L. E. Mitchell, *Corporate Irresponsibility* (2001), pp. 52, 133. その後も、主要企業400社の CEO のほぼ80%がアナリストによる四半期予想値を満たすために事業を損なう可能性や R&D・宣伝広告費などの減少が長期的に企業を害する点に警告を発している。Mitchell, Speculation, p. 1.）。金融危機に先立つ2006年には、短期主義の改善を訴える「脱・短期志向（Breaking the Short-Term Cycle: Discussion and Recommendation on How Corporate Leaders, Asset Managers, Investors and Analysts Can Refocus on Ling-Term Value）」という共同研究の成果が公表された。

20) William W. Bratton and Michael L. Wachter, "The Case against Shareholder Empowerment," in William W. Bratton and Michael L. McCahery eds., *Institutional Investor Activism* (2015), pp. 707-767; John C. Coffee, Jr. and Darius Palia, The Wolf at the Door: The Impact of Hedge Fund Activism on Corporate Governance, 41 J. Corp. L. 545 (2016); Kent Greenfield, The Third Way, 37 Seattle U. L. Rev. 749 (2014); Kent Greenfield, The Puzzle of Short-Termism, 46 Wake Forest L. Rev. 627 (2011)[cited as

The Puzzle].

21）　最も精力的に活動しているのが、Wachtell, Lipton, Rosen & Katz 法律事務所の Martin Lipton 弁護士である。

22）　Leo E. Strine Jr., One Fundamental Corporate Governance Question We Face: Can Corporations Be Managed for the Long Term Unless Their Powerful Electorates Also Act and Think Long Term ?, 66 Bus. Law. 1 (2010); Jack Jacobs, "Patient Capital": Can Delaware Corporate Law Help Revive it ?, 68 Wash. & Lee L. Rev. 1645 (2011).

23）　The Aspen Institute, The Business Roundtable Institute, The CFA Institute 等である。

24）　例えば、米国コンサルティング会社マッキンゼー・アンド・カンパニーのマネージング・ディレクターのドミニク・バートン氏、世界有数の一般消費財メーカーであるユニリーバの CEO のポール・ポルマン氏、世界最大の投資ファンドであるブラックロックの会長兼 CEO のラリー・フィンク氏らが、いわゆる短期主義を克服することが企業経営の重要な課題であるとの立場を表明している。

25）　Aspen Institute Business & Society Program, Short-Termism and U.S Capital Markets: A Compelling Case for Change (2010).

26）　See Coffee and Palia, supra note 20, at 574-577.

27）　See Brian Bushee, The Influence of Institutional Investors on Myopic R&D Investment Behavior, 73 Acc. Rev. 305, 307, 330 (1998).　短期志向の株主が多いほど短期的な利益を重視し、長期的な利益を過小評価する傾向があるとされる。See generally Dallas, supra note 18, at 302-307.

28）　See Coffee and Palia, supra note 20, at 573-574; Dominic Barton, Capitalism for the Long Term, Harvard Business Review (March,2011)（社会的な動機に基づく活動が長期的に価値を生み出すと信じるとしても、金融市場が好感しないことをおそれてその信念どおりには行動しないといわれる）; Dominic Barton and Mark Wiseman, Focusing Capital on the Long Term (HBR, 2014), at 50（2013年に1000人以上のボードメンバーに対して行われたマッキンゼー社の調査結果は、短期的な利益を上げる圧力に晒されている実情を明らかにする）.

29）　See Barton, supra note 28（株式の保有期間は、1970年代には約7年であったが、今や7ヶ月程度といわれる）.

30）　2004年から2013年までの間、S&P 500 の銘柄のうち、実に454社が利益の51％を自己株式の取得に使用し、その余の35％を剰余金の配当に回していること、2015年には S&P 500 の剰余金の配当額が過去最高を記録したことが挙げられる（William A. Galston and Elaine Kamarck, Overcoming corporate short-termism: Blackrock's chairman weighs in (Brookings, April 17, 2015)）。

31）　See Jacobs, supra note 22, at 1650, 1657-1663.

32）　See Bratton and Wachter, supra note 20, pp. 738-742; Greenfield, The Puzzle, supra note 20, at 635-638.

33) *See* David I. Walker, The Challenge of Improving the Long-Term Focus of Executive Pay, 51 B. C. L. Rev. 435, 441 (2010); Emerka Duruigbo, Tackling Shareholder Short-Termism and Managerial Myopia (2011), available at SSRN: http://ssrn/ abstract=1802840. at 46 n.218, last visited 19 September 2017.

34) *See* Joe Nocera, "A Defense of Short-Termism," *The New York Times* (29 July 2006).

35) *See* Mark J. Roe, Corporate Short-Termism in the Boardroom and in the Courtroom, 68 Bus. Law. 977, 1001-03 (2013). 同様の指摘として、Bernard S. Sharfman, Activist Hedge Funds in a World of Board Independence: Creators or Destroyers of Long-Term Value?, 2015 Colum. Bus. L. Rev. 813, 833 (2015); Therese Strand, Short-Termism in the European Union, 22 Colum. L. Rev. 15, 27 (2015).

36) *See* Illia D. Dichev *et al.*, Earnings Quality: Evidence from the Field, 56 J Acct. & Econ.1, 17 (2013).

37) *See* Lucian A. Bebchuk, The Myth That Insulating Boards Serves Long-Term Value, 113 Colum. L. Rev. 1637 (2013); George W. Dent, Jr, The Essential Unity of Shareholders and Myth of Investors Short-Termism, 35 Del. J. Corp. L. 97 (2010).

38) *See* e.g., For the U.S, see Alon Brav et al.,Hedge Fund Activism, Corporate Governance, and Firm Performance, 53 J. Fin. 1729, 1731, 1755, 1770 (2008); Christopher P. Clifford, Value Creation or Destruction?, Hedge Funds as Shareholder Activists, 14 J. Corp. Fin. 323, 324, 328 (2008). 我が国の文献として、同旨、白井・前掲注（14）39頁以下。

39) *See* Lucian Bebchuk *et al.*, The Long-Term Effects of Hedge Fund Activism, 115 Colum. L. Rev. 1085 (2015).

40) *See* Jesse M. Fried and Charles C. Y. Wang, Short-Termism and Capital Flows, at 4-5 (February 9, 2017). Harvard Business School Accounting & Management Unit Working Paper No. 17-062.

41) *See* Roe, *supra* note 35.

42) *See* Jesse M. Fried, The Uneasy Case for Favoring Long-Term Shareholders, 124 Yale. L. J. 1554, 1568 (2015). 経済理論の問題としてみると、経営者のタイムホライズンがステークホルダーに及ぼす影響ははっきりしないともいわれる。Fried, *id.* at 1565 n.33.

43) 短期志向の株主の利益は決まって批判される一方で、長期志向の株主の利益が偶像化されていることに警鐘を鳴らすものとして、Fried, *supra* note 42, at 1558-1591, 1626.

44) *See* Bernard Black & Reiner Kraakman, Delaware's Takeover Law: The Uncertain for Hidden Value, 96 Nw. U. L. Rev. 521, 532-33 (2002); Sharfman, *supra* note 35, at 852-853.

45) Kent, The Puzzle, *supra* note 20, at 630-631.

46) Dignam, *supra* note 13, at 688.

47) 例えば、ルシアン・ベブチャク教授らの行った実証研究（注39の文献）に対しては、対象会社の業績改善を測定するのに、平均値としてのトービンのQに依拠するが、極端な値の影響を避けるため、本来メジアン（中央値）を利用すべきであり、その結果によれば、介入後の5年目のみ介入時のQレシオを超えたに過ぎないこと、トービンのQ（ROAも同様）は過少投資によって不当に吊り上げられることが指摘される。See Martin Lipton, The Bebchuk Syllogism, available at: https://corpgov.law. harvard. edu/2013/ 08/26/ the-bebchuk-syllogism/, last visited 19 September 2017.

48) *See* Kent, The Third Way, *supra* note 20, at 750-751.

取締役会と従業員

――英国企業統治改革における従業員の経営参加システムの模索――

山口　幸代

1　序

　現英国首相であるテレーザ・メイ氏は、2016年の保守党党首選への立候補に際して、少数の富める特権階級だけでなく全ての者を利する経済政策を実現させると約束し、企業統治の分野においてもそのビジョンに沿った改革――上場会社における「役員報酬の引き締め」や「従業員（労働者）代表を取締役会に配置すること」――が必要であるとの見解を示していた。[1]首相就任後政府はただちに企業統治体制の見直しに着手し、2016年11月にはビジネス・エネルギー・産業戦略省（Department for Business, Energy and Industrial Strategy：BEIS）から試案をまとめた討議資料（諮問書）が公表された。[2]試案の柱として、第一に役員報酬（executive pay）の決定過程における株主の役割を強化するとともに利害関係者の利益を適切に考慮すること（「役員報酬の引き締め」はここで扱われた）、第二に取締役会の決定過程に重要な利害関係者の声を反映させること（「従業員代表」はここで扱われた）、第三に企業統治改革の射程となる企業の範囲を一部の非公開会社にも広げることが必要であるとし、これらを実現するための試案が提示された。中でもとくに大胆な提唱だった「従業員代表の導入」はその成り行きが注目されたが、[3]試案段階においてこれは「会社の重要な利害関係者である従業員の声を取締役会の判断に適切に反映させる」ための選択肢の一つとして提示された。

　諮問期間に政府は何度も会合やパネルイベントを開き、早くから関係者の意見を広くかつ直接聞く機会を設けた。その上で、多方面から寄せられた375の

485

正式回答、および2017年4月に公表された BEIS 委員会による勧告を踏まえて[4]試案内容を練り上げ、2017年8月にその成果をまとめた報告書を公表した[5]。

英国においては立法と自主規制を相互補完的に活用する形で企業統治をめぐる規制態様を発展させており、今回も結果的には多くの部分で同様の手段——とくに企業統治の中心的な役割を担う英国コーポレートガバナンス・コード[6]（The UK Corporate Governance Code）による目的の実現が好ましいとの見解が示された。政府の意向を受けて、同コードの策定を担う FRC（Financial Reporting Council：英国財務報告評議会）は改正に向けた諮問作業に着手するとしている[7]。政府も、必要な限りにおいて進められる法的措置（二次立法）について国会に法案を出す予定であるとする[8]。

本稿では、コーポレートガバナンス改革の先進国である英国におけるこのような模索の過程を明らかにし、従業員の声を経営に反映させる仕組みを企業統治体制の中に無理のない形で位置づけることが果たして可能なのかを検討する[9]。株式会社をとりまく関係者の利害関係者の利害調整の原則は株主利益の最大化にあるが[10]、近年では過重労働をはじめ様々な従業員利益を害する問題が多くの企業で頻発していることは周知のとおりであり、このような問題はかえって企業価値を下げ、株主利益を害することになる。従業員の意向を企業統治における決定過程に適切に反映させるシステムは、単に従業員利益を守ることにとどまらず、このような事態を未然に防ぐための安全弁としても機能すると考えられる。

2 従業員の経営参加に関する改革案

1 改革案の概観

従業員の経営参加についての検討および提案は、主に諮問書（緑書）の第二章 "Strengthening the employee, customer and wider stakeholder voice" 中に記されている[11]。具体的には次の案が提示され、各案に対する意見が——より優れたアイデアや実務例がないかも含めて——問われることとなった[12]。

案1（option(i)） 従業員等の利害関係者で構成される諮問委員会（advisory panel）を
　　　　　　　　 設置する
案2（option(ii)） 利害関係者の声を取締役会に届ける非業務執行取締役を選ぶ
案3（option(iii)）取締役会に利害関係者の代表を選任する
案4（option(iv)）利害関係者の関与（engagement）に関する報告義務を強化する

　また、仮にこれらの改善策を実際に導入するとなれば、対象企業の絞り込み
や規制手法の選択も考えておくことが必要となる。そこで、併せて、規制対象
となる基準をどう設定するのか——たとえば従業員数などを基準とすべきか
——、および何によって規制をかけるのか——具体的には立法によるのか、
コーポレートガバナンス・コードの改正または追加によるのか、あるいはその
他何らかの自発的アプローチに委ねるべきなのか——についても意見が求めら
れた。

2　前提となる法規制の枠組み

　今回の提案で取締役会レベルでの従業員の経営参加が提案されたのは、それ
により従業員の利益が経営判断にあたり確実に配慮されることが期待されたた
めである。

　すでに英国会社法（The Companies Act 2006）では、従業員を含む多様な利害
関係者の利益を配慮しながら株主利益の追求を行うことが取締役に義務付けら
れている。すなわち、取締役は「株主全体の利益」のために行動するが、その
際には「従業員の利益」「仕入れ先、顧客その他との取引関係を育む必要性」「地
域社会や環境への影響」などの社会的要素も考慮に入れることが求められる
（英国会社法172条1項。以下同様）[13]。そして、取締役が172条の義務をどのように
遂行したかについての情報を、「小会社」要件（382条〜384条）に該当しない全
ての会社に対して、株主宛年次報告書（Annual Report）の一部である「戦略報
告書（Strategic Report）」の中で提供することが義務付けられる（414A条、414
B条）。とくに利害関係者関連の情報については、「公開会社（public company）」
（上場会社でない場合も含む）、および「小会社」「中会社」をのぞく「私会社
（private company）」[14]で、ビジネスの状況を理解するために必要な程度まで、環

境および従業員にかかわる問題について所定の分析を示す必要がある（414C条
(4)(b)）。さらに、250名超の従業員がいる会社（公開会社・私会社を問わない）で
は、従業員関与（employee involvement）のため会社が行う取組み（情報提供、話
し合いなど）について説明することが義務付けられる[15]。

　このように、会社にはすでに形式的には従業員を含めた利害関係者に対する
一定の配慮が法的に求められている。しかし実際にこれを実現するための手立
ては、（開示要求を除くと）必ずしも明確に示されているわけではなく、彼らの
声を定期的・継続的に聞くための法的手段が具体的に講じられているわけでは
ない[16]。現実に多くの企業で従業員をはじめ利害関係者の意見を取り入れること
の重要性・有益性を認識しながらも、実際にはそれを実現できていない場合の
ほうが多いとされる[17]。

3　政府試案の基本姿勢

　政府は諮問書の中で、英国企業が従業員その他の利害関係者の関与を強化す
るための適切なモデルを提供する必要があるという基本姿勢を明らかにしてい
る。従業員の声を聞き、従業員から持ち込まれた懸案事項を解決しながら企業
運営を進めることで従業員との健全な関係を維持すれば、最終的に会社の生産
性の向上など企業利益自体にもつながるとする[18]。

　このような基本姿勢に対しては、諮問に寄せられた回答の大半が賛意を表し
ていた。一方、選択肢として提示された試案のいずれが機能するかについての
意見の一致は見られず、むしろ複数のアプローチを認めて各企業が自社に最も
適したメカニズムを採用できるような柔軟性を与えることが望ましいとの声が
強かった。

　ところで、従業員の経営参加を実現する典型的な仕組みはドイツのいわゆる
共同決定制度であり、これは経営監督の機能と経営機能を別の機関に分けて配
する二元（two-tier）型の構造を前提に、一定要件をみたす会社の監督機関（監
査役会）に労働者代表（および株主代表）を一定人数以上配置することを義務付
けるものである[19]。一方、英国の会社制度で原則的に前提とされる機関設計は単
一（unitary）または一元（one-tier）型の構造、すなわち業務執行機能と監督機

488

能を一つの機関（取締役会）に内包させるシステムであることに留意する必要
がある。この点について政府は、英国でこれまで取られてきた一元型の構造で
十分機能しているため変更の必要はないとして、一元型を維持することを前提
に従業員関与の在り方に対する検討を進める姿勢を明らかにしている[20]。

4　試案の詳細と回答状況

　試案で示された従業員の経営参加のための手法は、大別すると従業員自身が
取締役会に入る（従業員を取締役に選任する）もの——従業員取締役選任案——
と、そうでないもの——諮問委員会設置案および非業務執行取締役任命案——
に分けられる。

　(1)　**諮問委員会（advisory panel）の設置（案１）**　　(i)　提案内容　　利害関
係者で構成される諮問委員会を設け、取締役会が重要な利害関係者の声を聞く
機会を確保しようという案である。委員会の構成員は各社の利害関係者の構成
に応じたものとする。取締役は取締役会の審議事項について諮問委員会の見解
を求めることができ、諮問委員会のメンバーを取締役会の会議に呼ぶこともで
きる。逆に、諮問委員会の方から議論のイニシアティブをとり、諮問委員会の
会議に取締役を呼び質問に応じるよう求めることもできる。このような諮問委
員会があることで取締役会の利害関係者問題に対する取り組みが促され、同時
に取締役会で同問題が適切に検討されていたかについての透明性が高まること
が期待される[21]。

　(ii)　回答状況　　寄せられた回答の過半数がこのような諮問委員会を置くこ
との有用性を高く評価するものであった[22]。と同時に、実際に設置するとなれば
諮問委員会の構成メンバーをどのように選ぶかが重要になるということや、い
ざというときに取締役会に盾突くことができるような発言力を委員会が持ちう
るよう考慮しなければならないことなどが指摘された。

　指摘内容の一点目に関する具体的な声として「委員会は企業活動に最も影響
を受けやすい利害関係者を代表するべきである」というものもあれば、「（従業
員代表取締役がいない場合）委員会の３分の１は従業員代表で構成し、残りを株
主代表およびその他利害関係者の代表で構成するべきである」という意見も

あったとされる。二点目については情報開示を通じて委員会メンバーの意見の独立性を保つことが望ましいとの観点から「年次報告書（Annual Report）などに委員会の見解を公表する場を設ける」案が主張されたほか、必要に応じて（委員の）独立性の調査が可能であることが望ましいといった意見も寄せられた。[23]

(2) **非業務執行取締役の任命（案 2）** （i）提案内容 利害関係者の中でも特に従業員を重要な対象とすることを前提に、[24] 業務執行の意思決定にあたり利害関係者にかかる問題が適切に配慮されるよう、非業務執行取締役（Non-executive director：NED）を通じて従業員の声を取締役会に届ける案である（前提として、現在または過去一定期間その会社（または企業集団）の従業員である者（あった者）は非業務執行取締役（NED）の資格要件である独立性の基準をみたさないため、[25] NED 制度を活用して従業員の声を取締役会に届けるためには、従業員代表自身が NED になるのではなく、その役目を担う NED を任命することが必要となる）。具体策として、たとえば取締役会内部にその役割を負う小委員会（committee）を設け、そこに当該 NED を配置するほか、必要な人材（人事に関する問題なら人事担当取締役、顧客に絡む問題が生じているならその責任者である取締役など）を配置することが考えられる。また、当該 NED が報酬委員会のメンバーになれば、役員報酬の決定に対しても従業員の意見を反映させることも可能になる。しかし一方で、取締役である以上取締役の義務に関わる制約を受けることになる。また、利害関係者問題を担当する役目を負う取締役が存在することにより、ほかの取締役が同問題に積極的に関心を持とうとしなくなるおそれがある。[26]

(ii) 回答状況 反応は賛否両論であった。本案と案 1（諮問委員会設置案）を統合すれば取締役会に同委員会をつなぐルートを確保し、双方の役割を強化できるとの声が多かったという。[27] 従業員に関しては「当該 NED は経営陣・従業員・労働組合と直接会って問題を話し合うべき」「労働者、サプライヤー、消費者、環境団体など多様な利害関係者の窓口として活動する NED を置くべき」[28] 等の意見が寄せられた。一方で「当該 NED が（窓口になるというよりむしろ）特定グループの利益のために活動することは取締役の一般義務に反するおそれがある」、[29]「当該 NED が取締役会で孤立した立場に置かれることにならな

いか」といった懸念の声もあった[30]。

(3) **従業員の代表を取締役に選任（案3）**　(ⅰ) 提案内容　当初首相が主張していた内容に最も近い提案であると思われる。試案では従業員代表だけでなく、その他の利害関係者の代表を選任することも視野に入れて検討が行われた。取締役会の議論に新たな視点（とくに長期的展望）をもたらすというメリットが期待できる一方で、他の取締役と意見の衝突がたびたび起きて意思決定の遅れをもたらすおそれがあることや、仮に従業員を代表する者が取締役に選ばれたとしても、取締役会にたった一人で果たしてどれほどの影響力を持ちうるか疑わしいという懸念もある[31]。また、当該利害関係者の代表をどうやって選出するのかという問題もある。従業員代表に関していえば、大企業や多国籍企業の場合にはその選出が複雑化するおそれがあり、他の利害関係者——たとえば消費者——からの選出はなおさら困難が予想される。さらには、取締役として活動する以上取締役としての一般義務により会社のために活動することが求められ、また、守秘義務から取締役会でどのような議論が行われたかを自らの代表する利害関係者に逐一報告することはできない[32]。以上の点に鑑み本案については、「従業員取締役」を設置した会社の成功例もあることは認めつつ、それが全ての会社に妥当するとは限らないとして、強制はしないほうがよいのではないかとの意向が提案当初から示されていた[33]。

(ⅱ) 回答状況　回答の概ね4割は本案の手法に賛成だったが6割は疑念を寄せた。多くは従業員代表取締役に関する意見が多く、好意的な意見でも、置くかどうかは会社の採用に委ねるべきという声が大きかったが、少数ながら立法等による強制を推す声もあった[34]とされる。採用する場合のメリットとして「（従業員ならではの）運営上の知識や新しい視点をもたらすことができる」「取締役会の人員の多様性に資する」「会議体における集団志向に一石を投じることができる」などが挙げられた。取締役会の一元構造を前提に同システムの採用を検討することには大半が賛成だったが、それにより生じうる問題も指摘された（「意思決定のスピードが遅くなる」「取締役の義務との衝突のおそれ」「別の目的のために行動する（共通目的を持たない）取締役を生み出す」、「他の者より優先された利害関係者が利益を総取りする可能性がある」など[35]）。したがって従業員代表取締役

を置く場合は予め「当該取締役の目的は特定の利害関係者の利益を代表することではなく会社の将来的展望を示すことにある」「他の取締役と同様の守秘義務を負う」ことを明らかにする必要があるとされた。また、当該取締役には適切な研修やサポートが必要であること、取締役会内部での孤立を防ぐには少なくとも2名、できれば3分の1を従業員から選ぶことが望ましいといった声も寄せられた。[36]

(4) **報告要求の強化（案4）**　　(i) 提案内容　　経営参加の手法そのものに関する提案ではなく、利害関係者問題に関する報告要求の強化を求める提案である。すでに戦略報告書中で一定の開示が求められるが、まだ具体性に乏しく、172条の義務を果たすための取り組みについての明確な情報に欠けた状態であり、より強い報告要求を課すことが必要であるとされる。[37]ベースにすることが想定されている開示規制は従業員関与（employee involvement）にかかる既存の要求——250名超の従業員数を要する会社に対して、従業員の懸案等を把握するために会社がどのような取り組みを行っているか説明が求められる——である。[38]この開示要求を拡張し、取締役会が「どれくらいの頻度で、そしてどのようなメカニズムで様々な利害関係者の利益を考慮しているか」を記載させることで具体的にどのような取り組みを進めてきたか、また次年度に向けてどのような目標を設定しているかが明確になり、会社が必要な手段を講じることを奨励できると考えられた。[39]

(ii) 回答状況　　会社の負担が大きくなることに対する懸念が一部から寄せられたものの、回答者の大多数（約8割）が、何らかの形で報告要求を強化させるというアイデアに賛成を示した。その理由として、開示を通じて172条に基づく社会的配慮が促され、会社の優れた取り組みを対外的に示すことも可能になる点が挙げられた（172条自体の改正によることには否定的な意見が多かった[40]）。報告すべき内容に関しては、政府案の示す内容に加えて「利害関係者の影響または関係そのものについて」「どの利害関係者を重要な利害関係者とみなしており、それをどのように決定するのか」も開示されるべきであるとする意見などが寄せられた。[41]また、案1から案3のいずれの経営参加のメカニズムを採用するにせよ、それに関する新たな報告要求を設けるべきであるという声が多

かったとされる。報告要求を課す場合、どこに当該情報を掲載させるのかということも問題となる。まずは年次報告書に記載するという方法が考えられるが、この点については年次報告書に記載すると（もともと長大な）年次報告書がさらに長くなるとして、利害関係者の問題については会社のウェブサイトで開示したほうがよい、との意見もあったとされる。[42]

(5)　**対象企業および規制手法について**　（ⅰ）提案内容　　公約当初より明らかに上場企業を射程とした改革が意図されており、諮問段階においても従業員の経営参加に関する提案の中で対象企業を具体的に絞る言及はなされていないものの、従業員の声が経営者に届きにくいような大企業が想定されていることは確かである。[43]情報提供に関して既存の開示制度の拡張を想定する案が提示されていることから、基本的には既存の開示制度が射程とする規模（またはそれ以上）の企業が想定されていたと考えられる。

　規制手法について、提案では従業員の経営参加の手法に関しては、会社の取組みにかかる原則を「立法、コーポレートガバナンス・コード、またはその両方の組み合わせ」と「産業主導の自主的なアプローチ」で示してはどうかと述べており、従来どおり立法と自主規制を組み合わせる方法で解決を図ろうとする――可能な限り立法による解決を避けようとする――姿勢がみてとれる。[44]ただし情報開示に関しては既存の法的措置の拡張を提案していることから、少なくともこの部分については法的強制を伴わせる必要があると考えていたことが窺える。

　（ⅱ）回答状況　　規制対象については「初めは対象企業を限定し、だんだん範囲を広げてゆくべき」とする答えが多かった。最も限定的な基準として「FTSE 100 該当企業」を推す声もあったが、相当数が「少なくとも公開会社だけでなく大規模な私会社も含めるべきである」との意見を寄せたという。[45]また、従業員数を基準に設定するべきという声が多かった。その人数は250人以上とする意見から5000人以上とする意見まで多岐にわたったが、多くは前提とする現行規制の基準を用いることが望ましいとの意向であったとされる（たとえば戦略報告書での開示に新しく開示項目を増やすなら戦略報告書の作成義務を負う会社が対象となり、コーポレートガバナンス・コードによる規制ならコード適用会社が対

象となる）。他方、従業員数を基準に縛りをかけてしまうと、労働力を外注（アウトソーシング）することで人為的に従業員数を減らし規制を逃れようとする企業があらわれるのではないかとの懸念も示された。[46]

　従業員の経営参加の促進を立法によって推し進めることに対しては、労働組合組織からは賛成の意見（「何らかの法的強制がなければ変化はなかなか起こせない」）が寄せられたものの、全体としては反対の声（「必要な変化は立法によっては達成しえない」）が多く、この場合代わりにガバナンス・コードの活用による「遵守もしくは説明」の手法をとることが望ましいとされた。とはいえ立法措置の可能性もまったく否定されたわけではなく、他の手法で進展がみられない場合に備えて留保しておくべきである、との声が大きかったとされる。[47]

　(6)　**関連提案（報酬委員会の決定への関与）**　　今回の改革では役員報酬の健全化・透明性に資するための各種検討も行われているが、その中で報酬委員会の役割が見直され、従業員の意見を反映させる仕組み——報酬方針に関して報酬委員会に株主および従業員と協議させること——が提案されている。[48]

　この提案は、従業員の経営参加にかかる上記一連の提案とリンクするものであり、たとえば該当する非業務執行取締役（NED）がいる場合には（案２）その者が報酬委員会の委員となってこの職務を遂行する手もあるとされる。[49]

　本案に対する反応として、回答の多く（約８割——その中に機関投資家、事業者団体、シンクタンクおよび一般人の回答のほとんどが含まれる）は報酬委員会の実効性に何らかの改善の措置を講じる必要があることに賛成したが、上場企業の回答の３分の２は報告負担がすでに大きいことなどを理由に反対であったとされる。[50]一方、投資家からの回答のほとんどは、報酬委員会と従業員（および株主）が関与することに賛成した。[51]報酬委員会の決定に従業員の意見を取り入れるための手段として「報酬委員会に従業員代表を選任する（案２採用の場合）」「年に１度は諮問委員会と協議する（案１採用の場合）」といった案が寄せられた。[52]

　(7)　**BEIS 委員会による勧告**　　BEIS 委員会（Business, Energy and Industrial Strategy Committee）は、BEIS の活動を監督するため英国下院（House of Commons）によって設置される機関である。同機関は今回の企業統治改革についても調査および検討を行い、2017年４月に公表された報告書でいくつかの勧告を

行っている[53]。従業員の経営参加に関しても、「取締役会構成員の多様性」とい
う切り口から従業員を代表する者の選任に関する問題を取り上げた。すなわ
ち、特定の属性（たとえば民族的帰属や性的帰属など）に偏らない幅広い人材を取
締役会構成員に配する——を促すことが必要であるとし、従業員から取締役を
選任することもその一環として奨励されるべきであるとした[54]。報告書では従業
員取締役の選任に対する多様な見解も紹介されており、たとえば好意的な意見
として「英国の企業統治にこれまで労働者（従業員）の声は不在であった」、「労
働者の利益は会社の成功によって守られる。労働者と会社の自然な相互依存が
労働者の企業統治への参加につながる」、「欧州の29か国中19か国が何らかの形
で労働者代表を配している」、否定的な声として「従業員を代表する者自身が
取締役である必要はない」、「代表が従業員から選ばれても必ずその（母集団の）
見解を代表するとは限らない」、「（形ばかりの従業員取締役を置くことで）取締役
会か従業員問題に根本的に取り組まないおそれがある」などが挙げられる。こ
の問題につき BEIS 委員会は、「取締役構成員の多様性という観点からは、人
材を対外的リソースから求めることだけでなく、（社内にも目を向けて）従業員
を取締役に選任することが奨励されるべきである」との姿勢を強調しつつもこ
れを「会社に強制することを勧告する意図はない」との見解を示している[55]。

　ほかにも政府試案（従業員関与関連）に関わる勧告として、より良いコーポ
レート・ガバナンスを促すため「172条の義務に関する報告の充実を図ること
が必要である」とするほか[56]、諮問委員会の設置については「すべての利害関係
者との協議および対話を行う有用な場となる。我々は、このような組織の設立
を検討することを会社に勧める[57]」とする。また、これらの内容を含む勧告の大
半でコーポレートガバナンス・コードやガイダンスの策定による実現が望まし
いとの立場が強調された。

3　諮問結果を受けての政府回答と今後の予定

1　政府回答の概要

政府は、これらの諮問結果や BEIS 委員会の勧告内容を踏まえ、最終的に

「二次立法により、一定規模以上のすべての会社（公開会社と私会社の別を問わない）に対して、172条の義務（中略）を履行するための取組みに関する説明義務を課す。取締役会に従業員その他の利害関係者の声を届けるための措置は、コーポレートガバナンス・コードおよびその他ガイダンスの策定または変更を通じて実現させるのが適当である」と判断した。[58] すなわち、開示規制に関しては立法規制で、それ以外についてはガバナンス・コードとガイダンスを活用する形をとることを選択したのである。ただし、まずはこのような形の改善策を採用して様子をみるが、もし進展が捗々しくないようであれば再度見直しを行うつもりであるということも明らかにしている。[59]

2 立法措置

　少なくとも報告要求の強化に対しては強い支持を得られることが確認できたため、政府はこれを二次立法で実現させる方向に踏み切った。具体的な報告内容として「（従業員を含め）重要な利害関係者の意見をどのように確認したか、なぜ採用したメカニズムが適切なのか」「その情報がどのように取締役会の意思決定に影響したか」についての説明を求めるとしており、その情報をどこに掲載するかについては、幅広い利害関係者が情報にアクセスしやすいとの観点から「（年次報告書内の）戦略報告書」だけでなく会社のウェブサイトで提供する可能性も検討されている。[60] さらに、規制対象となる企業については、利害関係者の中でも従業員が極めて重要な立場にあることを理由に、従業員数によって基準を設けることが合理的であるとする。基準となる人数について、現行開示規制（従業員関与にかかる活動報告を求める規制）は250人を超える従業員を擁する会社に適用されるが、政府は、企業負担が大きくなることに配慮して下限を緩めること、たとえば1000人とすることを検討している。[61]

3 英国コーポレートガバナンス・コードによる改善措置

　重要な利害関係者、とくに従業員の声を取締役会の決定に適切に反映させるための措置は、まずは英国の大規模「プレミアム」上場企業[62]で取り組まれるべきであるとする。なぜならそのようなリーダー企業は往々にして大きな影響力

を持っており、そこが優れたガバナンスを示せば、それが他の企業にも良い影響をもたらすためである。その手法として、ある程度強い働きかけが必要であるとの観点から、まずは「プレミアム」上場企業を射程とするコーポレートガバナンス・コードの改正によることが適当であると結論づけた。政府は早速コードの策定および改訂を担う FRC に対して同理念に基づく原則および規定（Code principle and provision）をコードに盛り込むための協議を始めるよう要請し、規定の中に政府試案で示したような従業員関与メカニズムを挙げること——すなわち（従業員を代表する）NED の任命、従業員諮問委員会、あるいは従業員から取締役を一名選ぶ、のいずれかの採用を求めること——を求めた。[63]

4　その他自主規制（ガイダンス）の整備

　政府は以上の措置に付随する周辺ガイダンスの整備も必要であるとして、関連団体にこれを求めている。まず ICSA（Institute of Chartered Secretaries and Administrators）および英国投資協会（Investment Association）に対しては、会社が従業員その他の利害関係者と取締役会レベルで関わりうる実効可能な方法を実現させるような合同ガイダンスの策定が要請された。さらに GC 100に選定された大規模上場会社に対しても、172条所定の取締役の義務の履行に関するガイダンスを完成させることが求められている。[64][65]

4　従業員取締役を置く英国企業の実例

1　該当企業の概要

　従業員関与に向けての取り組みに積極的で、実際に従業員の代表を取締役に選任する仕組みを採用している優良大手企業として知られるのが、英国の公共交通運営会社 First Group 社（First Group plc）である。同社では以前から取締役会に「従業員取締役（employee director）」を配置するシステムを採用しており、今回の政府による改革作業の過程でも、政府が同社の成功事例を強く意識していたことが窺える。[66]

　First Group 社は FTSE 250 を構成する上位の「プレミアム」上場企業であ

る。同社の取締役会メンバー（10名）は、取締役会会長（1名）、業務執行取締役（2名）、NED（6名）および従業員取締役（1名）で構成され、同時に、取締役の多様性（性別、国籍など）にも留意されている。[68]

2 「従業員取締役」の選任

取締役会メンバーに継続的に従業員を選任する（従業員取締役を配置する）ことについて、First Group 社は2017年に公表された年次報告書（Annual Report）の中で次のように述べている。

> 「わが社は長年従業員取締役を介して取締役会に私たちの仲間の声を届けてきたことに誇りを持っています。（中略）政府主導の企業統治改革によって従業員代表の選任が義務付けられることになると否とに関わらず、私たちは長年の経験から従業員取締役を配置することが会社の意思決定の助けとなるとともに、会社が積極的に従業員の声を聞こうとしているという証明となると考えています。[69]」

同社における従業員取締役の選任プロセスは次の通りである。まず、従業員取締役会議（Employee Director's Forum）が適任者を選出する。ここで選出された従業員が従業員取締役の候補者として指名委員会に提出される。そして指名委員会がこの者を取締役候補者リストに含めることで選任に至る。

2017年に同社の従業員取締役に就任した Groombridge 氏は、40年間にわたり同社バスの運転手を務めているベテラン従業員であり、グループ会社の従業員取締役の歴任経験も有する。First Group 社の取締役会には報酬・監査・指名の3委員会以外にも、安全方針やリスクマネジメント基準の枠組みをチェックするため「安全委員会（Board Safety Committee）」が設けられており、Groombridge 氏はこの安全委員会のメンバーにも選ばれている。同社では従業員取締役の任期を3年としているが、Groombridge 氏の前任者は（おそらく再任により）合計5年間従業員取締役を務めたことが記録されており、安定した地位が提供されていることが窺える。[70]

3 従業員関与（Employee involvement）にかかる会社の取り組みについて

FirstGroup 社では従業員取締役を配置する以外にも、次のような取組みを通じて従業員との関わり（情報提供や従業員の意見の反映等）に努めているとされる。[71]

まず従業員間および従業員・経営者間の情報共有に関する取組みとして、同社グループの従業員には、業務上彼等に影響を及ぼすような最新の企業情報を継続的に入手・共有できるよう、旧来からの情報提供方法に加えオンラインによる情報システムが提供されている。また、事業分野全般にわたり対面でのコミュニケーションを図ることや、いつでもあらゆる懸案事項について経営陣と議論できるよう奨励されていることに加え、従業員が上層部にフィードバックを行う機会となるようなイベント（たとえば執行部による説明会、いわゆる「ロードショー（roadshow）」など）を定期的に開催するようにしていることなどが具体的な取組内容として挙げられる。

また、労働組合との関係では、同社グループ内には30以上の労働組合が存在し、従業員のかなりの割合が労働組合に入っているため（たとえばグループの "First Bus" 部門や "First Rail" 部門では全従業員の過半数が組合員である）、会社ではグループの各部門の組合の代表との定期的な対話を継続して実施しているとする。

さらに同社は、従業員に対する意識調査を定期的に行うことで、従業員の声を会社に届ける機会を設けている。「Your Voice」と名付けられ毎年グループの全部門で実施されている同意識調査は、会社による従業員の管理に対して従業員がどのように考えているか（満足度）や、従業員が現在重要視していることは何か（彼らにとってのプライオリティ）を知る有力な手掛かりとなり、会社の今後の人材戦略（people strategy）策定にあたっても大いに参考になるものである。また、近年では従業員がより簡便に調査に応じられるよう調査システムの見直しを行い、新しい調査システムを各部門で順次導入しているところである。

5　分析および示唆

2016年党首選当初より繰り返し強調されてきた「取締役会に従業員代表を」という公約が労働者層の支持を意識してのものだったという可能性は否定できない。そのため、やがてこの言葉の意味する内容が、政府による企業改革案の中で——そして首相自身の対外的発言においても——「従業員の声を取締役会に届ける仕組みづくり」を「立法によらない可能性も含めて」進めることであると明らかになるにつれ、「(内容が) 希釈化された」、「弱められた」、「方向性が変わった」などと評する声も少なからずあったようである。[73] しかしたとえどのような動機で始められたにせよ、新たに従業員の経営参加のための仕組みを企業統治に組み込む試みが本格的に進められ、結果として規制枠組みのプランが具体的に提示されるに至ったことの意義は大きいといえる。

今回政府が示した計画によれば、法的には会社の取締役会レベルでの従業員関与そのものを強制するのでなく代わりにどのような取り組みを行っているかを開示させることを求め、具体的な取り組み手法をガバナンス・コードに落とし込んでいる。これは、一定程度強制力のある自主規制と緩やかなガイダンスを補助的に併用することで企業実務の改善に強制と柔軟性のバランスをとると同時に、制定法上の開示義務でこれを補強することを狙ったと考えられる。

前半部はこれまでも好んで用いられてきた「行動自体を規制するのでなく行動態様を報告させる」手法である。対象として想定される会社であればすでに従業員のための取り組みを開示することが要求されているので、提供情報の細目が確定していない現段階ではこの改正によって従業員情報の開示の負担がどれほど重くなるのかはまだ明確でない。[74] しかし後半の内容については、仮にそのまま実現すれば、射程とされる会社 (コード適用会社＝大規模上場会社) には該当措置を講じる事実上の強制力がはたらくことになる。そう考えると今回の改革が対象企業の実務運営に与える影響は大きく、当初の意図が「弱められた」と評することは適当でない。

他方、従業員の経営参加のための手法に関しては、既存の枠組みを活かしな

がら目的を実現させようとする現実的かつ具体的なプランであり、その意味において「従業員代表の導入」案を「希釈化」させたというよりむしろ現実路線に沿う形に洗練させたというべきだろう。

　翻って我が国の企業統治規制のもとでも類似の手法により従業員の関与を促進することは可能なのだろうか。日本版コーポレートガバナンス・コードでもすでに従業員らステークホルダーとの適切な協働が求められているので（基本原則2）、例えばここで経営関与のための具体的措置を求める手はある。しかし、前提となる会社法が「従業員不在」の状態である——従業員利益の配慮を想定していない——以上、英国におけるように制定法上の配慮義務を後ろ盾にそのような取り組みを正当化することができないので、その必要性を合理的に説明することがそれだけ難しくなる点は留意すべきだろう。

　改革案で示された経営参加のための選択肢に対する印象を記すと、選択肢中最も直接的に従業員を経営に関わらせる手法は、従業員取締役を選任する方法であろう。仮にこの最も直接的な方法を採用するとしても、それが会社にとってそれほど厳しい要求であるとは——少なくともドイツの共同決定制度に比べれば——思われない。なぜなら、人数上の制約は現時点ではとくに想定されていないため、First Group 社におけるように一名の従業員を配置することで足りるからである。次に、非業務執行取締役（NED）に従業員の声を届けてもらうという案は、現に活用される NED システムを活用する効率的な案であり、特に報酬決定に関して従業員の間接的関与を可能にするという点で実効性も見込める。だが、従業員が経営に関与する真のメリットはむしろ「対内的」立場から得た知見を現場から遠く離れた経営機関に届けることにあり、「対外的」視野からの経営チェックを期待される NED の役割になじむのかという点は疑問である。最後に、諮問委員会を設置する案は間接関与ではあるが、関与するのが個人ではなく会議体である分、より確実に、より安定して従業員の意向を伝えることが期待できる。取締役の選任を伴わない分、形式的には当初のプランから最も離れているかもしれないが、より導入しやすい案であるといえるだろう。

　日本での伝統的な会社と従業員の関係——従業員は長年会社のために働きそ

の発展に貢献しようとし、会社もまた従業員を重んじる関係性——は、近年の非正規雇用の増加や投資家重視の傾向、従業員の側の意識の変化などによって以前に比べれば希薄化しつつあるものの、それでもなお従業員が勤務先企業と命運を共にする、いわば運命共同体といってもよい思いでその成功を願う気持ちは依然として強いと考えられる。このことから、もし従業員に会社の経営に関して意見する機会が与えられたなら、単に雇用問題などの従業員利益の改善に執着することに留まらず、より大局的な見地から「会社が成功するためにはどうしたらよいのか」を考え、真摯に現場からの声を届けようとするはずであり、その当事者意識は——そして当事者として社の現況を知る者からの意見という点でその実益性も——、むしろ単なる投資目的の株主よりもずっと高いことが期待できる。以上の点より従業員の経営参加を促進させることは、とりわけわが国においては企業の成功に資する有用な政策になりうるだろう。

【注】

1) 'It's time fund managers had a hand in board appointments', *The Guardian*, 1 September 2016; 'Government to announce new measure to clampdown on executive pay: Plans to increase representation of employee on company board also likely to be introduced', *The Independent* 24 August 2017.

2) Department for Business, Energy and Industrial Strategy (BEIS), *Corporate Governance Reform—Green Paper*, 2016. メイ首相は同諮問書のはしがきでも改めて上記理念を強調している。

3) Peter Bailey, 'BEIS Consults on Corporate Governance Reform: No Employee-Representative Directors', *Company Law Newsletter*, issue 391, 2017, pp. 1-3.

4) House of Commons Business, Energy and Industrial Strategy Committee, Corporate Governance – Third Report of Session 2016-2017, 2017.

5) Department for Business, Energy and Industrial Strategy, *Corporate Governance Reform—The Government response to green paper consultation*, 2017.

6) 英国における企業統治のあり方に対する認識および企業統治構造の大要については、拙稿「英国会社法における企業統治の基本理念」北村雅史・高橋英治編『グローバル化の中の会社法改正』(法律文化社、2014年) 255頁以下。

7) FRC, 'Corporate governance will evolve to meet the changing needs of the UK', News on 29 August 2017, https://www.frc.org.uk/news/august-2017, last visited 30 September 2017.

8) BEIS, *supra* note 5, p. 6.

9) 今回の英国における政府主導の取り組みにも随所にその強い自負が伺える。日本でも英国式の各種ガバナンス・コードを参考に、類似のコード・システムが積極的に採用されていることは周知のとおりである。

10) 落合誠一「企業法の目的——株主利益最大化原則の検討」岩村正彦ほか編『現代の法7・企業と法』23頁（岩波書店、1998年）、江頭憲治郎『株式会社法〔第6版〕』（有斐閣、2015年）22頁。

11) BEIS, *supra* note 2, pp. 34-43.

12) BEIS, *supra* note 2, pp. 14.

13) 2006年会社法制定に向けて行われた改正審議のかなり早い段階から、従業員利益などの社会的要因に対する配慮を怠っていては株主利益のための企業運営など実現しない、との強い認識が示されていた。DTI, *Modern Company Law For a Competitive economy: Completing the Structure*, November 2000, p. 41; DTI, *Company Law Reform Bill-White Paper 2005*, March 2005, p. 20.

14) 「公開会社」と「私会社」の区別は会社法4条に定められている。これらの会社形態の最大の違いは、株式（株式会社形態をとらない場合は他の有価証券）の公募ができるか否かである（私会社では公募は認められない）ことから、私会社を採用する典型例として、初めから上場の可能性を想定しない個人企業が挙げられる。

15) The Large and Medium-sized Companies and Groups (Accounts and Reports) Regulations 2008 (SI2008/410), Schedule7 (Part4 (Employee Involvement) が該当).

16) ただし、雇用問題に限っていえば労働法上の観点から事業譲渡等の局面で従業員の協議が求められることはある。Transfer of Undertaking (Protection of Employment) Regulations 2006 (SI2006/246).

17) BEIS, *supra* note 5, p. 24 (para.2.1).

18) BEIS, *supra* note 2, pp. 34-35 (paras.2.2-2.4).

19) 監督機能を担う監査役会が取締役の選解任権も有する（ドイツ株式法84条）。ドイツにおける共同決定制度の大要については、高橋英治『ドイツ会社法概説』（有斐閣、2012年）167頁以下参照。

20) BEIS, *supra* note 2, pp. 37-38 (para.2.12).

21) BEIS, *supra* note 2, pp. 38-39 (paras.2.15-2.18).

22) BEIS, *supra* note 5, p. 26 (paras.2.12-2.13).

23) *Ibid.*, p. 26 (paras.2.14-2.15).

24) 'the voices of interested group, especially that of employees', BEIS, *supra* note 2, p. 39 (paras.2.19-2.22). ほかにはサプライヤー（あるいはサプライチェーン）、消費者および顧客が列挙されている。

25) FRC, Corporate Governance Code , Code provision B.1.1. 同様に、一定期間「ビジネス上会社と重要な関係のあった者」も独立性を否定されるため、従業員以外の利害関係者も社外取締役になれない可能性が高い。

26) *Ibid.*, pp. 39-40 (paras.2.23-25).

27) BEIS, *supra* note 5, p. 25 (para.2.10), p. 26 (para.2.16).

28) *Ibid.*, p. 25 (paras.2.9-10).

29) 172条だけでなく173条（取締役に独立した判断が要求される）にも抵触する可能性がある。

30) BEIS, *supra* note 5, pp. 25-26 (para.2.11).

31) BEIS, *supra* note 2, p. 40 (para.2.26).

32) *Ibid.*, paras.2.27-28.

33) *Ibid.*, para.2.29.

34) BEIS, *supra* note 5, pp. 26-27 (para.2.17).

35) *Ibid.*, p. 27 (paras.2.18-2.19).

36) *Ibid.*, paras.2.20-2.21.

37) BEIS, *supra* note 2, pp. 40-41 (paras.2.30-2.32).

38) SI2008/410, *supra* note 15.

39) BEIS, *supra* note 2, p. 41 (paras.2.33-2.35).

40) BEIS, *supra* note 5, p. 28 (para.2.22), pp. 28-29 (paras.2.26-27).

41) *Ibid.*, p. 28 (para.2.23).

42) *Ibid.*, para.2.24.

43) 非業務執行取締役を置くような会社を想定していることからもこのことが窺える（案2）。

44) BEIS, *supra* note 2, pp. 29-32 (paras.2.30-2.36).

45) 今回の企業統治改革では、同時に大規模私会社を企業統治規制の対象に含めることの必要性についても検討および提案が行われており、これらの回答はその意向を前提に示されたものである。BEIS, *supra* note 2, pp. 43-49; BEIS, *supra* note 5, pp. 36-47.

46) BEIS, *supra* note 5, p. 29 (paras.2.28-30).

47) *Ibid.*, pp. 29-30 (paras.2.31-32).

48) BEIS, *supra* note 2, pp. 28 (para.1.44)　なお、従業員の経営参加に直接は関係しないため本稿では扱わないが、今回の改革では役員報酬との関係でCEOの報酬と従業員の給与の比（ratio）の記載を要求する提案が行われており、報酬決定実務の観点から注目が寄せられている。BEIS, *supra* note 2, pp. 29-30; BEIS, *supra* note 5, p. 20.

49) BEIS, *supra* note 2, p. 28 (para.1.44).

50) BEIS, *supra* note 5, p. 12 (para.1.21).

51) *Ibid.*, p. 13 (para.1.22).

52) *Ibid.*, p. 13 (para.1.23).

53) BEIS committee, *supra* note 4.

54) *Ibid.*, pp. 50-57.

55) *Ibid.*, p. 57 (para.147).

56) *Ibid.*, pp. 18-19 (paras.34-35).

取締役会と従業員（山口　幸代）

57）　*Ibid.*, p. 25 (paras.53-54).

58）　BEIS, *supra* note 5, p. 32 (Action6).

59）　*Ibid.*, p. 35 (para.2.47).

60）　*Ibid.*, p. 31-32 (paras.2.35-2.36).

61）　*Ibid.*, p. 32 (paras.2.36-2.37).

62）　一定の上場基準（「スタンダード」要件）より高度な上場基準（「プレミアム」要件）を充たす上場企業を指し、コードの遵守に関する要求が完全な形で求められる。東京証券取引所のウェブサイトで提供される下記資料では日本の上場システムとの比較が簡潔に紹介されている。東京証券取引所「コーポレートガバナンス・コードの策定に伴う上場制度の整備について」（2015年3月）（http://www.fsa.go.jp/singi/corporate-governance/siryou/20150305/01.pdf, last visited 30 September 2017)。

63）　BEIS, *supra* note 5, pp. 32-34 (paras.2.39-2.44, Action7).

64）　Grobal Compact 100. UNGC とオランダの社会責任投資評価機関が選定した優良銘柄または同銘柄の発行企業を指す。

65）　BEIS, *supra* note 5, pp. 34-35 (Action8 and Action9).

66）　BEIS, *supra* note 2, p. 37 (para.2.11).

67）　http://www.londonstockexchange.com/exchange/prices-and-markets/stocks/indices, last visited 30 September 2017.

68）　First Group plc, Annual report and Accounts 2017, 2017, p. 44.

69）　*Ibid.*, p. 46.

70）　*Ibid.*, pp. 46, 50.

71）　*Ibid.*, pp. 41, 42, 81, 82.「Employee involvement」に関する記載は年次報告書中「Governance」章（44-85頁）の「Director's report and additional disclosures」（80頁以下）の一項目として示されている（前提となる開示規制の内容については本稿492頁参照）。また、従業員に対する意識調査に関しては同箇所での説明に加え「戦略報告書（Strategic report）」（4-43頁）中「企業責任（Corporate Responsibility）」項目（38頁以下）の「employee engagement」（42頁）にも解説があり、調査結果の総括（各部門のスコア獲得状況や回答率など。英国企業の対外的ベンチマーク基準となる数値も比較対象として例示）も記されている。

72）　*The Independent, supra* note 1, Bailey, *supra* note 3.

73）　現段階で明らかに負担が大きくなったといえるのは、従業員以外の利害関係者のための取り組みに関しても同様の報告が求められようとしている点であろう。

濫用的新設分割スキームにおける残存債権者の直接請求権
——「害することを知って」の解釈——

若色　敦子

1　問題の所在

　平成12年商法改正で導入された会社分割制度は、組織再編のいわゆる分社化として構想された。しかし、現実には、企業再生の一方法として会社の優良部門を外に切り出す手段に使われるようになった。この場合、積極財産と共に移動する債権者より、負債と共に残される債権者の方がより危険にさらされる可能性が高い。この問題は早くから指摘されていたが、当初は分割対象を「営業」単位とすること、債務超過会社の分割を認めないことが一応の歯止めになると考えられてきた。しかし、その後の改正および会社法への承継の際、これら規制は緩和され、一部の債権者が恣意的に害される事件が頻出した。

　平成16年以降の改正とその弊害はおおむね次の通りである。まず、分割の客体が「営業の全部または一部」（平成17年改正前商373条、374条ノ16）から「事業に関して有する権利義務の全部または一部」に改正され（会社2条29号・同30号）認定の難しい「営業（事業）」を外したことで、分割会社経営者による恣意的な「切り分け」を可能にした。また、事前開示事項の一つである「債務の履行の見込みがあること及びその理由」（平成17年改正前商374条ノ2第3号、374条ノ18第3号）が「債務の履行の見込みに関する事項」と変わったこと（会社則183条6号、205条7号）により、「債務の履行の見込みがない」会社分割が可能となった。このことで、従来は、各債権者と協議して、ある程度の合意を取り付けなければならなかったところ、債権者との協議なしに会社分割を実行することができるようになった。これに加え、会社法に先立つ平成16年改正により、債権

者への個別催告が省略可能となったことから（官報のほか新聞公告または電子公告の二重公告を行うことで原則として省略可能）により、現実として、債権者は会社分割を事前に知ることもできなくなった。[1]

これらの改正は、結果的に、とりわけ分割会社に残される債権者（以下「残存債権者」とする）を害することになった。かかる債権者について、判例は、当初は法人格否認ないし（事例によっては）商法22条の類推適用により、その後は詐害行為取消権（民424条）により新設会社等への請求を認めてきた。しかし、いずれの手法も解釈上難が残り、会社立法による救済が求められていた。

このことを受けて、平成26年改正会社法は、一定の場合に残存債権者に新設会社ないし承継会社への直接請求を認める規定を新設した（759条4項、761条4項、764条4項、766条4項）。

この規定は、一見したところ、民法の詐害行為取消権と同様に解釈できるようにも読める。しかし、「害することを知って」の用語は同じであるものの、詐害行為取消権とはそもそも趣旨が異なる上、構造にも背景にも大きな差異がある。そして、平成29年の改正債権法によれば、この差異は拡大すると思われる。筆者はこの規定について、会社法独自のアプローチが必要ではないかと考える。

以下、26年改正前の判例で残存債権者の救済方法として適用された法人格否認の法理および詐害行為取消権の限界について概観した後、[2]これを克服する形で立法された会社法上の直接請求権の要件について考察を試みる。なお、本稿では原則として新設分割について検討する。

2　26年改正前の判例に見る救済の法理とその問題点

1　法人格否認の法理とその限界

債務逃れのために別会社を作るという法人格の濫用は、会社分割制度創設以前から存在していた。すでに昭和48年、債務逃れないし時間稼ぎのために債務者会社の営業をそのまま利用して別会社を設立した事件について、最判昭和48年10月26日（民集27巻9号1240頁）は、会社制度の濫用であり信義則上新旧両会

社が別人格であることを主張できないとしている。

　会社分割で法人格否認が認められた判決としては①福岡地判平成22年1月14日（金判1364号42頁）、②東京地判平成24年7月23日（金判1414号45頁）、③福岡地判平成23年2月17日（商法下の事件、判タ1349号177頁）がある。いずれも、積極財産を切り出して新設分割を行った上、新設会社が分割会社の経営者らに大量の増資を行い、またはこれに加え新設会社株式を同関係者にすべて譲渡するという「一連一体」の行為（以下、「濫用的スキーム」とする）により、分割会社の新設会社に対する支配が薄められ、その得た株式の価値が著しく低下している[3]。判例はこの「一連一体」の行為を総合的に評価して「濫用」と認定する。また、分割会社が残存債権者と企業再生について協議中であったにもかかわらず、債権者に断りなく濫用的スキームを実行したことが強調されており、ある種の背信が重視されていると推測される[4]。このように、法人格否認の法理は、さまざまな事情を総合的に評価に入れることができる。

　しかしその後、判例は、法人格否認について消極的になる。①判決の控訴審である④福岡高判平成23年10月27日（金判1384号49頁）は、原審と同じ事実を認定しながら分割会社と新設会社に法人格を否認するほどの同一性はないと評価した。法人格否認の法理適用の要件のうち、違法・不当な目的（目的要件）はともかく、いわゆる支配要件について充足されていないとしたのである。

　この指摘は、かかる事件を法人格否認の法理で救済する限界である。そもそも、債務逃れであれば、守るべき本体（経営者であれ商売そのものであれ）を、残存債権者からできるだけ遠ざけたいわけであり、新設会社を分割会社の支配から解放する方向へ持って行くのは当然である。そして、この濫用的スキームが、実質的にこれらの背後にあるグループが不正な利益を得る構造になっているとしても、各会社の代表者に親密な関係があるというだけでは、法人格を否認するだけの「同一性（支配）」を評価することは難しい。もとより、法人格否認の法理は会社法における一般条項であり、要件も効果も明確ではない。この上、その要件を緩和することは適切ではない（信義則との区別がつかなくなる）。加えて、一般条項たる補充性原則からすると、ほかに方法があるならば、積極的にこの法理を採用すべきとは言えないことになる[5]。

2 代用品としての詐害行為取消権

(1) **詐害行為取消権の適用**　詐害行為取消権（民424条）の会社分割への適用について、会社法下で下級審は一貫して適用を肯定してきたところ、最判平成24年4月24日（民集66巻10号3311頁）がこれを認めるに至った[6]。その後、濫用的会社分割の残存債権者の救済にはもっぱら詐害行為取消権が採られることになる。

しかし、これはあくまでも代用品であり、できれば会社法で独自の規定を採用すべきである、ということは早くから指摘されていた。結論としては妥当な線に落とせるものの、下記のように説明にやや無理が出てくるからである。

(2) **「取消」の対象と効果についての問題**　最大の問題は、「取消」という効果である。新設分割の効力は、会社法上新設分割無効の訴え（会社828条、形成無効）でしか争えない。そして、この訴えにより無効が認められたとしても、その効力は将来に向かって失効するにとどまる（839条）。これに対し、詐害行為取消権は、法律関係を「巻き戻し」、移転した財産を「総債権者のために」債務者（分割会社）に取り戻すことを原則とし、「資産の特定が著しく困難」な場合にのみ価額賠償を認めると説明される[7]。

そもそも、どの行為を取消の対象とするのか、濫用的スキームをバラバラにして個々に検討するのは無意味である。そもそもこのスキームは、すべてが完了した後に残存債権者が害されてしまうのに、個々の行為を詐害行為とまで評価することはできないから、問題ない（はず）という口実のためのものであり、それゆえに「濫用」と評価せざるを得ないものだからである。24年最判をはじめ、判例がいずれもこの点を曖昧にしているのはやむを得ないことであろう。

(3) **要件の細分化になじまないこと**　原則として1回の行為で詐害が終了し、その後財産状況が大きくは変動しないことを前提とする詐害行為取消権では、どの行為を取消の対象とするか確定しなければならず、また、「害することを知りて」という要件も細かく分析されている。これを会社分割に——すなわち、詐害を惹起させる行為が複合的であり、かつ企業活動の継続が前提となるためその後の財産状況も流動的である企業（活動）に当てはめることは、なかなかの難事業である。

改正前民法の解釈によれば、「害することを知りて」という要件は、詐害性・詐害意思の2つに分類される。このうち「詐害性」はさらに、狭義の詐害行為（財産減少・処分行為）と偏頗行為に分類されるらしい。先の二要件は、会社分割の事件でもいちおう区別されてはいるが、厳密に分別しようとすると、下記の通りやや不自然な議論になる。

まず、新設分割では、原則として承継された権利義務に見合う株式が交付され、分割の前後で計算上分割会社の一般財産に変化はないはずなのに、なぜ詐害が認められるかという問題に答えなければならない。これについては、非上場会社の株式は事実上換価できないこと、保全が困難であることから実質的な毀損になると指摘する判例（名古屋高判平24・2・7判タ1369号231頁の引用する原審名古屋地判平23・7・22判時2136号70頁、24年最判の原審大阪高判平21・12・22民集66巻10号3350頁・第1審大阪地判平21・8・26民集66巻10号3329頁など）がある。他方、民法の判例・通説では、相当の価格であっても流動性の高い財産への変換は流出・隠匿の可能性が高いとして詐害性が推定されるとする（大判明39・2・5民録12集133頁）。事例も時代も違うとはいえ、バランスを欠く感がないでもない。[8] 会社事件では、詐害の意思から独立して（客観的）「詐害性」を切り出そうとすると、どうしても不自然になる。

次に、いわゆる詐害の意思について、民法では判例・通説とも、債権者が害されるとの「認識」と解する。会社分割の事件の場合、債権者への説明・債務者の同意を得る努力の有無が大きな判断材料となっているようにも読めるが、[9] 害されるとの「認識」という文言とはやや離れている。また、上記「一連一体」の行為は、詐害意思の裏付けとしても指摘されており、二重に評価されることになる。上記いずれの事例も、前述1①②事件と異なり、新設分割のみが争われた事件であるが、後述の詐害意思、特に残存債権者への不誠実な態度が評価に強く影響したと考えられる。

3　判例に見る複合的なスキームの評価

興味深いのは前述④事件である。この判決は、新設分割とそれに続く株式譲渡（極端な廉価での処分）および新設会社の大量増資とを「一連一体」と評価し、

実質的に債権者の債権回収を困難にするから、「上記一連の行為」は債権者を害する、とした。ところが、取消の対象は、「本件会社分割自体」または引き継がれた権利義務（どちらであるかは明言していない）とする。つまり、取消の対象となる行為以降の状況を重視して判断しているのである。

　早い時期に詐害行為取消を認めた判例の多くは、新設分割だけで残存債権者が害されると評価された事例であった。したがって、対象についての議論は、新設分割自体か個々の財産移転かという細分化の方向に向かった。しかし、逆に、会社分割それだけでは債権者を害さないが、その直後の株式譲渡や増資を含めたスキーム全体が完了すると債権者が害される、という事例では、分割後の行為も評価の対象にしなければならないだろう。このとき、会社分割のみまたは個々の財産移転に着目してしまうと、因果関係が混乱する。

　④事件は「一連一体」を詐害性と詐害意思両方の裏付けとし、取消の対象については、新会社に承継された権利（資産）とするものの、個別の権利（資産）を厳密に特定するまでの必要性は必ずしもないとした。

　この「一連一体」の説明が、少々ラフではあるが衡平の感覚に合致する気がする、という辺りが、濫用的会社分割に詐害行為取消権を適用する際の違和感とつながる。「取消」の対象を確定し要件も細かく分類されているこの規定は、さまざまな事情を総合的に判断し法的効果はともかく常識的な結論に落とす、という結論が求められる場面にはあまり向かないのである。[10]

3　濫用的会社分割スキームにおける直接請求権の解釈

1　「詐害行為取消権」から離れるべき理由

　改正前民法でも、「害することを知りて」要件は細かく分析され、倒産法と揃えて解釈されるようになっていたところ、29年改正ではこのことが明文化されるに至った。すなわち、狭義の詐害行為（財産減少・処分行為）と偏頗行為とが区別され（民424条～424条の5）、破産手続開始後も、訴訟手続は引き継がれる（破45条）。この他、取消の効果は絶対効とされ（同425条）、価額賠償・請求債権者への直接の引き渡しという判例理論が立法化された（同424条の6・424条

の9）。これらの改正により、濫用的会社分割への新・詐害行為取消権の行使には、従来とは違った解釈が必要になると考えられる[11]。

　そして、このことにより、26年改正会社法の立法担当者の説明——会社法の直接請求権にかかる「害することを知って」要件について民法同様に解釈する——も、今後は妥当しなくなるのではないか。

　立案担当者は確かに「民法上の詐害行為取消権の要件を参考にした」と述べているが、同項目で引用しているのは前述24年最判である[12]。つまり、直接請求権は、残存債権者の保護にかかる判例の到達点まで、途中のさまざまな解釈論を全部飛ばした一種のバイパスとして作られたのであり、改正民法ないし破産法の分類に倣う意図ではないのではないか。

　詐害行為取消権と直接請求権とは、目的も趣旨も違う。民法424条は、取消債権者だけではなく全債権者のために債務者の財産を保全することを目的とするという建前であり、対象となる行為を取消し——その部分をいわば巻き戻して——当該財産を取り戻すことが原則となる[13]。その意味で、総債権者のため会社に財産を取り戻すことを目的とする倒産法上の否認権とは共通性があり、手続の継承など法的な関連性がある。偏頗行為について「支払不能」が発動の基準となることも共通である（詐害行為が問題となった段階で債務者は近い将来に経済活動を停止することが想定されている）。

　これに対し、直接請求権は、ゴーイング・コンサーンを前提に、個別の債権者の救済を目的とし、債権者の平等を目標とはしていない。倒産手続とリンクしない（破45条に該当する規定がない）のは当然だろう。そもそも、直接請求権は、当然に倒産手続に移行する企業再生だけを対象としているわけでもない。私的再生の方法として利用される場合であっても、建前として債権型再生を目標としている場合には、分割会社も活動を続けることが前提になるし、最終的に清算型再生が選択されるとしても、財産処分のタイミングを計りながら分割会社がしばらく活動を続けることはあり得るだろう[14]。

　また、法的整理手続の開始で請求権が行使できなくなり、倒産法とリンクしないことを考えると、できる限り迅速に実行する必要がある。

　以上のこと、および、先述の判例が、詐害性について必ずしも厳密には分別

せずに認定していること——分別しようとすると説明が不自然になること——を考えると、要件を細分化することはあまり実益がないと思われる。すると、直接請求権の「害することを知って」要件は、新民法および破産法の解釈とは一線を画し、会社法独自のアプローチを試みるべきである。

2　会社法としてのアプローチ方法

　会社分割制度は政策的見地から立法されたものであり、制度そのものに濫用の危険があったこと、その後の改正によりこの危険は増大したこと、とりあえずの救済方法として採用された詐害行為取消権は理論的に難が多く一時しのぎに過ぎないことはすでに指摘した。直接請求権は、これらの批判を受け、欠陥を内在する制度を創出したことの「落とし前」として新設されたと評価できる。そしてこれは、制度の要素をリフォームするのではなく、対処療法を施して制度の健全な利用を図るという方向であるから、現にある病理現象にあてはめて解釈すべきであろう。

3　「詐害」の客観的側面

　まず、残存債権者が「害」されるかどうかの判断は、会社分割直後の分割会社の責任財産の額ないしその内容、という静的な評価ではなく、複合的スキームが完了した段階での残存債権者への弁済可能性を基準とすべきである。一般論として、会社が活動を継続するのであれば、弁済能力は純資産額ではなくキャッシュフローの問題だからである。[15]もちろん、現実には、分割会社の支払能力は残された財産の評価額と強い相関があるだろうが、分割会社が一定の支配権を有する状態で新設会社が順調に活動し、利益配当等を弁済に充てる、という見通しが立つ場合もないわけではない。具体的には、分割会社が残存債権者に対し、その事例に応じ、現実的である程度の説得力のある弁済計画を提示できなければ、当該債権者は「害」されると評価してよいであろう。

4　濫用性の評価その1——法人格否認の法理「濫用」類型の進化型として

　繰り返しになるが、濫用的新設分割の深刻さは、新設分割に始まる「一連一

513

体」のビジネスモデルにある。法人格濫用にかかる事件の多くが、このスキームの事例であったことを考えると、スキーム全体を総合的に評価する必要がある。そして、債務逃れのために会社制度を濫用するという事件は会社分割制度創設以前から存在し、この解決に（ハードルは高いとしても）しばしば法人格否認の法理（いわゆる濫用類型）が利用されていたことを考え合わせると、この方向からのアプローチが有用であると思われる。

さて、分割前後で債権者－債務者間の法的関係は全く変化していないのになぜ分割会社に特別な努力が必要なのかと考えたとき、構造的にモラルハザードを内包する制度を使う以上、濫用しないというある種の配慮義務が想定されている、と説明できるのではないか。他方、新設会社とすれば、なぜ債務者でもないのに支払に応じなければならないか、という問題に対して、（少なくとも設立当初には）分割会社に支配されていたから、ないし同一性があるから、という理屈が一応成り立つのではないか。

効果についても、直接請求できるのはその限りで同一人格と認められるからであり（現物返還を原則とする詐害行為取消権より類型として近い）、責任の範囲が承継財産に限られることも、その承継部分が否認されるから、と説明できる。

前述のように、濫用的新設分割救済のため法人格否認の法理を適用する欠点は、「支配」要件であり、前述①事件が控訴審④事件で覆されたのはこの要件を欠くと認定されたからである。他方、同控訴審は、行為の「一連一体」を理由に、取消対象となる行為の後の行為を判断に加味している（民法の詐害行為取消権の解釈としてはやや精密さを欠くことはすでに指摘した）。

直接請求権は、これらの欠点を克服するため、評価すべき行為について時間的な幅を認めたと理解したらどうであろうか。そうなると、「害することを知って」には、遅くとも会社分割の効力発生時に、制度の濫用が意図されているかないし濫用と評価されるべき状況を認識しているか、という解釈が可能となる。濫用的スキームのうち会社分割は早い段階で行われるだろうから、会社分割の時点では債権者はまだ害されていないこともあるが、これは「害することを知って」を「将来確実に害するであろう事情をわかっていて」と解釈すればよい。

5　濫用性の評価その2──債権者との協議ないし情報提供

　新設分割ないしこれを要素とする企業再生モデルの濫用が争われるとき、多くの判例で、不利益を被る債権者の同意ないし説明不足、特に「不意打ち」の会社分割が問題視される。かかる債権者への情報開示や説得の有無も、害することを「知って」の判断基準として重要である。前述23年名古屋地判（２２⑵）が指摘するように、民事再生手続や会社更生手続といった債権型の法的手続があるにもかかわらず、迅速性や手続の簡略さといった経営上の見地から、一部の債権者を害する方法を採用するのであれば、対象債権者の同意──渋々でも──を得るのが本筋であろう。となると、「知って」は単なる認識にとどまらず、当該債権者に対する十分な情報開示と説得（弁済計画を含む）がなされなかった場合に、害することを「知って」と評価することがよいのではないか。債権者とすれば、最終的に納得できないまま不利な結果を押しつけられることになるとしても、少なくともその際の対処についてはあらかじめ検討しておきたいだろうから、「不意打ち」により害されることになる。また、協議に入っていた債権者を欺いたような背信的な態度も考慮すべきである。このほか、分割会社の役員が新設会社の役員を兼ねている（つまり役員が自分だけは助かるような立場にいる）とか、新設会社の第三者割当増資ないし株式の安価な譲渡が分割会社の関係者に当てて行われたか、公平なスポンサー宛だったか、等の事情を総合的に勘案して、社会的に許容できないレベルかを判断することになる。[16]

　この解釈によれば、詐害行為取消権よりややハードルが高くなるが、「早い者勝ち」の個別債権者救済を建前からも認めるこの規定では、承継債権者とのバランスも考えると、やや厳しく解釈してよいと考える。

4　残された課題

　濫用的会社分割スキームが行われるような局面では、承継債権者とて必ずしも安泰ではない。このとき、残存債権者と承継債権者との利益衡量をどの程度勘案すべきか。一般的に、承継債権者（特に取引債権者）が悪意であるとは言え

ないし、承継債権者の入手できる情報は限られている。たとえば、承継債権者は重畳的債務引受タイプでなければ債権者異議が可能だが（810条1項2号）、濫用的会社分割では「当該債権者を害するおそれ」（同5項）はないはずである。しかし、直接請求権が行使されると結果的に害される可能性が出てくるが、このことは直接請求権の可否について考慮要素となるか。再生スキーム実行当初とその後の状況の変化で残存債権者の弁済の見込みが大きく変化したような場合、経営判断原則のような解釈の余地はあるか。これらについては今後の研究課題としたい。

【注】

1) 改正点について詳しく検証するものとして、中東正文・松井秀征編著『会社法の選択——新しい社会の会社法を求めて』（商事法務、2010年）315-355頁〔中東〕。

2) 会社法22条（商号続用）については本稿では論じない。同条は外観信頼に関する法理であり（相手方の主観的要件を問わない＝悪意の債権者も保護する、という点で通常の外観保護規定とは異なるが）、残存債権者保護とは方向が違うと考える。この条文の借用については稿を改めて論じたい。

3) ①③の2事件は分割会社の業態が同じで、採算店舗のみを切り出すという内容もそっくりである。これらを比較すると、「事業」の縛りは濫用的会社分割の防止にはあまり役に立たないような気もする。

4) ①事件は、分割会社は債権者の「利益や期待を著しく損なうことのないよう合理的な配慮をする信義則上の義務」を負担するとした上、新設分割と株式譲渡・増資を「一連一体のもの」として行うことで債権者の利益を損なったことはこの義務に反するとした。他方、分割会社と新設会社の代表者が親子であること、事業目的が共通であること、引き継いだ店舗の名称も続用していることなどから「強い経済的一体性」を認めた。そして、これら一連一体の手続は全体として残存債権者に対する債務負担を免れようという不当な意図、目的に基づくものであるとして、法人格を否認したものである。

5) 森本滋「会社分割制度と債権者保護——新設分割を利用した事業再生と関連して」金融法務事情1923号（特集・会社分割制度の光と影、2011年）28頁は、この見解に疑問を呈し、立法的解釈論として、詐害行為取消権の趣旨を勘案した法人格否認の法理の弾力的運用についての検討の余地を指摘する。

6) 通説もこの見解を支持した。理由としては、否定する明文の根拠はないこと、「財産権を目的とする法律行為」には違いないこと、残存債権者保護の必要があること、等が指摘されている。そもそも会社分割に民法の詐害行為取消権が適用できるかという問題について、平成12年新設時の立案担当者は否定的であったが、会社法の立案担当

者は、残存債権者を害する会社分割については「民法の原則どおり、詐害行為取消権（民424条）により保護されるべきこととなるものと解される」（相澤哲編著『立案担当者による新・会社法の解説』別冊商事法務295号（2006年）とした。24年最判の評釈である清水円香「株式会社を設立する新設分割と詐害行為取消権」ジュリスト1453号（平成24年度重要判例解説、2013年）107頁およびその参考文献を参照。また、民法424条の判例法理をまとめた上、倒産法および改正民法（中間試案）について詳論するものとして、得津晶「会社分割等における債権者の保護（平成26年改正会社法の論点（10）」商事法務2065号（2015年）15頁以下がある。なお、得津論文は、神田秀樹編『論点詳解平成26年改正会社法』（商事法務、2015年）第11章237頁以下で加筆されている。

7) 取消の対象が分割自体か個々の財産移転なのか、当初下級審は見解が分かれていたが、24年最判は「新設分割」を取消すとした（明確な理由は述べられていない）。他方、取り戻されるのは個々の移転財産である（取消の効力がそこまでしか及ばないのか、取り戻せる額＝債権額の問題なのかは不明）。また、価額賠償について、会社分割の事件では事実上緩和されており（24年最判では現物弁済が認められているが、これは少数派である）、多くの判例では、新設会社の事業に重大な影響が及ぶ場合、価額弁済を認める。この点につき、神作裕之「商法学者が考える濫用的会社分割問題」金融法務事情1924号55頁では、「（現物弁済を認めてしまうと）承継された債務にかかる債権者の期待を害する」と指摘する。また、同54頁では三上徹（聞き手）が、（金融機関債権者の立場で？）民法では「対象資産が新設会社…の経営に不可欠なものかどうかという判断をしない」と指摘する。

8) 神作裕之「濫用的会社分割と詐害行為取消権（下）」商事法務1925号（2011年）46頁は、（流動性がより高くなっても低くなっても詐害性があるとすれば）「およそ無資力と判断される会社は、会社分割をなしえないという結論となりかねず、会社分割の自由を制約する恐れがあるように思われる」と指摘する。

9) 上述の「詐害性」および詐害の意思（認識）がある場合でも、当該会社分割に何らかの正当性が認められる場合、詐害性はいわば阻却されるのではないか、という議論がある。「よい会社分割」とも呼ばれる議論である。井上聡・小林信明・三上徹・村田渉・山田誠一・山本和彦（座談会）「会社分割をめぐる諸問題――判例を材料に派生論点を考える」金融法務事情1923号（2011年）53頁・81頁の小林発言およびその前後でこの用語が頻発する。その内容として、たとえば神田・前掲注（6）〔得津〕は、事業継続価値が清算価値を上回る場合「良い会社分割」と評価する。また、岡正晶「濫用的会社分割」ジュリスト1437号69頁（2012年）は、会社分割後「新会社の株式を、残存債権者に対する配当原資として適切に取り扱っていること」を「良い会社分割」の基準の一つとしている。これらに対し、「よい分割」という評価そのものに疑問を呈する見解として、池野千白「会社分割における残存債権者概念の終焉を目指して」丸山秀平ほか編『永井一之先生古希記念論文集・企業法学の論理と体系』（中央経済社、2016年）19頁注38。企業再生の現実としては、全債権者を平等に遇することは困難であり、次善の策として、一部の債権者に不利益を与えるが、それでも手をこまねいて

倒産し全員平等に破綻させるよりよい結果になる、という方策を認めるべき場面はあり得る。しかし、このハードルは現実には高そうである。たとえば、前掲2節2(3)名古屋地判では、金融機関等の債権者に対し情報開示や弁済計画の提案など説明が行われたこと・事業価値の存続や雇用の確保を図ることの社会的意義、とが会社側から主張された。しかし、判決は、弁済契約の内容が非現実的でおよそ同意が得られるようなものではなかったこと（完済までに128年かかる）・社会的意義があるとしてもその手段が当然に正当化されるものではないこと（民事再生手続や会社更生手続も採り得た）を理由にこの主張を排斥している。

10) 日下部真治・倉賀野伴明「会社分割に対する詐害行為取消に関する裁判例の検討」判例タイムズ1369号75頁（2012年）は「詐害行為によって取り消される債権者の行為は財産権を目的とする特定の法律行為であり、詐害性の要件はその法律行為の性質として必要とされるものであるから、一連の取引を一体と捉えて詐害性を認定するとの考え方は採り難いであろう」と指摘する。

11) 山本和彦・田中亘・奥総一郎・土岐敦司・辺見紀男「シンポジウム濫用的会社分割を考える」土岐敦司・辺見紀男編『濫用的会社分割——その態様と実務上の対応策』（商事法務、2013年）221頁〔山本発言〕は、「……詐害性と偏頗性を「合わせて一本」的に取り消すことは、新しい債権法の下ではできなくなる可能性があります。つまり、狭義の詐害行為か偏頗行為かをまず分別して、その要件に該当するかどうかという議論……にならざるをえないということであります」とする。

12) 坂本三郎編著『一問一答・平成26年改正会社法〔第2版〕』（商事法務、2015年）345頁。

13) 前述の通り、改正民法では事実上の優先弁済を認めたし、「総債権者の利益のため」という文言は削除された。しかし、倒産法との関連を見ると、債権者の財産の回復という建前はなお崩れていないと解すべきだろう。もっとも、現行民法でも詐害行為取消権を行使した者が事実上優先弁済を受けられることは、かなり早い段階から——根拠は必ずしも明確ではないものの——認められてきた（竹屋芳昭「詐害行為取消訴訟における取消権者の優先弁済は認められるか」ジュリスト増刊（民法の争点II債権総論・債権各論（1985年）52頁））。この点については、難波孝一「会社分割の濫用をめぐる諸問題」判例タイムズ1337号（2011年）20頁も「……債務者の一般財産から逸出した財産を、総債権者のために受益者または転得者から取り戻す制度であるとされている。制度の趣旨はそうだが、実際の利用の仕方は、総債権者のために詐害行為取消訴訟を提起するような奇特な人物はおらず……」と指摘する。

14) 前掲注（11）シンポジウム219頁〔奥発言〕は、直接請求権による債権回収について「事業を継続させて、そこから生まれる事業キャッシュフローで回収する方が現実的で、しかも回収期待額が増えるケースはままあると思われます……」と述べる。

15) 本間正浩「濫用的会社分割論に対する企業法務部の対応」前掲注（11）『濫用的会社分割』163頁は、「そもそも論からいえば、ゴーイング・コンサーンであることを前提とする限り、会社の債務支払能力はキャッシュ・フローで考えられるべきものであり、特定時点のストックを尺度として、会社分割の濫用性を判断するというのは妥当だと

は思われない」と指摘する。

16)　新設会社株式の廉価売却はしばしば使われてきた手段であったが、26年改正後は467条1項2号の2（子会社株式譲渡）に該当し、株式買取請求権のついた株主総会決議が必要となるため、従前より利用しにくいと考えられる。もっとも、そもそも支配株主の意に反した新設分割は行い得ないことを考えると、株主が債権者の味方につくことは考えにくく、債権者の立場からは大した変化はないかも知れない。

森淳二朗先生　略歴・主要著作目録

学　　歴

1967年3月	京都大学法学部卒業
1969年3月	京都大学大学院法学研究科修士課程民事法専攻修了（法学修士）
1969年6月	京都大学大学院法学研究科博士課程民事法専攻中途退学

職　　歴

1969年7月	大阪府立大学経済学部助手
1974年11月	大阪府立大学経済学部講師
1977年9月	大阪府立大学経済学部助教授
（1985年6月～1986年2月　　ロンドン大学高等法律研究所客員研究員）	
1987年4月	九州大学法学部教授
2003年4月	福岡大学法学部教授
2004年4月	福岡大学法科大学院教授
2014年3月	定年退職
現　　在	九州大学名誉教授　弁護士

学会および社会における活動

1989年～2002年	日本海法学会理事
1990年～1991年	日本私法学会理事
1996年～2013年	金融法学会理事
1997年～1998年	日本学術振興会専門委員
1988年～2011年	コーポレート・ガヴァナンス・フォーラム理事
1998年～1999年	公認会計士第2次試験委員
2003年～2016年	福岡市公正入札監視委員会委員長
2006年～現　在	博多港開発株式会社コンプライアンス委員会中立委員

主要著作目録

(著書（単著）)

『配当制限基準と法的資本制度——アメリカ法の資産分配規制の史的展開』大阪府立大
　　学経済研究叢書、1974年

(著書（共編著）)

『新商法講義2 会社法』（蓮井良憲教授との共編著、法律文化社、1991年）

『新商法講義1 商法総則・商行為法』（蓮井良憲教授との共編著、法律文化社、1992年）

『新商法講義3 手形法・小切手法』（蓮井良憲教授との共編著、法律文化社、1993年）

『エッセンシャル商法1　会社法』（吉本健一教授との共編著、有斐閣、1993年）

『現代青林講義商法総則』（酒巻俊雄教授との共編著、青林書院、1994年）

『現代青林講義会社法』（酒巻俊雄教授との共編著、青林書院、1995年）

『エッセンシャル商法2　商法総則・商行為法』（藤田勝利教授との共編著、有斐閣、
　　1996年）

『企業ビジネスと法的責任』（高田桂一・沢野直紀教授との共編著、法律文化社、1999年）

『コーポレート・ガバナンスと従業員』（稲上毅教授との共編著、東洋経済新報社、2004
　　年）

『東アジアのコーポレート・ガバナンス』（編著、九州大学出版会、2005年）

『会社法エッセンシャル』（吉本健一教授との共編著、有斐閣、2006年）

『会社法における主要論点の評価』（上村達男教授との共編著、中央経済社、2006年）

『判例講義会社法』（倉澤康一郎・奥島孝康教授との共編著、悠々社、2007年）

『会社法エッセンシャル補訂版』（吉本健一教授との共編著、有斐閣、2009年）

『判例講義会社法第2版』（倉澤康一郎・奥島孝康教授との共編著、悠々社、2013年）

(論文)

「配当制限基準の史的展開」証券経済学会年報10号、1975年

「企業の社会的責任条項と公共性の法認」企業法研究247輯、1975年

「配当規制の階層構造」私法38号、1976年

「伝統的商法学における『社会的責任論』」法律時報48巻11号、1976年

「開示法理の再検討」『企業法の研究』（大隅古稀記念、有斐閣）、1977年

「株式制度改正試案と株式会社法制度」企業法研究269輯、1977年

「合併制度と株主排除」法律時報51巻11号、1979年

「株式価値の法的解釈（その一）——新株の発行価額の基本問題（一）」民商法雑誌82巻

2 号、1980年

「株式価値の法的解釈（その一）――新株の発行価額の基本問題（二）」民商法雑誌82巻
3 号、1980年

「株式価値の法的解釈（その一）――新株の発行価額の基本問題（三・完）」民商法雑誌
83巻 1 号、1980年

「監査役の権限」民商法雑誌85巻 5 号、1982年

「株式制度改正と証券市場」証券経済学会年報17号、1982年

「カナダ証券市場法案の開示制度」証券研究65巻、1982年

「株式分割自由化の問題点」インベストメント36巻 4 号、1983年

「閉鎖会社の支配維持と投下資本回収」法律時報56巻11号、1984年

「支配株式の価値の法理」『商事法の解釈と展望』（上柳還暦記念、有斐閣、1984年）

「資本多数決支配の基本問題（一）――株主間の利害調整原理の二元的構造」法政研究54
巻 1 号、1987年

「個人企業主としての株主――株式会社における支配と責任」法律時報60巻 9 号、1998
年

「資本多数決制度の再構成――会社支配の意思本位的理論からの脱却（1）」商事法務
1190号、1989年

「会社支配概念の再構成と社団法人性――会社支配の意思本位的理論からの脱却（2）」
商事法務1192号、1989年

「会社支配取引の動態的論理構造――会社支配の意思本位的理論からの脱却（3）」商事
法務1193号、1989年

「会社支配の変動と株主の利益」法学教室114号、1990年

「動態論的思考と会社支配理論」会計人コース25巻 1 号、1990年

「改正法に見える論理と見えざる論理」企業会計42巻 7 号、1990年

「株式評価と会社法理論」法政理論24巻 4 号、1992年

「敵対的企業買収の法的規制と会社支配理論」『公開会社と閉鎖会社の法理』（酒巻還暦
記念、商事法務研究会、1992年）

「『系列』（株式持合い）問題と会社立法」法律時報65巻 7 号、1993年

「株主の帳簿閲覧権」企業会計45巻 6 号、1993年

「株式会社法の柔構造化――一本マスト型から三本マスト型会社法へ」『商法・経済法の
諸問題』（川又還暦記念、商事法務研究会、1994年）

「株主総会の活性化と会社法理論――伝統的な活性化論に対する問題提起」判例タイム
ズ839号、1994年

「監査役制度と会社支配理論――監査役の独立性確保への途」『企業監査とリスク管理の
法構造』（蓮井・今井古稀記念、法律文化社、1994年）

「会社法のモデル分析と株式会社支配の特質」法政研究61巻3・4合併、1995年

「会社法理論の体系的修正——公正性とフレキシビリティーの会社法システムを求めて」
　商事法務1400号、1995年

「事実としての会社支配と法的制度としての会社支配」証券経済学会年報31号、1996年

「株式本質論——株式と株主のはざまで見失われたもの」『昭和商法学史』（岩崎追悼記
　念、日本評論社、1996年）

「監査役の構成原理とシステム」『企業の健全性確保と取締役の責任』（龍田還暦記念、
　有斐閣、1997年）

「コーポレート・ガバナンスと日本の企業システムの行方」（ジュリスト1122号、1997年）

「会社法におけるダイナミズムの法化——会社病理の法理と会社生理の法理」『現代企業
　法の理論』（菅原古稀記念、信山社、1998年）

「総会屋に対する利益供与と商法改正」法学セミナー1998年8月号

「コーポレート・ガバナンスと経営者の責任」『企業ビジネスと法的責任』（法律文化社、
　1999年）

「会社法におけるコーポレート・ガバナンスの基本構造——効率性と公正性の基本的枠
　組み」国民経済雑誌180巻1号、1999年

「会社法学の再構築に向けて」商事法務1535号、1999年

「米国機関投資家と企業統治構造の分析視角」『比較会社法研究』（奥島還暦記念第一巻、
　成文堂、1999年）

「会社支配構造の改善策——新たな理論からみた評価と課題」商事法研究20巻2号（韓
　国商事法学会）、2001年

「国家による会社支配——中国の企業ガバナンスが示唆する理論的諸課題」法律時報73
　巻10号、2001年

「企業理論と従業員活用型コーポレート・ガバナンス」『コーポレート・ガバナンスと従
　業員』（東洋経済新報社、2004年）

「アジアのコーポレート・ガバナンスから学ぶ」『東アジアのコーポレート・ガバナンス』
　（九州大学出版会、2005年）

「『会社支配の効率性』」と公正性確保」『会社法における主要論点の評価』（中央経済社、
　2006年）

「会社法27条」江頭＝森本編集代表『会社法コンメンタール1巻』（商事法務、2008年）

「会社法29条」江頭＝森本編集代表『会社法コンメンタール1巻』（商事法務、2008年）

「会社法104条」酒巻＝龍田編集代表『逐条解説会社法2巻』（中央経済社、2008年）

「会社法105条」酒巻＝龍田編集代表『逐条解説会社法2巻』（中央経済社、2008年）

「会社法106条」酒巻＝龍田編集代表『逐条解説会社法2巻』（中央経済社、2008年）

森淳二朗先生　略歴・主要著作目録

（判例批評・判例解説）

「営業譲渡の意義」法学セミナー1977年10月号、1977年

「畜産物の価格安定等に関する法律21条（持分の譲渡）の解釈」判例評論225号、1977年

「株式会社の代表取締役たる株主は商法294条に基づく検査役選任請求権を有しない」商
　　事法務794号、1978年

「有効な取締役会決議に基づかない新株発行を無効とすべき特別の事情がある事例ほか」
　　商事法務834号、1979年

「偽造配当金領収証所持人に対する支払い」会社判例百選（3版）、1979年

「美容環境衛生組合の理事会が同組合の総代会で承認された美容学校設立計画を中止さ
　　せたことにつき理事に賠償責任なしとされた事例」商事法務903号、1981年

「引受欠缺のある新株に付き共同引受を擬制された取締役の一人が全額払込をなした場
　　合と新株の帰属関係」商事法務934号、1982年

「商法204条の2所定の譲渡承認および譲渡の相手方指定の請求等について」商事法務
　　962号、1983年

「取締役は事由の如何を問わず何時でも会社を辞任できる」商事法務1002号、1984年

「取締役の職務執行停止、代行者選任の仮処分後、裁判所は職権で具体的代行者選任の
　　執行命令を取り消すことができる」商事法務1036号、1985年

「休眠会社については特段の事情がない限り商法406条の2第1項2号に該当し、解散判
　　決をなしうるとした事例」商事法務1044号、1985年

「横すべり監査役の監査報告書――長谷川工務店事件」ジュリスト昭和62年度重要判例
　　解説、1998年

「投資信託受益証券と民法193条」別冊ジュリスト新証券・商品取引判例百選、1998年

「商法258条により退任後も取締役たる者の商法266条ノ3の責任」法学セミナー34巻5
　　号、1989年

「小切手の預入れと預金契約の成立時期」法学セミナー34巻5号、1989年

「瑕疵ある株主総会決議の再決議と決議取消の訴えの利益」法学セミナー34巻6号、
　　1989年

「取立委任手形の返却依頼を受けた銀行の遡求権保全義務」法学セミナー34巻6号、
　　1989年

「任期満了前の役員解任と正当事由の有無」法学セミナー34巻7号、1989年

「偽造の回り手形と銀行取引約定書10条4項の適用範囲」法学セミナー34巻7号、1989
　　年

「自己株式の譲渡人による無効主張の可否」法学セミナー34巻8号、1989年

「偽造手形につき異議申立手続の指導をしなかった銀行の責任」法学セミナー34巻8号、
　　1989年

525

「株式買い占め後の新株発行と商法280条ノ10」法学セミナー34巻9号、1989年

「権利実現を期待できない手形の譲渡人の権利行使が権利濫用とされた事例」法学セミナー34巻9号、1989年

「欠陥商品を販売した会社の代表取締役と商法266条ノ3の責任」法学セミナー34巻10号、1989年

「支払資金不足の場合の銀行による決済手形の選択」法学セミナー34巻10号、1989年

「先買権者による株式売渡請求権の行使とその撤回」法学セミナー34巻11号、1989年

「手形金請求権の行使と手形買戻請求権の消長」法学セミナー34巻11号、1989年

「設立中の会社の代表取締役が締結した手形取引契約の効力」法学セミナー34巻12号、1989年

「取立委任手形を破産申立後に取り立て、取立金引渡債務を受働債権とする相殺の可否」法学セミナー34巻11号、1989年

「非上場会社の譲渡制限株式の売買価格の算定方式」法学セミナー35巻1号、1989年

「過振りをせず小切手を不渡りとした支払銀行の責任の有無」法学セミナー35巻1号、1990年

「株式買占め時の新株発行が差し止められた事例」法学セミナー35巻2号、1990年

「手形訴訟と重複起訴の禁止」法学セミナー35巻2号、1990年

「株主総会招集許可を得た少数株主が閲覧・謄写請求できる範囲」法学セミナー35巻3号、1990年

「代位弁済と担保手形上の権利の帰属および行使」法学セミナー35巻4号、1990年

「商法406条ノ2第1項の会社解散判決請求事由について」法学セミナー35巻4号、1990年

「悪意の抗弁が認められなかった事例」法学セミナー35巻4号、1990年

「商法210条の適用範囲と株主の代表訴訟」法学セミナー35巻5号、1990年

「会社の唯一の店舗の「取締役店長」が表見支配人とされた事例」法学セミナー35巻5号、1990年

「預託金を受働債権とする相殺」別冊ジュリスト手形小切手判例百選（第4版）、1990年

「顧問弁護士の監査役選任決議の効力」法学セミナー35巻6号、1990年

「ミンクコートの無償寄託を受け紛失させたホテルの責任」法学セミナー35巻6号、1990年

「新株引受契約の無効確認の訴えが不適法とされた事例」法学セミナー35巻7号、1990年

「商法20条にいう「類似ノ商号」および「不正ノ競争ノ目的」」法学セミナー35巻7号、1990年

「契約による株式譲渡制限の効力」法学セミナー35巻8号、1990年

森淳二朗先生　略歴・主要著作目録

「商社係長の代理権と商法43条」法学セミナー35巻8号、1990年

「信用金庫支店長名義の手形行為の効力」法学セミナー35巻9号、1990年

「合併時に閲覧に供すべき貸借対照表の内容」法学セミナー35巻9号、1990年

「取締役による従業員引き抜きと忠実義務」法学セミナー35巻10号、1990年

「小切手の依頼返却と遡求権保全の効果」法学セミナー35巻10号、1990年

「Y会社食品事業部の責任者と称する者が商業使用人と認められた事例」法学セミナー
　　　35巻11号、1990年

「取締役選任決議の無効・不存在と商法258条の適用の有無」法学セミナー35巻11号、
　　　1990年

「譲渡制限株式の売買価格が配当還元方式のみにより決定された事例」私法判例リマー
　　　クス2号、1991年

「商法12条と正当事由」別冊ジュリスト商法総則・商行為判例百選（第3版）、1994年

「合資会社における払戻持分の評価方式」私法判例リマークス13号、1996年

「預託金を受働債権とする相殺」別冊ジュリスト手形小切手判例百選（第5版）、1997年

「株主代表訴訟と担保提供」別冊ジュリスト会社法判例百選（第6版）1998年

（学会報告等）

証券経済学会関西部会個別報告「配当制限基準の史的展開」（1974年）

日本私法学会個別報告「配当規制の階層構造」（1975年）

九州法学会シンポジウム「企業買収」司会・報告（1991年）

日本私法学会ワークショップ「株式評価と会社法理論」主宰（1992年）

日本私法学会ワークショップ「株式会社法の柔構造化」主宰（1994年）

証券経済学会全国大会個別報告「株式会社における所有の制度と支配の制度」（1995年）

コーポレート・ガヴァナンス・フォーラム「株主総会シンポジウム」報告（1995年）

韓日法学会主催「韓日会社法に関するシンポジウム」報告（韓国、1996年）

日本私法学会シンポジウム「会社法学への問いかけ——新たなコーポレート・ガバナン
　　　スの模索」司会・報告（私法62号、2000年）

連合＝連合総研主催シンポジウム「会社法改正と企業のあり方について考える」報告
　　　（2000年）（連合＝連合総研編『会社法改正——企業のあり方と労働組合の関わり方』
　　　労働問題研究会議、2001年）

九州大学産業法研究会主催「日中会社法シンポジウム」司会・報告（2000年）

■執筆者紹介（執筆順、＊は編者）

上田　純子（うえだ・じゅんこ）	愛知大学大学院法務研究科教授
大杉　謙一（おおすぎ・けんいち）	中央大学法科大学院教授
＊笠原　武朗（かさはら・たけあき）	九州大学大学院法学研究院准教授
嘉村　雄司（かむら・ゆうじ）	島根大学法文学部准教授
仮屋　広郷（かりや・ひろさと）	一橋大学大学院法学研究科教授
北村　雅史（きたむら・まさし）	京都大学大学院法学研究科教授
久保　寛展（くぼ・ひろのぶ）	福岡大学法学部教授
久保田安彦（くぼた・やすひこ）	慶應義塾大学大学院法務研究科教授
酒井　太郎（さかい・たろう）	一橋大学大学院法学研究科教授
宍戸　善一（ししど・ぜんいち）	一橋大学大学院法学研究科教授
＊佐藤　　誠（さとう・まこと）	京都産業大学法学部教授
＊徐　　治文（じょ・ちぶん）	追手門学院大学経営学部教授
胥　　鵬（しょ・ほう）	法政大学経済学部教授
周田　憲二（すだ・けんじ）	広島大学大学院法務研究科教授
高橋　英治（たかはし・えいじ）	大阪市立大学大学院法学研究科教授
＊田中　慎一（たなか・しんいち）	西南学院大学法学部准教授
＊德本　　穰（とくもと・みのる）	九州大学大学院法学研究院教授
中村　信男（なかむら・のぶお）	早稲田大学商学学術院教授
野田　　博（のだ・ひろし）	中央大学法学部教授
原　　弘明（はら・ひろあき）	関西大学法学部准教授
松中　　学（まつなか・まなぶ）	名古屋大学大学院法学研究科准教授
柳　　明昌（やなぎ・あきまさ）	慶應義塾大学法学部教授
山口　幸代（やまぐち・さちよ）	熊本大学法学部准教授
若色　敦子（わかいろ・あつこ）	熊本大学大学院法曹養成研究科准教授

Horitsu Bunka Sha

会社法の到達点と展望
──森淳二朗先生退職記念論文集

2018年6月2日 初版第1刷発行

編 者　徳本　穰・徐　治文
　　　　佐藤　誠・田中慎一
　　　　笠原武朗

発行者　田靡純子

発行所　株式会社 法律文化社
　　　　〒603-8053
　　　　京都市北区上賀茂岩ヶ垣内町71
　　　　電話 075(791)7131　FAX 075(721)8400
　　　　http://www.hou-bun.com/

＊乱丁など不良本がありましたら、ご連絡ください。
　送料小社負担にてお取り替えいたします。

印刷：㈱冨山房インターナショナル／製本：㈱藤沢製本
装幀：谷本天志

ISBN 978-4-589-03940-8
© 2018 M. Tokumoto, Z. Xu, M. Sato,
S. Tanaka, T. Kasahara Printed in Japan

JCOPY　〈(社)出版者著作権管理機構 委託出版物〉
本書の無断複写は著作権法上での例外を除き禁じられています。複写される
場合は、そのつど事前に、(社)出版者著作権管理機構（電話 03-3513-6969、
FAX 03-3513-6979、e-mail: info@jcopy.or.jp）の許諾を得てください。

北村雅史・高橋英治編

グローバル化の中の会社法改正
―藤田勝利先生古稀記念論文集―

Ａ５判・474頁・9800円

会社法改正の二つの柱である「企業統治」と「親子会社」に関する諸問題の実務的・比較法的検討を通じて、日本の会社法制がグローバル化のなかでどのように変容しているのかを論究する。

西山芳喜編

アクチュアル企業法〔第２版〕

Ａ５判・330頁・3100円

平成26年の会社法改正や最新判例を盛り込み、従来よりコンパクトになって登場。約300頁で商法・会社法に加えて、割賦販売法や金融商品取引法などの諸法をも学べる、充実の初学者向けテキスト。

高橋英治編

設問でスタートする会社法

Ａ５判・256頁・2300円

設問を解きながら会社法の全体像を理解していく新しいタイプの教科書。会社法の前提知識がない人にも理解できるよう設問や叙述に配慮。学部期末試験やロースクールの入学試験だけでなく、公務員試験や各種資格試験にも対応。

畠田公明著

会社法のファイナンスとM&A

Ａ５判・258頁・3300円

会社法におけるファイナンスと組織再編・企業買収（M&A）の体系的概説書。各項目につき、適宜、実践的な具体例を挙げ丁寧に解説するとともに、関連重要判例や論点に言及。各章末に設問を付し、全編にわたって「考えながら学ぶ」工夫を施す。

山下眞弘著

会社事業承継の実務と理論
―会社法・相続法・租税法・労働法・信託法の交錯―

Ａ５判・198頁・3000円

第一線の研究者が多分野にまたがる事業承継問題を縦横に論じる。重要判例・学説を漏れなく解説しながら、最新の実務と留意点を簡潔に紹介する理論実務書。手に取りやすい文体や体裁を意識し、各章冒頭に要旨を、章末に参考文献を付す。

━━法律文化社━━

表示価格は本体(税別)価格です